民法

〔六版〕

Civil Law

主　编：柳经纬　朱炎生

撰稿人：（按撰写章节顺序）

柳经纬　丁丽瑛　朱炎生

郑净方　郭俊秀　黄健雄

何丽新　吴雅婷　朱泉鹰

厦门大学出版社
XIAMEN UNIVERSITY PRESS

国家一级出版社
全国百佳图书出版单位

图书在版编目（CIP）数据

民法 / 柳经纬，朱炎生主编. -- 6 版. -- 厦门 ：厦门大学出版社，2025. 7. -- ISBN 978-7-5615-9701-9

Ⅰ. D923

中国国家版本馆 CIP 数据核字第 20254P0D94 号

策划编辑 施高翔
责任编辑 李 宁 王施泽
封面设计 李夏凌
美术编辑 蒋卓群
技术编辑 许克华

出版发行 厦门大学出版社
社 址 厦门市软件园二期望海路 39 号
邮政编码 361008
总 机 0592-2181111 0592-2181406(传真)
营销中心 0592-2184458 0592-2181365
网 址 http://www.xmupress.com
邮 箱 xmup@xmupress.com
印 刷 厦门市竞成印刷有限公司

开本 787 mm×1 092 mm 1/16
印张 32.75
插页 2
字数 866 字
版次 2003 年 5 月第 1 版 2025 年 7 月第 6 版
印次 2025 年 7 月第 1 次印刷
定价 75.00 元

厦门大学出版社
微信二维码

厦门大学出版社
微博二维码

第六版前言

2020年5月,《中华人民共和国民法典》正式颁布,并于2021年1月实施。民法典系统整合了新中国70多年来长期实践形成的民事法律规范,汲取了中华民族5000多年优秀法律文化,借鉴了人类法治文明建设有益成果,是一部体现我国社会主义性质、符合人民利益和愿望、顺应时代发展要求的民法典。民法典的颁布和实施是新时代社会主义法治建设的重大成果,今后的民商法教学与研究,也必将围绕着民法典的各项民事法律规范,阐发、揭示和发展我国的民商事法律基本理论和基本原理。根据民法典的各项规定,结合近年来我国其他民商事立法和司法实践的最新发展,我们对于本书的内容做了重大修订和更新。

本书第六版继续秉承初版的撰写宗旨,向读者系统、全面地介绍我国民法基本理论和基本制度的核心内容,并对民事立法及司法实践中的若干重大理论问题进行阐述和思考,以期为广大读者更加深入地研究民法理论提供线索、奠定基础。本书第六版亦继续保持初版的简练、明快、流畅的风格。

本书第六版由柳经纬教授和朱炎生教授共同主编,各位作者简介及具体写作分工如下(以撰写章节先后为序):

柳经纬(中国政法大学教授,博士生导师)撰写第1章;

丁丽瑛(厦门大学法学院教授,博士生导师)撰写第2章、第8章、第9章、第15章;

朱炎生(厦门大学法学院教授,博士生导师)撰写第3章、第4章、第5章;

郑净方(闽江学院法学院副教授)、郭俊秀(中国东方航空集团公司总法律顾问),共同撰写第6章、第7章;

黄健雄(厦门大学法学院教授,硕士生导师)撰写第10章、第11章、第12章、第13章、第14章;

何丽新(厦门大学法学院教授,博士生导师)撰写第16章,第17章第1节、第2节、第3节、第4节、第5节、第6节、第7节、第9节、第10节,第18章第1节、第2节、第3节、第4节、第5节、第7节、第8节;

吴雅婷(闽江学院法学院讲师)撰写第17章第8节,第18章第6节、第9节,参与修订第16章、第17章第5节;

朱泉鹰(厦门大学法学院副教授,硕士生导师)与郑净方共同撰写第19章,与吴雅婷共同撰写第20章。

全书由主编统稿。

本书于2003年5月出版以来,承蒙广大读者厚爱,曾多次再版、重印。借此次修订机会,我们要特别感谢广大读者给予本书的关心和支持。同时,感谢厦门大学出版社施高翔先生、甘世恒先生、王施泽先生及其同仁为本书再版付出的辛劳。民法理论丰富精深,我们学识有限,加之收集材料亦有限,本书不足之处,祈请读者批评指正。

柳经纬　朱炎生

2025年2月

第五版前言

2009年12月，《中华人民共和国侵权责任法》正式颁布，并于2010年10月实施。这部法律的颁布和实施，标志着我国民商事法律体系的基本建成。今后民商法教学与研究，也必将围绕着《民法通则》、《婚姻法》、《继承法》、《收养法》、《合同法》、《物权法》、《侵权责任法》、《专利法》、《商标法》、《著作权法》、《公司法》、《证券法》、《合伙企业法》、《破产法》、《信托法》、《海商法》、《票据法》、《保险法》等为主干的民商事基本法律规范，阐发、揭示和发展我国的民商事法律基本理论和基本原理。根据上述民商事法律，结合近年来我国其他方面的民事立法和司法实践的最新发展，我们对本书的有关内容做出了重大修订和更新。

本书第五版继续秉承初版的撰写宗旨，向读者系统、全面地介绍我国民法基本理论和基本制度的核心内容，并对民事立法及司法实践中的若干重大理论问题进行阐述和思考，以期为广大读者更加深入地研究民法理论提供线索、奠定基础。本书第五版亦继续保持初版的简练、明快、流畅的写作风格。

本书第五版各位作者具体的写作分工如下（以撰写章节先后为序）：

柳经纬　中国政法大学教授，法学硕士，博士生导师，本书主编，撰写第1章；

丁丽瑛　厦门大学法学院教授，法学硕士，民商法专业硕士生导师，撰写第2章、第8章、第9章、第15章；

朱炎生　厦门大学法学院教授，法学博士，民商法专业硕士生导师，本书副主编，撰写第3章、第4章、第5章；

郭俊秀　中国东方航空集团公司总法律顾问，法学博士，撰写第6章、第7章；

黄健雄　厦门大学法学院副教授，法学硕士，民商法专业硕士生导师，撰写第10章、第11章、第12章、第13章、第14章；

何丽新　厦门大学法学院副教授，法学硕士，民商法专业硕士生导师，撰写第16章、第17章；

朱泉鹰　厦门大学法学院副教授，法学硕士，民商法专业硕士生导师，撰写第18章、第19章。

本书于2003年5月出版以来，承蒙广大读者厚爱，受到大家欢迎，曾多次重印。借此次修订机会，我们要特别感谢广大读者给予本书的关心和支持，希望本书能够继续得到大家的关心和支持。同时，感谢厦门大学出版社施高翔编辑及其同仁为本书再版付出的辛劳。民法理论丰富精深，我们学识有限，加之收集材料亦有限，本书不足之处，祈请读者批评指正。

柳经纬　朱炎生

2011年8月

第一版前言

厦门大学法律系近年来一直致力于民商法学的课程与教材建设。首先，根据教育部关于本科专业调整的精神，通过修订法学专业本科教学计划，将民法课程进行了适当的调整，分别设置为“民法总论”、“物权法”、“债权法”、“知识产权法”、“婚姻家庭与继承法”课程；将商法课程调整为“商法学”（内容包括商法总论和公司法）和“票据法”、“保险法”、“海商法”、“信托法”、“证券法”等课程，加大了民商法学课程在本科教学中的分量，以适应社会主义市场经济对法学本科教育的需要，并且也使得民法课程的设置更趋于科学和合理。其次，为配合上述课程建设，先后组织编写了《民法总论》、《物权法》、《债权法》、《知识产权法》、《婚姻家庭与继承法》、《商法》（均由厦门大学出版社出版）。此外，为了满足非法学专业本科学生学习民商法的需要，我们组织编写了《民商法教程》（由科学出版社出版）。本书的出版也属于厦门大学法律系民商法学教材建设的组成部分，目的是为一般读者学习民法最为基本的理论知识提供一本参考书。为此，我们在已有的教材建设基础上，将民法总论、物权、债权三部分汇集起来，对原有内容进行了适当的调整，同时根据我国民事立法和司法实践的最新发展以及民法学研究的最新成果，增加了一些新的内容，以便更好地满足读者的要求。

本书内容包括民法总论、物权、债权三部分，共20章，分别为民法概述、民事法律关系、自然人、法人、物、民事法律行为、代理、诉讼时效、期日和期间、物权通论、所有权、共有与相邻关系、用益物权、担保物权、占有、债权通论、合同通论、几种主要的有名合同、无因管理和不当得利、侵权行为。

本书由柳经纬主编、朱炎生副主编，参加编写的有柳经纬、丁丽瑛、朱炎生、郭俊秀、黄健雄、何丽新、朱泉鹰。全书由柳经纬、朱炎生统稿。

本书的编写和出版得到厦门大学出版社的大力支持和鼓励，在此表示感谢。

柳经纬

2003年4月10日

目　录

第1章

民法概述

第一节　民法的概念、对象和内容

一、民法的概念

“民法”,作为一个指称法律部门的专门术语,源于日本。1868年,日本学者津田真道在介绍欧洲律文明时,将荷兰语“burgurlyk regt”译为“民法”。该荷兰语是拉丁语“jus civil”的转译,意为市民法。[①] 1898年,日本颁布民法典,立法上采用了“民法”这一术语。我国清朝末年,图强变法,学习西方,编纂法典,也接受了由日本学者转译的“民法”这一术语。20世纪20年代末30年代初,国民政府相继颁布了民法典的各编,沿用了“民法”一词。新中国成立后,历次民法典编纂一直使用“民法”一词,1986年《中华人民共和国民法通则》颁布,“民法”作为一个法律概念,在法律上得到确定。

民法的概念有实质意义与形式意义之分。形式意义的民法是指用“民法”命名的法律文件,也就是民法典,如《法国民法典》《德国民法典》《瑞士民法典》《日本民法典》,以及我国民国时期的民法典和2020年颁布的《中华人民共和国民法典》(以下简称《民法典》)。实质意义的民法是指国家法律体系中的一个法律部门,即调整平等主体的自然人、法人和非法人组织之间的人身关系和财产关系的法律规范的总称(《民法典》第2条)。形式意义的民法构成了实质意义的民法的主要内容,但实质意义的民法则不限于形式意义的民法,它不仅包括民法典,还应包括民商事单行法(如公司法、票据法、保险法、海商法等)以及其他法律中的民事法律规范。此外,根据《民法典》第10条的规定,不违背公序良俗的民事习惯也属于实质意义的民法。

二、民法的调整对象

法是调整社会关系的规范,调整同一类型的社会关系的法律规范构成一个独立的法律部门,调整不同类型社会关系的法律规范构成不同的法律部门,由不同的法律部门构成国家的法律体系。[②] 民法作为国家法律体系中重要的法律部门之一,有自己特定的调整对象,这就是《民法典》第2条规定的“平等主体的自然人、法人和非法人组织之间的人身关系和财产关系”,包括平等主体之间的人身关系和平等主体之间的财产关系。

① 张俊浩主编:《民法学原理》,中国政法大学出版社1991年版,第1页。

② 划分法律部门的依据,除调整对象外,还有调整方法。参见赵震江、付子堂:《现代法理学》,北京大学出版社1999年版,第416～417页。

（一）平等主体之间的人身关系

人身关系，是指与民事主体的人身不可分离又无直接财产内容的社会关系。人身关系基于民事主体的人格（如人的生命、健康、姓名、肖像、名誉、隐私等以及人格尊严）和身份（如发明人、作者、荣誉获得者、父母子女等亲属身份）而发生。前者形成人格关系，在法律上表现为人格权，包括生命权、健康权、身体权、姓名权、肖像权、名誉权、隐私权、人格尊严、自由等。后者形成身份关系，在法律上表现为身份权，包括亲权（亲子关系）、配偶权、监护权、荣誉权、作品的署名权等。

人身关系的范围广泛，民法并不调整所有的人身关系，只调整平等主体之间的人身关系。它表现为自然人、法人、非法人组织之间应相互尊重对方的人格尊严和身份地位，互不侵犯。那些不属于平等主体之间的人身关系，如国家机关依法限制自然人的人身自由、依法剥夺荣誉获得者的荣誉等，则不由民法调整，而应由行政法、刑法调整。

民法调整的人身关系，本质特征有二：一是民事主体的人格、身份与民事主体不可分离，如自然人的姓名与自然人不可分离，作者的身份与作者不可分离。人身关系中的人格因素是自然人、法人和非法人组织之所以具备独立民事主体地位所不可缺少的要素。二是人身关系不具有直接的财产内容，不可用金钱来评价，非依法律特别规定，人格和身份不可作为交易的对象，不可进行商业化利用。

人身关系与财产关系虽然不同，但也有联系。例如，基于亲属关系，父母子女之间产生具有财产形式的扶养请求权，专利发明人可以转让其专利而获得财产收入，人身权益受到他人侵害可以请求财产赔偿。

（二）平等主体之间的财产关系

财产关系，是指人们在物质资料的生产、分配、交换和消费过程中形成的社会关系。它属于物质的社会关系，可以用金钱来评价。财物的占有、商品的交换、税收的征缴、罚没财产等，均属于财产关系。财产关系的范围很广，并非所有的财产关系都由民法调整，民法只调整平等主体之间的财产关系，包括财产的占有与利用关系、财产的交换关系、财产的继承关系等。那些不是平等主体之间发生的财产关系，如税务机关对企业征收税款、市场管理机关对违法经营者罚款、司法机关裁判没收罪犯的财物，则不属于民法调整的财产关系的范围，而属于行政法、刑法调整的社会关系的范围。同时，只要是平等主体之间发生的财产关系，不论是自然人之间还是法人之间、非法人组织之间，抑或是自然人、法人、非法人组织相互之间发生的财产关系，均应由民法调整。

民法调整的财产关系，其本质特征有二：一是主体地位平等，不论是自然人、法人还是非法人组织，都是独立的民事主体，独立民事主体之间的法律地位是平等的，互不存在隶属关系。二是平等主体之间的财产往来，建立在当事人的自由意志基础上，建立财产关系与否，建立什么样的财产关系，与谁建立财产关系，取决于当事人的自愿，一方当事人不得强迫他方当事人与自己建立财产关系。除非法律特别规定，任何人都不得强制当事人双方建立财产关系。

民法调整的财产关系主要是商品经济关系，包括商品的所有关系和交换关系。商品是天生的平等派，商品经济关系集中体现了民法调整对象的平等性。在市场经济条件下，商品经济关系具有普遍性，因而构成了民法调整的财产关系的主要内容。此外，财产赠与关系、家庭成员之间的财产关系（夫妻财产关系、财产继承关系），侵害他人民事权利引起的损害赔偿关系，也具有平等性，都属于民法调整的范围。

三、民法的体系和内容

民法的体系和内容是由民法调整的社会关系决定的，凡是调整自然人、法人和非法人组织之间的人身关系和财产关系的法律规范和法律制度，都属于民法这一法律部门，构成民法的内容。因此，不仅自然人、法人、非法人组织、物权、债与合同、人格权、婚姻家庭、继承、知识产权、侵权责任等民事法律制度属于民法，而且公司、票据、海商、保险、证券、信托等商事法律制度也属于民法。

对于上述民法的内容，各国立法所采取的做法并不相同。概括地说，主要有两种立法例。一种是民商分立制。19世纪初，法国编纂法典时，在民法典之外另立商法典，形成了民法和商法分别编纂法典的民商分立制。此后，德国、日本、荷兰、比利时等国也采用民商分立制，分别编纂本国的民法典和商法典，民法典主要规定民事主体（自然人、法人）物权、债权、亲属、继承等民事法律制度，商法典主要规定公司、票据、保险、买卖、运输、经纪以及海商等商事法律制度。另一种是民商合一制，在民法典之外，不另行编纂商法典，有关商事法律制度，或者被纳入民法典，或者制定单行法，作为民法的特别法。1911年，瑞士编纂民法典，将1872年制定的《瑞士债务法》（内容包括公司、票据、商业登记等商事法律制度）纳入民法典，为其第五编，创立了民商合一制。土耳其、泰国以及我国民国时期的民事立法也采取民商合一制。意大利因受法国影响，原来也采取民商分立制，1942年重新编纂民法典时，转而采用民商合一制，编纂了包括民事法律制度和商事法律制度的民法典。

在我国，学界对我国民事立法究竟应采用民商合一制还是民商分立制，有过讨论。[①] 但在立法上，我国一直坚持民商合一制。2020年5月22日，全国人民代表大会常务委员会王晨副委员长在第十三届全国人民代表大会第三次会议上作《关于〈中华人民共和国民法典（草案）〉的说明》，指出“我国民事法律制度建设一直秉持‘民商合一’的传统，把许多商事法律规范纳入民法之中”。然而，与瑞士、意大利民法典的民商合一不同，我国民法典只规定民事主体（自然人、法人、非法人组织）物权、合同、人格权、婚姻家庭、继承和侵权责任，并没有将商事法律制度纳入法典，公司、合伙企业、个人独资企业、票据、保险、证券、信托、期货、海商等，均保留单行法的地位，它们作为民法的特别法而存在。

我国民事立法秉持民商合一制，具有科学性。公司、票据、保险、信托、证券、海商等商事法律调整的商事关系（商主体关系和商行为关系）本质上是平等主体之间的社会关系，与民法调整的对象具有同质性，应由民法统一调整。民法的平等、权利保障、意思自治、诚实信用等基本原则，同样适用于商事法律制度。从制度的源流来看，民事法律制度是商事法律制度的“源”，商事法律制度是民事法律制度的“流”，是民事法律制度的具体化和延伸。例如，公司是法人的典型代表，合伙企业和个人独资企业属于非法人组织，票据行为属于民事法律行为，票据关系属于债的关系，保险合同、信托合同、证券交易、期货交易均属于合同，海商中的船舶、船舶租赁、海上运输、船舶碰撞、共同海损等，其制度之“源”均在民法。

在我国民法体系里，公司、票据、保险、信托、证券、海商等单行法与民法典构成了特别法与普通法的关系。在法律适用上，依据《民法典》第11条规定，单行法有规定的，优先适用其规定；单行法没有规定的，适用民法典的规定。

---

① 朱炎生、王赵平：《关于民商立法模式的讨论》，载柳经纬主编：《共和国六十年法学论争实录·民商法卷》，厦门大学出版社2009年版，第273～292页。

必须指出的是，在民法学的理论教学和研究上，民法学作为一个学科和一门课程，并不包括上述作为法律部门的民商法的全部内容。通常认为，民法学科和民法课程的内容由以下部分构成：

(1)民事主体制度。民事主体是民事法关系的参加者，民事权利的享有者和民事义务的承担者。我国的民事主体包括自然人、法人和非法人组织。国家可以作为特殊的民事主体参与民事活动，享有权利和承担义务，如国家是国有财产的所有权人，发行国债时国家是债务人。

(2)物权制度。物权是人对物直接支配并派出他人干涉的权利，包括自物权(即所有权)、他物权(用益物权和担保物权)和占有制度。物权制度调整的是物的归属和利用关系，是一定社会生产资料所有制在法律上的体现，是财产存在的主要法律形式。

(3)债与合同制度。债是特定人之间请求为特定行为的法律关系，债权与物权是最为基本的财产权。合同是商品交换的法律形式，是债发生的主要根据。除合同外，无因管理、不当得利、侵权行为也是债的发生根据。债与合同制度规范的是财产的流转关系，在市场经济条件下，交易的进行就是通过合同的订立和履行而实现的。

(4)人身权制度。人身权是自然人、法人和非法人组织享有与其人身不可分离的民事权利，自然人的人身权包括生命权、健康权、身体权、姓名权、肖像权、隐私权、名誉权、荣誉权以及人格尊严和自由等，法人、非法人组织的人身权包括名称权、名誉权、荣誉权等。

(5)知识产权制度。知识产权是人们对其创造的智力成果享有的权利，主要包括专利权、商标权和著作权。知识产权制度是财产权制度的重要内容，对于促进科学技术进步、提升国家的经济竞争能力，具有重要的意义。

(6)婚姻家庭制度。婚姻是两性结合的社会形式，家庭是以婚姻关系和血统关系为基础的社会单位，结婚、收养、扶养、赡养等是人类社会生活的重要内容。婚姻家庭关系属于平等主体之间的社会关系，属于民法调整的范围，婚姻家庭制度是民法的基本制度。

(7)继承法律制度。现代意义的继承仅指财产继承，财产继承发生在具有一定亲属关系的自然人之间，财产继承关系属于平等主体之间的关系，是民法的重要内容。

第二节　民法的本质和基本原则

一、民法的本质

(一)民法是商品经济的法

商品经济是以交换为目的的经济形态。马克思在谈到商品交换时指出："商品不能自己到市场去，不能自己交换。因此，我们必须寻找它的监护人，商品所有者。……为了使这些物作为商品彼此发生关系，商品监护人必须作为有自己的意志体现在这些物中的人彼此发生关系，因此，一方只有符合另一方的意志，就是说每一方只有通过双方共同一致的意志行为，才能让渡自己的商品，占有别人的商品。"[①]马克思关于商品交换的这一论述揭示了商品交换得以进行的三个要素：一是商品的所有者，他们是商品交换的主体；二是商品所有者对商品的支配力，他们能将"自己的意志体现在"商品上，决定商品的命运；三是合意，商品交换只能基于商品所

① [德]卡尔·马克思、[德]弗里德里希·恩格斯：《马克思恩格斯全集》第 23 卷，人民出版社 1972 年版，第 102 页。

有者之间的合意，商品所有者只有通过合意“才能让渡自己的商品，占有别人的商品”。商品交换的三要素在法律上的体现就是民法的主体制度、物权制度和债与合同制度。民事主体包括自然人、法人和非法人组织，民事主体制度是对商品交换主体最为直接的确认。物权尤其是所有权制度是对商品所有者对其商品的支配力的认可。债与合同制度是商品交换行为及其效力的确认，合同不过是商品交换的法律用语。自罗马法以来，尽管民法的内容随着社会的发展发生了变化，但不变的是，构成民法支柱的三大制度，即主体制度、物权制度和债权制度，并没有根本的变化。民法的发展和内容的丰富总是与商品经济的发展有着内在的联系。在此意义上，可以说，民法是商品经济的法。

承认民法是商品经济的法，对于发展社会主义市场经济、健全和完善社会主义市场经济体制，具有重要的意义。市场经济是发达的商品经济，本质上是法治经济，民法是市场经济的法律支撑。民法的主体制度为市场主体的自主经营提供了法律保障，民法的物权制度为保护不同主体的产权提供了法律依据，民法的债与合同制度为市场主体的经营活动提供了法律规范，民法是市场经济法律体系的基石。

（二）民法是私法

公法和私法是自罗马法以来西方社会关于法的基本分类。在罗马法上，“公法是关系到罗马人的公共事务之状况的法律；私法是关系到个人利益的法律”[①]。在西方社会，关于公法与私法的划分标准，有利益说、主体说、法律关系说等不同主张。[②] 但不论何种主张，就其对法律的归类，并无根本的区别。通常将宪法、行政法、刑法、诉讼法归入公法，而将民法、商法归入私法。民事主体制度、物权制度、债与合同制度、人身权制度、婚姻家庭制度、继承制度以及公司、票据等商事法律制度，都是关于自然人、法人、非法人组织之间的人身关系和财产关系的规定，体现的是社会个体的利益和意志，具有私法属性。

我国学界对民法私法属性的认识经历了一个曲折的过程。由于受苏俄法学理论的影响，在相当长时期内，我国学界对公法与私法的划分，对民法是私法的理论，一直持批判态度，认为私法是与生产资料的私有制相联系的，社会主义国家建立了生产资料的公有制，私法失去了存在的经济基础。改革开放以后，随着经济体制改革的不断深化，社会主义市场经济体制的确立，自然人、法人、非法人组织的个体利益逐渐得到承认，理论上也逐步改变了对私法的看法，民法的私法属性逐渐得到确认。从否定民法的私法属性到重新认识民法的私法属性，是我国改革开放以来民法学研究“最根本性”的理论收获。[③]

在国家法律体系中，私法相对于公法而言，由于它所规范和保护的是个体的利益，事关每个社会成员的法律地位及其切身利益，因而更具有基础性地位。由于我国几千年封建社会的传统是重刑轻民，缺乏私法的观念；又由于我国在计划经济年代，强调的是个人服从集体、集体服从国家，社会成员的个体利益未受重视，因此强调民法的私法属性，对推进全面依法治国、加快建设社会主义法治国家，对坚持以人民为中心的发展思想、依法维护人民权益、推动我国人权事业发展，具有特殊的理论价值和社会意义。

---

① ［古罗马］优士丁尼：《法学阶梯》，徐国栋译，中国政法大学出版社 2005 年版，第 11 页。

② 王泽鉴：《民法总则》，台湾三民书局 2000 年增订版，第 13 页。

③ 参见柳经纬：《关于民法私法属性问题的讨论》，载柳经纬主编：《共和国六十年法学论争实录·民商法卷》，厦门大学出版社 2009 年版，第 21～37 页。

(三)民法是权利法

权利是法学的一个基本范畴,也是一定社会法律制度的核心内容。在国家法律体系中,最集中反映人的权利的是民法,民法的全部制度都是围绕着权利的确认和保护而展开的。民法规定了民事权利的享有者(民事主体)、民事权利的类型和内容(物权、债权、人格权、身份权、知识产权、继承权等)、民事权利的取得与行使(民事法律行为、代理、合同、遗嘱等)、民事权利的保护(民事责任),民法是以权利为核心而建立起来的具有内在逻辑联系的法律部门。无论是大陆法系国家的民法典还是我国的民法典,都展示了民法的这种内在逻辑关系。

民法是权利法,决定了民法规范主要是任意性规范的特征。民法赋予民事主体以充分的行为自由,只要不违背法律的禁止性规定,民事主体行使权利与否以及以何种方式行使权利,均由其自主决定,他人(包括政府)不得干涉。民法的权利法属性决定了在民事法律关系中,民事权利始终处在主导的一面,民事义务则是为满足权利人的利益而获得存在价值,处在被主导的一面。不论是法定义务还是约定义务,都是为了满足权利人的利益要求。至于民事责任,就其法律意义而言,是指行为人违反义务应承担的不利法律后果,民事责任制度的基本功能是保护权利人的权利。

党的十八大以来,我国更加重视权利的保护。十八届四中全会通过的《中共中央关于全面推进依法治国若干重大问题的决定》提出要"保护产权、维护契约",党的十九大报告(《决胜全面建成小康社会 夺取新时代中国特色社会主义伟大胜利》)进而提出要"保护人民人身权、财产权、人格权"。充分认识民法的权利法属性,对于实现法治、实现国家治理现代化,落实以人民为中心的理念,都具有重要的理论意义。

二、民法的基本原则

民法基本原则是民法本质的体现,是民法调整的人身关系和财产关系最为本质的反映。它既是民事立法的出发点和依据,也是民事司法以及民法解释和研究民法的出发点和依据。我国民法的基本原则体现在《民法典》以及民事特别法的规定之中,具体包括:平等原则、民事权益保护原则、意思自治原则、诚实信用原则、公序良俗原则。

(一)平等原则

民法的平等原则,是指民事主体在法律地位上是平等的,不论是自然人还是法人、非法人组织,也不论自然人的性别、年龄、职务、宗教信仰以及社会地位有何差别,法人、非法人组织的性质、业务范围有何不同,他们都是独立的民事主体,具有独立的主体资格,互相独立,互不隶属,他们的法律地位是平等的。

民法的平等原则是民法调整的社会关系的本质属性决定的,贯穿于民法的全部领域。《民法典》第 4 条规定"民事主体在民事活动中的法律地位一律平等",最集中地宣示了民法的平等原则。《民法典》第 14 条关于"自然人的民事权利能力一律平等"的规定,第 57 条关于"法人依法独立享有民事权利和承担民事义务"的规定,第 102 条关于非法人组织"依法以自己的名义独立从事民事活动"的规定,第 113 条关于"民事主体的财产权受法律平等保护"的规定,第 1041 条关于"男女平等"的规定,都体现了民法的平等原则。民法的各项制度,民法的全部规范,其使命都在于以法的形式、法的手段去维护民事主体之间的平等关系。

一般说来,民法的平等原则具有形式上平等的特点。这是一种抽象的平等,一种舍弃人与人之间实际上存在差别的平等。在现实社会中,人与人之间,消费者与生产者之间,企业与员工之间,大企业与小企业之间,总是存在着这样或那样的差别的。现代法律不仅关注民事主体之间形式上的平等，规定民事主体的法律地位平等，也关注实质的平等。这就是对弱势群体的特别保护。对于社会生活中处于弱势的消费者、劳动者、残疾人、妇女、儿童、老人，法律给予特殊的保护，赋予他们以特殊权利，正是实质平等的要求。例如，赋予消费者知情权、选择权等特殊权利，保护消费者权益；赋予劳动者合同解除权等特殊权利，保护劳动者权益；反不正当竞争、反垄断，保护中小企业权益，都体现了现代法律对弱势群体的特殊保护，实现社会实质的平等。

（二）民事权益保护原则

这一原则又可称为民事权益不可侵犯原则或民事权利的神圣性原则。《民法典》第 1 条开宗明义指出制定民法典的首要任务是“为了保护民事主体的合法权益”。第 3 条进而规定：“民事主体的人身权利、财产权利以及其他合法权益受法律保护，任何组织或者个人不得侵犯。”此外，《民法典》第 109 条（人身自由、人格尊严保护）、第 111 条和第 1034 条（个人信息保护）、第 113 条和第 207 条（财产权平等保护）、第 128 条（弱势群体保护）、第 130 条（权力行使不受干涉）、第 258 条（国家财产保护）、第 265 条（集体财产保户）、第 267 条（私人财产保护）、第 991 条（人格权保护）、第 1041 条（婚姻家庭保护）、第 1120 条（继承权保护）等，均宣示了民事权益保护原则。除了《民法典》的规定外，其他民商事特别法也有关于民事权益保护原则的相应规定。例如，《公司法》第 1 条规定“保护公司、股东和债权人的合法权益”，《证券法》第 1 条规定“保护投资者的合法权益”，《农村土地承包法》第 8 条规定“国家保护集体土地所有者的合法权益，保护承包方的土地承包经营权，任何组织和个人不得侵犯”，都体现了民事权益保护的原则。

在制度安排上，民法主要通过三个层面落实民事权益保护原则：一是规定了民事主体享有的具体民事权利和受法律保护的利益，包括《民法典》总则编第五章“民事权利”规定的具体民事权利和受法律保护的利益以及各分则编规定的具体民事权利，后者如物权编规定的所有权、用益物权、担保物权和占有，人格权编规定的生命权、健康权等具体人格权。二是规定了民事权益的取得与行使，包括《民法典》第 129 条（民事权利可以依据民事法律行为、事实行为、法律规定的事件或者法律规定的其他方式取得）、第 130 条（民事主体按照自己的意愿依法行使民事权利，不受干涉）等以及各分则编的相关规定。三是规定了民事责任以保护民事权益，主要包括总则编第八章“民事责任”、侵权责任编以及物权编、合同编、人格权编等分则中编有关侵害民事权利的民事责任的规定。上述三个层面的规定，构成了民事权益保护的制度体系。

民事权益保护原则是与义务必须履行和权利不得滥用规则相适应的。《民法典》第 131 条规定：“民事主体行使权利时，应当履行法律规定的和当事人约定的义务。”第 132 条规定：“民事主体不得滥用民事权利损害国家利益、社会公共利益或者他人合法权益。”

（三）意思自治原则

意思自治又称私法自治，是指在民事领域，民事主体有权依据自己的意愿，在不违反法律的限度内，自主处理自己的事务和确立相互间的权利义务关系，他人不得予以干涉。此即所谓“法无禁止即可为”。《民法典》第 5 条规定：“民事主体从事民事活动，应当遵循自愿原则，按照自己的意思设立、变更、终止民事法律关系。”第 130 条规定：“民事主体按照自己的意愿依法行使民事权利，不受干涉。”彰显的就是意思自治原则。

意思自治是自由价值观在民法中的具体变现，是民法最为核心的原则，它贯穿于民法的全部领域。民事主体制度中的自然人、法人、非法人组织的独立人格是对其自由意志的确认，物权制度中的所有权制度所确认的权利人的财产自由，合同制度中的合同自由、婚姻家庭制度中的婚姻自由,继承制度中的遗嘱自由,都是意思自治原则在民法各领域中的体现。在民法中,民事法律行为制度是为实现意思自治所作的最为基础的制度安排。民事法律行为以行为人的意思表示为要素,没有意思表示就没有民事法律行为。法人的章程、合同、结婚、遗嘱等,都属于民事法律行为。民事法律行为制度对意思表示效力的确认和所确立的"法无明文禁止即合法"的规则,为实现当事人意思自治奠定了制度的基础;民事法律行为制度所构建的规范体系,为人们设立权利义务关系提供了行为模式,为实现当事人意思自治提供了有效的运行机制;民事法律行为制度所确立的行为缺陷的救济之道,为实现当事人意思自治提供了补救之道。[①]民事法律行为制度是意思自治的"工具"。[②]

在合同双方当事人社会经济地位悬殊的情况下,意思自治往往会出现偏差,从而成为强者欺凌弱者的工具。对于强势一方来说,他确实是自由的,但对于弱势一方来说,他可能迫于生计而不得不接受强势一方设定的苛刻的交易条件。现实社会中,消费合同、劳动合同常常存在这种以强凌弱的情形。现代法律为了加强对弱势群体的保护,对意思自治加以限制。例如,《民法典》第 496 条、第 497 条、第 498 条对格式合同的订立、效力和解释作了特别规定,《劳动合同法》对劳动合同作了特别规定,其目的就在于加强对消费者、劳动者的保护。

(四)诚实信用原则

诚实信用简称诚信。在《法国民法典》和《德国民法典》中,诚实信用被规定为债和合同履行的准则。[③]《瑞士民法典》率先将诚实信用规定为民法的基本原则,该法第 2 条规定:"任何人都必须诚实、信用地行使其权利并履行其义务。"此后,大多数国家或通过立法或通过司法,确立了诚实信用的民法基本原则地位。在我国,最早规定诚实信用原则的是 1986 年的《民法通则》,该法第 4 条规定:"民事活动应当遵循……诚实信用的原则。"《民法典》第 7 条进而规定:"民事主体从事民事活动,应当遵循诚信原则,秉持诚实,恪守承诺。"

诚实信用原则要求民事主体在民事活动中,不论是行使权利还是履行义务,都应当诚以待人,不欺不诈,恪守承诺,讲求信用,不滥用权利,不言而无信,做到孔夫子所说的"己所不欲,勿施于人"(《论语·卫灵公》)。诚实信用原则集中体现在合同法中。《民法典》合同编关于缔约过失责任和缔约保密义务的规定(第 500 条、第 501 条),关于合同履行原则与附随义务的规定(第 509 条),关于合同终止后通知协助保密等义务的规定(第 558 条)以及关于合同解释的规定(第 466 条),都体现了诚实信用原则。此外,《公司法》《信托法》《证券法》等商事特别法也规定了诚实信用原则。[④]

诚实信用原则着眼于当事人之间的公平和利益平衡,反映了民法调整社会关系更深层次的要求。这一原则不仅意味着民事主体在民事活动中应遵守诚实信用,而且意味着法律授权法官在法无明文规定或者法律规定不明确时依诚实信用原则作出裁判,以填补法律之漏洞。

---

① 柳经纬:《意思自治与法律行为制度》,载《华东政法学院学报》2006 年第 5 期。

② [德]迪特尔·梅迪库斯:《德国民法总论》,邵建东译,法律出版社 2000 年版,第 143 页。

③ 《法国民法典》第 1134 条第 3 款:"契约应依善意履行之。"《德国民法典》第 242 条:"债务人应依诚实和信用,并参照交易上的习惯,履行给付。"

④ 《公司法》第 19 条:"公司从事经营活动,必须遵守法律法规,遵守社会公德、商业道德,诚实守信,接受政府和社会公众的监督。"《信托法》第 5 条:"信托当事人进行信托活动,必须遵守法律、行政法规,遵循自愿、公平和诚实信用原则,不得损害国家利益和社会公共利益。"《证券法》第 4 条:"证券发行、交易活动的当事人具有平等的法律地位,应当遵守自愿、有偿、诚实信用的原则。"《合伙企业法》第 5 条:"订立合伙协议、设立合伙企业,应当遵循自愿、平等、公平、诚实信用原则。"

诚实信用原则是社会主义核心价值观在民法中的体现。2012 年 11 月，中国共产党第十八次全国代表大会报告提出要“倡导富强、民主、文明、和谐，倡导自由、平等、公正、法治，倡导爱国、敬业、诚信、友善，积极培育和践行社会主义核心价值观”。诚信作为社会主义核心价值观的重要内容之一，它是社会和谐稳定的基石，也是维持社会秩序的纽带。将诚实信用确立为民法的基本原则，就是要把诚信真正内化于心、外化于行，成为包括民事活动在内的社会交往的基本准则。

（五）公序良俗原则

公序良俗是公共秩序与善良风俗的简称。所谓公共秩序，是指国家社会的存在及其发展所必需的一般秩序，包括社会经济秩序和社会公共利益。所谓善良风俗，是指国家社会的存在及其发展所必需的一般道德风尚，包括社会公德、商业道德和社会良好风尚。公序良俗作为民法的基本原则，是指民事主体从事民事活动应当遵守公共秩序和社会的一般道德。《民法典》第 8 条规定：“民事主体从事民事活动，不得违反法律，不得违背公序良俗。”

公序良俗原则的基本理论依据是意思自治和权利不可滥用的辩证统一。意思自治意味着民事主体在不违背强制性法律规则和法律不禁止的条件下，可自愿选择满足或有利于自身利益的行为。权利不可滥用则意味着民事主体权利行使时，其行为应符合善良风俗习惯，不损害国家和社会一般的公共秩序要求。在法律不足以评价民事主体的行为时，公序良俗原则可以限制民事主体的意思自治及权利滥用。

公序良俗原则具有直接评价民事法律行为的作用。《民法典》第 143 条规定，民事法律行为的有效条件之一是“不违背公序良俗”。第 153 条第 2 款规定：“违背公序良俗的民事法律行为无效。”依据这一规定，人民法院可以对违背公序良俗的民事法律行为作出无效的判定。

第三节 民法的渊源、效力和适用

一、民法的渊源

法的渊源即法的形式，指法律规范借以表现的外在形式。民法的渊源主要有宪法、法律、行政法规、部门规章、地方性法规和规章、司法解释、习惯。

（一）宪法

宪法是国家的根本大法，具有最高的法律效力。我国现行《宪法》于 1982 年 12 月 4 日由第五届全国人民代表大会第五次会议通过，历经 1998 年、1993 年、1999 年、2004 年、2018 年五次修正。宪法关于基本经济制度的规定，关于财产权及其保护的规定，关于公民人身自由、人格尊严等基本权利的规定，都是重要的民事法律规范。

（二）法律

法律是全国人民代表大会及其常务委员会制定和颁布的法律文件。法律是我国民法的主要渊源，包括《民法典》和民商事单行法，后者包括《农村土地承包法》《公司法》《合伙企业法》《个人独资企业法》《商业银行法》《证券投资基金法》《农民专业合作社法》，以及《票据法》《保险法》《海商法》《信托法》《证券法》《电子商务法》《电子签名法》《拍卖法》等。此外，《土地管理法》《个人信息保护法》《食品安全法》等行政法律中也包含着民事法律规范，它们也是民法的渊源。

（三）行政法规

行政法规是国务院依据宪法和法律规定制定和颁布的法律文件。行政法规的内容不限于行政法律规范，也包括民事法律规范，有些行政法规甚至主要是民事法律规范，如《城镇国有土地使用权出让和转让暂行条例》《市场主体登记管理条例》《个体工商户条例》《不动产登记暂行条例》《彩票管理条例》《存款保险条例》《保障农民工工资支付条例》。行政法规中的民事法律规范也是民法的渊源。

（四）部门规章

部门规章是国务院各部委等机构根据法律和行政法规的规定在本部门的权限范围内制定的法律文件。部门规章中也有民事法律规范，如农业农村部制定的《农村土地经营权流转管理办法》、交通运输部等制定的《网络预约出租汽车经营服务管理暂行办法》、国家市场监督管理总局制定的《规范促销行为暂行规定》等。部门规章中的民事法律规范也是民法的渊源。

（五）地方性法规和规章

地方性法规是省、自治区、直辖市、设区的市、自治州的人民代表大会及其常务委员会依法制定的法律文件；地方性规章是省、自治区、直辖市和设区的市、自治州的人民政府依法制定的法律文件。前者如四川省第十三届人民代表大会常务委员会制定的《四川省物业管理条例》，后者如北京市人民政府制定的《北京市工程建设监理管理办法》。地方性法规、规章中的民事法律规范也是民法的渊源。

（六）司法解释

最高人民法院是我国最高审判机关。为了正确地理解和适用法律，指导审判工作，最高人民法院制定了大量的民事司法解释文件。这些司法解释文件有的细化了法律规定的民事法律规范，有的填补了民事法律规范的空白，对民商事纠纷的处理具有重要的规范意义，是我国民法的重要渊源。最重要的民事司法解释是关于适用《民法典》的解释，最高人民法院已经发布的有关民法典的司法解释主要有：《最高人民法院关于适用〈中华人民共和国民法典〉时间效力的若干规定》《最高人民法院关于适用〈中华人民共和国民法典〉物权编的解释（一）》《最高人民法院关于适用〈中华人民共和国民法典〉继承编的解释（一）》《最高人民法院关于适用〈中华人民共和国民法典〉婚姻家庭编的解释（一）》《最高人民法院关于适用〈中华人民共和国民法典〉婚姻家庭编的解释（二）》《最高人民法院关于适用〈中华人民共和国民法典〉有关担保制度的解释》《最高人民法院关于适用〈中华人民共和国民法典〉总则编若干问题的解释》（以下简称《民法典总则编司法解释》）《最高人民法院关于适用〈中华人民共和国民法典〉合同编通则若干问题的解释》《最高人民法院关于审理生态环境侵权责任纠纷案件适用法律若干问题的解释》《最高人民法院关于审理生态环境侵权纠纷案件适用惩罚性赔偿的解释》《最高人民法院关于适用〈中华人民共和国民法典〉侵权责任编的解释（一）》。此外，最高人民法院在公司法、保险法、证券法、信托法等领域，也制定了系列的司法解释。

（七）习惯

习惯是指在一定地域、行业范围内经久养成的为一般人确信并普遍遵守的民间习俗或惯例，包括社会习俗、交易惯例等。《民法典》第 10 条规定："处理民事纠纷，应当依照法律；法律没有规定的，可以适用习惯，但是不得违背公序良俗。"承认习惯的法源地位，可以在一定程度上弥补法律的不足，有利于定分止争，处理民事纠纷。

二、民法的效力

(一)时间效力

民法的时间效力,是指民法在什么时间范围内具有约束力,包括何时发生效力、何时终止效力以及对民法实施之前发生的事件和行为有无溯及力等问题。

民法的生效时间依法律规定。通常,法律并非从公布之日起就发生效力,而是经过一段期间后才发生效力。例如,《民法典》于 2020 年 5 月 28 日颁布(中华人民共和国主席令第 45 号),自 2021 年 1 月 1 日起施行(《民法典》第 1260 条)。这主要是考虑法律公布后需要有一定的时间来开展宣传和做好实施的准备工作。也有的法律规定自公布之日起即生效的。例如,《台湾同胞投资保护法》第 15 条规定:"本法自公布之日起施行。"该法于 1994 年 3 月 5 日公布,公布之日起即生效。通常,法律文件本身不直接规定效力终止的时间,而是在新法公布之时,由新法规定旧法效力终止的时间,旧法效力终止的时间也就是新法生效的时间。例如,《民法典》第 1260 条规定:"本法自 2021 年 1 月 1 日起施行。《中华人民共和国婚姻法》《中华人民共和国继承法》《中华人民共和国民法通则》《中华人民共和国收养法》《中华人民共和国担保法》《中华人民共和国合同法》《中华人民共和国物权法》《中华人民共和国侵权责任法》《中华人民共和国民法总则》同时废止。"

原则上,法律没有溯及既往的效力,法律只能要求人们遵守已经颁行的法律,而不能要求人们遵守尚未颁行或未来颁行的法律。这是法治的一项原则。《法国民法典》第 2 条明确规定:"法律仅仅适用于将来,没有溯及力。"但是,如果旧法没有规定而新法有规定,可以赋予新法以溯及既往的效力,以解决纠纷。《民法典》颁布后,《最高人民法院关于适用〈中华人民共和国民法典〉时间效力的若干规定》对民法典的溯及力问题作了专门的规定。该司法解释第 2 条规定:"民法典施行前的法律事实引起的民事纠纷案件,当时的法律、司法解释有规定,适用当时的法律、司法解释的规定,但是适用民法典的规定更有利于保护民事主体合法权益,更有利于维护社会和经济秩序,更有利于弘扬社会主义核心价值观的除外。"第 3 条规定:"民法典施行前的法律事实引起的民事纠纷案件,当时的法律、司法解释没有规定而民法典有规定的,可以适用民法典的规定,但是明显减损当事人合法权益、增加当事人法定义务或者背离当事人合理预期的除外。"第 4 条规定:"民法典施行前的法律事实引起的民事纠纷案件,当时的法律、司法解释仅有原则性规定而民法典有具体规定的,适用当时的法律、司法解释的规定,但是可以依据民法典具体规定进行裁判说理。"第 6 条至第 19 条还对《民法典》中具有溯及力的条文作了明确的规定。

(二)民法的空间效力

民法的空间效力,是指民法在什么地域范围内具有约束力。《民法典》第 12 条规定:"中华人民共和国领域内的民事活动,适用中华人民共和国法律。法律另有规定的,依照其规定。"因此,除了法律本身特别规定外,我国民法的效力及于中华人民共和国的全部领域,它包括中华人民共和国的领陆、领空、领水以及驻外使馆等延伸意义的领域。所谓法律另有规定的除外情形包括:一是涉外民事法律关系的法律适用,可以依法适用外国法律。我国《涉外民事关系法律适用法》对适用外国法的原则以及民事主体、婚姻家庭、继承、物权、债权和知识产权等领域适用外国法作了具体的规定。二是某些法律因其效力只及于一定行政区域而不适用于全国,其间的民事法律规定也只在特定区域内发生效力。例如,《香港特别行政区基本法》《澳门特别行政区基本法》的民事法律规范,只适用于香港特别行政区、澳门特别行政区,而不适用于全国。此外，地方性法规和规章，也只在其管辖区域内有效，不适用于全国。

（三）民法对人的效力

民法对人的效力，是指民法对什么人具有约束力。民法上的“人”，即民事主体，包括自然人、法人和非法人组织。自然人包括本国公民、外国公民和无国籍人，法人包括法人和外国法人，非法人组织也包括本国的非法人组织和外国的不具备法人资格的组织。对我国公民，不论其在我国境内还是境外，均适用我国民法。对外国公民和无国籍人，如其在我国境内，依据《民法典》第 12 条规定，除法律另有规定外，也适用我国民法。对于我国法人、非法人组织和在我国领域内从事民事活动的外国法人和无法人资格的组织，适用我国民法。

三、民法的适用

民法的适用，是指人民法院或仲裁机构在查清民事案件事实的基础上，引用民事法律规范，对案件作出裁决的过程。民法适用应依逻辑方法进行，并遵守特别法优于普通法适用等规则。

（一）特别法优于普通法

法律规范依其适用范围可分为普通法和特别法，普通法适用于一般情形，特别法适用于特定情形。在民法的适用上，特别法优先于普通法而适用，即对于特定事项，特别法有规定的，优先适用特别法的规定；特别法没有规定的，适用普通法的规定。《民法典》第 11 条规定的“其他法律对民事关系有特别规定的，依照其规定”，确立了特别法优于普通法的适用规则。在我国民法体系中，《民法典》为普通法，公司、票据、保险、农村土地承包等单行法为特别法。在处理公司、票据、保险、农村土地承包等特别法规定的法律事务时，应优先适用特别法的规定；没有规定的，适用《民法典》的规定。例如保险合同，优先适用《保险法》的规定，《保险法》没有规定时，则适用《民法典》合同编通则和总则编的规定。

（二）强行法优于任意法

法律规范依其是否允许当事人自由意志予以变更或排除适用可分为强行法和任意法。强行法要求人们必须遵守，不得以协议予以变更。民法有关民事主体的民事权利能力和民事行为能力的规定，关于法人、非法人组织的设立、变更、终止的规定，关于物权类型、物权内容和物权变动的规定，关于诉讼时效的规定，关于婚姻家庭关系的规定，关于法定继承的规定等，均属强行法；任意法则允许当事人协议予以变更，法律之规定仅作为当事人意思之补充。民法是权利法，法律规范主要是任意性规范。民法的任意性主要体现在关于民事法律行为和合同的规定中。当然，民事法律行为和合同的规定中也有强行性规范，如关于民事法律行为和合同无效的规定。在民法适用问题上，强行法优先于任意法而适用，即对于具体民事纠纷，民法有强行性规定的，应适用其规定。例如，《民法典》第 154 条规定：“行为人与相对人恶意串通，损害他人合法权益的民事法律行为无效。”在合同纠纷案件中，如行为人与相对人恶意串通的事实得以确认，应当适用第 154 条规定，认定合同无效。

（三）法无具体规定时适用原则性规定

民法是一个由具体规范和原则性条文构成的规范体系，其间的适用规则是，有具体规定的，适用具体规定；没有具体规定的，适用原则性规定。例如，关于合同、遗嘱，《民法典》合同编有关合同的规定、继承编关于遗嘱的规定，属于具体规定，《民法典》总则编关于民事法律行为的规定，则属于原则性规定。在法律适用上，合同编、继承编有具体规定的，适用其具体规定；没有具体规定的，适用总则编关于民事法律行为的规定。

（四）类推适用

类推适用，是指在适用法律处理个案争议时，因法无明文规定，可以适用与案件事实最相类似的规定。设立类推使用制度的意义在于弥补法律的空白，使得案件免于因法律没有规定而处于处理无据的状态。《民法典》第 467 条第 1 款规定："本法或者其他法律没有明文规定的合同，适用本编通则的规定，并可以参照适用本编或者其他法律最相类似合同的规定。"第 646 条规定："法律对其他有偿合同有规定的，依照其规定；没有规定的，参照适用买卖合同的有关规定。"均为类推适用的规定。《民法典》第 468 条规定："非因合同产生的债权债务关系，适用有关该债权债务关系的法律规定；没有规定的，适用本编通则的有关规定，但是根据其性质不能适用的除外。"其中"没有规定的，适用本编通则的有关规定"，也属于类推适用的规定。

第四节　民法的历史发展

一、前资本主义社会的民法

民法的产生和发展与商品经济的产生和发展有着密切的关系。马克思说："先有交易，后来才由交易发展为法制……这种通过交换和在交换关系中才产生的实际关系，后来获得了契约这样的法律形式。"[①]

在前资本主义社会，自然经济占统治地位，商品经济处于从属地位，基本上是简单的商品经济。因此，就世界范围而言，民法并不发达，也没有在世界范围内获得发展。例如，在我国古代，礼法不分、民刑不分、重刑轻民，是我国几千年封建社会法律的基本写照。又如，在古代印度，阿拉伯人入侵前，被封为圣典的《摩奴法典》包括宗教、道德和法律规定以及哲学等内容，教法不分，诸法合一。[②]

在前资本主义社会，代表着简单商品经济社会的民法的是罗马法。公元前 8 世纪，罗马人建立城邦后，不断对外扩张，建立了罗马帝国。由于地中海沿岸特殊的地理位置，罗马人在建立和统治帝国的过程中，也促进了帝国内商品经济的发展。除了首都罗马外，许多商港逐渐发展成为工商业城市。商品经济的发展促进了民法的发展。原先只适用于罗马市民的市民法与适用于非罗马市民（外来人和被征服地区的居民）的万民法逐渐统一，罗马市民和非罗马市民之间的差别逐渐消失，确立了除奴隶外的自由民的平等，"在这种平等的基础上罗马法发展起来了"，[③]产生了罗马帝国时期著名的《十二铜表法》。公元 476 年，西罗马帝国灭亡后，东罗马帝国皇帝查士丁尼于公元 528 年组织编纂法典，收集和整理了罗马帝国颁行的法律、制度和法学家的著述（罗马法学家的著述也是法律的渊源），先后编成了《查士丁尼法典》（又译为《法学总论》）、《法学阶梯》和《学说汇纂》。查士丁尼死后，法学家将其在位期间颁布的敕令整理成《新律》。后世将这四部法律汇编称为《国法大全》或《民法大全》。

罗马法分为人法、物法和诉讼法三部分。人法包括自由人、奴隶、家长权、婚姻、收养、监护

---

① [德]卡尔·马克思、[德]弗里德里希·恩格斯：《马克思恩格斯全集》第 19 卷，人民出版社 1963 年版，第 423 页。

② 陈盛清主编：《外国法制史》，北京大学出版社 1982 年版，第 19～21 页。

③ 于沛霖：《马克思恩格斯罗马法》，载《法律科学》1989 年第 4 期。

等内容，物法包括物、所有权、其他物权、债和契约、继承等内容，后世民法的基本制度都可以在罗马法上找到渊源。而且，罗马法所确立的人(自由民)在法律上的平等、契约是当事人之间的协议、财产无限私有等法律原则，对后世的民法也有很大影响。[①] 其原因就在于罗马法反映了罗马社会商品经济的客观要求，如同恩格斯所说的，罗马法"对简单商品所有者的一切本质的法律关系"作了"无比明确的规定"[②]，它"是简单商品经济生产即资本主义前的商品生产的完善的法"，它"包含着资本主义时期的大多数法权关系"。[③] 在民法学研究的传统中，所谓"言必称罗马"，就是指罗马法对后世民法的影响。

罗马社会是奴隶制社会，罗马法是奴隶制社会的法，有着十分残酷的一面。其主要表现在：一是奴隶无人格。奴隶不具有法律人格，不是民事主体，奴隶属于物，是奴隶主的财产。二是债务奴隶制。在古代罗马法中，债是"法锁"，具有人身属性，当债务人不能偿还债务时，债权人有权对债务人的人身采取强制措施，使之成为债权人的奴隶，任由债权人处置。

二、资本主义社会的民法

资本主义社会是商品经济高度发达的社会。商品经济不仅成为一国的主要经济形式，而且随着资本的扩张和对外侵略，商品经济跨越国界，冲击着落后国家的封闭的自然经济体制，成为世界经济的主导形式。在资本主义社会，民法受到普遍的重视，成为资本和商品经济所到之处调整和规范经济关系的主要法律，在资本主义时期，民法具有世界性。就大陆法系国家的民法而言，其代表性的法律是《法国民法典》和《德国民法典》。

《法国民法典》，又称《拿破仑法典》，是拿破仑下令起草并亲自参加讨论编纂的法典，1804年3月21日由拿破仑签署法令，颁布实施。《法国民法典》由三编构成，共2281条。第一编"人"规定了自然人和婚姻家庭以及相关的法律制度。第二编"财产及对所有权的各种限制"规定了财产的类型、所有权和用益权、使用权、居住权、役权和地役权等用益物权等制度。第三编"取得财产的各种方法"规定了继承、遗嘱、各种合同、质权、抵押权等制度。从体例上看，《法国民法典》主要沿袭了罗马法《法学阶梯》的体系，划分人法和物法，但将诉讼法从民法中分离出去。从内容上看，《法国民法典》详细规定了财产关系和人身关系的各个方面的制度，确立了人的自由平等、私有财产神圣不可侵犯和契约自由原则，是一部"典型的资产阶级社会的法典"(恩格斯语)。[④] 从语言文体上看，《法国民法典》行文流畅明快，通俗易懂，被誉为"法国最伟大的文学著作"。[⑤] 在法国，《法国民法典》沿用至今，被誉为法国"最伟大的财产"，是"法国的真正宪法"。[⑥] 在国际上，《法国民法典》影响广泛，丹麦、希腊，以及美国路易斯安那州的民法典都是仿照《法国民法典》编制而成的，德国、西班牙、葡萄牙、瑞士、巴西等国的民法典也在一定

---

① 陈盛清主编：《外国法制史》，北京大学出版社1982年版，第70页。

② [德]卡尔·马克思、[德]弗里德里希·恩格斯：《马克思恩格斯选集》第4卷，人民出版社1995年版，第252页。

③ [德]卡尔·马克思、[德]弗里德里希·恩格斯：《马克思恩格斯全集》第36卷，人民出版社1995年版，第169页。

④ [德]卡尔·马克思、[德]弗里德里希·恩格斯：《马克思恩格斯全集》第21卷，人民出版社1972年版，第347页。

⑤ [日]大木雅夫：《比较法》，范愉译，法律出版社1999年版，第183页。

⑥ [法]罗贝尔·巴丹戴尔：《最伟大的财产》，载罗结珍译：《法国民法典》(上册)，法律出版社2005年版，中译本代序第1～2页。

程度上受到《法国民法典》的影响。

《德国民法典》于1896年公布，1900年实施，共五编2385条。第一编“总则”规定了自然人、法人、物、法律行为、消灭时效、权利的行使、自助和自卫等制度。第二编“债务关系法”规定了债的关系、合同、债的消灭、债权移转、债务承担、各种合同以及不当得利、无因管理、侵权行为。第三编“物权法”规定了占有、所有权、地上权、役权、土地负担、抵押权、质权。第四编“亲属法”规定了婚姻、亲属关系和监护。第五编“继承”规定了继承顺序、继承人的地位、遗嘱、继承契约等内容。《德国民法典》与《法国民法典》一样，详细规定了财产关系和人身关系的各个方面的制度，确立了人的自由平等、私有财产神圣不可侵犯和契约自由原则，反映了资本主义经济的要求，其显著的特点是立法技术的精湛，表现在下面几点：一是《德国民法典》在债、物权、亲属和继承等具体民事法律制度上抽象出一般规范和制度，设立总则编，创立了“总则”+“分则”的法典体例，使得法典的体系更加合理；二是《德国民法典》设债务关系法编和物权法编，将财产权区分为物权和债权加以规定，集中反映了“对世”与“对人”两种基本法律关系的客观要求，奠定了民法体系科学的基础；三是《德国民法典》首先规定了法人制度，从合同、遗嘱等民事行为中抽象出法律行为的一般概念，采用了权利能力、行为能力、意思表示、法律行为等大量精确的民法基本概念，使得法典的条文更加条理化，用语更准确，文字更简练。《德国民法典》被誉为“优良的法律计算机”“最精确、最富有法律逻辑语言的私法典”。[①]《德国民法典》是继《法国民法典》之后法典化的又一里程碑式的法典，日本、奥地利、泰国以及我国民国时期的民法典，均受其影响。

除了《法国民法典》《德国民法典》外，大陆法系国家优秀的民法典还有创设“民商合一制”的《瑞士民法典》《意大利民法典》(1942)等。

三、社会主义社会的民法

我国民法学界一般认为，社会主义民法是以苏俄民法为代表的社会主义国家的民法。1917年，列宁领导的十月革命推翻了沙俄统治，建立了苏维埃社会主义政权。苏维埃政府实行“剥夺剥夺者”政策，颁布法令，将土地、工业、金融等收归国有，建立了社会主义生产资料公有制，在此基础上实现对国民经济的集中管理，实行计划经济。1922年，在列宁的指导下，颁布了第一部社会主义民法典——《苏俄民法典》。这部法典体例上参照德国民法，设总则、物权、债和继承四编。1961年12月，苏联颁布了《苏联各加盟共和国民事立法纲要》(以下简称《纲要》)，内容包括前言、总则、所有权、债权、著作权、发现权、发明权、继承权。1964年颁布的新的《苏俄民法典》即根据《纲要》而制定。其他社会主义国家的民法深受苏俄民法的影响。与资本主义国家的民法相比较，以苏俄民法为代表的社会主义民法有着本质的不同。首先，在民法的调整对象上，社会主义民法调整的社会关系较为狭小，婚姻家庭关系、土地关系、劳动关系均脱离民法，归其他法律部门调整。其次，在民法的本质问题上，认为社会主义民法是公法，不是私法，提出民法的公共财产神圣不可侵犯、服从国家经济计划原则，否定和批判资本主义民法的私有财产神圣不可侵犯原则和契约自由原则(意思自治原则)。苏俄民法是高度集中的生产资料公有制和计划经济的体现。

1989年，苏联东欧发生剧变，苏联、东欧国家政治体制解体，经济体制也从计划经济转向

---

① [德]K.茨威格特、H.克茨:《比较法总论》，潘汉典、米健、高鸿钧等译，法律出版社2003年版，第220页。

市场经济，社会主义的民法也随之而发生变化。这些国家的民法以全新的面貌再现于社会。1991 年，苏联最高苏维埃根据经济体制改革的需要通过了新的《苏联各加盟共和国民事立法纲要》。苏联解体后，俄罗斯国家杜马于 1994 年、1995 年、2001 年和 2006 年分四部分完成了新民法典的编纂。《俄罗斯联邦民法典》共七编，分别为总则、所有权和其他物权、债法总则、债的种类、继承法、国际私法、智力活动成果和个别化手段的权利。俄罗斯民法重新确认了财产不受侵犯和合同自由的私法原则，反映了苏联解体后俄罗斯实行私有制和市场经济的要求。

第五节　我国民法的发展

一、旧中国的民事立法

我国古代，封建社会延绵数千年，法制的基本状况是诸法合一、民刑不分、重刑轻民，没有独立的民事立法，调整民事关系的法律规范大多是透过刑事处罚的规定间接得到体现。例如，《唐律·杂律》规定："诸造器用之物，及绢布之属，有行滥、短狭而卖者，各杖六十。（注云：不牢谓之行、不真谓之滥。）""诸负债违契不偿，一匹以上，违二十日，笞二十，二十日加一等，罪止杖六十；三十匹，加二等；百匹，又加三等。各令备偿。"这一规定间接体现了古代法律关于买卖合同瑕疵担保责任和违约责任的规范。

旧中国的民事立法始于清末。19 世纪末，内外交困的清政府从日本明治维新的成功得到启示，宣布"变法"和实行"新政"。其主要措施之一是引进和借鉴西方法律文化，全面修订法律。1904 年（光绪三十年），清政府设立修订法律馆，本着"参酌各国法律"、"务期中外通行"以及"参考古今，博稽中外，模范列强"的宗旨，进行法律的制修订工作，至 1911 年（宣统三年）完成《大清民律草案》，史称第一次民律草案。《大清民律草案》仿效德日民法，设总则、债、物权、亲属和继承五编。由于辛亥革命爆发，清政府灭亡，《大清民律草案》未能颁行。中华民国成立后，北洋政府时期于 1918 年再次设馆修订法律，于 1925 年完成民律草案，史称第二次民律草案。第二次民律草案除债编仿效瑞士债务法外，其他各编与第一次草案基本相同。北洋政府司法部曾通令全国法院将第二次民律草案作为条理引用，但仍未成为法律颁行。

1927 年，南京国民政府成立，设立法制局，再次修订民律，决定先行拟定亲属、继承两编，于 1928 年完成，史称第三次民律草案。同年 12 月，国民政府设立法院，着手编纂民法典，从 1929 年 5 月至 1931 年 12 月，民法典的各编陆续颁行。这是我国第一部民法典。与此同时，又先后制定了《票据法》《公司法》《海商法》《保险法》等民事特别法，形成颇具特色的民商合一的民法体系。

民国时期的民法典共五编 1225 条。五编分别为总则、债、物权、亲属和继承。这部法典是以德国、日本、瑞士等国的民法典为蓝本制定的，大量移植外国法。正如学者指出的，这部法典"除物权亲属中一部分规定外，亦纯为外国法之继受"。[①] 在大量移植外国法的同时，这部民法典也将民法的平等原则、财产权神圣原则和契约自由（意思自治）原则确立了下来，1982 年总则编修订，进而规定了诚实信用原则。

1949 年，政权更迭。9 月 29 日，中国人民政治协商会议第一届全体会议通过《中华人民政

① 李宜琛：《民法总则》，台湾中正书局 1977 年版，第 8 页。

治协商会议共同纲领》，明确宣布“废除国民党反动政府一切压迫人民的法律、法令”（第17条），即所谓废除国民党的“六法全书”。国民政府颁行的民法典及其民事特别法随之停止在祖国大陆实施，只在台湾地区继续适用。从1982年开始，为了适应台湾社会经济的发展，台湾当局对“民法典”进行了多次修订，是为现行台湾地区“民法典”。

二、新中国的民事立法

（一）新中国成立至改革开放前的民事立法

新中国成立之际，中国人民政治协商会议在宣布废除国民党“六法全书”的同时，明确规定要“制定保护人民的法律、法令”（《中华人民政治协商会议共同纲领》第17条）。由此开启了新中国民事立法的历程。

新中国的民事立法始终围绕着革命和国家建设的根本任务而展开。新中国成立之初，为了实现《中华人民政治协商会议共同纲领》提出的“取消帝国主义国家在中国的一切特权，没收官僚资本归人民的国家所有，有步骤地将封建半封建的土地所有制改变为农民的土地所有制，保护国家的公共财产和合作社的财产，保护工人、农民、小资产阶级和民族资产阶级的经济利益及其私有财产，发展新民主主义的人民经济，稳步地变农业国为工业国”的革命和建设目标（第3条），制定了《关于没收战犯、官僚资本家及反革命分子财产的指示》《中华人民共和国土地改革法》《新区农村债务处理办法》《私营企业条例》《机关、国营企业、合作社签订合同契约暂行办法》《保护发明和专利权暂行规定》，以及《中华人民共和国婚姻法》等法律文件。1953年，中国共产党提出了国家在“过渡时期”的总任务，即“从中华人民共和国成立到社会主义社会建成，这是一个过渡时期。国家在过渡时期的总任务是逐步实现国家的社会主义工业化，逐步完成对农业、手工业和资本主义工商业的社会主义改造”（“五四宪法”第3条）。为此，制定了《公私合营工业企业暂行条例》《关于目前工商业和手工业的社会主义改造中若干事项的决定》《农村生产合作社示范章程》《高级农业合作社示范章程》等法律文件，为生产资料的社会主义改造，建立生产资料公有制，提供了法律保障。1961年，为了纠正“大跃进”期间形成的“共产风”、浮夸风、高指标和瞎指挥，中国共产党八届九中全会正式提出调整国民经济的“调整、巩固、充实、提高”的八字方针。中共中央发布了《农村人民公社工作条例（草案）》（“农业六十条”）和《国营工业企业工作条例（草案）》（“工业七十条”）对国民经济的恢复和发展发挥了积极作用。

然而，由于国家实行高度集中的生产资料公有制和计划经济体制，否定商品经济在社会主义经济中的地位，民法也就失去了其存在的经济基础，民法的平等原则、权利保障原则和意思自治原则也被贴上“资产阶级”的标签遭受批判，大陆法系传统的民法被定为“只能作为批判和清除的对象”。[①] 再加上新中国成立后的30年，政治运动不断，法律虚无主义盛行，直至演化成“文化大革命”时期对法治的全盘否定。因此，总的来说，这个时期的民事立法成就不大。1954—1958年和1962—1964年两次民法典编纂均无疾而终[②]，大量民事关系的调整和民事纠纷的处理基本停留在依靠政策和司法意见（如最高人民法院1963年发布的《关于贯彻执行民

---

① 参见中央政法干部学校民法教研室：《中华人民共和国民法基本问题》，法律出版社1958年版，第3页。

② 关于第一次民法典编纂和第二次民法典编纂的情况，可参见柳经纬、于飞等：《改革开放40年法律制度变迁·民法卷》，厦门大学出版社2019年版，第46～55页。

事政策几个问题的意见》)的状态，无法可依，民事立法留下了大片的空白。

(二)改革开放以来的民事立法

1978年12月，十一届三中全会召开，我国进入了改革开放的新时代。一方面，从改革之初的农村土地承包制和扩大企业自主权，到十二届三中全会提出的实行“有计划的商品经济”，再到十三大提出的建立社会主义市场经济体制，商品经济的地位逐渐得到认可，市场经济体制逐步确立，反映商品经济要求的民法有了用武之地。另一方面，从十一届三中全会提出的发展社会主义民主，健全社会主义法制，到十五大提出的依法治国，建设社会主义法治国家，再到十八届四中全会提出的全面推进依法治国，从十一届三中全会提出的“有法可依、有法必依、执法必严、违法必究”到十八届四中全会提出的必须全面推进“科学立法、严格执法、公正司法、全民守法”，全民依法治国逐渐深入人心，民法作为社会主义法律体系的组成部分，得到迅速发展。

1979年初，全国人大常委会设立法制委员会，随即成立民法起草小组，着手组织民法典编纂。这是继1954—1958年和1962—1964年两次民法典编纂之后我国第三次民法典编纂。民法起草小组的工作卓有成效，至1982年5月先后完成了《中华人民共和国民法(草案)》四稿。[①] 这次民法典编纂因条件不成熟而未能取得成效，立法机关转而采取“成熟一个通过一个”的单行法思路[②]，陆续制定了一批社会急需的民事单行法，包括1980年的《婚姻法》(2001年修正，2021年废止)、1981年的《经济合同法》(1993年修正，1999年废止)、1982年的《商标法》(1993年、2001年、2013年、2019年修正)、1984年的《专利法》(1992年、2000年、2008年、2020年修正)、1985年的《继承法》(2021年废止)和《涉外经济合同法》(1999年废止)、1986年的《企业破产法(试行)》(2007年废止)、1987年的《技术合同法》(1999年废止)、1988年的《全民所有制工业企业法》、1990年的《著作权法》(2001年、2010年、2020年修正)、1991年的《收养法》(2021年废止)、1992年的《海商法》以及以民法草案第四稿为基础制定的1986年的《民法通则》(2009年修正，2021年废止)，形成了以《民法通则》为核心的民事法律体系。

1992年12月，党的十四大召开，确立了建立社会主义市场经济体制的改革目标，民事立法尤其是商事立法进入快车道。1993年制定《产品质量法》(2000年、2009年、2018年修正)和《公司法》[1999年、2004年、2005年、2013年、2018年、2023年修正(订)]，1995年制定《担保法》(2021年废止)、《票据法》(2004年修正)和《保险法》[2002年、2009年、2014年、2015年4月、2015年10月修正(订)]，1997年制定《合伙企业法》(2006年修订)，1998年制定《证券法》[2004年、2005年、2013年、2014年、2019年修正(订)]，1999年制定《个人独资企业法》和《合同法》(2021年废止)，2002年制定《农村土地承包法》(2009年、2018年修正)，2006年制定《破产法》，2007年制定《物权法》(2021年废止)，2009年制定《侵权责任法》(2021年废止)，2018年制定《电子商务法》。至此，我民商事领域都制定了相应的法律。民商事法律的健全为民法典编纂奠定了基础。

2000年，我国第四次组织民法典编纂工作。2002年12月23日，《中华人民共和国民法

---

① 这四稿民法草案分别是1980年8月15日的《中华人民共和国民法(草案)》(征求意见稿)、1981年4月10日的《中华人民共和国民法(草案)》(征求意见二稿)、1981年7月31日的《中华人民共和国民法(草案)》(第三稿)和1982年5月1日的《中华人民共和国民法(草案)》(第四稿)。何勤华、李秀清、陈颐编:《新中国民法典草案总览(增订本)》(中卷)，北京大学出版社2017年版，第1151～1342页。

② 参见柳经纬:《民事单行法思路及其消极影响之克服——以民法典编纂为视角》，载《法制与社会发展》2019年第5期。

(草案)》提请九届全国人大常委会第三十一次会议审议。这部民法草案包括总则、物权、合同、人格权、婚姻、收养、继承、侵权责任和涉外民事关系的法律适用九编,共计 1209 条。后因民事立法仍继续采取单行法的思路,这部民法草案未及颁行。

2014 年 10 月,十八届四中全会通过的《中共中央关于全面推进依法治国若干重大问题的决定》作出"编纂民法典"的政治决定,加快了民法典编纂的进程,也开启了我国第五次民法典编纂工作。2015 年 6 月,全国人大常委会调整立法规划,民法典编纂被增列入全国人大常委会立法规划和年度立法工作计划,确定为全国人大常委会的立法工作重点项目,并提出了编纂一部"适应新时代中国特色社会主义发展要求,符合我国国情和实际,体例科学、结构严谨、规范合理、内容完整并协调一致的法典"的目标任务。民法典编纂采取了"两步走"的工作思路:第一步,制定民法总则,作为民法典的总则编;第二步,编纂民法典各分编,经全国人大常委会审议和修改完善后,再与民法总则合并为一部完整的民法典草案。2017 年 3 月 15 日经十二届全国人大第五次会议审议通过《中华人民共和国民法总则》,走出了民法典编纂的第一步。2020 年 5 月 28 日,十三届全国人民代表大会第三次会议审议通过了《中华人民共和国民法典》,完成了民法典编纂的第二步。《民法典》自 2021 年 1 月 1 日起施行,《婚姻法》《继承法》《民法通则》《收养法》《担保法》《合同法》《物权法》《侵权责任法》《民法总则》同时废止(第 1260 条)。

《民法典》共七编 1260 条,七编分别为总则、物权、合同、人格权、婚姻家庭、继承和侵权责任。《民法典》秉持民商合一制,但未将公司、票据、保险等商事法律编入法典,而是保持其单行法的地位。除商事单行法外,还有《农村土地承包法》等民事单行法。这些民商事单行法是民法的特别法,由《民法典》和民商事单行法构成了完整的民法体系。《民法典》采取"总则+分则"的法典体例,但与《德国民法典》的"总则+分则"体例又有区别,分则中未设债编,原属于债编的内容分别安排在合同编和侵权责任编,无因管理之债和不当得利之债以"准合同"的名义编入合同编。[①] 在编制体例上,《民法典》最突出的一点是人格权编的设置,人格权编集中规定了生命权、身体权、健康权、姓名权、名称权、肖像权、名誉权、荣誉权、隐私权和个人信息保护等内容。

《民法典》除人格权编外,其他六编均有现行法基础,无论是体例结构还是条文内容,基本上源自现行法。总则编的基础是《民法通则》、物权编的基础是《物权法》、合同编的基础是《合同法》和《担保法》、婚姻家庭编的基础是《婚姻法》和《收养法》、继承编的基础是《继承法》、侵权责任的基础是《侵权责任法》。因此,《民法典》是集我国民事立法之大成的法律。《民法典》也有发展,"绿色原则"(第 9 条)、习惯的法源地位(第 10 条)、胎儿的主体地位(第 16 条)、成年人为自己设立监护(第 33 条)、非法人组织的主体地位(第 102 条)、个人信息保护(第 111 条)、虚拟财产保护(第 127 条)、强制缔约(第 494 条)、预约合同(第 495 条)、悬赏广告(第 499 条)、自甘风险(第 1176 条)、违约精神损害(第 996 条)以及保理合同、物业合同、人格权等,因应了社会经济发展的要求,大大丰富了民法的制度内容。民法典编纂体现了"不是制定全新的民事法律,也不是简单的法律汇编,而是对现行的民事法律规范进行编订纂修,对已经不适应现实情

---

① "准合同"不是合同,无因管理和不当得利在法律性质上均不属于法律行为,分别属于事实行为和事件。参见史尚宽:《债法总论》,中国政法大学出版社 2000 年版,第 58、71 页。

况的规定进行修改完善，对经济社会生活中出现的新情况、新问题作出有针对性的新规定”的原则。[①]

《民法典》是我国社会主义法律体系中具有重要地位的一部法律。2020 年 5 月 29 日，中共中央政治局举行第 20 次集体学习，习近平总书记在讲话中指出：“民法典在中国特色社会主义法律体系中具有重要地位，是一部固根本、稳预期、利长远的基础性法律，对推进全面依法治国、加快建设社会主义法治国家，对发展社会主义市场经济、巩固社会主义基本经济制度，对坚持以人民为中心的发展思想、依法维护人民权益、推动我国人权事业发展，对推进国家治理体系和治理能力现代化，都具有重大意义。”“民法典系统整合了新中国成立 70 多年来长期实践形成的民事法律规范，汲取了中华民族 5000 多年优秀法律文化，借鉴了人类法治文明建设有益成果，是一部体现我国社会主义性质、符合人民利益和愿望、顺应时代发展要求的民法典，是一部体现对生命健康、财产安全、交易便利、生活幸福、人格尊严等各方面权利平等保护的民法典，是一部具有鲜明中国特色、实践特色、时代特色的民法典。”[②]

---

① 以上关于民法典编纂的规划、目标任务、“两步走”工作思路和原则等，均见王晨副委员长 2020 年 5 月 22 日在第十三届全国人民代表大会第三次会议上作的《关于〈中华人民共和国民法典(草案)〉的说明》，http://www.npc.goo.cn/npc///c2/c22774/202005/t20200523_306323.htm，访问日期：2024 年 4 月5 日。

② 习近平：《充分认识颁布实施民法典重大意义，依法更好保障人民合法权益》，http://www.gov.cn/xinwen/2020-06/15/content_5519578.htm，访问日期：2024 年 4 月 5 日。

第2章

民事法律关系

第一节　民事法律关系概述

一、民事法律关系的概念

民事法律关系,是指民法调整的具有民事权利义务内容的社会关系。民法调整的是平等主体之间的人身关系和财产关系。平等主体之间的人身关系和财产关系因民法的确认、调整和保障而具有民事权利和民事义务的内容,形成民事权利义务关系。这种民事权利义务关系就是民事法律关系。

民事法律关系是一种法律关系,不同于民事关系。民事关系是人与人之间在民事交往中形成的社会关系,这些社会关系经过民法的调整而成为民事法律关系。在民事交往中,人们形成的民事关系除包括由民法调整的因人格、身份而形成的各种人身关系和财产占有、交换、继承等财产关系外,还包括乡亲邻里之间,师生、同学、同事之间基于礼仪或正常交往而形成的各种社会关系,但并不是所有的民事关系都可以纳入民法的调整范围。法律调整社会关系体现了国家意志,法律赋予某种民事关系具有特定的权利义务内容,并以国家强制力保障这些权利义务内容的实现,表明这些民事关系对社会经济生活的稳定和发展至关重要,仅靠当事人自行处置或由道德规范约束是不够的,而需以法律加以干预。

二、民事法律关系的特征

(一)民事法律关系的主体具有平等性

民法是调整平等主体之间的人身关系和财产关系的法律规范,主体平等是民法的一项基本原则。因此,民事法律关系也具有平等性。民事法律关系的平等性主要表现在:民事主体在设立、变更、终止民事法律关系的民事活动中法律地位平等;自然人的民事权利能力平等;民事主体在民事法律关系中享有的权利和承担的义务相一致,在多数情况下,民事主体在享有民事权利的同时也承担相应的民事义务;民事主体的民事权利受法律的同等保护;民事主体因纠纷而诉诸诉讼,他们在民事诉讼中的法律地位平等。

(二)民事法律关系是具体、现实的民事权利义务关系

民法调整对象的范围决定了民事法律关系的内容和范围。一方面,民事法律关系为民事权利义务关系。民法调整平等民事主体之间的人身关系和财产关系,赋予民事主体以民事权利或民事义务,即明文规定民事主体享有的权利和应当履行的义务。这实质上反映了国家意志在民事活动中试图保护什么,禁止或反对什么。另一方面,民事法律关系的内容为具体的民

事权利和民事义务。民事法律关系是民事主体依法在民事活动中形成的社会关系，民事主体根据法律规定或合同约定而享有民事权利和承担民事义务，该民事权利和民事义务的内容是具体的、现实的，是可以行使和履行的。

（三）民事法律关系是民法确认和调整的法律关系

民事法律关系是民法调整社会关系的结果，没有民事法律规范，也就没有民事法律关系。民法规定、确认和保护合法的民事关系，赋予民事主体民事权利和民事义务，从而使这种关系成为以民事权利和民事义务为内容的社会关系。例如财产所有权关系，民法规定特定的所有人依法对自己的财产享有占有、使用、处分和收益的权利。合法的财产受法律保护，任何人不得施加侵害。据此，不特定的非所有人负有不得侵占、损害所有人财产或妨碍所有人行使所有权的义务。因此，所有权关系实质上是根据法律规定而形成的特定的所有人与不特定的非所有人之间具有确定的权利义务内容的社会关系。

（四）民事法律关系体现的是民事主体的个别利益，具有等价有偿性

由于法律关系的主体不同，其内容以及所体现的利益也有所不同。民事法律关系的主体包括自然人、法人和非法人组织，国家在特殊的情形下（如发行国债，承担国家赔偿责任等）也可作为民事主体。民事法律关系往往体现的是这些平等主体间的人身利益和财产利益，具有特定的内容。这些利益虽与国家利益、社会利益等整体利益在原则上是统一的，但就具体内容而言，应当属于私权范围，体现的是民事主体的个别利益，具有等价有偿的性质。而等价有偿正是民事主体的平等性及其个别利益在经济利益上的体现，也是商品经济发展的必然反映。

（五）民事法律关系具有任意性，贯彻意思自治原则

民事法律关系产生在平等的民事主体之间，当事人意志对于民事法律关系的产生、变更和终止具有决定性的作用，因而民事活动以当事人意思自治为原则。尤其是在合同关系中，更是强调缔约双方的自治处分权。当然，民事法律关系的任意性并不是毫无限制的，民事主体设立、变更、终止民事法律关系，必须在法律规定的范围内进行，否则不能产生其预期的法律后果。

第二节　民事法律关系的要素

民事法律关系的要素，是指构成民事法律关系必不可少的因素。民事法律关系由主体、内容和客体三大要素构成。

一、民事法律关系的主体

（一）民事法律关系主体的概念

民事法律关系的主体，又称为民事主体或者当事人，是指参加民事法律关系，享有民事权利或者承担民事义务的人。其中，享有权利的人称为权利主体或权利人，承担义务的人称为义务主体或义务人。民事法律关系的主体可以是特定的或不特定的。例如，在债权关系中，债权人和债务人均为特定的；而在物权关系、知识产权关系、人格权关系、继承权关系中，权利主体是特定的，义务主体则是不特定的。此外，民事法律关系的主体双方均为一人时，称为单一主体；主体双方或一方由多数人构成时，称为多数人主体。

在我国,民事主体包括自然人、法人和非法人组织。国家是一种特殊的民事主体,只有在某些特殊的情况下,国家才作为民事主体参加民事活动,享有权利和承担义务。这些特殊情况包括:(1)国家是国有财产的所有权人,国家代表全体人民对全民所有的财产享有和行使所有权。(2)国家发行国债时,国家在债的法律关系中为债务人,负有到期还本付息的义务。(3)在国家赔偿责任中,国家是民事责任的承担者。国家承担赔偿责任是通过国家机关承担具体的赔偿责任来实现的。

(二)民事能力

民事主体参加民事法律关系,应当具备相应的民事能力。民事能力包括民事权利能力、民事行为能力和民事责任能力。

1.民事权利能力

民事权利能力,是指民事主体能享有民事权利和承担民事义务的资格。自然人、法人、非法人组织之所以成为民事主体,能够享有民事权利和承担民事义务,是因为法律赋予他们相应的民事权利能力。需要指出的是,民事权利能力只是民事主体享有民事权利的资格,是一种可能性,并不等于民事主体实际享有民事权利。民事权利能力是获得民事权利的前提和基础。民事主体须通过实施民事法律行为或其他法律事实,才能现实地取得民事权利。此外,民事权利能力包括享有民事权利的资格和承担民事义务的资格。

2.民事行为能力

民事行为能力,是指民事主体以自己的行为取得和行使民事权利、设定和承担民事义务的资格。民事主体是否具有相应的民事行为能力,是决定民事行为是否有效的重要因素。民事主体的民事行为能力与民事权利能力有着密切的联系。一方面,民事权利能力是民事行为能力的前提,民事主体只有在具备民事权利能力的前提下,才可能实施受法律承认和保护的民事行为;另一方面,民事行为能力是民事权利能力实现的条件,民事主体只有具备相应的民事行为能力,才能通过自己的行为为自己设定民事权利义务关系,依法取得具体的民事权利,或承担具体的民事义务。

3、民事责任能力

民事责任能力,是指民事主体对自己不法行为的后果承担责任的资格。具有民事责任能力的人对因自己不法行为而造成他人损害的,应当依法承担民事责任。民事责任能力与民事行为能力属于共生关系,实际参与民事活动的民事主体具备民事行为能力,能以自己的行为独立实施各种民事法律行为,取得权利和设定义务,同时也具有承担民事责任的能力,能够对其违约行为或侵权行为依法承担相应的法律责任。

二、民事法律关系的内容

民事法律关系的内容,是指民事主体享有的民事权利和承担的民事义务。民事法律关系为具体的民事权利和义务关系,民事主体在民事活动中所形成的各种社会关系,经过民法的调整而具有具体的权利义务内容。在民事法律关系中,民事权利和民事义务是对立和统一的。民事权利是权利主体为实现其受法律保护的民事利益,而为一定行为或不为一定行为和请求他人为一定行为或不为一定行为的可能性。民事义务是义务主体为满足权利主体实现其民事利益,而应当为一定行为或不为一定行为的约束。在民事法律关系中,权利主体和义务主体的利益是对立的,但又是相互依存的。一方面,一方享有的民事权利往往是另一方承担的民事义务,权利主体的民事权利的实现依赖于义务主体履行义务;另一方面,在多数情况下,民事主体在民事法律关系中往往既是权利主体又是义务主体，其在享有权利的同时，也承担相应的义务。

三、民事法律关系的客体

民事法律关系的客体，是指民事法律关系中民事权利和民事义务所指向的对象。通常情况下，民事主体是为了某一客体而设定权利义务关系的，该客体是当事人享受权利和履行义务的标的。一般认为，民事法律关系的客体包括以下几种：

（1）物。民法学意义上的物，指具有一定形体、占有一定空间，能够为民事主体实际支配和利用的，具有一定经济价值的物质财富。物是物权关系的客体。物可以是天然财富，也可以是人工制造的物质。作为民事法律关系客体的物与物理学意义上的物既有联系又有区别，它不仅具有物质属性，而且具有相应的法律属性，即具有一定的经济价值。

（2）行为。作为民事法律关系的客体的行为，指能够满足权利主体某种利益的作为或不作为。行为是债权关系的客体。行为作为民事法律关系的客体可以体现为给付财产的行为、提供劳务或服务的行为以及完成一定工作并交付工作成果的行为等。义务主体履行某种特定的行为，从而使权利主体得以实现其特定的民事利益。

（3）智力成果等。这类客体虽没有具体的形体，不占任何的空间，难以采用与有形物一样的方式进行实际的占有和管领而有别于有形财产；但它们又具有一定的表现形式，能够为人们所感知和利用，依法具有财产的属性，不仅可以为民事主体所专有，而且可以作为商品进行转让和许可使用，因而也属于民事法律关系的客体。这类客体主要体现为知识产权关系的客体，根据《民法典》第 123 条规定，包括作品、发明、实用新型、外观设计、商标、地理标志、商业秘密、集成电路布图设计、植物新品种以及法律规定的其他客体。

（4）人身利益。民事主体的人身利益是多方面的，包括人格、身份两大方面。人身利益具体体现为生命、健康、身体、姓名、名称、名誉、隐私、荣誉、肖像、身份、人身自由、人格尊严等。人身利益是人身权关系的客体。人身利益体现为人身权，人身权可以分为人格权和身份权。其中，人格是人格权的客体，身份是身份权的客体。

（5）个人信息。根据《个人信息保护法》第 4 条规定，个人信息是以电子或者其他方式记录的与已识别或者可识别的自然人有关的各种信息。个人信息既不同于物又不同于智力成果，与人格要素也有区别，构成了独立的权利客体。《民法典》第 111 条规定："自然人的个人信息受法律保护。任何组织或者个人需要获取他人个人信息的，应当依法取得并确保信息安全，不得非法收集、使用、加工、传输他人个人信息，不得非法买卖、提供或者公开他人个人信息。"

（6）数据、虚拟财产。《数据安全法》第 3 条规定，数据是指任何以电子或者其他方式对信息的记录。虚拟财产是指数字化、非物化的财产形式，它包括网络游戏、电子邮件、网络寻呼等一系列信息类产品。数据、虚拟财产均可作为交易的对象，在民事主体之间交换，法律保护数据和虚拟财产。《民法典》第 127 条规定："法律对数据、网络虚拟财产的保护有规定的，依照其规定。"《数据安全法》第 7 条规定："国家保护个人、组织与数据有关的权益，鼓励数据依法合理有效利用，保障数据依法有序自由流动，促进以数据为关键要素的数字经济发展。"此外，根据《反不正当竞争法》的规定，经营者不得违反诚实信用和商业道德，以不正当方式获取和使用他人商业数据，损害其他经营者和消费者的合法权益，扰乱市场公平竞争秩序。经营者违反规定，给他人造成损害的，应当依法承担民事责任。合法权益受到不正当竞争行为损害的经营者，可以向人民法院提起诉讼，请求侵权人予以损害赔偿。

第三节　民事法律事实

一、民事法律事实的概念

民事法律事实，是指民法规定的能够引起民事法律关系产生、变更或消灭的客观事实。详言之，只有当某种客观事实为民事法律规范所规定，并能够产生一定的法律后果时，即能够引起民事法律关系的产生、变更或消灭，这种客观事实才具有法律的意义，才能成为民事法律事实。

民事法律规范对民事权利和民事义务的规定，仅表现为民事主体享有权利和承担义务的可能性，只有法律所规定的法律事实产生时，这种民法所规定权利义务才能成为现实，权利人才得以行使权利，义务人才据以履行义务。民事法律事实不仅能引起民事法律关系的产生，也会导致民事法律关系的主体、内容或客体产生变化，或者引起民事主体间的权利义务关系的消灭。例如，法人的分立或合并这一法律事实会导致民事法律关系主体的变更；不可抗力的自然灾害会导致合同标的物的灭失，从而引起合同关系的消灭；债的完全履行导致债权债务关系的消灭。

二、民事法律事实的分类

民事法律事实多种多样，根据与当事人的主观意志是否有关而分为事件和行为。

(一)事件

事件，是指与当事人的意志无关的客观现象。法律事件是否产生是当事人无法预见或主观支配的，它包括自然灾害和自然事件。例如，地震为不可抗力的自然灾害，可能引起合同的变更或解除。公民的死亡为自然事件，被继承人死亡会引起继承关系的开始。

(二)行为

行为，是指当事人有意识的活动。作为民事法律事实的行为与行为人的意志有着密切的关系，是人的意志支配下进行的并能够产生法律后果的活动。它一般包括以下几种：

(1)民事法律行为。根据《民法典》第 133 条规定，民事法律行为是民事主体通过意思表示设立、变更、终止民事法律关系的行为。依法成立的民事法律行为从成立时起具有法律约束力，可以产生当事人预期的法律后果。大多数民事法律关系依民事法律行为而设立，民事法律行为是最重要的一种民事法律事实。

(2)侵权行为。侵权行为是指不法侵害他人财产或人身的行为。民事主体由于过错侵害他人财产、人身的，应当承担民事责任；没有过错，但法律规定应当承担民事责任的，也应当承担民事责任。根据《民法典》第 118 条第 2 款、第 120 条的规定，侵权行为是债权债务关系产生的原因之一。

(3)事实行为。事实行为是指行为人不具有设立、变更或消灭民事法律关系的意图，但依照法律的规定能引起民事法律关系产生、变更、消灭的行为。事实行为包括：无因管理行为、正当防卫行为、紧急避险行为、遗失物的拾得行为、埋藏物的发现行为、加工物品、建造建筑物等。

(4)行政行为、司法行为等。与民事权利义务有关的行政行为，产生法律效力的法院判决或裁定，以及仲裁机关作出的生效仲裁裁决，均具有相应的法律后果，能够引起某种民事权利或民事义务产生、变更或消灭，因而也被认为是一种民事法律事实。

三、民事法律事实构成

民事法律事实构成，是指能够引起民事法律关系产生、变更或消灭的两个以上的民事法律事实的总和。在一些民事法律关系中，民事法律关系的产生、变更或消灭只需具备一个民事法律事实就足以实现，例如债权人免除债务人的债务，债归于消灭。但在另一些民事法律关系中，民事法律关系的产生、变更或消灭必须具备两个或两个以上的民事法律事实的结合才得以实现。民事法律事实构成可能是两个以上行为的结合，如设立抵押权需要当事人订立合同并办理抵押物登记；或者是两个以上事件的结合，如发生代位继承需要被代位继承人先于被继承人死亡和被继承人死亡两个事件的发生；或者是法律行为与法律事件的结合，如遗嘱继承关系需有被继承人生前所立遗嘱和死亡才能发生。

第四节　民事权利

一、民事权利与民事义务

民事权利，是指民事主体依照民法而享有的为实现其利益而为一定行为或不为一定行为的资格。民事主体享有的这种资格由法律认可和保障。民事权利是由民事法律规范赋予民事主体的，没有民事法律规范为根据，就无从主张民事权利。

民事权利的核心内容是实现受民法认可和保护的民事利益，民事主体在民事活动中形成的人身关系和财产关系经民法的调整而体现为某种特定的人身利益或财产利益，法律保障民事主体以自己的作为或不作为实现这些人身利益或财产利益。民事权利作用于民事活动，产生相应的民事权能，包括支配权能、请求权能和诉讼权能。当民事主体的民事权利受到侵害，或由于义务人不履行义务而使其权利不能实现或行使权利遇到妨碍时，民事主体通过诉讼或者仲裁以强制实现其民事利益。

与民事权利密切相关的是民事义务。民事义务是指民事主体依照民法而负有的为保障其他民事主体实现民事利益而为一定行为或不为一定行为的约束。民事义务是对民事主体的一种约束，其核心内容在于满足权利主体实现其民事利益的要求而为一定行为或不为一定行为。这种约束产生的直接依据可以是法律规定，也可以是合同约定。由此可见，民事权利和民事义务是相互对立、相互依存和相互联系的。在任何一个民事法律关系中，都不可能只有权利没有义务，或只有义务没有权利。民事主体一方的权利往往是另一方的义务，就此，民事权利和民事义务是相对立的；同时，民事权利的内容是通过相应的民事义务来体现的，并以民事义务的履行来实现，民事义务的内容也由民事权利的内容决定和限定，就此，民事权利和民事义务又是相统一的。

在民法中，法律确认民事主体的独立人格和正当利益，并使之权利化、法律化以及提供强制性实现的保障。法律认可权利主体在不违背禁止权利滥用原则的前提下可依法主动地行使权利，并对其合法地抛弃权利不予干预；而对义务主体被动地履行义务则予以强制要求，除了权利人免除义务人的义务外，民事义务只能履行，不得抛弃。换言之，民事法律“以权利为本位”，以确认和保障民事权利的实现为核心任务，但民事权利的实现离不开民事义务的正确界定和履行。因而，民事权利与民事义务是民法中相互依存和联系的两个法律概念。

二、民事权利的分类

（一）人身权与财产权

根据民事权利所体现的民事利益的性质的不同，民事权利可以分为人身权和财产权。人身权与财产权是民事权利最基本的分类，它源于罗马法中的“人法”与“物法”的划分。在罗马法中，“人法”调整人格和身份关系，确立了家父权、夫权、婚姻权等人身权；“物法”则调整财产关系，确立了物权、债权等财产权的基本形态。近代民事立法在罗马法的基础上进一步发展，形成了相对应的人身权和财产权的概念，并不断地扩充权利涵盖的内容。

人身权，是指与权利主体的人身不可分离的、不具有直接的财产内容的、体现民事主体人身利益的民事权利。人身权可以分为人格权和身份权。人格权主要包括生命权、健康权、身体权、姓名权、（法人、非法人组织的）名称权、肖像权、名誉权、荣誉权、隐私权、人身自由以及人格尊严。身份权主要包括婚姻家庭关系中的亲权、亲属权、配偶权等。财产权，是指以财产为标的，具有直接的财产内容或经济利益的民事权利。财产权主要包括物权、债权、继承权等。

值得注意的是，从理论上说，权利类型化是制定法的产物。但限于立法技术和立法者的认识能力，或出于公共政策和利益衡量的考虑，法律不可能将主体的全部利益都纳入其中，这说明权利体系应是开放性的，权利种类应随着社会变迁而不断充实和发展。但受到制定法“法外无权”观念的影响，权利类型又无法无限地自由发展。唯有符合权利特征并被制定法认可的民事利益，才可能正式被纳入权利类型。因而，权利类型化既有利也有弊。[①] 而从立法上说，对各种具体民事权利而言，财产权与非财产权或人身权之间并不总是非此即彼、相互排斥的。[②] 例如，知识产权中的著作权，便是包含了著作人身权和著作财产权，是人身权和财产权的结合。[③]

（二）绝对权与相对权

根据民事权利效力范围的不同，民事权利可以分为绝对权和相对权。绝对权与相对权的划分理论，提供了以民事主体构成和民事权利实现方式来考察民事权利的方法，对民事立法和司法实践具有一定的理论指导意义。绝对权与相对权的分类，源于罗马法中“对人诉讼”和“对物诉讼”的划分。“对人诉讼”是仅对特定的债务人提出的，旨在保护债权的诉讼；“对物诉讼”则是对一切加害人提出的，旨在保护物权和身份权的诉讼。在罗马法的“对人诉讼”与“对物诉讼”的分类基础上产生了对人权和对物权，并为近代各国民法理论所沿用，形成相对权和绝对权的概念。

绝对权，是指对抗权利人以外的一切人，即以不特定的任何人为义务主体的民事权利。绝对权因权利效力及于不特定的任何人，故而又称为对世权。绝对权的义务主体为不特定的，其所负有的义务是不得干涉、妨碍权利人行使权利，而没有配合或协助权利人实现权利的作为义务。换言之，绝对权的权利主体对权利标的享有直接的、排他的支配权，无须义务人积极作为的协助即可实现。相对权，是指对抗特定的义务人，即以特定的人为义务主体的民事权利。物权、人格权、知识产权为绝对权。相对权因权利效力仅及于特定的人，故而又称为对人权。相

① 张驰：《民法总则专论》，法律出版社 2021 年版，第 39 页。

② 李双元、温世扬主编：《比较民法学》，武汉大学出版社 2016 年版，第 58 页。

③ 《著作权法》第 10 条规定，著作权包括人身权和财产权。

对权的权利主体和义务主体都是特定的，其权利内容体现为特定的权利主体请求特定的义务主体为一定的行为或不为一定的行为以实现其民事利益。换言之，相对权的权利主体的权利需要义务主体履行义务才得以实现。例如，债权即为相对权。

（三）支配权、请求权、形成权、抗辩权

根据民事权利作用的不同，民事权利可以分为支配权、请求权、形成权、抗辩权。

支配权，是指权利主体直接支配权利标的以实现其民事利益的权利。支配权具有以下法律特征：(1)支配权体现为对权利标的的排他性支配或管领，具有排他性的效力。(2)权利人民事利益的实现具有直接性，即权利人仅凭自己的行为就足以实现其民事权利设定的利益内容。(3)对应的义务主体负担的是不作为的消极义务。物权、知识产权、人格权、继承权均为支配权。

请求权，是指权利主体请求义务主体为一定行为或不为一定行为的权利。请求权的主要法律特征在于：(1)请求权的作用体现为提出请求，而不具有直接支配的内容。(2)权利人民事利益的实现，须借助于义务人履行义务的行为。(3)对应的义务主体为特定的，其义务内容为满足权利人的请求而为一定的行为或不为一定的行为。(4)不具有排他性的效力，即就同一标的可以成立两个以上不相容的请求权，且各请求权彼此独立、地位平等。请求权是一种派生的权利，依其据以产生的权利基础的不同，请求权可以分为债权之请求权、物权之请求权、人身权之请求权、知识产权之请求权等。并且，在现实生活中，还可能出现因同一事实，权利人基于不同的权利而取得两项以上的请求权之情形，这种情形在民法理论中称为请求权竞合。产生请求权竞合时，权利人可以选择行使其中任何一项请求权。

形成权，是指权利人仅凭自己单方意思表示而引起民事法律关系产生、变更或消灭的权利。形成权的作用既不体现为对权利标的的支配，也不体现为对他人给付行为的请求，而是体现于直接导致民事法律关系的产生、变更或消灭。其最为主要的法律特征在于，以权利人的意思表示直接产生特定的法律效果。例如，被代理人依法享有的对无权代理人实施的超越代理权限的代理行为的追认权。形成权依该权利产生的作用的具体不同，可以分为使民事法律关系产生的形成权（如追认权）、使民事法律关系变更的形成权（如选择权）、使民事法律关系消灭的形成权（如撤销权、解除权）。形成权的行使，法律规定必须向人民法院或仲裁机构提起的，为形成诉权。例如，《民法典》第 1152 条规定："因胁迫结婚的，受胁迫的一方可以向人民法院请求撤销婚姻。""请求撤销婚姻的，应当自胁迫行为终止之日起一年内提出。"受胁迫方享有的婚姻撤销权，属于形成诉权。

抗辩权，是指权利主体对抗相对人的请求权或其他权利，阻止其效力产生的权利。抗辩权的法律特征主要有：(1)抗辩权主要是针对请求权而言的，依法享有抗辩权的民事主体有权拒绝对方请求给付的要求。但抗辩权也不仅限于抗辩请求权，对于性质上属于形成权的抵销权，另一方当事人也可以依法行使拒绝的抗辩权。(2)抗辩权的作用不在于否认相对人请求权的存在，也不在于变更或消灭相对人的权利，而在于阻止相对人请求权或其他权利产生效力。这是抗辩权与形成权最为主要的不同。抗辩权依其权利的具体作用的不同，可以分为永久性抗辩权和一时性抗辩权。永久性抗辩权，是指永久阻止相对人请求权及其他权利产生效力的抗辩权，如权利人以诉讼时效期间届满而取得的诉讼时效抗辩权。一时性抗辩权，是指暂时阻止相对人请求权产生效力的抗辩权，如双务合同中的同时履行抗辩权、后履行抗辩权、不安抗辩权以及一般保证中的先诉抗辩权。

(四)主权利与从权利

根据并存的两个以上的民事权利的相互关系,民事权利可以分为主权利和从权利。

主权利,是指在并存的两个以上的民事权利中,能够独立存在的权利。从权利,是指在并存的两个以上的民事权利中,不能独立存在,而必须以另一权利的存在为前提的权利。主权利具有独立性,从权利具有附随性。从权利的存在以主权利的存在为前提,并随主权利的消灭而消灭,随主权利的转移而转移。例如,债权和抵押权即为主权利和从权利的关系,抵押权的存在以债权存在为前提,债权消灭,抵押权也应归于消灭。

(五)专属权与非专属权

根据民事权利是否具有可转移性,民事权利可以分为专属权和非专属权。专属权,是指专属于特定的民事主体,不能在民事主体之间任意转移的民事权利。非专属权,是指非专属于特定的民事主体,可以在民事主体之间转移、继承的民事权利。在民事权利中,某些民事权利是基于民事主体特定的人格或身份而取得的,与权利主体的人身密切相关,不可转让或继承,其权利的性质即属于专属权。而某些民事权利则不同,法律允许权利人依法处分其权利,从而使民事权利在不同的民事主体间转移,则其权利的性质为非专属权。通常,人身权为专属权,财产权为非专属权。

(六)既得权与期待权

根据民事权利的全部要件是否齐备,民事权利可以分为既得权和期待权。既得权,是指民事权利的全部要件已经齐备,权利主体可以行使权利以实现其民事利益的权利。期待权,是指民事权利已具备成立的部分要件,但全部要件尚未具备,权利主体须期待于将来全部要件具备时,才能实际取得民事利益的权利。例如,所有权为既得权,继承权则为期待权,继承人只有在被继承人死亡时才能现实地取得被继承人的遗产的所有权。

(七)原权与救济权

根据民事权利形成的特点和权利的目的的不同,民事权利可以分为原权和救济权。原权,是指基于法律规定的合法事实而产生的权利。例如:因买卖合同而取得标的物的所有权、因不当得利而取得的请求不当得利人返还所取得的利益的债权。救济权,是指基于原权受到侵害而产生的权利,具有保障性、派生性、援助性、消极性、期限性。救济权的产生以原权的存在为前提,其权利的内容主要体现为在原权受到侵害时,请求侵害人承担相应的法律责任,以恢复和救济其被侵害的民事利益。因此,原权也被称为前权,救济权也被称为后权,后权的目的在于救济前权,二者有着一定的牵连关系。例如,民事主体依合同约定取得债权(即原权),当合同一方不履行义务或履行义务不符合合同约定时,另一方因此享有请求对方承担违约责任,支付违约金、赔偿损失以救济其依合同应当取得的民事利益的权利(即救济权)。

三、民事权利的行使

民事权利的行使,指民事权利主体以民事权利为内容而实施的,旨在实现其民事利益的行为。从法律上说,民事权利是民事主体依法享有的为实现其利益而为一定行为或不为一定行为的资格,它并不体现为现实的利益,而是实现某种利益的可能性。因而,民事权利的行使是实现民事利益的手段,民事权利只有经过行使才得以成为现实的利益。

(一)民事权利行使的方式

民事权利的行使过程是民事利益实现的过程,但由于民事权利的性质、实现方式不同,民事权利的行使方式也有所不同。民事权利行使的方式主要有两种:一种是以事实行为行使民事权利,即以单纯的作为或者不作为来行使民事权利。例如,财产所有权的行使。所有权是一种绝对权、支配权,该权利的实现通常表现为权利主体对所有物的实际支配或管领行为,权利人只要排除他人的干预,直接实施某种事实行为就足以实现其民事利益。另一种是以法律行为行使民事权利,即以符合法律规定的意思表示来行使民事权利。例如,债权的行使。债权是一种相对权、请求权,该权利的实现通常表现为权利主体请求相对的义务主体实施具体的给付行为。

民事权利由民事主体享有,民事权利的行使,也以权利人本人行使为原则。基于法律规定或者不违背法律规定的合同约定,民事权利也可以由权利人以外的其他人行使。但是,法律规定或民事权利性质决定的不适用代理的民事权利,只能由权利人自己行使,不得由他人代为行使。例如,立遗嘱须由立遗嘱人亲自进行,不得由他人代理,但可以由他人代书。

(二)民事权利行使的原则和限制

民事主体行使民事权利受法律保障,民事主体可以根据自己的意志按照民事权利的内容决定是否行使和如何行使。法律一般只提供民事权益实现的强制性保障措施,而不干预民事主体具体行使民事权利的活动。《民法典》第 130 条规定:“民事主体按照自己的意愿依法行使民事权利,不受干涉。”但民事权利主体行使民事权利也不是绝对的自由。权利人行使权利,在积极方面,应当遵守诚实信用原则;在消极方面,不得违反法律规定,不得损害国家、集体、社会公共利益,不得损害他人的合法权益,不得滥用权利。

除行使民事权利之基本原则外,民事权利的行使还受一些特别的限制。这些特别限制主要是为了平衡权利人与社会公众的利益而作出的特别规定,其主要表现在:(1)法律赋予权利人以外的相关的他人以特定的权利,以限制权利人行使权利。例如,相邻关系中的相邻权的规定,使互相毗邻的不动产的所有人或使用人在行使权利时,彼此应当给予方便或接受限制。(2)法律赋予社会公众以符合法律规定的合理使用情形对抗权利人的专有权。例如,著作权法规定了以作品的合理使用限制著作权的行使。(3)法律规定或当事人约定权利人在行使权利时同时负担相应的某种特定义务,从而限制权利人行使权利。《民法典》第 131 条规定:“民事主体行使权利时,应当履行法律规定的和当事人约定的义务。”

(三)滥用权利之禁止

《民法典》第 132 条规定:“民事主体不得滥用民事权利损害国家利益、社会公共利益或者他人合法权益。”在民法领域内,滥用权利是指享有民事权利的民事主体超出法律规定的限度行使权利的行为。权利主体违反法律规定而行使权利,侵害了国家利益、社会公共利益或者他人合法权益的,可以认定构成权利的滥用,其行使民事权利的行为不受法律保护,并且还应依法承担相应的法律责任。例如,《专利法》第 20 条规定:“申请专利和行使专利权应当遵循诚实信用原则。不得滥用专利权损害公共利益或者他人合法权益。滥用专利权,排除或者限制竞争,构成垄断行为的,依照《中华人民共和国反垄断法》处理。”

从性质上分析,滥用权利属于权利人在行使权利时实施的一种违法行为。这种违法行为是否存在或被禁止,应当结合权利人的主观意思和行为时的客观因素以及行为所造成的实际后果加以分析。一般认为构成滥用权利,应当符合以下几个条件:(1)须有合法民事权利的存在,这是滥用权利的前提。民事主体不享有民事权利,则谈不上滥用权利;若属于以不合法的方式而获得的非法利益,也不产生滥用权利,因为这种利益本来就是不受法律保护的。(2)行为存在违法性,即权利人行使权利违背民事权利行使原则,或超出法律许可的限度。(3)损害国家利益、社会公共利益或者他人合法权益,这是认定滥用权利的重要客观标准。权利人行使权利的结果导致他人合法利益或社会公共利益受损害,甚至是以他人合法利益或社会公共利益的受损害换取权利人利益的实现。如果权利人行使权利尽管不符合法律的规定,但未损害他人或社会公共利益,则不构成滥用权利。(4)权利人在行使权利时主观上有过错,其所谋求的利益缺乏正当性。这是认定滥用权利的主观标准,它是以权利人在行使权利时是否存在损害他人或社会公共利益的故意或过失来判断的。

四、民事权利的保护

(一)民事权利保护的概念

民事权利保护,是指针对民事权利被侵害而设立的各种强制性的法律救济措施,其目的在于恢复被侵害的民事权益的内容。从性质上讲,民事权利属于一种私权,民法在保障民事主体实现民事权益的制度设计上,充分体现了当事人意思自治的原则,当事人有权依法处分自己的实体权利和诉讼权利。除违法行为已产生社会危害或损害国家、集体或者社会公共利益外,法律对民事主体个别权益的强制性保护,采取“不告不理”的原则。

(二)民事权利保护的方式

民事权利的保护方式按照其救济性质的不同,可以分为私力救济和公力救济。

1.私力救济

私力救济,是指民事权利主体在法律许可的范围内,依靠自身的力量,以自己的行为保护民事权利不受侵害或救济自己已被侵害的民事权益。因该救济方式是依靠权利人自身行为而实现的,因而也被称为自力救济或自我保护。民事主体以私力救济方式保护其民事权利,必须在法律规定的范围内进行,其所实施的救济行为不得超越法律允许的限度,否则,行为人应当承担救济行为过当部分相应的法律责任。现代各国民法上,允许民事主体实施的私力救济行为主要包括自卫行为和自助行为。

自卫行为,是指为了使自己或他人的财产或人身免受侵害或遇有紧急危险时,依法实施的使他人利益受损的行为。它包括正当防卫行为和紧急避险行为。《民法典》第 181 条规定:“因正当防卫造成损害的,不承担民事责任。正当防卫超过必要的限度,造成不应有的损害的,正当防卫人应当承担适当的民事责任。”第 182 条规定:“因紧急避险造成损害的,由引起险情发生的人承担民事责任。危险由自然原因引起的,紧急避险人不承担民事责任,可以给予适当补偿。紧急避险采取措施不当或者超过必要的限度,造成不应有的损害的,紧急避险人应当承担适当的民事责任。”由此可见,法律允许民事主体采用法律规定的自卫行为救济自己的权利,但实施自卫行为必须符合法律规定的条件,并且不得超过法律允许的必要限度。

自助行为,是指权利人为了保护自己的财产或人身,以自己的力量对义务人的财产予以扣押,或对义务人的人身自由加以限制的行为。《民法典》第 1177 条规定:“合法权益受到侵害,情况紧迫且不能及时获得国家机关保护,不立即采取措施将使其合法权益受到难以弥补的损害的,受害人可以在保护自己合法权益的必要范围内采取扣留侵权人的财物等合理措施;但是,应当立即请求有关国家机关处理。”自助行为是权利人为保护自己权利,在不能及时获得法院或者其他机关援助之特定条件下,对侵害人所采取的一种较为极端的强制措施。虽然行为人实施自助行为,在法律上不负担损害赔偿责任,但是应当严格限制使用。合法的自助行为应当符合法律规定的要件,行为人实施自助行为后,应当依法及时向法院提出相关申请。如果受害人采取的措施不当造成他人损害的,应当承担侵权责任。

2.公力救济

公力救济，是指民事权利受到侵害时，国家机关根据权利人的请求，依靠国家强制力，对被侵害的民事权利实施救济。因该救济方式是由国家机关依靠国家强制力而采取的，因而也被称为国家保护。以公力救济保护民事权利，是通过国家的专门机关，并按照规定的程序和规则进行的。这种救济方式体现的是国家的强力干预，但非经权利人请求不得采取。

公力救济的最直接、最主要的救济方式是民事诉讼。国家以公力救济保护民事权利最为主要和有效的方式是赋予法院审判权，由法院行使审判权解决民事权益纠纷，并强制实现生效的法律文书。因而，民事主体在民事权利受到侵害，或因民事权益而与他人产生纠纷时，可以依照民事诉讼程序，向法院提起民事诉讼，提出请求法院予以保护的具体诉讼请求；并在相关法律文书生效后，依照执行程序，向法院申请强制执行。

根据权利人提出的具体的诉讼请求的不同，权利人可以通过以下几种民事诉讼来救济被侵害的民事权利：(1)停止侵害之诉。这是当民事权利仍处于被侵害状态，或者存在受侵害的危险，或者权利人行使权利受到妨碍时使用的一种诉讼保护方法。权利人因此提出的诉讼请求往往包括停止侵害、排除妨碍、消除危险。(2)确认之诉。这是当对民事权利是否存在，或对民事权利的归属产生争议时使用的一种诉讼保护方法。因请求确认的民事权利或民事法律关系种类繁多，权利人提出的具体确认请求也有所不同，包括但不限于确认所有权、确认继承权、确认合同效力等。(3)给付之诉。这是当义务主体不履行法律规定或合同约定的义务而使权利主体的民事权益受到侵害时使用的一种诉讼保护方法。其目的在于强制义务人履行义务，以实现或恢复权利主体的民事权利，或补偿权利人因此受到的财产或人身损害。给付之诉之请求包括实际履行合同义务、返还财产、恢复原状、修理、重作、更换、赔偿损失、支付违约金、消除影响、恢复名誉、赔礼道歉等。(4)形成之诉。这是在当事人之间的权利义务关系已经存在的情况下，为保护民事权利而采取的一种诉讼保护方法。其目的在于请求法院通过裁判，使现存的民事权利义务关系产生变更、消灭，或在当事人之间形成新的民事权利义务关系。例如，请求变更或解除合同，请求分割共有财产。

第五节　民事责任

一、民事责任的概念

民事责任，是指民事主体因违反法律规定或者合同约定的民事义务，侵害其他民事主体的财产或人身权益，而应承担的民事法律后果。由此可见，民事责任是民事主体的民事权利和民事义务得以实现的法律保障。《民法典》第 176 条规定："民事主体依照法律规定或者按照当事人约定，履行民事义务，承担民事责任。"

二、民事责任与民事义务的关系

我国民事立法没有采取责任与债相结合的模式，而是创立了责任与债相分离的模式。在这种模式下，民事责任是违反民事义务的法律后果，属于民法整体性问题，而不再是债的组成部分。[①]《民法典》接受了责任与义务区分的理论,《民法典》总则编在第五章“民事权利”之外,另设第八章“民事责任”,并单独设立第七编“侵权责任”,对侵权民事责任作了专门的规定。

(一)民事责任与民事义务的区别

1.法律性质不同

民事义务是义务主体为满足权利主体实现其民事权益的需要而依法应当为一定行为或不为一定行为的约束,这种约束是现实的、具体的,是法律要求义务人必须履行的具体行为或不行为。民事责任是义务主体违反民事义务而应承担的法律上的不利后果,这种不利后果是潜在的、非现实的,是法律对权利人权利实现设置的一种保障。

2.产生的条件不同

民事义务的产生以法律的直接规定或当事人的合同约定为基础,以法律规定的事实或当事人约定的民事法律行为为条件。民事责任的产生则以法定或约定的民事义务为基础,以义务主体违反法律约束,不履行民事义务(即当为而不为或当不为而为)为条件。因而,民事责任以民事义务为基础,但并非民事义务的必然延伸或必然产物。只有在义务主体不履行民事义务时,才会产生民事责任。

3.包含的内容不同

民事主体负担民事义务或承担民事责任,其最为根本的目的均在于使权利主体的民事权益得以实现,但二者所包含的内容有所不同。民事义务的内容由法律直接规定或当事人合同约定,法定的义务实为维持社会经济和生活秩序正常和发展而需要人人遵守的基本约束,约定的义务则为从对方获得利益的对价。因而,民事义务对于负担者而言,并非属于真正的“不利益”。民事责任的内容则体现为民法对违反民事义务的民事主体的不利后果,是对违法者违法行为的制裁。法律规定民事主体承担民事责任,是强制使其承担真正的“不利益”。例如,在买卖合同中,卖方交付标的物的义务是卖方取得标的物价款这一权利的对价,体现的是等价有偿;若卖方违约未履行交付义务,则其承担的违约责任除实际履行外,还包括支付违约金、赔偿损失等超出原债务内容的“不利益”。

4.主体范围不同

民事责任以民事义务的负担为基础,但民事责任的承担者与民事义务的负担者并不是完全一致的。参与民事活动的任何民事主体都应当依法履行法律规定的义务,民事主体参与民事法律关系往往既是权利主体,同时又是义务主体。因而,民事义务的主体范围是广泛的。民事责任是法律对违反民事义务者所规定的不利后果,因而,民事主体只有违反了民事义务才需依法承担民事责任,成为民事责任的承担者。

(二)民事责任与民事义务的关联

1.民事责任以民事义务为前提和基础,以民事主体不履行民事义务为条件

民事责任的存在以法律规定或合同约定的民事义务的存在为前提,没有民事义务,就没有民事责任。民事责任的产生以义务主体不履行法定或约定的义务为条件,没有义务主体当为而不为或当不为而为的法律事实,就不会产生民事责任的实际承担。

2.民事责任是民事主体履行义务和实现权利的法律保障

民事义务是法律或合同对当事人的一种约束,而民事责任则是对这种约束提供一种强制性保障。因而,对于民事权利的享有者而言,民事责任是权利实现的法律保障;对于民事义务

① 龙卫球主编:《中华人民共和国民法典总则编释义》,中国法制出版社2020年版,第451页。

的负担者而言，民事责任同样是履行义务的法律保证。民事主体未有违反义务时，民事责任是一种潜在的威慑，它督促义务人认真履行义务；民事主体违反义务时，民事责任的制裁性便得到启动，法律强制义务人承担具体的民事责任，从而强制义务人履行义务，实现权利人的民事权益。

3.民事责任与民事义务的内容相对应

在现代民法中，民事责任与民事义务虽是相区别的两个概念，其内容并不互相包容，但民事义务的内容往往决定了承担民事责任的具体方式。民事主体承担民事责任的方式、具体的责任范围是根据该义务主体所违反的民事义务的性质、内容以及违反义务行为所造成的损害后果而确定的。

三、民事责任的分类

由于民事主体违反民事义务的表现形式多种多样，当事人承担的民事责任的根据、内容和方式也不相同。根据不同的标准，民事责任可以作不同的分类。民事责任的分类主要有以下几种：

（一）违反合同的民事责任和侵权的民事责任

根据当事人违反的民事义务的性质的不同，民事责任可以分为违反合同的民事责任和侵权的民事责任。违反合同的民事责任简称为违约责任，是指合同的当事人违反合同约定的义务而应承担的民事责任。侵权的民事责任简称为侵权责任，是指民事主体违反法律规定，侵害其他民事主体的人身权益或财产权益而应依法承担的民事责任。尽管违约责任与侵权责任是两类不同产生根据的民事责任，但在经济生活中，当事人的某些行为可能既违反合同义务而构成违约行为，同时又侵害了合同对方当事人的合同利益以外的其他民事权益而构成侵权行为。这种情形在民法理论中称为违约责任与侵权责任的竞合，权利人可以从更有利于保护自己的合法权益方面，选择其中的一个请求权行使权利，请求义务人承担其中的一种民事责任。《民法典》第 186 条规定："因当事人一方的违约行为，损害对方人身权益、财产权益的，受损害方有权选择请求其承担违约责任或者侵权责任。"

（二）过错责任、无过错责任和公平责任

根据民事责任的归责方式的不同，民事责任可以分为过错责任、无过错责任和公平责任。过错责任，是指以行为人的主观过错构成民事责任成立的必要条件的民事责任。无过错责任，是指只要行为人的行为造成他人的损害，无论该行为人在行为时是否存在主观过错，均应依法承担的民事责任。公平责任，是指当事人对于造成损害都没有过错的，根据实际情况，由当事人按照公平、合理原则分担的民事责任。

上述三种民事责任的归责依据不同，其适用的范围也有所不同。过错责任适用于大多数情形下的民事责任的认定；无过错责任是一种特殊的归责方式，适用于法律特别规定的特殊场合；公平责任也是一种特殊的归责方式，是民法公平原则在民事责任中的具体体现，适用于法律没有规定适用无过错责任，但适用过错责任又显失公平的情形。在我国，过错责任是民事责任的一般归责方式，无过错责任和公平责任是民事责任的特殊归责方式，其中，无过错责任以法律有特别规定为前提，公平责任由法院依公平原则裁量。

（三）财产责任和非财产责任

根据承担责任的具体内容的不同，民事责任可以分为财产责任和非财产责任。财产责任，是指以财产为内容或具有经济内容的民事责任。非财产责任，是指不以财产为内容或没有经

济内容的民事责任。财产责任与非财产责任的实质性区别主要在于责任人承担责任的具体方式不同，前者主要体现为返还财产、赔偿损失、支付违约金等具有财产给付内容的责任，后者主要体现为赔礼道歉、消除影响、恢复名誉等以行为为给付内容的责任。

（四）一人责任和多人责任

根据承担民事责任的责任人的人数不同，民事责任可以分为一人责任和多人责任。一人责任，是指因某一民事法律事实，而由某一个民事主体单独承担责任的民事责任。多人责任，是指因同一民事法律事实，由两个或两个以上的民事主体承担责任的民事责任。

根据承担责任的多人是当事人一方的数人或当事人双方这一不同，多人责任又分为混合责任和共同责任。混合责任，是指当事人双方对损害事实的产生均应当承担责任的民事责任。例如，在合同履行中，合同双方均违反合同义务而构成违约行为的，应当分别承担各自应负的民事责任。共同责任，是指承担民事责任的一方由两个或两个以上的数人组成的民事责任。共同责任中，因各责任人对外承担民事责任的范围，以及彼此之间的权利义务关系不同，而又分为按份责任和连带责任。当事人一方由两个或两个以上的民事主体构成，对外各自按照一定的份额承担民事责任的，为按份责任；对外不分份额地共同承担民事责任，任何一个责任人均有义务以自己的财产履行全部义务的，为连带责任。例如，基于连带保证责任、共同侵权、合伙债务等而产生的民事责任，责任人承担的民事责任为连带责任。相对于按份责任或分别责任而言，连带责任对于责任人是一种加重责任，但这种责任方式有利于保证相对的权利人利益的实现。

四、民事责任的形式

民事主体违反民事义务，应当依法承担民事责任，由于民事主体违反民事义务的具体情形不同，民事责任的形式也有所不同。民事责任的形式是承担民事责任的具体方式，也是权利人请求人民法院保护其合法权益的具体的诉求内容。根据《民法典》第 179 条的规定，承担民事责任的方式主要有：停止侵害，排除妨碍，消除危险，返还财产，恢复原状，修理、重作、更换，继续履行，赔偿损失，支付违约金，消除影响、恢复名誉，赔礼道歉；法律规定惩罚性赔偿的，依其规定。其中，排除妨碍，消除危险，返还财产，恢复原状，修理、重作、更换，赔偿损失，支付违约金，为财产责任，主要适用于侵害民事主体的财产权益的民事责任。消除影响、恢复名誉，赔礼道歉，为非财产责任，主要适用于侵害民事主体的人身权益的民事责任。停止侵害则既可以适用于财产权侵害的情形，也可适用于人身权侵害的情形。

以上承担民事责任的方式，视民事权利受到侵害的不同情况，可以单独适用，也可以合并适用。

第3章 自然人

第一节 自然人的概念

一、自然人的意义

民法上所称的“人”，是指在法律上享有权利和承担义务的社会存在，它包括“自然人”和“法人”两种。其中，自然人是指基于生理规律出生的个人。法人是指在法律上被赋予人格的组织体，它们以团体名义进行民事活动。在现代社会，自然人可以依法享有民事权利和承担民事义务，是最主要的民事主体。

二、自然人与公民

公民概念与自然人概念相近，公民是指具有一国国籍，依法享有权利和承担义务的个人。显然，公民的范围要小于自然人，它并不包括无国籍的个人或具有外国国籍的个人。通常，公民是公法上的权利义务主体，在公法领域内，自然人以本国公民、外国公民或者无国籍人的身份从事活动。

将“公民”作为民法术语，始见于1964年的《苏俄民法典》。该法典第二章第二节的标题为“公民”。《民法典》施行之前，我国《民法通则》第二章的标题曾经使用了“公民（自然人）”的表述，显然是沿袭了1964年《苏俄民法典》的立法例。[①]《民法通则》第8条第2款还曾进一步规定：“本法关于公民的规定，适用于在中华人民共和国领域内活动的外国人、无国籍人，法律另有规定的除外。”《民法典》施行之后，《民法通则》已经废止，《民法典》也未包含上述规定或类似规定。由此可见，在我国，民法已不再根据个人的国籍确定民事主体的法律地位。

① 有的学者认为，将公民作为民法概念，反映了民事生活的某种封闭性和“非私法”性。参见张俊浩主编：《民法学原理》，中国政法大学出版社1991年版，第102页。

第二节 自然人的民事能力

一、自然人的民事权利能力

(一)自然人民事权利能力的概念

自然人的民事权利能力,是法律赋予自然人享有民事权利和承担民事义务的资格。现代民法均规定,每个自然人都具有平等的民事权利能力,不因性别、年龄、民族、种族、信仰、职业、家庭出身、文化程度和财产状况等而有差异。我国民法也实行自然人民事权利能力平等的原则,这是法律面前人人平等原则的具体体现。《民法典》第14条明确规定:“自然人的民事权利能力一律平等。”

当然,自然人的民事权利能力只是为自然人参加民事活动、享有权利并承担义务提供了可能性。民事权利能力的平等,只是赋予自然人平等地获取权利、参与民事活动的机会而非结果的平等。自然人能否实际取得权利,则取决于其实施的法律行为或者具备其他法律事实的状况,也取决于相关法律的特别要求。例如,基于政策考虑,有的国家规定,外国人在本国境内不享有相关权利。[①]

(二)自然人民事权利能力的取得

自然人的民事权利能力因出生而取得。自然人出生的时间是其民事权利能力开始的时间。《民法典》第13条规定,自然人从出生时起到死亡时止,具有民事权利能力,依法享有民事权利,承担民事义务。

出生是指胎儿脱离母体而成为有生命个体的事实。出生须具备以下两项条件:其一为“出”,即须全部与母体分离;其二为“生”,即须在与母体分离之际保有生命。由于对“出”的和“生”的判断标准不同,学说上对于出生的认定存在各种标准,有一部露出说、全部露出说、初声说、断脐带说、独立呼吸说等。[②] 我们认为,出生的合理认定标准应当是指胎儿全部脱离母体且能够独立呼吸。关于自然人出生时间的证明,根据《民法典》第15条规定,自然人的出生时间以出生证明记载的时间为准,没有出生证明的,以户籍登记或其他有效身份登记记载的出生时间为准。如有其他证据足以推翻以上记载的出生时间,以该证据证明的出生时间为准。

自然人的民事权利能力始于出生,因此,胎儿应当不具有民事权利能力,不能享有权利、承担义务。但是,如果僵硬地贯彻此项原则,那么对于胎儿利益的保护显然不利。因此,现代各国民法对于胎儿利益的保护,均有规定。概括起来,主要有以下两种保护方法:第一,法律承认

---

① 例如,在泰国,根据相关法律规定,外国人不享有购买有地权的房屋的权利;在捷克,根据相关法律规定,非欧盟国家的个人,除非具有永久居住权或捷克配偶,不享有购买房产的权利。参见魏振瀛主编:《民法》,北京大学出版社2021年第8版,第52页。

② 一部露出说以胎儿身体的一部分露出母体为出生,全部露出说以胎儿身体全部脱离母体为出生,初声说以婴儿第一声啼哭为出生,断脐带说以剪断婴儿脐带为出生,独立呼吸说以婴儿能独立呼吸为出生。上述诸说中,有的欠缺“出”的条件,有的欠缺“生”的条件。

胎儿具有民事权利能力。这种方法又可以分为两种立法主义。一是概括保护主义，即概括地规定，就胎儿利益的保护，以将来非死产者为限，一般将胎儿视为已出生而具有民事权利能力。[①] 依概括保护主义，胎儿在母体怀孕时即已取得民事权利能力，但以其将来死产为解除条件，将来胎儿死产时，其民事权利能力溯及到受孕之时消灭。二是个别保护主义，即胎儿原则上无民事权利能力，但对于胎儿有重要关系的事项，如抚养请求权、继承权、受遗赠权和不法损害赔偿请求权等，视为已出生，具有民事权利能力。[②] 第二，法律否认胎儿具有民事权利能力，即绝对坚持胎儿不具备民事权利能力的原则。但是为保护胎儿将来利益，法律对胎儿设有特别规定。[③] 我国原来也采取此种做法，按照《民法通则》的规定，胎儿不具有民事权利能力，但是，为保护胎儿将来出生后的遗产分配利益，《继承法》第 28 条曾规定，遗产分割时，应当保留胎儿的份额。胎儿将来出生的，保留的遗产份额归其所有；胎儿死产的，保留的份额按照法定继承归其他继承人。

显然，上述有关对胎儿利益保护的方法中，概括保护主义对胎儿利益的保护最为全面。因此，为强化对胎儿利益的保护，《民法典》改采概括保护主义，第 16 条规定：涉及遗产继承、接受赠与等胎儿利益保护的，胎儿视为具有民事权利能力。但是，胎儿娩出时为死体的，其民事权利能力自始不存在。

（三）自然人民事权利能力的消灭

自然人的民事权利能力因其死亡而消灭。自然人死亡的时间是其民事权利能力消灭的时间。在现代各国民法上，自然人的民事权利能力仅因其死亡而消灭，不得放弃、转让，亦不得被限制和剥夺。[④]

死亡包括自然死亡和宣告死亡。自然死亡是自然人生命的绝对消灭。宣告死亡，是司法机关以法定程序对符合法定条件的自然人所作出的死亡推定。关于自然死亡，存在呼吸停止说、心脏停止跳动说以及脑活动停止（脑死亡）说等不同的认定标准，我国通常的医学实践是以呼吸停止、心脏停止跳动且瞳孔放大为准。[⑤] 但是，随着现代医学的发展，有学者认为应当考虑脑死亡标准。[⑥]

关于自然人死亡时间的证明，根据《民法典》第 15 条的规定，自然人的死亡时间以死亡证明记载的死亡时间为准，没有死亡证明的，以户籍登记或其他有效身份登记记载的死亡时间为准。如有其他证据足以推翻以上记载的死亡时间，以该证据证明的死亡时间为准。

死亡的时间在法律上具有重要的意义。其主要决定以下事件是否发生及其发生时间：(1)

---

① 《瑞士民法典》第 31 条第 2 款；我国台湾地区“民法”第 7 条。

② 《德国民法典》第 844 条第 2 款（关于赔偿请求权）、第 1923 条第 2 款（关于继承权）；《法国民法典》第 906 条第 1 款（关于接受赠与权和受遗赠权）、第 725 条（关于继承权）；《日本民法典》第 721 条（关于损害赔偿请求权）、第 886 条（关于继承权）、第 965 条（关于受遗赠权）。

③ 《苏俄民法典》第 559 条。

④ 古代法上有所谓法律上的死亡，即法律强行剥夺尚未死亡的自然人的民事权利能力，如罗马法上的“人格减等”、日耳曼法上的“平和剥夺”、法国法上的“民事上之死”。现代民法贯彻民事权利能力平等原则，认为民事权利能力不可剥夺。见李宜琛：《民法总则》，台湾中正书局 1977 年版，第 65 页。

⑤ 参见魏振瀛主编：《民法》，北京大学出版社 2021 年第 8 版，第 54 页。

⑥ 对此，梁慧星教授认为，应当根据不同的情况采取不同的死亡认定标准，凡涉及脏器移植手术的死亡，应当以脑死亡为认定标准；不涉及脏器移植手术的死亡，则应当以通常的心脏死亡为认定标准。参见梁慧星：《民法总论》，法律出版社 2021 年第 6 版，第 93 页。

继承的开始;(2)遗嘱发生法律效力;(3)人身保险之保险金请求权的发生;(4)婚姻关系的消灭;(5)抚恤金请求权的发生;等等。

由于自然人的民事权利能力终于死亡,因此死者不再具有民事权利能力,不能享有权利、承担义务。自然人死亡后,继承开始,其财产权益由其继承人继承,因此不存在对其财产权益的保护问题,然而存在着自然人的人格利益是否在死后仍然能得以延伸保护的问题。从理论上讲,自然人死亡后,生命终止,身体变为尸体,因此其生前所享有人格权也应当随之消灭,然而,如果僵硬地贯彻此项原则,显然有违社会公共利益和公序良俗。因此,虽然死者不能再享有人格权,但是其姓名、肖像、名誉、隐私等部分人格利益还应当予以延伸保护。① 根据我国现行的司法实践,死者的姓名、肖像、名誉、荣誉、隐私、遗体、遗骨等受到侵害,其近亲属向人民法院提起诉讼请求精神损害赔偿的,人民法院应当依法予以支持。②《民法典》第 185 条也规定,侵害英雄烈士等的姓名、肖像、名誉、荣誉,损害社会公共利益的,应当承担民事责任。

二、自然人的民事行为能力

(一)自然人民事行为能力的概念

自然人的民事行为能力,有广义和狭义之分。广义上的民事行为能力,是指法律所赋予自然人能够以其自己的行为行使民事权利和设定民事义务,并且能够对自己的非法行为承担民事责任的资格。而狭义上的民事行为能力,是指法律所赋予自然人能够以自己的行为取得民事权利、设定民事义务的资格。狭义上的民事行为能力仅指自然人为民事法律行为的能力,不包括自然人的民事责任能力。根据《民法典》第 1188 条的规定,无民事行为能力人、限制民事行为能力人造成他人损害的,由监护人承担侵权责任。但是,有财产的无民事行为能力人、限制民事行为能力人造成他人损害的,从本人财产中支付赔偿费用,不足部分则由监护人赔偿。另外,根据《民法典》第 1190 条的规定,完全民事行为能力人对自己的行为暂时没有意识或者失去控制造成他人损害有过错的,应当承担侵权责任;没有过错的,根据行为人的经济状况对受害人适当补偿。由此可见,《民法典》不仅承认民事责任能力的存在,还对民事责任能力和民事行为能力进行区分,即使用狭义上的民事行为能力概念。

自然人的民事行为能力以自然人的意思能力为基础。意思能力是指自然人对自己行为的判断、识别能力,包括正常的判断能力和预期能力。由于意思能力是自然人的一种心理能力,随着自然人年龄的增加、生理和心智发育的逐渐成熟而逐渐增强、完善,因此,在民法上,为了保护行为人的利益,保护社会活动的正常进行,通常以达到一定的年龄和精神状况为形式标准,将自然人的行为能力分为完全民事行为能力、无民事行为能力和限制民事行为能力。

(二)完全民事行为能力

完全民事行为能力,是指自然人完全独立从事民事法律行为,取得民事权利和承担民事义务的资格。具有完全民事行为能力的自然人,为完全民事行为能力人,可以其自己的行为独立地广泛参与法律范围内的民事活动,为自己取得民事权利和设定民事义务。

---

① 关于对死者人格利益延伸保护,还存在遗族利益维护说、社会利益维护说、遗族利益与社会利益共同维护说、遗族利益与有关人员利益维护说、死者人格遗留利益说等不同理论学说。参见魏振瀛主编:《民法》,北京大学出版社 2021 年第 8 版,第 55 页;韩松编著:《民法总论》,法律出版社 2020 年第 4 版,第109 页。

② 《最高人民法院关于确定民事侵权精神损害赔偿责任若干问题的解释》(法释〔2001〕7 号,法释〔2020〕17 号修正)第 3 条。

现代各国民法均以自然人成年作为其享有完全民事行为能力的年龄标准。自然人达到一定的年龄,可称之为成年人。成年人通常具有相当的社会生活经验和知识,并开始独立生活,在社会交往活动中具有识别、判断和预见能力,能够判断和预见自己行为的法律后果。因此,法律赋予成年人完全民事行为能力,使其能够独立从事民事法律行为。根据《民法典》第 17 条和第 18 条的规定,18 周岁以上的自然人是成年人,不满 18 周岁的自然人为未成年人,成年人为完全民事行为能力人,具有完全民事行为能力,可以独立进行民事法律行为。

在我国,现实生活中大量存在着成年之前就就业劳动、参与民事活动的情况。考虑到这种社会生活的实际状况,《民法典》第 18 条特别规定,16 周岁以上的未成年人,以自己的劳动收入为主要生活来源的,视为完全民事行为能力人,以弥补成年制度的不足。此所谓"以自己的劳动收入为主要生活来源",应当包括两个方面的内容:一是指以自己的劳动收入而非其他收入如他人资助、奖励或者继承的财产为生活来源;二是劳动收入构成其主要生活来源,即其劳动收入能够满足一般生活需要,并达到当地居民生活的一般水平。

(三)无民事行为能力

无民事行为能力,是指自然人无独立从事民事法律行为的资格。无民事行为能力的自然人,称无民事行为能力人。根据《民法典》第 20 条和第 21 条的规定,无民事行为能力人包括两种,即不满 8 周岁的未成年人和不能辨认自己行为的成年人与 8 周岁以上的未成年人。此所谓"不能辨认自己行为",是指没有判断能力和自我保护能力,不知其行为后果。需指出,不能辨认自己行为的成年人作为无民事行为能力人,应当由人民法院对其作出无民事行为能力人的认定。根据《民法典》第 24 条规定,不能辨认自己行为的成年人的利害关系人或者有关组织,可以向人民法院申请认定该成年人为无民事行为能力人。被人民法院认定为无民事行为能力人的,经本人、利害关系人或者有关组织申请,人民法院可以根据其智力、精神健康恢复的状况,认定该成年人恢复为限制民事行为能力人或者完全民事行为能力人。有关组织包括居民委员会、村民委员会、学校、医疗机构、妇女联合会、残疾人联合会、依法设立的老年人组织、民政部门等。而此所谓"利害关系人",解释上应当是指被申请人的近亲属(即配偶、父母、子女、兄弟姐妹、祖父母、外祖父母)以及其他与被申请人有民事权利义务关系的人。

无民事行为能力人对其行为性质和后果均缺乏判断能力,为保护他们的切身利益和交易安全,《民法典》第 20 条和第 21 条规定,其从事的民事法律行为,由其法定代理人代理实施。如果无民事行为能力人自己进行民事法律行为,则不具有法律效力,因此,《民法典》第 144 条规定,无民事行为能力人实施的民事法律行为无效。尽管如此,为保护无民事行为能力人的利益,法律应当允许以下情况为例外,即无民事行为能力人接受奖励、赠与、报酬等纯获利益的行为,具有法律效力,他人不得以行为人为无民事行为能力人为由主张无效。

(四)限制民事行为能力

限制民事行为能力,是指自然人可以部分地独立从事民事法律行为的资格。具有限制民事行为能力的自然人,称限制民事行为能力人。根据《民法典》第 19 条和第 22 条的规定,限制民事行为能力人有两种:一是 8 周岁以上的未成年人,二是不能完全辨认自己行为的成年人。此所谓"不能完全辨认自己行为",是指对于比较复杂的事物或者比较重大的行为缺乏判断能力和自我保护能力,并且不能预见其行为后果。需指出,不能完全辨认自己行为的成年人作为限制民事行为能力人,应当由人民法院对其作出限制民事行为能力人的认定。根据《民法典》第 24 条的规定,不能完全辨认自己行为的成年人的利害关系人或者有关组织,可以向人民法院申请认定该成年人为限制民事行为能力人。被人民法院认定为限制民事行为能力人的,经本人、利害关系人或者有关组织申请，人民法院可以根据其智力、精神健康恢复的状况，认定该成年人恢复为完全民事行为能力人。有关组织包括居民委员会、村民委员会、学校、医疗机构、妇女联合会、残疾人联合会、依法设立的老年人组织、民政部门等。而此所谓"利害关系人"，解释上应当是指被申请人的近亲属(即配偶、父母、子女、兄弟姐妹、祖父母、外祖父母)以及其他与被申请人有民事权利义务关系的人。

限制民事行为能力人，只是其意思能力不完善，因此法律限制其完全独立从事民事法律行为，但是法律允许其部分独立地从事民事法律行为，承认在法律允许范围内所从事的民事法律行为的法律效力。根据《民法典》第 19 条的规定，8 周岁以上的未成年人，可以独立实施纯获利益的民事法律行为或者与其年龄、智力相适应的民事法律行为。至于某项民事法律行为是否与其年龄、智力相适应，可以根据行为与其本人生活相关联程度、本人的智力能否理解其行为，并预见相应的行为后果，以及行为标的的数额等方面加以判断。根据《民法典》第 22 条规定，不能完全辨认自己行为的成年人，可以独立实施纯获利益的民事法律行为或者与其智力、精神健康状况相适应的民事法律行为。至于某项民事活动是否与其精神健康状况相适应，可以根据行为与其本人生活相关联程度、本人精神状态能否理解其行为，并预见相应的行为后果，以及行为标的的数额等方面加以判断。

除可以独立从事上述民事法律行为之外，限制民事行为能力人从事其他民事法律行为，应当由其法定代理人代理实施，或者经其法定代理人同意、追认，否则，他们所从事的民事法律行为无效。据此，《民法典》第 145 条规定，限制民事行为能力人实施的纯获利益的民事法律行为或者与其年龄、智力、精神健康状况相适应的民事法律行为有效；实施的其他民事法律行为经法定代理人同意或者追认后有效。

三、自然人的民事责任能力

自然人的民事责任能力，是指自然人因其违法行为而独立承担民事责任的资格。法律赋予自然人民事责任能力的目的，在于追究自然人违法行为的民事责任，以保护他人和社会利益。民事责任能力与民事行为能力属于共生关系，如果实际参与民事活动的民事主体具有完成民事行为能力，能够以自己的行为独立实施各种民事法律行为，取得权利和设定义务，那么其通常情况下同时具有独立承担民事责任的能力，可以对其违法行为依法承担相应的法律责任。

如何判断自然人民事责任能力的有无，学理上存在不同的观点。一种学说主张，应当以行为时有无意思能力(识别能力)为准。即必须就各个具体的行为，审查行为人是否具备意思能力。因此，通常情况下完全民事行为能力人因具备完全的意思能力而具备民事责任能力。而无民事行为能力人和限制民事行为能力人，则不能一概而论，如果其行为时具备意思能力，则具有责任能力，应当承担赔偿责任，否则不负赔偿责任。[①] 另一种学说主张，上述学说偏重于对行为人的保护，而不利于对他人和社会的保护，因此主张应当以民事行为能力的有无作为判断民事责任能力的根据。[②]

在我国，自然人如果具有完全的民事行为能力，那么原则上具有民事责任能力，对自己实施的违法行为的法律后果独立承担民事责任。尽管如此，根据《民法典》第 1190 条的规

---

① 参见施启扬:《民法总则》，台湾三民书局 1996 年版，第 84 页。

② 参见梁慧星:《民法总论》，法律出版社 2021 年版，第 72 页。

定，当完全民事行为能力人对自己的行为暂时没有意识或者失去控制而造成他人损害时，则区分是否有过错而进行分别处理。如果行为人有过错的，例如因醉酒、滥用麻醉药品或者精神药品对自己的行为暂时没有意识或者失去控制造成他人损害的，应当承担侵权责任；如果行为人没有过错的，则根据行为人的经济状况对受害人适当补偿，而非承担侵权责任。

至于无民事行为能力人和限制民事行为能力人是否具有民事责任能力，则取决于他们是否有财产。根据《民法典》第 1188 条第 1 款的规定，无民事行为能力人、限制民事行为能力人造成他人损害的，由监护人承担侵权责任。这意味着，原则上，无民事行为能力人和限制民事行为能力人不具有民事责任能力，无须承担侵权责任。但是，根据《民法典》第 1188 条第 2 款的规定，有财产的无民事行为能力人、限制民事行为能力人造成他人损害的，则应当从其个人财产中支付赔偿费用，不足部分则由监护人赔偿。这意味着，有财产的无民事行为能力人和限制民事行为能力人，具有民事责任能力。

第三节 户籍与住所

一、户籍

在我国，户籍是指居住在某一地点的自然人的户口登记地。根据我国户籍管理的规定，自然人应当在经常居住的地方登记为常住人口，只能选择一个地方为其户籍地进行常住人口登记。自然人的出生、死亡，以及从此地点迁出或迁入居住等事实的发生，都应在户籍地登记或另作户籍登记。户籍登记机关依法发给户口簿，该文件记载自然人的姓名、性别、出生时间、住址等内容。因此，在我国，户口簿是确定自然人有关法律事实的一个重要法律依据。

在我国，居民身份证是证明自然人个人身份的一种法律凭证。根据《居民身份证法》的规定，居住在我国境内的年满 16 周岁的中国公民，应当申请领取居民身份证；未满 16 周岁的中国公民，也可以申请领取居民身份证。该证件登记的项目包括：姓名、性别、民族、出生日期、常住户口所在地住址、公民身份号码、本人相片、证件的有效期和签发机关等内容。显然，居民身份证与户口簿相同，也是确定自然人有关法律事实的一个法律依据。

二、住所

住所是指自然人生活和进行民事活动的主要基地或中心场所。一般认为，构成住所应当具备以下两项条件：一是存在经常居住的事实，二是存在久住的意思。如果仅存在经常居住的事实而无久住的意思，则不能构成住所，但是可构成居所或者经常居住地。

根据《民法典》第 25 条的规定，自然人以其户籍登记或者其他有效身份登记记载的居所为其住所。从学理上看，这种确定住所的方法采用的是形式主义标准。考虑到当今社会自然人离开其户籍所在地生活和从事民事活动已经司空见惯，立法上有必要采用实质主义标准，即根据上述住所构成条件确定住所。为此，《民法典》第 25 条进一步规定，自然人经常居所与住所不一致的，经常居所视为住所，以此弥补单一住所的不足。[①]

住所在民事活动中具有重要意义。主要有：(1)可以作为确定失踪人下落不明的依据。如果自然人离开住所若干年杳无音信，即可认定为失踪。(2)可以决定债务的履行地点。如《民法典》第511条规定，当事人就合同履行地点约定不明确时，如果不能达成补充协议或者不能依合同相关条款或交易习惯确定，给付货币的，在接收货币一方所在地履行；交付不动产的，在不动产所在地履行；其他标的，在履行义务一方所在地履行。在涉及自然人时，此所谓一方所在地即住所。(3)可以决定诉讼管辖的地点。如根据《民事诉讼法》第21条规定，对自然人提起的民事诉讼，由被告住所地人民法院管辖。(4)可以确定涉外法律关系中准据法之选择。例如，《涉外民事关系法律适用法》第11条规定，自然人的民事权利能力，适用经常居所地法律。(5)可以确定法院的通知、传唤或判决书等诉讼文书的送达地。例如，《民事诉讼法》第86条规定，人民法院可以采取留置送达方式送达诉讼文书，其送达地即为当事人的住所。

第四节　监　护

一、监护概述

(一)监护的概念

监护，是指监护人对无民事行为能力人和限制民事行为能力人的人身、财产和其他合法权益加以监督和保护的一种民事法律制度。在监护关系中，受到监督和保护的无民事行为能力人和限制民事行为能力人，称被监护人；实施监督和保护行为的人，称监护人。为无民事行为能力人和限制民事行为能力人设立监护制度，目的在于：一是为了弥补被监护人民事行为能力的欠缺，保护被监护人的人身、财产和其他合法权益；二是为了维护社会交易的安全，保护他人的合法权益。

从性质上说，监护应当属于法律施加于监护人的一项职责。《民法典》第34条规定，监护人的职责是代理被监护人实施民事法律行为，保护被监护人的人身权利、财产权利以及其他合法权益等。监护人依法履行监护职责产生的权利，受法律保护。监护人不履行监护职责或者侵害被监护人合法权益的，应当承担法律责任。

(二)监护与亲权

在传统民法上，亲权通常是指父母基于与子女之间的身份关系而对未成年子女在人身和财产方面享有权利和承担义务的总和。在民法上，亲权的概念与监护概念十分相近，两者均包括对无民事行为能力人的人身和财产两个方面的保护和管理。在立法体例上，虽然大陆法系国家普遍建立了监护制度和亲权制度，但是其亲权制度也是以保护未成年子女的人身和财产权益为中心，与监护制度相近。在英美法系国家，监护与亲权不加以区分，统称为监护。在我国，《民法典》也采取监护吸收亲权的立法体例，将亲权的有关内容直接规定在监护制度中，《民法典》第27条直接规定父母是未成年子女的监护人。

但是，严格地讲，监护与亲权之间存在诸多明显的差别：首先，亲权的权利人只能是父母，

---

① 有的国家民法规定，自然人可以有多个住所。如《德国民法典》第7条第2款规定，自然人的住所可同时存在于数地。

亲权的义务人只能是未成年人子女；而监护人可以是父母以外的自然人或者单位、组织，被监护的对象也可以是非子女未成年人或者丧失行为能力的成年人。其次，亲权因父母与子女之间的身份关系自然发生，亲权的行使也无须有关机关的监督；而监护的设立必须经过有关机关的许可，监护人在履行监护职责时必须接受有关机关的监督。最后，亲权的权利人可以对未成年人子女的财产享有用益权，对未成年子女负抚养的义务；而监护人如果不是为了被监护人的利益，不得使用被监护人的财产，此外，监护人也对被监护人负抚养或扶养的义务。

（三）监护的分类

根据被监护人的不同，监护可分为对未成年人的监护和对无民事行为能力或者限制民事行为能力的成年人的监护。按照监护设立的方式不同，监护可分为法定监护、意定监护和指定监护。法定监护是指法律直接规定监护人的监护；意定监护是指通过委托合同设立委托监护人或者通过遗嘱方式委托监护人的监护；指定监护是指在没有法定监护人或者法定监护人之间对担任监护人有争议时，由有关单位或法院指定监护人的监护。

二、监护的设立

（一）未成年人监护的设立

根据《民法典》第 27 条的规定，父母是未成年子女的监护人。如前所述，我国《民法典》采监护吸收亲权说，因此在确立未成年人的监护人时，法律直接规定未成年人的父母为当然监护人。需指出，此所谓“未成年人”，应当是指“视为完全民事行为能力人”以外的其他未成年人，16 周岁以上的未成年人能以自己的劳动收入为主要生活来源的，法律上视为完全行为能力人，无须再为其设立监护。未成年人的父母只要具备监护能力，就应当依照法律规定，履行自己的监护职责。根据《民法典》第 26 条的规定，父母对未成年子女负有抚养、教育和保护的义务。当然，未成年人的父母可以根据客观情况，委托他人代其履行全部或者部分监护职责。

如果未成年人的父母死亡或者没有监护能力时，根据《民法典》第 27 条的规定，由下列有监护能力的人按顺序担任监护人：(1)祖父母、外祖父母；(2)兄、姐；(3)其他愿意担任监护人的个人或者组织，但是须经未成年人住所地的居民委员会、村民委员会或者民政部门同意。上述人员中，祖父母、外祖父母和兄、姐为法定监护人，担任监护人是其法定职责。而其他愿意担任监护人的个人或者组织，并非法定监护人，无担任监护人的法定职责。因此，如果他们愿意担任监护人，还必须经未成年人住所地的居民委员会、村民委员会或者民政部门同意。上述人员担任监护人的先后顺序，意味着监护人应当根据上述人员和组织是否死亡、有无监护能力以及担任监护人是否对被监护人有利等因素而依次确定。至于未成年人的父母或者上述其他人员是否具有监护能力，可根据其身体健康状况、经济条件，以及与被监护人在生活上的联系等因素加以判断。

需指出，鉴于未成年人的父母是其最近的直系尊亲属，《民法典》第 29 条允许未成年人的父母用遗嘱的方式为未成年人指定监护人。此外，如果没有依法具有监护资格的人时，根据《民法典》第 32 条的规定，未成年人的监护人由民政部门担任，也可以由具备履行监护职责条件的未成年人住所地的居民委员会、村民委员会担任。

（二）无民事行为能力或者限制民事行为能力的成年人监护的设立

《民法典》第 28 条规定，无民事行为能力或者限制民事行为能力的成年人，由下列有监护能力的人按顺序担任监护人：(1)配偶；(2)父母、子女；(3)其他近亲属(包括祖父母、外祖父母、兄弟姐妹、孙子女、外孙子女)；(4)其他愿意担任监护人的个人或者组织，但是须经被监护人住所地的居民委员会、村民委员会或者民政部门同意。上述人员中，配偶、父母、子女和其他近亲属，属于法定监护人，担任监护人是其法定职责。而其他愿意担任监护人的个人或者组织，并非法定监护人，无担任监护人的法定职责。因此，如果他们愿意担任监护人，还必须经被监护人住所地的居民委员会、村民委员会或者民政部门同意。上述人员担任监护人的先后顺序，意味着监护人应当根据上述人员和组织是否死亡、有无监护能力以及担任监护人是否对被监护人有利等因素而依次确定。至于上述人员和组织是否具有监护能力，可根据其身体健康状况、经济条件，以及与被监护人在生活上的联系等因素加以判断。

如果没有上述监护人的，根据《民法典》第 32 条的规定，监护人由民政部门担任，也可以由具备履行监护职责条件的被监护人住所地的居民委员会、村民委员会担任。另外，根据《民法典》第 33 条的规定，具有完全民事行为能力的成年人，可以与其近亲属、其他愿意担任监护人的个人或者组织事先协商，以书面形式确定自己的监护人，在自己丧失或者部分丧失民事行为能力时，由该监护人履行监护职责，从而实现对自身利益的保护。

（三）担任监护人争议的解决

如前所述，有监护资格的人，应当根据法律所确定的先后顺序担任监护人，当然他们也可以通过协议确定监护人。对此，《民法典》第 30 条规定，依法具有监护资格的人之间可以协议确定监护人。协议确定监护人应当尊重被监护人的真实意愿。

实践中，不能排除有监护资格的人争当监护人或者推脱担任监护人的情况存在。对此，《民法典》第 31 条规定，对监护人的确定有争议的，由被监护人住所地的居民委员会、村民委员会或者民政部门指定监护人，有关当事人对指定不服的，可以向人民法院申请指定监护人，有关当事人也可以直接向人民法院申请指定监护人。居民委员会、村民委员会、民政部门或者人民法院应当尊重被监护人的真实意愿，按照最有利于被监护人的原则在依法具有监护资格的人中指定监护人。上述有关组织指定监护人前，被监护人的人身权利、财产权利以及其他合法权益处于无人保护状态的，由被监护人住所地的居民委员会、村民委员会、法律规定的有关组织或者民政部门担任临时监护人。监护人被指定后，不得擅自变更；擅自变更的，不免除被指定的监护人的责任。

三、监护人的职责

根据《民法典》第 34 条的规定，监护人的职责是代理被监护人实施民事法律行为，保护被监护人的人身权利、财产权利以及其他合法权益等。据此，监护人的职责主要包括以下几方面：

第一，代理被监护人从事民事法律行为。民法设立监护制度的目的，在于通过监护人代理被监护人从事民事法律行为，以弥补被监护人民事行为能力的欠缺。因此，监护人作为被监护人的法定代理人，代理被监护人从事民事法律行为，是其一项重要职责。

第二，保护被监护人的人身权益。监护人对被监护人人身合法权益的保护，包括两个方面：一是维护被监护人的人身健康和安全，例如，帮助无民事行为能力或者限制民事行为能力的成年人恢复健康，给予其日常生活的照料等；二是保护被监护人的名誉权、荣誉权等人格权不受侵害。作为未成年人监护人的父母，还应当对未成年人负有抚养、教育义务，以促进未成年人的身心健康成长。

第三，依法管理和保护被监护人的财产。监护人管理被监护人的财产，不仅包括对被监护人财产的看管、管理行为，还应当包括必要的经营行为和处分行为。但是，监护人在处分被监护人的财产时，应当以维护被监护人的利益为条件。监护人管理被监护人财产时，应当尽善良管理人之注意义务。监护人保护被监护人财产时，不仅有权排除他人对被监护人财产的侵害，而且有权否定被监护人所作出的与其年龄、智力和精神状况不相适应的处分财产行为。

第四，对被监护人造成他人损害承担民事责任。根据《民法典》第 1188 条的规定，在监护关系存续中，如果被监护人给他人造成损害的，由监护人承担民事责任，但是监护人尽了监护职责的，可以适当减轻其民事责任。此外，如果被监护人有财产，赔偿费用从其财产中支付，不足部分由监护人赔偿。

监护人在履行其上述职责时，根据《民法典》第 35 条的规定，监护人应当按照最有利于被监护人的原则履行监护职责。监护人除为维护被监护人利益外，不得处分被监护人的财产。未成年人的监护人履行监护职责，在作出与被监护人利益有关的决定时，应当根据被监护人的年龄和智力状况，尊重被监护人的真实意愿。成年人的监护人履行监护职责，应当最大限度地尊重被监护人的真实意愿，保障并协助被监护人实施与其智力、精神健康状况相适应的民事法律行为。对成年的被监护人有能力独立处理的事务，监护人不得干涉。

为保障并监督监护人履行其职责，切实保护被监护人的利益，我国民法规定了监护人依法履行监护职责的保护以及违背监护职责的法律责任。根据《民法典》第 34 条的规定，监护人依法履行监护职责产生的权利，受法律保护。监护人不履行监护职责或者侵害被监护人的合法权益的，应当承担法律责任。如果发生突发事件等紧急情况，监护人暂时无法履行监护职责，被监护人的生活处于无人照料状态的，被监护人住所地的居民委员会、村民委员会或者民政部门应当为被监护人安排必要的临时生活照料措施。

四、监护人资格的撤销与恢复

（一）监护人资格的撤销

监护人依法履行监护职责，对于维护被监护人的合法权益具有重要意义，因此，为了更好保护无民事行为能力人或者限制民事行为能力人的合法权益，我国民法还规定了监护人资格撤销制度。根据《民法典》第 36 条的规定，撤销监护人的事由包括：(1)监护人实施严重损害被监护人身心健康的行为，例如对被监护人虐待、遗弃或暴力伤害等；(2)监护人怠于履行监护职责，或者无法履行监护职责且拒绝将监护职责部分或者全部委托给他人，导致被监护人处于危困状态，例如对有吸毒、赌博或酗酒等恶习的被监护人既不履行监护职责也拒绝委托他人履行监护职责以致被监护人处于危困状态等；(3)监护人实施严重侵害被监护人合法权益的其他行为，例如教唆被监护人实施违法犯罪行为等。

如果监护人具有上述情形之一的，根据有关个人或者组织的申请，人民法院撤销其监护人资格，安排必要的临时监护措施，并按照最有利于被监护人的原则依法指定监护人。此所谓“有关个人或者组织”，包括其他依法具有监护资格的人，居民委员会、村民委员会、学校、医疗机构、妇女联合会、残疾人联合会、未成年人保护组织、依法设立的老年人组织、民政部门等。如果上述个人和民政部门以外的组织未及时向人民法院申请撤销监护人资格，民政部门应当向人民法院申请。换言之，申请撤销监护人资格是民政部门的一项法定义务。

监护人资格被撤销后，仍应当依法履行其应当承担的法律义务。根据《民法典》第 37 条的规定，依法负担被监护人抚养费、赡养费、扶养费的父母、子女、配偶等，被人民法院撤销监护人资格后，应当继续履行其负担的义务。

(二)监护人资格的恢复

根据《民法典》第38条的规定，监护人资格被撤销后，除对被监护人实施故意犯罪的外，确有悔改表现的，经监护人的申请，人民法院可以恢复其监护人资格。但是，申请恢复的主体仅限于被监护人的父母或者子女，不包括担任监护人的配偶、兄弟姐妹、祖父母、外祖父母、孙子女、外孙子女等近亲属以及其他个人和组织。[①] 人民法院接到恢复监护人资格的申请后，是否恢复申请人的监护人资格，需要以尊重被监护人真实意愿为前提，根据具体情况作出是否恢复的决定。人民法院作出恢复监护人资格的决定后，经人民法院指定的监护人与被监护人的监护关系同时终止。

五、监护关系的解除

监护关系的解除，是指因某种法律事实的出现而引起既有的监护关系归于消灭。根据《民法典》第39条的规定，监护关系因以下事由出现而解除：(1)被监护人获得或恢复完全民事行为能力。例如未成年人已经成年；不能辨认或不能完全辨认自己行为的成年人恢复了健康，法院依法撤销对他的丧失行为能力的宣告。(2)监护人或者被监护人一方死亡。(3)监护人丧失监护能力。(4)人民法院认定监护关系终止的其他情形。例如，根据《民法典》第36条的规定，监护人资格被撤销后，其与被监护人的监护关系即告终止，人民法院指定的监护人与被监护人成立监护关系。有的学者认为，监护人辞职也可以导致监护关系终止。监护人有诸如患病、年纪大、迁居或者家庭负担繁重等正当理由时，可以在取得有指定权的机关同意后辞职。[②]

根据《民法典》第39条的规定，监护关系终止后，如果被监护人仍然需要监护，应当依法另行确定监护人。据此，有指定权的机关应当依法指定监护人。此外，即使监护关系终止，根据《民法典》第26条的规定，父母对未成年子女负有的抚养、教育和保护的义务，以及成年子女对父母负有的赡养、扶助和保护的义务，也不应终止。

第五节　宣告失踪与宣告死亡

一、宣告失踪

(一)宣告失踪的概念

宣告失踪，是指自然人下落不明达到法定期间，经利害关系人申请，人民法院依法定程序宣告其为失踪人的一项法律制度。宣告失踪制度是对自然人下落不明事实的法律认定，其目的在于为失踪人设立财产代管人，以结束因失踪人失踪而引起财产关系的不确定状态，保护失踪人和利害关系人的财产利益。

(二)宣告失踪的条件和程序

根据《民法典》第40条的规定，自然人宣告失踪应当遵循下列条件和程序：

---

① 有观点认为，从最有利于监护人成长或生活原则出发，不应完全排除上述近亲属申请恢复其监护人资格。参见魏振瀛主编：《民法》，北京大学出版社2021年第8版，第66页。

② 梁慧星：《民法总论》，法律出版社2021年第6版，第113页。

1.自然人须下落不明满2年

所谓下落不明，是指自然人离开最后居所或住所后没有音讯的状况，这种状况须是持续、不间断的存在。下落不明期限的起算时间，根据《民法典》第41条的规定，通常情况下应当从自然人音讯消失之日起计算，战争期间下落不明的，从战争结束之日或有关机关确定的下落不明之日起计算。[①]

2.经利害关系人申请

所谓利害关系人，是指与失踪人之间存在民事权利义务关系的人，包括失踪人的配偶、父母、子女、兄弟姐妹、祖父母、外祖父母、孙子女、外孙子女等近亲属，以及其他与被申请宣告失踪人有民事权利和民事义务关系的人，例如债权人、债务人、法定代理人等。上述利害关系人可一人或数人同时申请，且无优先次序的限制。

3.须经人民法院宣告

对自然人的失踪宣告，必须由人民法院作出判决宣告其失踪。人民法院对自然人作失踪宣告，必须经利害关系人申请，否则人民法院不能依职权对自然人作失踪宣告。

（三）宣告失踪的法律后果

宣告失踪的法律后果主要是为宣告失踪人的财产设立代管人。根据《民法典》第42条的规定，自然人被法院宣告失踪后，其财产由其配偶、成年子女、父母或者其他愿意担任财产代管人的人代管。其他愿意担任财产代管人的人，通常包括失踪人的兄弟姐妹、祖父母、外祖父母、孙子女、外孙子女等近亲属以及其他愿意担任财产代管人的个人或组织。如果失踪人是无民事行为能力人或限制民事行为能力人，其监护人应当为其财产代管人。如果对担任代管人发生争议，或者没有上述法律规定提及的人或上述规定提及的人无代管能力，则由人民法院指定代管人。

代管人管理失踪人财产的行为，不限于对失踪人财产的保管，还可包括维护、收益及必要的处分行为。例如，对失踪人财产作有利于失踪人之利用或改良行为；从失踪人财产中支付失踪人所欠的税款、债务和应付的其他费用等。此所谓其他费用，应当包括赡养费、抚养费、扶养费和因代管财产所需的管理费等必要费用。根据《民法典》第43条的规定，财产代管人应当妥善管理失踪人的财产，维护其财产权益。财产代管人因故意或者重大过失造成失踪人财产损失的，应当承担赔偿责任。因此，代管人管理失踪人的财产时，应尽善良管理人之注意义务。

根据《民法典》第44条的规定，如果财产代管人不履行代管职责、侵害失踪人财产权益或者丧失代管能力，失踪人的利害关系人可以向人民法院申请变更财产代管人。财产代管人有正当理由的，也可以向人民法院申请变更财产代管人。人民法院变更财产代管人的，变更后的财产代管人有权请求原财产代管人及时移交有关财产并报告财产代管情况。

（四）宣告失踪的撤销

根据《民法典》第45条的规定，被宣告失踪的人重新出现，经本人或利害关系人申请，人民法院应当判决撤销对其失踪宣告。此所谓重新出现，不仅包括被宣告失踪的自然人回到原居所，还应包括确知其下落，即取得其生活在他处的确切消息。宣告失踪撤销后，代管人的代管权消灭，被宣告失踪的人有权请求财产代管人及时移交有关财产并报告财产代管情况。代管人应向其本人归还代管的财产及其收益，并向其说明代管期间财产管理状况并提交财务账册。

---

① 根据我国《民事诉讼法》第190条的规定，公安机关或者其他有关机关可以出具被宣告失踪人下落不明的书面证明。

二、宣告死亡

（一）宣告死亡的概念

宣告死亡，是指自然人下落不明达到法定期间，经利害关系人申请，人民法院经法定程序而在法律上推定失踪人死亡的一项法律制度。宣告死亡的目的，不在于绝对消灭被宣告死亡人的民事主体资格、剥夺失踪人的民事权利能力，而在于结束以失踪人原住所地为中心的民事法律关系。

（二）宣告死亡的条件和程序

根据《民法典》第 46 条的规定，自然人宣告失踪应当遵循下列条件和程序：

1.自然人下落不明须达到法定期间

宣告死亡的首要条件是自然人下落不明须达到法定期间。该法定期间可分为普通期间和特别期间。普通期间为 4 年，适用于自然人下落不明的一般情况，自自然人失去音讯之日起计算，战争期间下落不明的，则从战争结束之日或者有关机关确定的下落不明之日起计算。特别期间为 2 年，适用于意外事件造成自然人的下落不明情况，法律虽然没有规定如何计算下落不明的起算时间，但应当自该意外事件发生之日起计算。此所谓“意外事件”应当是指地震、海啸、海难、空难以及其他重大灾变等自然事件。如果因意外事件下落不明，经有关机关证明该自然人不可能生存的，申请宣告死亡不受上述 2 年时间的限制。

2.经利害关系人申请

所谓利害关系人，不仅包括被申请宣告死亡人的配偶、父母、子女、兄弟姐妹、祖父母、外祖父母、孙子女、外孙子女等近亲属，还应当包括其他与被申请宣告死亡人有民事权利和民事义务关系的个人或组织，例如债权人、债务人、法定代理人、受遗赠人、人寿保险合同之受益人等。利害关系人针对下落不明的自然人提出宣告死亡申请，不以其他利害关系人的同意为前提。根据《民法典》第 47 条的规定，对同一自然人，有的利害关系人申请宣告死亡，有的利害关系人申请宣告失踪，符合本法规定的宣告死亡条件的，人民法院应当宣告死亡。

3.须经人民法院宣告

对自然人的死亡宣告，必须由人民法院作出判决宣告其死亡。人民法院对自然人作死亡宣告，必须经利害关系人申请，否则人民法院不能依职权作死亡宣告。根据《民法典》第 48 条的规定，被宣告死亡的人，人民法院宣告死亡的判决作出之日视为其死亡的日期；因意外事件下落不明宣告死亡的，意外事件发生之日视为其死亡的日期。[①]

（三）宣告死亡的效力

宣告死亡与自然死亡发生相同的法律效果。即自人民法院宣告死亡判决生效之日，被宣告死亡人以原住所地为中心的一切民事法律关系，包括财产关系和人身关系，全部归于消灭。以失踪人死亡为条件取得权利的人，可因此获得权利。根据《民法典》第 51 条的规定，被宣告死亡的人的婚姻关系，自死亡宣告之日起消除。

自然人被宣告死亡后，仍有实际存活在某处的可能，因此，《民法典》第 49 条规定，自然人被宣告死亡但是并未死亡的，不影响该自然人在被宣告死亡期间实施的民事法律行为的效力。

---

① 关于被宣告死亡人的死亡时间认定，各国规定不同。瑞士民法规定为最后音讯或危难发生之时，日本民法规定为下落不明的法定期间届满之日。参见李宜琛：《民法总则》，台湾正中书局 1977 年第 6 版，第 97 页。

换言之，在被宣告死亡期间，被宣告死亡人在其存活地所实施的民事法律行为应当有效。如果被宣告死亡人自然死亡时间与被宣告死亡不一致，被宣告死亡所引起的法律后果仍然有效，但自然死亡前其实施的民事法律行为与被宣告死亡引起的法律后果相抵触的，则以其实施的民事法律行为为准。

（四）宣告死亡的撤销

根据《民法典》第50条的规定，被宣告死亡的人重新出现，经本人或利害关系人申请，人民法院应当判决撤销对其死亡宣告。

宣告死亡撤销后，根据《民法典》第51条的规定，被撤销死亡宣告的人配偶尚未再婚的，夫妻关系自撤销宣告死亡之日起自行恢复，但是，其配偶再婚或者向婚姻登记机关书面声明不愿意恢复的除外。这意味着，如果其配偶再婚的，新的婚姻关系不因死亡宣告被撤销而无效，即使其配偶再婚后又离婚或再婚后配偶又死亡的，其婚姻关系并非因撤销宣告死亡而自行恢复。此外，根据《民法典》第52条的规定，被宣告死亡的人在被宣告死亡期间，其子女被他人依法收养的，在死亡宣告被撤销后，不得以未经本人同意为由主张收养行为无效。

宣告死亡撤销后，根据《民法典》第53条的规定，被撤销死亡宣告的人有权请求返还财产。因继承而取得其财产的个人或组织，应当返还财产；无法返还的，应给予适当补偿。此所谓适当补偿，不应理解为等价赔偿，而是根据负返还义务人的补偿能力，确定具体的补偿数额。但是，如果利害关系人隐瞒真实情况，致使他人被宣告死亡而取得其财产的，除应当返还财产外，还应当对由此造成的损失承担赔偿责任。

第六节　个体工商户与农村承包经营户

一、个体工商户

（一）个体工商户的概念和特征

个体工商户是指自然人以营利为目的从事经营活动的特殊表现形式，自然人以个体工商户从事经营活动构成市场主体。其具有以下法律特征：

1.个体工商户是我国个体经济的一种形式

根据《民法典》第54条的规定，自然人从事工商业经营，经依法登记，为个体工商户。据此，在我国，具有经营能力的自然人，包括有经营能力的城镇待业人员离退休、辞职及停薪留职人员、农村村民以及国家政策允许的其他人员，可以依法申请从事个体工商业经营。根据《促进个体工商户发展条例》第37条的规定，香港特别行政区、澳门特别行政区永久性居民中的中国公民，台湾地区居民也可以按照国家有关规定，申请登记为个体工商户。个体工商户可以是个人经营，也可以是家庭经营。根据《民法典》第56条的规定，个人经营的，以个人全部财产承担民事责任；家庭经营的，以家庭全部财产承担民事责任。

2.应当依法进行登记

根据《市场主体登记管理条例》第3条的规定，申请登记为个体工商户，应当向登记机关申请注册登记。个体工商户登记事项包括经营者姓名和住所、主体类型、经营范围、经营场所和出资额等。个体工商户使用名称的，名称作为登记事项。自然人未经登记，不得以个体工商户名义从事经营活动。个体工商户在领取营业执照后，应当依法办理税务登记。

3.应当在依法登记的经营范围内从事经营活动

《促进个体工商户发展条例》第 5 条规定，国家对个体工商户实行市场平等准入、公平待遇的原则。根据《市场主体登记管理条例》第 14 条的规定，市场主体的经营范围包括一般经营项目和许可经营项目。经营范围中属于在登记前依法须经批准的许可经营项目，市场主体应当在申请登记时提交有关批准文件。市场主体应当按照登记机关公布的经营项目分类标准办理经营范围登记。

（二）个体工商户的权利和义务

个体工商户作为自然人的一种特殊形式，除享有自然人的一切权利外，根据《促进个体工商户发展条例》的相关规定，还享有如下主要权利：工商业活动经营权；起字号的权利；享有商标、专利、商业秘密等权利；获得相关资质许可、项目申报的权利；参加政府采购、招标投标的权利；申请银行贷款的权利；招用从业人员的权利；参加社会保险的权利；申请从事生产经营所需场地、原材料、燃料和货源的权利；申请减税、免税的权利；拒绝干涉、侵占、强行集资及摊派的权利；变更经营者或转型为企业的权利；等等。关于个体工商户的法定义务，《促进个体工商户发展条例》第 34 条规定，个体工商户应当依法经营、诚实守信，自觉履行劳动用工、安全生产、食品安全、职业卫生、环境保护、公平竞争等方面的法定义务。

二、农村承包经营户

（一）农村承包经营户的概念和特征

农村承包经营户，是指在农村集体经济组织的成员在法律允许的范围内按照承包合同的规定从事商品经营活动的自然人的特殊形式。其具有以下法律特征：

1.农村承包经营户的主体是农村集体经济组织的成员

根据《民法典》第 55 条的规定，农村集体经济组织的成员，依法取得农村土地承包经营权，从事家庭承包经营的，为农村承包经营户。在实践中，农村承包经营户通常以家庭为基础，以家庭财产投资，收益的主要部分供家庭成员享用。《民法典》第 56 条第 2 款规定，农村承包经营户的债务，以从事农村土地承包经营的农户财产承担；事实上由农户部分成员经营的，以该部分成员的财产承担。

2.按照农村土地承包经营合同从事经营活动

农村承包经营户不需要进行核准登记，但应当与其所在的农村集体经济组织签订承包合同，取得土地承包经营权。根据《农村土地承包法》第 22 条和第 23 条的规定，发包方应当与承包方签订书面承包合同。承包合同自成立之日起生效。承包方自承包合同生效时取得土地承包经营权。

3.农村承包经营户应当在法律允许的范围内从事商品经营活动

在我国，与农村集体经济组织内部的成员签订农村土地承包经营合同，实行土地承包经营，是我国农村集体经济组织进行经营活动的基本方式。因此，农村承包经营户所从事的通常是农业性的商品经营活动。

（二）农村承包经营户的权利和义务

农村承包经营户享有自然人的一切权利，同时根据农村土地承包经营合同享有权利和承担义务。根据《农村土地承包法》第 17 条的规定，农村承包经营户在经营过程中，享有如下权利：依法享有承包地使用、收益的权利，有权自主组织生产经营和处置产品；依法互换、转让土地承包经营权；依法流转土地经营权；承包地被依法征收、征用、占用的，有权依法获得相应的补偿;法律法规规定的其他权利。根据《农村土地承包法》第18条的规定,承包方应当承担如下义务:维持土地的农业用途,未经依法批准不得用于非农建设;依法保护和合理利用土地,不得给土地造成永久性损害;法律法规规定的其他义务。

第七节 自然人的人格权

根据《民法典》第3条的规定,自然人享有人身权利,并受法律保护,任何组织和个人不得侵犯。自然人的人身权是指自然人依法所享有的,与其人格和身份不可分离,且无直接财产内容的权利。根据权利性质的不同,自然人的人身权可分为人格权和身份权两大类。人格权是以自然人的人格利益为客体的权利,它是维护自然人的尊严以及人格独立和自由发展所必备的权利,根据《民法典》第110条的规定,主要包括生命权、身体权、健康权、姓名权、肖像权、名誉权、荣誉权、隐私权、婚姻自主权等具体权利。身份权则是自然人因具有某种特定的身份而享有的权利,其客体为自然人的特定身份利益,主要包括自然人因婚姻家庭关系等产生的身份权,如亲权、亲属权和配偶权等。由于人格权与其权利主体的不可分离,属于权利主体的固有权利,具有人身专属性,因此,人格权不得放弃、转让或者继承。尽管如此,随着经济社会的发展,对民事主体的某些具体人格利益的商业利用已为社会广泛认可,因此,《民法典》第993条规定,民事主体可以将自己的姓名、名称、肖像等许可他人使用,但是依照法律规定或者根据其性质不得许可的除外。

随着社会的发展,人格利益也日渐丰富,一方面具体人格权的种类具有开放性,随着法律实践的发展而不断增多;另一方面,难以用具体的人格权来保护自然人的全部人格利益和人格尊严,因此,在法律在人格权保护过程中形成了所谓一般人格权的概念。[①] 由于一般人格权的内涵和外延的不确定性,因此,其保护的人格利益需要根据个案中所涉及的具体情形予以确定。本节根据《民法典》的相关规定,主要介绍自然人的几种具体人格权及其法律保护。

一、自然人人身权的种类

(一)生命权

所谓生命权,是指自然人享有的以维护其生命安全和生命尊严为内容的权利,其客体是人的生命安全和生命尊严。生命是每个自然人赖以存在的前提,是自然人享有其他一切权利的前提和基础。因此生命是每个自然人的最高人格利益,生命权也是自然人最根本的人格权。

《民法典》第1002条明确规定,自然人享有生命权。自然人的生命安全和生命尊严受法律保护。任何组织和个人不得侵害他人的生命权。从内容上看,生命权主要是以维护自然人的生命安全和生命尊严为基本内容,维护生命安全即维护生命的正常活动,保障生命活动不受非法侵害。维护生命尊严是指生命活动过程中生命主体者的尊严获得应有的尊重,不得非法侵害。因此,法律必须对自然人生命安全和生命尊严加以维护,任何对自然人生命的非法剥夺、破坏,对生命安全的威胁,对生命尊严的践踏,权利人均有权予以制止和排除,并有权要求司法机关依法追究侵害人的法律责任。此外,根据《民法典》第1005条的规定,当自然人的生命权

① 《民法典》第109条规定,自然人的人身自由、人格尊严受法律保护。第990条第2款进一步规定,除该条第1款规定的人格权外,自然人享有基于人身自由、人格尊严产生的其他人格权益。

受到侵害或者处于其他危难情形时，负有法定救助义务的组织或者个人应当及时施救。

（二）身体权

所谓身体权，是指自然人享有的以维护其身体完整和行动自由为内容的权利。自然人的身体，是指自然人的生理组织的整体，即躯体，包括主体部分和附属部分。主体部分包括人的头颅、躯干和四肢，附属部分包括毛发、指（趾）甲等附着于人体的其他组织。随着现代医学的发展，移植他人的器官或者其他组织如心脏、肾脏、皮肤、角膜等，以及装配一些人工制作的身体替代部分如假牙、假肢、假眼球等，均成为可能。因此，如果移植成功或者装配的身体人工替代部分与身体不可分离，也构成身体的组成部分。自然人身体具有完整性，是指身体是由主体部分和附属部分所组成的完整的有机体。因此，如果人的某个器官或者其他某一部分组织与人体分离，该分离的部分不再构成身体的一部分。此外，自然人的身体是生命的载体，身体与生命必须同时存在。因此，自然人死亡后的遗体不再成为身体，而是一种特殊的物，对其处置需要符合相关法律规定，不得非法侵害。自然人的行动自由，是自然人的行动不受约束、控制和妨碍的状态。行动自由则是自然人开展正常生活的必要前提，自然人有权基于其意志在特定时空范围内从事各种活动，不受他人非法限制、干预和侵害。

根据《民法典》第 1003 条的规定，自然人享有身体权。自然人的身体完整和行动自由受法律保护。任何组织或者个人不得侵害他人的身体权。因此，自然人有权维护其身体的完整性和行动自由，享有对其身体各个组成器官和组织的支配权。《民法典》第 1006 条规定，完全民事行为能力人有权依法自主决定无偿捐献其人体细胞、人体组织、人体器官、遗体。任何组织或者个人不得强迫、欺骗、利诱其捐献。《民法典》第 1007 条规定，禁止以任何形式买卖人体细胞、人体组织、人体器官、遗体。他人对自然人身体和行动自由的非法侵害，自然人有权予以排除，侵害人应当承担相关法律责任。根据《民法典》第 1011 条的规定，以非法拘禁等方式剥夺、限制他人的行动自由，或者非法搜查他人身体的，受害人有权依法请求行为人承担民事责任。此外，根据《民法典》第 1005 条的规定，当自然人的身体权受到侵害或者处于其他危难情形时，负有法定救助义务的组织或者个人应当及时施救。

（三）健康权

所谓健康权，是指自然人享有的维护其身心健康为内容的权利，其客体是自然人的身心健康，即人体生理机能和心理机能的正常运作和功能的完善发挥。自然人的身心健康具有重要的意义。一方面，自然人的生命活动的延续依赖于自然人的身心健康；另一方面，身心健康是自然人保持劳动能力的重要保证。劳动能力是人们创造物质财富和精神财富的体力和脑力的总和。自然人的健康状况下降，其劳动力必然下降。由此可见，法律必须加强对健康的保护。

根据《民法典》第 1004 条的规定，自然人享有健康权。自然人的身心健康受法律保护。任何组织或者个人不得侵害他人的健康权。从内容上看，健康权主要包括权利人对其健康的维护权，即保持和维护人体生理机能和心理机能的正常运作和功能的完善发挥的权利。根据《民法典》第 1005 条的规定，当自然人的健康权受到侵害或者处于其他危难情形时，负有法定救助义务的组织或者个人应当及时施救。如果健康权受他人非法侵害，权利人可要求侵害人排除侵害、赔偿损失，并且可请求司法机关追究侵害人的其他法律责任。

（四）姓名权

所谓姓名权，是指自然人享有的依法决定、使用和变更或者许可他人使用自己姓名的权利，其客体是自然人的姓名。姓名是自然人特定化的一种标志，为自然人所必不可少，是自然人用以区别于他人的文字符号。姓名有狭义和广义之分。狭义的姓名，就是自然人的正式姓名，通常在户籍册上加以登记，因此可称之为登记姓名。广义的姓名，则包括正式姓名以及曾用名、别名、笔名、艺名、网名、译名、化名、小名、乳名、字、号甚至姓名的简称等表明自然人人身特征的文字符号。通常，能够作为姓名权客体的是自然人的正式姓名，即狭义的姓名。至于广义的姓名，则应当视具体情况而定。如果广义的姓名能够明确地作为特定自然人的标志，并且能够与他人相区别，也可以成为姓名权的客体。[①]

《民法典》第1012条规定，自然人享有姓名权，有权依法决定、使用、变更或者许可他人使用自己的姓名，但是不得违背公序良俗。《民法典》第1014条规定，任何组织或者个人不得以干涉、盗用、假冒等方式侵害他人的姓名权或者名称权。根据上述规定，自然人的姓名权主要包括以下具体内容：

1.姓名决定权

又称命名权，即自然人有权决定自己的姓名。命名权的行使需以具备民事行为能力为前提，因此在未成年时期，自然人的姓名由其父母或者监护人决定。关于姓氏的选取，根据《民法典》第1015条的规定，自然人应当随父姓或者母姓，但是有下列情形之一的，可以在父姓和母姓之外选取姓氏：(1)选取其他直系长辈血亲的姓氏；(2)因由法定扶养人以外的人扶养而选取扶养人姓氏；(3)有不违背公序良俗的其他正当理由。少数民族自然人的姓氏可以遵从本民族的文化传统和风俗习惯。对于正式姓名，根据《民法典》第1016条的规定，应当依法办理相关登记。[②]

2.姓名使用权

即自然人依法使用或者许可他人使用自己姓名的权利。在民事活动中，人们可以使用自己的正式姓名，也可以在法律许可的范围内使用笔名、艺名等。从姓名使用的方式看，人们可以积极使用，如作者在属于自己的作品上署自己的正式姓名、笔名等；也可以消极使用，如不署名等。在大多数情况下，人们可以自由使用自己的姓名，但是如果法律要求自然人必须在某种法律文件上使用其正式的姓名时，自然人必须履行该义务。此外，自然人也可以将其姓名许可给他人使用，即在人与人之间开展正常的社会交往而使用其姓名之外，为获取商业利益而特别许可给他人进行商业化使用。[③] 例如，自然人许可他人使用其姓名进行商业广告和产品促销等。通常而言，自然人许可他人使用其姓名，都会确定姓名许可使用合同。根据《民法典》第1023条第1款的规定，该许可使用合同可以参照适用肖像许可使用的有关规定，例如，关于姓名许可条款的解释以及许可使用合同的解除等方面的规定。需指出，虽然在人与人之间的正常社会交往中使用他人姓名时无须他人同意，例如，日常交往中称呼他人姓名，会议举办方将与会人员的姓名打印成桌签等，皆无须他人同意，但是，任何组织或者个人不得盗用、假冒他人的姓名，否则将构成对他人姓名权的侵害。

3.姓名变更权

即自然人依法改变自己姓名的权利。通常，人们可以任意改变自己的笔名、别名、艺名等非正式姓名，法律并不作特别的要求，但是，对于正式姓名的改变，根据《民法典》第1016条的

① 根据《民法典》第1017条的规定，具有一定社会知名度，被他人使用足以造成公众混淆的笔名、艺名、网名、译名、字号、姓名的简称等，参照适用姓名权保护的有关规定。

② 《户口登记条例》第7条规定，婴儿出生后1个月内，由户主、亲属、抚养人或者邻居向婴儿常住地户口登记机关申报出生登记，并将其姓名记入户籍登记簿。

③ 参见黄薇主编：《中华人民共和国民法典人格权编释义》，法律出版社2020年版，第102页。

规定,需要依法办理相关登记,以保护他人和社会的利益。①

需指出,法律赋予自然人姓名权,目的在于让自然人能够以姓名明确地与他人相区别,以实现自己的人格和权利。如果自然人故意制造姓名冲突,为重婚、逃税等不正当目的而更改姓名,故意不使用正式姓名或者改变姓名以造成权利义务关系不清,则为法律所禁止。此种行为属于滥用姓名权的行为,有损他人和社会的利益。对此,《民法典》第 1012 条明确规定,自然人依法行使其姓名权,不得违背公序良俗。

(五)肖像权

所谓肖像权,是指自然人所享有的依法制作、使用、公开或者许可他人使用自己肖像的权利,其客体是自然人的肖像。肖像是自然人的直观标志,是人物外在形象的再现,这种再现是通过物质载体、利用造型艺术手段而给人产生一种视觉形象,例如,利用绘画、摄影、雕塑、电影、录像等中所再现的人物形象等。因此,《民法典》第 1018 条规定,肖像是通过影像、雕塑、绘画等方式在一定载体上所反映的特定自然人可以被识别的外部形象。需指出,由于肖像是人物形象的再现,是人物形象的直观反映,因此,首先,肖像不同于其物质载体,肖像仅是其载体中之人物形象,而物质载体则属于法律上的物,可以成为所有权或者其他权利的客体,但是两者密不可分。其次,肖像仅是一种利用造型艺术手段而产生的视觉形象,不同于对人物形象的文字描写。最后,肖像是人物形象直观的反映,因此,肖像要达到能够辨认人物的程度,如果未达不能辨认人物的程度,则不构成肖像。尽管如此,虽然不能辨认人物,但是肖像制作者使用文字标明人物的姓名以补充造型的不足时,应当构成肖像。例如,所摄的虽然是某人的背影,但是在该照片上注明是某人的背影,则该照片中所反映的即该人的肖像。

《民法典》第 1018 条规定,自然人享有肖像权,有权依法制作、使用、公开或者许可他人使用自己的肖像。根据《民法典》第 1019 条的规定,任何组织或者个人不得以丑化、污损,或者利用信息技术手段伪造等方式侵害他人的肖像权。除法律另有规定的外,未经肖像权人同意,不得制作、使用、公开肖像权人的肖像。此外,未经肖像权人同意,肖像作品权利人不得以发表、复制、发行、出租、展览等方式使用或者公开肖像权人的肖像。根据上述规定,自然人的肖像权主要包括以下具体内容:

(1)肖像制作权。肖像的制作是利用造型艺术手段将人物的外部形象固定在物质载体上的行为。这种肖像制作行为,可以由肖像权人自己进行,也可以由他人进行。他人在制作肖像时,必须经过肖像权人的同意。肖像制作完成后,肖像由肖像权人所拥有。未经自然人的同意不得制作其肖像,否则即构成对其肖像权的侵害。

(2)肖像使用权。肖像权人可以自己使用其肖像,也可以许可他人使用其肖像,即将肖像使用权授予他人。自然人的肖像既可用于非商业目的,也可用于商业目的,例如,自然人的肖像可用作广告、商标等。因此,在使用自然人肖像时,除法律另有规定的外,必须取得该自然人同意,未经其同意,不得使用其肖像。此外,在使用他人肖像时,使用方式也应当符合法律要求,例如,不得丑化、污损他人肖像,或者利用信息技术手段伪造他人肖像,否则将构成对他人肖像权的侵害。

通常而言,肖像权人许可他人出于商业目的而使用其肖像时,都会确定肖像许可使用合

① 根据《户口登记条例》第 18 条的规定,未满 18 周岁的人需要改变姓名时,由本人、父母或者监护人向户口登记机关申请变更登记;18 周岁以上的人需要改变自己的姓名,由其本人向户口登记机关申请变更登记。

同，约定当事人之间就肖像使用产生的权利义务。如果当事人对肖像许可使用合同中关于肖像使用条款的理解有争议时，根据《民法典》第 1021 条的规定，应当作出有利于肖像权人的解释。此外，根据《民法典》第 1022 条的规定，如果当事人对肖像许可使用期限没有约定或者约定不明确的，任何一方当事人都可以随时解除肖像许可使用合同，但是应当在合理期限之前通知对方。相反，在当事人对肖像许可使用期限有明确约定的情况下，如果肖像权人有正当理由的，也可以解除肖像许可使用合同，但是应当在合理期限之前通知对方；如果因解除合同造成对方损失的，除不可归责于肖像权人的事由外，应当赔偿损失。

(3)肖像公开权。自然人制作其肖像后，肖像的使用可能是公开的，例如，许可他人推销产品而使用其肖像；也可能是不公开的，例如，自然人仅用于个人欣赏目的制作其肖像。因此，除法律另有规定的外，未经肖像权人同意，不得公开肖像权人的肖像。《民法典》第 1019 条第 2 款还特别规定，当自然人的肖像被制作为艺术作品时，未经肖像权人同意，肖像作品权利人不得以发表、复制、发行、出租、展览等方式使用或者公开肖像权人的肖像。

需注意，法律对自然人的肖像权也有一定的限制。为了国家、社会公共利益的需要，在特定情况下，可以不征得肖像权人的同意而制作、使用和公开其肖像。根据《民法典》第 1020 条的规定，合理实施下列行为时，可以不经肖像权人同意：①为个人学习、艺术欣赏、课堂教学或者科学研究，在必要范围内使用肖像权人已经公开的肖像；②为实施新闻报道，不可避免地制作、使用、公开肖像权人的肖像；③为依法履行职责，国家机关在必要范围内制作、使用、公开肖像权人的肖像；④为展示特定公共环境，不可避免地制作、使用、公开肖像权人的肖像；⑤为维护公共利益或者肖像权人合法权益，制作、使用、公开肖像权人的肖像的其他行为。此外，根据《民法典》第 1023 条第 2 款的规定，对自然人声音的保护，参照适用肖像权保护的有关规定。

(六)名誉权

所谓名誉权，是指自然人对其名誉所享有的不受他人侵害的权利，其客体是自然人的名誉。所谓名誉，有狭义和广义之分。狭义的名誉，是指社会对特定自然人的品质、作风、思想、才能等各方面素质的综合评价。该种评价自然人在社会生产生活中自然产生的，来源于社会公众，由社会公众随意进行，没有严格的程序要求和专门的格式，属于一种客观性的社会一般评价，因此又称外部名誉。广义的名誉还包括所谓的“名誉感”，即自然人具有的与其地位相当的自尊心(对于自己价值的感情)。[①] 可以成为名誉权客体的仅是狭义上的名誉，名誉感不能成为名誉权的客体，侵犯自然人的名誉感是对自然人人格尊严的侵犯，而非对名誉权的侵害。

根据《民法典》第 1024 条的规定，自然人的名誉是对其品德、声望、才能、信用等的社会评价。自然人享有名誉权。任何组织或者个人不得以侮辱、诽谤等方式侵害他人的名誉权。由此可见，在内容上，自然人名誉权的具体内容包括以下两个方面：

一是对名誉的保有和维护。自然人有权采取措施保持自己的名誉不降低或者进一步提高自己的名誉。在此方面，《民法典》第 1028 条规定，自然人有证据证明报刊、网络等媒体报道的内容失实，侵害其名誉权的，有权请求该媒体及时采取更正或者删除等必要措施。《民法典》第 1029 条规定，自然人可以依法查询自己的信用评价，发现信用评价不当的，有权提出异议并请求采取更正、删除等必要措施。信用评价人应当及时核查，经核查属实的，应当及时采取必要措施。

二是保护名誉不受非法侵害。换言之，自然人有权制止、排除他人以任何方式对其名誉的

① 史尚宽：《债法总论》，中国政法大学出版社 2000 年版，第 153 页。

不法侵害。在此方面，行为人为公共利益实施新闻报道、舆论监督等行为时，根据《民法典》第1025条的规定，不得捏造、歪曲事实，不得使用侮辱性言辞等贬损他人名誉，对他人提供的严重失实内容应当尽到合理核实义务，否则，应当承担由此侵害他人名誉的相关民事责任。在作出行为人是否尽到上述的"合理核实义务"的判断时，根据《民法典》第1026条的规定，应当考虑内容来源的可信度、对明显可能引发争议的内容是否进行了必要的调查、内容的时限性、内容与公序良俗的关联性、受害人名誉受贬损的可能性以及核实能力和核实成本等各种因素。如果行为人发表的文学、艺术作品以真人真事或者特定人为描述对象的，根据《民法典》第1027条的规定，相关作品不得含有侮辱、诽谤内容，否则，行为人应当承担侵害他人名誉权的民事责任。

（七）荣誉权

所谓荣誉权，是指自然人对其荣誉所享有的保持和支配的权利。荣誉权的客体是自然人的荣誉。自然人的荣誉，是指国家或有关组织对自然人在社会生产生活中作出突出贡献或取得优异成绩所给予的正式的积极评价，体现了对自然人人格尊严的尊重。如果荣誉权受到侵害，自然人的人格尊严也会遭受损害。荣誉的表现形式可以是精神奖励，例如授予"先进个人""三八红旗手"等特定的光荣称号；也可以是物质奖励，例如给予奖金、奖杯、奖牌等。需指出，荣誉与名誉不同，荣誉是特定的主体（例如特定国家机关或社会组织）对特定自然人的积极评价、正面评价，通常以授予特定的精神奖励或物质奖励而得以表彰。因此，荣誉的授予具有奖励性质，这种奖励的取得也有赖于自然人实施一定的行为，而非自然人与生俱来的。此外，荣誉还可以依法撤销或者剥夺。荣誉一旦依法撤销或者剥夺，荣誉权人即丧失荣誉权，不再是荣誉权的主体。

在我国，自然人享有的荣誉权，主要包括以下内容：一是自然人保护其荣誉不受非法侵害的权利。根据《民法典》第1031条第1款的规定，任何组织或者个人不得非法剥夺他人的荣誉称号，不得诋毁、贬损他人的荣誉。按照该规定，荣誉作为一种正式评价，没有正当理由，非经严格程序，不能被剥夺。任何人如果对荣誉的授予持有异议，则应当通过一定程序向荣誉授予主体提出，由授予主体依照严格程序作出相应决定，而不得诋毁、贬损他人的荣誉。此外，对于荣誉包括的精神利益和附随的物质利益，荣誉权人享有取得权和支配权，禁止任何组织和个人非法剥夺。二是自然人对其荣誉的保有和维护的权利。根据《民法典》第1031条第2款的规定，获得的荣誉称号应当记载而没有记载的，民事主体可以请求记载；获得的荣誉称号记载错误的，民事主体可以请求更正。

（八）隐私权

根据《民法典》第1032条的规定，隐私是自然人的私人生活安宁和不愿为他人知晓的私密空间、私密活动、私密信息。任何组织或者个人不得以刺探、侵扰、泄露、公开等方式侵害他人的隐私权。据此，所谓隐私权，是指自然人依法所享有的维护其私人生活安宁，自由支配期私密空间、私密活动和私密信息并排除他人非法侵害的权利。

隐私权是自然人所特有的人格权，该权利的客体是自然人的私人生活安宁，以及其私密空间、私密活动和私密信息。隐私与自然人的私人生活紧密相关。所谓私人生活，通常是指与社会公共利益无关的个人生活。该个人生活的安宁以及与其相关的私密空间、活动及信息，人们不愿他人干扰，也不愿他人知悉和公开。例如个人的居室状况、信件和日记的内容、病史、财产状况、个人喜好等。对于其私人生活以及私密空间、私密活动和私密信息，自然人应当享有自由支配的权利，可以自由决定是否公开或者让他人知悉。

从内容上看，隐私权应当具体包括以下内容：一是对自己隐私的保护权，即自然人有权对其私密空间、私密活动和私密信息进行隐匿，有权享有私人生活的安宁，有权保护其隐私不受他人的非法刺探、侵扰、泄露和公开。根据《民法典》第1033条的规定，除非法律另有规定或取得权利人明确同意，任何组织和个人不得以任何方式侵害他人的隐私权，包括不得以电话、短信、即时通信工具、电子邮件、传单等方式侵扰他人的私人生活安宁；不得进入、拍摄、窥视他人的住宅、宾馆房间等私密空间；不得拍摄、窥视、窃听、公开他人的私密活动；不得拍摄、窥视他人身体的私密部位；不得处理他人的私密信息；等等。二是对自己隐私的维护权，即自然人在其隐私遭受非法侵害后，有权直接请求行为人停止侵害、排除妨害，也有权请求司法机关予以保护。三是对自己隐私的利用权，即利用隐私以满足自己的精神、物质生活等方面的需要，如利用自己的经历进行文学创作等；对自己隐私是否公开或者让他人知悉的决定权；等等。①

需指出，隐私一旦决定公开或让他人知悉，就不再属于隐私，他人对于经本人同意公开的私生活信息的传播，并不构成对隐私权的侵犯。此外，法律对于隐私权的行使也有一定的限制，主要是隐私的利用不得违背社会公共利益，例如不得利用自己的身体隐私制作淫秽作品等。

（九）个人信息的保护

个人信息包括个人生物体征方面的信息（例如身高、性别、年龄等）以及个人作为社会成员的基本社会文化信息（例如姓名、职业、宗教信仰、生活习惯、消费倾向等），广泛涉及个人的身体状况、心理状况、精神状况、家庭状况、经济状况、文化教育状况、社会背景以及行踪等多方面内容。根据《民法典》第1034条的规定，自然人的个人信息是以电子或者其他方式记录的能够单独或者与其他信息结合识别特定自然人的各种信息，包括自然人的姓名、出生日期、身份证件号码、生物识别信息、住址、电话号码、电子邮箱、健康信息、行踪信息等。显然，自然人的个人信息具有直接或间接的识别性，当个人信息积累到一定程度，就可以构成与自然人的实际人格近似的"信息人格"或"数据人格"，因此与自然人的人格尊严密切相关。②

现代信息社会，对个人信息的有效利用，不仅可以节约经营者的交易成本，给消费者提供生活便利，也可以提高管理者的管理效率，降低管理成本。但是，如果对个人信息不当利用，就会对个人的人格尊严造成损害，因此，需要在兼顾社会对个人信息的合理利用基础上，对个人信息进行法律保护。③ 在现行相关法律保护个人信息的基础上，《民法典》对个人信息的民事法律保护作出了基础性、原则性的规定。

《民法典》第111条规定，自然人的个人信息受法律保护。任何组织或者个人需要获取他人个人信息的，应当依法取得并确保信息安全，不得非法收集、使用、加工、传输他人个人信息，不得非法买卖、提供或者公开他人个人信息。据此，《民法典》第1035条明确规定了个人信息处理应当遵循的原则，即在关于个人信息的收集、存储、使用、加工、传输、提供、公开等个人信息处理方面，应当遵循合法、正当、必要原则，不得过度处理，并应当具备如下条件：(1)征得该

---

① 对于是否允许对隐私进行商业化利用，目前的主流观点认为，隐私权不完全等同于姓名权、肖像权等人格权，具有相当的伦理性和情感性，不宜鼓励自然人将自己的隐私用于商业目的。参见黄薇主编：《中华人民共和国民法典人格权编释义》，法律出版社2020年版，第178页。

② 参见黄薇主编：《中华人民共和国民法典人格权编释义》，法律出版社2020年版，第186页。

③ 需指出，个人信息范围广泛，个人的私密信息也包含在内。《民法典》已就个人私密信息规定了隐私权，因此，《民法典》第1034条第2款规定，个人信息中私密信息的保护，适用有关隐私权的规定。没有规定的，适用有关个人信息保护的规定。

自然人或者其监护人同意,除非法律、行政法规另有规定;(2)公开处理信息的规则;(3)明示处理信息的目的、方式和范围;(4)不违反法律、行政法规的规定和双方的约定。在此基础上,《民法典》第1036条规定了个人信息处理时行为人的免责事由,即行为人在处理个人信息时,可以对以下行为不承担民事责任:(1)在该自然人或者其监护人同意的范围内合理实施的行为;(2)合理处理该自然人自行公开的或者其他已经合法公开的信息,但是该自然人明确拒绝或者处理该信息侵害其重大利益的除外;(3)为维护公共利益或者该自然人合法权益,合理实施的其他行为。尽管如此,在处理个人信息时,行为人还应当承担一系列的法律义务。例如,根据《民法典》第1038条的规定,信息处理者不得泄露或者篡改其收集、存储的个人信息;未经自然人同意,也不得向他人非法提供其个人信息,但是经过加工无法识别特定个人且不能复原的除外。不仅如此,信息处理者还应当采取技术措施和其他必要措施,确保其收集、存储的个人信息安全,防止信息泄露、篡改、丢失;发生或者可能发生个人信息泄露、篡改、丢失的,应当及时采取补救措施,按照规定告知自然人并向有关主管部门报告。此外,根据《民法典》第1039条的规定,国家机关、承担行政职能的法定机构及其工作人员对于履行职责过程中知悉的自然人的隐私和个人信息,也应当予以保密,不得泄露或者向他人非法提供。

对于个人而言,个人对其个人信息享有相关权利。例如,根据《民法典》第1037条的规定,自然人可以依法向信息处理者查阅或者复制其个人信息;发现信息有错误的,有权提出异议并请求及时采取更正等必要措施。如果自然人发现信息处理者违反法律、行政法规的规定或者双方的约定处理其个人信息的,有权请求信息处理者及时删除。

二、自然人人格权的保护方法

对自然人人格权的保护,是各个法律部门的共同任务。各个法律部门,根据其不同的性质,从不同的角度对自然人的人格权的保护作出相应的规定。例如,我国民法、刑法和行政法分别根据自己的性质,规定了侵犯自然人人格权的民事责任、刑事责任和行政责任,从而形成一个多层次的保护自然人人格权的法律责任体系。本书中主要介绍的是对自然人人格权的民法保护。民法对自然人人格权的保护方法,主要是确认侵害自然人人格权的违法行为,并使行为人承担侵权的民事责任,从而对受害人予以法律救济。

需指出,在认定行为人承担侵害人格权的民事责任时,民法需要考虑人格权保护与其他社会价值的综合权衡。为此,《民法典》第998条规定,认定行为人承担侵害除生命权、身体权和健康权外的人格权的民事责任,应当考虑行为人和受害人的职业、影响范围、过错程度,以及行为的目的、方式、后果等因素。而根据《民法典》第999条的规定,为公共利益实施新闻报道、舆论监督等行为的,可以合理使用民事主体的姓名、名称、肖像、个人信息等,但是,如果由于使用不合理而侵害民事主体人格权的,则应当依法承担民事责任。

根据《民法典》第995条的规定,人格权受到侵害的,受害人有权依照《民法典》和其他法律的规定请求行为人承担民事责任;如果因当事人一方的违约行为,损害对方人格权并造成严重精神损害的,即使受损害方选择请求违约方承担违约责任,根据《民法典》第996条的规定,也不影响受损害方请求精神损害赔偿的权利。如果自然人已经死亡,其姓名、肖像、名誉、荣誉、隐私、遗体等受到侵害的,根据《民法典》第994条的规定,其配偶、子女、父母有权依法请求行为人承担民事责任;如果死者没有配偶、子女且父母已经死亡的,其他近亲属则有权依法请求行为人承担民事责任。

行为人承担侵害人格权民事责任的具体方式,取决于权利人行使请求权的具体内容。根据《民法典》的相关规定，人格权受到侵害时，权利人依法享有停止侵害、排除妨碍、消除危险、消除影响、恢复名誉、赔礼道歉和损害赔偿等请求权①，权利人可以单独主张其中某项请求权，也可以同时主张多项请求权。具体如下：

1.停止侵害

侵害他人人格权的行为仍然处于持续状态尚未停止的情况下，受害人可依法请求侵害人停止其侵害行为。根据《民法典》第997条的规定，民事主体有证据证明行为人正在实施或者即将实施侵害其人格权的违法行为，不及时制止将使其合法权益受到难以弥补的损害的，有权依法向人民法院申请采取责令行为人停止有关行为的措施。例如，要求侵害人停止发行、传播败坏自己名誉的书刊等。这种方法的作用在于制止侵害行为，防止侵害的扩大。

2.排除妨碍

即侵害人实施的侵害行为使受害人无法行使或者不能正常行使其人格权利时，受害人可依法请求排除妨碍。例如，当他人干涉自己的命名、更名时，权利人可依法请求排除此干涉。排除妨碍方法的适用，目的在于让权利人恢复正常行使权利。

3.消除危险

即行为人的行为虽然尚未对他人的人格权已经造成损害，但是存在侵害他人人格权的危险，在此情况下，权利人有权要求消除现存的危险。例如，邻居饲养的动物存在致人伤害的危险时，可依法请求加强管理予以消除等。实践中，对生命权、健康权和身体权的保护，经常使用这种方法。

4.消除影响、恢复名誉、赔礼道歉

即当人格权受到不法侵害，造成了不良的社会影响时，受害人可依法请求侵害人采取适当措施在影响所及的范围内，消除不良后果，恢复受害人的名誉和人格尊严。赔礼道歉，即侵害人就其侵权行为主动向受害人公开认错，表示歉意。此种方法可以弥补受害人心理上所受到的损害，抚平受害人感情上的创伤。赔礼道歉的方式有两种：一是侵害人在法庭上当庭向受害人表示歉意，请求谅解；二是侵害人以书面方式表示歉意并在媒体上公布。根据《民法典》第1000条的规定，行为人因侵害人格权承担消除影响、恢复名誉、赔礼道歉等民事责任的，应当与行为的具体方式和造成的影响范围相当；行为人拒不承担前款规定的民事责任的，人民法院可以采取在报刊、网络等媒体上发布公告或者公布生效裁判文书等方式执行，产生的费用由行为人负担。消除影响、恢复名誉、赔礼道歉的方法，可用于对人格尊严、姓名权、肖像权、名誉权、隐私权及荣誉权的保护。

5.损害赔偿

即当权利人的人格权受到侵害并造成损害时，受害人可依法要求侵害人予以损害赔偿。损害赔偿属于财产性的保护方法，可用于对人格权遭受侵害而产生的各种损害赔偿，包括受害人的人身损害赔偿，受害人的精神损害赔偿，以及侵害受害人人身权益而造成的财产损失的赔偿。

① 根据《民法典》第995条第2款的规定，除损害赔偿请求权外，其他请求权不适用诉讼时效的规定。

第4章 法人与非法人组织

第一节 法人的概念

一、法人的意义

现代各国民法均承认法人是不同于自然人的另一类民事主体，是具有独立法律人格的社会组织。但由于各国社会、政治、经济、文化及法律传统的差异，各国法人制度的内容并不完全一致。根据我国《民法典》第57条关于法人的定义，所谓法人，是指具有民事权利能力和民事行为能力，依法独立享有民事权利和承担民事义务的组织。它具有以下法律特征：

(一)法人是一种社会组织

在现代社会，在自然人之外，存在以团体名义从事活动的各种组织体，它们具有自己的名称、组织机构和活动场所，但它们的组成方式各不相同，有的是由多数自然人组合而成的(即社团)，有的是由一定的财产组合而成的(即财团)。其中，有的组织体无须依靠其他组织体而独立存在，并且具有自己的意思形成机关和执行机关，独立承担其民事活动所产生的法律后果。法律赋予这些组织体法律人格，使之成为自然人之外的另一类民事主体。而其他未能在法律上取得人格的社会组织，则称之为非法人组织。

(二)法人具有独立的财产

拥有属于自己的财产是法人人格独立的物质基础，也是法人独立从事民事活动、参与市场交换的前提。法人具有独立的财产，意味着法人的财产独立于其创设人或其成员的财产，当然也独立于其他法人或自然人的财产。

(三)法人独立承担民事责任

法人独立承担民事责任，意味着法人是以其自己的财产承担，而非其创设人、其成员或者其他法人或自然人的财产承担从事民事活动的法律后果。法人独立承担民事责任，是具有独立法律人格的必然结果，也是其拥有独立财产的必然反映。

(四)法人以自己的名义从事民事活动

名称是体现民事主体性必不可少的要素之一，是法人区别于其创设人和其成员的法律人格的重要标志。法人具有自己的名称，并且以该名称从事民事活动、参与民事交往。

二、法人的本质

法人本质问题，曾是19世纪法学界争论最为激烈的议题之一，此项争论不仅涉及法人本身，而且涉及国家、团体、财产、合同、侵权行为以及犯罪等多方面的问题，从而成为法哲学上的一个课题。20世纪以来,法人本质问题趋于定型化,学者对此问题很少再开展讨论,但是不能因此而否定法人本质问题的重要意义。关于法人本质的学说,在解决法律问题时仍然具有重要作用。关于法人的本质,主要有以下学说:

(一)法人拟制说

该学说的主要代表人物为德国历史法学派的萨维尼。该学说一方面承认法人是法律上的权利主体,另一方面又认为法律上的权利主体以具有自由意思的自然人为限,法人只是国家在法律上以人为方式即特许方式,使其成为权利主体,在性质上法人是一种"拟制的人"。法人本身既无意思能力,也无侵权行为能力。

拟制说基本上是以罗马法的法人观念为基础,认为自然人为自然的权利主体,法人是拟制的权利主体。拟制说反映了18世纪、19世纪政治上的绝对主义观念。在当时的绝对主义观念下,各种组织团体并无活动自由,只有基于君主特准成立的团体才能得到承认。据此观念,法人的基础并不在于其社会组织与功能,而在于君主的特许。

拟制说的贡献在于:认为法人所为行为的独立性,即法人所为的行为,并非其组成人员的共同行为,而是不同于其组成人员的独立组织(即法人本身)所为的行为。

(二)法人否认说

该学说否认法人在社会上有独立的人格,认为法人仅是假设的主体。在否认说中,又有三种不同的见解:一是目的财产说。此说为德国学者布林兹所主张,认为法人仅仅是为一定的目的而组成的目的财产。二是受益人主体说。此说为德国学者耶林所主张,认为享受法人财产利益的多个个人为事实上的主体,法人实际上是使多数主体的法律关系简单化而进行的一种技术设计。三是管理人主体说。此说为德国学者霍达等人所主张,认为实际管理法人财产的个人为实际主体,法人仅仅是财产管理人和受益人之间的法律联系。

否认说的贡献在于:进一步分析了社团和财团,认为团体的最后基础为个人,团体由个人组成,但个人并不因此丧失其主体性。此外,该学说指出了法人的技术性本质,即法人实际上是合理处理法律关系的一种抽象的社会技术。

(三)法人实在说

法人实在说主张法人属于在社会上具有独立地位的实体,并基于这一前提来分析和说明法人的各种法律关系。在法人实在说中,又有两种不同的见解:一是有机体说。此说为德国日耳曼法学家基尔克所主张,认为在社会生活中存在两种有机体:一种是"自然的有机体",即自然人,有"个人意思";另一种是"社会的有机体",即团体,有"团体的意思"。法律赋予团体法律人格,使其成为权利义务主体,即所谓法人。二是组织体说。此说为法国学者米休、撒莱等人所主张。此说基于社会法学的观念来探讨法人的本质,认为法人并非社会的有机体,而是适于为权利义务主体的法律上的组织体,是实际存在的能保护和实现一定利益的意思团体。

法人实在说相对于前两种学说,产生较晚。该学说认为,法人是一种实际存在的社会实体,法律有赋予其法律人格的必要。与法人拟制说和否认说相比较,较为合理和进步。有机体说从有机体立论阐述主体性,并与个人相对照,难免过于牵强。而组织体说从团体的社会活动力和社会作用去阐述主体性,更具有说服力。因此,组织体说成为现今关于法人本质之通说。

三、法人制度的沿革及其作用

(一)法人制度的沿革

法人制度起源于罗马法,罗马法并无"法人"这一用语,而是从客观需要出发,提出抽象人格的理论，扩大人格的概念，把权利直接赋予法律所拟制的人。罗马法的法人制度并不完备，但是其基本内容和理论则为近代法人制度的发展奠定了基础。[①]

13世纪，教会法在处理教会的财产和牧师的财产时，区分了“单独的团体”和“联合的团体”。以此为基础，教会赋予捐助的财产以抽象的人格，即法人。其设置的目的、财产的管理、管理人员的任免，均由教会决定，从而产生了法人的独立财产制。此后，普通法为了保护捐助财产的稳定和对它的合法占有，也把捐助的财产作为独立的人格体看待。15世纪以后，法人制度经历了重大的变革和发展。文艺复兴和宗教改革运动使得人们萌发了权利意识，教会势力受到冲击，人们普遍对教会介入捐助财产和法人之间表示不满，要求由捐助人自由决定捐助财产的使用、处分和管理，要求将捐助的财产除用于救济贫困者外，还将用于教育、艺术等事业。据此，捐助财产获得独立的人格，称为“财团法人”。此外，这一时期，资本主义商品经济的发展，促进了社团法人尤其是公司的大量产生。在各类公司中，形成了以一定的独立财产从事商品经济活动并把风险责任限制在一定范围内的法律实体，即承担有限责任的公司，尤其是股份有限公司。这标志着法人制度已经发展到成熟阶段。17世纪，许多大型的海外贸易公司都采取股份有限公司形式。19世纪，法人制度得到进一步的充分发展，现代公司取代了手工业工场成为主要的生产经营主体，各种以承担有限责任为条件进行工业、商业、交通运输业、农业、建筑业和金融业的组织大量产生，法人已经成为社会经济生活中最为活跃的主体，扮演着重要角色。[②]

（二）法人制度的作用

如前所述，法人制度的产生和发展，是社会经济发展的必然结果。随着社会经济的发展，人们不仅以个人名义从事各种社会活动，在很多情况下，为了适应现实的客观需要而组成一定的团体，并以团体的名义从事各种社会活动。团体在社会生活中的作用日益扩大。法人制度的作用即在于承认某些团体具有法律人格，使得该团体人格独立于其成员或设立人的人格，从而使得团体的存在不因其个别成员或设立人的变化而受到影响。

在我国，法人制度的建立和发展，也是适应社会主义市场经济发展的客观要求的。《民法通则》所确立的法人制度，尤其是《公司法》中所确立的股份有限公司制度和有限责任公司制度，对于促进我国社会主义市场经济的发展，建立、健全我国现代企业制度，以及促进市场主体的规范化发展，都具有重要的意义。我国《民法典》中的法人制度，正是建立在《民法通则》确立的法人制度基础上，同时总结吸收了我国多年来法人制度的实践经验。

第二节　法人的分类

一、大陆法系的法人分类

（一）公法人和私法人

以法人设立所依据的法律为标准，法人可分为公法人和私法人。凡是依公法设立的法人为公法人，它行使国家管理职能；依私法设立的法人为私法人，它追求的是私人目的。依公司

① 周枏：《罗马法原论》（上），商务印书馆1994年版，第268～269页。

② 佟柔主编：《中国民法学·民法总则》，中国人民公安大学出版社1990年版，第153～154页。

法设立的各种公司皆为私法人。

（二）社团法人和财团法人

以法人的成立基础为标准，法人可分为社团法人和财团法人。

社团法人为人的组织体，其成立的基础在于成员。社团法人本身与其组成人员（社员）明确分离，各自保持其独立的主体性。社团法人的行为由其机关进行，机关的行为就是社团的行为。社员通过成员大会参与社团意思的形成，并且监督机关的行为。社团的财产及债务均归属于社团，社员除了履行出资义务之外，不负担任何责任。各种公司、合作社、协会、学会都是社团法人。

财团法人为可供一定目的使用的财产的集合体，其成立的基础在于财产。财团法人没有成员，不能产生自己的意思，必须设立管理人，依捐助的目的忠实地管理财产，以维护不特定人的公益并确保受益人的权益，在固定目的与组织下，维持财产的持续不变。各种基金会、私立学校、医院、图书馆、博物馆、寺庙、教堂，以及孤儿院、救济院等慈善机构都是财团法人。

（三）营利法人、公益法人和中间法人

以法人活动的目的、性质为标准，法人可分为营利法人、公益法人和中间法人。

以营利事业为目的的法人为营利法人。所谓营利，将所取得的经济利益分配给其组成人员，不论该经济利益是积极地增加收入还是消极地减少支出，也不论是将取得的经济利益作全部分配还是部分分配。营利法人必须是社团法人。法律对营利法人的组织形态作出一定的限制，以保护某个社员和社团债权人的利益，此所谓组织形态强制主义。

以公益事业为目的的法人为公益法人。所谓公益，是指社会上不特定多数人的利益，即所谓社会一般利益、社会全体利益。公益一般而言是非经济利益。各种目的在于发展科学、文化、教育、卫生、艺术、学术、宗教、慈善事业的学会、协会、学校、图书馆、博物馆、教堂、救济院等，都是公益法人。需指出，以公益为目的，是指最终目的而言的，因此如果公益法人从事一定的活动或者投资于营利事业而产生经济收入，但是未将其收入分配给其成员或者设立人，则仍然属于公益法人。

近年来，在理论上出现所谓的中间法人概念。所谓中间法人，是指既不以公益为目的也不以营利为目的的法人，例如各种工会、商会等。之所以在学理上出现中间法人的概念，是因为在某些大陆法系国家的民法典采公益法人和营利法人这一分类，而公益法人和营利法人并不是二者必居其一的关系，因此产生了中间法人的概念。[①]

二、英美法系的法人分类

在英美法中，法人就是社团或者公司。英美法中不区分社团法人和财团法人。英美法中有所谓的信托制度，即信托人将其财产交给专门委托的人（受托人）进行经营管理的制度。该制度的作用相当于大陆法系中的财团法人。英美法主要将法人分为集体法人和独任法人。

集体法人是指由一定的人员组成且可永久存在的集合体。例如商事公司、各级地方政府等。

独任法人是指担任某一特定职务的个人因法律拟制而享有法人资格。例如教区的教长。

---

① 德国民法典没有将社团法人分为公益社团法人和营利社团法人，而是分为非营利社团与营利社团。因此德国民法上无所谓既不是营利社团也不是公益社团的中间法人。日本曾于2001年制定《中间法人法》，但2006年予以废除。参见梁慧星：《民法总论》，法律出版社2021年第6版，第128页。

英美法理论认为，这种特定的职位本身具有永久的存续性，可以通过任职者之间的继任来实现法人资格和财产的转移，担任某一特定职务的个人人格与该职位之间没有必然联系。

三、我国民法关于法人的分类

（一）原《民法通则》关于法人的分类

根据原《民法通则》的规定，法人可以分为企业法人和非企业法人。这种分类是根据法人设立的宗旨和活动的性质不同而划分的。

企业法人通常是指以营利为目的，并直接从事生产、交换、科技等各项经济活动的法人。所谓企业，就是指营利性的经济组织。在我国，根据所有制的性质不同，企业法人还可进一步分为全民所有制企业法人、集体所有制企业法人、中外合资企业法人、中外合作企业法人、外商独资企业法人、私营企业法人、联营企业法人和混合所有制企业法人。如果以是否采用公司组织形式为标准，企业法人可分为公司法人和非公司法人。

企业法人以外的其他法人，皆属于非企业法人，包括机关法人、事业单位法人、社会团体法人和基金会法人。机关法人是指从事国家管理或行使国家权力且独立活动经费来自国家财政预算的中央和地方各级国家机关，如国家各级行政管理机关、权力机关、司法机关和法律监督机关等。事业单位法人是指为了谋求社会公益而从事社会各项非营利性的事业活动，拥有独立经费和财产的各类法人[①]，如从事文化、教育、卫生、新闻、体育、出版、广播、电视等社会公益事业的各类法人。社会团体法人是指由其成员自愿组成且具有独立财产和经费，依法从事各种非营利性活动（诸如学术研究、慈善、社交、宗教等活动）的各类法人，如各类协会、学会、研究会、联合会、联谊会、促进会、商会等。[②] 基金会法人是指利用自然人、法人或者其他组织捐赠的财产，以从事公益事业为目的，按照本条例的规定成立的非营利性法人。基金会法人可以分为面向公众募捐的基金会（即公募基金会）和不得面向公众募捐的基金会（即非公募基金会），两者在登记管理方面需要遵守不同的条件和程序。公募基金会按照募捐的地域范围，分为全国性公募基金会和地方性公募基金会。[③] 基金会法人的基础在于财产，是财产的集合，而非人的集合，在性质上相当于大陆法系中的财团法人。

（二）《民法典》关于法人的分类

《民法典》颁布实施后，在原《民法通则》的上述分类基础上，吸收了我国法人制度的实践经验，将法人分为营利法人、非营利法人和特别法人。根据《民法典》第 76 条的规定，营利法人是指以取得利润并分配给股东等出资人为目的成立的法人，营利法人包括有限责任公司、股份有限公司和其他企业法人等。显然，营利法人实质上与原《民法通则》中企业法人的意义相同。

---

① 值得注意的是，根据我国 1998 年制定并施行的《事业单位登记管理暂行条例》第 2 条的规定，该条例所称事业单位，是指国家为了社会公益目的，由国家机关举办或其他组织利用国有资产举办的，从事教育、科技、文化、卫生等活动的社会服务组织。需指出，该条例对事业单位的定义，是狭义概念，仅指国有事业单位，与《民法通则》第 50 条中所称事业单位不同，《民法通则》中所称的事业单位，应当包括国有的事业单位和非国有的事业单位。根据国务院 1998 年颁布并施行的《民办非企业单位登记管理暂行条例》第 2 条规定，民办非企业单位，是指企业事业单位、社会团体和其他社会力量以及公民个人利用非国有资产举办的，从事非营利性的社会服务活动的社会组织。此所谓民办非企业单位，应当属于非国有事业单位。

② 国务院 1998 年颁布并施行的《社会团体登记管理条例》第 2 条明确规定，社会团体是指中国公民自愿组成，为实现会员共同意愿，按照其章程开展活动的非营利性社会组织。

③ 参见《基金会管理条例》第 2 条和第 3 条。

而根据《民法典》第 87 条的规定，非营利法人是指为公益目的或者其他非营利目的成立，不向出资人、设立人或者会员分配所取得利润的法人，非营利法人包括事业单位、社会团体、基金会、社会服务机构等。其中，根据《民法典》第 92 条的规定，为公益目的以捐助财产设立的基金会、社会服务机构等，具备法人条件并经依法登记成立后，取得捐助法人资格。据此，《民法典》将非营利法人进一步划分为事业单位法人、社会团体法人和捐助法人，其中，捐助法人包括原《民法通则》规定的基金会法人以及《民法典》新确立的社会服务机构法人。

在上述法人类型之外，《民法典》在原《民法通则》确立的法人制度基础上，还确立了特别法人这一特殊的法人类型，将构成我国社会生活重要组成部分的国家机关、农村集体经济组织、城镇农村的合作经济组织(例如供销合作社)[①]和基层群众性自治组织(即村民委员会、居民委员会)等纳入其中。根据《民法典》第 96 条的规定，特别法人包括机关法人、农村集体经济组织法人、城镇农村的合作经济组织法人和基层群众性自治组织法人。特别法人这一类型的确立，体现了《民法典》中法人制度的中国特色。

四、本国法人和外国法人

根据法人的国籍不同，法人可分为本国法人和外国法人。凡具有本国国籍的法人为本国法人。凡不具有本国国籍而具有外国国籍的法人为外国法人。在国际私法上，存在各种不同的法人国籍判断标准，如住所地说、登记地说、设立人说、资本控制说等。从实践看，多数国家采用登记地说和住所地说。《民法典》没有关于外国法人的规定。根据《公司法》第 243 条的规定，外国公司是指依照外国法律在中国境外设立的公司。据此，我国关于公司法人的国籍，采用的是登记地和住所地标准。

区分本国法人和外国法人的意义在于，法律通常对外国法人有专门的认许制度，外国法人在国内从事民事活动应当具备相关条件。例如，根据《公司法》第 244 条和第 245 条的规定，外国公司在中国境内设立分支机构，必须向中国主管机关提出申请，经批准后，向公司登记机关依法办理登记，领取营业执照，方可在中国营业。外国公司在中国境内设立分支机构，必须在中国境内指定负责该分支机构的代表人或者代理人，并向该分支机构拨付与其所从事的经营活动相适应的资金。国务院可以根据具体需要，对外国公司分支机构的经营资金规定最低限额，外国公司在中国境内设立的分支机构应当满足此要求。

第三节　法人的民事能力

一、法人的民事权利能力

法人的民事权利能力，是指法人依法享有民事权利、承担民事义务的资格。法人依法成立后，就具备独立的民事主体资格，而法人的民事权利能力则是法人成为民事主体，具有法律上人格的前提条件。

法人与自然人同为民事主体，其民事权利能力皆由法律所赋予，但由于两类民事主体性质的不同，两者的民事权利能力也存在差别。这主要表现在：

---

① 参见黄薇主编：《中华人民共和国民法典总则编释义》，法律出版社 2020 年版，第 259 页。

第一，民事权利能力的开始和终止的原因不同。自然人的民事权利能力始于自然人出生的法律事实，终于自然人死亡的法律事实。而法人的民事权利能力是始于法人依法成立的法律事实，终于法人被依法撤销和解散而终止的法律事实。法人被依法撤销或解散后，还必须经过清算程序进行清算后才能终止。在清算期间，法人仍然在清算活动的范围内享有民事权利能力。

第二，民事权利能力的内容不同。法人的民事权利能力的内容通常由法律所确认的法人章程决定，每个法人的民事权利能力的内容都受到其章程中所规定的目的、宗旨和业务范围的限制。例如，我国《公司法》第 9 条规定，公司的经营范围由公司章程规定，公司可以修改公司章程，变更经营范围。公司的经营范围中属于法律、行政法规规定须经批准的项目，应当依法经过批准。因此，每个法人因其宗旨和业务范围的不同而使得它们的民事权利能力的内容并不完全一致。而自然人的民事权利能力由法律统一规定，具有普遍性和平等性，通常不受法律的特殊限制。

此外，由于法人和自然人的差异，法人不可能享有自然人基于其特有的人身关系为前提的那些民事权利能力，例如法人不可能具备享有肖像权、继承权、生命健康权以及婚姻和家庭关系中的民事权利的权利能力。

二、法人的民事行为能力

法人的民事行为能力，是指法人独立进行民事活动，取得民事权利和承担民事义务的资格。法人作为民事主体，需实际参加民事活动，取得权利和承担义务，均以具有相应的民事行为能力为必要。法律在赋予法人以民事权利能力的同时，也赋予法人以民事行为能力。

与自然人的民事行为能力相比，法人的民事行为能力具有如下特点：

第一，法人的民事行为能力和民事权利能力同时产生，同时消灭。《民法典》第 59 条规定，法人的民事权利能力和民事行为能力，从法人成立时产生，到法人终止时消灭。而自然人的民事行为能力受其年龄和精神健康状况的制约，并非与其民事权利能力同时产生，也不一定是与其民事权利能力同时消灭，两者在时间上并非始终处于并存的状态。

第二，法人的民事行为能力和民事权利能力的内容和范围相同。法人的民事行为能力和民事权利能力范围完全一致，而自然人民事行为能力的范围则可能与其民事权利能力的范围相同，也可能小于其民事权利能力的范围。此外，每个法人的民事行为能力的内容也存在差别。这是因为法人只有在其民事权利能力范围内所从事的民事活动，才能受到法律的承认和保护。因此，法人的民事权利能力的内容和范围大小决定了法人的民事行为能力的内容和范围大小。

三、法人的民事责任能力

（一）法人民事责任能力的概念

法人的民事责任能力，是指法人因其违法行为而独立承担民事责任的法律资格。在民法理论上，关于法人本质，存在不同的学说，因此对法人是否具有民事责任能力，在理论上也存在不同的认识。持法人拟制说的学者认为法人无意思能力，进而主张法人无民事责任能力。相反，持法人实在说的学者认为法人具有意思能力，可以预见其违法行为的法律后果，因此主张法人具有民事责任能力。

尽管在理论上存在上述不同的认识，但是大多数国家的民法皆规定法人的损害赔偿责任，肯定法人具有民事责任能力，特别是法人的侵权行为能力。例如，《德国民法典》第 31 条规定，社团对于董事会、董事或依章程任命的其他代理人执行属于其权限以内的事务，发生应负损害赔偿责任的行为，致使他人受到损害时，应负赔偿责任。《日本民法典》第 44 条也规定，法人对于其理事会或其他代理人在执行职务时加于他人的损害，负赔偿责任。

我国《民法典》第 60 条规定，法人以其全部财产独立承担民事责任；第 61 条则特别规定，法定代表人以法人名义从事的民事活动，其法律后果由法人承受。此外，关于法人侵权行为的民事责任，《民法典》第 62 条规定，法定代表人因执行职务造成他人损害的，由法人承担民事责任。《民法典》第 1191 条规定，用人单位的工作人员因执行工作任务造成他人损害的，由用人单位承担侵权责任。毋庸置疑，根据《民法典》的上述规定，我国民法也肯定了法人的民事责任能力。

(二)法人承担侵权民事责任的要件

根据《民法典》的相关规定，法人承担侵权民事责任必须具备以下三个条件：

第一，必须是法人代表机关或执行法人工作任务的人所为的行为。法人的对外行为由其代表机关实施，因此法人代表机关的行为就是法人本身的行为，应当由法人承担相应的民事责任。在我国，法人的对外行为由法人的法定代表人实施，因此法定代表人在代表权范围内进行的行为，法人应当对之承担民事责任。此外，法人的对外行为还可由其他有代表权的人（诸如公司的董事、监事、经理、清算人、重整人等）实施，因此法人对他们的行为也应当承担民事责任。此外，《民法典》第 170 条规定，执行法人工作任务的人员，就其职权范围内事项，以法人名义实施的民事法律行为，对法人发生效力。因此法人对他们执行工作任务的行为也应当承担民事责任。

第二，必须是执行职务的行为。法人的代表机关或其他有权代表法人的人或者执行法人工作任务的人，只有在其职务范围内所为的行为，才能成为法人自身的行为，由法人承担民事责任。而他们在其职务范围之外所为的行为，属于该行为人基于其自身的资格所为的行为，与法人无关，应当由行为人自己承担民事责任，而不应当由法人承担民事责任。

第三，必须符合侵权行为的构成要件。侵权行为可分为一般侵权行为和特殊侵权行为。一般侵权行为的构成要件为：(1)须有侵权损害的事实；(2)行为本身的违法性；(3)违法行为与损害结果之间有因果关系；(4)行为人有民事责任能力；(5)行为人主观上有过错。特殊侵权行为则是指虽不同时具备上述构成要件，但法律规定必须由行为人承担民事责任的侵权行为。

第四节　法人的成立、变更和终止

一、法人的成立

(一)法人成立的概念

法人的成立是指某一社会组织取得法律人格的事实状态。法人成立相当于自然人的出生，其意义在于，决定法人的民事行为能力和民事权利能力的开始。①

法人的设立与法人的成立不同。法人的设立，是指法人的设立人为筹建、组织、创办一个

① 根据《民法典》第 59 条的规定，法人的民事权利能力和民事行为能力，从法人成立时产生。

具有法律人格的社会组织而从事的一系列行为的总和。法人的设立是法人成立的前提,是国家对法人进行监督和管理的首要环节。法人成立是法人设立的结果。但是法人的设立并不必然导致法人成立。当法人的设立行为无效或被依法撤销时,法人就不能成立。

设立人在从事设立法人的活动过程中开展的一系列活动,将不可避免地会产生相应的法律后果,需要由相应的主体承担。对此,《民法典》根据法人是否成立等不同情况,作出了不同的处理。根据《民法典》第 75 条的规定,如果法人成立,设立人为设立法人从事的民事活动,其法律后果由法人承受;法人未成立的,其法律后果由设立人承受,设立人为二人以上的,享有连带债权,承担连带债务;如果设立人为设立法人以自己的名义从事民事活动,由此产生的民事责任,第三人则有权选择请求法人或者设立人承担。如果第三人选择由设立人承担民事责任,那么设立人在先行承担民事责任后,可以向成立后的法人追偿。

(二)法人成立的条件

法人成立的条件,包括实体条件和程序条件。目前,大多数国家只是在民法典中对法人的成立条件仅作一般性或原则性的规定,而对于特定类型的法人的成立条件,通常都是以特别法或专门法加以详细规定。在我国,根据《民法典》第 58 条的规定,法人应当具备以下条件:

1.依法成立

所谓依法成立,主要包括两个方面:一是成立须有法律依据,二是指法人成立的程序合法。

(1)法人成立须有法律依据

在我国,各种类型法人的成立均需符合《民法典》的规定,除此之外,机关法人还须根据国家宪法、国家机关组织法的规定成立,农村集体经济组织法人、城镇农村的合作经济组织法人以及基层群众性自治组织法人还须根据相关法律法规的规定成立,营利法人、事业单位法人、社会团体法人以及捐助法人等还须根据有关民事特别法成立。

随着法人制度的不断发展完善,在有关调整各类法人组织的法律规定中,关于调整法人设立行为的规定逐渐占有重要的地位。各国关于法人设立的原则主要有以下几种:

第一,自由主义,又称放任主义。即国家对于法人的设立不加以任何干预和限制,法人的设立完全由当事人自由设立。此种主义易生滥设法人的弊端,且不利于对法人的管理,因此,现代各国民法,除瑞士对于政治、宗教、学术、艺术、慈善等非营利性法人的设立采取自由设立外,很少采取自由设立主义。[1]

第二,特许主义。即法人的设立须经专门的法律或国家的特别许可。早期,法人的设立须经封建领主或君主的特许,现代则一般由议会制定专门的法律或由行政机关特准设立法人,前者称之为立法特许主义,后者称之为行政特许主义。[2] 当前,对于公法人或者某些特别法人的设立,通常采用此种主义。对于私法人的设立,特许主义过于严格,现代各国鲜有采用此种主义。在我国,机关法人的设立采特许设立主义。机关法人的设立,取决于宪法、国家机关组织法的规定,机关法人自成立之日起即具有法人资格。

第三,许可主义,又称核准主义、批准主义。即法人的设立,除了具备法律所规定的条件外,还须经行政主管机关的审核批准。目前,各国对于财团法人的设立多采取此种主义,以便

---

① 《瑞士民法典》第 60 条规定,以政治、宗教、学术、艺术、慈善、社交为目的的以及其他不以经济为目的的社团,自表示成立意思的章程作成时,即取得法人资格。

② 施启扬:《民法总则》,台湾三民书局 1996 年版,第 121 页。

于对此类法人的管理。[①] 在我国,根据《民法典》第 58 条第 3 款的规定,设立法人,法律、行政法规规定须经有关机关批准的,依照其规定。根据现行法律法规规定,在我国境内设立事业单位法人、社会团体法人和基金会法人,均须取得有关行政主管机关的审查同意或者批准,显然属于许可主义。[②]

第四,准则主义,又称登记主义。即对于法人的设立,法律规定一定的条件,设立人在设立法人时,只要具备了此项条件,即可向登记机关登记成立法人,而无须经过行政主管机关的审核批准。由于现代各国民法在广泛采用此种主义的同时,对于法人的设立规定了较为严格的条件,即除了具备法律规定的要件外,还在法律中规定严格的限制性条款,并强化设立人的责任和法院及行政机关对法人的监督。此种设立原则,与单纯的准则主义不同,称之为严格准则主义。现代各国公司法对于公司的设立,大多采取严格的准则主义。对于营利法人的设立,《民法典》第 77 条规定,营利法人经依法登记成立。

第五,强制主义。即国家为了实行对社会生活某一领域的干预,对于某些特殊事业领域活动的主体,法律规定必须设立一定的法人组织,以便于对其实施管理。通常此类法人为一些职业团体,从事此类职业的人员必须加入,无不加入的自由。例如,在我国,《律师法》所规定的中华全国律师协会以及各省、自治区、直辖市设立地方律师协会。然而,对于营利性行业的活动主体,为了便于加强该行业的管理,法律也要求必须设立一定的法人组织,方可从事该行业的经营活动。例如,我国《保险法》第 6 条规定,保险业务由依照本法设立的保险公司以及法律、行政法规规定的其他保险组织经营,其他单位和个人不得经营保险业务。

(2)法人成立的程序合法

法人均须依一定的程序成立,但是不同类型的法人成立程序不同。根据《民法典》第 58 条的规定,法人的成立,应当依照法律、行政法规规定的程序,如果设立法人,法律、行政法规规定须经有关机关批准的,依照其规定。关于营利法人的成立,根据《民法典》第 77 条和 78 条的规定,营利法人经依法登记成立,依法设立的营利法人,由登记机关发给营利法人营业执照,营业执照签发日期为营利法人的成立日期。关于事业单位法人的成立,根据《民法典》第 88 条的规定,具备法人条件,为适应经济社会发展需要,提供公益服务设立的事业单位,经依法登记成立,取得事业单位法人资格;依法不需要办理法人登记的,从成立之日起,具有事业单位法人资格。关于社会团体法人的成立,根据《民法典》第 90 条的规定,具备法人条件,基于会员共同意愿,为公益目的或者会员共同利益等非营利目的设立的社会团体,经依法登记成立,取得社会团体法人资格;依法不需要办理法人登记的,从成立之日起,具有社会团体法人资格。关于捐助法人的成立,根据《民法典》第 92 条的规定,具备法人条件,为公益目的以捐助财产设立的基金会、社会服务机构等,经依法登记成立,取得捐助法人资格;依法设立的宗教活动场所,具备法人条件的,可以申请法人登记,取得捐助法人资格。关于特别法人的成立,根据《民法典》第 97 条、第 99 条、第 100 条和第 101 条的规定,有独立经费的机关和承担行政职能的法定机构从成立之日起,具有机关法人资格;居民委员会、村民委员会自成立之日起具有基层群众性自治组织法人资格;农村集体经济组织和城镇农村的合作经济组织,依照相关的法律、行政法规

① 例如,《德国民法典》第 80 条规定,设立具有权利能力的基金会,除捐助行为外,需得到基金会住所所在地的邦的许可。

② 《事业单位登记管理暂行条例》第 3 条、《民办非企业单位登记管理暂行条例》第 3 条、《社会团体登记管理条例》第 3 条、《基金会管理条例》第 9 条。

的规定取得法人资格。

2.有自己的财产和经费

此所谓"有自己的财产和经费"，包括两方面的含义：一是要求法人应当有独立的财产，即独立于其设立人、其成员和他人的财产，拥有属于自己的独立财产是法人人格独立的物质基础；二是要求法人应当具备与其从事的民事活动规模相适应的财产。在此方面，一方面，我国现行的有关民事特别法，往往规定从事相关经营活动的企业法人在成立时其注册资本必须具备符合法律规定的最低限额。例如《保险法》和《商业银行法》对设立保险公司和商业银行，分别规定了相应的注册资本最低限额，设立保险公司或商业银行，其注册资本不得少于相应的最低限额。[①] 另一方面，需指出，具备与其从事的民事活动规模相适应的财产，还意味着，即使法律法规对法人注册资本未作最低限额的规定，或者法人已具备符合法律法规规定的最低注册资本，法人成立时也应当拥有与其从事的民事活动引起的风险相适应的财产，以避免有意将其民事活动引起的风险转嫁给他人。

3.有自己的名称、组织机构和住所

法人的名称，是法人不可缺少的人格要素之一，是法人区别于其他民事主体的文字标志。法人应当具有自己的名称，法人方能以其名称为自己取得民事权利和设定民事义务。法人可自由选择其名称，但必须遵守相关的名称管理规定，不得违反法律的禁止性规定。[②]

法人的组织机构，指法人的机关，是法人对内管理内部事务，对外代表法人从事民事活动的机构。通常，法人依照法律规定或者法人组织章程的规定设立机关，主要包括意思机关、执行机关、代表机关及监督机关。法人作为一种社会组织，应当具有组织机构，否则，法人的意思形成和意思表示无法完成，法人无法从事其民事活动。

法人的住所，是指法人从事民事活动的主要基地或中心场所，是法人应当具备的要件之一。法人的住所在法律上具有重要意义。例如，它可以确定法人的债务履行地、确定管辖权、确定法律文书的送达目的地、确定涉外民事法律关系中的准据法等。依照《民法典》第 63 条的规定，法人以其主要办事机构所在地为住所，依法需要办理法人登记的，应当将主要办事机构所在地登记为住所。此所谓主要办事机构，应当是指处理整个法人的对内、对外事务的机构，而非处理法人某一部分对内、对外事务的机构。如果法人只有一个办事机构，则无所谓主要办事机构，此办事机构所在地即法人的住所。如果法人存在多个办事机构，则该法人的住所即指其主要办事机构所在地。

4.能够独立承担民事责任

能够独立承担民事责任是法人成立的必备条件。法人独立承担民事责任，意味着法人以

① 例如，《保险法》第 69 条规定，设立保险公司，其注册资本的最低限额为人民币 2 亿元。《商业银行法》第 13 条规定，设立全国性商业银行的注册资本最低限额为 10 亿元人民币；设立城市商业银行的注册资本最低限额为 1 亿元人民币；设立农村商业银行的注册资本最低限额为 5000 万元人民币；注册资本应当是实缴资本。

② 例如，《企业名称登记管理规定》第 11 条规定，企业名称不得有下列情形：(1)损害国家尊严或者利益；(2)损害社会公共利益或者妨碍社会公共秩序；(3)使用或者变相使用政党、党政军机关、群团组织名称及其简称、特定称谓和部队番号；(4)使用外国国家(地区)、国际组织名称及其通用简称、特定称谓；(5)含有淫秽、色情、赌博、迷信、恐怖、暴力的内容；(6)含有民族、种族、宗教、性别歧视的内容；(7)违背公序良俗或者可能有其他不良影响；(8)可能使公众受骗或者产生误解；(9)法律、行政法规以及国家规定禁止的其他情形。

其全部财产而非其创设人、其成员或者其他法人或自然人的财产承担从事民事活动的法律后果。《民法典》第60条规定，法人以其全部财产独立承担民事责任。法人与非法人组织的重要区别，即在于法人能够独立承担民事责任。

二、法人的变更

法人的变更，是指法人在其存续期间内所发生合并、分立，或者组织形式、宗旨等事项的变化。法人的变更，对法人的法律人格将会产生重要影响，特别是法人的合并和分立，可能会导致参与合并的法人或分立前的法人的法律人格完全消灭。法人的变更，体现了私法自治的法律精神，尤其是营利法人的变更，是企业自由原则的重要内容。

(一)法人的合并

1.法人合并的方式

法人合并是指两个或两个以上的法人根据法律规定或合同约定合并为一个法人。法人合并的法定方式分为新设合并和吸收合并两种。新设合并，又称创设合并，是指两个或两个以上的法人合并后，参与合并的法人均归于消灭，在此基础上产生一个新法人的法律行为。吸收合并，是指两个或两个以上的法人合并后，其中一个法人(吸收方)存续，而其余的法人(被吸收方)均归于消灭的法律行为。

2.法人合并的程序

法人合并通常按照以下程序进行：第一，由法人的意思机关作出与其他法人合并的决定，或者有关国家机关作出法人合并的法律规定或命令；第二，与其他法人订立合并合同；第三，通知债权人或发出公告通知；第四，某些在社会生活中具有重要地位的法人的合并，必须报有关主管机关批准；第五，办理相关的合并事项和登记手续，前者包括制定新章程、转移财产、产生新的法人机关等，后者包括办理相关的法人设立登记、变更登记或注销登记等。

3.法人合并的效力

法人合并将产生以下效力：第一，导致法人的消灭。例如，在新设合并方式下，参与合并的法人均归于消灭；在吸收合并方式下，被吸收的法人消灭。第二，导致新法人的产生。例如，在新设合并方式下，参与合并的法人消灭后产生了一个新法人。第三，导致存续的法人发生变更。例如，在吸收合并方式下，存续法人的财产、机关、章程、成员都将发生变化。第四，权利义务的概括承受。例如，《民法典》第67条规定，法人合并的，其权利和义务由合并后的法人享有和承担。

(二)法人的分立

1.法人分立的方式

法人分立是指一个法人分立为两个或两个以上的法人。法人分立的法定方式有新设分立和派生分立两种。新设分立，又称创设分立，是指原法人解散，分立为两个或两个以上的新法人。派生分立，又称存续分立，是指原法人存续，将原法人的一部分或若干部分从原法人分出，另行设立一个或一个以上的新法人。

2.法人分立的程序

法人分立的程序与法人合并的程序基本相同：第一，由法人的意思机关作出分立决定；第二，向债权人发出通知或者发出公告通知；第三，取得有关主管机关的批准；第四，办理相关的分立事项和登记手续，前者包括制定新章程、转移财产、产生新的法人机关等事项，后者包括存续法人的变更登记、法人消灭的注销登记、新法人的设立登记等。

3.法人分立的效力

法人分立将会产生以下效力：第一，法人人格的变化。在新设分立方式下，原法人消灭，产生新法人；在派生分立方式下，原法人变更，产生新法人。第二，权利义务的概括承受。根据《民法典》第67条的规定，法人分立的，其权利和义务由分立后的法人享有连带债权，承担连带债务，但是债权人和债务人另有约定的除外。

（三）法人组织形式的变更

法人组织形式的变更，是指在不消灭法人人格的前提下法人由一种组织形式变更为另一种组织形式。法人组织形式的变更，往往引起法人的责任形式发生变化，并影响社会公共利益。因此，各国法律通常对法人组织形式的变更加以一定的限制。就公司而言，各国公司法通常规定，只有责任形式相近的公司之间才能进行变更。例如，无限公司和两合公司之间可以互相变更，有限责任公司和股份有限责任公司之间可以相互变更。我国《公司法》也对有限责任公司与股份有限责任公司间相互变更的条件和程序作出规定。[①]

（四）法人登记事项的变更

根据《民法典》的规定，有些类型的法人，需要依法办理法人登记，在登记机关登记其名称、类型、住所、目的宗旨、法定代表人等相关事项。法人登记事项的变更，是指在法人存续期间其有关登记事项发生了变化。法人存续期间，其有关登记事项发生变化，对其利害关系人的利益往往会产生重大影响，因此，各国法律对法人发生这些事项变更的条件和程序以及相关的法律后果，都作出相应规定。根据《民法典》第64条、第65条和第66条的规定，法人存续期间登记事项发生变化的，应当依法向登记机关申请变更登记。法人的实际情况与登记的事项不一致的，不得对抗善意相对人。登记机关应当依法及时公示法人登记的有关信息。

三、法人的终止

（一）法人终止的概念

法人的终止，又称法人的消灭，是指法人丧失民事主体资格，不再具有民事权利能力与民事行为能力。现代各国民法均规定，法人终止必须经过一定的程序。根据《民法典》第69条的规定，如果法人因解散、被宣告破产或者具有法律规定的其他原因而依法完成清算并注销登记，则法人终止。法人终止根据法律、行政法规规定还须经有关机关批准的，则应当依照其规定取得有关机关相应的批准。据此，法人终止的程序，通常分为解散和清算两个阶段。

（二）法人的解散

法人解散，是指法人因法律或章程规定的解散事由出现，或者根据法人意思机关决定，而停止其活动并终止其法律人格的法律行为。从各国民法的规定看，法人的解散可根据不同的事由分为自行解散、强制解散和破产解散。

1.自行解散

法人自行解散的事由主要有以下几种：第一，法人章程中规定的法人存续期间届满或其他

---

① 例如，《公司法》第12条规定，有限责任公司变更为股份有限公司，应当符合本法规定的股份有限公司的条件。股份有限公司变更为有限责任公司，应当符合本法规定的有限责任公司的条件。《公司法》第108条规定，有限责任公司变更为股份有限公司时，折合的实收股本总额不得高于公司净资产额。有限责任公司变更为股份有限公司，为增加资本公开发行股份时，应当依法办理。

解散事由出现。第二,法人的权力机构作出解散决议。第三,法人因合并或者分立而解散。第四,法人的成员不足法定人数;[①]第五,法人的设立目的已经达到或者已经被证明无法达到而解散。法人存在的意义即在于达到其设立目的,如果法人的设立目的已经达到或者已经被证明无法达到,法人便失去其存在的意义,当然解散。在我国,《民法典》第 69 条对上述前三种法人自行解散的情形也作出了规定。

2.强制解散

法人强制解散,是指当法人因其目的和行为违反法律、法规、社会公共秩序和善良风俗时,法院或有关法人主管机关依法强行解散法人。在我国,根据《民法典》第 69 条的规定,法人依法被吊销营业执照、登记证书,被责令关闭或者被撤销,应当解散。另外,《公司法》第 182 条规定,如果公司经营管理发生严重困难,继续存续会使股东利益受到重大损失,通过其他途径不能解决的,持有公司全部股东表决权 10%以上的股东,可以请求人民法院解散公司。据此,如果人民法院根据相关股东的请求作出解散公司的判决,则公司应当解散。

3.破产解散

法人因被依法宣告破产而解散。现代各国民法均规定,法人破产为法人解散的原因之一。例如,《德国民法典》第 42 条规定,法人因破产程序开始而解散。《瑞士民法典》第 77 条规定,如社团无支付能力时,法律上当然解散。在我国,《民法典》与上述立法例不同,未将法人被宣告破产作为法人的解散事由,而是将法人被宣告破产与法人解散相并列,在第 68 条中规定为法人终止的不同事由。

(三)法人的清算

法人的清算,是指法人解散后,为了清理其财产、结束其已经存在的法律关系,从而使被解散法人归于消灭的程序。由于法人是一个社会组织,因此并不发生终止后的财产继承问题,只能通过清算程序结束其权利义务关系,处理其剩余财产。根据《民法典》第 70 条和第 73 条的规定,法人解散或被宣告破产的,除合并或者分立的情形外,应当依法进行清算。

法人在清算期间的法律地位如何,理论上存在不同的认识,有以下三种学说:一是清算法人说。该说认为,清算期间原法人的人格已消灭,处于清算期间的法人是为清算目的而设立的另一新的法人。依该学说,法人的法律人格自法人解散时起即已消灭。二是同一法人说。该说认为,清算期间的法人与原法人是同一法人,只是其权利能力受到限制,即只能在清算范围内活动。依该学说,法人解散并不导致法人的法律人格消灭,只有在法人清算程序终结并完成注销登记等相关手续后,法人的法律人格消灭。三是拟制存续说。该说认为,法人于解散后即丧失民事主体资格,但为了清算的目的,法律拟制其在清算期间享有民事权利能力。依该学说,法人的人格也于法人解散时消灭。以上学说中,同一法人说为现今之通说。在我国,《民法典》采纳的是同一法人说,其中《民法典》第 72 条明确规定,清算期间法人存续,但是不得从事与清算无关的活动;清算结束并完成法人注销登记时,法人终止;依法不需要办理法人登记的,清算结束时,法人终止。针对法人的破产清算,《民法典》第 73 条规定,法人依法进行破产清算并完成法人注销登记时,法人终止。

---

① 在大陆法系国家,通常理解社团是人的联合,因此社团成员应当为多数,相应地,社团法人成员的法定人数为 2 人以上。然而,随着社会经济的发展,一人公司大量出现,越来越多的大陆法系国家改变了对一人公司的态度,允许设立一人公司,或者公司股东仅为一人时,仍然承认该公司的存在。在我国,《公司法》也允许设立并承认一人有限责任公司和一人股份有限公司。

法人解散后，各国民法均规定在法人清算期间，应当设立清算机关，即清算人，或者清算组织，依法进行法人清算事务。在我国，根据《民法典》第 70 条的规定，法人解散后需要依法清算的，法人的董事、理事等执行机构或者决策机构的成员将成为清算义务人，如果法律、行政法规另有规定，则从其规定。清算义务人应当及时组成清算组进行清算。清算义务人未及时履行清算义务，造成损害的，应当承担民事责任；主管机关或者利害关系人可以申请人民法院指定有关人员组成清算组进行清算。

根据法人终止事由的不同，相关的民事单行法对清算人的任命方式也有不同的规定。例如，依照《公司法》第 232 条的规定，公司解散需要清算的，应当清算。董事为公司清算义务人，应当在解散事由出现之日起 15 日内成立清算组进行清算。清算组由董事组成，但是公司章程另有规定或者股东会决议另选他人的除外。公司逾期不成立清算组进行清算或者成立清算组后不清算的，根据《公司法》第 233 条的规定，利害关系人可以申请人民法院指定有关人员组成清算组进行清算。人民法院应当受理该申请，并及时组织清算组进行清算。依照《破产法》第 13 条和第 24 条的规定，人民法院在裁定受理破产申请的同时就应当指定管理人，管理人可以由有关部门、机构的人员组成的清算组或者依法设立的律师事务所、会计师事务所、破产清算事务所等社会中介机构担任，人民法院也可以在征询有关社会中介机构的意见后，指定该机构具备相关专业知识并取得执业资格的人员担任管理人。人民法院宣告企业破产后，企业进入破产清算程序，管理人即成为清算人，负有进行清算的义务。

根据《民法典》第 71 条的规定，清算组的职权依照相关法律的规定，没有规定的，参照适用公司法律的有关规定。根据《公司法》第 234 条的规定，公司清算期间，清算组的职权主要包括：(1)清理公司财产，分别编制资产负债表和财产清单；(2)通知、公告债权人；(3)处理与清算有关的公司未了结的业务；(4)清缴所欠税款以及清算过程中产生的税款；(5)清理债权、债务；(6)处理公司清偿债务后的剩余财产；(7)代表公司参与民事诉讼活动。据此，在法人的清算期间，清算人依照法人清算程序的目的，依法处理有关的清算事务，主要包括：通知和公告债权人、了结尚未了结的事务、清理财产、收取债权、清偿债务、移交和分配剩余财产、注销登记等。根据《公司法》第 238 条的规定，清算组成员履行清算职责，负有忠实义务和勤勉义务。清算组成员怠于履行清算职责，给公司造成损失的，应当承担赔偿责任。因故意或者重大过失给债权人造成损失的，应当承担赔偿责任。

法人清算，应当遵循特定的程序。根据《民法典》第 71 条的规定，法人清算程序依照相关法律的规定，没有规定的，参照适用公司法律的有关规定。根据《公司法》的相关规定，法人清算程序通常包括以下内容：(1)依法任命清算人。法律应当规定清算人的资格、任命方式、程序及期限。(2)公告和通知债权人，催报债权，以维护其利益。法律通常对公告和通知的方式、期限及效力作相应的规定。(3)清理法人财产，编制资产负债表和财产清单，并在此基础上编制清算方案。(4)收取债权，清偿债务。通常清偿债务按照以下顺序：支付清算费用、支付职工工资和劳动保险费用、缴纳所欠的税款、清偿法人的其他债务。(5)分配剩余财产。法人的财产在清偿其债务后如果有剩余，则为剩余财产，根据《民法典》第 72 条的规定，应当按照法人章程的规定或者法人权力机构的决议处理。通常处理办法是将剩余财产返还给法人的设立人或者成员，如果设立人或者成员为数人时，按照其出资的比例或者持股比例分配。(6)办理注销登记。清算人完成有关清算事务后，应当向登记机关办理法人注销登记。法人于完成注销登记时终止，其法律人格消灭。

第五节　法人的机关与分支机构

一、法人的机关

（一）法人机关的概念

法人的机关，是指根据法律或者法人章程在法人内部设立的，对内管理法人事务，对外代表法人从事民事活动的组织机构。法人是一种社会组织，必须具备自己的机关，以形成自己的意思，通过意思表示，完成自己的各种对外对内活动。法人依其机关而存在，因其机关的各种系统性活动而有自己的活动。可以说，法人的机关是法人据以存在并维持其法律人格必不可少的要件。

在法律上，法人机关是法人组织体的一个组成部分，存在于法人的内部，其本身并不具有独立的法律人格，而只是一种法律上的地位。法人机关的意思就是法人本身的意思，法人机关所为的行为，也就是法人本身的行为，行为的法律后果当然地归属于法人。

（二）法人机关的种类

根据法人机关在法人活动中所发挥的作用不同，法人机关可分为权力机关、执行机关、代表机关和监督机关。权力机关就法人的重大事项作出决议，形成法人意思，因此，权力机关又是法人的最高决策机关和意思机关。执行机关是执行法人权力机关所形成的法人意思、法人章程或设立命令所规定的事项的机关；代表机关是法人的意思表示机关，即代表法人对外进行各种民事活动的机关；监督机关是监督执行机关行为的机关。需注意的是，根据法人章程和相关法律规定，法人的执行机关、代表机关或监督机关，在其职权的范围内也往往就法人的特定事项作出决议或决定，形成法人意思，也成为法人的决策机关或意思机关。另外，并非所有的法人都设有上述四种机关。不同种类的法人，其法人机关的设置存在着差异。在我国，营利法人和其他法人的机关设置各不相同。

就营利法人而言，《民法典》规定营利法人应当设权力机关和执行机关，但是，未规定营利法人应当设监督机关，因此，营利法人是否设监督机关，应当根据其他法律或行政法规的规定。[①] 根据《民法典》的规定，权力机关行使修改法人章程，选举或者更换执行机关、监督机关成员，以及法人章程规定的其他职权。执行机关行使召集权力机关会议，决定法人的经营计划和投资方案，决定法人内部管理机构的设置，以及法人章程规定的其他职权。营利法人设监事会或者监事等监督机关的，监督机关依法行使检查法人财务，监督执行机关成员、高级管理人员执行法人职务的行为，以及法人章程规定的其他职权。营利法人的权力机关、执行机关作出决议时，其会议的召集程序、表决方式以及决议的内容应当符合法律、行政法规以及法人章

① 例如，根据《公司法》规定，有限责任公司或股份有限公司设股东会为其意思机关，设董事会（或董事）为其执行机关和代表机关，设监事会（或监事）为其监督机关；但国有独资公司不设股东会，由履行出资人职责的机构行使股东会职权，设董事会，董事中过半数为外部董事并应当有公司职工代表。另外，在董事会中设置由董事组成的审计委员会行使本法规定的监事会职权的，不设监事会或者监事。非公司企业法人，我国法律规定的是厂长（经理）负责制，厂长（经理）既是意思机关，也是执行机关和代表机关，而没有设立监督机关。

程的规定。如果会议的召集程序、表决方式违反法律、行政法规或法人章程的规定，或者决议内容违反法人章程的规定，营利法人的出资人可以请求人民法院撤销该决议。但是，营利法人依据该决议与善意相对人形成的民事法律关系不受影响。[①]

就其他法人而言，《民法典》未规定事业单位法人应当如何设立法人机关。由于事业单位法人通常依法律或行政命令设立，实行首长负责制，但其意思由法律或行政命令规定，因此通常无须设立权力机关。但是，《民法典》第 89 条规定，事业单位法人设理事会的，除法律另有规定外，理事会为其决策机关。而社会团体法人因属于人的集合体，例如各种学会、研究会等，根据《民法典》第 91 条的规定，应当设成员大会或者会员代表大会为其权力机关，还应当设理事会等为其执行机关和代表机关。而捐助法人则属于财产的集合体，例如基金会、社会服务机构、宗教活动场所等，根据《民法典》第 93 条的规定，应当设理事会、民主管理组织等决策机关，并设执行机关和监事会等监督机关。《民法典》第 94 条还规定，捐助法人的决策机关、执行机关或者法定代表人作出决定的程序以及决定的内容应当符合法律、行政法规以及法人章程的规定。如果作出决定的程序违反法律、行政法规、法人章程，或者决定内容违反法人章程的，捐助人等利害关系人或者主管机关可以请求人民法院撤销该决定。但是，捐助法人依据该决定与善意相对人形成的民事法律关系不受影响。

至于机关法人、农村集体经济组织法人、城镇农村的合作经济组织法人、基层群众性自治组织法人等特别法人，《民法典》未规定它们应当如何设立法人机关。因此，特别法人如何设法人机关，应当依照法律、行政法规对特别法人作出的相关规定。

由此可见，通常情况下，执行机关和代表机关是任何法人必须设立的机关，但并非任何类型的法人都设权力机关，也并非所有的法人都必须设监督机关。是否设置权力机关和监督机关，取决于法人自身的特点，由相关法律、行政法规或法人章程规定。

（三）法定代表人

在我国，法人均设有法定代表人。根据《民法典》第 61 条的规定，法定代表人是指依照法律或者法人章程的规定，代表法人从事民事活动的负责人。通常，法人的法定代表人是法人的正职行政负责人，例如，在营利性法人中，执行机构为董事会或者执行董事的，董事长、执行董事或者经理按照法人章程的规定担任法定代表人；未设董事会或者执行董事的，法人章程规定的主要负责人为其执行机构和法定代表人；社会团体法人的理事长或者会长等负责人按照法人章程的规定担任法定代表人。捐助法人的理事长等负责人按照法人章程的规定担任法定代表人。[②] 法定代表人具有以下特征：第一，法定代表人是法律、行政法规或者法人组织章程所规定的；第二，法定代表人是代表法人行使职权的负责人；第三，法定代表人在执行职务时与法人是同一人格；第四，法定代表人只能由单个自然人而非由某一集体担任。[③]

法定代表人在其职权范围内可代表法人进行各种民事活动，其以法人名义从事的行为即

---

① 参见《民法典》第 80 条、第 81 条、第 82 条和第 85 条。

② 参见《民法典》第 81 条、第 91 条和第 93 条。值得注意的是，《民法典》第 89 条未规定事业单位法人的法定代表人由何人担任，而是规定事业单位法人的法定代表人依照法律、行政法规或者法人章程的规定产生。至于机关法人、农村集体经济组织法人、城镇农村的合作经济组织法人、基层群众性自治组织法人等特别法人，《民法典》未规定它们是否需要设以及应当如何设法定代表人。因此，关于特别法人的法定代表人问题，应当依照法律、行政法规对特别法人作出的相关规定。

③ 参见刘心稳主编：《中国民法学研究述评》，中国政法大学出版社 1996 年版，第 177 页。

视为法人的行为，法人对其代表行为承担民事责任。因此，《民法典》第 61 条规定，法定代表人以法人名义从事的民事活动，其法律后果由法人承受。法人章程或者法人权力机构对法定代表人代表权的限制，不得对抗善意相对人。《民法典》第 62 条规定，法定代表人因执行职务造成他人损害的，由法人承担民事责任。但是，法人承担民事责任后，依照法律或者法人章程的规定，可以向有过错的法定代表人追偿。

法定代表人与法人的代表机关是有联系但不相同的概念。法定代表人只能是由单个的自然人担任，通常是法人代表机关的正职负责人。而法人的代表机关是法人的组成部分，是法人的组织机构之一，可由一人或者数人组成。法定代表人与法人的代表机关可以重合，同为一人，如有限责任公司设立的执行董事。但是在股份有限公司中，作为法定代表人的董事长或经理和作为法人代表机关的董事会，两者分别存在。

二、法人的分支机构

法人在从事民事活动时，可以在其总机构之外，通过设立分支机构的方式，在不同地域或者不同行业开展其相关活动，以扩大其业务活动范围。法人设立分支机构，法律、行政法规规定应当登记的，应当登记。根据法人开展业务的需要，一个法人可以设立一个或者多个分支机构，法律并不加以限制。法人分支机构和法人之间属于同一法人内部的部分和整体的关系，与法人的总机构以及其他组成部分共同构成法人整体。

作为同一法人整体的组成部分，法人的分支机构只能依附于法人整体而存在，本身并不具备法人资格，而是与法人的其他组成部分共享同一法人资格。因此，根据《民法典》第 74 条的规定，法人的分支机构虽然可以以自己的名义从事民事活动，但是，法人的分支机构产生的民事责任直接由法人承担，或者先以法人的分支机构管理的财产承担，不足以承担的，再由法人承担。

第六节　非法人组织

一、非法人组织概述

（一）非法人组织的概念

在现代社会生活中，各种未取得法人资格的组织体广泛存在于社会生活的各个方面，它们可以自己的名义从事各种民事活动。对于这种具有某种主体性的组织体，各国法律均予以承认，例如，德国称之为无权利能力社团，日本称之为非法人社团和非法人财团，而在我国，《民法典》直接称之为非法人组织，而没有采用“团体”用语。按照“团体”的通常语义，是指为一个共同的目的、利益或娱乐而联合或正式组织起来的一群人。也就是说，团体通常是指人的集合，并不包括物或财产的集合，也不包括由单个人所建立的组织体，例如个人独资企业等。因此，团体这一用语并不能包括社会生活中广泛存在的各种组织体。有鉴于此，称不具有法人资格但可以自己的名义从事民事活动的组织体为非法人组织，较之非法人团体，更具有合理性。《民法典》第 102 条第 1 款规定，非法人组织是不具有法人资格，但是能够依法以自己名义从事民事活动的组织。

（二）非法人组织的特征

一般而言，非法人组织具有以下一些主要特征：

1.具有稳定性

通常，该组织体均设有代表人或管理人，有自己的名称、组织机构、组织活动规则，并且有自己的业务活动场所。也就是说，该组织体并非像旅行团那样属于一种松散、临时的组合，而是为实现一定的目的，按照一定的组织规则建立起来的具有稳定性的组织体，其设立和解散均应当具有规范的程序。《民法典》第103条规定，非法人组织应当依照法律的规定登记。设立非法人组织，法律、行政法规规定须经有关机关批准的，依照其规定。《民法典》第107条规定，非法人组织解散的，应当依法进行清算。

2.具有自己特定的目的

非法人组织具有自己特定的目的，也是为了实现一定的目的和宗旨而存在。非法人组织的意志是不同于其个别成员意志的整体意志。有的非法人组织是为了经济性的目的而存在，例如以营利为目的；有的非法人组织是为了非经济性的目的而存在，例如发展科学、教育、文化、卫生事业，或者宗教、慈善事业等。

3.有可供支配的财产或经费

非法人组织为实现自己的目的，该组织体通常均具有供其支配的财产或经费，但该财产或经费只是可供其独立支配和利用，并不与该组织体的成员或创办人截然分开而由该组织体享有所有权。

4.设有代表人或管理人

非法人组织设有代表人或管理人，对外代表该组织体进行民事活动。但法律对于该代表人或管理人，不规定特定的组织形式。《民法典》第105条规定，非法人组织可以确定一人或者数人代表该组织从事民事活动。有学者认为，该条款所规定的代表人，就是非法人组织的执行机关和代表机关。①

5.以自己的名义从事民事活动

非法人组织有自己的名称，可以并且在民事活动中以自己的名义与他人发生各种民事权利义务关系。这是非法人组织与自然人以及契约关系或一般松散组合相区别的重要标志，也是非法人组织主体性的必备要素。如果非法人组织不以其自己名义从事民事活动，也就没有在法律上承认其主体性的必要。

（三）非法人组织的法律地位

关于非法人组织的法律地位，即是否承认其民事主体资格，在民法理论和各国立法上存在否定说和肯定说两种不同的观点。否定说认为，民事主体仅限于自然人和法人两类，非法人组织不具有民事权利能力和民事行为能力，只是自然人从事民事活动的特殊形式，仅具有诉讼能力。然而，这种不承认非法人组织具有民事主体资格的观点，越来越难以适应社会生活实际发展的需要。随着社会生活的发展，越来越多的非法人组织在社会生活的各个方面发挥着重要的作用，它们为实现自己的存在目的和宗旨，实际参与大量的民事活动，与法人和自然人发生各种民事法律关系。法律赋予它们民事主体的资格，不仅有利于规范其民事活动，维护其合法权益，而且有利于保障其债权人的合法权益。

有鉴于此，第二次世界大战后，很多国家的学说和判例均采取肯定说，认为非法人组织也

① 参见梁慧星：《民法总论》，法律出版社2021年第6版，第151页。

是社会生活中存在的组织体，只是法律未赋予其法人资格，然而，非法人组织也具有民事权利能力和民事行为能力，也具有诉讼能力，属于自然人、法人之外的第三类主体。[①]《民法典》第102条第1款规定非法人组织可以依法以自己的名义从事民事活动；第110条第2款规定非法人组织享有名称权、名誉权和荣誉权等人格权，可以理解为《民法典》采取肯定说，承认了非法人组织的民事主体地位。

二、非法人组织的民事能力

（一）民事权利能力

非法人组织的民事权利能力，是指非法人组织本身可以依法享有民事权利，承担民事义务的资格。对于非法人组织是否具有民事权利能力，如前所述，立法和学说存在着否定说和肯定说两种不同的观点。从现今各国的立法看，大多数国家的民事立法都赋予非法人组织具有一定的民事权利能力。我国现行法律也规定，不具备法人资格的企业，例如个人独资企业、合伙企业等，依法进行市场主体登记后可取得营业执照，并在登记的经营范围内从事经营活动，享有权利承担义务。

（二）民事行为能力

与法人相同，作为由自然人建立的组织体，非法人组织的民事行为能力与其民事权利能力的范围是完全一致的。承认非法人组织具有民事权利能力，也就意味着非法人组织在民事权利能力的范围内享有民事行为能力，可以从事民事活动，对外订立合同，从而取得权利和承担义务。相反，如果主张非法人组织不具有民事权利能力，当然也就不主张非法人组织具有相应的民事行为能力。

（三）民事责任能力

非法人组织具有民事权利能力和民事行为能力，但是不具有独立的民事责任能力，即非法人组织不能独立承担民事责任，当非法人组织不能清偿其债务时，应当由其设立人或有关成员承担责任。《民法典》第104条规定，非法人组织的财产不足以清偿债务的，其出资人或者设立人承担无限责任。法律另有规定的，依照其规定。[②] 显然，根据肯定说，非法人组织与法人的实质差别，仅在于非法人组织不具有完全的民事责任能力，而在民事权利能力和民事行为能力上，两者并无实质差异。

三、非法人组织的种类

根据《民法典》第102条第2款的规定，非法人组织包括个人独资企业、合伙企业，以及不具备法人资格的专业服务机构等组织。据此，在我国，非法人组织主要包括：

（一）个人独资企业

个人独资企业是指依照《个人独资企业法》在中国境内设立，由一个自然人投资，财产为投资人个人所有，投资人以其个人财产对企业债务承担无限责任的经营实体。个人独资企业投资人在申请企业设立登记时明确以其家庭共有财产作为个人出资的，应当依法以家庭共有财

---

① 参见郭明瑞、房绍坤主编：《民法》，高等教育出版社2021年第5版，第64页；梁慧星：《民法总论》，法律出版社2021年第6版，第149页。

② 例如《合伙企业法》第2条第3款规定，有限合伙企业由普通合伙人和有限合伙人组成，普通合伙人对合伙企业债务承担无限连带责任，有限合伙人以其认缴的出资额为限对合伙企业债务承担责任。

产对企业债务承担无限责任。

(二)合伙企业

合伙企业是指自然人、法人和其他组织依照《合伙企业法》在中国境内设立的普通合伙企业和有限合伙企业。普通合伙企业由普通合伙人组成,合伙人对合伙企业债务承担无限连带责任。有限合伙企业由普通合伙人和有限合伙人组成,普通合伙人对合伙企业债务承担无限连带责任,有限合伙人以其认缴的出资额为限对合伙企业债务承担责任。

(三)不具备法人资格的专业服务机构

不具备法人资格的专业服务机构包括向社会提供无偿服务的专业服务机构,也包括为客户提供有偿服务的专业服务机构。以专业知识和专门技能为客户提供有偿服务的专业服务机构,可以设立为特殊的普通合伙企业。在特殊的普通合伙企业中,一个合伙人或者数个合伙人在执业活动中因故意或者重大过失造成合伙企业债务的,应当承担无限责任或者无限连带责任,其他合伙人以其在合伙企业中的财产份额为限承担责任。合伙人在执业活动中非因故意或者重大过失造成的合伙企业债务以及合伙企业的其他债务,由全体合伙人承担无限连带责任。

(四)企业集团

企业集团是指以资本为主要联结纽带的母子公司为主体,以集团章程为共同行为规范的母公司、子公司、参股公司以及其他成员企业或机构共同组成的具有一定规模的企业法人联合体。[①] 事业单位法人和社会团体法人也可以成为企业集团的成员。企业集团的成员单位可以具有法人资格,但企业集团本身不具有法人资格。通常,企业集团由核心层、紧密层、半紧密层和松散层等四个层次的成员所组成。为了实现自己的宗旨,企业团体通常设有理事会作为其权力机构,代表企业团体行使企业集团章程所规定的各项职权。企业集团成员的加入和退出均须符合企业集团章程的规定。企业集团具有自己的名称,可以在宣传和广告中使用该名称,但是不能以企业集团的名义订立合同,从事经营活动。

(五)非法人机关、事业单位、社会服务机构和社会团体

非法人机关主要是指那些不具备法人资格且经费由国库统收统支的国家机关、政党机关和军事机关;非法人事业单位主要是指那些不具备法人资格的附属医院、幼儿园、托儿所、养老院、图书馆等组织;非法人社会团体主要是指那些不具备法人条件的政治团体、人民群众团体、社会公益团体、学术研究团体和宗教团体等。

(六)设立中公司

设立中公司,又称未完成公司,是指从发起人签订公司章程时起到公司正式成立这一时期存在的一种组织体。关于设立中公司的法律性质,存在所谓的"同一体说",认为公司的成立并非一蹴而就,公司实体存在一个逐步发展的过程,设立中公司是将成立公司的前身,犹如自然人的胎儿,超越人格的有无,在实质上同属一体。因此,依照同一体说,设立中公司虽无法人资格,但是已具备全部或部分相当于成立后公司的成员和机关,具备了社团属性。[②] 在设立中公司中,发起人为设立中公司的执行机关,其有关公司设立行为的法律后果均可归属于设立中公司。发起人以设立中公司的名义对外签订合同,从事与设立公司有关的民事活动,而非为了自己的利益且合同相对人为善意,公司成立后合同相对人有权请求公司承担合同责任,公司不得

① 参见 1998 年 4 月国家工商总局发布的《企业集团登记管理暂行规定》第 3 条。

② 参见王文宇:《公司法论》,台湾元照出版有限公司 2019 年第 6 版,第 112 页。

拒绝。因为设立中公司与其后将成立的公司有密不可分的关系，所以设立中公司的债权债务在公司成立后应当由公司承受。如果公司设立不成，则设立公司所产生的费用和债务，由全体发起人承担连带清偿责任。[①]

第七节　法人和非法人组织的人格权

一、法人和非法人组织人格权的种类

（一）名称权

1.法人和非法人组织的名称

法人和非法人组织的名称是法人和非法人组织的标志，是指法人和非法人组织在社会生活中用以代表自身，并区别于他人的文字符号和标记。根据《企业名称登记管理规定》的规定，法人和非法人企业的名称，应当经依法登记后方可使用，一个企业只能登记一个企业名称。企业名称应当使用规范汉字，但是民族自治地方的企业名称可以同时使用本民族自治地方通用的民族文字。企业名称通常由企业所在地的行政区划名称、字号、行业或经营特点、组织形式四部分依次组成。其中，行政区划名称应当是企业所在地的县级以上地方行政区划名称，市辖区名称在企业名称中使用时应当同时冠以其所属的设区的市的行政区划名称，开发区、垦区等区域名称在企业名称中使用时应当与行政区划名称连用，不得单独使用，跨省、自治区、直辖市经营的企业，其名称可以不含行政区划名称。字号应当由两个以上汉字组成，县级以上地方行政区划名称、行业或者经营特点不得作为字号，另有含义的除外。行业或者经营特点应当根据企业的主营业务和国民经济行业分类标准标明，国民经济行业分类标准中没有规定的，可以参照行业习惯或者专业文献等表述，跨行业综合经营的企业，其名称可以不含行业或者经营特点。企业应当根据其组织结构或者责任形式，依法在企业名称中标明组织形式。在企业名称中不得使用如下的内容和文字：损害国家尊严或者利益；损害社会公共利益或者妨碍社会公共秩序；使用或者变相使用政党、党政军机关、群团组织名称及其简称、特定称谓和部队番号；使用外国国家（地区）、国际组织名称及其通用简称、特定称谓；含有淫秽、色情、赌博、迷信、恐怖、暴力的内容；含有民族、种族、宗教、性别歧视的内容；违背公序良俗或者可能有其他不良影响；可能使公众受骗或者产生误解；等等。

2.名称权的内容

根据《民法典》第 1113 条的规定，法人和非法人组织享有名称权，有权依法决定、使用、变更或者许可他人使用自己的名称。法人和非法人组织名称权是法人和非法人组织的一项重要的人格权[②]，其具体包括以下内容：

第一，名称设定权。法人和非法人组织可依法为自己设定名称的权利。如前所述，在我国，法人和非法人企业可以设定自己的名称，但是，法律采限制主义，即企业在设定自己的名称时，必须依照法律的规定设定，并且必须登记。

---

① 参见《公司法》第 44 条。

② 关于名称权的性质，还存在姓名权说、财产权说、工业产权说等学说。见杨立新：《人身权法论》，中国检察出版社 1996 年版，第 447～448 页。

第二,名称使用权。法人和非法人组织对其名称享有专用权,他人不得非法干涉、非法使用。在我国,企业名称一经登记,即取得该名称的专用权,在同一登记主管机关的辖区内,登记主管机关不得再对与已经登记注册的同行业企业名称相同或相似的名称进行登记。未经权利人的许可,擅自使用已经登记注册的企业名称的,即构成对该企业名称权的侵犯。

第三,名称变更权。法人和非法人组织可根据自己的需要改变其名称的权利。法人和非法人组织在其存续过程中,为了能顺利开展其自身业务活动,以实现其目的、宗旨,有时会根据情势的需要而改变其名称,对此,他人不得加以干涉。但是,法人和非法人组织在变更其名称时,必须遵守相关的法律,并履行一定的手续。例如,企业名称的变更,应当进行变更登记。

第四,名称转让或许可使用权。企业名称可依法转让或者许可他人使用。根据《企业名称登记管理规定》第 19 条的规定,企业名称转让或者授权他人使用的,相关企业应当依法通过国家企业信用信息公示系统向社会公示。通常,企业转让其名称或许可他人使用时,当事人各方必须签订书面合同。由于一个企业只能登记一个企业名称,因此,企业名称转让后,转让方应当不得再继续使用已经转让的企业名称。

(二)名誉权

法人和非法人组织的名誉,是指对法人和非法人组织的信用、经营状况、生产能力等方面的社会评价。法人和非法人组织的名誉,是法人和非法人组织在其活动过程中逐渐形成的,反映了社会对其全部活动的总评价。与自然人的名誉相同,法人和非法人组织的名誉也是一种客观的社会评价,此种评价将直接影响到法人和非法人组织参与社会的公平竞争,也直接影响到其权利的享有和义务的承担。尤其在市场经济中,企业名誉的优劣,将直接影响到其参与市场的能力以及其营利能力。因此,保护法人和非法人组织的名誉至关重要。

法人和非法人组织的名誉权,即法人和非法人组织对其名誉所享有的权利,是法人和非法人组织对其名誉所享有的不受他人侵害的权利。《民法典》第 1024 条规定,任何组织或者个人不得以侮辱、诽谤等方式侵害他人的名誉权。根据此条规定,法人和非法人组织的名誉权与自然人名誉权的具体内容也相同,包括对名誉的保有和维护,保护名誉不受非法侵害。

(三)荣誉权

法人和非法人组织的荣誉,是指国家或有关组织对法人和非法人组织在某一方面的成绩或贡献所作出的评价,并授予的特定的光荣称号。例如,"文明商店""文明单位""模范企业""先进企业""重合同、守信用单位"等。法人和非法人组织的荣誉,反映了国家或有关组织对特定法人和非法人组织的专门评价,与名誉不同的是,该种评价是特定的主体(特定国家机关或特定的组织)对特定法人的积极评价和正面评价。因此,法人和非法人组织的荣誉通常通过授予一定的光荣称号而得以表彰,可以认为,这种光荣称号的授予,具有对法人和非法人组织奖励的性质。

法人和非法人组织的荣誉权,即法人和非法人组织对其荣誉所享有的权利,是法人和非法人组织对其荣誉所享有的不受他人侵害的权利。《民法典》第 1031 条规定,法人和非法人组织享有荣誉权,任何组织或者个人不得非法剥夺他人的荣誉称号,不得诋毁、贬损他人的荣誉。获得的荣誉称号应当记载而没有记载的,民事主体可以请求记载;获得的荣誉称号记载错误的,民事主体可以请求更正。因此,法人和非法人组织荣誉权的内容,主要包括法人和非法人组织对其荣誉的保持和保护荣誉不受他人的侵害,此外,还应当包括对荣誉的精神利益的支配权,以及对荣誉附随的诸如奖金、奖品、奖章、奖状、奖杯等物质利益的取得权和支配权。

二、法人和非法人组织人格权的保护

与对自然人的人格权的保护相同,对法人和非法人组织人格权的保护,也是包括民法、刑法、行政法在内的所有法律所共同完成的使命。本书中主要介绍的是对法人和非法人组织人格权的民法保护。法人和非法人组织人格权的民法保护方法,是以确认侵害法人和非法人组织人格权的违法行为为侵害行为,并使侵权人承担侵权民事责任,从而对受害的法人和非法人组织予以救济的法律保护方法。

根据民法对法人和非法人组织人格权的保护方法,首先对侵害法人和非法人组织人格权的违法行为予以认定,确认该种违法行为为侵权行为;其次,根据侵害人的侵权行为,要求其承担相应的民事责任。根据《民法典》第 995 条的规定,法人和非法人组织的名称权、名誉权、荣誉权,受到侵害的,权利人依法享有停止侵害、排除妨碍、消除危险、消除影响、恢复名誉、赔礼道歉和损害赔偿等请求权[①],权利人可以单独主张其中某项请求权,也可以同时主张多个请求权。

① 根据《民法典》第 995 条第 2 款的规定,除损害赔偿请求权外,其他请求权不适用诉讼时效的规定。

第5章 物

第一节 物的概念

一、物的意义

在法律上，物作为一切财产关系中的最基本要素，具有重要的意义。在民法上，物是物权的客体。不仅如此，其他民事法律关系与物也有着密切的联系。例如，债权法律关系的客体虽为行为，但是在很多场合，物乃行为的标的，称为标的物。

鉴于物在民法上的重要地位，各国民法，无论是专门规定物的制度，还是将物规定于其他制度中，均对物的范围和性质作出明确规定。但由于法律传统的差异，各国民法关于物的定义并不一致，总结起来，主要有以下两种：一是规定物以有体物为限[①]，例如，德国、日本；二是规定物不以有体物为限，例如法国、意大利、瑞士。我国《民法典》中使用了物的概念，但并没有对物的概念作出定义。在学理上，究竟何者为物，存在着诸种观点。[②] 依通说，法律上的物，是指存在于人身之外可以满足人们的社会生活需要并且能够被人们所实际控制或支配的物质实体和自然力。其具有以下特征：

（一）须为物质实体或自然力

法律上的物必须具有物理属性，固态、液态、气态的物质，或者热、电、声、光、磁力等自然力，皆属于物。不具备物理属性的权利、人类智力成果等，其本身不具有物理属性，因此不是物，不能作为所有权的客体，但是可以成为所有权之外其他类权利的客体。

随着计算机信息技术和网络的快速发展，网络与人类生活的联系日益紧密，人们的生产生活借由计算机网络延伸至网络虚拟空间，并在其中开展各种社会交往活动。相应地，数据（包括原始数据和经过加工整理后的衍生数据）、网络虚拟财产（例如电子邮箱、网络账户、虚拟货币、注册的域名、网络游戏中的虚拟物品和装备）等与网络虚拟空间紧密相关的新型财产应运

① 所谓有体物，是指占有一定的空间并具有一定形体的物质实体。例如，土地、动植物及各种产品等。有体物与无体物相对称，无体物则是指没有实体存在，人们主观拟制的物，即权利。罗马法上即已区分有体物与无体物，但是其意义与现今的理解不同。在罗马法上，物以可以用金钱评价者为限，有体物与无体物也是如此。因此无体物是指所有权以外的财产权而言，并非一切权利。见史尚宽：《民法总论》，中国政法大学出版社 2000 年版，第 249 页；周枏：《罗马法原论》（上），商务印书馆 1994 年版，第 281 页。

② 关于物的不同定义，详见刘心稳主编：《中国民法学研究述评》，中国政法大学出版社 1996 年版，第 293～294 页。

而生。数据和网络虚拟财产是人类利用计算机信息技术产生的关于特定信息内容的电磁记录，而非该特定信息内容本身。[①] 尽管在很多场合两者可能存在着不可分割的联系，但是，实质上能够满足人们社会生活需要的是该特定信息内容。作为一种记录，数据和网络虚拟财产不具有物理属性，因此，不应称之为物。

鉴于数据和网络虚拟财产在社会生活中具有日益重要的意义，法律需要对其加以保护。《民法典》第127条对此作出了原则性的规定，即规定"法律对数据、网络虚拟财产的保护有规定的，依照其规定"。需指出，作为一种不断发展变化的新事物，有关数据和网络虚拟财产的概念范畴、保护范围、权利属性和权利义务的内容等问题的处理，存在着较大争议，仍然需要理论和实践的深入探索。

（二）须存在于人体之外

现代民法上，自然人均具有人格而成为民事权利主体，自然人的人格尊严受法律保护，法律禁止将自然人及其人格利益作为物权客体。因此，自然人虽为物理上所称的物，但与作为民事法律关系客体的物存在区别，物只能存在于自然人人体之外，即应当不具备人格性，而只具备客体性。活人身体的全部或一部，皆不得为物。在生活习惯上与人体不可分离的假肢、假牙、义眼等，也应当视为人体的一部分而不属于物，但是它们一旦与人体分离，则可为物。此外，诸如头发、血液、可移植的器官等，虽然在分离前为人体的组成部分，但是自与人体分离之后，则成为外界之物，当然可以成为法律上的物。[②]

至于人的尸体，与人体是两个不同的法律概念。虽然自然人在死亡后其法律人格也随之消灭，但是关于尸体是否可以为物，却存在着不同的认识，主要有以下四种观点：第一种观点认为，尸体为物，可以作为所有权的客体，由继承人享有所有权，但其所有权的行使应当受到严格的限制，不能作为使用、收益及处分的标的。此观点为日本通行学说判例。第二种观点认为，尸体为物，但不能成为所有权的客体，也不能成为遗产，只能是特定的埋葬行为的标的。此观点为德国学者的通说。第三种观点认为，尸体为物，但只能构成遗族的人格权或者亲属权的标的，不能作为所有权或其他财产权的客体。第四种观点认为，自然人的人格并不因为死亡而完全消灭，至少在死者的尸体上其人格仍然存续，因此尸体不能为物。[③] 上述四种观点中，我们赞同第一种观点，即尸体为物，可以作为所有权的客体，但其所有权的行使应当受到严格的限制，必须与公序良俗和社会公共利益相一致，如尸体可用于火化、埋葬、供奉、祭祀、医学解剖等特定目的。

（三）须能满足人们的社会生活需要

人们的社会生活包括物质生活和精神生活两个方面，法律上的物必须能够满足人们的物质生活需要或者精神生活需要，例如粮食、日常生活用品、亲人的照片等。由此可见，法律上的物必须具有使用价值和交换价值。任何没有使用价值和交换价值的物，可以构成物理学上的物，但是不能成为法律上的物。此外，物的价值不仅体现在经济方面，而且可以根据能否满足人们的精神生活需要来加以衡量，例如上述的亲人照片等，虽然不能用金钱衡量其价值，但对

① 参见梁慧星：《民法总论》，法律出版社2021年第6版，第159页；魏振瀛主编：《民法》，北京大学出版社2021年第8版，第149页。

② 有的学者认为，人体的生理组成部分与人体分离后可以为物，但是在分离时必须以不伤害人体健康且不违背公序良俗为要件。参见施启扬：《民法总则》，台湾三民书局1996年版，第177页。

③ 李宜琛：《民法总则》，台湾正中书局1977年版，第174～175页。

于具有亲情关系的人来说则极具价值。

(四)须能为人们所实际控制或支配

法律关系是人们在调整彼此之间的利益过程中所发生的一种社会关系。只有能为人们所实际控制或支配的物,人们才能依此形成彼此之间的利益分配关系,进而以此为客体设定各种权利、义务关系。因此,法律上的物,必须能够为人们所控制或支配,即具备可支配性。不能为人们所控制或支配的物,例如,日、月、星辰等,仅为物理上的物,而非法律上的物。

需指出,法律上的物的范围与人们的控制或支配能力的扩大而存在着扩大的趋势。随着科学技术的不断发展,人们对自然界的控制和支配能力不断增强,原先不能为人们所控制和支配的物质实体和自然力也逐渐为人们所控制和支配,与此相应,法律上的物的范围也随之扩大。例如月亮上的岩石、深海中的矿物等。

(五)须具有稀缺性

有的学者主张,物的效用和稀缺性也能产生价值,法律上的财产关系反映的是人与人之间就稀缺资源的利用发生的关系。[①] 据此,可以认为,只有稀缺的物,才能成为法律上的物,而非一切能满足人们需要的物都可以构成法律上的物。例如阳光、空气等,就不能构成法律上的物,原因在于它们能够无限地供给,不具有稀缺性。

二、物与财产

在现代民法上,特别是商法上,"财产"这一法律用语屡见不鲜。究竟何谓财产?存在着各种不同的观点。有的学者认为,民法上的物就是财产。[②] 有的学者认为,罗马法中物的概念与财产的概念基本上是同义的。[③] 因为在罗马法上,物的概念是泛指财物,包括现代民法中的物权、继承权和债权等可以用金钱加以衡量的权利,含义十分广泛。[④]

也有学者认为,财产的概念与物的概念是相互区别的两个概念。依李宜琛先生的观点,所谓财产,是指具有经济价值且依一定的目的而结合的权利义务的总体。其具有以下特征:第一,财产具有经济价值。所谓财产,是指具有经济价值的权利和义务。所谓经济价值,是指能够满足人们经济上的需要且可以用金钱衡量其价值。第二,财产是依一定的目的而结合。也就是说,财产是因为实现一定的目的而结合,一财产与他财产的区别在于它们的目的不同,例如夫妻财产、合伙财产等。一人既可因为有数个目的而拥有数项财产,数人也可以因为有一个共同的目的而共同拥有一项财产。财产依其目的可分为一般财产、联合财产、部分财产、独立财产和集合财产。一般财产是依人的一般生活目的而结合的财产,例如自然人、法人的通常财产;联合财产是两个以上主体依一定目的而结合的财产,例如夫妻财产等;部分财产是于一般目的之外依特定目的而结合的财产,例如各种企业财产、营业财产等;独立财产是指依独立目的而结合,自一般财产独立管理的财产,例如破产财团等;集合财产是指为特定目的而由多数人的部分财产相集合而形成的独立财产,例如合伙财产、共同继承的遗产等。第三,财产是权利义务的总体。也就是说,财产是构成财产的各种具有经济价值的权利义务结合而成的总体,包括物权、无体财产权、债权和债务等。其中财产上权利的总体,称为积极财产,而财产上的义

---

① 参见彭万林主编:《民法学》,中国政法大学出版社 1994 年版,第 2、50 页。

② 参见彭万林主编:《民法学》,中国政法大学出版社 1994 年版,第 49 页。

③ 参见张俊浩主编:《民法学原理》,中国政法大学出版社 1991 年版,第 316 页。

④ 参见周枏:《罗马法原论》(上),商务印书馆 1994 年版,第 277 页。

务,称为消极财产。财产用于广义时包括积极财产和消极财产,例如遗产、失踪人财产等;而用于狭义时仅指积极财产,例如清算中法人的财产等。[1]

由此可见,尽管在学理上关于财产概念的理解存在着差异,但是可以认为,财产概念的含义是十分广泛的,而且与物的概念存在着紧密联系。例如,以物为标的物的债权和以物为客体的物权都是财产的重要组成部分。《法国民法典》第一编则规定,财产中的动产和不动产,既包括有体物,也包括对于有体物的权利,例如用益权、地役权、债权和诉权等。也就是说,在《法国民法典》中,相对于物的概念,财产概念不仅包括物,而且包括权利。在 1992 年《荷兰民法典》第三编财产法总则中,财产被定义为"包括一切物和一切财产性权利"。

在我国,《民法通则》第四章第一节曾经使用"财产所有权"和"与财产所有权有关的财产权"概念,将"财产"作为所有权和其他物权的客体。显然,《民法通则》的制定者将"财产"概念理解为与"物"的概念同义。2007 年施行的《物权法》一方面在第一编"总则"第 2 条中将物定义为"本法所称的物,包括不动产和动产",并规定"本法所称物权,是指权利人依法对特定的物享有直接支配和排他的权利,包括所有权、用益物权和担保物权"。另一方面,在第二编"所有权"第 39 条中规定"所有权人对自己的不动产或者动产,依法享有占有、使用、收益和处分的权利"。同时,第 45 条又规定"法律规定属于国家所有的财产,属于国家所有即全民所有。国有财产由国务院代表国家行使所有权;法律另有规定的,依照其规定"。显然,《物权法》在规定所有权的客体时,将"物"和"财产"两个用语等同视之。《民法典》也延续了《物权法》的做法,第 246 条也作出了与《物权法》第 45 条完全相同的规定。

第二节　物的分类

一、动产与不动产

何谓不动产?何谓动产?依学理上的一般解释,不动产是指不能移动或移动后会损害其经济效用和使用价值的物,例如土地以及固定在土地上的建筑物等;动产则是指能够移动或移动后并不损害其经济效用和使用价值的物,例如日常生活用品、交通工具等。

各国的民法通常并不对动产和不动产作出定义,而是对不动产作出列举规定,不动产之外的物即属于动产。例如,《日本民法典》第 86 条规定,土地及其定着物,为不动产。我国台湾地区"民法典"第 66 条也规定,称不动产者,谓土地及其定着物;第 67 条规定,称动产者,为前条所称不动产以外之物。所谓定着物,学理上通常理解为:持续、固定地附着于土地,社会一般观念不认为构成土地的组成部分,且具有独立的使用价值的物。例如房屋、桥梁、纪念碑、电视发射塔等建筑物以及林木等。我国《民法典》第 115 条也规定"物包括不动产和动产",但是,既没有对动产和不动产作出定义,也没有对不动产作列举规定。

需注意,各国立法普遍将土地与其定着物规定为不动产,但是对于两者的关系,则存在着结合主义与分别主义的区别。例如,《德国民法典》采结合主义,认为土地上的定着物,包括建筑物、尚未与土地分离的出产物,均为土地的主要组成部分,但为了临时目的而附着于土地上

---

[1] 参见李宜琛:《民法总则》,台湾正中书局 1977 年版,第 190～193 页。

的建筑物或其他工作物除外。[1] 依此规定,地上定着物属于土地的一部分,与土地共同构成一个物,因此不是一项独立的不动产。而依照分别主义,土地与土地上的定着物属于两个相互独立的物,是两个独立的不动产。法国、日本均采此主义。[2] 依照分别主义,地上定着物可以单独作为一项不动产,与结合主义相比,具有有利于定着物流通的优点。

在我国,最高人民法院《关于贯彻执行〈中华人民共和国民法通则〉若干问题的意见(试行)》第186条曾经对不动产作出如下解释:土地、附着于土地的建筑物及其他定着物、建筑物的固定附属设备为不动产。依上述解释,上述列举为不动产之外的物,即为动产。在民事特别立法上,1995年施行的《担保法》第92条曾经对动产和不动产作出了列举的规定,"本法所称的不动产是指土地及房屋、林木等地上定着物;本法所称的动产是指不动产以外的物"。显然,上述规定也是采分别主义。解释上,《民法典》关于不动产和动产的规定,可以参照上述司法解释及《担保法》的规定加以理解。

在法律上,区分动产与不动产的法律意义在于:第一,在物权变动方式方面,不动产的物权变动采登记主义,即不动产物权的取得、丧失及变更,必须向有关主管机关进行登记,否则不发生法律效力。显然,登记为不动产物权变动的公示方法。而动产物权的变动采交付主义,即动产物权的取得、丧失及变更,仅以当事人交付动产为生效要件,交付动产行为本身即为动产物权变动的公示。[3] 第二,在诉讼管辖方面,因不动产所引起的纠纷,一律由不动产所在地法院管辖,而围绕着动产所引起的纠纷的诉讼管辖则灵活多样。第三,在涉外民事法律关系的法律适用方面,不动产适用不动产所在地法,而动产适用的法律则根据相关因素加以判断。第四,在设定他物权方面,传统民法中的典权、地上权、永佃权及地役权的标的限于不动产,而质权和留置权的标的为动产。

二、代替物与不可代替物

代替物是指不具有独立特征,可以相同的种类、品质及数量相互代替的物,例如农产品、消费工业品等。不可代替物是指具有独立特征,不可以他物代替的物,例如特定艺术品、土地建筑物等。显然,代替物和不可代替物的划分,是根据物本身所存在的区别。不可代替物具有不同于他物的独一无二的特征。区分代替物和不可代替物的法律意义在于,消费借贷的物以代替物为限,而不可代替物可为使用借贷和租赁的标的物,但不能为消费借贷的标的物。

三、特定物与不特定物

依当事人主观意思作为区别标准,物可分为特定物和不特定物。特定物是指当事人意思具体指定的物,例如某辆汽车、某件雕塑作品等。而不特定物是指当事人仅以种类、品质、数量抽象指定的物,例如某种品牌的电视机、某种规格的衬衫等。显然,特定物与不特定物的划分,完全依照当事人的主观标准,并非物本身的区别。因此,当事人也可以将代替物指定为特定物,将不可代替物指定为不特定物。例如,某种品牌的饮料为代替物,但当事人可将其指定为

---

① 《德国民法典》第94条。

② 《法国民法典》第518条、《日本民法典》第86条。

③ 需注意,某些价值大、用途重要的动产,如船舶、车辆、民用航空器等,其物权变动方式也有采用登记主义的趋势。例如,《民法典》第225条规定,"船舶、航空器和机动车等的物权的设立、变更、转让和消灭,未经登记,不得对抗善意第三人"。

特定物；房屋在通常情形下为不可代替物，但当事人可以约定购买某一住宅小区内的任何一栋住宅。区分特定物和不特定物的法律意义在于，特定物为特定之债的标的物，而不特定物为种类之债的标的物。

四、流通物、限制流通物、禁止流通物

流通物是指法律允许在民事主体之间自由转让的物。通常情况下，物多为流通物，可以自由交易。限制流通物是指法律对流通的范围和程度作一定限制的物，例如文物、麻醉药品、武器枪支等，法律通常规定其只能在特定的民事主体之间流通。禁止流通物是指法律明确禁止流通的物，例如土地、矿藏、水流、赃物、淫秽书画等。区分流通物、限制流通物、禁止流通物的法律意义在于，如果违反关于限制流通物、禁止流通物的法律规定所为的民事行为无效。

五、可分物与不可分物

可分物是指不因分割而改变其性质或不损害其使用价值的物，例如土地、金钱等。不可分物是指分割会改变其性质或损害其使用价值的物，例如建筑物、洗衣机、马匹等。区分可分物和不可分物的法律意义在于，在多数人之债的场合，如以可分物为标的物的为可分之债，以不可分物为标的物的为不可分之债；在给付标的物的场合，如为可分物则可以分期给付；在共有物分割的场合，如为可分物可采用实物分割方法，如为不可分物则只能采用变价分割或者作价补偿分割的方法。

六、消费物与不消费物

消费物是指依物的通常使用方法，使用一次即改变其原有形态和性质的物，例如饮料、粮食、水果等。不消费物是指依物的通常使用方法，可多次使用而不致其原有形态和性质改变的物，例如房屋、桌椅、衣服等。区分消费物与不消费物的法律意义在于，消费物为消费借贷、消费寄托的标的物，而不消费物为使用借贷、一般寄托及租赁的标的物。

七、单一物、结合物与集合物

单一物是指在形态上独立自成一体的物，例如苹果、牛、马等。结合物是指由数个单一物结合而形成的物，例如汽车、手表等。构成结合物的各个单一物虽然没有丧失其个性，但是其已成为结合物的组成部分。集合物是指为达到经济上的共同目的而由多数单一物或结合物集合形成的物，例如工厂、农场、百货商店的财产等。区分单一物、结合物与集合物的法律意义在于，单一物和结合物在法律上为一个物，以其整体作为物权的客体，其组成部分不能单独作为物权的客体。而集合物并非一般意义上的物，一般不能以其整体作为物权的客体，而只能以其各个部分为物权的客体，但是，除法律另有特别规定的除外。[①]

八、主物与从物

在物的使用场合，当须有数件物品同时使用方能发挥物的效用时，具有主要且独立效用的物称之为主物，而仅具有次要且辅助效用的物称之为从物。例如刀与刀鞘、电视机与遥控器

---

① 例如，在财团抵押的情形下，法律允许以某一集合物为抵押权的标的，设立独立的抵押权。见《民法典》第 395 条。

等，即主物与从物的关系。数物同时使用，在法律上构成主物与从物关系，应当具备如下要件：第一，从物本身必须为独立存在的物，而非主物的组成部分；第二，从物必须辅助主物发挥效用；第三，主物与从物必须为同一人所有。区分主物与从物的法律意义在于，法律通常规定，对主物的处分及于从物。之所以如此规定，是因为主物与从物之间具有效用上的从属关系。需注意的是，法律有关主物的处分及于从物的规定，属于任意性规范，因此，当事人之间可依约定排除该种规定的适用。

九、原物与孳息

原物是指产生孳息的物，孳息为原物所产生的收益。根据孳息产生的根据不同，孳息可分为天然孳息和法定孳息两种。天然孳息是指原物根据自然规律产生的收益，例如，植物所产生的果实、牲畜所产的幼畜等。法定孳息是指根据法律的规定而产生的收益，通常是使用物而产生的对价，例如股息、利息、租金等。区分原物与孳息的法律意义在于，确定孳息的归属问题。一般而言，有权收取孳息的人为原物的所有权人。原物转让，孳息的收取权同时转让。

第三节　货币和有价证券

一、货币

货币是充当一般等价物的特殊商品。它直接体现着社会劳动，是一般财富的代表，具有流通、支付、储蓄和积累等重要职能。在人们的经济生活中，货币不仅是商品交换的媒介，而且是重要的支付手段。

由于货币具有一般等价物的特征，因此，在民法上，货币不同于其他的种类物，而是一种特殊的种类物。在民事法律关系中，货币不仅可以作为权利的客体，例如作为所有权的客体，所有权人可依法对其享有占有、使用、收益和处分，而且货币还可以作为许多民事法律关系对价的支付手段，例如买卖合同中的价款，劳务合同中的酬金，借贷合同中的款项，侵权赔偿及违约赔偿等法律关系中的赔偿金、违约金等，均以货币为支付手段。由此可见，作为种类物的货币在社会经济生活中具有重要的意义，各国均以相应的法律对之进行必要的管理，形成各自的货币管理法律制度。

在我国，由中国人民银行发行的人民币为法定货币，它是我国唯一通行的货币，是法定的支付手段。[①] 在我国境内，法律禁止外国货币流通，作为支付手段。[②] 此外，根据我国货币管理法律制度，自然人持有货币量不受限制，他们可以自行保管，也可以存入银行。法人和非法人组织持有货币量则取决于它们的经营范围，没有最高额的限制，但是它们在银行开户后，它们对现金的收支和使用，必须接受开户银行的监督。开户银行要核定开户单位的库存现金限额，未经银行批准，各单位不得自行增加或减少库存的现金限额。除发放工资津贴、支付个人劳务报酬等法律规定的范围内可使用现金之外，开户单位之间的经济往来，均应当通过开户银行进

① 参见《中国人民银行法》第 16 条。

② 参见《外汇管理条例》第 8 条。

行转账结算。开户单位应当建立健全现金账目，逐笔记载现金支付。[①]

二、有价证券

(一)有价证券的概念

有价证券，是设定并证明持券人享有一定财产权利的书面凭证，是物的一种特殊类型。有价证券上所记载的财产权利，称之为“证券上的权利”，与“对证券的权利”不同，后者通常是指持券人对有价证券本身所享有的权利，一般是指物权，例如对有价证券本身的所有权、质权等。有价证券具有以下特征：

1.证券上所记载的财产权利与证券本身不可分离

即有价证券直接代表财产权利，权利已经证券化，证券和权利合为一体。持券人持有证券，就享有证券上所记载的财产权利；离开证券，权利人就不能主张自己的权利。持券人向对有价证券负有履行义务的人(即证券义务人)主张证券上所记载的权利时，必须出示证券。证券义务人只对持券人负有履行义务，而不问持券人是否为权利人。此外，证券转让，证券上所记载的财产权利也随之转让。

2.证券义务人具有固定性

即相对于有价证券的持有人而言，证券义务人是特定的。有价证券的作用不仅在于设定并证明财产权利，更为重要的是在于流通，因此，有价证券常常会因为转让而使得其持有人不断发生变换，从而表现出某种程度的不特定性。对此，证券义务人不能因为有价证券的持有人的合法变更而拒绝履行其义务。

3.证券义务人履行义务的无条件性

即证券义务人在根据有价证券上所记载的财产权利履行其义务时，除有权回收证券外，无权要求持券人支付相应的对价，而是无条件地单方面履行义务。

(二)有价证券的种类

(1)根据有价证券所代表的财产权利的性质，有价证券可分为：取得一定货币的有价证券，例如票据；取得一定物品的有价证券，例如提单、仓单；代表一定股权的有价证券，例如股票；代表一定债权的有价证券，例如债券。

票据，是以支付一定货币为内容的且具有一定格式的有价证券。在票面上载明的金额，持票人可按票面指定的日期向发票人或指定的付款人支取。在我国，根据《票据法》的规定，票据是指汇票、本票和支票。汇票，是由出票人签发的，委托付款人在见票时或在指定的日期无条件支付确定的金额给收款人或持票人的票据；本票，是由出票人签发的，承诺自己在见票时无条件支付确定的金额给收款人或持票人的票据；支票，是出票人签发的，委托办理支票存款业务的银行或其他金融机构在见票时无条件支付确定的金额给收款人或持票人的票据。

提单，是指用以证明海上货物运输合同和货物已经由承运人接收或装船，以及承运人保证据以交付货物的单证。提单应当在承运人接收货物或者将货物装船后签发。在海上货物运输过程中，提单具有重要的法律意义：首先，提单是托运人和承运人之间存在运输合同的证明；其次，提单是承运人出具的已经接管货物的收据；最后，提单是承运人船舶所载货物的物权凭证。在国际贸易中，提单代表着货物，交付了提单，就等于交付了货物；谁持有提单，谁就有权提取

① 参见《现金管理暂行条例》第3条、第5条、第9条、第10条和第12条。

货物；不出示提单，就无权提取货物。根据提单抬头即提单“收货人”一栏填写内容，提单可分为记名提单、指示提单和不记名提单。记名提单是指提单收货人一栏内明确填写特定收货人名称的提单。记名提单不能背书转让，属于不可转让、不能流通提单，当前在国际贸易中极少使用。指示提单是指提单收货人一栏内不具体填写收货人的名称，只注明“凭指示”或“凭××指示”字样的提单。指示提单经背书后即可转让，在国际贸易中被普遍采用。不记名提单是指提单收货人一栏空白或仅注明“交与持有人”字样的提单。由于这种提单无须背书即可转让，对于买卖双方风险都很大，因此在国际贸易中并不常用。根据货物是否已经实际装船，提单可分为已装船提单和备运提单。已装船提单，是在货物装船后承运人签发的提单。这种提单中特别注明货物装载船舶的名称和装船日期，对于收货人及时收到货物有保障。备运提单，是承运人已经接管货物但货物尚未装船而签发的提单。备运提单在货物装船后由承运人在提单正面签注“已装船”及船名、装船日期后转化为已装船提单。备运提单在国际集装箱运输中普遍采用。根据承运人是否在提单上对货物的外表状况作不良批注，提单可分为清洁提单和不清洁提单。在国际贸易中通常要求卖方提交清洁提单方能议付货款，因此签发不清洁提单对托运人极为不利。

股票，是公司签发的证明股东所持股份的凭证。股票属于资本性有价证券，持有股票的人，即股东可据以定期取得股息和红利、出席股东会、对公司管理进行监督、在公司解散时取得剩余财产等。我国《公司法》《证券法》对股份有限公司发行股票的原则、条件和程序，以及股票交易的方式、原则和秩序均有严格的规定。

债券，是债务人依照法定程序发行的、约定在一定期限内还本付息的有价证券。债券与股票同属于资本性有价证券，但是两者存在根本的差异。即债券反映的是借贷关系，持券人为债权人，债券发行人为债务人。债券持有人既可在债券未到期前依法转让债券与他人而提前收回投资，也可在债券到期后收回本金和利息。相反，股票反映的是一种投资关系，持券人为公司的股东，股东以其财产出资取得股票后，除法律有特别规定外，通常无权要求返还出资或抽回出资而只能通过股票的转让收回投资。在我国，根据债券发行人的不同，债券主要有公债券、金融债券和企业债券三种。公债券，是由政府发行的债券，包括以国家名义发行的国库券和地方政府发行的地方债券；金融债券，是金融机构直接发行的债券；企业债券，是由企业依照法定程序向社会公众发行的、约定在一定期限内还本付息的债券。公司发行的债券称为公司债券，其中，对还本付息设定了担保的债券称为有担保公司债券，可以在一定条件下转换为发行公司股票的债券称为可转换公司债券。

(2)根据有价证券的转移方式，有价证券可分为：记名式有价证券、指示有价证券和无记名有价证券。

记名式有价证券，是指在有价证券上记载着该证券权利人的姓名或名称的有价证券，例如记名股票、记名公司债券等。因为记名式有价证券明确指明了证券的权利人，所以该种有价证券的转让通常需要一定的方式，例如签名、办理过户手续等。持券人在要求证券义务人履行义务时，不仅要提示证券，而且要出示身份证明。

指示有价证券，是指在有价证券上写明第一个取得证券权利的人的姓名或名称的有价证券，例如指示提单等。这种证券转让时，转让人需要签名背书并指定下一个取得人的姓名或名称。这种证券每转让一次，在证券上就必须签名指示一次。证券义务人仅对背书指示的持券人负履行义务。

无记名有价证券，是指有价证券上不写明权利人名称或姓名的有价证券，例如无记名股票、无记名公司债券、国库券等。无记名有价证券的持有人即权利人。这种有价证券经交付即可自由转让，证券义务人仅对证券持有人负履行义务。

第6章

民事法律行为

第一节　民事法律行为的概念

一、民事法律行为的概念

民事法律行为，是民事主体旨在设立、变更或终止民事权利和民事义务，以意思表示为要素的民事行为，是一种重要的法律事实。《民法通则》第 54 条规定："民事法律行为是指公民或者法人设立、变更、终止民事权利和民事义务的合法行为。"这一规定强调民事法律行为的合法性，即合法的法律行为，而不包括无效、可撤销和效力待定的行为。《民法典》取消了民事法律行为合法性的要求，第 133 条规定："民事法律行为是民事主体通过意思表示设立、变更、终止民事法律关系的行为。"这一条文仍沿用了《民法通则》中"民事法律行为"的表述，但扩大了其内涵，不仅包括合法的民事法律行为，也涵盖了无效、可撤销和效力待定的民事法律行为。同时，《民法典》第 133 条强化了"意思表示"的概念，强调民事主体要通过意思表示实施民事法律行为。

法律行为制度是随着商品经济的发展而逐步创立和完善起来的。集罗马法之大成的《查士丁尼法典》中就出现了与法律行为概念相类似的"适法行为"这一抽象概念。1804 年的《法国民法典》虽然没有规定法律行为的概念和制度，但已使用了"意思表示"的概念。1805 年，德国法学家胡果(Hugo)在《日耳曼普通法》中首创了"法律上的行为"，随后，萨维尼在契约理论的基础上提出系统的法律行为理论，并为 1896 年颁布的《德国民法典》所采纳。《德国民法典》第一次在民法总则中规定了法律行为，高度概括了合同、遗嘱等行为的共同的本质特征。1912 年施行的《瑞士民法典》也采纳了法律行为制度，并区分了意思表示和法律行为，进一步完善了法律行为制度。日本、泰国、巴西，以及我国在民国时期均纷纷仿制德国民法体例，在民法总则中专门规定了法律行为制度。社会主义国家的民法也确立了法律行为制度。1922 年《苏俄民法典》第四章专门规定了法律行为。及至今日，法律行为制度已成为民法中主要的内容之一。在英美法系，虽然不存在形式上的法律行为制度，但实践中其有关合同、遗嘱和信托的制度中有着与大陆法系国家法律行为制度极为相似的法律规则；在学理上，由于两大法系的相互借鉴和交流，大陆法系的法律行为概念已为英美法学者所广泛接受。

二、民事法律行为的特征

(一)民事法律行为是一种民事性质的行为

法律行为最初源于对契约关系的理论抽象，后经《德国民法典》的创设，上升为民法总则中的基本制度。随着社会关系的发展，法律行为已超越传统的民法范围，在其他法律领域中得到运用，如行政法中的行政处分行为和司法上的审判行为。我国《民法典》在“法律行为”前加前缀“民事”二字，表明了这种法律行为的“民事”属性。它不同于具有强制性的刑事行为和体现隶属关系的行政行为。

（二）民事法律行为以意思表示为核心要素

法律行为的成立离不开意思表示，它是法律行为的核心。所谓意思表示，是指行为人将其旨在设立、变更、终止某种民事法律关系的内心意思（又称效果意思）通过一定的方式表现于外部。意思表示包括行为人的内心意思和表示行为两个方面，是行为人主客观的统一。民事法律行为以意思表示为核心要素，使它区别于法律事实中不以意思表示为必备要素，只注重行为客观效果的事实行为，如无因管理和拾得物行为。

（三）民事法律行为能发生行为人预期的法律后果

民事法律行为是行为人旨在设立、变更或终止某种民事法律关系的行为。行为人通过实施法律行为，将内心所追求的特定法律后果的意思表示于外部，使法律上规定的抽象的权利义务转变为现实中具体的权利义务。民事法律行为使当事人的意思表示发生了效力，即在当事人之间产生设立、变更或消灭一定法律关系的效力。民事法律行为产生当事人预期的法律后果，使它区别于依法律规定直接发生法律后果的事实行为和侵权行为，后者也能产生一定的民事法律后果，但这种后果不是行为人预期的，而是法律直接规定的。

三、民事法律行为制度的意义

首先，民事法律行为制度适应了市场经济的发展要求，充分反映了当事人意思自治，符合民法的基本原则和精神。其次，民事法律制度为人们提供了进行民事活动的行为模式，解决了法律的一般性调整与民事活动多样性的矛盾。再次，民事法律行为制度解决了法律相对稳定性和前瞻性的矛盾，有利于保护民事主体的合法权益，推动我国法治的进程。

第二节　民事法律行为的分类

一、单方民事法律行为、双方民事法律行为、多方民事法律行为与决议民事法律行为

这是根据民事法律行为的成立取决于几方面的当事人的意思表示而作的分类，其意义在于正确认定法律行为的成立与效力。我国《民法典》第 134 条第 1 款规定：“民事法律行为可以基于双方或者多方的意思表示一致成立，也可以基于单方的意思表示成立。”

单方民事法律行为，是指只需当事人一方的意思表示即可成立的民事法律行为。单方法律行为无须他人同意即能发生法律效力。根据意思表示是否须向特定的相对人作出，单方行为可再分为有相对人的单方法律行为和无相对人的单方法律行为。前者如债务的免除须由债权人向债务人作出意思表示，代理权的授予须由被代理人向代理人作出意思表示等；后者如立遗嘱、抛弃所有权等，行为人无须向特定的相对人作出意思表示。

双方民事法律行为，是指双方当事人为追求不同的利益而作出不同的意思表示，并在意思表示协商一致的基础上成立的民事法律行为。双方行为基于相反相成的意思表示（或称交换的意思表示）而成立，最为典型的如买卖契约、租赁契约。在买卖契约中，买方的目的是取得商

品，卖方的目的是取得价款，他们的意思表示相反却又相辅相成，一方的权利构成另一方的义务，双方的权利义务具有相对性。双方行为不仅要求有两方的意思表示，而且要求双方意思表示的一致，即意思表示内容在客观上的一致，而非双方当事人主观的自我认为一致，否则法律行为不成立。

多方民事法律行为，是指两方以上的当事人为追求共同利益而作出彼此平行的意思表示，并在意思表示一致的基础上成立的民事法律行为。多方法律行为依各方当事人目的一致的意思表示而成立，典型的如设立法人的行为、成立合伙组织的行为、联营行为等。不同于双方行为中双方当事人意思表示的相反性，多方行为中多方当事人的意思表示是同向平行的。双方法律行为和多方法律行为是民事法律行为中的重要组成部分。

决议民事法律行为，是指法人、非法人组织依照法律或者章程规定的议事方式和表决程序作出决议而成立的民事法律行为。《民法典》第 134 条第 2 款规定："法人、非法人组织依照法律或者章程规定的议事方式和表决程序作出决议的，该决议行为成立。"决议民事法律行为具有特殊性：(1)决议民事法律行为并不如双方民事法律行为或多方民事法律行为那样，需要所有当事人的意思表示一致才能成立，只要多数人的意思表示一致即可成立决议行为。"这是决议行为的本质特征"。[①] (2)决议民事法律行为的成立较为严格，必须遵循法律或者章程规定的议事方式和表决程序。(3)决议民事法律行为原则上仅对法人或者非法人组织发生效力，仅就其内部事务作出决断，并不直接对法人或非法人组织与第三人之间的关系产生效力。[②]

二、有偿民事法律行为与无偿民事法律行为

这是根据民事法律行为中当事人享有某项权利是否必须支付对待利益(即对价)所作的分类。

有偿民事法律行为是指一方当事人给对方某种利益，对方在获得该利益时应支付相应对价的行为。典型的如买卖行为、互易行为、租赁行为。无偿法律行为是指一方当事人给对方某种利益。对方在获得该利益时无须支付相应对价的行为，典型的如赠与行为、使用借贷合同、无偿保管行为。

有偿民事法律行为与无偿法律行为分类的法律意义主要在于确定当事人权利的效力范围和承担责任的轻重。一般而言，无偿行为的义务人的法律责任要较有偿行为义务人的法律责任轻，一定条件下无偿行为的义务人甚至可免除其民事责任。例如《民法典》第 897 条规定："保管期内，因保管人保管不善造成保管物毁损、灭失的，保管人应当承担赔偿责任。但是，无偿保管人证明自己没有故意或者重大过失的，不承担赔偿责任。"

三、诺成民事法律行为与实践民事法律行为

这是根据民事法律行为的成立除意思表示之外是否还需要交付标的物而作的划分。

诺成民事法律行为是指无须交付标的物，仅有意思表示即可成立的民事法律行为，故又称非要物行为，典型的如买卖、租赁、承揽等，诺成行为往往通过要约与承诺的方式来完成，在法律无规定或当事人无约定的情况下，当事人意思表示一致达成协议即可成立。在《民法典》中，

---

① 最高人民法院民法典贯彻实施工作领导小组：《中华人民共和国民法典总则编理解与适用(下)》，人民法院出版社 2020 年版，第 690 页。

② 王利明主编：《民法》(上册)，中国人民大学出版社 2022 年第 9 版，第 124 页。

诺成合同是一般的合同,在法律没有特别规定的情况下,合同都为诺成法律行为。①

实践民事法律行为是指除当事人意思表示一致外,还须交付标的物才能成立的民事法律行为,故又称要物行为。传统上认为赠与行为、保管行为、消费借贷行为均为实践行为。《民法典》合同编对赠与合同有不同的规定。②

诺成行为与实践行为区分的法律意义在于能帮助我们正确认定民事法律行为是否成立、成立时间和标的物所有权及风险转移时间等。

四、要式民事法律行为与不要式民事法律行为

这是根据民事法律行为的成立是否要求当事人的意思表示须采用法律规定的形式或遵循法律规定的程序而作的划分。

要式民事法律行为是指当事人的意思表示须采用法律规定的形式或遵循法律规定的程序才成立的民事法律行为。要式民事法律行为的法定形式或法定程序常见的有审批、登记、公证、书面形式及特殊的书面形式(如票据)。之所以作如此要求,或因为该行为所涉利益重大(如房屋产权的变动);或为了明确权利范围,以便公示和权利流通(如票据行为);或便于对该行为进行法律监督和补救(如法人的设立及采用书面形式的合同在调查取证上较口头合同快捷便利)。

不要式民事法律行为是指当事人可以自由约定意思表示形式的民事法律行为,即意思表示的形式如何与法律行为的成立无关。

要式行为与不要式行为区分的法律意义在于正确认定民事法律行为的成立与生效,以更好地保护当事人的利益。《民法典》第135条规定:“民事法律行为可以采用书面形式、口头形式或者其他形式;法律、行政法规规定或者当事人约定采用特定形式的,应当采用特定形式。”

五、有因民事法律行为与无因民事法律行为

这是根据民事法律行为的成立是否须以给付原因为要件所作的分类。

有因民事法律行为,又称要因民事法律行为,是指以给付原因为要素的财产行为。如果欠缺给付原因,就会导致法律行为不成立或不能生效。债权行为通常为有因行为。

无因民事法律行为,又称不要因民事法律行为,是指不以给付原因为要素的财产行为。一般认为票据行为和物权行为是无因行为。无因行为并非没有原因,而是指原因无效并不影响行为的效力。如签发票据必须有签发的原因,或为付款方式,或为无偿赠与,但票据行为与上述行为彼此分离,原因的瑕疵不影响票据的效力。③

有因行为与无因行为区分的法律意义在于正确认定民事法律行为的成立与当事人权利义务的有无。由于无因行为不考虑其交易目的,因而对于保护交易安全具有重要的作用。但无

---

① 王利明、杨立新、王轶等:《民法学》,法律出版社2020年第6版,第192页。

② 根据《民法典》第658条、第660条和第663条规定,我国承认经过公证的赠与合同或者依法不得撤销的具有救灾、扶贫、助残等公益、道德义务性质的赠与合同是诺成行为,赠与人不交付赠与的财产的,受赠人可以要求支付,而其他赠与行为则仍为实践行为,于一定情形下赠与人在赠与财产的权利转移之前可以撤销赠与。

③ 魏振瀛主编:《民法》,北京大学出版社、高等教育出版社2021年第8版,第156页。

因行为和有因行为的问题，只限于财产法上的行为，身份行为不存在此种划分。[1]

六、主民事法律行为与从民事法律行为

根据民事法律行为内容上的主从关系，可以将法律行为分为主民事法律行为和从民事法律行为。

主民事法律行为是指不需要有其他法律行为的存在就可以独立成立的民事法律行为，如对于保证合同来说，主债务合同就是主民事法律行为。

从民事法律行为，是指以其他民事法律行为的存在为前提的民事法律行为，如保证合同。从民事法律行为具有随附性，即以主民事法律行为的存在为前提，主民事法律行为的效力也影响到从民事法律行为的效力。

七、财产行为与身份行为

根据民事法律行为与财产或人身的关系，可以将其分为财产行为和身份行为。财产行为，是指与财产有直接关系，以生产、变更、终止财产法律关系为目的的法律行为。财产行为又可以分为债权行为、物权行为和准物权行为。

身份行为，即以产生、变更和终止身份关系为目的的法律行为。身份行为有单独行为，也有双方的行为，如遗嘱抚养协议等。身份行为与人身权有密切关系，这种行为必须由行为人自己进行意思表示，一般不许由他人代理。

第三节　民事法律行为的形式

民事法律行为以意思表示为核心构成要素，行为人内心意思总要通过一定的外部表现形式才能为他人所知悉。民事法律行为的形式，就是指行为人实施法律行为时进行意思表示的外在形式。

民事法律行为的表现形式可分为明示形式和默示形式两种。前者指用明确可知的方法直接表达意思，主要包括口头形式和书面形式；后者指用一定的手段间接地表达意思。《民法典》第 135 条规定："民事法律行为可以采用书面形式、口头形式或者其他形式；法律、行政法规规定或者当事人约定采用特定形式的，应当采用特定形式。"《民法典总则编司法解释》[2]第 18 条规定：当事人未采用书面形式或者口头形式，但是实施的行为本身表明已经作出相应意思表示，并符合民事法律行为成立条件的，人民法院可以认定为《民法典》第 135 条规定的采用其他形式实施的民事法律行为。

一、书面形式

书面形式是指以文字进行意思表示的方式。根据《民法典》第 469 条的规定，书面形式是合同书、信件、电报、电传、传真等可以有形地表现所载内容的形式。以电子数据交换、电子邮件等方式能够有形地表现所载内容，并可以随时调取查用的数据电文，视为书面形式。随着互

---

① 郑玉波：《民法总则》，中国政法大学出版社 2003 年版，第 223 页。

② 2021 年 12 月 30 日最高人民法院审判委员会第 1861 次会议通过，自 2022 年 3 月 1 日起施行。

联网技术的发展，微信、QQ 等已成为人们社会交往的重要载体，也可以成为民事法律行为的载体，有的也属于书面形式的种类。[①] 书面形式意思表示明确，证据清楚，有利于预防纠纷和及时解决纠纷。因此，实践中内容较复杂、金额较大及许多不能即时清结的法律行为都采用书面形式。对于某些法律行为，法律规定应采用书面形式的应采用书面形式，如融资租赁合同、建设工程合同、技术开发合同等。

根据法律对书面形式是否有特殊要求，可将书面形式分为一般书面形式和特殊书面形式。前者指法律只一般地要求行为人用文字符号表达其意思，后者指当事人除了用文字符号表达其意思外，还须经有关机关确认的形式。特殊书面形式常见的有：

1.公证形式

即当事人将其用文字表达的意思，提请公证机关依法定程序对该意思的真实性和合法性进行确认取得公证文书的方式。公证形式可信度高，证明力强，在没有反证的情况下，无须查证即具有证明力。

2.鉴证形式

即国家行政机关依职权对合同的真实性和合法性进行审查并证明的形式，其可信度高。鉴证是我国对合同管理的一种行政方法。除法律规定以外，当事人可选择是否对法律行为进行鉴证或公证。

3.认证形式

即通过外交、领事机关对印鉴给予确认证明而进行意思表示的方式，多见于涉外法律文书，使之具有域外证明力和较高的可信度。对于某些涉外法律行为，法律规定必须采用认证形式。如依《民法典》第 1109 条的规定，外国收养人提供的证明材料，应当经收养人所在国外交机关或者外交机关授权的机构认证，并经中华人民共和国驻该国使领馆认证，但是国家另有规定的除外。

4.审核批准、登记形式

即当事人用书面表达的意思须经有关主管部门审核批准或登记，法律行为才有效的形式。例如，《民法典》第 402 条规定："以本法第三百九十五条第一款第一项至第三项规定的财产或者第五项规定的正在建造的建筑物抵押的，应当办理抵押登记。抵押权自登记时设立。"

5.公告形式

即有关机关对当事人的书面意思表示进行确认并予以公开宣告的形式，其可信度高并具有公示效力。有些法律行为，法律规定要采取公告形式。例如《商标法》第 42 条第 4 款规定："转让注册商标经核准后，予以公告。"

6.见证形式

即当事人的意思表示须通过两个以上无利害关系人在场证实而成立的方式。这种形式除可用于书面的意思表示外，还可用于以语言、视听资料为载体的意思表示。有些法律行为，法律规定须有见证才有效。如《民法典》第 1135 条、第 1137 条和第 1138 条的规定，代书遗嘱、录音遗嘱、口头遗嘱须有两个以上见证人在场见证。

此外，随着信息科学技术的发展，出现了以录音、录像等视听资料形式实施的法律行为。这类形式生动活泼、信息量大，能够再现当时的情景，但也容易被伪造篡改。因此法律规定，对于这类形式的法律行为的真实合法性，要有两个以上无利害关系人证明或有其他证据佐证。

---

① 黄薇主编：《中华人民共和国民法典总则编解读》，中国法制出版社 2020 年版，第 438 页。

二、口头形式

口头形式是指通过语言这一媒介表达意思的方式，包括当事人面对面的交谈，也包括通过电话联系等。口头形式具有简便易行的优点，为人们日常生活所普遍采用。口头形式大多适用于即时清结、标的额小的民事法律行为。[①]《民法典》允许当事人采取口头形式实施民事法律行为，既尊重了当事人的合同自由，也有利于鼓励交易。[②] 但这种形式由于缺乏客观记载，不利于及时解决争议、明确当事人的权利义务，因此对于内容复杂或金额较大或不能及时清结的，一般不宜采用。对于某些法律行为，法律规定不得采取口头形式的也不应采用。

三、默示形式

根据间接表现手段的不同，默示又可分为推定形式和沉默形式。

1.推定形式

推定形式，又称积极的默示、作为的默示，是指行为人实施某种有目的的积极的行为，以使他人可以推断其意思表示的形式。例如租约期满，承租人继续支付租金，出租人予以接受，表明当事人之间存在续租的协议，就是一种推定形式。推定形式存在难以查证、易发生纠纷的缺陷，因而一般适宜于进行简单的或能即时清结的事项时采用。

2.沉默形式

沉默形式，又称消极的默示、不作为的默示，是指当事人通过既无言语又无行动，完全不作为的形式进行意思表示的方式。即根据行为人的沉默来认定其具有某种意思。[③] 这种沉默方式又称为“带表示的沉默”或“规范化的沉默”。[④] 由于当事人的不作为，外人很难窥知其内心意思，因此沉默一般不作为意思表示的形式。但在一定情况下，沉默也可以被赋予法律意义。例如《民法典》第 140 条第 2 款规定：“沉默只有在有法律规定、当事人约定或者符合当事人之间的交易习惯时，才可以视为意思表示。”值得注意的是，1986 年《民法通则》第 66 条第 1 款规定，在无权代理的情况下，“本人知道他人以本人名义实施民事行为而不作否认表示的，视为同意”。但是《民法典》却采用了相反的思路，其第 171 条第 2 款规定，被代理人未作表示的，视为拒绝追认。

第四节　民事法律行为的成立、有效与生效

法律行为的成立与有效、生效是既有区别又紧密联系的概念。法律行为的成立，其着眼点是法律行为是否已经存在，属于事实判断问题，体现的是当事人的意志；而法律行为的有效与生效，着眼点是法律行为是否合法（即行为人的意思表示能否取得法律所认可的效力），属于价值判断问题，体现的是国家对行为的肯定或否定评价。但法律行为的成立与有效、生效又有着密切的联系。法律行为的成立是其有效、生效的基础，只有在民事法律行为成立之后，才能进

---

① 魏振瀛主编：《民法》，北京大学出版社、高等教育出版社 2021 年第 8 版，第 157 页。

② 王利明、杨立新、王轶等：《民法学》，法律出版社 2020 年第 6 版，第 195 页。

③ 魏振瀛主编：《民法》，北京大学出版社、高等教育出版社 2021 年第 8 版，第 158 页。

④ 王利明主编：《民法》（上册），中国人民大学出版社 2022 年第 9 版，第 130 页。

一步判断其是否有效或生效。民事法律行为的有效是可能依当事人的意思表示发生预期的法律效果;民事法律行为的生效是有效的民事法律行为效力的实际发生。

一、民事法律行为的成立

(一)民事法律行为成立的概念

民事法律行为的成立,是指民事法律行为的形成。其存在应具备一定的条件,民法学上称之为法律行为的构成要素,即成立法律行为所必须的事实要素。根据传统的民法理论,法律行为的构成要素可分为一般构成要素和特别构成要素。前者指成立一切法律行为所必须具备的共同事实要素;后者指成立某一具体法律行为,除具备一般构成要素外,还必须具备其他特殊构成要素。

法律行为成立的一般构成要素为意思表示。对于某些法律行为,除要具备意思表示之外,还需要某些特殊的构成要素,才能成立。这类法律行为主要有:(1)合意行为,除有当事人的意思表示之外,还需要当事人之间的意思表示一致,即形成合意;(2)有因行为,除当事人意思表示之外,还需要有给付原因的存在;(3)实践行为,除当事人的意思表示之外,还需要交付标的物;(4)要式行为,除当事人的意思表示之外,还需要当事人的意思表示应以一定的法定或约定方式表达出来,如要求书面形式、要求具体的格式等;(5)当事人约定的特定法律行为成立必须具备的因素。

(二)意思表示

1.意思表示的概念

意思表示,是指行为人将自己的内在意思表示于外部的行为,是民事法律行为的核心要素。《民法典》在第六章“民事法律行为”中单设“意思表示”一节,对意思表示作了详细的规定。意思表示是由行为人的主观意思要素和客观的表示行为两部分构成的。主观意思要素是指存在于内心的希望产生一定的法律效果的意思,它是内在的、主观的,是意思表示据以成立的基础。表示行为是指意思表示人将其内在意思借助一定方式表现于外部,并为其他人所理解的行为要素,表示行为是外在的、客观的。

2.意思表示的拘束力

意思表示的拘束力,是指意思表示对表意人在法律上的约束力,即表意人一经作出意思表示,就应受其约束,未依法律规定不得擅自撤销或加以变更。意思表示的拘束力与民事法律行为的成立、生效既有联系又有区别。在单方法律行为中,表意人一经作出意思表示,法律行为就成立,此时二者是一致的。但在双方法律行为中就存在区别。如要约人发出要约后,即受其自身意思表示的约束,不得随意撤销要约,但此时民事法律行为(合同)尚未成立,更谈不上生效。只有在受要约人作出承诺后,当事人双方意思表示一致,合同才能成立。合同成立后,对当事人双方都有约束力。

意思表示拘束力的起算时间,根据有无相对人而不同,可以分为有相对人的意思表示与无相对人的意思表示。

(1)有相对人的意思表示

有相对人的意思表示,是指对特定相对人发出的意思表示。在实践中,有特定相对人的意思表示是最为普遍的形式。例如订立合同、行使形成权等,大多属于有特定相对人的意思表示。[1] 依其实施方式,可分为以对话方式作出的意思表示和非以对话方式作出的意思表示。《民法典》第137条对二者的生效作了规定。

以对话方式作出的意思表示,又称直接的意思表示,如采用面对面的交谈、电话等方式作出意思表示。这种意思表示一经作出就对表意人发生拘束力,相对人即时取得承诺的权利,并应当场决定是否承诺,否则该权利就会丧失。[2] 在以对话方式作出的意思表示中,表意人作出的意思表示和相对人受领意思表示是同步进行的,没有时间差。[3]《民法典》第137条第1款规定:"以对话方式作出的意思表示,相对人知道其内容时生效。"依据该条规定,对以对话方式作出的意思表示而言,只有在表意人的意思表示被相对人知悉时,意思表示才能够生效。如果相对人并不知道意思表示的内容,也无法作出相应的意思表示,此时,应当认定意思表示未生效。因此,从该条规定来看,《民法典》对以对话方式作出的意思表示的生效采取了解主义。[4]

非以对话方式作出的意思表示,又称间接的意思表示,即意思表示通过传达而为相对人所了解。传达可以通过他人转达、信函、传真、电报及数据电文等形式,不仅包括传统的信函、传真等方式,也包括互联网时代的数据电文方式。在非以对话方式作出的意思表示中,表意人作出的意思表示和相对人受领意思表示的时间不同步,二者之间存在时间差。[5] 非对话的意思表示拘束力的发生,主要有两种立法例:一是发信主义,即以信件投入邮筒或电报交付电信局为意思表示拘束力发生的时点,英美法系采取发信主义;二是到达主义,即以信件、数据电文到达相对人可支配范围为拘束力发生的时点,大陆法系则采到达主义。《民法典》借鉴大陆法系国家立法的规定,采用到达主义,其第137条第2款规定:"以非对话方式作出的意思表示,到达相对人时生效。"

采用数据电文方式作出的意思表示虽然也是非以对话方式进行的,但是其意思表示相对于一般的非以对话方式作出的意思表示而言,具有发送和接收的自动线和实时性的特点。故其生效规则与一般的非以对话方式作出的意思表示是不同的。《民法典》第137条第2款规定:"以非对话方式作出的采用数据电文形式的意思表示,相对人指定特定系统接收数据电文的,该数据电文进入该特定系统时生效;未指定特定系统的,相对人知道或者应当知道该数据电文进入其系统时生效。当事人对采用数据电文形式的意思表示的生效时间另有约定的,按照其约定。"《民法典》改变了《合同法》的规则,采用了更为灵活的生效规则,即相关数据电文到达相对人的任何一个系统,即被推定为相对人知道或者应当知道,该数据电文进入系统时生效,除非相对人举证证明其不应当知道。[6]

(2)无相对人的意思表示

无相对人的意思表示,是指意思表示没有相对人。通常是表意人一经作出意思表示,就开始发生拘束力,如股东会作出的决议。但也有例外的情形,如遗嘱,依法律规定只有在立遗嘱人死亡之时才生效,此前立遗嘱人可对遗嘱进行变更,甚至取消。再如悬赏广告,在有人着手

---

① 王利明、杨立新、王轶等:《民法学》,法律出版社2020年第6版,第198页。
② 《民法典》第481条第2款第(一)项规定,要约以对话方式作出的,应当即时作出承诺。
③ 黄薇主编:《中华人民共和国民法典总则编解读》,中国法制出版社2020年版,第445页。
④ 王利明、杨立新、王轶等:《民法学》,法律出版社2020年第6版,第199页。
⑤ 黄薇主编:《中华人民共和国民法典总则编解读》,中国法制出版社2020年版,第445~446页。
⑥ 王利明、杨立新、王轶等:《民法学》,法律出版社2020年第6版,第199页。

从事广告所指定的行为时发生拘束力，此后悬赏广告人就不能随意撤销广告，因为此时应保护相对人因相信广告内容而从事广告要求的行为的信赖利益。根据《民法典》第 138 条和第 139 条的规定，无相对人的意思表示，表示完成时生效。法律另有规定的，依照其规定。以公告方式作出的意思表示，公告发布时生效。

3.意思表示的撤回

意思表示的撤回，是指行为人作出意思表示之后，在意思表示到达相对人之前将其意思表示撤回的行为。意思表示在到达相对人之前，尚未发生拘束力，不会对相对人产生影响，也不影响正常的交易秩序。因此，在此阶段应当允许行为人使未发生法律效力的意思表示不产生预期的效力，这也是对行为人意思自由的充分尊重。[①]《民法典》第 141 条规定："行为人可以撤回意思表示。撤回意思表示的通知应当在意思表示到达相对人前或者与意思表示同时到达相对人。"

意思表示的撤回适用于有相对人的意思表示的撤回，无相对人的意思表示在表示作出时即发生效力，不存在所谓的撤回问题，只能撤销。同时，撤回意思表示的通知应当在意思表示到达相对人前或者与意思表示同时到达相对人。而以对话方式作出的意思表示，相对人知道其内容时生效，撤回的余地是比较小的，因此，意思表示的撤回一般适用于非以对话方式作出的意思表示。

意思表示的撤销是在意思表示作出并发生效力后，行为人又取消其意思表示的行为。此时，意思表示已经到达相对人，甚至可能对行为人的意思表示产生了合理的信赖。所以意思表示的撤销需要保护相对人的信赖利益。《民法典》仅规定了意思表示的撤回，并未规定意思表示的撤销。其第 476 条对要约的撤销作了规定，要约可以撤销，但是有下列情形之一的除外：(1)要约人以确定承诺期限或者其他形式明示要约不可撤销；(2)受要约人有理由认为要约是不可撤销的，并已经为履行合同做了合理准备工作。

二、民事法律行为的有效

民事法律行为的有效，是指已成立的法律行为，按照意思表示的内容，发生当事人预期的法律效果。民事法律行为的有效应具备一定的条件，即有效条件，《民法典》第 143 条规定："具备下列条件的民事法律行为有效：(一)行为人具有相应的民事行为能力；(二)意思表示真实；(三)不违反法律、行政法规的强制性规定，不违背公序良俗。"依据此规定，民事法律行为的一般有效条件包括主体合格、意思表示真实和不违反强制性规定或公序良俗。

(一)主体合格

民事法律行为以当事人的意思表示为核心，并以产生一定的法律效果为目的，因此行为人必须具备正确理解自己的行为性质及后果，独立地表达自己的意思的能力。行为人具有相应的民事行为能力是意思表示健全的能力前提。

所谓相应的民事行为能力，是指行为人所具有的行为能力状态与其所为的民事法律行为相适应，行为人所具有的行为能力达到法律对该行为人应具有的行为能力的要求。

民法将自然人的行为能力分为三类，即完全民事行为能力人、限制行为能力人和无民事行为能力人。(1)根据《民法典》第 18 条的规定，完全民事行为能力人可以独立地进行民事活动，其范围不受限制。(2)根据《民法典》第 22 条和第 145 条的规定，限制行为能力人实施民事法

① 黄薇主编：《中华人民共和国民法典总则编解读》，中国法制出版社 2020 年版，第 452 页。

律行为由其法定代理人代理或者经其法定代理人同意、追认，但是可以独立实施纯获利益的民事法律行为或者与其智力、精神健康状况相适应的民事法律行为。限制民事行为能力人实施的纯获利益的民事法律行为或者与其年龄、智力、精神健康状况相适应的民事法律行为有效；实施的其他民事法律行为经法定代理人同意或者追认后有效。(3)根据《民法典》第20条和第144条的规定，无行为能力人原则上不得从事任何民事活动，其行为只能由他的法定代理人代理实施。无民事行为能力人实施的民事法律行为无效。《民法典》对于无民事行为能力人实施民事法律行为效力的规定沿袭了《民法通则》的规定。

对于法人，其民事行为能力取决于法人设立的目的和业务范围，法人应在其业务范围内从事民事活动，才会产生完全的法律效力。法人超越业务范围所进行的民事活动，意味着其行为能力的缺陷，其行为的效力自有瑕疵。在我国以往的司法实践中，法人超越业务范围订立的合同，通常被认定为无效合同。为鼓励交易，保护相对人的信赖利益，适应市场经济发展的要求，《民法典》第505条规定，当事人超越经营范围订立的合同的效力，应当依照有关规定确定，不得仅以超越经营范围确认合同无效。

(二)意思表示真实

意思表示真实，是指行为人的意思效果与其外在表示相一致，它包括意思自由与表示一致两方面的含义。前者指行为人在意思表示之时其意志是自由的，没有受到他人的不当干涉或妨碍；后者指行为人借助外部行为所表达出来的意思与其内心的真实意思相一致。意思表示真实，禁止他人对行为人自由意志的干预、妨碍，当事人通过外部行为实现其内心意思才成为可能。当事人期望的内心意思也只有在其拥有自由意志的情况下才能实现，这是民法意思自治原则的基本要求。

判定行为人的意思表示真实与否，行为人所表示的意思是否为其真实的意思，立法上采取的是排除法。一般情况下，具有相应行为能力的民事主体所为的行为，应认定是他的真实意思表示的结果，行为人不得借口意思表示瑕疵而主张不受其意思表示的约束。行为人只有在能证明其意思表示确有瑕疵的情况下，如行为人对行为发生误解，或因相对人的欺诈、胁迫而作出违背其真实意思的表示，才不受其意思表示的约束。

意思表示不真实包括意思表示不自愿和表示不一致两种情况。意思表示不自愿是指由于他人的不当干涉，使得表意人的意思表示存在瑕疵。我国《民法典》规定的意思表示不自愿主要有欺诈[①]、胁迫[②]和显失公平[③]三种情形。意思表示不一致是指表意人的内心意思与外在表示不一致，主要有双方意思表示不真实和一方意思表示不真实。前者如通谋行为(恶意串

---

① 《民法典》第149条规定："第三人实施欺诈行为，使一方在违背真实意思的情况下实施的民事法律行为，对方知道或者应当知道该欺诈行为的，受欺诈方有权请求人民法院或者仲裁机构予以撤销。"

② 《民法典》第150条规定："一方或者第三人以胁迫手段，使对方在违背真实意思的情况下实施的民事法律行为，受胁迫方有权请求人民法院或者仲裁机构予以撤销。"

③ 《民法典》第151条规定："一方利用对方处于危困状态、缺乏判断能力等情形，致使民事法律行为成立时显失公平的，受损害方有权请求人民法院或者仲裁机构予以撤销。"

通)[①]、虚假行为[②]和隐藏行为[③],后者如真意保留行为(单独虚伪表示)和重大误解(错误)[④]。

(三)不违反法律、行政法规的强制性规定和不违背公序良俗

这是对法律行为内容的要求。传统民法理论认为,对法律行为内容的要求应包括内容须确定、内容须可能、内容须合法和内容须妥当四项。

1.法律行为的内容须确定

表意人所预期的法律效果,在进行表示行为时须是明确的,或者虽在当时不能明确,但过后可依一定标准予以确定。内容确定,当事人的权利义务的具体内容才能明确,法律也才能予以有效保护,这是法律行为有效的应有之义。《民法典》第143条民事法律行为的有效条件中未对此作出规定,但在第511条规定了合同有关条款内容不明确的确定原则,这可以看作对法律行为内容确定的要求。

2.法律行为的内容须可能

当事人为法律行为的目的在于将其内心期望的法律效果变为现实,因而法律行为内容须可能。内容不可能的行为无效。内容不可能既可以是法律上的不能,如禁止流通物的买卖;也可以是事实上的不能,如约定某人同时间不同地点的登台演出。

3.法律行为的内容须合法

《民法通则》仅规定法律行为不得违反法律,而未对"法律"一词进行进一步界定,造成现实生活中对"法律"的扩大化解释,使得本来可以有效的法律行为被认定无效,一定程度上阻碍了经济发展。《民法典》适应现实需要,从民法私法的本质出发,界定违反法律是不得违反法律、行政法规的强制性规定,从而明确了违法的内涵,具有积极意义。强制性规范包括禁止性规范和义务性规范,前者指民事主体不得作出一定的行为,后者指民事主体应作出一定的行为。违反了强制性规范,民事主体就要承担相应的责任,因而界定违法仅限于强制性规范,就大大扩展了法律行为的活动空间,限制了公权力对私法领域的过多干预。而且,依《民法典》的规定,强制性规范仅限于法律、行政法规,避免了对法律作扩大化解释,有利于避免部门干预和地方保护主义。

除了法律行为的内容合法外,法律行为的合法还包括:(1)法律行为的目的合法,即行为人内心所期望的行为效果应符合法律规定,例如行为人为了销赃而将赃物出卖就是目的违法。(2)标的合法,即行为人权利义务指向的对象应符合法律的规定,例如买卖国家禁止的流通物、买卖珍稀动植物就是标的违法,标的违法将导致行为无效。(3)在要式的法律行为中,还要求行为的形式合法,例如买卖房屋要办理过户登记手续,举办三资企业要经过审批。(4)在附条件的法律行为中,则要求所附的条件必须合法。

4.法律行为的内容须妥当

《民法通则》第55条规定"不违反社会公共利益",但"社会公共利益"的提法不足以涵盖

---

① 《民法典》第154条规定:"行为人与相对人恶意串通,损害他人合法权益的民事法律行为无效。"

② 《民法典》第146条第1款规定:"行为人与相对人以虚假的意思表示实施的民事法律行为无效。"

③ 《民法典》第146条第2款规定:"以虚假的意思表示隐藏的民事法律行为的效力,依照有关法律规定处理。"有虚假表示,未必存在隐藏行为;但是有隐藏行为,必然存在虚假表示。

④ 《民法典》第147条规定:"基于重大误解实施的民事法律行为,行为人有权请求人民法院或者仲裁机构予以撤销。"

"国家利益",为使概念更为周延,《民法典》用传统民法上的"公序良俗"代替了"社会公共利益"。[①] 公序良俗包括公共秩序和善良风俗。《民法典》规定法律行为不得违反(或损害)公序良俗,此即法律行为内容妥当的要求。公序良俗是个极为笼统、抽象而又富有伸缩性的概念,各国法律表述不一。《德国民法典》称"善良风俗",《日本民法典》和《法国民法典》称"公共秩序"或"善良风俗",其实质含义相差无几。之所以要求法律行为内容合法之外还须妥当,是因为法律本身亦是一种抽象概括的规范,无法穷尽对社会生活的一切。私法领域以意思自治为原则,通过规定法律行为不违反社会公共利益,既可以制约当事人权利滥用,又能使法官在法律无明文规定的情况下以社会公共利益为价值判断标准衡量法律行为的效力。

三、民事法律行为的生效

民事法律行为的生效是指民事法律行为的效力实际发生,产生法律约束力。《民法典》第136条第1款规定:"民事法律行为自成立时生效,但是法律另有规定或者当事人另有约定的除外。"一般情况下,民事法律行为的成立与民事法律行为的有效和生效是同时进行的,即在民事法律行为成立时即具有法律效力并且生效。[②]

具有一般有效要件的民事法律行为,在成立时就生效。但是对于某些民事法律行为,即使具备一般的有效要件,在成立时也不立即生效。除具备一般有效条件外还需满足其他条件才能生效。这类民事法律行为主要有:(1)附生效条件的法律行为,只有条件成就时法律行为才生效。(2)附始期的法律行为,只有约定的期限届至时法律行为才生效。(3)遗嘱,只有立遗嘱人死亡时才发生效力。(4)法律、行政法规规定应办理批准、登记等手续生效的自办理批准、登记手续后生效。现代民法从鼓励交易的角度出发,对于登记才生效的法律行为在没登记而已履行的情况下,未否定其效力。《民法典》第215条规定:"当事人之间订立有关设立、变更、转让和消灭不动产物权的合同,除法律另有规定或者当事人另有约定外,自合同成立时生效;未办理物权登记的,不影响合同效力。"(5)处分行为,要求行为人对于标的物要有处分权。(6)当事人约定的特殊生效条件。

第五节　民事法律行为的无效与撤销

法律行为只有符合有效条件,才能发生完全的法律效力。"民法对法律行为的合法性评价表现为效力性评价"[③],因而具备法律行为成立要件的行为因欠缺法律行为的有效条件,就不能发生当事人预期的法律效果,成为不完全的民事行为。根据效力的不同,不完全的民事行为分为无效的民事法律行为、可撤销的民事法律行为和效力待定的民事法律行为。

---

① 最高人民法院民法典贯彻实施工作领导小组:《中华人民共和国民法典总则编理解与适用(下)》,人民法院出版社2020年版,第760页。

② 韩松:《民法总论》,法律出版社2020年第4版,第349页。

③ 董安生:《民事法律行为——合同、遗嘱和婚姻行为的一般规律》,中国政法大学出版社1994年版,第124页。

一、无效的民事法律行为

无效的民事法律行为，是指不具备法律行为的有效条件且不能补救，因而不能按照当事人意思表示的内容发生法律效力的行为。

无效的民事法律行为从行为开始起就没有法律约束力，但是行为部分无效，不影响其他部分效力的，其他部分仍然有效。民事法律行为无效的确认，无须他人主张，也不用法院或仲裁机构的裁判，其无效是当然发生的。但如当事人之间就一行为是否有效产生争议，当事人可以主张由法院或仲裁机构裁判确认。民事法律行为的无效不受时间影响，一旦认定便永远无效，不因时间的经过或过后主客观情况的变化而变得有效。无效行为实施后，行为人可自行补足所欠缺的有效条件或自行消除无效的原因而使得法律行为变得有效，这称为无效行为的补正。就其本质而言，补正是无效民事法律行为的消灭和新的民事法律行为的成立的结合，只是实践中不必等待无效行为恢复原状后再施行新的法律行为。行为人补正民事行为后，不能免除其因实施无效行为所应承担的相应责任。

根据《民法典》的相关规定，无效的民事法律行为包括：(1)无民事行为能力人实施的民事法律行为；(2)虚假的民事法律行为；(3)违反法律、行政法规的强制性规定的民事法律行为；(4)违背公序良俗的民事法律行为。

(一)无民事行为能力实施的民事法律行为

《民法典》第 144 条规定："无民事行为能力人实施的民事法律行为无效。"无民事行为能力人不具有独立实施民事法律行为的能力，而由其法定代理人代为实施民事法律行为，其自身实施的民事法律行为一律无效。这一规定符合民事法律行为有效要件中"行为人具有相应的民事行为能力"的要求，也是许多国家和地区立法例的通行做法。[①] 如《德国民法典》第 105 条规定："(1)无行为能力人的意思表示无效。(2)在丧失知觉或暂时的精神错乱的状态下作出的意思表示亦无效。"[②]实务中无民事行为能力人纯获利益的行为，如接受报酬、赠与或奖励，不应认定为民事法律行为。因为民事法律行为以意思表示为构成要素，无民事行为能力人没有意思表示能力，不存在有效的意思表示。[③] 但也有学者认为，实践中对于无民事行为能力人所谓的这两类行为不宜一概宣告无效。[④]《民法典》对《最高人民法院关于贯彻执行〈中华人民共和国民法通则〉若干问题的意见(试行)》第 6 条中关于限制行为能力人接受奖励、赠与、报酬的表述予以采纳，对无民事行为能力人从事这些行为有效的表述没有采纳。[⑤]

(二)虚假的民事法律行为

虚假的民事法律行为，是指行为人与相对人共同实施了虚假的民事法律行为，也称为通谋虚伪表示。[⑥] 虚假行为是只具有法律行为的形式，而行为人根本无意使其发生法律效果的民

---

① 黄薇主编：《中华人民共和国民法典总则编解读》，中国法制出版社 2020 年版，第 466～467 页。

② 陈卫佐译注：《德国民法典》，法律出版社 2020 年第 5 版，第 38 页。

③ 魏振瀛主编：《民法》，北京大学出版社、高等教育出版社 2021 年第 8 版，第 78 页。

④ 王利明、杨立新、王轶等：《民法学》，法律出版社 2020 年第 6 版，第 212 页。

⑤ 最高人民法院民法典贯彻实施工作领导小组：《中华人民共和国民法典总则编理解与适用(下)》，人民法院出版社 2020 年版，第 725 页。

⑥ 郑玉波：《民法总则》，中国政法大学出版社 2003 年版，第 339 页。

事行为。《德国民法典》第117条[1]和《日本民法典》第94条[2]都对此民事法律行为进行了规定。《民法典》第146条第1款规定："行为人与相对人以虚假的意思表示实施的民事法律行为无效。"该条规定了虚假的民事法律行为无效。例如，为规避房屋限购正常而虚假离婚。由于行为人无意使之发生法律效果，因而该类行为不符合有效法律行为的要求，应认定其无效。构成虚假行为，应具备以下条件：(1)行为人双方均有虚假意思表示的故意；(2)行为人双方作出了"意思表示"；(3)行为人虚假的意思表示故意与外部虚构的法律行为具有因果联系。之所以认定此类法律行为无效，是因为这类行为具有规避法律的故意，破坏了交易安全和市场秩序；同时，这一行为的虚假意思表示的作出，也违背了民法的诚实信用原则。

(三)违反法律、行政法规的强制性规定的民事法律行为

《民法典》第153条第1款规定："违反法律、行政法规的强制性规定的民事法律行为无效，但是该强制性规定不导致该民事法律行为无效的除外。"法律规范包括强制性规范和任意性规范。强制性规范具有强制性，体现的法律对国家利益和社会公共利益的考量，对私人意思自治领域所施加的一种限制。[3] 民事主体在实施民事法律行为时，必须遵守强制性规范。任意性规范旨在引导和规范主体的行为，不具有强制约束力，当事人可以选择适用也可以选择不适用，并不影响当事人法律行为的效力。这里所指的"法律、行政法规的强制性规定"，并不限于民事法律或者民事法规中的强制性规定，而是涵盖了所有的法律和法规中的强制性规定，不仅包括私法上的强制性规定，也包括公法上的强制性规定。需要指出的是，是否违反法律、行政法规的强制性规定的民事法律行为都是无效的？我国司法实践认为，一概地否定此类行为的效力，不利于维护交易秩序的正常进行。强制性规定不导致该民事法律行为无效的，该行为仍是有效的。即强制性规定明确规定违反法律法规的行为无效的，则该民事法律行为无效；若强制性规定没有明确规定的，并不影响民事法律行为的效力。

(四)违背公序良俗的民事法律行为

公序良俗原则为现代民法一项重要的基本原则，在现代民法上占有极重要的地位，具有限制私法自治原则的功能。这一重要功能，正是通过使违反公序良俗的法律行为无效来实现的。也就是说，违反公序良俗，成为现代决定法律行为无效的最重要的原因。[4]《民法典》第153条第2款规定，违背公序良俗的民事法律行为无效。该条文的含义是，一项民事法律行为虽然没有违反法律和行政法规的强制性规定，但是该民事法律行为违背公序良俗，存在着损害国家利益、社会公共利益等情形的，此民事法律行为也是无效的。这种无效是绝对无效的。世界各国和地区的民事立法均将违背公序良俗的行为确定为无效。如《德国民法典》第138条规定，违背善良风俗的法律行为无效。[5] 从司法实践中来看，违背公序良俗的民事法律行为有：违反婚姻家庭法和继承法、损害家庭正常秩序的行为；侵犯人权、贬损人格尊严的行为；违反公平竞争的行为；违反弱势群体保护，如劳动者、消费者权益保护的行为；等等。

(五)恶意串通的民事法律行为

通谋行为，在我国称为恶意串通的民事法律行为，是指双方当事人非法串通，进行某种民

① 陈卫佐译注：《德国民法典》，法律出版社2020年第5版，第42页。

② 刘士国、牟宪魁、杨瑞贺译：《日本民法典：2017年大修改》，中国法制出版社2018年版，第15页。

③ 黄薇主编：《中华人民共和国民法典总则编解读》，中国法制出版社2020年版，第501页。

④ 梁慧星：《民法总论》，法律出版社2021年第6版，第210页。

⑤ 陈卫佐译注：《德国民法典》，法律出版社2020年第5版，第51页。

事法律行为，损害国家、集体或他人利益的行为。构成恶意串通，应具备以下条件：(1)行为人一方与另一方的代理人或代表人有恶意通谋的故意；(2)行为人一方与另一方代理人或代表人实施了恶意通谋的行为；(3)通谋双方有通过恶意通谋行为获取非法利益的目的。《民法典》第154条规定，行为人与相对人恶意串通，损害他人合法权益的民事法律行为无效。恶意串通行为即双方当事人共同损害第三人合法权益的民事法律行为，此行为是相对无效的。需要指出的是，损害第三人利益的情形应当对第三人进行区分。如果双方当事人的恶意串通，损害的是不特定第三人的合法权益，本质上损害的是公序良俗，应当被认定为是《民法典》第153条第2款规定的"违背公序良俗的民事法律行为"，是绝对无效的。如果损害的是特定第三人的合法权益，则属于《民法典》第154条规定的"恶意串通的民事法律行为"，由合法权益受到损害的第三人主张该行为无效。

二、可撤销的民事法律行为

可撤销的民事法律行为，是指当事人的意思表示存在瑕疵，法律并不使之绝对无效，而是授予表意人以变更权或撤销权，允许其向法院或仲裁机构请求变更或撤销以决定其效力的行为。

(一)可撤销的民事法律行为的种类

1.重大误解

重大误解，也称为错误，是指表意人基于某种错误认识或无意识而作出的与其内心意思不一致的意思表示。有学者认为："误解指意思表示的受领人对于相对人的意思表示在理解上的错误，而错误则表示行为的客观意义与效果意思不相一致……错误包括误解。"[①]在国外立法中，对于这种不一致意思表示使用"错误"的概念，如《德国民法典》第119条规定"因错误而可撤销"[②]。《民法典》采用(重大)误解的概念，是指行为人因对行为的性质，对方当事人，标的物的品种、质量、规格和数量等的错误认识，使行为的后果与自己的意思相悖，并造成较大损失的行为。《民法典》第147条规定："基于重大误解实施的民事法律行为，行为人有权请求人民法院或者仲裁机构予以撤销。"《民法典总则编司法解释》第19条规定，行为人对行为的性质、对方当事人或者标的物的品种、质量、规格、价格、数量等产生错误认识，按照通常理解如果不发生该错误认识行为人就不会作出相应意思表示的，人民法院可以认定为《民法典》第147条规定的重大误解。行为人能够证明自己实施民事法律行为时存在重大误解，并请求撤销该民事法律行为的，人民法院依法予以支持，但是，根据交易习惯等认定行为人无权请求撤销的除外。构成重大误解，应具备以下条件：(1)行为人对行为的某些方面存在错误认识，这种错误认识不是行为人故意造成的。(2)行为人的错误认识是"重大"的，一般认为对行为性质的误解是重大的，但在认定时应结合表意人的特殊身份，以实事求是地判断其认知能力。(3)行为人的错误认识与其所为的表示行为有因果关系。

2.欺诈

欺诈，包括一方欺诈和第三人欺诈。一方欺诈是指一方当事人故意告知对方虚假情况或者隐瞒真实情况，诱使对方当事人陷于错误而作出违背其真实意思的意思表示。《民法典》第148条规定："一方以欺诈手段，使对方在违背真实意思的情况下实施的民事法律行为，受欺诈

---

① 张俊浩主编：《民法学原理》，中国政法大学出版社1991年版，第262页。

② 陈卫佐译注：《德国民法典》，法律出版社2020年第5版，第42页。

方有权请求人民法院或者仲裁机构予以撤销。"第三人欺诈是指，因第三人的欺诈行为而使一方当事人在违背真实意思的情况下实施民事法律行为。《民法典》第149条规定："第三人实施欺诈行为，使一方在违背真实意思的情况下实施的民事法律行为，对方知道或者应当知道该欺诈行为的，受欺诈方有权请求人民法院或者仲裁机构予以撤销。"《民法典总则编司法解释》第21条规定，故意告知虚假情况，或者负有告知义务的人故意隐瞒真实情况，致使当事人基于错误认识作出意思表示的，人民法院可以认定为《民法典》第148条、第149条规定的欺诈。构成欺诈，应具备以下条件：(1)须当事人一方或第三人有欺诈的故意，即该方当事人或第三人主观上存在诱骗对方陷入错误，并因此为意思表示的目的。如果只是出于虚荣或是开玩笑，不构成欺诈的故意。(2)须有欺诈行为，它既可以表现为积极的作为，也可以表现为消极的不作为(在当事人负有告知义务的情况下)。欺诈可以是一方当事人以一定方法故意让表意人陷入错误，也可以是一方当事人以一定的方法故意阻碍表意人发现错误。(3)须有表意人因欺诈而陷入错误，包括表意人因欺诈从无错误陷入错误和加深错误认识程度两种情形。(4)须受欺诈人基于错误而作出意思表示，即欺诈和错误之间存在着因果关系。如果是表意人自身原因造成的，则不构成欺诈。

3.胁迫

胁迫是指以给公民及其亲友的生命健康、荣誉、名誉、财产等造成损害或者以给法人的荣誉、名誉、财产等造成损害为要挟，迫使对方作出违背真实意思的意思表示。构成胁迫，应具备以下条件：(1)须有胁迫的故意，即胁迫人主观上存在通过胁迫行为使表意人产生恐怖，并因此为意思表示的故意，胁迫人是否有获取钱财的目的，在所不问。(2)须有胁迫的行为，即以直接面临的损害或将要发生的损害相威胁。威胁既可以是针对表意人本人，也可以是其家人、亲戚朋友；威胁既可以是肉体方面的，也可以是精神方面的。(3)须是胁迫行为存在违法或不当，包括目的与手段的违法或不当，如果胁迫人是为了行使权利而使用了法律允许的手段(如以不还债就告到法院相威胁)。(4)须相对人因胁迫而陷入恐怖境地，如果是因为自然的原因或表意人自身的原因就不构成胁迫。(5)须相对人基于恐怖，陷入不自由状态而违心地作出意思表示，即胁迫与不真实的意思表示之间存在着因果关系。《民法典》第150条规定："一方或者第三人以胁迫手段，使对方在违背真实意思的情况下实施的民事法律行为，受胁迫方有权请求人民法院或者仲裁机构予以撤销。"《民法典总则编司法解释》第22条规定，以给自然人及其近亲属等的人身权利、财产权利以及其他合法权益造成损害或者以给法人、非法人组织的名誉、荣誉、财产权益等造成损害为要挟，迫使其基于恐惧心理作出意思表示的，人民法院可以认定为《民法典》第150条规定的胁迫。《民法典》第150条与欺诈一样，同时规定了一方胁迫和第三人胁迫。无论是一方胁迫还是第三人胁迫，受胁迫人均享有对民事法律行为的撤销权。

4.显失公平

显失公平是指一方当事人利用优势或者利用对方没有经验，致使双方的权利义务明显违反公平、等价有偿原则的民事行为。从其欠缺的要素看，是缺少标的公平性而非意思表示的瑕疵，唯如此才能区分同样存在违反公平原则的乘人之危。后者相对人的意思表示是在不自愿的情况下作出的。构成显失公平，应具备以下条件：(1)行为应属有偿行为；(2)行为的内容明显背离公平原则；(3)造成这种不公平是因为表意人的无经验；(4)表意人没有发生认识错误。《民法典》第151条规定："一方利用对方处于危困状态、缺乏判断能力等情形，致使民事法律行为成立时显失公平的，受损害方有权请求人民法院或者仲裁机构予以撤销。"《民法通则》和《合同法》还同时规定了乘人之危的民事法律行为。[①] 不少观点认为，我国法律所规定的显失公平与乘人之危，事实上是传统民法理论中暴利行为一分为二的结果。《民法典》总则编将二者合并规定，赋予显失公平以新的内涵，这既与通行立法例的做法一致，同时也便于司法实践从严把握，防止这一制度被滥用。[②]

(二)撤销权的行使

对于可撤销的民事法律行为，表意人享有撤销权。撤销权属于形成权，权利人可依单方的意思表示消灭民事法律关系的效力，无须取得相对人的同意。在欺诈和胁迫的情形中，由于欺诈人和胁迫人主观上有过错，因而不能享有撤销权，它们只能由表意人享有；在重大误解或显失公平的情形中，存在重大误解或者行为对其显失公平的当事人一方享有撤销权。在表意人(或一方当事人)未行使撤销权前，可撤销的民事行为具有与民事法律行为一样的效力，但表意人(或一方当事人行使撤销权后，该民事行为的效力归于消灭，并且被撤销的行为溯及行为发生时无效。但是行为无效的法律后果，不得对抗善意的第三人。

撤销权消灭可因除斥期间的经过而消灭，也可因权利人的放弃而消灭。

1.因除斥期间的经过而消灭

为保证社会关系的稳定，促使表意人及时行使权利，表意人撤销权有除斥期间的限制。即可撤销的民事法律行为，超过一定的期间当事人才请求撤销的，人民法院不再保护。《民法典》第 152 条第 1 款第(1)和(2)项规定，有下列情形之一的，撤销权消灭：当事人自知道或者应当知道撤销事由之日起一年内、重大误解的当事人自知道或者应当知道撤销事由之日起 90 日内没有行使撤销权；当事人受胁迫，自胁迫行为终止之日起 1 年内没有行使撤销权。从这一条文来看，我国规定的撤销权的除斥期间原则上是 1 年(但重大误解的除斥期间为 90 日)，自当事人知道或者应当知道撤销事由之日起算(但当事人受胁迫，自胁迫行为终止之日起算)。这是我国对主观除斥期间的规定。同时，《民法典》第 152 条第 2 款规定，当事人自民事法律行为发生之日起 5 年内没有行使撤销权的，撤销权消灭。此种期间的起算点是可撤销的民事法律“行为发生之日起”，这是对客观除斥期间的规定，有利于维护交易安全和稳定交易秩序。我国规定的客观除斥期间是 5 年。从各国和地区的立法例看，除了同时规定主观期间与客观期间外，有的还根据不同的撤销事由规定了不同长度的除斥期间以及不同的起算点。[③]

2.因权利人放弃而消灭

撤销权属于私权的范畴，依照私法自治原则，权利人可以放弃其权利。[④]《民法典》第 152 条第 1 款第(3)项规定，当事人知道撤销事由后明确表示或者以自己的行为表明放弃撤销权，撤销权消灭。当事人对于是否行使撤销权有自由决定权，法院或仲裁机构应尊重当事人的选择。权利人知道撤销事由后明确表示或者以自己的行为表明放弃撤销权的，撤销权消灭，不受除斥期间 1 年或者 90 日的限制。权利人明确表示或者以自己的行为表明放弃撤销权，都是对权利的一种处分。权利人放弃撤销权的方式有两种：一种是以明示的意思表示向相对人作出，

---

① 乘人之危是指一方当事人乘对方处于危难之机，为争取不正当利益，迫使对方作出严重损害对方利益的不真实的意思表示。构成乘人之危，应具备以下条件：(1)须有乘人之危的故意；(2)须有乘人之危的行为。

② 黄薇主编：《中华人民共和国民法典总则编解读》，中国法制出版社 2020 年版，第 492～494 页。

③ 黄薇主编：《中华人民共和国民法典总则编解读》，中国法制出版社 2020 年版，第 496 页。

④ 王利明、杨立新、王轶等：《民法学》，法律出版社 2020 年第 6 版，第 222 页。

可以是书面形式、口头形式或者其他形式；另一种是通过外在行为作出默示意思表示，放弃撤销权。

三、效力待定的民事法律行为

效力待定的民事行为，是指虽然符合民事行为的成立条件，但法律效力尚未确定，须等待第三人的行为来使之确定的民事行为。如无第三人的行为使之确定，则该行为无效。

(一)效力待定的民事法律行为的类型

根据《民法典》的相关规定，效力待定的民事法律行为有以下几种：

1.限制民事行为能力人实施的民事法律行为

根据《民法典》第19条和第22条的规定，8周岁以上的未成年人和不能完全辨认自己行为的成年人为限制民事行为能力人，实施民事法律行为由其法定代理人代理或者经其法定代理人同意、追认。限制民事行为能力人实施的民事法律行为，必须经过法定代理人的同意或者追认，才具有法律效力。否则，未经法定代理人的同意或者追认，民事法律行为即使成立，也不生效，而是处于效力待定的状态。但是，限制民事行为能力人并非完全不具有民事行为能力，可以独立实施纯获利益的民事法律行为或者与其年龄、智力相适应的民事法律行为。《民法典》第145条规定："限制民事行为能力人实施的纯获利益的民事法律行为或者与其年龄、智力、精神健康状况相适应的民事法律行为有效；实施的其他民事法律行为经法定代理人同意或者追认后有效。"

2.无权代理人实施的民事法律行为

行为人没有代理权却以被代理人的名义实施民事法律行为，不符合被代理人的意愿，法律效果不能直接及于被代理人，本当无效。[①] 但是无权代理人所为的法律行为并非全部都对被代理人不利，有些情形之下可能对被代理人有利。因此，从保障交易秩序稳定和各方当事人的利益，对于无权代理人所为的民事法律行为，对其效力不能一概予以否认。经过被代理人追认后，民事行为具有法律效力，对被代理人发生效力。《民法典》第171条第1款规定：行为人没有代理权、超越代理权或者代理权终止后，仍然实施代理行为，未经被代理人追认的，对被代理人不发生效力。但是，倘若无权代理行为构成表见代理，则为有效的民事法律行为，而非效力待定的法律行为。

3.无权处分行为

无权处分行为是指无处分权而处分他人财产的行为。在民事法律行为的有效条件里，行为人拥有处分权是处分行为有效的特殊条件，当事人欠缺处分权，就不能使处分行为发生完全法律效力。但这个欠缺是可以补正的，这有利于保护已成立的交易，促进经济发展，是立法的一个进步。应注意的是，这里的处分权，不仅包括对物的处分权，也包括对债权和知识产权的处分权，是一种财产处分权。

此外，根据传统的民法理论，效力待定的民事行为还包括债务承担行为[②]，即如由第三人来代替债务人向债权人偿债，应当取得债权人的同意。债务承担是第三人与债务人之间的行为，但由于事关债权人的利益能否实现，因而必须得到其同意才会有效。《民法典》第555条对此作了规定，债务人将债务的全部或者部分转移给第三人的，应当经债权人同意。债务人或者

---

① 黄薇主编：《中华人民共和国民法典总则编解读》，中国法制出版社2020年版，第558页。

② 张俊浩主编：《民法学原理》，中国政法大学出版社1991年版，第266页。

第三人可以催告债权人在合理期限内予以同意，债权人未作表示的，视为不同意。

（三）效力待定的民事法律行为效力的确定

法律一方面规定了法定代理人和被代理人的追认权，另一方面规定了相对人的催告权和撤销权。

1.法定代理人和被代理人的追认权

追认权属于形成权范畴，是指追认效力待定的民事法律行为使其变为有效的民事法律行为的权利。追认是一种单方意思表示，不需要经过相对人的同意即可发生法律效力。法定代理人和被代理人享有的追认权是指全部追认权，而非对民事行为部分内容的追认权。追认权既包括肯定追认权（使效力待定的民事行为有效），也包括拒绝追认权（使效力待定的民事行为无效）。根据《民法典》第 145 条第 2 款和第 171 条第 2 款规定，相对人可以催告法定代理人和被代理人自收到通知之日起 30 日内予以追认。法定代理人和被代理人未作表示的，视为拒绝追认。

在权利人尚未追认以前，效力待定的民事法律行为虽然已经实施，但并没有实际生效。所以，当事人双方都不应作出实际履行。[①] 肯定追认权行使的法律效果，在于使效力待定的民事行为变得有效，其效力溯及行为成立之时。拒绝追认权行使的法律效果是：限制民事行为能力人所为的民事法律行为无效；无权代理人所为的行为对被代理人不发生效力，由行为人承担责任。

2.相对人的催告权和撤销权

根据《民法典》第 145 条第 2 款和第 171 条第 2 款的规定，相对人享有催告权。即催告法定代理人和被代理人在 1 个月内作出追认的意思表示，以尽快地明确民事法律行为的效力，稳定社会关系。法定代理人和被代理人如期作出追认的意思表示，未作表示的，视为拒绝追认。

此外，善意相对人还享有撤销权，即撤销合同的权利，它属于一种形成权。《民法典》第 145 条第 2 款和第 171 条第 2 款规定，民事法律行为被追认前，善意相对人有撤销的权利。撤销应当以通知的方式作出。在效力待定的民事法律行为中，与限制民事行为能力人、无权代理人从事法律行为的另一方当事人，如果在从事法律行为时是出于善意，即对对方无相应民事行为能力、无权代理的事实处于不知或不应知的状态，那么其在法律行为成立以后，依法享有撤销该法律行为的权利。[②] 善意相对人应在民事法律行为被追认前以明示即通知的方式而非默示的方式行使撤销权。通知既可以是书面形式，也可以是口头形式。善意相对人行使撤销权的法律效果是该民事行为不再存在，这是为了平衡合同双方当事人的利益。若无权代理的相对人并非善意，依据《民法典》第 171 条第 3 款的规定，相对人知道或者应当知道行为人无权代理的，相对人和行为人按照各自的过错承担责任。

四、民事法律行为无效、被撤销或确定不发生效力的处理

民事法律行为无效、被撤销或确定不发生效力以后，从行为开始起就没有法律约束力，当然不能按当事人的预期产生相应的法律效果。但这只意味着当事人的意思表示得不到法律的确认，并不表示不会产生任何法律后果。相反，无效或被撤销或确定不发生效力的民事行为，由于违背法律的规定，法律在否定其效力的同时，也应对它作出否定性的评价，使其产生与当

① 王利明、杨立新、王轶等：《民法学》，法律出版社 2020 年第 6 版，第 210 页。

② 王利明、杨立新、王轶等：《民法学》，法律出版社 2020 年第 6 版，第 210 页。

事人预期相反的法律后果。《民法典》第 157 条规定："民事法律行为无效、被撤销或者确定不发生效力后，行为人因该行为取得的财产，应当予以返还；不能返还或者没有必要返还的，应当折价补偿。有过错的一方应当赔偿对方由此所受到的损失；各方都有过错的，应当各自承担相应的责任。法律另有规定的，依照其规定。"《民法典》在《民法通则》规定的"无效或被撤销"这两种情形之上，增加了"确定不发生效力"的情形。我国立法对民事行为无效、被撤销或者确定不发生效力以后的处理规定了返还财产、折价补偿、赔偿损失及追缴财产等方式。同时，《民法典总则编司法解释》第 23 条规定，民事法律行为不成立，当事人请求返还财产、折价补偿或者赔偿损失的，参照适用《民法典》第 157 条的规定。

（一）返还财产和折价补偿

民事法律行为无效、被撤销或确定不发生效力之后，如果还没有履行的，则不需履行；如已经部分履行的，则应停止履行。对于已经履行的部分或全部履行的，则应返还因履行而取得的财产。在不能返还或没必要返还的情况下，应折价补偿，以使当事人恢复到没有进行民事行为前的地位。

在其他大陆法系国家中，通常将无效行为后的返还赔偿问题列为不当得利或侵权之债规则中，而不规定在总则法律行为制度中。[①] 因此，一方依据民事行为取得的财产，在该行为被确认无效之后，构成不当得利，应按不当得利予以返还，即以取得利益人的现存利益来确定返还范围。如果取得利益不存在，就不必返还。但我国立法采取恢复原状的立场，以全部返还为原则，不论取得利益人在返还时财产是否存在，一般都要求其悉数返还。这对于保护当事人的利益是十分有益的。

返还财产可分为向对方返还和向第三人返还。向对方返还还可分为单方返还和双方返还。如果合同无效不涉及第三人。因履行无效合同仅有一方从对方取得财产的，发生单方返还；因履行无效合同存在双方各自从相对方取得财产的，发生双方返还。如果合同无效涉及第三人，例如当事人处分了第三人的财产则取得财产的当事人应向第三人返还财产。

返还财产的对象，以返还原物为原则。如果原物有所损坏，应修复以后返还，或付给相应的补偿。如果原物已经消耗、毁损或其他原因不存在，不能返还的，在原物是可替代物的情况下，应以种类物返还。在原物是不可替代物的情况下，应折价补偿。如果返还的是金钱，则除了返还本金之外，还应按银行利率支付利息。如果对方给付的是劳务、无形财产或其他不能返还的利益，则要折算成金钱返还。如果给付的财产因第三人善意取得或当事人认为没有必要返还，则应折价予以补偿。

（二）赔偿损失

在当事人返还财产或折价补偿之后，如果还存在着其他各种实际发生的损失，当事人还有赔偿请求权，当然这必须以当事人存在过错为基础。如果损失是由当事人一方的过错造成的，则有过错的一方只有赔偿责任而无赔偿请求权，无过错的一方则享有赔偿请求权。如果损失是由双方过错造成的，则双方应根据各自过错的程度确定各自赔偿责任的范围。如果双方过错程度相当，损失大致相同，可由双方各自承担自己的损失，这是过错相抵原则的适用。如果一方的损失是由自己的过错造成的，则无权要求对方赔偿，只能自己承担。

赔偿损失的范围以实际已经发生的损失为限，不包括当事人的可得利益损失。这不同于

---

① 董安生：《民事法律行为——合同、遗嘱和婚姻行为的一般规律》，中国政法大学出版社 1994 年版，第 150 页。

合同不履行当事人可获得可得利益的赔偿，因为民事行为无效的处理以恢复原状为目的，赔偿损失被认为是一种侵权赔偿请求权，在“确定赔偿财产损失时，一般只计算对财产的积极损害，而不计算消极损害.即只赔偿积极损失，而不赔偿消极损失”[①]。

(三)追缴财产

《民法典》第157条还规定：法律另有规定的，依照其规定。在当事人双方恶意串通，损害国家、集体或者第三人利益的情况下，应将当事人因此取得的财产分别收归国家所有、返还集体或返还第三人。追缴财产被认为是一种兼具制裁的补偿措施。

第六节　附条件的民事法律行为与附期限的民事法律行为

民事法律行为以意思表示为核心和基础，基于当事人意思自治而对法律行为的效力作出限制的意思表示，一般称为“附款”，包括条件和期限两种。法律行为一般只能反映人们从事该行为的目的，却往往不能反映人们的内心动机，而法律行为附款的设定则赋予人们的行为动机以法律意义，使民事主体既能根据自身需要灵活安排民事活动，减少可能形成的风险与损失，又能充分利用物质资源，发挥物的效用，促进社会的安定团结和生产力的发展。

民事法律行为的附款最早出现在罗马的《查士丁尼法典》中。近现代民法承袭旧制，纷纷确立民事法律行为的附款制度。我国《民法通则》第62条仅规定了附条件的民事法律行为，《合同法》采用狭义的条件用语，在第45条和第46条分别规定了附条件的合同和附期限的合同。《民法典》也在第158条至第160条规定了附条件和附期限的民事法律行为。

需注意的是，并非一切的法律行为都可以有附款。法律规定或依法律行为的性质本身不能有附款的，就不许有附款。例如，销售名牌商品不能搭售劣质商品，返还不当得利或拾得物不得附条件，所有权的享有不能附期限，结婚、认领等身份上的行为不能附期限。民法学上将这些不宜附条件或附期限的法律行为称为避忌(或不许)条件(期限)的民事法律行为。一旦这类法律行为附上条件(或期限)，要么导致该民事行为无效(如搭售商品的行为)，要么导致该行为性质发生变异(如赠与行为附上终期就变成借用行为)，要么导致所附的条件或期限无效(如放弃所有权附有终期，其所附期限无效)。

一、附条件的民事法律行为

(一)附条件民事法律行为的概念

附条件的民事法律行为，是指以当事人约定的客观事实之成就决定其效力产生或消灭的民事法律行为。当事人约定的未来可能发生的客观事实就是“条件”，它既可以是事件，亦可以是行为。作为决定民事法律行为效力的条件，应具备以下要件：

(1)须是将来不确定发生的事实，即在民事法律行为成立时尚未发生的事实。如果当事人把已发生的事实作为确定民事法律行为效力发生或终止的条件(这种事实称为既定条件或已定条件)，不具有条件的法律意义，该法律行为的效力如何应具体分析。在当事人知道该事实已发生的情况下，如果既定条件决定法律行为效力的产生，则认为该法律行为未附任何条件；如果既定条件决定行为效力的消灭，则认为当事人不希望从事该行为，该行为应宣告无效。

---

① 王家福主编：《中国民法学·民法债权》，法律出版社1991年版，第248页。

在当事人不知道该事实已发生的情况下，如果当事人知道该事实后就不会从事该民事行为的，则该行为无效；如当事人知道该事实发生后仍希望从事该行为的，则按当事人知道的情形处理。

(2)须是不确定的事实，即未来可能发生也可能不发生的事实，具有或然性。如果当事人把未来势必发生的事实作为条件(这种事实称为必至条件)，它具有期限的意义，而非条件。如果当事人把未来不可能发生的事实作为条件(这种条件称为不能条件)，以不能条件决定法律行为的生效，应视为当事人根本不希望从事该法律行为，民事行为无效；以不能条件决定法律行为失效的，应视为该法律行为未附任何条件。

(3)须是当事人自行约定的事实。法律行为的附款是当事人意思表示的一部分，理应由当事人自行约定，是当事人意思表示一致的结果。如果当事人把法律规定的事实作为条件(这种条件称为法定条件)，显然是画蛇添足，没有必要。

(4)须是合法的事实，即条件的内容不得违反法律规定和社会公共利益。以不合法的事实作为行为条件的(这种事实称不法条件)，该民事行为当然无效。

(5)条件不得与法律行为的主要内容相矛盾。如果以自相矛盾的内容作为法律行为的条件(这种事实称为矛盾条件)，行为人的目的就变得模糊不清，破坏了行为人意思表示的协调一致，因此应认为以矛盾事实为条件的行为无效。

综上，如果当事人以既定条件、必至条件、不能条件、法定条件、不法条件和矛盾条件(这些条件民法学上称为假装条件或表见条件、非真正的条件)作为法律行为的附款，都不能产生条件的法律意义。在我国的现行民事立法中，为保持法律关系的稳定性，保护权利人的合理预期，行使形成权的民事法律行为通常不得附条件。《民法典》第568条第2款规定，抵销不得附条件或者附期限。学界通说认为，诸如行使解除权、抵销权、追认权、优先购买权等形成权的民事法律行为也不得附条件。其他类型的民事法律行为，如果附条件与民事法律行为性质不符或有违背公序良俗原则的，也不得附条件。如收养行为不得附条件，否则有悖公序良俗。[①]

应注意的是，条件不同于负担。首先，条件是一种事实(当事人是否实施条件所定的行为并不受强制)，而负担是一种义务，必须履行，否则会构成违约而招致强制履行。其次，条件影响限制法律行为的效力，而有负担的法律行为在意思表示成立时就发生法律效力。例如，我国《民法典》第1144条规定："遗嘱继承或者遗赠附有义务的，继承人或者受遗赠人应当履行义务。没有正当理由不履行义务的，经利害关系人或者有关组织请求，人民法院可以取消其接受附义务部分遗产的权利。"这就是一种典型的负担规定。

(二)条件的分类

1.生效条件和解除条件

根据条件是否决定法律行为的生效或失效，可将其分为生效条件和解除条件。生效条件又称停止条件或延缓条件，是指法律行为效力的发生取决于所附条件的成就(作为条件内容的事实确定地实现)，也就是说，法律行为在成立之后并不立即生效，只有在当事人约定的事实发生之后，法律行为才开始生效。解除条件，指法律行为效力的消灭取决于所附条件的成就，即法律行为在条件成就之前已经生效，在当事人约定的条件成就后，法律行为的效力即告终止，权利义务自行解除。

这种划分是立法上通常采用的分法，已为不少国家立法所确认。《民法典》第158条规定：

---

① 王利明主编：《民法》(上册)，中国人民大学出版社2022年第9版，第152页。

“附生效条件的民事法律行为,自条件成就时生效。附解除条件的民事法律行为,自条件成就时失效。”

2.积极条件和消极条件

根据条件的成就是否会发生某种事实,可将其分为积极条件和消极条件。前者指把某种事实的发生作为条件,这种事实的发生,视为条件已成就。反之,则视为条件未成就。后者指把某种事实的不发生作为条件,这种事实的不发生,视为条件已成就。反之,则视为条件未成就。条件的这种划分,是一种学理上的划分,其意义在于更好地理解当事人所附的条件。

(三)条件的效力

1.条件成就与否未定时的效力

因条件可能成就而受益的当事人此时享有的权利只是一种期待权。对于附生效条件的法律行为的当事人而言,这种期待权是一种希望权。因为法律行为一旦成立,就在当事人之间建立了法律关系,双方均应受到约束。但由于条件尚未成就,因条件可能成就而受益的当事人只能对其权利持观望状态,无权要求相对一方履行义务。对于附解除条件的法律行为的当事人而言,这种期待权是一种复归权。因为法律行为在条件成就之前已经生效,在条件未成就前,权利只能由相对一方享有,而不能复归原权利人。

2.条件成就时的效力

因条件成就,当事人所享有的期待权进入兑现状态,变成现实的权利。如无特别约定,附生效条件的法律行为从条件成就之时起开始生效(即条件的成就无溯及力),权利即可行使,义务则应履行;附解除条件的法律行为从条件成就之时起失效,现存的权利义务终止,权利复归原权利人,但条件成就之前所产生的法律效果不受影响(即条件的成就无溯及力)。

3.条件不成就时的效力

因条件不成就,当事人所享有的期待权归于消灭。附生效条件的法律行为便永不能生效,附解除条件的法律行为保持权利义务的现状,就如同未附有条件。

4.附条件利益的保护

附条件的民事法律行为是充分尊重当事人意思表示,为满足现实生活需要而作出的一种法律安排,在条件未成就前,当事人所享有的期待权虽然不是现实的权利,但理应受到法律的保护,禁止相对一方或他人侵犯其期待权。如果在条件成就前,当事人的期待权受到侵害的,其享有损害赔偿请求权。当事人对法律行为附以条件之后,只能听任作为条件的事实自然发展,当事人不得为了自身的利益而恶意地促成或阻碍条件的成就,否则就要承担对其不利的法律后果。针对当事人的这种行为,不少国家立法都作出关于拟制条件成就或不成就的相关规定。例如,《德国民法典》第162条规定:“因条件的成就而会受不利益的当事人违背诚实信用,阻止条件成就的,条件视为已成就。因条件的成就而受利益的当事人违背诚实信用,促成条件成就的,条件视为未成就。”①《日本民法典》第130条也作出了类似的规定。②《民法典》第159条也规定:“附条件的民事法律行为,当事人为自己的利益不正当地阻止条件成就的,视为条件已成就;不正当地促成条件成就的,视为条件不成就。”《民法典总则编司法解释》第24条规定,民事法律行为所附条件不可能发生,当事人约定为生效条件的,人民法院应当认定民事法律行为不发生效力;当事人约定为解除条件的,应当认定未附条件,民事法律行为是否失效,依照民

① 陈卫佐译注:《德国民法典》,法律出版社2020年第5版,第59页。

② 刘士国、牟宪魁、杨瑞贺译:《日本民法典:2017年大修改》,中国法制出版社2018年版,第23页。

法典和相关法律、行政法规的规定认定。

二、附期限的民事法律行为

附期限的民事法律行为，是指以当事人约定的时间之到来决定其效力产生或消灭的民事法律行为。

当事人所约定的时间就是一种期限，它应具备以下条件：(1)须是民事法律行为成立之日尚未到来的时间；(2)须是肯定能够到来的具有现实意义的未来时间，这是期限与条件的不同之处，期限必须是将来确定的事实，而条件则是未来不确定的事实；(3)须是当事人约定的时间而非法定期限。

根据期限是否决定法律行为的生效或失效，可将期限分为始期和终期。前者指以当事人约定的时间的到来(始期的到来，称届至)作为法律行为生效的条件，后者指以当事人约定的时间的到来(终期的到来，称届满)作为法律行为效力终止的条件。《民法典》第160条规定："民事法律行为可以附期限，但是按照其性质不得附期限的除外。附生效期限的民事法律行为，自期限届至时生效。附终止期限的民事法律行为，自期限届满时失效。"

根据期限到来的时间是否明确，可将期限分为确定期限和不确定期限。前者是指能够准确界定具体时日的期限，包括期日与期间，如"2022年7月15日""自今天起3个月内"。后者是指不能准确界定具体时日的期限。在不确定的期限中，期限内容中的事实是确定的，而其到来的具体时日则无法明确，如"王五死亡时"。

期限的效力体现在：(1)期限未到来之时的效力。因期限到来而受益的当事人在期限到来之前享有的是一种期待权，这种期待权不同于附条件的法律行为中当事人所享有的期待权。后者是一种不确定的期待权，而前者是一种确定的期待权，因为期限的到来是确定无疑的。附始期的法律行为在期限到来之前未生效，权利不能行使，义务不必履行。附终期的民事法律行为在期限到来之前继续有效，权利继续享有，义务应当履行。例如《法国民法典》第1186条规定："附期限的债，在到期之前，不得要求履行，但已经提起进行的清偿，不得请求返还。"[①]《日本民法典》第135条规定：附始期的法律行为，其法律行为的履行届至前不能请求。附终期的法律行为，其法律行为的效力在期限届至时消灭。[②] (2)期限到来后的效力.因期限的到来，当事人享有的期待权进入兑现状态，变成现实权利。附始期的法律行为开始生效，如无特别约定，期限的效力是向前发展的，即期限无溯及力。附终期的法律行为归于消灭，权利义务终止，对期限届满之前的法律行为，其效果不受影响，即期限无溯及力。如当事人约定期限届满的效力追溯自行为成立或生效之时，应认定该行为无效。

在期限到来之前，当事人虽然未实际取得一定的权利或使一定的权利回复，但存在取得权利或回复权利的可能性。因此与附条件的民事法律行为一样，附期限的法律行为的当事人享有期待权，这种权利也应受到法律保护。[③] 同附条件的民事法律行为一样，原则上，民事法律行为均可附期限。但是，依民事法律行为的性质不得附期限的除外。这样的行为主要包括身份上的行为，如结婚、收养等。[④] 民事法律行为附期限与公序良俗相悖的，也不得附期限。

---

① 罗结珍译：《法国民法典》，北京大学出版社2010年版，第313页。

② 刘士国、牟宪魁、杨瑞贺译：《日本民法典：2017年大修改》，中国法制出版社2018年版，第24页。

③ 梁慧星：《民法总论》，法律出版社2021年第6版，第199页。

④ 黄薇主编：《中华人民共和国民法典总则编解读》，中国法制出版社2020年版，第521页。

第七节 民事法律行为的解释

一、民事法律行为解释的概念

意思表示与民事法律行为虽然并不完全相同，但民事法律行为的核心内容是意思表示。民事法律行为的解释，其实也就是意思表示的解释。民事法律行为的解释，是指在行为人的内心意思与表示行为不一致时，运用法律规定的原则和方法，具体阐明并确定意思表示的内容，明确模糊的意思表示或补充不完整的意思表示，以使行为人的内心真意得以全面展现，从而实现其所追求的法律效果。民事法律行为解释的目的在于探究行为人真实的意思表示。

二、民事法律行为解释的方法

民事法律行为的解释有意思主义和表示主义两种理论。意思主义理论认为，当行为人的内心意思与外部表现形式不一致时，应以行为人的内心意思为准确定法律行为的内容。《法国民法典》第1156条规定："解释契约，应当从契约中寻找诸缔约当事人的共同意图(commune intention)，而不应拘泥于用语的字面意思。"[①]《德国民法典》第133条规定："在解释意思表示时，必须探究真意，而不得拘泥于词句的字面意义。"[②]这些规定都反映了意思主义对该国立法的影响。表示主义理论认为，当行为人的内心意思与外部表示不一致时，应以外部的表示为准。意思表示是一种表示的意志，而不是不为外人所窥知的行为人的内心意思，因此应从行为人的言行去判断法律行为的内容。《德国民法典》第119条第1款规定："在作出意思表示时，就它的内容发生错误或根本无意作出这一内容的意思表示的人，如须认为其在知悉实情并合理地评价情况时就不会作出该表示，则可以撤销该表示。"[③]这反映了表示主义理论的影响，是对第133条规定运用的一种限制。从两种理论的价值取向看，意思主义重在探求行为人的内心真意，倾向保护行为人的利益；表示主义重在通过外部表现探求行为人的意思表示，倾向保护相对人的信赖利益和交易的安全。现代民法从平衡两种利益的角度出发，大多采取折衷主义，但偏重不同。从促进经济发展、鼓励交易的角度出发，应侧重于表示主义，即以表示主义为原则，意思主义为补充。

《合同法》第125条第1款规定："当事人对合同条款的理解有争议的，应当按照合同所使用的词句、合同的有关条款、合同的目的、交易习惯以及诚实信用的原则，确定该条款的真实意思。"《民法典》在这一条款基础上进行了细化，区分了有相对人的意思表示和无相对人的意思表示。《民法典》第142条规定："有相对人的意思表示的解释，应当按照所使用的词句，结合相关条款、行为的性质和目的、习惯以及诚信原则，确定意思表示的含义。无相对人的意思表示的解释，不能完全拘泥于所使用的词句，而应当结合相关条款、行为的性质和目的、习惯以及诚信原则，确定行为人的真实意思。"从这一条文可以看出，对于有相对人的意思表示的解释，既需要考虑表意人的内心真实意思，即主观想法；也要考虑相对人的信赖利益，即客观情况，将二

---

① 罗结珍译：《法国民法典》，北京大学出版社2010年版，第309页。

② 陈卫佐译注：《德国民法典》，法律出版社2020年第5版，第50页。

③ 陈卫佐译注：《德国民法典》，法律出版社2020年第5版，第42页。

者结合起来考虑，学理上也称为主客观相结合解释主义。对于无相对人的意思表示的解释，主要探究表意人的内心真实意思，对客观情况考虑较少，学理上也称为主观解释主义。[①]

根据《民法典》第142条的规定，我国民事法律行为解释的方法主要有以下几种：(1)文义解释，即按照意思表示所使用的的词句进行解释。由于语言文字具有多义性，主体的理解不同就会发生争议。对于有关的用语本身，应当以一个普通人的合理理解为标准进行解释。[②] (2)体系解释，即整体解释，是将当事人意思所表示的各项合同条款、文件、信件等，作为一个整体或者体系，结合各个材料之间的关联性，来确定当事人的民事法律行为的意思。《民法典》第142条的“结合相关条款”即可被认为是体系解释。(3)目的解释，即在解释民事法律行为时，行为人从事民事法律行为的目的进行解释，从而确定当事人的真实意思表示。如《民法典》第142条规定了从“行为的性质和目的”来解释意思表示。解释法律行为自应符合当事人所欲达成之目的。如当事人意思表示的内容前后矛盾或暧昧不明，应通过解释使之协调明确，衣服和当事人之目的。[③] (4)习惯解释，对意思表示有争议的，应根据当事人的生活或交易习惯进行解释。《民法典》第142条确立习惯解释。(5)诚信解释，即解释民事法律行为或行为人意思表示时，应遵循诚实信用原则。依诚实信用原则，法律行为所使用文字词句有疑义时，应依诚实信用原则确定其正确意思，法律行为内容有漏洞不能妥善规定当事人权利义务时，应依诚实信用原则补充其漏洞。[④]《民法典》第142条确立了意思表示的诚信解释原则。

① 最高人民法院民法典贯彻实施工作领导小组：《中华人民共和国民法典总则编理解与适用(下)》，人民法院出版社2020年版，第717页。

② 王利明、杨立新、王轶等：《民法学》，法律出版社2020年第6版，第203页。

③ 梁慧星：《民法总论》，法律出版社2021年第6版，第202页。

④ 梁慧星：《民法总论》，法律出版社2021年第6版，第204～205页。

第7章 代　理

第一节　代理的概念

一、代理的含义和特征

(一)代理的含义

在民法上,代理是指由一人代表另一人为法律行为,其所产生的法律效果归属于所代理的另一人。民法上的代理有狭义与广义之分。狭义的代理,即直接代理,是指代理人在代理权范围内,以被代理人的名义同第三人独立为民事法律行为,由此产生的法律效果直接归属于被代理人的一种法律制度。广义的代理,是指代理人以被代理人名义或以自己名义代被代理人为民事法律行为,并使所产生的后果直接或间接地归属于被代理人。在广义代理中,如代理人以自己名义代被代理人为民事法律行为,并使所产生的后果间接地归属于被代理人,在学理上称之为间接代理。广义代理包括直接代理和间接代理。大陆法系国家所称代理一般指狭义代理,对于间接代理是按行纪关系处理。英美法系国家则采广义代理的概念。

根据《民法典》第161条和第162条的规定,民事主体可以通过代理人实施民事法律行为;代理人在代理权限内,以被代理人名义实施的民事法律行为,对被代理人发生效力。这种代理即直接代理,是现代民法中狭义的代理。在代理制度中,代替他人实施民事法律行为的人称为代理人,由他人代替自己实施民事法律行为的人称为被代理人或本人,与代理人实施民事法律行为的人称为第三人或相对人。

代理制度出现在近代资本主义社会,是商品经济发展的产物。1804年的《法国民法典》将代理作为"委任"契约列入"取得财产的各种方法",从而初步有了代理的规定。1900年《德国民法典》将代理列入"法律行为"一章加以规定,奠定了大陆法系国家代理法律制度的框架体系。在英美法系国家,代理法自成一体,其涉及范围也比大陆法系广泛得多,它通常包括团体成员(合伙、雇主与雇员)的内部关系与企业交易的对外代理关系等。

《民法通则》将"民事法律行为和代理"列为第四章,然后又将"民事法律行为"与"代理"各自独立规定为一节,民事法律行为与代理就成了两个并立关系的概念。《民法典》将代理和民事法律行为区别开来,单独作出规定,改变了传统大陆法系国家将两者合并规定的模式。这主要是考虑代理制度本身已经自成体系,形成了完整的自身规则,且在实践中,其适用范围较为广泛，所以有必要与民事法律行为分开规定。[1] 在内容上，《民法典》第七章对代理的概念、种类、适用范围、当事人的民事责任等问题，都作了明确规定，它们构成我国调整代理关系的基本法律依据。然而，《民法典》合同编第二十三章"委托合同"又包含了所谓间接代理的规定，从而变更了原有的立法体系，形成了目前的立法模式：一方面在《民法典》总则编中承认了直接代理制度，另一方面在《民法典》合同编关于委托合同的规定中承认了间接代理制度，但仍然区分委托合同和代理关系。我国代理制度的确立，为自然人和法人等民事主体实现自己的民事权利，参与社会经济生活提供了极大的方便，对开展国际经济技术合作，发展社会主义市场经济，均具有重要的意义。

（二）代理的特征

1.代理是由代理人以被代理人名义所进行的民事法律行为

代理以被代理人名义进行，是指代理人进行民事法律行为时，直接以被代理人作为将产生的民事法律关系的当事人一方，由其享有相应的民事权利，承担民事义务。

是否以被代理人名义进行民事行为，是代理行为区别于非代理行为的重要标志。如行为人以自己名义为自己利益进行活动，自然不是代理作为。行为人虽为委托人利益进行活动，如以自己名义而不是以委托人名义进行的，也不是代理，而是行纪或信托、居间。

行为人代办的事务是否是民事法律行为是区分代办事务是否构成代理的标志。如代人保管物品、代人抄写书稿等行为都不是以意思表示为特征的民事法律行为，因而不是代理。

2.代理是代理人在代理权限内独立进行的民事法律行为

代理权是代理人代被代理人进行民事法律行为的基础。代理人必须依据代理权，并在代理权限范围内为意思表示。这样才能体现被代理人的意志，为被代理人实现利益。如果代理人使用被代理人名义在意定范围之外活动而事后又没有被代理人的追认，该行为应视为代理人自己的行为，对被代理人不发生效力，由行为人自己承担责任。

代理须是代理人独立为民事法律行为。因为代理制度产生的原因就是因为某些民事主体无民事行为能力或行为能力受限制，而不能独立实施民事法律行为，或有些民事主体虽有行为能力，但在时间上、体力上、地域上、技能上不能亲自去完成民事法律行为，而需要代理人的帮助，代理人就需以自己的技能独立进行意思表示，代被代理人实施民事法律行为。

3.代理是代理人以被代理人名义与第三人进行的民事法律行为

代理人代被代理人进行的民事法律行为，必定是代理人对第三人作意思表示或接受其意思表示的行为。即本由被代理人与第三人进行的行为由代理人代办。因此，缺少相对人（第三人）是无从产生代理关系的。例如，承揽人自己完成他人委托事项，而不针对第三人为法律行为，因而就不是代理。

4.代理是由本人承受法律效果的行为

代理人在代理权限内以本人名义向相对人为意思表示或接受意思表示的行为一旦生效，即在相对人与本人之间形成某种法律关系。由此发生的法律效果应直接归属于被代理人，由被代理人享有相应的权利和承担相应的义务。这项特征也使得合法代理行为同无效代理行为、冒名欺诈行为和侵犯公民姓名权、法人名称权的行为明显区别开来。

---

[1] 王利明、杨立新、王轶等：《民法学》，法律出版社 2020 年第 6 版，第 232 页。

（三）代理与相关概念的区别

1.代理与传达人、使者的区别

传达人或使者是将当事人的意思表示传达给对方当事人的传话人。其任务仅在于忠实传达委托人已经决定的意思表示，在传达中自己不进行意思表示，也不得以自己的意思改变委托人的意思。而在代理关系中，则要由代理人直接、独立地进行意思表示，以自己的意志决定意思表示的内容和民事法律行为生效与否。

在代理关系中，被代理人不必有民事行为能力，而在传达关系中，被传达人须有完全民事行为能力，否则，无从产生可以由传达人代为传达的意思。

2.代理与法定代表人

法定代表人，是依照法律规定或法人章程的规定代表法人行使职权的负责人。代表人与代理人不同：代表人是法人机关的本身，代表人与法人之间的关系属其内部关系；代表人的人格在行为时已被本人所吸收，代表人的行为直接视为法人的行为，法律后果直接由所代表的法人承受。而在代理关系中，代理人与被代理人分别为人格独立的主体。代理人不是法人机关本身，而是由法定代表人委托的以其代理权代法人为民事法律行为的人。代理行为不是被代理人行为，仅行为后果由本人承受而已。

代理行为适用的范围是民事法律行为，而代表行为的适用范围不仅涉及法律行为，而且涉及事实行为与侵权行为。

3.代理与居间

居间人是为委托人与第三人进行民事法律行为报告信息机会或媒介起联系作用的中间人。代理人与居间人的区别在于：代理人以代理权为基础为被代理人进行民事法律行为，要独立为意思表示；而居间人并不代委托人进行民事法律行为，仅为委托人报告订约机会，或为订约媒介，并不参与委托人与第三人之间的关系。居间人也没有将处理事务的后果移交给委托人的义务。

4.代理与行纪

行纪，是指一方根据他人的委托，以自己的名义为他方从事贸易活动，并支取报酬的行为。行纪与直接代理都是发生于三方当事人之间的关系，并且都是为他人活动，这是两者的相似之处。但在行纪中，行纪人以自己名义活动，其与第三人订立的合同，直接对自己发生效力，委托人与第三人并无直接权利、义务关系；行纪人只是为了委托人利益，须间接地将其取得的民事法律效果转移给委托人；而在代理关系中，代理人是以被代理人名义进行民事法律行为，并将法律效果直接归属于被代理人。

5.代理与信托

信托是委托人基于对受托人的信任，将其财产权转移给受托人，受托人按委托人的意愿，以自己的名义为受益人利益管理或处分财产的行为。英美法系国家盛行的信托制度与代理有许多相似之处。代理行为与信托行为都受到本人或受益人利益的制约。

两者的区别主要在于：在代理关系中，代理人须以被代理人名义对外活动，而在信托制度下，受托人是信托财产的权利主体，是以自己的名义对外进行活动。受托人也享有比代理人更大的权限。此外，受托人为管理信托财产而对外实施的行为所产生的法律后果，由受托人名下的信托财产承担，对于信托财产的收益，受益人享有受益权；而在代理关系中，代理人所实施代理行为的后果则直接由本人承担。

二、代理的适用范围

代理的适用范围是指代理行为标的范围，即哪些行为法律允许代理，哪些行为不能代理。《民法典》第 161 条规定："民事主体可以通过代理人实施民事法律行为。依照法律规定、当事人约定或者民事法律行为的性质，应当由本人亲自实施的民事法律行为，不得代理。"从严格意义上讲，民事代理只适用于民事主体之间有关民事权利义务设立、变更、消灭的民事法律行为。具体来说，包括：(1)双方民事法律行为，如买卖、租赁、借贷、承揽、保险、运输等合同行为都可以通过代理进行；(2)单方民事法律行为，例如代理被代理人行使追认权、撤销权等；(3)准民事法律行为，如代为进行要约邀请、要约撤回、承诺撤回、债权的主张和承认等。

不可适用民事代理的场合主要有：(1)违法行为或法律禁止的行为不可代理。《民法典》第 167 条规定："代理人知道或者应当知道代理事项违法仍然实施代理行为，或者被代理人知道或者应当知道代理人的代理行为违法未作反对表示的，被代理人和代理人应当承担连带责任。"因此，违法行为不适用代理。(2)法律明确规定不能代理的情形。基于种种政策考虑，法律规定了一些行为不允许代理，有效的代理行为应当以法律允许代理为前提。[①] 例如，《民法典》第 1049 条规定："要求结婚的男女双方应当亲自到婚姻登记机关申请结婚登记。"因此，结婚行为必须双方当事人亲自实施，不得代理。(3)当事人约定不能代理的情形。当事人约定某一民事法律行为必须由本人亲自实施的，依据意思自治原则，在约定不违反强制性规范或者公序良俗的情形之下，当事人的约定可以排除代理的使用。(4)依照民事法律行为的性质不能代理的情形。这是《民法典》相较于《民法通则》新增加的内容。这主要有两类行为：一类是意思表示具有严格的人身性质，必须由本人亲自作出决定和进行表达的行为，不许代理。例如，立遗嘱、婚姻登记、收养子女等民事法律行为。另一类是具有严格人身性质的债务，或当事人约定必须由本人实施债的给付的，如绘画、演出也不得代理。

超出民事法律行为范围发生的代理，如专利申请、纳税申报、诉讼中的代理，虽然与民事代理性质不同，代理的内容与代理人的资格要求也有区别，但民事代理制度的有关基本规则也可以适用。

三、代理制度的功能

1.补充和扩张了民事主体的民事行为能力

代理制度可以使无民事行为能力人或限制民事行为能力人的民事行为能力通过代理得到弥补。对完全民事行为能力人，代理制度则让他以分身有术，使其民事行为能力得以扩张。法人民事主体民事行为能力的实现要通过法定代表人实现，而法人业务的广泛性和复杂性，也决定了其行为能力的实现依赖法定代表人委托代理人代理的方式。因此，代理制度的主要功能就是补充和扩张了民事主体的行为能力。

2.充实了民事自由，使当事人意思自治得以真正实现[②]

意思自治原则不仅允许当事人依其意思亲自为法律行为，而且包括当事人依其自由意思授权他人代为意思表示，从而充实了当事人进行民事活动的自由，使其意思自治得以充分实现。

---

① 王利明、杨立新、王轶等：《民法学》，法律出版社 2020 年第 6 版，第 232 页。

② 江平主编：《民法学》，中国政法大学出版社 2000 年版，第 251 页。

代理制度的上述功能，大大拓展了民事主体的能力领域，从而扩展了民事法律行为和民事法律关系的范围，有力地促进了社会经济的发展。代理系以扩张及补充私法自治为目的，而依他人行为而取得权利负担义务之制度，不得视其为私法自治之例外。不过此制度仍非直接基于自己意思之行为，而承认权利义务之变动，是使本人利益系于代理人之行为。因此，各国民法为防止代理权的滥用设有限制规定。[①]

第二节　代理的分类

在民法学上，根据不同的标准，可对代理作不同的分类：

一、直接代理和间接代理

直接代理，就是指代理人以被代理人名义为民事法律行为，所产生的法律后果直接归属于被代理人。直接代理也就是民法学上狭义的代理。

间接代理，是指代理人以自己名义为被代理人之利益为民事法律行为，而其法律效果间接地归属于被代理人。广义的代理既包括直接代理，也包括间接代理。

民法学上有关直接代理、间接代理的区分，也反映在不同法系国家对代理制度的设计、调整上。大陆法系国家多采用直接代理概念，强调代理在对外进行民事活动时，应以被代理人名义进行，并要表明代理人的身份。

英美法系国家采用广义代理概念，代理既包括直接代理也包括间接代理。英美法系国家将代理区分为显名代理和隐名代理。显名代理，是代理人公开委托人姓名而为的代理，所订合同的效果直接由委托人承受。代理人一般不享有合同权利，也不承担合同义务或责任。隐名代理，是代理人代订合同时向对方公开了代理关系但不透露委托人姓名或者不公开代理关系而为的代理。在代理人公开代理关系但不透露委托人姓名的情况下，所订合同对隐名委托人发生拘束力，而代理人对合同不承担责任。代理人代订合同时既未指明委托人的身份或姓名，又未说明委托代理关系，而是以自己名义订立合同的，委托人有直接介入权，即可向第三人行使请求权，又可向第三人行使诉权，不过一旦行使介入权而介入与第三人的关系，就要对第三人承担责任。与直接介入权相对，第三人可有选择权，他既可以向委托人行使请求权和诉讼请求权，又可以向其代理人行使请求权和诉讼请求权，一旦选中其中一人后就不得再反悔。[②]

大陆法系国家的显名主义，原则上要求必须公开被代理人的姓名，但在例外情况下，即使没有公开被代理人的姓名，但相对人已经知道代理人与被代理人之间的代理关系的，也能够产生代理的效果。[③]《德国民法典》第 164 条第 1 款规定，该意思表示是否明示地以被代理人的名义为之，或情事是否表明该意思表示应系以被代理人的名义为之，并无区别。[④] 而对于间接代理，大陆法系国家则不认为是代理，而是当作行纪关系处理，行纪人行为的后果不能直接由

① 梁慧星：《民法总论》，法律出版社 2021 年第 6 版，第 328 页。

② 董安生等编译：《英国商法》，法律出版社 1991 年版，第 195 页。

③ 黄薇主编：《中华人民共和国民法典总则编解读》，中国法制出版社 2020 年版，第 526 页。

④ 陈卫佐译注：《德国民法典》，法律出版社 2020 年第 5 版，第 60 页。

委托人承受，而只能由其间接承担，即行纪人向委托人完成了一项转移有关权利义务关系的民事法律行为之后，委托人方可向第三人主张权利或履行义务。有学者认为这实质上是债权关系的转移。[①]

我国原有的民商立法及民法学，仅承认所谓的直接代理，并不认同间接代理。但外贸经营活动中，长期存在外贸代理制度，该项制度中，作为代理人的外贸进出口公司，系以自己的名义而非被代理人的名义进行代理活动，与直接代理有明显不同。《合同法》在第二十一章“委托合同”中，以外贸代理为实践基础，又借鉴了《国际货物销售代理公约》中的相关规定，正式承认了间接代理。[②]《民法典》第925条和第926条保留了《合同法》的规定，在合同编“委托合同”一章对隐名代理和间接代理作了规定。

二、委托代理和法定代理

《民法典》第163条规定，代理包括委托代理和法定代理。因此，在我国，代理可以分为委托代理和法定代理。

(一)委托代理

委托代理是指基于被代理人的委托授权而发生代理权的代理，由于它是依据本人意思而产生代理权的代理，本人意思表示是发生委托代理的前提条件，因此又称为意定代理。委托授权行为是被代理人以委托的意思表示将代理权授予代理人的行为。它是委托代理产生的根据。《民法典》有关委托代理的规定，明确使用了“授权委托书”术语，可见《民法典》也把授权行为作为委托代理发生的根据。

对于委托授权行为的法律性质，理论上存在契约说与单方行为说两种观点。契约说主张委托代理是被代理人与代理人之间的一种契约关系；而单方行为说认为代理权的授予，并不是一种契约关系而是一种单方法律行为，它不必取得代理人的同意，仅凭被代理人一方的意思表示，就能发生授权的效力。根据《民法典》第165条的规定，授权委托书只需要委托人签名或者盖章，因此可以认为《民法典》采用了“单独行为说”。

通常情况下，在被代理人完成授权行为之时，被代理人与代理人之间往往已设定了一种合同关系，作为代理权赖以产生的基本法律关系。所以，委托合同是产生委托代理授权的原因或基础，委托代理权就成为受托人处理委托事务的一种手段。但是，委托合同的成立和生效，并不当然产生代理权，只有委托人作出委托授权的单方行为，代理权才发生。此外，劳动合同关系、合伙关系、职务关系，并不存在委托合同关系，也能产生委托代理授权。

委托代理是最主要的代理种类，《民法典》关于代理的条文主要是关于委托代理的规定。

(二)法定代理

法定代理，是依照法律的规定发生代理权的代理。这种法律规定，即法定授权行为，是国家立法机关基于保护公民和维护交易秩序的特别需要，而作出的关于具有特定身份的民事主体有权代理他人为民事法律行为的规定。由于法定代理人的代理权来自法律的直接规定，无须被代理人的授权，因此，代理人只能在法律规定的权限范围内行使代理权[③]，也只有在法定的情形之下，才能取消被代理人的代理权。

---

① 佟柔主编：《中国民法学·民法总则》，中国人民公安大学出版社1990年版，第264页。

② 参见《合同法》第402条和第403条。

③ 郑玉波：《民法总则》，中国政法大学出版社2003年版，第408页。

法定代理通常适用于被代理人是无民事行为能力人、限制民事行为能力人的情况。《民法典》第19条和第20条规定，限制民事行为能力人依法不能独立实施的民事行为，由他的法定代理人代理或征得法定代理人的同意实施；无民事行为能力人由他的法定代理人代理实施民事活动。《民法典》第23条规定，无民事行为能力人，限制民事行为能力人的监护人是其法定代理人。因此，具有监护人资格的人，依法享有法定代理权。监护人作为法定代理人实施代理行为时，应遵循《民法典》第35条规定的行为准则，本着有利于被监护人利益的原则而为之。监护人实施代理行为违反监护职责的要求或者侵害被监护人的合法权益时，应当承担由此产生的不利后果；若因此致被监护人受到损失，应负赔偿责任。

《民法通则》将代理分为委托代理、法定代理和指定代理①，《民法典》第163条删除了指定代理，将指定代理纳入法定代理中进行规定。按照立法者的观点，指定代理只是法定代理的一种特殊形式，而不属于独立的代理类型。法定代理和指定代理都是基于法律的直接规定而产生的代理权，只不过在指定代理的情形中多了一个指定程序而已，并不影响法定代理的性质。② 而且，与委托代理和法定代理相比，指定代理的发生面较为狭窄，其适用范围远不如委托代理和法定代理的适用范围广泛。③

三、单独代理和共同代理

依据代理人人数是一人还是多人，可将代理划分为单独代理和共同代理。单独代理，是代理人只有一人的代理，即代理权属于一人。共同代理，是代理人有两个以上的代理，即代理权属于两个以上的代理人。共同代理只有一个代理权，如果数个代理人有数个代理权，属于集合代理，而不是共同代理。④ 共同代理中的数个代理人应共同行使代理权、共同实施代理行为，任何一个代理人都不得擅自单独实施代理行为。

《民法典》承认共同代理，在第166条规定，数人为同一代理事项的代理人的，应当共同行使代理权，但是当事人另有约定的除外。《民法典》将共同代理规定在"委托代理"一节之中，表明其适用于委托代理。但严格地说，共同代理和单独代理一样，既可以适用于委托代理，也可以适用于法定代理。⑤

这一分类的意义在于明确共同代理权的行使及其责任。共同代理权的行使应由多个共同代理人共同行使。如果其中一人或者数人未与其他代理人协商或不按协商的意思代理，其行为侵害被代理人权益的，由实施行为的代理人承担民事责任。《民法典总则编司法解释》第25条规定，数个委托代理人共同行使代理权，其中一人或者数人未与其他委托代理人协商，擅自行使代理权的，依据《民法典》第171条、第172条等规定处理。

四、本代理与复代理

根据代理人的选任和产生的不同，代理可分为本代理和复代理。本代理，是指由本人选任

① 参见《民法通则》第64条。

② 李适时主编：《中华人民共和国民法总则释义》，法律出版社2017年版，第509页。

③ 最高人民法院民法典贯彻实施工作领导小组：《中华人民共和国民法典总则编理解与适用（下）》，人民法院出版社2020年版，第814页。

④ 黄薇主编：《中华人民共和国民法典总则编解读》，中国法制出版社2020年版，第539页。

⑤ 王利明、杨立新、王轶等：《民法学》，法律出版社2020年第6版，第239页。

代理人或直接依法律规定产生代理人的代理。复代理,也叫再代理,是指由本代理之代理人为本人选任代理人而产生的代理。它是本代理的代理人为了处理代理权限内的全部或一部事务,以自己的名义选定他人作为本人的代理人,他人行为效果又直接由本人所承受,又称为转委托。

这一分类的意义在于明确本代理的代理人与复代理的代理人对本人的代理责任。通常情况下,本代理的代理人必须亲自为代理行为而不得擅自转委托,代理人转委托他人时必须事先征得本人同意,或事后追认。如果本人不同意转委托的,应由本代理人对其转委托行为负责。但在紧急情形下,本代理人可以为本人利益转委托。这里所讲的紧急情况,是指由于急病、通信联络中断等特殊原因,委托代理人自己不能办理代理事项,又不能与被代理人及时取得联系,如不能及时转委托他人代理,会给被代理人造成损失或扩大损失。

转委托成立后,复代理人只能在本代理人的代理权限范围内为代理行为。复代理人因过错给本人造成损害的,本代理人应对其选任复代理人向本人承担责任。《民法典》第 169 条规定,代理人需要转委托第三人代理的,应当取得被代理人的同意或者追认。转委托代理经被代理人同意或者追认的,被代理人可以就代理事务直接指示转委托的第三人,代理人仅就第三人的选任以及对第三人的指示承担责任。转委托代理未经被代理人同意或者追认的,代理人应当对转委托的第三人的行为承担责任,但是在紧急情况下代理人为了维护被代理人的利益需要转委托第三人代理的除外。

五、职务代理

职务代理是指根据代理人的职务而产生的代理,无须法人或其他组织的特别授权,其法律效果由法人或其他组织承担。[①]《民法典》承认了职务代理,在第 170 条第 1 款规定,执行法人或者非法人组织工作任务的人员,就其职权范围内的事项,以法人或者非法人组织的名义实施的民事法律行为,对法人或者非法人组织发生效力。在法律上承认职务代理的意义在于:一方面,它使我国委托代理的代理权来源多元化。产生委托代理的合同不仅包括委托合同,而且包括劳动合同、合伙协议等。[②] 另一方面,能够弥补商事交易中法定代表人制度的不足,满足法人和非法人组织对外活动的需求,也能够增强对外行为结果的确定性和可预见性,维护正常交易秩序、降低交易成本和提高交易效率。[③] 我国之前的法律中对职务代理没有作出明确规定,直到 2017 年《民法总则》才专门规定了职务代理。《民法典》总则编对职务代理进行了保留。

第三节 代理权

一、代理权的概念和性质

代理权是指代理人能够以他人名义独立为意思表示,并使其法律效果归属于他人的一种资格或法律地位。代理权是代理制度的核心内容。《民法典》第 163 条第 2 款规定,委托代理

① 王利明、杨立新、王轶等:《民法学》,法律出版社 2020 年第 6 版,第 244 页。

② 尹飞:《体系化视角下的意定代理权来源》,载《法学研究》2016 年第 6 期。

③ 黄薇主编:《中华人民共和国民法典总则编解读》,中国法制出版社 2020 年版,第 551 页。

人按照被代理人的委托行使代理权。法定代理人依照法律的规定行使代理权。

关于代理权的性质，目前尚无统一的看法，民法学界有权利说、权限说、权力说、行为能力说、权能说等不同的观点。[①] 权利说认为代理权是代理人依法享有的一种民事权利，对该种权利的性质，又有形成权、财产管理权、类似于监护权的人身权等不同看法。权限说认为代理权名为权利，实为权限，即代理权是与代理人自己利益并无必然联系的权限。权力说认为代理权是代理人可以凭借其改变本人与其他人的法律关系的权力。行为能力说认为代理权是代理人以被代理人名义为法律行为的资格或地位，是代理人实施代理行为的行为能力。权能说认为民法中权利是由权能和利益构成的，代理权实质上是代理人实现被代理人利益的一种法律权能。

我们认为，确定代理权的性质，应从代理法律关系的角度来进行分析，因为代理关系是决定代理权的发生、行使和效力的基础。代理法律关系是指代理人以被代理人名义同第三人为法律行为而发生在其相互之间的权利义务关系。代理法律关系包含代理人与被代理人之间的代理的内部关系，代理人与相对人、委托人与相对人之间的代理的外部关系。从代理的内部关系来考察，其或是委托授权关系，或是监护关系。前者是为了使被代理人充分行使自己的民事行为能力，后者是为对一些民事主体行为能力的欠缺给予补救。因此，代理权与当事人的行为能力有密切关系。从代理的外部关系来看，代理权只是一种资格或地位。这种资格或地位，是指代理人得以被代理人名义向第三人为意思表示或接受第三人意思的资格或地位。[②] 代理人取得此种资格后所为的民事行为，受到法律的承认和保护，并依法产生一定的效果。而此种资格的合法性，系由被代理人的民事权利所派生，而且此种资格的设定和变动，以他人（委托人）的意思表示为条件。在其中并不存在任何代理人独立的利益，因而权利说不符合权利是受法律保护的主体的利益这一本质特征，有明显缺陷；而将代理权视为权限的权限说，将代理权等同于执行职务的权限，将代理权的发生视为雇佣关系、委托关系的法律后果，是混淆了代理关系与代理基础关系；而将代理权界定为权力，则混淆了公法与私法的区别；将代理权理解为代理人实施代理行为的行为能力，也有违权利能力、行为能力与主体人身不可分离的原理；而权能说则割裂了民事权利中利益与权能的联系，利益是权利的核心，权能是实现利益的措施，权能的主体也应是被代理人，而不是代理人。由此可见，代理权是从民事主体（委托人）的民事权利中派生出来的一种法律资格，目的是为弥补、扩展民事主体的民事行为能力，其性质为单独的一种资格。

二、代理证书

（一）代理证书的概念与内容

代理证书，又称授权委托书，是由被代理人制作的、证明代理人有代理权并指明其权限范围的法律文书，是委托代理授权行为的书面形式，只存在于委托代理中，在法定代理和指定代理中，不存在代理证书。

根据《民法典》第165条的规定，委托代理授权采用书面形式的，授权委托书应当载明代理人的姓名或者名称、代理事项、权限和期间，并由被代理人签名或者盖章。本条虽然删除了《民法通则》第65条规定的口头形式的内容，但是在行为导向上鼓励当事人更多地选择书面形式

① 江平主编：《民法学》，中国政法大学出版社2000年版，第264～266页。

② 佟柔主编：《中国民法学·民法总则》，中国人民公安大学出版社1990年版，第278～280页。

订立授权委托书。应该说,委托代理的授权委托可以采取口头、书面或者其他形式。[①] 代理事项和代理的权限范围应明确、具体不易发生歧义。依照法律或者惯例应予特别授权的代理行为,代理证书未特别指明的,视为未予授权。在商业实践中,介绍信常作为代理证书使用,我国司法实践也承认其法律效力。

(二)代理证书的性质与效力

委托授权行为是单方法律行为,作为其表现形式的代理证书具有单独的证明力。实践中,代理人实施代理行为时,只需出具代理证书,即可表明其代理权的存在,而不以出示委托合同为必要。因委托合同只调整代理人的内部关系,作为第三人,无须了解委托合同的存在。为保护信赖代理证书的善意相对人,即使委托合同无效或可撤销,或委托合同已解除,只要代理证书没有收回,委托人又未公开声明代理证书无效,则代理人持代理证书对善意相对人的法律行为,其法律效果仍归于被代理人。

(三)代理证书不明的法律责任

对于授权不明的法律责任,《民法通则》第 65 条第 3 款规定,委托书授权不明的,被代理人应当向代理人承担民事责任,代理人负连带责任。学界普遍认为这一规定对于代理人过于苛刻,不利于代理制度的运用和功能发挥。[②] 故《民法典》删除了这一条款,但未对授权不明的责任作出规定。有学者认为,授权委托书的各种事项应记载明确,委托书授权不明的,应作出不利于被代理人的解释。[③] 我们认为,授权不明的,可能构成有权代理和无权代理。构成有权代理的情形下,委托书授权不明的,既有委托人意思表示不明的责任,也有代理人未提出纠正意见的缘故。对此种行为给善意相对人所造成的法律效果或造成的损害,代理人和被代理人要承担连带责任。构成无权代理的情形下,授权不明的,应使用《民法典》第 171 条的规定,未经被代理人追认的,对被代理人不发生效力。

三、代理权的行使

(一)代理权行使的概念和性质

代理权的行使是指代理人依据代理权赋予的资格,以被代理人的名义独立实施民事法律行为,以实现被代理人所期望或客观上符合被代理人利益的法律效果。由于代理权的上述特殊性质,代理权的行使,实质就是代理人义务之履行。

(二)代理权行使的一般规则

《民法典》第 162 条规定,代理人在代理权限内,以被代理人名义实施的民事法律行为,对被代理人发生效力。第 164 条第 1 款规定,代理人不履行或者不完全履行职责,造成被代理人损害的,应当承担民事责任。在行使代理权过程中,代理人应遵循以下一般规则:

1.代理人应忠实于被代理人利益

代理制度的实质是实现被代理人的利益,因此,代理人行使代理权应忠实于被代理人的利益。忠实于被代理人的利益,在委托代理中的要求就是代理行为应符合被代理人的主

---

① 最高人民法院民法典贯彻实施工作领导小组:《中华人民共和国民法典总则编理解与适用(下)》,人民法院出版社 2020 年版,第 825 页。

② 最高人民法院民法典贯彻实施工作领导小组:《中华人民共和国民法典总则编理解与适用(下)》,人民法院出版社 2020 年版,第 827 页。

③ 王利明主编:《民法》(上册),中国人民大学出版社 2022 年第 9 版,第 162 页。

观期望，即尊重本人的意思，不滥用代理权。在法定代理的场合，由于被代理人无意思表示能力或其意思不可得知，代理行为应符合被代理人的客观利益，即客观上有利于本人。

为维护被代理人利益，代理人在行使代理权时应承担谨慎、勤勉的义务，应尽到其职责所要求的注意义务。

2.代理人应亲自处理代理事务

被代理人之所以委托特定的代理人为其服务，是基于对该代理人知识、技能、信用的信赖，因此，代理人应亲自实施代理行为，才符合被代理人的愿望。除非经被代理人同意或有紧急不得已的事由，不得将代理事务转委托他人处理。

3.及时报告和移交代理结果的义务

代理人应将处理代理事务的一切重要情况向被代理人报告，以使被代理人知道事务的进展以及自己财产的损益情况。在代理事务处理完毕后，代理人还应向被代理人报告执行任务的经过和结果，并移交因处理委托事务所取得的财产及必要的资料。

4.为被代理人保密的义务

代理人对在处理代理事务过程中接触到的被代理人的商业秘密、个人秘密应负责保密，不得泄露，或利用它们同被代理人进行不正当竞争。

四、禁止滥用代理权

（一）滥用代理权的概念

代理权的滥用是指代理人行使代理权过程中违背代理权宗旨和代理行为的基本准则，有损被代理人利益的行为。有学者认为，构成代理权的滥用应具备以下四个要件：(1)代理人有代理权；(2)代理人实施行使代理权的行为；(3)代理人的行为违背代理权的设定宗旨和基本行为准则；(4)代理人的行为有损被代理人的利益。①

不具备上述要件则不属于代理权的滥用。如不享有代理权的行为，为无权代理；非代理权授权范围内的行为，为越权代理，两者都不属于代理权的滥用。代理行为即使未使被代理人受益，但未违背代理权宗旨和基本行为准则，并未使被代理人利益受损害，也不发生民事责任，不构成滥用代理权。

（二）禁止滥用代理权

应禁止的滥用代理权行为，主要有以下三种：

1.禁止自己代理

所谓自己代理是指代理人在代理权限内以被代理人名义同自己为民事法律行为。这既违背代理制度的宗旨，也极易发生代理人损人利己的行为。《民法典》第 168 条第 1 款规定，代理人不得以被代理人的名义与自己实施民事法律行为，但是被代理人同意或者追认的除外。

2.禁止双方代理

双方代理又称同时代理，指一个代理人同时代理双方当事人为同一法律行为。这样在法律行为实施过程中代理人集双方当事人意志于一身，极易使代理人为一方被代理人的利益而损害另一方被代理人的利益。《民法典》第 168 条第 2 款规定，代理人不得以被代理人的名义与自己同时代理的其他人实施民事法律行为，但是被代理的双方同意或者追认的除外。依据此条，双方代理行为属于效力待定的民事法律行为，被代理人不予同意或者追认的，双方代理

① 佟柔主编：《中国民法学·民法总则》，中国人民公安大学出版社 1990 年版，第 207 页。

行为自始无效。被代理人同意或者追认的，双方代理行为自始有效。[①]

3.禁止恶意串通代理

所谓恶意串通代理是指代理人与第三人相互串通损害被代理人利益的行为。它明显违反代理的诚信原则，属于违反代理制度宗旨的滥用代理权行为。《民法典》第164条第2款规定，代理人和相对人恶意串通，损害被代理人合法权益的，代理人和相对人应当承担连带责任。

第四节　无权代理

一、无权代理的概念

无权代理是代理人不具有代理权而以他人名义所实施的代理行为，它仅具备代理行为的表面特征，但是不具有代理行为的实质特征，即欠缺代理权，因而不是真正的代理，是形式上类似于代理、与代理有联系而由代理法调整的情况。

无权代理具有以下特征：

(1)行为人所为的民事法律行为，具备代理行为的表面特征，即行为人以他人名义同第三人实施民事行为，并将其行为的法律后果归属于该他人。如果行为人不是以他人名义实施以意思表示为要素的民事行为，而是实施管理他人事务的事实行为的，可能构成无因管理，而不构成无权代理。

(2)行为人就该项民事法律行为，没有代理权。对于不具有代理权的原因，可以是原始的(自始未授予代理权)，也可以是嗣后的(已授予代理权，但超越了其范围或期限)。

(3)表面上没有足以使人相信行为人有代理权的事由。如果表面上有足以使人相信行为人有代理权的事由则构成表见代理，而不是无权代理。

(4)无权代理属效力待定的民事行为。即经被代理人追认可转化为有权代理而有效，也可因被代理人拒绝承认而对被代理人无效，由行为人自己负责。[②]

二、无权代理的产生原因

《民法典》第171条第1款规定："行为人没有代理权、超越代理权或者代理权终止后，仍然实施代理行为，未经被代理人追认的，对被代理人不发生效力。"根据这一条款，无权代理产生的原因有以下三种情形：

(1)根本未经授权的代理。即"代理人"实施代理行为，根本未获得被代理人的任何授权或授权无效，"代理人"或明知这一事实而为代理行为，或误以为被代理人已作授权而为代理行为。

(2)超越代理权的代理。即代理人获得了被代理人的授权，但其实施的代理行为，不在被代理人的授权范围之内，其代理行为中超越代理权限的部分，构成无权代理。

(3)代理权已终止后的代理。即代理人获得了被代理人的授权。但在代理证书所规定的期限届满后，代理人继续实施的代理行为。其超过代理权存续期限后实施的代理行为，为无权代理。

---

① 魏振瀛主编：《民法》，北京大学出版社、高等教育出版社2021年第8版，第198页。

② 江平主编：《民法学》，中国政法大学出版社2000年版，第274页。

三、无权代理的法律后果

在确定无权代理行为所引起的法律后果时，立法者面临的主要是被代理人的利益与第三人利益如何平衡的矛盾。维护被代理人利益是代理制度的设定宗旨，而且被代理人也往往是无权代理行为的受害人，要他就未授权的他人行为承担责任，是不公平的。因此，在无权代理行为造成被代理人损害的情况下，应对被代理人不发生效力，而只发生无权代理人对被代理人和第三人的赔偿责任。但并非所有的无权代理都不利于被代理人，也不排除无权代理的发生，被代理人负有责任的可能。在此情形下，无权代理行为的效力处于不确定状态，发生何种法律后果，由被代理人自己作出选择。同时，有关代理的立法，也须保护善意第三人的利益及交易的安全。[①] 因为代理人与被代理人的关系是第三人难以了解的代理的内部关系，第三人往往难以知晓代理权授予的确定根据，而只能按一些现象来判断代理人有无代理权，并根据这种判断发生的信赖与第三人进行交易活动。若一概确定无权代理行为无效，则可能损害第三人的信赖利益，不利于交易安全。

出于上述考虑，民法对无权代理采取区别对待的方针。在一定情况下，使无权代理产生与有权代理同样的法律效力；在另一些情况下，使无权代理行为无效，并使有过错的当事人承担责任。根据意思自治原则，在无权代理不违背强行法的前提下，由当事人自主选择何种法律后果。

1.被代理人的追认权和拒绝权

追认权是指被代理人对无权代理行为于事后以意思表示予以承认的单方法律行为。追认权被代理人基于意思自治原则所享有的权利，其法律性质为形成权。通过被代理人的追认，可使无权代理行为中所欠缺的代理权得到补足，转化为有权代理，产生法律效力。在无权代理行为发生后，被代理人拥有承认或拒绝承认的选择。拒绝承认的表示，可对无权代理人或第三人作出。无权代理人受领了这种表示且无异议的，有义务通知第三人，否则应对第三人因不知被代理人拒绝承认而发生的损失承担赔偿责任。无权代理人若对这种表示有异议，应提出具有代理权的证据，以对抗被代理人的不诚实行为。

被代理人对无权代理行为的另一选择为作出追认使无权代理所欠缺的代理权得到补足而成为有权代理，追认的意思表示，可向第三人作出，也可向无权代理人作出。一旦作出追认，无权代理行为即获得如同有权代理行为同样的法律效力。追认的表示具有溯及力，一旦追认无权代理行为自始有效，被代理人应接受因无权代理行为发生的法律效果。

被代理人对于无权代理行为，于第三人行使催告权后，可能仍不作出是否追认的意思表示。《民法通则》对于被代理人的沉默，视为对无权代理行为的追认的情况。《民法通则》第 66 条规定，本人知道他人以本人名义实施民事行为而不作否认表示的，视为同意。这里所说的"不作否认表示"，是指既不表示追认又不表示拒绝承认的沉默状态。应注意的是，《合同法》有关催告权的规定与《民法通则》的规则不同，它将被代理人在催告期内未作表示的，规定为视为拒绝追认。《民法典》第 171 条第 2 款采纳了《合同法》的规定，相对人可以催告被代理人自收到通知之日起一个月内予以追认。被代理人未作表示的，视为拒绝追认。

行为人实施的行为未被追认的，善意相对人有权请求行为人履行债务或者就其受到的损

① 彭万林主编：《民法学》，中国政法大学出版社 1999 年版，第 176～177 页。

害请求行为人赔偿，但是赔偿的范围不得超过被代理人追认时相对人所能获得的利益。[①] 无权代理行为未被追认，相对人请求行为人履行债务或者赔偿损失的，由行为人就相对人知道或者应当知道行为人无权代理承担举证责任。行为人不能证明的，人民法院依法支持相对人的相应诉讼请求；行为人能够证明的，人民法院应当按照各自的过错认定行为人与相对人的责任。[②]

2.相对人的催告权和撤销权

无权代理经被代理人追认即产生效力，拒绝追认便不产生效力，这是为了更好地保护被代理人的合法权益。但同时，相对人的合法权益也应当予以妥善保护，基于此，法律赋予了相对人催告权和善意相对人撤销权。[③]《民法典》第171条第2款规定，相对人可以催告被代理人自收到通知之日起三十日内予以追认。被代理人未作表示的，视为拒绝追认。行为人实施的行为被追认前，善意相对人有撤销的权利。撤销应当以通知的方式作出。相对人对无权代理行为享有向被代理人催告的权利，善意的第三人享有撤销权。

与被代理人享有追认权相对应，相对人享有撤销权，即相对人有权确定无权代理为无效行为。相对人的撤销权，应于被代理人作出追认的意思表示之前行使。经撤销的无权代理行为，被代理人不得再为追认。相对人关于撤销的意思表示，可向被代理人作出，也可向无权代理人作出。但相对人有恶意即明知对方欠缺代理权时，不能享有撤销权。恶意相对人明知代理人无代理权，仍然与其为法律行为，使之承担本人不予追认所造成的的后果，属于自甘冒险。故无赋予撤销权予以特别保护的必要。[④]

3.无权代理的责任承担

无权代理行为，无被代理人追认时，不产生代理的法律效力，即不产生无权代理行为对被代理人无效的法律后果。《民法典》第171条第1款规定，未经追认的行为，对被代理人不产生效力。如该种无权代理行为仍具备一般民事法律行为的有效要件，虽不发生代理行为的效力，仍将发生一般民事法律行为的效力，即由该无权代理人自己作为当事人而承担其法律后果。《民法典》第171条第3款规定，行为人实施的行为未被追认的，善意相对人有权请求行为人履行债务或者就其受到的损害请求行为人赔偿，但是赔偿的范围不得超过被代理人追认时相对人所能获得的利益。需注意的是，此无权代理人的责任，系由法律规定直接发生的一种特别责任，不以无权代理人有故意过失为要件，属于一种过失责任。[⑤] 这里的责任应理解为由该无权代理人自己作为当事人履行该民事行为中对相对人的义务，或者不能履行时对善意相对人承担损害赔偿责任。在相对人属于恶意即明知代理人无代理权的情形，无权代理人可不承担损害赔偿责任。

对于代理人与恶意相对人的责任，《民法典》第171条第4款规定，相对人知道或者应当知道行为人无权代理的，相对人和行为人按照各自的过错承担责任。这一条款对《民法通则》[⑥]

① 《民法典》第171条第3款。

② 《民法典总则编司法解释》第27条。

③ 黄薇主编：《中华人民共和国民法典总则编解读》，中国法制出版社2020年版，第559页。

④ 梁慧星：《民法总论》，法律出版社2021年第6版，第249页。

⑤ 梁慧星：《民法总论》，法律出版社2021年第6版，第249页。

⑥ 《民法通则》第66条第4款规定，第三人知道行为人没有代理权，超越代理权或者代理权已经终止还与行为人实施民事行为给他人造成损害的，由第三人和行为人负连带责任。

的责任条款进行了修改，即将过去的连带责任规则，修改为过错责任规则，同时在范围上更加全面，不仅包括对他人（被代理人）造成损害的情形，也包括代理人与相对人内部责任承担的情形。[①]

第五节　表见代理

一、表见代理的概念

表见代理，是指行为人虽无代理权，但善意相对人客观上有充分理由相信行为人具有代理权，而与其为民事行为，该民事行为的后果由法律强制被代理人承担的代理。表见代理形式上属于无权代理，为广义无权代理的一种。

表见代理制度设立的宗旨是为了保护善意相对人的利益，维护社会交易的安全。《民法通则》未明确规定表见代理，《合同法》第 49 条[②]弥补了这一立法缺陷，确立了我国的表见代理制度。《民法总则》在此基础上，从民法总则的角度对表见代理作了规定，使得表见代理制度不仅能够适用于合同法领域，而且能够直接适用于其他可以通过代理实施民事法律行为的领域，科学有效地扩张了表见代理制度的适用范围。[③]《民法典》总则编对《民法总则》的表见代理规定进行了沿用。《民法典》第 172 条规定："行为人没有代理权、超越代理权或者代理权终止后，仍然实施代理行为，相对人有理由相信行为人有代理权的，代理行为有效。"

二、表见代理的构成要件

1.代理人无代理权

表见代理人实施代理行为时，对该代理行为不具有代理权，是成立表见代理的首要条件。如果代理人实际上拥有代理权，将属于有权代理，不发生表见代理问题。

2.客观上存在使第三人相信表见代理人有代理权的外表现象

即存在所谓的"外表授权"，这也是成立表见代理的客观要件。外表授权现象的确认往往是以表见代理人与被代理人之间具有某种事实上或法律上的联系为基础的。这种联系是否存在或者是否足以使相对人相信无权代理人具有代理权，应依一般交易情况而定。通常情况下，无权代理人都持有被代理人发出的证明文件（介绍信等），或者有被代理人向相对人所作的授予其代理权的通知或广告，无权代理人与被代理人之间的亲属关系或劳动雇佣关系也通常构成认定表见代理的客观依据。[④] 这些外表现象的存在，使得相对人认为该无权代理人有代理权，并基于此认识与该无权代理人为法律行为。

---

① 最高人民法院民法典贯彻实施工作领导小组：《中华人民共和国民法典总则编理解与适用（下）》，人民法院出版社 2020 年版，第 856 页。

② 《合同法》第 49 条规定，行为人没有代理权，超越代理权或者代理权终止后以被代理人名义订立合同，相对人有理由相信行为人有代理权的，该代理行为有效。

③ 最高人民法院民法典贯彻实施工作领导小组：《中华人民共和国民法典总则编理解与适用（下）》，人民法院出版社 2020 年版，第 861 页。

④ 佟柔主编：《中国民法学·民法总则》，中国人民公安大学出版社 1990 年版，第 296 页。

根据《民法典总则编司法解释》第28条的规定,同时符合下列条件的,人民法院可以认定为《民法典》第172条规定的相对人有理由相信行为人有代理权:(1)存在代理权的外观;(2)相对人不知道行为人行为时没有代理权,且无过失。因是否构成表见代理发生争议的,相对人应当就无权代理符合第(1)项规定的条件承担举证责任;被代理人应当就相对人不符合第(2)项规定的条件承担举证责任。

3.相对第三人须为善意且无过失

即第三人无从知道无权代理人不拥有代理权,而且这种不知情并非由第三人的疏于注意所致,这是成立表见代理的主观要件。如果相对人出于恶意,即明知他人为无权代理,仍与其实施民事行为;或者相对人应当知道他人为无权代理却因过失而不知,并与其实施民事行为的,就无法律保护的必要。故不能成立表见代理。对于相对人是否具有恶意或者过失,应由否定表见代理的被代理人负举证责任。

4.无权代理人与第三人所为的法律行为,应具备法律行为的一般要件和代理行为的表面要件

首先,该行为要符合《民法典》第143条的规定。如果该民事行为违反法律或行政法规的强制性规定,或违背公序良俗,或具有《民法典》第144条至第154条所规定的情形之一,则属于无效的或可撤销的民事法律行为从而不构成表见代理。其次,该行为还须具备代理的外部特征或表面要件。如无权代理人须以被代理人名义进行民事活动,该民事行为应是向相对第三人为意思表示或是接受相对第三人的意思表示等。

表见代理的成立,不以被代理人主观上具有过失为必要条件。即使被代理人没有过失,只要客观上有使相对人对代理权的存在与否陷入错误判断的依据,即可构成表见代理。

三、表见代理的发生原因

在我国社会经济生活中,构成表见代理的情形主要有以下几种:(1)被代理人以书面或口头形式直接或间接地对第三人表示授予他人代理权,但事实上并未授权,第三人信赖被代理人的表示而与该他人进行交易。(2)交付证明文件与他人。即被代理人将某种有代理权证明意义的文件交给他人。他人以这种文件使第三人相信其为有权代理人。而与之为民事法律行为。在此情形下,只要其证明文件通常被认为是合理的、可信赖的,则不论被代理人主观上有无代理授权的意思,均应向第三人承担代理行为的法律效果。这里所说的证明文件,包括一切在使用中足以使人相信有代理权存在的文书和物件(但不包括代理证书),例如盖有公章的空白介绍信、空白合同文本、合同专用章等。(3)代理授权不明。即被代理人在代理授权时未指明代理权限,或者其指明的代理权限未在代理证书上载明,致代理人违反被代理人的意思或者超越代理权限时,第三人因善意且无过失地相信其为有权代理,而与之为民事法律行为。(4)代理关系终止后未采取必要措施。即被代理人在委托代理终止后,未采取防止原代理人继续为代理行为所必要的措施(如收回代理证书、公告声明代理关系终止、通知他所知道的相对人等),致第三人因不知代理关系终止而继续信赖原代理授权,从而与原代理人为民事法律行为。

四、表见代理的效力

表见代理具有与有权代理同样的效力,即在相对人与被代理人之间产生法律关系,代理行为的法律效果直接归属于被代理人。被代理人不得以无权代理行为违背自己的意愿和利益,或者以无权代理人具有故意或过失为理由而拒绝承担责任,也不得以自己没有过失作为抗辩。

表见代理多为缔结合同的行为，因此，被代理人所承担的后果通常是履行合同。如被代理人无能力履行合同则承担违约责任，被代理人因该合同所得的利益同样也受法律保护。被代理人向相对人承担责任后，如果因此受到损失，有权向无权代理人请求赔偿。如果损失因双方过错发生，按双方过错的性质和程度分担损失。如果是被代理人授权的意思表示不明确，代理人无恶意而超越权限为代理行为，应由被代理人承担全部责任。

对于表见代理，相对人既可主张成立狭义无权代理，也可主张成立表见代理。如果相对人认为向无权代理人追究责任更为有利则可抛弃享受无权代理效力的地位，承认无权代理行为为狭义的无权代理，依民法有关无权代理的规定追究无权代理人的责任。相对人如主张成立表见代理，即向被代理人追究责任。因而，相对人享有选择权，但不得同时为两种主张。

需要注意的是在相对人不主张表见代理的情况下，被代理人或者无权代理人不得主张表见代理，因为表见代理制度是保护善意相对人和交易安全的，而非保护无权代理人的利益。[①]

第六节　代理的终止

一、代理终止的原因

代理的终止，又称代理消灭，是指代理人与被代理人之间的代理权关系消灭。代理终止的原因，依代理关系发生的根据而有所不同。《民法典》第 173 条至第 175 条分别对委托代理的终止原因和法定代理的终止原因作了规定。

（一）委托代理的终止原因

依据《民法典》第 173 条的规定，委托代理因下列原因而终止：

1.代理期限届满或代理事务完成

期限届满或事务完成的时间，以代理证书的记载为准。记载不明的，被代理人有权随时以单方面的意思表示加以确定。

2.被代理人取消委托或代理人辞去委托

代理关系以人身信任为基础，一旦这一基础丧失，在被代理人方面，可以取消委托；在代理人方面，可以辞去委托，代理人辞去委托时，应履行善后义务，于新的代理人继任前，继续处理代理事务。

3.代理人丧失民事行为能力

代理人具备一定的行为能力，正是被代理人所要借助的，如果代理人失去行为能力，代理关系自然消灭。值得注意的是，第 173 条所称“丧失行为能力”，指代理人在取得代理权后成为无民事行为能力人，不包括限制行为能力人的情形。换言之，限制行为能力人在其意思能力范围内仍可以担任代理人。[②]

---

① 魏振瀛主编：《民法》，北京大学出版社、高等教育出版社 2021 年第 8 版，第 205 页。

② 最高人民法院民法典贯彻实施工作领导小组：《中华人民共和国民法典总则编理解与适用（下）》，人民法院出版社 2020 年版，第 869 页。

4.被代理人或代理人死亡

委托代理关系基于双方的信任而产生，具有很强的人身属性，代理权原则上应由代理人亲自行使（依法进行转委托第三人代理的除外），代理人死亡后，代理关系自然终止。[①]《民法总则》在《民法通则》的基础上，增加了“被代理死亡”的情形，《民法典》对此予以沿用。但是，《民法典》第174条第1款又规定了被代理人死亡后委托代理行为继续有效的情形：(1)代理人不知道并且不应当知道被代理人死亡；(2)被代理人的继承人予以承认；(3)授权中明确代理权在代理事务完成时终止；(4)被代理人死亡前已经实施，为了被代理人的继承人的利益继续代理。此处所说的“死亡”不限于自然死亡，还包括宣告死亡。[②]

5.作为代理人或者被代理人的法人、非法人组织终止

作为民事主体的被代理人和代理人，是代理关系存在的基础。作为被代理人或代理人的法人、非法人组织终止的，民事主体资格也归于消灭，代理关系也相应地终止。《民法典》第174条第2款规定，作为被代理人的法人、非法人组织终止的，参照适用前款规定。根据这一规定，作为被代理人的法人、非法人组织终止的；但代理人不知道并且不应当知道被代理人死亡；被代理人的继受主体予以承认；授权中明确代理权在代理事务完成时终止；被代理人死亡前已经实施，为了被代理人的继承人的利益继续代理的，这些情形之下，并不导致代理关系终止，而是继续有效。

（二）法定代理终止的原因

依据《民法典》第175条的规定，法定代理或指定代理因下列原因而终止：

1.被代理人取得或恢复完全民事行为能力

法定代理的前提条件是被代理人无民事行为能力或者限制行为能力，被代理人取得或者恢复完全民事行为能力，作为法定代理产生的前提条件就消失了，法定代理也相应终止。未成年人年满18周岁，或年满16周岁以自己的劳动收入为主要生活来源的，自动取得民事行为能力。精神病人恢复精神健康，可申请人民法院宣告恢复民事行为能力。被代理人取得或恢复民事行为能力，代理关系自行终止。

2.代理人丧失民事行为能力

法定代理是代理人代理无民事行为能力人或者限制行为能力人进行民事法律行为，这必然要求代理人具有民事行为能力。代理人丧失民事行为能力，自然无法继续成为法定代理人。这里的“丧失民事行为能力”应与上文对第173条的理解一样。

3.被代理人死亡或者代理人死亡

被代理人死亡时，代理关系的终止时间以代理人知悉时为准。代理人不知被代理人死亡而继续进行代理活动的，其行为效果由被代理人的继承人承受。

4.其他情形

这是兜底条款，是为了避免列举不全。如监护人不履行职责，人民法院根据有关当事人申请撤销监护人资格；或由于收养关系的建立或解除，引起监护关系变动，致使原来的监护关系消灭。

---

① 最高人民法院民法典贯彻实施工作领导小组：《中华人民共和国民法典总则编理解与适用(下)》，人民法院出版社2020年版，第869页。

② 郑玉波：《民法总则》，中国政法大学出版社2003年版，第429页。

二、代理关系终止的效果

代理关系消灭后，代理权归于消灭，代理人不得再以被代理人的名义进行活动，否则即为无权代理。代理关系终止后，代理人在必要和可能的情况下应向被代理人或其继承人、遗嘱执行人、清算人、新代理人等，就其代理事务及有关财产事宜作出报告和移交。委托代理人应向被代理人交回代理证书及其他证明其代理权的凭据。

代理关系终止后，第三人可能并不知道代理终止的事由的发生，如果代理人仍然从事代理行为，善意第三人仍与代理人从事民事行为，则依据表见代理，此种代理行为仍然有效。[①]

① 王利明、杨立新、王轶等:《民法学》，法律出版社 2020 年第 6 版，第 255 页。

第8章

诉讼时效和除斥期间

第一节　时效概述

一、时效制度的历史沿革

时效制度最早规定于罗马法。《十二铜表法》规定了取得时效制度，而消灭时效制度开始于裁判官法时代。早期罗马市民法认为债权具有永久性，因而诉权不因时间经过而消灭。但在裁判官法时代，裁判官法上之诉权原则上须于一定期间内行使，当事人未在规定的期限内行使权利，其诉权消灭，于是便有了永久诉权和有期诉权的区别。之后立法扩大了消灭时效的适用范围，规定不论市民法或裁判官法上的一切诉权均因30年期限的不行使而消灭。罗马法中的取得时效和消灭时效不仅非同时创立，而且具有不同的内容。取得时效以持续占有为权利取得之基础，消灭时效以权利持续不行使为权利消灭之基础。罗马法中的时效制度被认为是后世取得时效和消灭时效制度之始，对大陆法系国家的民法典影响甚深。

在现代各国的民法中，一般都设有时效制度，但各自的立法体例和内容并不完全相同。第一种立法体例是设立统一的时效制度。《法国民法典》认为取得时效和消灭时效二者的根本精神虽不相同，但因均旨在保护永续之状态及避免举证之困难，故而在总则编中并在时效的概括名词下，对取得时效和消灭时效作了统一的规定。《法国民法典》第2219条规定："时效为在法律规定的条件下，经过一定时间，取得财产所有权或免除义务的方法。"在第2219条以下规定了时效、取得时效、消灭时效。后《日本民法典》（第一编第六章第144条以下）、《奥地利民法典》（第1451条以下）沿用了《法国民法典》的体例。第二种立法体例是分别规定取得时效和消灭时效制度。《德国民法典》沿用罗马法的体例，对取得时效和消灭时效予以区别规定。消灭时效规定于总则编中（第五章"消灭时效"第194条至第225条），取得时效则规定于第三编物权法中（第三章"所有权"第三节"动产所有权的取得和丧失"第二目"取得时效"）。我国台湾地区"民法"沿用《德国民法典》的体例，认为取得时效和消灭时效性质不同，自不能以其为统一制度规定于一处，而将消灭时效和取得时效分别规定于总则编和物权编所有权通则中。第三种立法体例是不采用消灭时效概念，而采用诉讼时效概念，法律只规定诉讼时效，而不规定取得时效。1922年的《苏俄民法典》仅在总则编中规定诉讼时效，而未规定取得时效。苏联解体后，《俄罗斯联邦民法典》承旧例，只规定诉讼时效，而未规定取得时效。我国时效制度深受苏俄民法的影响，也只规定诉讼时效。

二、时效的概念和性质

所谓时效，是指一定的事实状态持续经过一定期间而产生一定的法律后果的法律制度。时效制度的立法基础主要在于确认长期不行使的民事权利丧失法律的强制性保护，以维护社会经济秩序的稳定和社会交易的安全。

时效的性质，主要体现在以下三个方面：第一，一定的事实状态持续经过一定期间是一种客观事实，这种事实可以产生民事法律关系变更或消灭的法律后果，属于民事法律事实。第二，时效制度中，时间的经过不受当事人的意志的作用，在民事法律事实的分类中，不属于行为，而属于事件。第三，时效制度具有强制性，时效期间以及因此产生的法律后果均由法律直接规定，不由当事人约定，当事人也不得以协议加以变更或限制。[①]

民法上的时效，根据一定的事实状态持续地经过一定期间而导致的法律后果的不同，分为取得时效和消灭时效。导致权利取得的时效为取得时效，导致权利消灭的时效为消灭时效。无论是取得时效或消灭时效，时效的成立均具备以下法律要件：第一，须有一定事实状态的存在。时效必须以一定的事实状态的存在为前提，这一定的事实状态在取得时效中，为对他人财产的持续地、公开地、善意地占有；而在消灭时效中，则为权利人持续地不行使其享有的权利。第二，须一定的事实状态持续经过一定期间。在时效制度中，占有他人的财产或权利人不行使权利的事实状态必须在一定的期间内持续存在。第三，须能产生一定的法律后果。时效期间的届满，依法产生法律规定的相应后果，相关当事人因此取得权利或丧失权利。

三、取得时效和消灭时效

（一）取得时效

取得时效，是指占有人以自己所有的意思持续地、公开地、善意地占有他人的动产或不动产经过一定期间，而取得该财产所有权的法律制度。取得时效是所有权取得的一种方式，适用于动产和不动产。但一般认为，国家专有的财产如土地、矿藏等资源不能适用取得时效，任何单位或个人不得以长期占有为理由而主张取得该财产的所有权。此外，取得时效一般适用于有形财产，无体的知识产权不适用取得时效。

一般认为，取得时效应当具备下列条件：(1)占有人占有他人财产为自主占有。即占有人对所占有的财产虽不享有合法的所有权，但在占有他人财产时，却以将占有物视为自己的所有物的意思实施民事行为，即以所有的意思占有他人财产。(2)占有人占有他人财产必须是合法、公开、善意的。这种占有必须是以合法的方式进行的，若占有人的占有是通过暴力、胁迫等非法手段而取得或者维护的，或者采用隐蔽的方式秘密进行的，则可排除根据取得时效取得该财产所有权之可能。(3)占有的状态必须持续达到法律规定的期间。例如，《德国民法典》第937条规定“自主占有动产10年，取得所有权”。

（二）消灭时效

消灭时效，是指权利人不行使权利的事实状态经过一定期间，而导致权利消灭或抗辩权发生的法律制度。消灭时效的法律效力主要体现为权利消灭或抗辩权发生。

一般认为，消灭时效应当具备下列条件：(1)权利人享有权利，但不行使权利。即权利人依

---

① 《民法典》第197条规定：“诉讼时效的期间、计算方法以及中止、中断的事由由法律规定，当事人约定无效。”“当事人对诉讼时效利益的预先放弃无效。”

其民事实体权利而享有请求他人作为或不作为的权利，但却迟迟不行使其请求权。(2)权利人不行使权利的事实状态持续经过法律规定的期间。权利人的请求权受消灭时效的限制是以一定期间的经过为条件的，对于该期间，各国规定不一，不同的请求权所适用的时效期间也有所不同。(3)具有私权变动之效力，即具有导致权利之请求权消灭或抗辩权发生的法律后果。消灭时效期间届满后，权利人请求义务人履行义务，义务人有权拒绝。

第二节　诉讼时效的概念、意义、特征及适用对象

一、诉讼时效的概念

诉讼时效，是指权利人在法定期间内不行使权利导致义务人有权拒绝权利人请求履行义务的法律制度。[①] 义务人因诉讼时效期间届满而享有的拒绝权利人请求履行义务的权利，属于抗辩权之一种。抗辩权与请求权相对应：一方面权利人对义务人享有请求权，有权请求义务人履行义务；另一方面，由于权利人在法定期间内不行使权利，义务人因此获得对权利人之请求与予以拒绝的权利，有权拒绝履行其义务。

与诉讼时效相关的概念是消灭时效，德国、意大利、日本以及我国台湾地区采用的是消灭时效概念。我国民法由于受苏俄民法的影响，一直以来采用诉讼时效的概念。1986 年《民法通则》第七章规定了“诉讼时效”，2020 年《民法典》总则编第九章沿用了诉讼时效概念。对于我国民法采用诉讼时效概念而不采用消灭时效概念，有学者认为，如采用消灭时效概念，可能会使人误以为诉讼时效期间届满会导致实体权利消灭，而在我国民法中，时效期间届满并不发生实体权利消灭的法律后果，只是导致义务人获得拒绝履行义务的抗辩权。而且，我国立法一直采用诉讼时效的概念，从法律的延续性来看，采用诉讼时效概念，有利于保持法律的稳定性和民众对法律的一贯理解。[②]

但是，笔者认为，我国民法采用诉讼时效的概念固然有其保持法律延续性的益处，但也存在着将义务人拒绝履行义务的权利局限于诉讼而未能反映该制度全貌的问题。因为，权利人在法定期间内不行使权利，该期间届满后，权利人请求义务人履行义务，无论是在诉讼内还是在诉讼外(诉讼外包括仲裁、调解)，义务人均有权予以拒绝，义务人拒绝权利人的请求并不限于诉讼，也不以权利人向人民法院提起诉讼为必要。诉讼时效概念之“诉讼”可能使人误以为，只有在诉讼过程中，义务人才能对权利人请求履行义务予以拒绝。尤其是《民法典》第 188 条采用“向人民法院请求保护民事权利的诉讼时效期间为三年”的表述方式，更容易使人产生这种误解。因此我国民法关于诉讼时效的表述，仍有可斟酌、可改进之处。

二、诉讼时效的意义

第一，维护社会经济关系的稳定。按照一般的理论，权利应当具有排除一切侵害的效力。

---

① 这一定义的依据是《民法典》第 192 条关于诉讼时效届满的效果的规定，采用了抗辩权发生说。在《民法典》之前，《民法通则》关于诉讼时效的规定采用的是胜诉权消灭说，按照胜诉权消灭说，诉讼时效被定义为权利人在法定期间内不行使权利即丧失胜诉权的法律制度。

② 王利明：《民法总则》，中国人民大学出版社 2020 年第 2 版，第 415～416 页。

但是，诉讼时效制度的立法价值取向认为，历经持久的事实状态已为人们所接受和信赖，并在此基础上又产生一系列其他的社会关系，从而成为既成社会经济秩序的一部分，因而应当被认为具有优于权利的效力。否则，若允许已长期停滞了的权利仍得到法律强制性的实现，将破坏既存的已被接受的财产关系，从而影响社会经济关系的稳定。

第二，督促当事人及时行使权利，以促进社会经济的发展。诉讼时效制度的设立，一方面，确认了对于长期不行使的权利就没有必要予以强制保护的法律精神，权利人要求其权利得到实现的，就应当积极、主动地行使请求权；另一方面，借助于权利人及时行使权利，加快民事流转的速度，最大限度地发挥财产的效用，从而最终促进社会经济的向前发展。

第三，有利于及时处理纠纷，体现纠纷解决的效益原则。权利人因权利被侵害或产生争议而请求司法机关予以保护或者确认的，应当遵循民事诉讼程序和诉讼规则。当事人就自己的主张有提供证据的责任，人民法院应当对当事人提供的证据进行审查、认定。诉讼时效制度的设立，无疑是确立了一项与证据制度相配套的权利保护规则，有利于当事人收集、提供证据，有助于法院及时、正确地处理民事纠纷，提高民事审判的效益。

三、诉讼时效的特征

第一，诉讼时效制度具有法定性。诉讼时效制度赋予义务人于权利人长时间不行使权利时拒绝权利人义务履行之请求的权利，一反权利受法律保护、义务必须履行的法的一般观念和原则。这种制度安排源于超越当事人利益的社会经济秩序之维护和促进社会经济发展的考量，具有正当性，应以法律规定为必要。诉讼时效的法定性体现在诉讼时效期间的长短、诉讼时效期间的计算、诉讼时效适用的对象、诉讼时效的适用条件、诉讼时效完成的法律后果乃至诉讼时效的司法适用，均应以法律规定为依据。如无法律规定，则不存在诉讼时效的适用。

第二，诉讼时效具有强制性。诉讼时效的强制性特征是由其法定性延伸出来的，指诉讼时效的法律效果虽然发生在民事主体之间，但是不得由民事主体自由约定，只能适用法律的规定，当事人也不得以协议变更法律的规定。《民法典》第 197 条明确规定："诉讼时效的期间、计算方法以及中止、中断的事由由法律规定，当事人约定无效。当事人对诉讼时效利益的预先放弃无效。"因此，诉讼时效的法律规范属于强制性规范，不属于任意性规范。

第三，诉讼时效体现的是时效利益。诉讼时效期间届满，导致权利人与义务人原本的利益关系发生变化。对于权利人来说，虽然其仍然享有权利，仍然可以要求义务人履行义务，但是义务人可以诉讼时效期间届满为由予以拒绝，权利人因此受到利益损失。对于义务人来说，虽然法律上其仍负有义务，但由于诉讼时效期间届满，其可以拒绝履行其义务，因此实际上获得了利益。这种利益称为时效利益。对于时效利益，《民法典》规定，当事人不得"预先放弃"，但不限制事后放弃。因此，诉讼时效期间届满后，如果义务人主动履行义务，权利人有权接受，法律不予禁止。

四、诉讼时效的适用对象

诉讼时效的适用对象，又称诉讼时效的客体，是指诉讼时效适用的民事法律关系及其范围。

关于消灭时效的适用对象，《德国民法典》第 194 条和我国台湾地区"民法典"第 125 条均明确规定为请求权，《日本民法典》第 167 条则规定为债权和所有权以外的财产权。然而，我国《民法典》关于诉讼时效适用对象的规定是不够明确的。《民法典》关于诉讼时效的规定首先是

第188条第1款，该款规定“向人民法院请求保护民事权利的诉讼时效期间为三年”。但是从本款规定中，并不能得出诉讼时效的适用对象是请求权的结论。本款中的“请求”，其指向的是向人民法院提出，内容是请求人民法院保护其民事权利，所体现的是权利人与国家之间的关系，这种法律关系具有公法属性，其不属于民事法律关系，因而不属于诉讼时效的适用对象。诉讼时效制度作为一项民事法律制度，也不具有调整人民与国家之间关系的功能。本款中的“民事权利”依文义解释，包括物权、人格权、债权、亲属权利、知识产权、继承权等，其中的物权、人格权、知识产权属于绝对权，绝对权关系的义务人是不特定的任何人，绝对权关系一般不存在权利人请求义务人履行义务的情形，因而也就不存在权利人不行使权利达到一定期间而请求义务人履行义务而义务人予以拒绝的可能，因此也无适用诉讼时效的可能。

关于诉讼时效的适用对象，我们只能从《民法典》总则编“诉讼时效”章的其他条文中去寻找。《民法典》第189条、第190条、第191条、第194条、第196条分别使用了“债务”“请求权”“赔偿请求权”概念，债的关系是请求权关系，因此可以从这些条文使用的概念得出结论，即诉讼时效适用于请求权。但凡属于权利人请求义务人为或不为一定行为的法律关系时，方可适用诉讼时效。此外，从《民法典》第192条第1款关于诉讼时效效力的规定来看，诉讼时效期间届满，义务人可以提出不履行义务的抗辩，此处的“抗辩”对抗的是权利人提出的义务人履行之请求，由此亦可得出结论，诉讼时效的适用对象是请求权。

在民事权利里，请求权体现为：(1)债权。债权是债权人请求债务人为或不为一定行为的权利，包括合同之债、无因管理之债、不当得利之债、侵权行为之债以及依据法律规定而产生的其他债。[①] (2)物权请求权。物权是支配权，不是请求权，但是当物权遭受他人不法侵害或可能遭受侵害时，物权人为了维护其物权的圆满状态有请求他人停止侵害、排除妨害、消除危险、返还原物，是为物权请求权。(3)人格权请求权。人格权同样是支配权，不是请求权，但是人格权受到侵害或可能受到侵害，权利人有权根据侵害的不同情形请求加害人停止侵害、排除妨害、消除危险、消除影响、恢复名誉、赔礼道歉，是为人格权请求权。(4)亲属关系中的请求权。具体包括配偶之间的扶养请求权、父母子女之间的扶养请求权、祖孙之间的扶养请求权和兄弟姐妹之间的扶养请求权。(5)继承中的请求权。继承权也不是请求权，但是如果遗产被他人占有，继承人对占有遗产的人享有请求归还的权利，即继承回复请求权。(6)知识产权的请求权。知识产权也属于支配权而非请求权，但知识产权受到侵害时，权利人有权请求加害人停止其侵害知识产权的行为，是为知识产权的请求权。

上述请求权并不都可以适用诉讼时效。由于产生请求权的基础法律关系不同，请求权的功能也有区别，有些请求权并不适用诉讼时效。对此，《民法典》第196条明确规定：“下列请求权不适用诉讼时效的规定：(一)请求停止侵害、排除妨碍、消除危险；(二)不动产物权和登记的动产物权的权利人请求返还财产；(三)请求支付抚养费、赡养费或者扶养费；(四)依法不适用诉讼时效的其他请求权。”本条第(四)项“依法不适用诉讼时效的其他请求权”属于“兜底条款”，其他法律规定不适用诉讼时效的请求权均在此列。例如，根据《民法典》第995条的规定，人格权受到侵害时，受害人享有的停止侵害、排除妨碍、消除危险、消除影响、恢复名誉、赔礼道歉请求权，不适用诉讼时效。此外，根据《最高人民法院关于审理民事案件适用诉讼时效制度若干问题的规定》(法释〔2020〕17号)(以下简称《诉讼时效司法解释》)第1条规定，支付存款

① 《民法典》第118条第2款规定：“债权是因合同、侵权行为、无因管理、不当得利以及法律的其他规定，权利人请求特定义务人为或者不为一定行为的权利。”

本金及利息请求权，兑付国债、金融债券以及向不特定对象发行的企业债券本息请求权，基于投资关系产生的缴付出资请求权，不适用诉讼时效。

第三节　诉讼时效的分类

诉讼时效因其适用的对象以及时效期间的不同，分为一般诉讼时效、特别诉讼时效和最长诉讼时效。

一、一般诉讼时效

一般诉讼时效，又称为普通诉讼时效，是指普遍适用于法律没有特别规定的民事法律关系的诉讼时效。《民法典》第 188 条第 1 款规定："向人民法院请求保护民事权利的诉讼时效期间为三年。法律另有规定的，依照其规定。"本条中的"三年"诉讼时效期间即一般诉讼时效期间，较之 1986 年《民法通则》规定的二年诉讼时效期间，延长了一年。根据《民法典》第 188 条第 2 款规定，一般诉讼时效期间自权利人知道或者应当知道权利受到损害以及义务人之日起计算。

二、特别诉讼时效

特别诉讼时效，又称为特殊诉讼时效，是指由民法或其他法律特别规定的，仅适用于特定的民事法律关系的诉讼时效。特别诉讼时效的特殊性主要在于：一是仅适用于法律另有规定的特别情形，不具有普遍适用性；二是在适用上优于一般诉讼时效，即法律另有规定的，依照其规定，只有在法律没有另行规定的情况下，才适用一般诉讼时效；三是诉讼时效期间与一般诉讼时效期间不同。

在我国适用特别诉讼时效的情形有二：一是《民法典》规定的特别诉讼时效。例如，《民法典》第 594 条规定："因国际货物买卖合同和技术进出口合同争议提起诉讼或者申请仲裁的时效期间为四年。"二是其他法律关于诉讼时效的特别规定。例如，《海商法》设专章规定了海商海事纠纷的诉讼时效，期间有 90 天、1 年、2 年、3 年不等，如第 257 条规定："就海上货物运输向承运人要求赔偿的请求权，时效期间为一年，自承运人交付或者应当交付货物之日起计算；在时效期间内或者时效期间届满后，被认定为负有责任的人向第三人提起追偿请求的，时效期间为九十日，自追偿请求人解决原赔偿请求之日起或者收到受理对其本人提起诉讼的法院的起诉状副本之日起计算。""有关航次租船合同的请求权，时效期间为二年，自知道或者应当知道权利被侵害之日起计算。"第 265 条规定："有关船舶发生油污损害的请求权，时效期间为三年，自损害发生之日起计算；但是，在任何情况下时效期间不得超过从造成损害的事故发生之日起六年。"又如，《保险法》第 26 条规定："人寿保险以外的其他保险的被保险人或者受益人，向保险人请求赔偿或者给付保险金的诉讼时效期间为二年，自其知道或者应当知道保险事故发生之日起计算。""人寿保险的被保险人或者受益人向保险人请求给付保险金的诉讼时效期间为五年，自其知道或者应当知道保险事故发生之日起计算。"

三、最长诉讼时效

最长诉讼时效，是指对被侵害的民事权利给予诉讼保护的最长期限。《民法典》第 188 条第 2 款规定："诉讼时效期间自权利人知道或者应当知道权利受到损害以及义务人之日起计算。法律另有规定的，依照其规定。但是，自权利受到损害之日起超过二十年的，人民法院不予保护，有特殊情况的，人民法院可以根据权利人的申请决定延长。”本条规定的 20 年，即最长诉讼时效。

最长诉讼时效适用于一切民事法律关系产生的请求权，是人民法院保护民事权利的最长期限。最长诉讼时效与前述一般诉讼时效、特别诉讼时效有所不同，其差异主要表现于：(1)诉讼时效期间的起算点不同。一般诉讼时效期间和特别诉讼时效期间均从权利人知道或者应当知道权利被侵害时起计算，最长诉讼时效期间是从权利被侵害之日起计算。(2)一般诉讼时效和特别诉讼时效适用中止、中断但不适用延长，最长诉讼时效不适用中止、中断但适用延长。[①] (3)最长诉讼时效期间相比于一般诉讼时效期间和特别诉讼时效期间，期限极长，是民事权利受法院强制性措施保护的最长期限，其目的主要在于稳定社会经济、生活秩序；一般诉讼时效期间和特别诉讼时效期间则较短，一般一至四年不等，其目的主要在于及时保护权利人的权利。但是，最长诉讼时效与一般诉讼时效和特别诉讼时效也有联系，最长诉讼时效期间是对适用一般诉讼时效和特别诉讼时效的一种限制。

第四节　诉讼时效期间的计算

一、诉讼时效期间的起算

诉讼时效期间的起算，旨在确定诉讼时效期间开始计算的时点，解决各种诉讼时效期间从何时开始计算的问题。

确定诉讼时效期间起算点的依据有主观标准和客观标准之分。[②] 所谓主观标准，是以权利人的主观认知状态确定时效期间的起算点，即时效期间从权利人知道或应当知道其权利受到侵害的时点开始计算。所谓客观标准，是以权利受侵害或请求权发生的客观事实状态确定时效期间的起算点。

我国民法关于诉讼时效时间的起算采取主观标准为主、客观标准为辅的原则。《民法典》第 188 条第 2 款规定：“诉讼时效期间自权利人知道或者应当知道权利受到损害以及义务人之日起计算。法律另有规定的，依照其规定。但是，自权利受到损害之日起超过二十年的，人民法院不予保护，有特殊情况的，人民法院可以根据权利人的申请决定延长。”本条中的“诉讼时效期间自权利人知道或者应当知道权利受到损害以及义务人之日起计算”，实行的是主观标准。“自权利受到损害之日起超过二十年的，人民法院不予保护”，是对 20 年最长诉讼时效期间起算的规定，实行的是客观标准。主观标准适用于法律无“另有规定”的情形，是诉讼时效期间起算的一般规则，其适用于一般诉讼时效和特殊诉讼时效。客观标准既可适用于最长诉讼时效，又可适用于一般诉讼时效和特殊诉讼时效。例如，《民法典》第 190 条规定：“无民事行为能力人或者限制民事行为能力人对其法定代理人的请求权的诉讼时效期间，自该法定代理终

① 《民法典总则编司法解释》(法释〔2022〕6 号)第 35 条规定：“民法典第一百八十八条第一款规定的三年诉讼时效期间，可以适用民法典有关诉讼时效中止、中断的规定，不适用延长的规定。该条第二款规定的二十年期间不适用中止、中断的规定。”

② 王利明：《民法总则》，中国人民大学出版社 2020 年第 2 版，第 425 页。

止之日起计算。”第 191 条规定：“未成年人遭受性侵害的损害赔偿请求权的诉讼时效期间，自受害人年满十八周岁之日起计算。”该两条规定的诉讼时效均为一般诉讼时效，但计算起算点采取的是客观标准。《海商法》第 257 条第 1 款规定：“就海上货物运输向承运人要求赔偿的请求权，时效期间为一年，自承运人交付或者应当交付货物之日起计算。”该条规定的诉讼时效属于特殊诉讼时效，采取的是客观标准。

诉讼时效适用的对象主要是债权请求权。债包括合同之债、侵权行为之债、无因管理之债、不当得利之债以及依据法律其他规定而发生的债，对应的诉讼时效期间的起算规则如下：

1.合同之债请求权的诉讼时效期间

关于合同之债请求权的诉讼时效期间，履行期限约定明确的，从履行期限届满之日起计算；履行期限约定不明确的，依照《民法典》第 510 条、第 511 条的规定，可以确定履行期限的，诉讼时效期间从履行期限届满之日起计算；不能确定履行期限的，诉讼时效期间从债权人要求债务人履行义务的宽限期届满之日起计算，但债务人在债权人第一次向其主张权利之时明确表示不履行义务的，诉讼时效期间从债务人明确表示不履行义务之日起计算。同时，针对同一债务分期履行时诉讼时效的起算问题，《民法典》第 189 条作了特别的规定：“当事人约定同一债务分期履行的，诉讼时效期间自最后一期履行期限届满之日起计算。”

2.损害赔偿请求权的诉讼时效期间

损害赔偿请求权的诉讼时效期间，从权利人知道或者应当知道损害事实产生及具体侵害人时起计算。(1)就人身损害赔偿提出的诉讼，伤害明显的，从受伤害之日起计算；伤害当时未曾发现，后经检查确诊并能证明是由伤害引起的，从伤势确诊之日起计算。侵权行为是持续产生的，诉讼时效从侵权行为实施终了之日起计算。如属合同被撤销后的损害赔偿请求权，其诉讼时效期间从合同被撤销之日起计算。(2)无民事行为能力人和限制民事行为能力人的权利被侵害，诉讼时效期间从监护人知道或者应当知道权利被侵害时起计算；没有监护人或者监护人是侵权人的，从设定、变更监护人后监护人知道或者应当知道之日起计算，或者从被侵权人具有完全民事行为能力之日起计算。《民法典》第 191 条规定：“未成年人遭受性侵害的损害赔偿请求权的诉讼时效期间，自受害人年满十八周岁之日起计算。”

3.返还不当得利请求权的诉讼时效期间

返还不当得利请求权的诉讼时效期间，从当事人一方知道或者应当知道不当得利事实及对方当事人之日起计算。如属合同被撤销后的返还财产请求权，其诉讼时效期间则从合同被撤销之日起计算。

4.无因管理之债管理人请求给付必要管理费用、赔偿损失的请求权的诉讼时效期间

无因管理之债管理人请求给付必要管理费用、赔偿损失的请求权的诉讼时效期间，从无因管理行为结束并且管理人知道或者应当知道本人之日起计算。本人因不当无因管理行为产生的赔偿损失请求权的诉讼时效期间，从其知道或者应当知道管理人及损害事实之日起计算（《诉讼时效司法解释》第 7 条）。

二、诉讼时效中止

诉讼时效中止，是指在诉讼时效完成以前，因产生了法律规定的事由导致权利人不能行使权利，因而暂停诉讼时效期间的计算，待中止的事由消除后，再继续计算诉讼时效期间。

诉讼时效制度的目的之一是督促权利人积极行使权利，如果权利人不行使权利不是因为其怠慢所致，而是由于客观的原因导致其无法行使权利，此时时效期间如果继续进行，对权利

人来说是不公平的。诉讼时效中止制度的意义就在于克服这种不公平。

根据《民法典》第194条的规定，诉讼时效中止必须具备两个条件：一是具备法定的事由，即存在着导致权利人不能行使权利的客观事由。诉讼时效中止的法定事由包括：(1)不可抗力；(2)无民事行为能力人或者限制民事行为能力人没有法定代理人，或者法定代理人死亡、丧失民事行为能力、丧失代理权；(3)继承开始后未确定继承人或者遗产管理人；(4)权利人被义务人或者其他人控制；(5)其他导致权利人不能行使请求权的障碍。二是引起诉讼时效中止的法定事由必须发生在时效期间的最后6个月内。如果在时效期间最后6个月以前产生导致权利人不能行使权利的障碍，而至时效期间的最后6个月内开始时该障碍已经消除的，则时效不发生中止；如果该障碍持续至时效期间的最后6个月仍未消除的，则从时效期间的最后6个月之始开始中止时效期间计算，至该障碍消除后再继续计算时效期间。

产生诉讼时效中止的事由时，中止事由产生以前已经经过的诉讼时效期间仍然有效，中止事由产生期间，诉讼时效期间暂停计算，中止时效事由消除后，诉讼时效期间继续计算。即扣除中止时效事由的存在期间，中止前和中止后进行的诉讼时效期间合并计算。这就意味着，在诉讼时效中止的情形，最后留给权利人行使权利的时间是6个月，权利人有充分的时间主张权利。

三、诉讼时效中断

诉讼时效中断，是指在诉讼时效进行中，因产生权利人行使权利等法定事由，致使以前已经经过的诉讼时效期间归于消灭，待中断时效的事由消灭后，诉讼时效期间重新开始计算。

诉讼时效制度的效力是使权利人承受因其不行使权利而导致其请求义务人履行义务被义务人拒绝的不利后果。如果权利人在诉讼时效期间内出现了行使权利的事实，那么诉讼时效就失去了其适用的基础和前提。此时，如果诉讼时效仍继续，则与诉讼时效制度的宗旨相违背。因此，法律规定，在诉讼时效期间内，当权利人行使权利或存在其他法定事由时，诉讼时效发生中断，待时效中断的事由消除后，时效期间重新开始计算。

根据《民法典》第195条以及《诉讼时效司法解释》的规定，引起诉讼时效中断的事由如下：

1.权利人向义务人提出履行请求

权利人请求义务人履行义务是权利人主张权利的基本形式，构成诉讼时效中断的主要事由。关于权利人向义务人提出履行请求的事实认定，《诉讼时效司法解释》第8条规定："具有下列情形之一的，应当认定为民法典第一百九十五条规定的'权利人向义务人提出履行请求'，产生诉讼时效中断的效力：(一)当事人一方直接向对方当事人送交主张权利文书，对方当事人在文书上签名、盖章、按指印或者虽未签名、盖章、按指印但能够以其他方式证明该文书到达对方当事人的；(二)当事人一方以发送信件或者数据电文方式主张权利，信件或者数据电文到达或者应当到达对方当事人的；(三)当事人一方为金融机构，依照法律规定或者当事人约定从对方当事人账户中扣收欠款本息的；(四)当事人一方下落不明，对方当事人在国家级或者下落不明的当事人一方住所地的省级有影响的媒体上刊登具有主张权利内容的公告的，但法律和司法解释另有特别规定的，适用其规定。""前款第(一)项情形中，对方当事人为法人或者其他组织的，签收人可以是其法定代表人、主要负责人、负责收发信件的部门或者被授权主体；对方当事人为自然人的，签收人可以是自然人本人、同住的具有完全行为能力的亲属或者被授权主体。"此外，根据《诉讼时效司法解释》第17条规定，债权转让时，债权人通知债务人的，也构成诉讼时效中断事由，诉讼时效从债权转让通知到达债务人之日起中断。

2.义务人同意履行义务

义务人同意履行义务使得债的关系再次得以确定，与权利人主张权利具有相同的意义，也构成诉讼时效中断的事由。《诉讼时效司法解释》第 14 条规定："义务人作出分期履行、部分履行、提供担保、请求延期履行、制定清偿债务计划等承诺或者行为的，应当认定为民法典第一百九十五条规定的'义务人同意履行义务'。"另据《诉讼时效司法解释》第 17 条规定，在债务承担中，债务人经债权人同意将债务转让第三人，构成原债务人对债务承认，诉讼时效期间从债务承担意思表示到达债权人之日起中断。

3.权利人提起诉讼或者申请仲裁

诉讼和仲裁是解决纠纷的两种重要形式，权利人向人民法院提起诉讼或向仲裁机构申请仲裁，目的在于主张权利和实现权利，属于是权利人行使权利的一种方式，构成诉讼时效中断的事由。根据《诉讼时效司法解释》第 10 条和第 16 条的规定："当事人一方向人民法院提交起诉状或者口头起诉的，诉讼时效从提交起诉状或者口头起诉之日起中断。""债权人提起代位权诉讼的，应当认定对债权人的债权和债务人的债权均发生诉讼时效中断的效力。"

4.与提起诉讼或者申请仲裁具有同等效力的其他情形

根据《诉讼时效司法解释》第 11 条规定的"与提起诉讼具有同等诉讼时效中断的效力"的 8 种情形：(1)申请支付令；(2)申请破产、申报破产债权；(3)为主张权利而申请宣告义务人失踪或死亡；(4)申请诉前财产保全、诉前临时禁令等诉前措施；(5)申请强制执行；(6)申请追加当事人或者被通知参加诉讼；(7)在诉讼中主张抵销；(8)其他与提起诉讼具有同等诉讼时效中断效力的事项。此外，根据《诉讼时效司法解释》第 12 条、第 13 条的规定，"权利人向人民调解委员会以及其他依法有权解决相关民事纠纷的国家机关、事业单位、社会团体等社会组织提出保护相应民事权利的请求"，或者"权利人向公安机关、人民检察院、人民法院报案或者控告，请求保护其民事权利"，也具有"与提起诉讼具有同等诉讼时效中断效力"，可以构成诉讼时效期间中断的事由。

产生诉讼时效中断的事由时，中断时效事由产生以前已经经过的诉讼时效期间归于无效，中断时效事由的发生期间，诉讼时效期间暂停计算，中断时效的事由消除后，诉讼时效期间重新开始计算。诉讼时效中断可以产生在诉讼时效期间的任何时间，这是诉讼时效中断与诉讼时效中止不同的特点之一，并且诉讼时效中断后，在开始重新计算的新的诉讼时效期间内再次产生时效中断的事由的，诉讼时效可以再次中断，诉讼时效中断不受次数限制。

关于连带之债的时效中断效力，《诉讼时效司法解释》第 15 条作了特别规定，即"对于连带债权人中的一人发生诉讼时效中断效力的事由，应当认定对其他连带债权人也发生诉讼时效中断的效力。对于连带债务人中的一人发生诉讼时效中断效力的事由，应当认定对其他连带债务人也发生诉讼时效中断的效力"。

四、诉讼时效期间的延长

诉讼时效期间的延长，是指诉讼时效期间已经届满，权利人基于某种正当理由，要求人民法院延长诉讼时效期间，人民法院依职权予以延长。诉讼时效期间延长，对于权利人来说，意味着人民法院对其诉讼时效期间届满后提起的保护其民事权利的诉讼请求，仍然可能给予支持；对于义务人而言，则意味着在人民法院决定延长诉讼时效期间的情况下，其所主张的时效抗辩不被人民法院采纳。诉讼时效延长是延长对权利人之权利的保护、阻却义务人抗辩权发生的一种制度安排。

关于诉讼时效延长的适用对象，有学者认为，其适用于一般的诉讼时效期间，不适用于最长诉讼时效期间。这是因为，法律规定最长诉讼时效的目的是给权利人设定一个固定的期限，如果允许该期限延长，就会使该最长期限变为可变期限，法律设置最长诉讼时效期限的理由不复存在。[①] 但是，从规定诉讼时效延长的《民法典》第 188 条第 2 款来看，结论恰好相反。该款的文字表述为："诉讼时效期间自权利人知道或者应当知道权利受到损害以及义务人之日起计算。法律另有规定的，依照其规定。但是，自权利受到损害之日起超过二十年的，人民法院不予保护，有特殊情况的，人民法院可以根据权利人的申请决定延长。"本款中的"延长"的对象只是"二十年"诉讼时效期间，即最长诉讼时效期间，延长的理由是"特殊情况"。从本款规定中得不出诉讼时效延长适用于一般的诉讼时效的结论。当然，最长诉讼时效期间不应是可变期间，20 年期间的限制对于权利之保护也足够，如果法院可以依据当事人申请决定延长最长诉讼时效期间，不仅会导致不变期间变为可变期间，而且由于法律没有限制人民法院决定延长的次数，也没有限制其决定延长的期间，这就可能导致诉讼时效期间缺乏可预测性，诉讼时效制度也就由于延长而失去其意义。

根据《民法典》第 188 条第 2 款的规定，诉讼时效期间延长须具备以下条件：一是出现法律规定的特殊情况；二是经权利人申请，如果权利人未申请，人民法院不得依职权决定延长诉讼时效期间；三是是否延长诉讼时效期间，以及延长多久，由人民法院决定。[②]

第五节　诉讼时效的效力

一、诉讼时效效力的立法例

诉讼时效的效力，是指诉讼时效期间届满所产生的法律后果。对此，各国法律规定并不一致，主要存在以下三种不同立法例：一是实体权利消灭说，认为消灭时效完成后，实体权利本身归于消灭。例如，《日本民法典》第 167 条规定："债权，因 10 年间不行使而消灭。""债权或所有权以外的财产权，因 20 年间不行使而消灭。"采取的是实体权利消灭说。二是诉权消灭说，即认为消灭时效完成后，权利人之诉权归于消灭，如果时效期间届满消灭的只是胜诉权，而非起诉权，则为胜诉权消灭说。法国是采用诉权消灭说的典型，《法国民法典》第 2262 条规定："一切诉讼，无论是对物诉讼还是对人诉讼，时效期间均为 30 年……"《俄罗斯联邦民法典》第 199 条规定："关于维护被侵犯权利的请求，不论诉讼时效是否届满，法院均应受理。""争议一方当事人申请适用的诉讼期届满，是法院作出驳回诉讼请求的判决的依据。"根据这一规定，俄罗斯学者认为，诉讼时效期间届满，权利人丧失的是"提起实体意义的诉讼的权利"[③]，即采取的是胜诉权消灭说。三是抗辩权发生说。即认为消灭时效完成后，不但实体权利本身并不归于消灭，其在诉讼上行使权利的权能即诉权也不因此归于消灭，只是产生债务人取得拒绝履行义务的抗辩权的法律后果。因而，消灭时效完成后，权利人实体权利能否实现取决于债务人是否行使抗辩权。《德国民法典》第 214 条规定："消灭时效完成后，债务人有拒绝履行给付的权利。"

① 王利明：《民法总则》，中国人民大学出版社 2020 年第 2 版，第 438 页。

② 王利明：《民法总则》，中国人民大学出版社 2020 年第 2 版，第 437 页。

③ ［俄］E.A.苏哈罗夫主编：《俄罗斯民法》第 1 册，黄道秀译，中国政法大学出版社 2011 年版，第438 页。

我国台湾地区“民法典”第144条规定：“时效完成后，债务人得拒绝给付。”均采取抗辩权发生说。

二、我国民法关于诉讼时效效力的规定

我国民法关于诉讼时效的规定前有1986年的《民法通则》，中间有2008年最高人民法院《关于审理民事案件适用诉讼时效制度若干问题的规定》(法释〔2008〕11号)，后有2020年的《民法典》。《民法通则》采取的是胜诉权消灭说，根据《民法通则》第135条关于“向人民法院请求保护民事权利的诉讼时效期间为二年”的规定，诉讼时效期间届满后，权利人丧失了依诉讼程序强制义务人履行义务的权利，即胜诉权。2008年最高人民法院《关于审理民事案件适用诉讼时效制度若干问题的规定》(法释〔2008〕11号)第1条转而采取抗辩权发生说，规定“当事人可以对债权请求权提出诉讼时效抗辩”。后《民法典》吸收了司法解释的规定，采取了抗辩权发生说。《民法典》第192条第1款明确规定：“诉讼时效期间届满的，义务人可以提出不履行义务的抗辩。”

三、诉讼时效的效力

按照抗辩权发生说，诉讼时效的效力体现在以下两个方面：

第一，从义务人的方面来看，诉讼时效期间届满后，如果权利人请求义务人履行义务，义务人有权拒绝。此即《民法典》第192条第1款规定的“诉讼时效期间届满的，义务人可以提出不履行义务的抗辩”。这种权利叫作抗辩权，是拒绝权利人之请求的权利。义务人的抗辩权可以在诉讼内行使，也可以在诉讼外行使。在诉讼上，如果义务人行使抗辩权，以权利人不行使权利超过诉讼时效期间为由拒绝履行义务，人民法院不得强制义务人履行义务。此时，义务人的义务转化为自然债务。自然债务是否履行，完全依义务人自愿。如果义务人在诉讼时效期间届满后，自愿履行义务，法律也不予禁止。

第二，从权利人方面来说，诉讼时效期间届满后，权利人的请求遭遇义务人行使抗辩权而无法实现其权利，但其实体权利并未消灭，权利人仍然享有权利，也可以向人民法院提起诉讼，只要权利人提起的诉讼符合起诉的条件，人民法院就应当受理，人民法院不得以超过诉讼时效期间为由不予受理。只是由于其主张权利已经超过诉讼时效期间，如果义务人主张时效抗辩，那么其关于权利之主张得不到法律的支持。此时，权利人的权利转化为自然权利。自然权利之实现，取决于义务人的自愿履行义务。诉讼时效期间届满后，如果义务人主动履行义务，权利人基于其实体权利仍然有权受领，义务人不得主张返还。对此，《民法典》第192条第2款规定：“诉讼时效期间届满后，义务人同意履行的，不得以诉讼时效期间届满为由抗辩；义务人已经自愿履行的，不得请求返还。”

上述关于诉讼时效的效力的规定表明，诉讼时效期间届满后，权利人之请求遭遇义务人之抗辩，权利人与义务人之间的利益关系发生变化。从权利人方面来说，他虽然仍享有权利，但因义务人的拒绝而得不到实现，从而遭受不利益；从义务人方面来说，他虽然仍负有义务，但可以不履行义务，从而获得与权利人的不利益相应的利益。这种因诉讼时效期间届满而产生的利益称为时效利益，时效利益的享有者是义务人，义务人在诉讼时效期间届满后，仍主动履行义务或同意履行义务，是对时效利益的放弃。根据《民法典》第197条的规定，时效利益不得预先放弃，义务人在诉讼时效期间届满前，单方表示或与权利人协议预先放弃时效利益，该放弃时效利益的表示或协议无效。但是，法律不限制义务人在诉讼时效期间届满后，放弃时效利

益。放弃时效利益的方式包括自愿履行义务和同意履行义务，后者包括义务人与权利人就已经超过诉讼时效期间的原债权债务达成新的协议。义务人放弃时效利益后反悔的，法律不予支持。《诉讼时效司法解释》第19条对此明确规定："诉讼时效期间届满，当事人一方向对方当事人作出同意履行义务的意思表示或者自愿履行义务后，又以诉讼时效期间届满为由进行抗辩的，人民法院不予支持。当事人双方就原债务达成新的协议，债权人主张义务人放弃诉讼时效抗辩权的，人民法院应予支持。超过诉讼时效期间，贷款人向借款人发出催收到期贷款通知单，债务人在通知单上签字或者盖章，能够认定借款人同意履行诉讼时效期间已经届满的义务的，对于贷款人关于借款人放弃诉讼时效抗辩权的主张，人民法院应予支持。"

第六节　除斥期间

一、除斥期间的概念

除斥期间，是指权利的存续期间，除斥期间届满，权利归于消灭。例如，《民法典》第152条规定："有下列情形之一的，撤销权消灭：(一)当事人自知道或者应当知道撤销事由之日起一年内、重大误解的当事人自知道或者应当知道撤销事由之日起九十日内没有行使撤销权；(二)当事人受胁迫，自胁迫行为终止之日起一年内没有行使撤销权；(三)当事人知道撤销事由后明确表示或者以自己的行为表明放弃撤销权。""当事人自民事法律行为发生之日起五年内没有行使撤销权的，撤销权消灭。"本条规定的1年、90日、5年，均为除斥期间。

二、除斥期间与诉讼时效的区别

《民法典》第199条规定："法律规定或者当事人约定的撤销权、解除权等权利的存续期间，除法律另有规定外，自权利人知道或者应当知道权利产生之日起计算，不适用有关诉讼时效中止、中断和延长的规定。存续期间届满，撤销权、解除权等权利消灭。"本条规定了除斥期间的适用对象、计算规则和法律效力。根据这一规定，除斥期间与诉讼时效的区别如下：

第一，是否有当事人约定不同。诉讼时效期间属于法定期间，只能依法律规定，当事人不得约定，也不得以协议予以变更；除斥期间通常由法律规定，但在合同领域也可以由当事人约定。例如，《民法典》第564条第1款规定："法律规定或者当事人约定解除权行使期限，期限届满当事人不行使的，该权利消灭。"合同解除权的除斥期间可以由当事人约定。

第二，适用对象不同。诉讼时效的适用对象是请求权，除斥期间的适用对象是撤销权、解除权等形成权。

第三，计算规则不同。诉讼时效期间除法律另有规定外，自权利人知道或者应当知道"权利受侵害之日"起计算，并可适用中止、中断、延长；除斥期间除法律另有规定外，自权利人知道或者应当知道"权利产生之日"起计算，并且不适用中止、中断和延长。因此，诉讼时效期间属于可变期间，除斥期间属于不可变期间。

第四，法律效力不同。诉讼时效期间届满的法律效力是义务人抗辩权的发生，权利人的实体权利并没有消灭。除斥期间届满，权利人的实体权利归于消灭。

第9章 期日和期间

第一节　期日和期间的概念

一、期日和期间的概念

在民法上，时间是测定法律事实产生前后的尺度，时间分为期日和期间。期日，是指不可分割的一定时间。期日是静态的时间，是以静态的某一具体点作为表示时间的一种方式。例如“2020 年 1 月 1 日”“2020 年 1 月 1 日北京时间 12 时”，均为不可分之一定期日。“2020 年 1 月 1 日”虽包括一定之时间长度（即一天有 24 小时），但法律认为可以忽视其可分性，这样在该期日内区分具体的那一时就变得没有任何的意义。

期间，是指由一定日期持续至一定日期的一段时期。期间是以时间持续地经过的某一阶段作为表示时间的另一种方式，是动态的时间。期间必有一定的长度，有明确的开始之时（即起算点）和终止之时（即终结点）。从开始之时至终止之时，称为期间的经过。至规定的终止之时到来，称为期间届满或完成。例如，《民法典》第 188 条规定的“三年”“二十年”，第 194 条规定的“六个月”，均为期间。

二、期日和期间的法律意义

期日、期间作为时间的形式，固然不能直接产生法律上的效果，但多作为法律事实产生法律效果的条件或标准，对于权利的取得或消灭，关系重大。期日、期间在民法中的作用表现是多方面的，其意义主要体现在以下方面：

第一，以某一期日或期间作为某一法律事实产生法律效力的界限。民事法律事实可能引起民事法律关系的产生、变更或消灭，但根据法律规定或当事人约定，该法律事实只有产生在一定的期日或期间内才能产生相应的法律效力的，则该期日或期间就成为判断该法律事实是否产生法律效力的界限。例如，法定继承人放弃继承的，应当在继承开始后，遗产实际分割前作出明确的意思表示。因此，被继承人死亡之时、遗产实际分割之时对于法定继承人放弃继承的表示行为的效力，意义重大。被继承人死亡之前或遗产实际分割之后，法定继承人表示放弃继承的，不产生法律上之效果。

第二，以某一期日或期间作为确定民事法律行为生效或终止的根据。民事法律行为可以附有期限，并根据所附的期限的意义的不同而分为附始期的民事法律行为和附终期的民事法律行为。因而，对于附始期的民事法律行为而言，该期日到来或该期限届满的，民事法律行为开始产生法律效力；对于附终期的民事法律行为而言，该期日到来或该期限届满，民事法律行为效力终止。

第三，以某一期日或期间作为确定民事法律关系主体权利能力和行为能力的界限。公民的民事权利能力始于出生，终于死亡，出生和死亡之期日成为判断公民是否作为民事权利义务关系主体的一个重要标准。公民的行为能力受其年龄、智力和精神健康的影响，因而，一个公民的成年之日成为判断其是否具有完全民事行为能力，以及其所实施的民事行为是否有效的重要依据。

第四，以某一期日或期间作为确定民事权利取得或消灭的根据。例如，诉讼时效期间届满，义务人获得对抗权利人请求履行义务的抗辩权。又如，根据《民法典》第 152 条第 2 项的规定，当事人受胁迫的，自胁迫行为终止之日起一年内没有行使撤销权的，撤销权归于消灭。

第五，以某一期日或期间作为认定事实、适用法律以及解决纠纷的依据。法律规定或当事人约定的期日或期间往往是正确认定案件事实和正确适用法律的一个重要依据，它在判断诸如原告的诉讼请求是否超过诉讼时效，当事人履行合同义务是否逾期履行而构成违约行为，原告请求保护的债权是否已届履行期，是否以下落不明而宣告某公民死亡或失踪等案件事实上有重要的意义，并因此影响案件的处理结果。

第二节 期日和期间的分类

一、法定期日和期间

法定期日或期间，是指由法律直接规定的期日或期间。例如，各种诉讼时效期间、除斥期间都是由法律直接规定的，当事人不得以合同任意加以改变，当事人以约定改变该规定的，该约定无效。又如，继承从被继承人死亡时开始，被继承人死亡之时作为遗产继承开始，遗产所有权转移的期日是法定的，不可改变的。

二、约定期日和期间

约定期日或期间，是指由当事人自行选择或约定的期日或期间。例如，合同当事人在合同中约定的合同生效日期、当事人履行义务的期限，或约定的民事法律行为所附的期限，等等。约定期日或期间不得违反法律强制性的规定，否则对当事人不具有拘束力。

三、指定期日和期间

指定期日或期间，是指由人民法院、仲裁机构等有关部门或机构确定的期日或期间。例如，人民法院作出的判决书、裁定书或调解书，或仲裁机关作出的裁决书中确定的当事人必须履行义务的日期。

上述期日或期间虽确定方式或根据有所不同，但一经确定，即对相关当事人有拘束力，当事人一方不得擅自变更。

第三节 期间的计算

期日因是静止的、不可分割的一定时间,因此无论是法定的、约定的或是指定的,其确定都是具体的某年某月某日。并且因其为不可分的一个时间点,也不产生计算的问题。期间则是动态的一个时间段,其开始、结束一般有确定方式,该期间是否届满也有相应的计算规则。按照《民法典》总则编第十章“期间计算”的规定,期间计算的规则如下:

1.期间计算单位。《民法典》第 200 条规定:“民法所称的期间按照公历年、月、日、小时计算。”年、月、日、小时为期间计算的基本单元,其中年、月采用的是公历的历法规则,日、小时采用的是自然计算法,一日为 24 个小时。按年计算的,一年为 12 个月;按月计算的,一个月天数或为 30 天或为 31 天或为 28 天或为 29 天;按日计算的,一日为 24 小时;按小时计算的,一小时为 60 分钟。另根据《民法典》第 204 条但书的规定,其他法律对期间计算单位有特别规定的,或者当事人另有约定,依据法律的规定或当事人的约定。例如,当事人可以在合同中约定采取“星期”“分钟”“秒”作为计算单位。[①] 这表明,期间计算方法是具有任意法性质的规则,允许当事人通过约定限制或者排除适用。[②]

2.期间的起算。《民法典》第 201 条规定:“按照年、月、日计算期间的,开始的当日不计入,自下一日开始计算。”“按照小时计算期间的,自法律规定或者当事人约定的时间开始计算。”按年、月计算期间的,从次日开始计算。例如,当事人 2022 年 1 月 15 日订立合同,约定履行期限为 2 个月,该 2 个月的期间从 2022 年 1 月 16 日开始计算。按小时计算的,遵从法律规定的起算方式,但也允许当事人约定期间的起算点,期间从约定的起算点开始计算。例如,当事人于上午 8 点达成协议,约定送货期间为 5 个小时,约定即时起算的,则从协议达成之时的 8 点开始计算。

3.期间的结束。《民法典》第 202 条规定:“按照年、月计算期间的,到期月的对应日为期间的最后一日;没有对应日的,月末日为期间的最后一日。”例如,当事人于 2022 年 1 月 15 日订立合同,约定履行期间为 1 个月,根据第 201 条的规定,该期限从 2022 年 1 月 16 日开始计算,到期月的对应日是 2 月 15 日。但在公历历法中,月末日不尽相同,4 月、6 月、9 月、11 月的月末日均为 30 日,1 月、3 月、5 月、7 月、8 月、10 月、12 月的月末日均为 31 日,2 月的月末日因年而异,或为 28 日(如 2022 年)或为 29 日(如 2020 年),如果是月末日订立合同,约定按照年、月计算期间的,就会出现“没有对应日”的情形。例如,当事人双方于 2022 年 1 月 31 日订立合同,约定履行期限 1 个月。该 1 个月期间按照第 201 条规定,从次日即 2 月 1 日起计算,到期日为 2 月 28 日;如果约定的履行期限是 3 个月,到期日则为 4 月 30 日。28 日和 30 日均与合同订立时间的 31 日“不对应”。

4.期间结束日的顺延和截止时点。《民法典》第 202 条规定:“期间的最后一日是法定休假日的,以法定休假日结束的次日为期间的最后一日。”“期间的最后一日的截止时间为二十四时;有业务时间的,停止业务活动的时间为截止时间。”法定休假日包括法定节假日和双休日,法定节假日含国务院关于节假日调休安排的时日。如果期间的最后一日是法定休假日的最后

---

① 黄薇主编:《中华人民共和国民法典总则编释义》,法律出版社 2020 年版,第 539～540 页。

② 龙卫球主编:《中华人民共和国民法典总则编释义》,中国法制出版社 2020 年版,第 512 页。

一日，期间顺延，应以法定休假日结束的次日为期间的最后一日。例如，按照诉讼时效期间的计算规则，张三享有的损害赔偿请求权的诉讼时效期间届满日是10月3日，10月1—7日为国庆节假日，该诉讼时效期间的届满日应顺延至国庆假期结束的次日，即10月8日。期间的最后一日的截止时间按照自然方法确定，为当日的第24时；有业务时间的，则以停止业务活动的时间为截止时间。在业务时间非唯一的情形，应以当日的第24时为截止时间。例如，当事人预定的付款期限是2022年5月10日，银行柜台的营业时间截止为当日下午5点，但银行设置的自动柜员机（ATM机）24小时开放，当事人可以通过自动柜员机付款的，付款截止的时间应为当日的第24小时，如果当事人无法使用自动柜员机付款的，则以银行柜台的营业截止期间为付款期限的截止时间。

第10章 物权通论

第一节 物权的概念

一、物权的概念

"物权"一词，是中世纪注释学派在解释罗马法时首先提出来的，1811年的《奥地利民法典》正式采用了这一概念。1896年制定的《德国民法典》设物权为独立一编，系统规定了所有权、地上权、用益权、地役权、抵押权、质权等物权制度。日本民法典、我国民国时期的民法典等，均以物权为独立编，采用了物权概念。《民法典》第114条规定："民事主体依法享有物权。物权是权利人依法对特定的物享有直接支配和排他的权利，包括所有权、用益物权和担保物权。"在学理上，对物权概念的界定存在不同主张：对物关系说认为物权是人对物支配的财产权；对人关系说认为物权是对抗一般人的财产权。我国民法学界一般主张折衷说，认为物权是权利人对物直接支配并排除他人干涉的财产权利。所有权、土地承包经营权、建设用地使用权、宅基地使用权、居住权、地役权、抵押权、质权和留置权等均为物权。物权是这些具体财产权利的总称。据此，可以对物权概念进一步作如下理解：

第一，物权是财产权，物权人得享受物之经济利益。物权以物为支配对象，具有直接的财产内容，属于财产权范畴。物权的财产属性，体现为权利人依其物权而享受物的经济利益。所有权人依其所有权对物有占有、使用、收益和处分的权利，直接获得经济上的满足；土地使用权等用益物权的权利人依其权利，有对物使用、收益的权利，获得物的使用价值的满足；抵押权等担保物权的权利人则依其权利，对设立担保的财产价值有优先受偿的权利，而获得物的价值的满足。

第二，物权是人对物的支配权。物权的客体是物，物权反映的是权利人对物的直接支配关系。这种支配关系表现在法律上，权利人有权对物进行直接或间接的控制或管领。所有权人自己占有、使用其物，质权人、留置权人直接占有质物、留置物，土地使用权人占有土地，属于直接对物的控制。所有权人将物出租、出借给他人，对物仍有支配权，是对物间接的控制；抵押权人对设立抵押的财产虽不直接占有，但也有法律上的控制权，也属于间接的控制。

第三，物权是排他性的权利。对物支配并排除他人干涉是物权的共同属性。物权的排他性是基于权利人对物的支配关系而发生的，反映的是基于对物的支配而形成的人与人之间的关系。物权具有对抗任何人的效力是物权排他性的集中体现。所谓"一物不能二主"(即一个物上不能设立两个以上所有权)，先设立的抵押权优先于后设立的抵押权而实现，物权人在其物被他人非法侵害时享有物上请求权，都是物权排他性的具体体现。物权的排他性，对于维护财产安全,具有重要的意义。

二、物权的法律特征

(一)物权关系的权利主体是特定的,而其义务主体是不特定的

物权关系的权利主体即物权人依其享有的具体物权有为或不为一定行为的权利,除物权人以外,任何人都负有不得妨碍物权人行使或实现其权利的义务。所有权关系如此,建设用地使用权、抵押权等他物权关系也是如此。物权主体上的特征,表明物权是特定的权利主体对不特定的义务主体的权利,具有对世性,因此物权属于对世权。

(二)物权的客体是物

物权是对物直接支配的权利,物权关系反映的是基于人对物的支配而产生的人与人之间的财产关系。物是权利人支配的对象,离开了对物的支配,物权也就不存在了。作为物权的客体,原则上限于有体物,权利不能作为客体。在权利质押关系中,以特定的财产权(票据权利、专利权、商标权、著作权、股权等)为质权的对象;在建设用地使用权抵押中,以建设用地使用权为抵押权的对象,则属例外。

(三)物权是支配权、绝对权,具有排他性

物权的支配性和排他性已如上述。物权的绝对性,体现在物权人通过自己的行为即可实现其权利,而无须义务人的积极行为进行协助。义务人负的是不作为的义务,即不得妨碍物权人行使或实现其物权的义务。例如所有权,所有权人有权占有、使用、收益、处分其所有物,只要他人不妨碍所有权人,所有人通过对物的占有、使用、收益及处分,即可实现其权利。

(四)物权的设立与变更须采取一定的方式进行公示

物权的设立与变更须采取一定的方式进行公示,以表明物权设立或变更的事实。通常,动产以占有及占有的移转(交付)为其权利设立与变更的公示方式,不动产以登记及变更登记为其权利设立与变更的公示方式。

(五)物权具有排他效力、优先效力

在一个物上只能设立一个所有权。当一个标的物上出现物权与债权并存的情形时,物权具有优先于债权而实现的效力,债权则无优先效力。在一物二卖的情况下,当债务人将标的物交付其中一个债权人时,该债权人即取得标的物的所有权,另一个债权人并不能依其债权向已受领标的物的债权人主张返还。

第二节　物权的客体

一、一物一权主义

所谓“一物”,是指法律上能独立存在的物,而非物的部分;所谓“一权”,是指一个物上只能存在一个权利,一个物上存在的物权的效力及于物的全部,而非物的部分。在物的所有权问题上,“一物一权”意指一个物上只能成立一个所有权,而不能成立两个以上所有权,即所谓“一物不二主”。在一个物上同时存在其他物权时,“一物一权”则意指一个物上不能同时存在内容相抵触的物权,如内容不相抵触,一个物上可以同时存在数个物权。例如,所有人可以将其财产设立抵押权或质权,从而形成所有权与抵押权或质权并存的法律现象。

一物一权主义对于确定物权的客体、物的范围以及物权的效力范围和维护交易安全,具有重要的意义。物权是对物的支配权,物权人所能支配的物的范围须确定,才能确保物权人对物支配的权利得以圆满实现。如物的范围不能确定,一个物上存在多个内容相抵触的权利,或一项物权的效力只及于物的部分而非全部,都会直接影响物权人的权利的圆满状态。同时,物权支配的客体范围是否确定,也关系到交易是否安全的问题。如所有权的客体范围不能确定,或者一个物上存在内容互相抵触的物权,交易就无法进行;即使进行,相对人所取得的财产必将出现不确定的状态。

二、物权客体的特征

(一)物权的客体主要是有体物

在罗马法上,物分为有体物和无体物。有体物具有实体存在,人们可以凭触觉而认识,如土地、金钱等。无体物指法律上拟制的物,主要指所有权以外的财产权利,如用益权、地役权等。法国民法承袭了罗马法的传统,某些财产权利属于物的范畴。依《法国民法典》第526条、第529条的规定,不动产的使用收益权、地役权、请求返还不动产的诉权属于不动产;请求偿还到期款项或动产的债权及诉权则为动产。德国民法未承袭罗马法的传统,《德国民法典》第90条规定:"本法所称的物,仅指有体物。"但该法典第1273条规定:"质权的标的可以为权利。"因此,在德国民法中,除权利质权外,物权的客体是有体物。在我国,《民法典》第115条规定:"物包括不动产和动产。法律规定权利作为物权客体的,依照其规定。"

(二)物权的客体是特定物

物权为对物直接支配的民事权利,作为其客体的物必定是特定的。如果标的物未特定化,特权人就无从进行支配。而且,在物权的设立与移转上,不动产物权须经登记,动产物权须移转占有。办理登记、移转占有,均以标的物的特定化为前提,如标的物不特定,也无法进行登记和移转占有。特定物包括具有单独特征的物和依当事人的意思而特定化的种类物。

(三)物权的客体是独立物

所谓独立物,是指客观上能独立存在的物,或依社会之观念,可以与其他物区别开来,独立存在的物。一辆汽车,一幢房屋,客观上独立存在,是独立物。一块土地,多层建筑中的某单元房,虽与其他物相连,但按社会的观念,也可以独立存在,也是独立物。与独立物相对,物的部分则是不能独立存在的,如一辆汽车的轮子、一套单元房中的房间,为汽车或单元房的组成部分,不能独立于汽车或单元房而存在。

作为物权客体的物,须为独立物,物的组成部分不能成为物权的客体。因为物权为对物之支配权,物权的效力及于物的全部,而不是物的部分;物的部分不能成立物权。但是,物的部分与独立物是相对而言的,当物的部分从独立物分离出来时,也可以成为独立物,成为物权的客体。例如,汽车的轮子相对于汽车而言是物的部分,但将某辆汽车的轮子卸下来时,即可作为独立物出售,成立轮胎所有权。

通常情况下,独立物均为单一物,即形态上单独存在的物。每个单一物均可满足物权的客体须为独立物的要求,成立一个权利,数个单一物则可分别成立数个相互独立的权利。同时,每个单一物也应当成立一个权利,数个单一物则应当分别成立数个权利。因此,数个单一物集合而成为集合物时,原则上不能只设立一个权利,也就是说集合物不能成为一个物权的客体。但是,在特定情况下,集合物作为一个整体,可以成为独立物,成立一个权利。

三、关于物的界定

按照物权的客体为有体物、特定物和独立物的要求，对于动产来说，以其具有的独立个体存在的自然属性即可满足物权客体之要求，易于界定。但对于不动产尤其是土地来说，因其自然属性之特殊则要复杂得多，有必要作进一步确定。

1.土地

(1)绵延无垠的土地，就其自然属性而言，仅为一物；但在法律上并非作为一物而存在，而是依人为的方式划分为一定面积的地块，按宗计算，每宗土地均可作为独立物存在，设立物权。(2)依我国法律，土地归国家或集体所有，但《矿产资源法》第3条第1款规定："矿产资源归国家所有，地表或者底下的矿产资源的国家所有权，不因其所依附的土地的所有权或者使用权的不同而改变。"因此，矿藏虽依附于土地，但法律上可以与土地分离，作为独立物。(3)土地中的沙石土为土地的构成部分，与土地分离后可以成为独立物，作为交易的对象，移转其所有权。(4)埋藏物虽埋藏于土地之中，但法律上仍属独立物，设立独立的物权。例如，依《民法典》的规定，所有人不明的埋藏物归国家所有。(5)《文物保护法》第4条规定："中华人民共和国境内地下、内水和领海中遗存的一切文物，属于国家所有。""古文化遗址、古墓葬、石窟寺属于国家所有。"地下或附属于土地的文物仍为独立物。(6)地下水资源，依《水法》的规定，水资源属于国家所有，农业集体经济组织所有的水塘、水库中的水属于集体所有，因此，地下水可以与土地分离而成为独立物。

2.建筑物

(1)建筑物附着于土地，为不动产，其自然属性为独立物(如一栋房子)，可以成为物权的客体。(2)一建筑物分成若干单元的，每个单元虽与其他单元相连，为建筑物之部分，但法律上可为独立物存在，成立一个所有权。此即建筑物区分所有权。(3)违法建筑，指违反建筑法、城乡规划法的规定，未取得建设工程规划许可证等证件进行建设而完成的建筑物。违法建筑原则上应予以拆除，不得进行所有权登记。但根据《城乡规划法》的规定以及实践中的做法，对于影响城市规划但尚可采用改正措施的违法建筑，可以责令限期改正，补办建设许可手续，经纠正后可进行所有权登记。

未与土地分离的出产物。未与土地分离的出产物，如生长中的林木、庄稼，附着于土地，为不动产之部分，原则上不能成为独立物而为物权的客体。但依我国《森林法》规定："全民所有的和集体所有的森林、林木和林地，个人所有的林木和使用的林地，由县级以上人民政府登记造册，确认所有权和使用权。"因此，已经登记的森林、林木与土地相分离，可以成为独立物，作为所有权的客体。

第三节　物权的种类

一、物权的具体形式

按照物权法定主义，物权的种类依法律规定，包括《民法典》及其他特别法的规定，但主要由《民法典》规定。然而，各国民法典关于具体物权的规定并不完全相同。基于规范财产的归属和利用关系的需要，在我国，《民法典》第116条规定："物权的种类和内容，由法律规定。"由此，我国物权制度应包括以下内容：

1.所有权

所有权是所有人依法对自己的财产享有占有、使用、收益和处分的权利。所有权规范的是财产的归属关系，是对生产资料所有制的集中反映。因此，所有权是物权的核心，其他物权都是以所有权为前提而设立的。所有权包括国家所有权、集体所有权、私人所有权和业主的建筑物区分所有权等。

2.用益物权

用益物权是对他人财产享有使用、收益的权利，包括土地承包经营权、建设用地使用权、宅基地使用权、居住权和地役权等。用益物权是对财产使用价值的利用，随着社会经济的发展，财产的利用方式呈多样化的趋势，用益物权在物权法中的地位将愈加突出。

3.担保物权

担保物权是为担保债权的实现而于他人之物设立的物权，包括抵押权、质权（动产质权和权利质权）、留置权等。担保物权是对财产价值的利用，以财产的价值担保一定债权的实现，是一个社会信用的体现。市场经济是信用经济，我国社会主义市场经济体制的建立和完善，担保物权是不可缺少的法律机制之一。

4.占有

占有是对物的控制、管领事实。各国民法都在所有权以及其他具体物权之外，把占有作为独立的一种物权制度加以规定，以满足维护特定财产秩序的要求。占有在确认财产的归属和利用方面，具有独特的作用。物权取得中的善意取得、先占取得、取得时效，动产物权变动中的交付（即移转占有）公示制度，都是基于财产的占有。占有制度对于财产归属关系的确定，对于财产纠纷的处理，具有不可替代的积极意义。

二、物权的分类

（一）自物权和他物权

自物权是权利人对自己的财产享有的物权，即所有权。他物权是指对他人财产享有的物权，建设用地使用权、土地承包经营权、居住权、地役权、抵押权等，均为他物权。所有权人对自己的财产享有最充分的权利，包括占有、使用、收益和处分的权利，属于完全物权；他物权的权利人对他人的财产仅享有部分权利，属于限定物权。他物权反映的是非所有人对他人财产的利用关系，法律上确认他物权，有利于更充分地发挥物的社会效用，以满足人们对物质财富的不同需要。

（二）用益物权和担保物权

这是对他物权的进一步分类。用益物权是以物的使用收益为目的而设立的物权，建设用地使用权、土地承包经营权、居住权和地役权均为用益物权。采矿权等自然资源使用权也属于用益物权。担保物权是为保障特定债权的实现而设立的物权，抵押权、质权与留置权为担保物权。用益物权是对财产使用价值的利用，以使用收益为内容。担保物权是对财产价值的利用，当债务人不履行债务时，权利人就担保财产的价值享有依法处分并优先受偿的权利。

（三）动产物权和不动产物权

这是按物权的客体不同而作的分类。以动产为客体的物权包括动产所有权、动产质权、留置权、动产抵押权；以不动产为客体的物权包括不动产所有权、建设用地使用权、土地承包经营权、不动产抵押权。自然资源利用权亦属不动产物权。物权尤其是他物权很大程度上是对不动产尤其是土地财产关系的反映，不动产物权构成物权的主体内容。动产物权与不动产物权在权利的设立、变更上有明显的差别。动产除交通运输工具外，其物权的设立、变更以占有、交付为公示方式，不动产物权则以登记为公示方式。

（四）主物权和从物权

能独立存在的物权为主物权，所有权、建设用地使用权、土地承包经营权以及自然资源利用权，均为主物权。须依附于其他权利而存在的物权为从物权，抵押权、质权、留置权为担保债权而设立，地役权为需役地而设立，均为从物权。从物权以主权利的存在为前提，如主权利变更或消灭，从权利也随之变更或归于消灭。

（五）本权和占有

占有是对物控制、管领的一种事实状态，相对于占有而言，所有权、各种用益物权和担保物权，称为本权。债权关系中，承租人对标的物的租赁权，借用人对标的物的占有、使用权，亦为本权。占有以对物的实际控制、管领为依据，不论占有人在法律上对标的物有无支配的权利，均可成立，依法具有法律效力，如善意取得、权利之推定。

第四节 物权的效力

物权的效力是指物权所具有的不同于其他财产权利的功能和作用。不同形式的物权具有不同的效力，如建设用地使用权人对标的物有使用、收益的权利，抵押权人对标的物则有优先受偿权，而无使用、收益权。因此，所谓物权的效力，并非指各具体物权的效力，而是指各具体物权共同具有的效力，包括排他效力、优先效力和物上请求权的效力。

一、排他效力

物权的排他效力，是指物权具有的在同一标的物上不容许另一内容相抵触的物权同时存在的效力。物权内容相抵触，是由于物权内容相同而引起的冲突。因此，物权的排他效力亦可表述为同一标的物上不得设立两个以上内容相同的物权。其具体表现在：第一，一物不容二主。在同一标的物上，法律既已确认某一公民或法人享有所有权，即排除他人再设立所有权的可能。第二，同一标的物上不得设立两个内容相同的他物权。如在同一地块上，国家依出让合同将建设用地使用权出让给甲，就不得再将建设用地使用权再出让给乙。

物权的排他效力仅在于排除与已存在的物权内容相同的另一物权存在。如物权的内容不同，相互之间不发生抵触，法律上则允许存在。例如，国有土地所有权归国家所有，国家可依出让合同将建设用地使用权出让给建设用地使用者，该建设用地使用者又可将其建设用地使用权设立抵押，使债权人取得抵押权。由此，土地所有权、建设用地使用权和抵押权同时存在于这一地块上，形成同一物上多种物权并存的法律现象。

物权的排他效力“因物权之直接支配性而生”[①]，物权为对物直接支配的权利，物权人欲实现其对物的支配，客观上要求排除他人对其物的同一支配。如不能排除他人对其物的同一支配，其支配地位就会受到影响，甚至失去其支配地位。基于对物的不同支配关系，不同物权相

① 谢在全：《民法物权论》（上册），中国政法大学出版社 1999 年版，第 31 页。

互间并不因为他种对物支配地位的存在而影响此种对物的支配地位。一物之所以不容二主，就在于如确认标的物可以归属于另一民事主体，即动摇着原所有权主体对该物的归属地位；同一地块上所以能存在所有权、建设用地使用权和抵押权共存的现象，在于所有权人对物的归属地位并不因为建设用地使用权人对标的物之使用价值的支配以及抵押权人对标的物之价值的支配而遭到否定。

二、优先效力

物权的优先效力，又称物权的优先权，是指物权相对于其他物权或债权优先行使或实现的效力。一般包括物权相互间的优先效力和物权优先债权的效力。但也有学者认为物权的优先效力仅限于物权优先于债权的效力，而不应包括物权相互间的优先效力。[①]

（一）物权相互间的优先效力

同一标的物上存在两个以上内容不相抵触的物权时，依以下规则确定其优先效力：第一，他物权优先于所有权。这一规则又称“限制物权优先于所有权”规则。他物权是在他人所有之物上设立的物权，他物权虽不具备物权的全部权能，仅有物权之部分权能，但他物权之设立本身即对所有权的限制。因此，在同一物上同时存在所有权和他物权时，他物权优先于所有权而实现。不论他物权是用益物权还是担保物权，均优先于所有权。第二，担保物权优先于用益物权。同一标的物上存在用益物权和担保物权时，担保物权优先于用益物权而实现。例如，建设用地使用权人以其建设用地使用权设立抵押时，如债务人不履行主债务，抵押权人得以实现其抵押权。第三，费用性担保物权优先于融资性担保物权。[②] 费用性担保物权指依法律规定为担保因保存或增加标的物的价值所发生之费用而产生的担保物权，如留置权。融资性担保物权指为担保融资而设立的担保物权，如为银行贷款或一般债务设立的抵押、质押。由于费用性担保物权与标的物有更为密切的关系，其所担保的债权因为保存或增加标的物的价值而发生，因此，法律特别予以保护，赋予其优先效力。如《海商法》第25条规定“船舶抵押权后于船舶留置权受偿”，即赋予船舶留置权优先于船舶抵押权的效力。第四，依设立的先后顺序确定效力，即先设立的物权优先于后设立的物权。这一规则也称为“时间在先，权利在先”规则。《民法典》上规定：同一财产向两个以上债权人抵押的，拍卖、变卖抵押财产所得的价款依照下列规定清偿：(1)抵押权已经登记的，按照登记的时间先后确定清偿顺序；(2)抵押权已经登记的先于未登记的受偿；(3)抵押权未登记的，按照债权比例清偿。其他可以登记的担保物权，清偿顺序参照适用前款规定。此外，同一财产既设立抵押权又设立质权的，拍卖、变卖该财产所得的价款按照登记、交付的时间先后确定清偿顺序。《海商法》第19条关于同一船舶上设立两个以上抵押权的规定亦同。

（二）物权优先于债权的效力

同一标的物上，同时存在物权和债权时，物权无论成立于债权之前或之后，均有优先于债权的效力。这有以下几种情况：第一，出现一物二卖时，已取得标的物所有权的买方之权利优先于另一买方所享有之债权，仅享有债权的买者不得依其债权请求已取得标的物所有权的买方交付标的物。即使取得标的物所有权的是后买者，先买者也不得以其买卖合同订立在先而

---

① 史尚宽：《物权法论》，中国政法大学出版社1999年版，第10页；张俊浩主编：《民法学原理》，中国政法大学出版社1991年版，第362～363页。

② 谢在全：《民法物权论》(上册)，中国政法大学出版社1999年版，第33～34页。

主张后买者返还标的物。由于标的物只有一个，当卖方向其中一个买主交付标的物时(不动产以登记为准)，即意味着对另一买方构成违约，该买主可以依合同之约定或法律之规定追究其违约责任。第二，某特定物已成为债权之标的物，但该物上如有用益物权存在，该用益物权优先于债权行使。第三，债务人之财产设立担保时，对于担保物，担保物权优先于一般债权而受清偿。即使债务人被宣告破产或其财产被强制执行，担保物权人的优先受偿权也不受影响。对此，我国《民事诉讼法》规定："已作为银行贷款等债权的抵押物或者其他担保物的财产，银行和其他债权人享有就该抵押物或者担保物优先受偿的权利，抵押物或者其他担保物的价款超过其所担保的债务数额的，超过部分属于破产还债的财产。"

物权优先于债权是由两种民事权利的不同法律特性决定的。物权是支配权，物权人可以依自己的意志直接支配标的物，无须他人之积极行为即可实现其权利。债权则不同，债权为请求权，以物为标的债权，债权人须借助于债务人交付标的物之行为才能实现其权利，否则无法支配标的物。因此，当同一标的物上既存在物权又存在债权时，物权人依其直接支配标的物的法律地位，即可先于债权人实现对标的物的权利。

物权优先于债权的例外情况是"买卖不破租赁"。《民法典》第725条规定："租赁物在承租人按照租赁合同占有期限内发生所有权变动的，不影响租赁合同的效力。"在租赁期间，如出租人将租赁物的所有权移转给受让人，受让人不得依其所有权主张租赁合同终止，要求承租人交回租赁物。此时，承租人的承租权法律上虽属债权，但具有可对抗受让人之所有权的效力。"买卖不破租赁"的规则与承租权的特征有关系。承租权虽属债权，但承租人对于租赁物已取得占有、使用的权利，承租人的这种权利与单纯的债权不同，具有对物支配性，而非仅为请求权。实际上，承租权具有某些用益物权的属性。

三、物上请求权

物上请求权，又称物权的请求权，指物权人在其物权受到侵害或可能受到侵害时，享有请求恢复物权圆满状态或防止侵害的权利。根据物权受到侵害或可能受到侵害的不同情况，物上请求权包括：停止侵害请求权、返还原物请求权、排除妨害请求权、消除危险请求权和恢复原状请求权。

物上请求权是各种物权共同具有的效力，不仅所有权人在其所有权受到妨害时享有物上请求权，而且用益物权人和担保物权人在其权利受到妨害时也享有物上请求权。例如，土地使用权人在其土地被他人非法占有时，有权请求不法占有人返还所占有的土地；抵押权人在因为他人的行为造成或可能造成抵押物价值减少时，有权请求恢复原状或排除妨害、消除危险。

关于物上请求权的法律性质，有"物权作用说""债权说""准债权说""非纯粹债权说"等不同主张。[①] 物权作用说认为，物上请求权属物权的作用，并非独立的权利。债权说则认为，物上请求权发生在特定当事人之间，以请求为或不为一定行为为内容，为纯粹之债权。准债权说认为，物上请求权类似于债权，但非债权，因为物上请求权从属于物权，其发生、移转、消灭都与物权密切相关。非纯粹债权说认为，物上请求权并非物权本身，而是独立的请求权，但其发生、移转、消灭则与物权不可分离，与物权同命运。上述主张在揭示物上请求权的法律性质上各有特点。物权作用说着眼于物权的效力，债权说则着眼于物上请求权的法律关系本身的特点，准

---

① 谢在全：《民法物权论》(上册)，中国政法大学出版社1999年版，第38～39页。

债权说和非纯粹债权说则侧重于物上请求权与物权的联系。民法上，属于请求权的有债权请求权、物权请求权、身份上请求权。对于揭示物上请求权具有不同于其他请求权的法律性质来说，准债权说和非纯粹债权说似乎更可取些。但准债权说和非纯粹债权说的基本点是以债权作为基准来界定物上请求权的性质，则有所欠妥。物上请求权既不同于物权，也不同于债权，是一种基于物权而发生的请求权，具有不同于债权的性质和作用。

第一，物上请求权是基于物权而发生的请求权，与物权共命运。物权是对物支配的权利，物权人并可排除他人干涉，当物权受到侵害或可能受到侵害时，物权人有权请求他人排除妨害，以恢复其对物支配的圆满状态。因此，只有物权人才可享有物上请求权，物上请求权基于物权而产生。同时，物上请求权与物权不可分离，当物权移转或消灭时，物上请求权也随之转移或消灭。债权请求权则不同，债权是特定人之间请求为特定行为的权利，直接以请求权为内容。

第二，物上请求权是一种救济权。物上请求权发生在物权因他人的妨害而受到侵害或可能受到侵害之时，赋予物权人以物上请求权，目的在于使物权人通过物上请求权的行使，恢复对物的圆满支配状态，其基本功能是保护物权的实现，具有突出的救济权性质。债权一般不具有救济权性质。在损害赔偿之债中，损害赔偿请求权虽具有救济权性质，但对于物权之保护，它不具有使物权人恢复对物支配的圆满状态的作用。

第三，物上请求权优先于债权。物上请求权具有使物权人恢复对物支配的圆满状态的作用，能最大限度地满足物权人的利益要求，而损害赔偿请求权则无此作用。因此，在物权的保护中，物上请求权优先于损害赔偿请求权而适用。依我国《企业破产法》规定，在破产程序中，所有权人对其财产享有取回权，即从破产管理人占有的财产中取回自己财产的权利。取回权的基础权利即返回原物请求权。

第四，物上请求权不适用诉讼时效。关于诉讼时效的适用对象，《民法典》第 196 条规定："下列请求权不适用诉讼时效的规定：(1)请求停止侵害、排除妨碍、消除危险；(2)不动产物权和登记的动产物权的权利人请求返还财产；(3)请求支付抚养费、赡养费或者扶养费；(4)依法不适用诉讼时效的其他请求权。"一般认为，适用诉讼时效的请求权为债权请求权，基于物权(指不动产物权和登记的动产物权)以及基于亲属关系请求支付赡养费、抚养费或者扶养费等不适用诉讼时效。物上请求权不应适用诉讼时效。理由是：物上请求权与物权不可分离，既然物权不适用诉讼时效，物上请求权也不应单独适用诉讼时效。而且，对物权的侵害表现为继续性的侵权行为，对这种侵权行为很难确定时效的起算点，只要物权人发现其权利受到侵害或可能受到侵害，即可行使物上请求权，而不应适用诉讼时效。实践中，如果对物上请求权适用诉讼时效，势必出现违背常理的法律后果。这是因为，诉讼时效期间届满的法律效力是胜诉权的消灭，权利人的实体权利并未消灭。物权人在其权利受到侵害后，如超过诉讼时效期间而行使物上请求权，只是不受法律保护，但未丧失其物权。由此可见，如物上请求权适用诉讼时效，不仅不利于保护物权人的利益，而且会造成财产秩序的混乱。

第五节　物权的变动

一、物权变动的概念

物权的变动，是指物权的发生、变更和消灭。从权利人的角度来看，物权的变动，即物权的取得、变更和丧失。

(一)物权的发生

物权的发生，从权利人角度看，即物权的取得，包括原始取得和继受取得两种。原始取得，指不以他人的权利为依据而取得物权。原始取得的物权，并非对他人权利的继受，也不以他人权利为依据，而是基于一定的事实行为(占有的事实)，直接依据法律的规定而取得。继受取得，指以他人的权利为依据而取得物权，其可分为创设继受取得和移转继受取得两种方式。创设继受取得，即所有人在自己的财产上为他人设立他物权，而由他人取得一定的他物权。移转继受取得，指权利人因继承遗产或通过民事法律行为而取得他人的物权。无论创设的继受取得，还是移转的继受取得，都须基于他人对标的物享有的物权。否则，不能发生物权取得的法律效力。

(二)物权的变更

广义的物权变更包括物权法律关系主体、内容、客体的变更。物权主体的变更包括权利人的更迭和物权主体人数的变更。物权主体的变更实属物权的取得和丧失问题。狭义的物权变更仅指物权内容或客体的变更。前者指物权内容或作用的变更，后者指物权的标的物数量上的增减。

(三)物权的消灭

物权的消灭，是指物权与物权主体相分离，即物权的丧失。物权消灭分为绝对消灭和相对消灭。标的物灭失，物权不复存在，是物权绝对的消灭。标的物虽未灭失，但遭权利人抛弃，权利人之物权也归于绝对的消灭。至于他物权中用益物权因期限届满而消灭，担保物权因所担保的债权得以清偿而消灭，也应属于权利的绝对消灭，其后即使再设立用益物权或担保物权，也属于新的物权，而非原物权。物权的相对消灭实际上是指物权主体的更迭。权利人将其物权转让与受让人，对于转让人而言，意味着物权与其分离，转让人丧失了物权。

二、物权变动的原因

物权关系作为一种民事法律关系，因一定的民事法律事实而发生、变更或消灭。引起物权关系发生、变更或消灭的法律事实，即物权变动的原因，主要包括以下几种：

(1)法律行为。法律行为是物权变动的主要原因。例如，权利人因买卖、赠与、遗赠而取得标的物的所有权，因财产设立担保而取得抵押权、质权，因土地使用权出让合同而取得土地使用权，因抛弃标的物而使所有权归于消灭，都是基于法律行为而发生的。

(2)时间的经过。在大陆法系国家的民法中，占有时效是物权取得的原因之一。如《德国民法典》第 937 条规定："自主占有动产经过十年的人，取得其所有权。"第 900 条规定："未取得土地所有权而作为土地所有权人登记入土地登记簿的人，如果登记已经过三十年，并且此人在此期间自主占有该土地时，即取得该土地的所有权。”在我国，《民法典》未规定取得时效。不过，《民法典》中也有规定，债权人自提存之日起5年内未领取提存物的，提存物在扣除提存费用后归国家所有，说明也确认时间经过发生提存物所有权取得的效力。此外，依我国法律规定，土地使用权、土地承包权因土地使用年限届满、承包期满而消灭。

(3)继承。被继承人死亡，其生前遗留的财产依《民法典》继承编规定由其继承人继承，继承人因继承取得被继承人遗产中的所有权及其他物权。

(4)主权利消灭。具有从权利性质的他物权，因主权利的消灭而消灭。例如，主债务因清偿、免除等而归于消灭，担保物权也归于消灭。需役地灭失，供役地上之地役权归于消灭。

(5)添附。属于不同所有权人的物因加工、附合、混合成为新物时，原物的所有权归于消灭，新物的所有权依法律规定由新所有权人取得。

(6)先占。先占取得是大陆法系国家动产所有权取得的方式之一。如《德国民法典》第958条、《日本民法典》第239条均规定，自主占有无主动产者，因占有取得该动产所有权。在我国，《民法典》未规定无主物先占取得的制度。

(7)拾得遗失物、发现埋藏物。依《日本民法典》第240条和第241条规定，遗失物、埋藏物经依法公告的一年内无人认领的，拾得人、发现者取得其所有权；在他人物内发现埋藏物的，发现人与该物所有人折半取得其所有权。在我国，根据《民法典》第318条和319条的规定，无人认领的遗失物、埋藏物、隐藏物归国家所有。

(8)划拨。通过行政划拨的方式设立国有土地使用权，是我国国家机关、国有企事业单位取得国有土地使用权的基本方式。

(9)没收。没收是依据法律的规定，强制将违法人员的财产收归国有的一种措施。没收财产是刑法规定的刑事责任和行政法规定的行政法律责任。没收的财产归国家所有，由国家取得所有权。

(10)混同。物权的混同是指同一标的物上存在的不同物权因同归于一人的客观事实，物权发生混同引起物权的消灭。所有权与同一物上存在的他物权混同时，他物权归于消灭。如甲以其房屋为乙设立抵押权，后乙购买该房屋，取得所有权；对于该标的物，乙既有所有权又有抵押权，所有权和抵押权发生混同，乙享有的抵押权则归于消灭。以土地使用权设立抵押的，如抵押权人之后受让该土地使用权，同一地块上存在的土地使用权和抵押权发生混同，该抵押权也归于消灭。

(11)标的物灭失。物权为支配权，当标的物灭失，物权绝对的消灭。

三、物权变动与不动产登记

(一)不动产统一登记制度的建立

不动产登记是指登记部门将不动产物权的设立和变动的事项记载于不动产登记簿并供查询的行为。不动产登记制度是不动产物权制度的重要基础，所有权制度、用益物权制度、担保物权制度都与不动产登记有着紧密的联系。

《民法典》在总结我国不动产特别是房地产登记工作的已有立法和实践经验，并借鉴一些外国有益做法的基础上，对不动产统一登记原则、不动产登记的效力、登记机构的职责、登记资料的查询复制、更正登记、异议登记、预告登记以及登记错误责任等重要内容作出规定。

《民法典》上确立不动产登记制度，不仅便于对不动产的管理和作为课税的依据，更重要的是，它是物权变动的公示方式，具有物权设立的公示功能、物权变动的公示功能和权利正确性的推定功能。目前，世界各国所采用的不动产登记制度主要有三种类型，即契约登记制、权利登记制和托伦斯登记制。[①] 尽管登记制度类型不同，但大多数国家和地区规定实行不动产统一登记制度，至于登记机构的设置则不尽相同。[②] 在单行民事法律《物权法》颁行之前，我国的不动产登记存在下列问题：强调登记的行政管制，多头登记，行政色彩浓厚，效率低下，信息查询困难，公信力阙如，错误登记责任缺位等问题。但最主要的问题是各地方在不动产行政管理和不动产登记体制方面存在不同的做法。登记机构不统一，必然出现重复登记、登记资料分散、增加当事人负担等弊端。我国不动产登记制度方面的缺陷可表现为“五个不统一”，即不动产登记法律不统一、不动产登记效力不统一、不动产登记机构不统一、不动产登记程序不统一、不动产登记的权属证书不统一，根本原因在于登记法律依据和登记机构的不一致。由于在法律上将不动产登记作为行政机关的职权而不是作为一种公示方法，从而造成了登记机关与行政机关的设置和职能合一的问题。依照此前的法律规定，办理不动产转让和抵押登记涉及许多部门：土地在土地管理部门，房屋在房产管理部门，草原在草原主管部门，森林、林业、林地在林业主管部门，海域使用权在海洋行政主管部门，矿产资源在地质矿产主管部门，等等。如果将登记制度作为公示方法来对待，则原有的登记体制的弊端便暴露出来。为克服分散登记制度所造成的弊端，《民法典》规定：不动产登记，由不动产所在地的登记机构办理。国家对不动产实行统一登记制度。统一登记的范围、登记机构和登记办法，由法律、行政法规规定。在不动产统一登记制度中，确定由所在地的登记机构来办理登记，既有利于确定不动产的归属，也有利于方便登记申请人和需要查询登记的利害关系人。不动产统一登记制度，就是由一个登记机构来统一负责有关不动产的登记事务，并在登记范围、登记规则及程序等方面实现统一。关于不动产登记的效力，《民法典》是以登记生效作为原则，以登记对抗为例外。不动产物权的设立、变更、转让和消灭，经依法登记，发生效力；未经登记，不发生效力，但法律另有规定的除外。所谓法律另有规定的除外，主要包括三个方面的内容：一是依法属于国家所有的自然资源，其所有权可以不登记。这主要是因为《民法典》已明确这些财产属于国家专属所有且不得转让，即使不作登记也不会影响其权利的归属和交易的安全。同时基于国有自然资源而产生的他物权如建设用地使用权需要登记，因而所有权不作登记也不影响对这些资源的有效利用。应当指出的是，依法属于国家所有的自然资源，所有权可以不登记。但是，在国家所有的土地、森林、海域等自然资源上设立的用益物权、担保物权，则需要依法登记。二是指非依民事法律行为（包括法律文书、政府征收和征用决定、继承事实产生以及因合法建造或者拆除房屋等事实行为）而发生的物权变动情形，因这类物权变动也是源自法律的直接规定，而非基于当事人的意思表示，故不需要登记。三是考虑到我国广大农村的实际情况，《民法典》并没有要求不动

---

① 契约登记制是以法国为代表的登记制，该登记制采登记对抗主义，登记仅作形式审查，登记无公信力，登记簿的编制采人的编成主义，既登记不动产物权的现状，也登记物权的变动事项。权利登记制为德国所创，该登记制采登记生效要件主义，登记采取实质审查，登记具有公信力，采取强制登记，登记簿的编成采物的编成主义，登记主要记载不动产的静态，兼顾权利变动情形。托伦斯登记制为澳大利亚托伦斯勋爵所创，又称地券交付主义，该登记制与权利登记制相似，不同之处在于登记机构除了登记之外，还颁发权利证书，并设立赔偿基金以供赔偿之用。我国《民法典》采用的登记制度可以认为是介于权利登记和托伦斯登记制度之间的模式。

② 如德国的不动产登记机构为属于地方法院的土地登记局，瑞士大多为各州的地方法院，日本为司法行政机关法务局、地方法务局及其派出所，我国台湾地区的登记机构则是属于行政机构的地政局。

产物权变动一律须依法登记才产生效力。这些例外主要有:(1)在土地承包经营权中,采取的是登记对抗要件主义。土地承包经营权自土地承包经营权合同生效时设立。土地承包经营权人将土地承包经营权互换、转让,当事人要求登记的,应当向登记机构申请土地承包经营权变更登记;未经登记,不得对抗善意第三人。(2)在宅基地使用权中,仅要求已经登记的宅基地使用权转让或者消灭的,应当及时办理变更登记或者注销登记。并没有要求宅基地使用权是以登记为生效要件的。(3)在地役权中,也是采用登记对抗要件原则。地役权自地役权合同生效时设立。当事人要求登记的,可以向登记机构申请地役权登记;未经登记,不得对抗善意第三人。

(二)不动产登记簿、更正登记、异议登记与不动产登记的正确性

《民法典》通过明确登记机构的职责,规定不动产登记簿、更正登记和异议登记等内容,提高不动产登记的正确性,为避免不动产登记错误提供了制度上的保障,保障市场交易正常秩序和权利人的利益,充分发挥不动产登记的物权公示作用。

1.不动产登记簿

《民法典》对登记机构在登记过程中应当履行的审查义务或者职责作出规定:登记机构应当履行下列职责:(1)查验申请人提供的权属证明和其他必要材料;(2)就有关登记事项询问申请人;(3)如实、及时登记有关事项;(4)法律、行政法规规定的其他职责。申请登记的不动产的有关情况需要进一步证明的,登记机构可以要求申请人补充材料,必要时可以实地查看。具体而言,登记机构要查验申请人提交的必要材料,当事人申请登记,应当根据不同登记事项提供权属证明和不动产界址、面积等必要材料。当事人申请登记时应当提供哪些必要材料,由于《不动产登记暂行条例》以及部门规章和地方性法规已作了比较详细的规定,同时还需要将来的不动产登记法去进一步明确,因此,《民法典》对此只是原则性地作出衔接性的规定。一般来说,在登记实务中,权属证明材料还包括权属证书、合同书、法院判决或者征收决定等文件。需要指出的是,在不动产登记中,不同登记事项所需要提供的材料也是不同的。不动产物权登记根据不同的标准也有不同的分类:按照登记管理的角度可把不动产登记分为总登记和变动登记;依不动产客体的不同可将不动产登记分为土地登记、房屋登记、水权登记等;依不动产登记是否以当事人的申请为基础,可将不动产登记分为登记机构应申请人的申请进行的登记和登记机构依职权进行的登记两种;按照不动产物权的不同可将不动产登记区分为不动产所有权登记和不动产他物权登记;根据不动产物权变动的情形不同,可将不动产登记分为不动产设立登记、变更登记和消灭登记。此外,还有异议登记、更正登记、预告登记等类型。

不动产登记簿是指记载不动产上的权利状况并备存于特定机关的簿册。在登记制度中,不动产登记簿具有重要和特殊的地位。不动产登记簿是证明不动产物权的根据,是物权归属和内容的根据。在现代不动产法律体系中,不动产登记簿具有十分重要的作用。因此,《民法典》专门对不动产登记簿性质、作用与管理作出规定:不动产登记簿是物权归属和内容的根据。不动产登记簿由登记机构管理。不动产物权的设立、变更、转让和消灭,依照法律规定应当登记的,自记载于不动产登记簿时发生效力。

根据物权公示原则的要求,不动产登记簿具有以下特性:(1)统一性,即在一个登记区域内的不动产登记簿只有一个。(2)权威性,即不动产登记簿是可信赖的,它的公信力是以国家作为保障的。(3)持久性,即不动产登记簿是由登记机构永久保存,这是和不动产的长久存在相关联的。(4)公开性,即不动产权利人、利害关系人可以申请查询、复制不动产登记资料,登记机构应当提供。但利害关系人不得公开、非法使用权利人的不动产登记资料。正因为如此,不

动产的设立、变更、转让和消灭只有在记载于不动产登记簿之后，才具有公信力。

不动产登记簿在登记制度中具有以下重要功能：首先，对不动产权利人而言，不动产登记簿是有效地表明权利人就其不动产所享有的权利证明文件，具有权利推定的作用；其次，对第三人而言，不动产登记簿具有公信效果；最后，对国家而言，不动产登记簿便利于国家对不动产的监管，也有利于审判机关在解决不动产物权纠纷时确定权利归属。需要注意的是，在司法实践上，如果当事人有证据证明不动产登记簿的记载与真实权利状态不符、其为该不动产物权的真实权利人，请求确认其享有物权的，人民法院应予支持。在我国，对不动产的登记管理由于采取的是登记发证制度，因此，除了不动产登记簿外，还给不动产权利人颁发不动产权属证书，不动产权属证书是权利人享有该不动产物权的证明。不动产权属证书记载的事项，应当与不动产登记簿一致；记载不一致的，除有证据证明不动产登记簿确有错误外，以不动产登记簿为准。一般来说，权属证书是根据不动产登记簿记载的内容来制作并发放的，两者应是一致的。但是，由于可能发放权属证书的错误或者存在伪造的情形，就会导致权属证书上所表彰的权利与不动产登记簿所记载的权利不一致的情况。因此就有一个如何处理不动产登记簿与不动产权属证书的关系问题，对此，《民法典》明确肯定了应当以不动产登记簿上所记载的内容作为根据。这是因为：(1)不动产登记簿上的记载是表明不动产权利人权利的来源，权属证书只是根据登记簿的内容来制作和发放的，当登记簿发生错误，可采取更正登记的方式来纠正。(2)在不动产登记簿记载的内容没有更正之前，《民法典》只能推定登记簿上所记载的权利人是法律上所认可的权利人。权属证书上所表彰的权利与不动产登记簿上记载的权利不一致的，应以不动产登记簿为准。(3)不动产登记簿是公开并可供查询和复制的，第三人可通过查询并对此产生信赖，而这种基于对国家公信力所产生的信赖应该受到法律的保护。如果不以不动产登记簿为准，将会使公众对不动产登记的公信力造成极大的损害，从而危及交易的安全。由此可见，《民法典》规定不动产登记簿具有权利正确的推定效力，是物权公示原则的价值和要求。在为建立公正安全交易秩序而保护相对人利益的同时，《民法典》也为事实上的权利人提供异议登记、更正登记等救济手段，从而对实现不动产物权变动中的客观公正具有重要的意义。

2.变更登记

一般来说，不动产登记应当反映真正的权利归属和正确的权利状态，这也是不动产登记机构履行职责应当实现的基本目标。但是，不动产登记可能因登记机构工作人员的疏忽大意，当事人采取欺骗手段或者与登记机构工作人员恶意串通等原因导致登记错误。在发生登记错误时，如何保护利害关系人和权利人的合法权益，就成为一个重要的问题。对此，法律应当设定一定的程序允许当事人申请更正或者由登记机构予以改正，此即更正登记。对此，《民法典》规定：权利人、利害关系人认为不动产登记簿记载的事项错误的，可以申请更正登记。不动产登记簿记载的权利人书面同意更正或者有证据证明登记确有错误的，登记机构应当予以更正。

更正登记有两种方式：一是经权利人、利害关系人申请的登记；二是登记机构自己发现错误后作出的更正登记。《民法典》明确登记机构应当予以更正的条件，就是不动产登记簿记载的权利人书面同意更正或者有证据证明登记确有错误。更正登记须具备以下条件：(1)权利人、利害关系人认为不动产登记簿记载存在错误，并提出申请的；(2)经过权利人书面同意更正或者有证据证明登记确有错误的；(3)应由登记机构更正。应当指出的是，更正登记是对错误登记的改正登记，更正登记与变更登记和涂销登记是不同的。变更登记包括创设物权的登记和移转物权的登记,涂销登记则是对灭失的不动产物权进行的登记,不同的登记种类,其程序和条件是不同的。更正登记实质上是对原登记权利的涂销登记,同时还是对真正权利的初始登记。

3.异议登记

由于更正登记的条件比较严格,需要的时间也比较长,因此,《民法典》还创设了一种对真正权利人提供临时救济的途径——异议登记。异议登记是指利害关系人对不动产登记簿上有关权利主体、内容的正确性提出不同意见的登记,以维护其权利。《民法典》对此规定:不动产登记簿记载的权利人不同意更正的,利害关系人可以申请异议登记。登记机构予以异议登记的,申请人自异议登记之日起 15 日内不提起诉讼的,异议登记失效。异议登记不当,造成权利人损害的,权利人可以向申请人请求损害赔偿。据此,异议登记须符合以下条件:(1)利害关系人认为不动产登记簿记载存在错误的;(2)利害关系人申请了更正登记或者向登记簿记载的权利人提出了更正请求,但登记记载的权利人拒绝办理更正登记;(3)在登记之后,必须尽快提起诉讼,如不在 15 日内起诉的,异议登记失效。需要注意的是,异议登记因民法典规定的事由失效后,当事人提起民事诉讼,请求确认物权归属的,应当依法受理。异议登记失效不影响人民法院对案件的实体审理。通过异议登记,可以将利害关系人对不动产登记簿上记载的权利提出的异议记入登记簿,能够达到阻断第三人因信赖不动产登记簿而取得物权的目的,从而既有利于保护真正权利人的利益,又有利于保障交易的安全。异议登记的目的是限制不动产登记簿上的权利人的权利,以保障提出异议登记的利害关系人的权利。由于异议登记可以中止不动产登记簿记载的权利人按照登记权利人的内容行使权利,同时也给不动产物权交易造成一定的不确定状态,因此,法律上规定这种保护措施应当是临时性的,以防止申请人滥用异议登记制度。当申请人异议登记不当,造成权利人损害的,权利人可以要求申请人赔偿损失。

从功能上看,更正登记和异议登记一样,均为保护事实上的权利人以及真正权利状态的法律措施。但是,更正登记是比较彻底地消除登记权利与真正权利不一致的状态,避免第三人根据不动产登记簿取得不动产登记簿上记载的物权,更正登记的目的是保护事实上的权利人的物权。而异议登记也是对真正权利人提供保护,但这种保护是临时性的。在其他国家或者地区的立法例中,大多将异议登记作为更正登记之前的一种临时性措施,即在申请人自异议登记之日起一定期限内未向登记机构提出更正登记的请求时,异议登记就丧失效力。而我国《民法典》则把异议登记作为更正登记之后的一种措施。

(三)预告登记与保障市场交易安全

《民法典》规定:当事人签订买卖房屋的协议或者签订其他不动产物权的协议,为保障将来实现物权,按照约定可以向登记机构申请预告登记。预告登记后,未经预告登记的权利人同意,处分该不动产的,不发生物权效力。预告登记后,债权消灭或者自能够进行不动产登记之日起 90 日内未申请登记的,预告登记失效。

预告登记是指当事人约定买卖期房或者转让其他不动产物权时,为了限制债务人处分该不动产,保障债权人将来取得物权而做的登记。根据《不动产登记暂行条例实施细则》的规定,申请预购商品房的预告登记,应当提交下列材料:(1)已备案的商品房预售合同;(2)当事人关于预告登记的约定;(3)其他必要材料。预售人和预购人订立商品房买卖合同后,预售人未按照约定与预购人申请预告登记,预购人可以单方申请预告登记。预购人单方申请预购商品房预告登记,预售人与预购人在商品房预售合同中对预告登记附有条件和期限的,预购人应当提交相应材料。申请预告登记的商品房已经办理在建建筑物抵押权首次登记的，当事人应当一并申请在建建筑物抵押权注销登记，并提交不动产权属转移材料、不动产登记证明。不动产登记机构应当先办理在建建筑物抵押权注销登记，再办理预告登记。

应当指出的是，在单行民事法律《物权法》公布实施前，我国《城市房地产管理法》和《城市商品房预售管理办法》虽然规定了对商品房预售合同进行登记备案的办理，但是，一房数卖的受害人只能通过合同法的规定来寻求救济。而合同法上提供的救济手段是事后的，难以达到遏制不法开发商一房数卖的目的。因此，《民法典》针对合同法救济手段的缺陷，规定了一项新的制度——预告登记，它能够为保护商品房预购人的合法权益提供有力的保障。

预告登记与一般的不动产物权登记不同，后者又称本登记或者终局登记。而预告登记是为确保债权实现和保障将来实现物权等目的，按照约定向登记机构申请办理的预先登记，旨在保全将来发生的不动产物权变动，它是不动产物权登记的特殊类型。而本登记则是指对已经实际发生的物权变动所进行的登记。

预告登记主要有以下五个方面的作用：一是保障将来实现不动产物权；二是保障债权请求权的效力；三是起到顺位保证的作用；四是破产保护的作用；五是产生对第三人的效力。预告登记的适用范围，包括未经预告登记的权利人同意，转让不动产所有权等物权，或者设立建设用地使用权、居住权、地役权、抵押权等其他物权的情形。在预告登记后，如果债权消灭，预告登记所保护的对象不存在，预告登记因丧失基础关系而失效。其中，"债权消灭"是指预告登记的买卖不动产物权的协议被认定无效、被撤销，或者预告登记的权利人放弃债权的情形。另外，在预告登记后，登记申请人自能够进行不动产登记之日起90日内未申请登记的，表明登记申请人怠于行使权利，而预告登记的效力持续，会对义务人带来不利，因此，《民法典》对此作出限制。

（四）规范登记机构行为，明确登记错误责任

在不动产登记制度中，登记机构居于重要的地位，因此有必要对登记机构的义务和行为作出规范。《民法典》不仅从正面规定了登记机构的职责，而且为了保障登记机构充分履行其义务，同时从反面规定登记机构不得实施的行为：(1)要求对不动产进行评估。对不动产评估是对不动产价值的确定，而不动产登记是对不动产物权变动的公示，两者没有必然的联系。如要求对不动产进行评估，则加大交易成本。(2)以年检等名义进行重复登记。由于登记是一种公示，如未发生物权变动，就没必要进行重复登记。而有期限的不动产物权如需要新设物权，则需要进行新登记，而不是重新登记。(3)超出登记职责范围的其他行为。

不动产登记具有公示的作用，通过公示，有利于保障不动产交易安全，维护不动产交易秩序，保护不动产权利人及利害关系人的合法权益。而要发挥这些作用，不动产登记资料就必须公开而不能秘而不宣。因此，《民法典》规定：权利人、利害关系人可以申请查询、复制不动产登记资料，登记机构应当提供。在不动产实务中，不动产登记资料包括：(1)不动产登记簿等不动产登记结果；(2)不动产登记原始资料，包括不动产登记申请书、申请人身份材料、不动产权属来源、登记原因、不动产权籍调查成果等材料以及不动产登记机构审核材料。因不动产交易、继承、诉讼等涉及的利害关系人可以查询、复制不动产自然状况，权利人及其不动产查封、抵押、预告登记、异议登记等状况。人民法院、人民检察院、国家安全机关、监察机关等可以依法查询、复制与调查和处理事项有关的不动产登记资料。权利人、利害关系人申请查询、复制不动产登记资料应当提交下列材料：(1)查询申请书；(2)查询目的的说明；(3)申请人的身份材料；(4)利害关系人查询的，提交证实存在利害关系的材料。权利人、利害关系人委托他人代为

查询的，还应当提交代理人的身份证明材料、授权委托书。权利人查询其不动产登记资料无须提供查询目的的说明。有下列情形之一的，不动产登记机构不予查询，并书面告知理由：(1)申请查询的不动产不属于不动产登记机构管辖范围的；(2)查询人提交的申请材料不符合规定的；(3)申请查询的主体或者查询事项不符合规定的；(4)申请查询的目的不合法的；(5)法律、行政法规规定的其他情形。公民、法人或者其他组织对房屋登记机构与查询、复制登记资料等事项相关的行政行为或者相应的不作为不服，提起行政诉讼的，人民法院应当依法受理。不动产权利人、利害关系人申请查询、复制登记资料是其了解不动产交易标的物权属关系的重要手段，将有利于促进交易的安全和透明。根据《不动产登记暂行条例》第 27 条规定："权利人、利害关系人可以依法查询、复制不动产登记资料，不动产登记机构应当提供。有关国家机关可以依照法律、行政法规的规定查询、复制与调查处理事项有关的不动产登记资料。"以及规定："查询不动产登记资料的单位、个人应当向不动产登记机构说明查询目的，不得将查询获得的不动产登记资料用于其他目的；未经权利人同意，不得泄露查询获得的不动产登记资料。"因此，登记机构应当为权利人、利害关系人查询、复制登记资料提供方便，这也是登记机构的义务。利害关系人包括交易的当事人或者潜在的交易当事人。同时，登记机构有义务对权利人的个人隐私保守秘密。

由于我国不动产登记机构特别是房地产登记机构不是营利性组织，所从事的登记工作只是对登记申请人提供的材料进行审核，在此基础上收取的登记费，不应与不动产的面积、体积或者价款等要素相挂钩，因此，《民法典》特别规定：不动产登记费按件收取，不得按照不动产的面积、体积或者价款的比例收取。

由于不动产登记是以国家的公信力为不动产交易提供法律基础的行为，当登记错误即交易基础产生错误，而错误的登记将不会产生当事人所期待的法律后果，当事人以及其他利害关系人还会因此错误登记遭受损失，所以立法上应对登记机构的赔偿义务作出规定。由于不动产登记错误的责任涉及不动产权利人以及利害关系人的权益，通常情况下，登记错误的受害人相对处于弱势地位，法律应对其提供保护。因此，《民法典》第 222 条规定：当事人提供虚假材料申请登记，造成他人损害的，应当承担赔偿责任。因登记错误，造成他人损害的，登记机构应当承担赔偿责任。登记机构赔偿后，可以向造成登记错误的人追偿。

据此，对遭受损失的当事人给予赔偿的义务人有两种：一是提供虚假材料申请登记，造成他人损害的当事人；二是因登记错误造成他人损害的登记机构。应当指出的是，登记机构所承担的责任是过错责任，而不是严格责任。但是我国《民法典》对登记机构的责任性质没有明确。[①] 登记机构在承担相应的赔偿责任之后，依法可以向造成错误的人员进行追偿。

四、物权变动与动产交付

动产的交付与物权变动具有密切的联系。对此，《民法典》第 224 条规定：动产物权的设立

---

① 在立法过程中，对登记机构应当如何承担责任有不同的意见：①有的提出，登记机构应依照国家赔偿法的相应规定承担赔偿责任，如果登记机构没有过错，则不应承担责任；如果登记错误的原因是登记机构和当事人、利害关系人的共同过错造成的，则应由他们共同承担责任。②有的提出，应建立不动产登记赔偿基金制度，当出现登记错误并造成损失时，由不动产登记机构赔偿，从不动产赔偿基金中列支。鉴于对登记机构的性质还有不同的认识，有待于随着行政管理体制改革进一步完善，目前不宜规定登记机构的国家赔偿责任，有关具体事项宜由不动产登记的专门法律来加以规定。

和转让，自交付时发生效力，但是法律另有规定的除外。由此可见，交付在物权法上具有重要的意义。

《民法典》的规定表明，动产的物权变动原则上是以交付作为生效的要件，动产物权的变动应当适用交付并移转占有的规则。但法律对动产物权设立有特别规定的适用该规定，一般来说，这包括两种情况：一是交付了也未产生动产物权的设立或者转让，如所有权保留的买卖；二是不用交付就产生动产物权设立或者转让的效力，如动产抵押。

交付是指权利人将自己占有的物或者所有权的凭证移转给他人占有的行为，即实现占有的转移。动产交付的功能如下：一是使新的物权人能够现实地支配标的物；二是可向第三人公示，使第三人能够了解动产所表明的物权状态。交付有"现实交付"与"观念交付"两种情形，前者乃动产物权之让与人，将其对于动产之直接管领力，现实地移转与受让人。简言之，即动产占有之现实移转。后者则非真正之交付，乃动产占有在观念上之移转。[①] 交付最初是指对物的实际控制，但随着商品交换的发展，特别是财产证券化的形成，为弥补观念交付的公示性不足的缺陷，法律逐渐承认拟制的交付方式。所谓拟制交付，是指在特殊情况下，法律允许当事人约定不现实地交付动产，而采用变通的办法来替代实际交付。拟制交付能够减少因实际交付所付出的交易费用，并促使交易迅速和便捷。拟制交付包括简易交付、指示交付和占有改定三种情形。

《民法典》规定了简易交付：动产物权设立和转让前，权利人已经依法占有该动产的，物权自民事法律行为生效时发生效力。简易交付就是指出让人在转让动产物权之前，动产受让人已通过委托、租赁等方式实际占有了该动产，从移转标的物所有权合同生效之时起视为交付。例如在买卖合同中，标的物在订立合同之前已经为买受人占有的，合同生效的时间为交付的时间，这是从买卖合同角度规定的简易交付，而物权法的规定则从物权的角度进一步明确简易交付。简易交付又称为无形交付，双方当事人以动产物权转让的合意来替代对动产的现实交付，而受让人占有的原因在所不问，只要合法即可。在动产简易交付情况下，由于标的物已发生了占有的转移，因此没有必要再继续完成交付行为。采用简易交付并没有使占有形态发生改变，占有的公示效果仍然存在，因此，按照简易交付移转动产物权不会影响物权的转移。

《民法典》还规定了指示交付：动产物权设立和转让前，第三人占有该动产的，负有交付义务的人可以通过转让请求第三人返还原物的权利代替交付。一般来说，不动产物权的变动是通过登记簿的记载而被外人所识别，而动产物权的变动是通过交付这一行为来完成的，但动产的交付并非必须是由出让人直接交给受让人手中，指示交付就是一种例外情形，但它与现实交付具有同等效力。指示交付作为现实交付的一种变通方式又称为返还请求权的让与。在指示交付中，请求返还原物充当中介的作用。指示交付的目的是保障第三人对标的物占有的延长，从而进一步发挥物的使用效益。因此，指示交付应当具备以下条件：一是在动产物权设立或者转让之前，第三人已经依法占有该动产；二是双方与第三人达成转让返还原物请求权的协议；三是必须由负有交付义务的义务人（如出卖人、出质人等）向实际占有人作出指示。

《民法典》规定了占有改定：动产物权转让时，当事人又约定由出让人继续占有该动产的，物权自该约定生效时发生效力。据此，占有改定是指动产物权的让与人使受让人取得对标的物的间接占有，以此代替该动产现实移转的交付。占有改定的构要当符合以下三个要件：一是让与人和受让人达成移转动产物权的协议，并使受让人取得动产所有权。二是双方当事人要

① 谢在全：《民法物权论》（上册），中国政法大学出版社 1999 年版，第 99～100 页。

有让与人继续占有该动产的约定，即当事人之间存在占有媒介关系。三是让与人已经对动产进行了直接占有或者间接占有，否则不能产生占有改定的适用。占有改定不仅适用于现实已经存在的动产，还适用于将来取得的动产。之所以存在占有改定现象，主要原因有二：一是出卖人将其物品出卖但在一定时期内还有继续使用的需要；二是买受人虽然取得动产所有权，但还需要出卖人对该动产进行保管。占有改定不仅作为解决物权公示与权利的实际不相符问题的特殊法律手段，而且占有改定还可成为让与担保制度的法律基础和依据。占有改定的目的是使转让人继续占有标的物，但是，出让人和受让人之间约定由出让人继续占有该动产以代替实际交付，应当不具有对抗第三人的效力。

基于船舶、航空器和机动车等物的特殊性，《民法典》对这些特殊动产物权变动的确定标准作了例外的规定：船舶、航空器和机动车等的物权的设立、变更、转让和消灭，未经登记，不得对抗善意第三人。其中，“变更、转让和消灭”是指特殊动产所有权的变动，“设立”是指特殊动产他物权的设立。特殊动产抵押权的设立适用《民法典》确立的登记对抗主义。留置权属于法定担保物权，不存在交付和登记问题。船舶、航空器和机动车等交通运输工具在本质上属于动产，但是基于其价值和公共安全性，对其物权变动一般准用不动产物权变动时的登记规则，所以这些交通运输工具又称为准不动产。这些准不动产在物权变动时不是遵守上述动产物权的交付规则，目前，我国现行法律、法规和规章已经建立了比较全面的船舶、航空器和机动车登记制度，包括《海商法》《船舶登记条例》《渔业船舶登记办法》《民用航空法》《民用航空器权利登记条例》《道路交通安全法》《机动车登记规定》《拖拉机登记规定》等。上述法律、法规和规章均采用了登记对抗主义，因此，《民法典》为了保持法律的延续性，对船舶、航空器和机动车等交通运输工具的物权变动仍然采取登记对抗主义，也即这些特殊动产的物权变动并不是在登记时发生效力，登记仅仅作为对抗善意第三人的条件，而不是物权变动的条件。但其物权变动如果没有在登记部门登记，就不产生公信力，不能对抗善意第三人。

在司法实践中，转让人转让船舶、航空器和机动车等所有权，受让人已经支付合理价款并取得占有，虽未经登记，但转让人的债权人主张其为《民法典》所称的“善意第三人”的，不予支持，法律另有规定的除外。转让人将《民法典》规定的船舶、航空器和机动车等交付给受让人的，应当认定符合《民法典》所规定的善意取得的条件。之所以将转让人的债权人排除在善意第三人的范围之外，意在贯彻物权优先效力。这其中的“善意第三人”应是对该特殊动产具有正当物权利益的人，一般债权人应排除在外。理由在于：在此类特殊动产已经交付，受让人已经取得合法占有的情况下，根据《民法典》第224条“动产物权的设立和转让，自交付时发生效力，但是法律另有规定的除外”的规定，受让人已经取得所有权，按照物权优于债权的一般原理，不论该特殊动产是否经过变更登记，受让人作为物权人应优先于转让人的债权人。基于交付所取得的特殊动产所有权，未经登记仅是欠缺对抗效力，而非无物权效力。

五、非基于双方法律行为的物权变动

物权的变动依其发生的根据可分为依法律行为而进行的物权变动和非基于法律行为而产生的物权变动。前者必须遵循物权公示的一般原则才能产生效力，而后者的物权变动非基于原权利人的意思表示，因此其物权变动是由法律直接加以规定的，其效力认定规则是不同的，以上两种规则构成了物权法中物权变动规则的体系。

《民法典》第229条对基于公法行为（包括法律文书和征收）导致物权变动的效力规则专门作了规定：因人民法院、仲裁机构的法律文书或者人民政府的征收决定等，导致物权设立、变

更、转让或者消灭的，自法律文书或者人民政府的征收决定等生效时发生效力。其中，导致物权设立、变更、转让或者消灭的人民法院、仲裁机构的法律文书，指的是人民法院、仲裁机构在分割共有不动产或者动产等案件中作出并依法生效的改变原有物权关系的判决书、裁决书、调解书，以及人民法院在执行程序中作出的拍卖成交裁定书、变卖成交裁定书、以物抵债裁定书。

此外，《民法典》第 230 条对因继承以及事实行为而导致物权变动的效力也作出规定，因继承取得物权的，自继承开始时发生效力。当继承人为多人时，将形成多个继承人对遗产的共同共有关系。此后的遗产分割在实质上是共有财产的分割问题，属于物权法律关系。因合法建造、拆除房屋等事实行为设立或者消灭物权的，自事实行为成就时发生效力。事实行为应是指不以意思表示为要素的能够产生民事法律后果的法律事实。事实行为成就的具体时间应根据客观情况进行判断。对于建造房屋而言，房屋建筑整体完工但未进行装修的，可以认定为“事实行为成就”。对于拆除房屋而言，如果已拆除的只是不重要的部分通过修复仍可维持房屋的整体性和同一性，不应认定为“事实行为成就”，不导致房屋所有权消灭。应当指出，如果法律对某种事实行为导致物权变动的时间有特殊规定的，应当按照其规定，而不以“事实行为成就”时作为认定标准。

依照上述规定而引起的物权变动由于不需要遵循一般的公示方式，可能会损害交易的安全与秩序。因此，在根据上述依据享有的不动产物权并处分该物权时，依照法律规定需要办理登记的，未经登记，不发生物权效力。其中“处分”是指转让和设立不动产物权的民事法律行为。而“依照法律规定需要办理登记的”是指法律将登记作为物权变动生效要件的情形。在司法实践中需要注意的是，在未经登记之物权人处分其不动产时，只是不发生物权效力，并非不发生任何法律效力。根据物权变动与合同效力区分原则，物权人与他人所签订的处分不动产的合同效力不受物权变动结果的影响。如果双方基于真实意思签订合同，且合同本身不存在无效、可撤销的情形，即便出卖人的处分权受限，该买卖合同仍是有效的。基于有效的合同，相对人可以要求出卖人尽快履行合同义务，办理相关登记以实现物权变动。在出卖人不履行合同义务时，相对人还可以请求其承担违约责任。

第六节 物权的保护

一、物权保护概述

有权利必有救济。物权作为最为重要的财产权，受法律保护。当物权受到他人非法侵害或有侵害危险时，对物权进行保护，以使物权权利人恢复对物的圆满支配或获得相应补偿，有利于保障财产安全，稳定社会秩序，推动经济发展。

保护物权是国家各法律部门的共同任务。按法律保护的角度不同，其可分为公法上的保护和私法上的保护。前者主要指刑法的保护和行政法的保护，即通过刑事制裁和行政措施，惩罚和遏制侵害物权的犯罪行为和行政违法行为；后者主要指通过民法规定的保护方法恢复所有人对物的圆满支配或获得相应补偿。私法上的保护方法可以单独适用，也可以与公法上的保护方法合并适用。如果侵害人除承担民事责任外还要承担行政责任或刑事责任，就不能因受到了行政处分或刑事制裁而免除其民事责任，也不能因侵害人承担了民事责任而不对其进行行政制裁或刑事制裁。只有充分运用各种法律手段，才能全面保护公民、法人以及国家的财产安全,维护所有人的合法权益。

在民法领域,以民法规定的方法保护物权。根据物权权利人是否通过诉讼程序保护其物权,可分为物权的自我保护(又称自力救济)和物权的诉讼保护(又称国家保护或者公力救济)。前者指当财产受到不法侵害时,物权权利人以自身力量维护或恢复对物的圆满支配或获得相应补偿,如采取正当防卫措施,制止侵害人的侵害行为。物权的自力救济,不是指物权权利人可以为所欲为,自力救济的方式应是法律允许的方式。后者指当受到不法侵害时,物权权利人向人民法院提出诉讼请求,由法院通过诉讼程序保护物权权利人的合法权益。

根据《民法典》的规定,物权受到侵害的,权利人可以通过和解、调解、仲裁、诉讼等途径解决。在物权受到侵害的情况下,权利人可以通过多种途径获得救济。在物权受到侵害时,权利人可以采取诉讼以外的和解方式,也可以通过专门的调解机构或者通过司法机关、仲裁机构具有法律效力的调解来解决有关物权的争议,还可以通过诉讼途径来解决物权纠纷。关于物权请求权的适用,《民法典》第 239 条规定:物权保护方式,可以单独适用,也可以根据权利被侵害的情形合并适用。在物权请求权适用中可能产生两种情形:其一是责任竞合形式。也即在侵害物权的情况下,受害人在物权请求权和侵权请求权之间,只能选择一种请求权来行使,而不能同时请求多种责任。由于物权请求权是专门为保护物权而设立的,因此,一般而言,选择物权请求权行使对物权权利人来说是比较有利的。其二是责任的聚合或者请求权的聚合,就是在同一法律事实基于物权法律的规定以及损害后果的多重性,而应当使责任人向权利人承担多种法律责任的形态。也即同一法律事实产生了多种民事责任形式,各种责任同时并存。从物权权利人的角度来看,权利人可以同时提出数种不同给付为内容的请求权。

二、物权保护的具体方式

(一)请求确认物权

《民法典》第 234 条规定:因物权的归属、内容发生争议的,利害关系人可以请求确认权利。确认物权的归属是运用各种物权的前提,而在现实社会中,由于种种原因,物权处在不确定状态的现象并不少见。物权不确定状态的争议包括:一是物权到底是谁的;二是物权到底有哪些内容。对此,利害关系人有权请求确认权利,该请求既可向行政部门提出,也可向人民法院提出。如果法律上有设定前置程序的,还应遵循相关规定。例如,根据《行政复议法》第 23 条的规定,申请人对行政机关作出的侵犯其已依法取得的自然资源的所有权或者使用权的决定不服的,应当先向行政复议机关申请行政复议,对行政复议决定不服的,可以再依法向人民法院提出行政诉讼。在司法实践中,因不动产物权的归属,以及作为不动产物权登记基础的买卖、赠与、抵押等产生争议,当事人提起民事诉讼的,应当依法受理。当事人已经在行政诉讼中申请一并解决上述民事争议,且人民法院一并审理的除外。当事人有证据证明不动产登记簿的记载与真实权利状态不符、其为该不动产物权的真实权利人,请求确认其享有物权的,应予支持。当异议登记因民法典规定的事由失效后,当事人提起民事诉讼,请求确认物权归属的,应当依法受理。异议登记失效不影响人民法院对案件的实体审理。

物权的确认包括两方面:一是对物权归属的确认,其中包含对所有权和他物权的确认;二是对物权内容的确认。请求确认所有权是指当所有权归属不清发生争议时,当事人向法院提起诉讼,请求确认所有权的归属。它不属于权利人自力救济的方法。请求确认所有权是其他民法保护方法适用的前提,因为当所有权归属问题悬而未决时,无从确定谁为所有人,也就不能适用其他所有权保护方法。在司法实践中,法院审理侵犯所有权的案件时,应先查明所有权的归属，然后根据所作的确认，视财产侵犯的不同情况，采取其他保护方法。

（二）请求修理、重作、更换或者恢复原状

《民法典》第237条规定：造成不动产或者动产毁损的，权利人可以依法请求修理、重作、更换或者恢复原状。请求恢复原状是指所有人的财产遭受他人不法侵害造成损坏时，如果能够修复，所有人有权请求加害人予以修理而恢复财产的原状；如果加害人不进行修理，所有人有权请求法院责令加害人予以修理。适用请求恢复原状的保护方法，应以被损坏的财产存在修复的可能为条件，并且这种修理有经济合理性，如果所需费用超过财产的价值，一般不宜采取。但如果侵害人为恶意或恢复原状对于物权人有特殊利益，则不应过分强调其经济的合理性。对于加害人拒不修理的，所有人可以请人修理，修理的合理费用由加害人负担。另外，如果经过修理，仍不能弥补所有人的损失的，所有人还可以额外请求损害赔偿。

（三）请求返还原物

《民法典》第235条规定：无权占有不动产或者动产的，权利人可以请求返还原物。请求返还原物是指所有人在财物被他人不法占有时，有权请求不法占有人返还原物，以恢复其对物的占有。作为物上请求权的一项重要内容，它是所有权追及效力的表现。由于请求返还原物保护方法的效力是要求不法占有人返还原物而非替代物，因此这种保护方法只适用于一般物。货币本身并无特殊标志，作为种类物可在交易中互相替代，请求他人返还货币，实质上是请求返还数额相等的货币而非原来的货币，所以货币所有权被侵害时不适用请求返还原物的保护方法。

适用请求返还原物保护方法，应满足下列条件：(1)原物必须存在，如果原物已丧失，则不适用返还原物，只能适用损害赔偿方法。(2)请求权的相对人应是不法占有标的物的占有人。(3)不法占有人不受善意取得的保护，如善意占有人因善意取得而取得所有权，原所有人不得请求返还原物。在司法实践中，依据民法典规定享有物权，但尚未完成动产交付或者不动产登记的权利人，依据民法典的规定，请求保护其物权的，应予支持。

（四）请求排除妨碍或者消除危险

《民法典》第236条规定：妨害物权或者可能妨害物权的，权利人可以请求排除妨害或者消除危险。请求排除妨碍是指当所有权的圆满状态受到除占有之外的方式妨碍时，所有人有权请求妨碍人除去妨碍。在行使请求排除妨碍权利时，所有物仍由所有人占有，因此它不同于请求返还原物权利的行使。由于动产在所有人占有期间很难受到他人妨害，所以被妨害的对象主要是不动产。

行使排除妨碍请求权时，需满足以下条件：(1)妨碍的存在。妨碍是指除非法占有之外的一切影响所有人行使权利的客观因素，可以包括积极的妨碍（如在他人通行的道路上堆放杂物）和消极的妨碍（如不拆除在他人土地上的临时建筑），也可以包括事实上的妨碍（如向他人土地排放污水）和法律上的妨碍（如将他人的房屋登记为自己所有，就有可能使所有人因登记公信主义丧失对房屋的所有权），还可包括人为的妨碍（如在他人围墙上挖洞）和非人为的妨碍（如大树被风吹倒在他人庭院中，妨碍了邻人对庭院的权利）。这种妨碍应是持续进行的，否则如果妨碍稍纵即逝或已经消失，所有人不仅无法行使排除妨碍请求权，对于这种妨碍如有造成损失的，也只能请求损害赔偿。(2)妨碍必须是非法的。如前所述，所有权的行使受到一定的限制，这在相邻关系中表现得尤为明显。因而，对于他人因合法行使权利给所有人造成的妨碍，如相邻关系中的通风、采光、排水及承租人对房屋的正当使用，所有人负有容忍的义务，不得行使排除妨碍请求权。

危险是指他人的行为或者设施可能造成自己占有物的损害。危险应当是可以合理预见的，而不是主观臆断的，危险必须是确实存在的且对财产有造成损害的可能。危险的发生既可能构成未来的危险，也可能构成现实的妨害。消除危险就是当行为人的行为可能造成他人的妨害，并且构成一定的危险，权利人有权请求消除已经存在的危险。对可能妨害物权或者已经妨害物权的，权利人可以请求消除危险或者排除妨害。权利人通过行使消除危险请求权，可以预防在将来发生对物权的现实损害。

（五）请求赔偿损失

《民法典》第 238 条规定：侵害物权，造成权利人损害的，权利人可以依法请求损害赔偿，也可以依法请求承担其他民事责任。请求赔偿损失是指物权权利人的财产因遭受他人不法侵害而发生毁损灭失时，在不能返还原物或恢复原状的情况下，权利人可以要求加害人赔偿财产损失，包括积极损失和消极损失。自然人、法人或者其他组织由于过错侵害国家的、集体的财产，侵害他人财产、人身的，应当承担民事责任。由于侵害人与权利人之间可能存在合同关系，因此，侵害物权的行为还可能构成违约责任。对此，《民法典》第 577 条规定：当事人一方不履行合同义务或者履行合同义务不符合约定的，应当承担继续履行、采取补救措施或者赔偿损失等违约责任。损害赔偿应当既包括违约损害赔偿，也包括侵权损害赔偿。《民法典》第 186 条明确规定：因当事人一方的违约行为，损害对方人身权益、财产权益的，受损害方有权选择请求其承担违约责任或者侵权责任。其他民事责任主要是指《民法典》所规定的责任形式，这些承担责任的方式，既可以单独适用，也可以合并适用。

一般认为，请求确认物权、请求恢复原状、请求返还原物和请求排除妨碍（通说认为后两项是物上请求权的内容，至于前两项是否属于物上请求权的内容，则存在争议）是对所有权的物权保护方法，请求赔偿损失是对物权的债权保护方法。应当指出的是，物权的保护方法和债权的保护方法存在差异：(1)设立的目的不同。前者以恢复所有人对物的圆满支配为目标，后者旨在弥补所有人受到的损失。(2)行使的依据不同。物权保护方法的适用以所有权的圆满状态受到干预为条件，一般要求财产的存在但不一定要造成损害，而不问相对人有无主观过错；债权保护方法以财产受有损害和相对人主观上存在过错为条件，财产可能不复存在，也可能存在。(3)所受时效约束不同。一般而言，对于物上请求权很难适用诉讼时效，因为物上请求权通常适用各种继续性的侵害行为，而债权保护方法则受诉讼时效的约束。总的来说，物权的保护方法直接恢复所有人对所有权的圆满支配状态，其保护较债权的保护方法更明显有效，因而在具体运用这些方法时，往往优先考虑使用物权的保护方法，在其不能适用时，才采用债权的保护方法，当然这两类保护方法也是密切联系、互为补充的。当物权受到侵犯时，可根据受侵犯的具体情况，单独采用其中一种方法或综合运用多种方法，以全面保护物权权利人的利益。

第七节　《民法典》物权编的作用与基本原则

一、《民法典》物权编的作用

在《民法典》物权编制定通过前，我国曾制定了单行法《物权法》。《物权法》的起草工作始于 1993 年，经八届、九届全国人大常委会组织起草，2002 年 12 月九届全国人大常委会将物权法草案作为民法草案的其中一编进行了初审，又经十届全国人大常委会对物权法草案六次审议，由十届全国人大第五次会议审议，于2007年3月16日表决通过，并于2007年10月1日起实施，一部具有中国特色的物权法终于诞生了。《民法典》第二编"物权"在现行《物权法》的基础上，根据发展变化了的情况，做了部分修订和补充，进一步完善了物权法律制度。

为了维护国家基本经济制度，维护社会主义市场经济秩序，明确物的归属，发挥物的效用，保护权利人的物权，需要专门的物权法律制度。物权法是规范财产关系的民事基本法律，调整因物的归属和利用而产生的民事关系，包括明确国家、集体、私人和其他权利人的物权以及对物权的保护。此前，我国的《民法通则》《土地管理法》《城市房地产管理法》《农村土地承包法》《担保法》等法律对物权作了不少规定，这些规定对经济社会发展发挥了重要作用。但随着改革的深化、开放的扩大和社会主义经济、政治、文化、社会建设的发展，为了适应全面贯彻落实科学发展观、构建社会主义和谐社会的要求，有必要依据宪法，在总结实践经验的基础上制定物权法，对物权制度的共性问题和现实生活中迫切需要规范的问题作出规定，进一步明确物的归属，定纷止争，发挥物的效用，保护权利人的物权，完善中国特色社会主义物权制度。制定单行法《物权法》是实现形成中国特色社会主义法律体系目标的需要。物权编是《民法典》的重要组成部分，是在中国特色社会主义法律体系中起支架作用、不可或缺的重要法律。

《民法典》物权编的作用在于：首先，物权法律制度是坚持社会主义基本经济制度的需要。坚持公有制为主体、多种所有制经济共同发展是国家在社会主义初级阶段的基本经济制度。通过制定物权法律制度，可以明确国有财产和集体财产的范围、国家所有权和集体所有权的行使、加强对国有财产和集体财产的保护，有利于巩固和发展公有制经济；明确私有财产的范围、依法对私有财产给予保护，有利于鼓励、支持和引导非公有制经济的发展。其次，物权法律制度是规范社会主义市场经济秩序的需要。产权明晰、公平竞争是发展社会主义市场经济的基本要求。通过物权法律，可以确认物的归属，明确所有权和用益物权、担保物权的内容，保障各种市场主体的平等法律地位和发展权利，依法保护权利人的物权，对于发展社会主义市场经济具有重要作用。最后，物权法律制度是维护广大人民群众切身利益的需要。随着改革开放、经济发展，人民群众生活普遍改善，迫切要求切实保护他们通过辛勤劳动积累的合法财产，保护依法享有的土地承包经营权等合法权益。通过物权法律制度，可以明确并保护私人所有权、业主的建筑物区分所有权、土地承包经营权、宅基地使用权与居住权等权益，以维护人民群众的切身利益，激发人们创造财富的活力，促进社会和谐。

二、《民法典》物权编的基本原则

物权编的基本原则是物权法律制度的核心和灵魂，是物权法律制度的最一般问题，是适用和解释物权法律制度的基本准则。《民法典》物权编的基本原则有：坚持基本经济制度原则、平等保护物权原则、物权法定原则、物权公示原则和物权取得与行使受限制原则。

（一）坚持基本经济制度原则

中国特色社会主义物权制度是由社会主义基本经济制度决定的，与其他国家的物权制度有着本质的区别。制定中国特色社会主义物权法律，必须全面准确地体现社会主义基本经济制度。《民法典》物权编明确规定：国家坚持和完善公有制为主体、多种所有制经济共同发展，按劳分配为主体、多种分配方式并存，社会主义市场经济体制等社会主义基本经济制度。国家巩固和发展公有制经济，鼓励、支持和引导非公有制经济的发展。

第一，物权法律把坚持国家基本经济制度作为物权编的基本原则，这是《民法典》"物权编"立法秉持的重要的政治经济原则，也是中国特色社会主义物权制度的根本保障。我国《宪法》

第 6 条第 2 款规定："国家在社会主义初级阶段，坚持公有制为主体、多种所有制经济共同发展的基本经济制度，坚持按劳分配为主体、多种分配方式并存的分配制度。"第 7 条规定："国有经济，即社会主义全民所有制经济，是国民经济中的主导力量。国家保障国有经济的巩固和发展。"第 8 条第 3 款规定："国家保护城乡集体经济组织的合法的权利和利益，鼓励、指导和帮助集体经济的发展。"第 11 条第 2 款规定："国家保护个体经济、私营经济等非公有制经济的合法的权利和利益。国家鼓励、支持和引导非公有制经济的发展，并对非公有制经济依法实行监督和管理。"第 15 条第 1 款规定："国家实行社会主义市场经济。"《民法典》重申了《宪法》的重要规定，是落实依宪治国、贯彻宪法精神的重要表现。这一基本原则作为物权法律的核心，贯穿并体现在《民法典》的始终。

第二，所有权是所有制在法律上的表现，是物权制度的基础。物权编对国家所有权和集体所有权、私人所有权作了明确规定，其中用较多的条款对国家所有权作了规定，有利于坚持和完善社会主义基本经济制度，有利于各种所有制经济充分发挥各自优势，相互促进，共同发展。

第三，发展社会主义市场经济是坚持和完善社会主义基本经济制度的必然要求。物权法律在明确规定"用益物权人、担保物权人行使权利，不得损害所有权人的权益"的前提下，对用益物权和担保物权作了规定，有利于充分发挥物的效用，有利于维护市场交易秩序，促进经济发展。

（二）平等保护物权原则

民法的一项重要原则就是对权利人的权利实行平等保护。对此，《民法典》物权编明确规定："国家实行社会主义市场经济，保障一切市场主体的平等法律地位和发展权利。""国家、集体、私人的物权和其他权利人的物权受法律平等保护，任何组织或者个人不得侵犯。"我国《宪法》明确规定："国家实行社会主义市场经济。"公平竞争、平等保护、优胜劣汰是市场经济的基本法则。

在社会主义市场经济条件下，各种所有制经济形成的市场主体都在统一的市场上运作并发生相互关系，各种市场主体都处于平等地位，享有相同权利，遵守相同规则，承担相同责任。如果对各种市场主体不给予平等保护，解决纠纷的办法、承担的法律责任不一样，就不可能发展社会主义市场经济，也不可能坚持和完善社会主义基本经济制度。为了适应社会主义市场经济发展的要求，党的文件中进一步明确要"保障所有市场主体的平等法律地位和发展权利"。即使不进入市场交易的财产，《宪法》也明确规定："公民的合法的私有财产不受侵犯。""国家依照法律规定保护公民的私有财产权和继承权。"在财产归属依法确定的前提下，作为物权主体，不论是国家、集体，还是私人，对他们的物权也都应当给予平等保护。明确各种所有权类型的平等，表明国家所有权、集体所有权、私人所有权平等地受法律保护，各类主体合法取得的财产所有权和其他物权平等地受法律保护。物权平等保护原则的具体内容：一是物权主体的平等；二是在物权发生冲突的情况下，针对各个主体都应当适用平等的规则解决其纠纷；三是在物权受到侵害之后，各个物权主体都应当受到平等保护。

需要指出的是，平等保护不是说不同所有制经济在国民经济中的地位和作用是相同的。依据宪法规定，公有制经济是主体，国有经济是主导力量，非公有制经济是社会主义市场经济的重要组成部分，它们在国民经济中的地位和作用是不同的。这主要体现在国家宏观调控、公共资源配置、市场准入等方面，在关系国家安全和国民经济命脉的重要行业和关键领域，必须确保国有经济的控制力，而这些内容是由经济法、行政法予以规制的。

（三）物权法定原则

物权法定原则又称物权法定主义，是指物权的种类及各物权的内容以法律规定为限，当事人不得自由创设。物权法定主义是物权法律的一项原则，也是物权之设立与债权的不同之处。债权之设立，依合同自由原则，只要不违背法律或社会公共利益，当事人可以设立任何形式的债权。物权法定主义最早起源于罗马法，之后被多数大陆法系国家所采纳，为物权法律的一项原则。如《日本民法》第175条规定："物权除本法或其他法律有规定外，不得创设。"我国《民法典》也明确肯定了这一原则：物权的种类和内容，由法律规定。

物权法定主义包含两个方面的内容：一是物权的种类只能依法律规定，当事人不得创设法律没有规定的物权。何种财产权利为物权须依民法及其他民事特别法规定，也只有法律规定的才是物权，法律未规定的不得为物权。二是各种具体物权的内容依法律规定，当事人不得自由创设物权内容。当事人既不能依协议扩张某种物权的内容，也不得限缩该种物权的内容。例如，抵押权中标的物不移转占有，当事人不得设立移转抵押物占有的抵押权。

物权法定主义具有强制性，当事人如违反物权法定主义，将其约定的权利称之为物权，或者将某物权的内容予以扩张或限缩，应认定其行为违背了法律的强制性规定而归于无效。但法律有特别规定的，其效力应依规定确定。如我国《城镇国有土地使用权出让和转让暂行条例》对出让土地使用权设有最高年限，如出让合同设定的土地使用年限超过法定最高年限，该出让合同并非无效，其土地使用权应以法律规定的最高年限为准。

物权实行法定主义是由物权的本质及特征决定的。物权是一定社会所有制的反映，所要解决的是财产的归属和利用问题。财产归属和利用的法律形态，必须由法律直接加以规定，只有这样才能使物权制度正确地反映所有制关系，更好地为巩固和发展所有制服务。如允许当事人自由设立物权的种类及物权的内容，势必造成财产归属和利用关系的混乱，从而扰乱了社会的财产关系。从交易方面来看，物权既是交易的前提，又是交易的目的。如果物权也由当事人自由约定，那么必然产生交易中所设立或移转的物权名称不一或者名称相同而内容各异的情形，从而影响交易的进行。

为了保障交易的顺利进行，必须对物权作出法律上的界定，哪些权利为物权，物权具有哪些内容，都应当由法律作出统一的规定。这样，才能使当事人放心地进行交易活动，起到保障交易安全的作用。从物权的法律特征来看，物权是支配权，具有对世性、排他性，由法律明文规定物权的种类及其内容，有利于权利的公示，并可确保各种物权人对标的物的支配处于完满的状态，有利于财产的安全。如允许当事人自由约定物权的种类及内容，就会出现同一种物权但其内容互不相同的情况，不仅当事人希望获得对标的物的支配权无法实现，而且会造成交易的混乱，从而影响社会经济秩序。

物权法定主义并不意味着各国的物权种类必须是相同的，也不意味着一国的物权种类及其内容一旦由法律规定后就不能变动和发展。实际上，正是基于物权法定主义，各国都以法律的形式规定了不同的物权种类及其内容，从而形成各国富有特色的物权制度。如我国历史上有典权制度，现在有农村土地承包经营权制度，而其他国家则无；日本有不动产质权，而我国则无。随着社会经济的发展和财产关系的变化，也会产生新的物权关系，法律也可因应财产关系的发展，按物权法定主义，将新的财产利用关系用法律的形式加以确定，而设立新的物权。如我国农村经济体制改革产生的土地承包关系，是一种新型的土地财产关系，对这种财产关系的法律确认，从而产生了新的物权种类即土地承包经营权。又如，随着城市建设的发展，土地空间越来越具有独立利用的趋势，因此土地空间利用权也逐渐会成为一种独立的物权。

（四）物权公示原则

物权公示原则是指物权的变动须以一定的公示方法作为表征，始产生法律效果的原则。物权是人对物支配的权利，具有对抗其他任何人的作用。因此，物权之取得、变更或丧失，必须通过特定的方式表现于外部，以表明该物权的存在状况，如谁为权利人，其权利内容如何等；同时，通过特定的方式将物权的变动情况表示于外部，使第三人得以知悉该物权变动的情况，第三人方可避免遭受损害，维护交易安全。如物权变更不以特定的方式表征于外部，第三人无从知道其变动情况而为之交易，就难遭受损害。物权的公示原则，即要求物权之取得、变更以及丧失，须经一定的方式予以公示，才能产生物权变动的法律效果；如不以一定的方式予以公示，物权变动的法律效果即无从发生。

关于物权变动的公示方式，因动产或不动产而有所不同。通常，动产物权变动的公示方式为交付，不动产物权变动的公示方式为登记。对此，《民法典》明确规定：不动产物权的设立、变更、转让和消灭，应当依照法律规定登记。动产物权的设立和转让，应当依照法律规定交付。物权公示原则具有确认物权的功能、维护交易安全的功能以及提高物的利用效益的功能。

应当指出的是，在物权法原理上，还有与物权公示原则相联系的物权公信原则，但是我国《民法典》物权编并没有明确肯定这一原则。所谓物权公信原则又称物权公信力，是指按照物权公示方式所表征的物权，即使与真实的情况不相符，但对于信赖这种公示方式而进行物权交易的当事人，法律仍承认其与真实的物权存在相同的法律效果，以维护交易安全。公信原则实质上是赋予依公示方式而进行的物权变动以公信力。物权公信原则与物权公示原则一样，都是为了维护交易的安全。公示原则要求物权的变动须采取一定的公示方式，使他人知道该物权的存在状态或其变动情况；公信原则则是赋予依一定公示方式进行的物权变动以公信力，使他人足以信赖符合公示原则而进行的物权变动所具有的法律效果。即公示原则在于使人"知"，而公信原则在于使人"信"。[①] 这样，人们在交易活动中，凭借着动产占有的事实和不动产登记的事实，即可放心地进行交易，安全取得财产所有权或取得于该财产上设定的他物权，而不必对财产的真实权利情况追根究底，从而影响交易的进行。这既有利于维护交易安全，也促进了交易的发展。

交付或者登记作为物权变动的公示方式，依物权公示原则和物权公信原则，具有一定的法律效果。其法律效果如何，因各国法律规定而不同。一是采取对抗主义，即登记或交付仅有对抗第三人的效力，而不是物权变动的要件。如《日本民法》第176条规定："物权的设定及移转，只因当事人的意思表示而发生效力。"因此，物权的变动无须采取登记或交付方式，仅依当事人的合意即可发生效力。虽然日本民法也规定登记和交付，但登记和交付在物权变动中仅具有对抗第三人的效力。该法第177条明确规定："不动产物权的取得、丧失及变更，除非依登记法规定进行登记，不得以之对抗第三人。"第178条又规定："动产物权的让与，除非将该动产交付，不得以之对抗第三人。"二是采取要件主义，即以登记或交付作为物权变动的条件，未经登记或交付，不发生物权变动的效力。如《德国民法典》第873条第1款规定，土地所有权及其他土地权利之变更，须将权利变更在土地登记簿中登记注册。依《德国民法典》第929条的规定，动产所有权的移转，需由所有权人将物交付于受让人。

《民法典》物权编对物权的登记或者交付的法律效力分别作出规定，而不是简单地采取登记主义或者对抗主义。对于不动产物权采取的是区分原则，即区分物权登记的效力与引发不

① 钱明星：《物权法原理》，北京大学出版社1994年版，第43页。

动产物权变动的合同效力。《民法典》第215条规定："当事人之间订立有关设立、变更、转让和消灭不动产物权的合同，除法律另有规定或者当事人另有约定外，自合同成立时生效；未办理物权登记的，不影响合同效力。"合同作为当事人之间的合意，并不必然与登记联系在一起。合同一经成立，只要在内容上不违反法律的强制性规定和公序良俗，就可产生效力。即使当事人仅就物权的变动达成合意但没有办理登记，合同仍然有效。而登记是针对物权的变动设定的，是物权变动的公示方式。对于动产物权则采取原则上以交付作为生效的要件：动产物权的设立和转让，自交付时发生效力，但法律另有规定的除外。对特殊动产物权变动则采取登记对抗要件主义：船舶、航空器和机动车等物权的设立、变更、转让和消灭，未经登记，不得对抗善意第三人。

（五）物权取得与行使受限制原则

物权是排他性的支配权，但这并不是说物权是绝对和不受限制的权利。正因为物权具有排他性，如果不对物权的排他性予以限制，则必然导致物权权利人滥用其权利，从而妨害公共利益和他人合法权益。因此，《民法典》在赋予物权具有排他性的同时，也必须考虑物权权利人能够排除他人干涉的原则和范围。即物权的取得和行使，应当遵守法律，尊重社会公德，不得损害公共利益和他人合法权益。

相对其他大陆法系国家的物权法律而言，我国物权法律对物权排他性的限制方式在立法技术上较为直接。在物权取得方面的限制主要体现为：一是物权取得应当符合法定方式；二是对于特定的物，只有国家专属，其他民事主体自然人或者法人不能取得所有权。在物权行使方面的限制表现为：一是直接对物权权利人行使权利的限制，如对土地所有权客体范围和效力范围的限制，对不动产相邻关系权利的限制；对特定物（如文物）行使处分权的限制。二是因征收、征用或者收回用益物权而使物权权利人受到损害乃至丧失权利。

需要指出的是，物权的取得和行使，应当遵守法律。而法律对物权的限制，既有物权法律本身的限制，也有物权法律之外其他有关法律的限制；既有来自私法上的限制，也有来自公法上的限制。物权法律以外的其他法律如《文物保护法》《环境保护法》《城乡规划法》《土地管理法》《海域使用管理法》《矿产资源法》《农业法》《森林法》《固体废物污染环境防治法》《枪支管理法》等。物权的取得和行使除了应当遵守法律，还应当尊重社会公德。社会公德是全体公民在社会交往和公共生活中必须共同遵循的行为准则，是社会普遍公认的最基本的行为规范。物权的取得和行使，还不得损害公共利益和他人的合法权益。物权既是权利也代表利益，而利益是各类主体进行物质生产和精神生产的直接动力。个人利益应当通过社会公共利益并且是在维护公共利益的进程中加以实现的，因此，物权的取得和行使，应当尊重他人的合法权益。

第11章 所有权

第一节 所有权的概念

所有权规范的是财产的归属关系，当人们谈到财产的所有权时，总是意味着某项财产属于谁或归谁所有。因此，在财产权利与所有制问题上，所有权制度是生产资料所有制在法律上最为直接的反映，所有权是一定社会最为重要的财产权利。《民法典》第240条规定："所有权人对自己的不动产或者动产，依法享有占有、使用、收益和处分的权利。"

所有权属于物权的范畴，是典型的物权，具有物权的一般法律特征。但是，与其他物权比较，所有权又具有自己的法律特征：

1.完全性

在物权中，所有权属于自物权，是所有人对自己所有之物进行全面概括的占有、使用、收益和处分的权利，所有人对物的使用价值和担保价值的利用和支配，除法律规定的以外，并不受到限制。这完全不同于他物权是在他人之物上对所有权权能的某一方面或数个方面的利用。而且，所有权是他物权的源泉，基于物的使用价值设立的用益物权和基于物的交换价值设立的担保物权，都派生于所有权，无所有权即无他物权。

2.整体性

所有权并不是对物占有、使用、收益及处分等各项权能的简单相加，其实质是对物的统一的支配力。基于所有权而设定其他物权如地役权的情况下，所有人仍对其财产享有统一的支配力。此外，所有权的整体性权利特质也决定了所有权本身在内容和时间上的不可分割性，最明显的莫过于在所有权保留买卖中，标的物的所有权并不随每期价金的支付而发生转移，买受人即使支付了99%的价金，也不能取得标的物的所有权，标的物的所有权仍保留在出卖人手中。

3.弹力性

所有权原指所有人对自己所有的财产的实际占有和获得收益，但随着社会经济的发展，基于物的交换价值设立了担保物权，基于物的使用价值设立了用益物权，所有权因他物权的创设几乎使其实质内容变成一个空虚的权利，但此时所有人仍不丧失对物的统一支配力，当他物权消灭时，所有权就能立即回复到原来全面支配的圆满状态。所有权的这种特性类似于弹簧的物理属性，称为弹力性。这种弹力性"乃附随于所有权之设定他物权而生，亦即仅在所有权设定他物权，而于他物权消灭时，恢复完全支配之内容时，始有弹力性可言”。[①] 此外，虽非设立他物权，物的占有、使用、收益和处分权能也可以依法与所有权分离，由非所有人行使，并在丧失分离的法律依据时自动回归所有权，回复所有权的圆满状态。例如，在租赁期间，物的占有、使用权由承租人行使，租赁关系终止时，物的占有、使用权则自动回复。

4.永久性

所有权以标的物的存在而永久存续，不受时效影响，也不能预定其存续期间，但这并不妨碍以所有权处分为目的的法律行为可以附条件或附期限。当所附条件成就或所附期限届满时，处分行为虽然失效，但所有权本身并不受影响。所有权除因标的物灭失、所有人抛弃及其他事由而消灭外，永久存续。

第二节　所有权的内容

所有权的内容是指所有权所具有的权能，包括积极权能和消极权能。《民法典》第 240 条规定的所有权人依法享有的占有、使用、收益和处分的权利是所有权的积极权能，表明所有权人有权为或不为一定行为。排除他人干涉是所有权的消极权能，表明所有权人有权要求他人不得为一定行为。所有权是所有权人有权为或不为一定行为和要求他人不得为一定行为的统一。

一、所有权的积极权能

(一)占有权

占有权是指人对物加以实际控制或管领的权利。所有权为对物的支配权，所有人为实现物的价值，理应享有对物的占有权。占有权可以由所有权人自己行使，也可以与所有权分离，由非所有人行使。占有权与占有不同，占有是人基于占有的意思对物进行控制或管领的事实状态。虽然占有权以占有事实为前提，但占有人并不一定享有占有权。通常，所有人基于其所有权对物进行占有是有权占有，非所有人依据法律规定或合同约定对他人财物的占有也是有权占有。如非所有人无法律依据(包括无合同依据)而占有他人财物，则构成不法占有。不法占有可分为善意占有和恶意占有。占有人明知无法律依据而占有他人财物，是恶意占有，恶意占有人不得享有占有权。占有人不知道其占有他人财物无法律依据的占有，是善意占有。善意占有人在法律特别规定保护善意占有时，取得占有权。占有人之占有是恶意还是善意，应根据占有时的客观情况加以判断。

(二)使用权

使用权是指在不毁损所有物或改变其性质的前提下，依照物的性能或用途加以利用。物的使用价值决定了对物使用的可能和必要。行使使用权应以占有为前提条件，即享有使用权的人必然享有对物的占有权；反之，享有物的占有权并不一定享有物的使用权。使用权作为一项独立的权能，也同占有权一样，可以由所有人自己行使，也可以依法律规定或合同约定与所有权相分离，由非所有人行使，如房屋出租或借用的情形。由于物的使用须以占有为前提，因此物的使用权与所有权分离时，实际上是连同物的占有权一并同所有权分离。

---

① 谢在全:《民法物权论》(上册)，中国政法大学出版社 1999 年版，第 121 页。

非所有人使用他人财物必须有法律依据(包括合同依据),才能享有使用权,不法使用不得享有使用权。使用合法不仅包括使用权的取得是合法的,还应包括使用的目的和方法也必须是合法的,否则使用人也不得享有使用权。例如,承租人在租赁期间,违背合同约定,改变租赁物的用途而使用,即构成不法使用,承租人应承担相应的法律责任。

(三)收益权

收益权是指收取由原物衍生的经济利益的权利,包括收取原物所生的天然孳息和收取原物所生的法定孳息。收益是物之所有人在经济利益上实现其所有权的具体体现,是物之使用的结果。

收益权可以由所有人自己行使,也可以与所有权分离,由非所有人行使。实践中,收益权与所有权的分离有多种形式。可以是收益权与物之占有、使用权能分别分离,收益权人仅有对物收益的权利,而不享有对物的其他权利。也可以与占有、使用权一并分离,收益权人同时享有占有、使用权。收益权与所有权分离的不同形式,反映了不同的所有权运行状态。

(四)处分权

处分权是指依法对物进行处置的权利。物的处分包括事实上的处分和法律上的处分。前者指对物进行实际的变形、改造或毁损等物理上的事实行为,如加工、改造、消费等;后者指通过法律行为对所有权进行移转、限制或消灭,使其发生变动,如出售、赠与、租借、设定土地使用权、设立抵押权、质权等。对物进行事实处分的结果是物的消灭,标的物消灭,物上之所有权也归于消灭。对物的法律处分,虽不至于使物消灭,但使物之法律命运发生变化,处于不同的权利状态。因此,不论是事实处分还是法律处分,处分权的行使都会决定着物的命运。因此,处分权在所有权的各项权能中居于核心地位,是带有根本性意义的一项权能。

物的处分权可以由所有人自己行使,也可以依法与所有权分离,由非所有人行使。例如,在信托关系中,受托人有处分委托人财产的权利。

应当指出的是,所有权人的上述四项权能都可以根据所有人的意志与所有人产生分离,从而产生用益物权和担保物权。对此,《民法典》规定,所有权人有权在自己的不动产或者动产上设立用益物权和担保物权。用益物权人、担保物权人行使权利,不得损害所有权人的权益。

二、所有权的消极权能

所有权的消极权能是指所有人排斥并除去他人对所有物的不法侵占、干预和损害的权能,它是保证所有权各项积极权能得以实现的必要条件。不同于积极权能,所有权的消极权能只有在他人非法干预所有人行使所有权时才出现,平时若无非法干涉,消极权能是隐而不现的。这也是其名称的由来。所有人排除他人干涉的手段主要是通过行使物上请求权来实现的。

三、所有权的限制

自罗马法以来,各国法律就有对所有权的限制。罗马法对所有权的限制,主要表现为因相邻关系的限制,因公共利益需要的限制,因保护宗教利益需要的限制,因人道主义和道德方面需要的限制。[①] 20 世纪以来,主张限制所有权的所有权社会化理论日盛一日,各国在保障个人得以自由行使所有权的同时,对所有权加以必要的限制,以个人和社会调和的所有权思想主导所有权立法。所有权社会化的明文规定,最早见于德国 1919 年《魏玛宪法》第 153 条第 3 项规

---

① 周枏:《罗马法原论》(上),商务印书馆 1994 年版,第 301～303 页。

定:“所有权附有义务,对其行使应同时有益于公共福利。”在我国,根据《民法典》第 8 条和第 9 条的规定,民事主体从事民事活动,不得违反法律,不得违背公序良俗。民事主体从事民事活动,应当有利于节约资源、保护生态环境。这也可以看作对所有人行使所有权的限制的立法。

从各国对所有权限制的目的来看,主要是为了国家利益、社会公共利益的需要或为了保护第三人的合法权益。从所有人承受的限制来看,有积极的限制和消极的限制。前者指所有人负有为一定行为的义务,如对有倒塌危险的房屋应及时修复,在道路旁或通道上挖坑、修缮、安装地下设施等,应设置明显标志和采取安全措施,避免造成他人损害;后者包括所有人负有容忍他人侵害义务和不得自由行使其权利的义务,如相邻关系中,一方有容忍相邻方截水、排水、通行、通风、采光的义务,供役地人不得对享有地役权的需役地人行使物上请求权。从对所有权限制的法律约束来看,有私法方面的限制,也有公法方面的限制,其出发点、限制的内容、方式和违反的后果存在差异。

(一)来自私法上的所有权限制

私法从保护个人私利的角度规范所有权的限制,这些限制属于强行性规范,在一定程度上体现了私法公法化的趋向,当事人不得事前予以排除、限制。当违反这些限制时,所有人行使权利的行为无效,如造成损害的,还要承担损害赔偿责任。私法上的限制大体上还可分为两类:一类是建立相邻关系制度制约相邻各方行使所有权的绝对自由,另一类是以私法规范限制所有权的行使,主要表现在禁止权利滥用以及诚实信用原则在物权法律适用上得到更多的重视。具体的限制内容主要有:(1)土地所有权客体和效力范围的限制,例如土地所有人对空间权的利用应局限于一定合理的范围内;(2)所有权权利义务内容的限制,例如在所有物上设定了质权后,所有人对物的使用、收益权就不能行使;(3)所有权行使方式的限制,例如除了要求所有人要充分发挥物的效用,予以合理利用外,还要求所有人遵守诚实信用原则,不得滥用权利,损害他人利益;(4)所有权负担上的限制,所有人行使权利除受一些限制外,有时还要承担一定的作为义务。

(二)来自公法上的所有权限制

公法从保护社会公共利益或国家利益的角度规范所有权的限制,根据特殊情况,国家可以用废除和没收的方法限制所有者的权利。特别是自从进入 20 世纪以来,对所有权所采取的公法的限制有了重大的发展。公法上的限制,大多属于行政法上的限制,当事人如果违反这种限制,除了行为无效、承担损害赔偿责任外,有时还要承担权利行使被停止、所有物被没收、所有权被剥夺乃至刑事责任。

具体而言,公法上的限制内容主要有以下几项:(1)限制和禁止某些所有权的取得,规定程序上的特殊要求。例如,枪支弹药禁止个人所有;与公共利益或国家利益有关的财产只能由国家所有或由国家参与管理;对房屋所有权的取得要办理登记。(2)限制所有权的行使。例如,法律禁止流通之物,所有人不得转让;对于限制流通物,个人也不得随意转让。(3)行使所有权时,要求注意保护环境、自然资源和生态平衡,不能破坏名胜古迹、游览区、风景区和自然保护区。(4)国家基于公共利益的需要,可以依法对财产进行征收、征用。

此外,《民法典》第 243 条规定,为了公共利益的需要,依照法律规定的权限和程序可以征收集体所有的土地和组织、个人的房屋以及其他不动产。征收集体所有的土地,应当依法及时足额支付土地补偿费、安置补助费以及农村村民住宅、其他地上附着物和青苗等的补偿费用,并安排被征地农民的社会保障费用,保障被征地农民的生活,维护被征地农民的合法权益。征收组织、个人的房屋以及其他不动产,应当依法给予征收补偿,维护被征收人的合法权益;征收个人住宅的，还应当保障被征收人的居住条件。任何组织或者个人不得贪污、挪用、私分、截留、拖欠征收补偿费等费用。为了公共利益的需要，依照法律规定的权限和程序征收、征用不动产或者动产的，应当给予公平、合理的补偿。国家对耕地实行特殊保护，严格限制农用地转为建设用地，控制建设用地总量。不得违反法律规定的权限和程序征收集体所有的土地。因抢险救灾、疫情防控等紧急需要，依照法律规定的权限和程序可以征用组织、个人的不动产或者动产。被征用的不动产或者动产使用后，应当返还被征用人。组织、个人的不动产或者动产被征用或者征用后毁损、灭失的，应当给予补偿。

第三节　国家所有权、集体所有权和私人所有权

一、国家所有权

国家财产所有权是指中华人民共和国代表全体人民对全民所有的财产享有占有、使用、收益和处分的权利，它是社会主义全民所有制在法律上的反映。

(一)国家所有权的主体

国家财产所有权的主体是国家，国家作为国有财产的权利主体，具有唯一性和统一性。我国《宪法》第 7 条规定“国有经济，即社会主义全民所有制经济，是国民经济中的主导力量”。国家财产属于全民所有，“国家所有”是“全民所有”在法律上的体现。《民法典》规定，法律规定属于国家所有的财产，属于国家所有即全民所有。国有财产由国务院代表国家行使所有权。法律另有规定的，依照其规定。生产资料的全民所有意味着其由全体人民享有所有权，但是如以全体人民作为法律上的权利主体，行使权利则缺乏主体的确定性，不利于确定全民所有财产的归属和保障。因此，在我国，全民所有采取国家所有的法律形式，国家作为全体人民的代表，代表全体人民享有和行使所有权。在国有财产上，只有国家才是所有人，其他任何人或组织都不足以担当国有财产的所有权人。这是国家所有权主体唯一性的体现。对此，《民法典》规定：法律规定专属于国家所有的不动产和动产，任何组织和个人不能取得所有权。国家财产所有权的行使，必须依照“统一领导、分级管理”的原则，任何人或组织未经国家的授权，不得对国有财产行使权利。这是国家财产所有权主体统一性的体现。需要指出的是，国家行使民法意义上的国家所有权应当与行使公共管理职能的国家公权力进行区分。国家财产权与公共财产并非同一层次的概念。公共财产为公民直接使用，用于公益事业，强调的是用途或使用目的，而国家所有权讲的是财产的归属。

(二)国家所有权的客体

国家所有权的客体是国有财产。无论何种财产都可以成为国家所有权的客体，因此国家所有权的客体具有广泛性。而且，有些财产只能属于国家所有，其他民事主体不能取得所有权。根据我国《宪法》第 9 条的规定，矿藏、水流只能属于国家所有。按照《民法典》的规定：法律规定专属于国家所有的不动产和动产，任何组织和个人不能取得所有权。国家专有就意味着只能为国家所有而不能为任何其他主体所拥有。国家专有的财产由于不能为其他人所拥有，因此不能通过交换或者赠与等任何流通手段来转移所有权。

《民法典》物权编根据宪法和有关法律，对国有财产的范围作了明确规定。国有财产一般包括自然资源财产、经营性财产和非经营性财产。其中，经营性财产主要是国家投资企业的财

产。非经营性财产包括国有基础设施、国防资产、国有文物和国家机关财产及国家举办事业单位的财产。[①]

根据《民法典》的规定,国家专有的财产包括但不限于以下各项:(1)国有土地。城市的土地属于国家所有。法律规定属于国家所有的农村和城市郊区的土地,属于国家所有。(2)自然资源。森林、山岭、草原、荒地、滩涂等自然资源,属于国家所有,但是法律规定属于集体所有的除外。矿藏、水流、海域属于国家所有。其中,矿藏主要是指矿产资源,即存在于地壳内部或者地表的由地质作用形成的,在特定的技术条件下能够被探明和开采利用的,呈固态、液态或者气态的自然资源。水流是指江河湖等的统称,包括地表水、地下水和其他形态的水资源。海域是指在中华人民共和国境内的内水、领海的水面、水体、海床和底土。(3)野生动植物资源。法律规定属于国家所有的野生动植物资源,属于国家所有。野生动物是指珍贵、濒危的陆生、水生野生动物和有益的或者具有重要经济、科学研究价值的陆生野生动物。野生植物是指原生地天然生长的珍贵植物和原生地天然生长并具有重要经济、科学研究、文化价值的濒危、稀有植物。(4)无线电频谱资源。无线电频谱资源属于国家所有。无线电频谱是指相应频率范围内发射无线电波的无线电频率的总称。(5)国有文物。法律规定属于国家所有的文物,属于国家所有。根据有关法律规定,中华人民共和国境内地下、内水和领海中遗存的一切文物属于国家所有。古文化遗址、古墓葬、石窟寺属于国家所有。国家指定保护的纪念建筑物、古建筑、石刻、壁画、近现代具有代表性的建筑等不可移动的文物,除国家另有规定的以外,属于国家所有。国有不可移动文物的所有权不因其所依附的土地所有权或者使用权的改变而改变。[②](6)国有基础设施。国防资产属于国家所有。铁路、公路、电力设施、电信设施和油气管道等基础设施,依照法律规定为国家所有的,属于国家所有。其中,国家为武装力量建设、国防科研生产和其他国防建设直接投入的资金、划拨使用的土地等资源,以及由此形成的用于国防目的的武器装备和设备设施、物资器材、技术成果等属于国防资产。(7)无居民海岛。无居民海岛属于国家所有,由国务院代表国家行使无居民海岛所有权。海岛包括有居民海岛和无居民海岛,无居民海岛是指不属于居民户籍管理的住址登记地的海岛。无居民海岛蕴藏着极为丰富的资源,在经济社会发展中具有不可估量的社会、经济、科研、生态价值。在开发海洋经济的大潮中,海岛应当成为实施国家海洋开发战略、保护海洋生态环境的重要依托。《民法典》明确规定无居民海岛属于国家所有,对保护海岛及其周边海域生态系统,合理开发利用海岛自然资源,维护国家海洋权益,促进海岛经济社会可持续发展具有重要意义。

(三)国家所有权的行使

国家作为特殊的民事主体,不可能也无必要都自己行使对国有财产的所有权,在国家所有权的结构中,所有权主体的唯一性是和占有权主体的多元性密切结合在一起的。因而,在所有权的行使上,出现了多种方式:

---

① 在立法过程中,有的建议增加规定空域、航道、种子资源等属于国家所有。考虑到国有财产范围很宽泛,难以逐项列全,因此,《民法典》作了概括性的规定:"法律规定属于国家所有的财产,属于国家所有即全民所有。"这样,即使《民法典》没有明确列举的,可以在将来制定或者修改有关法律时作出具体规定。

② 同时下列可移动文物属于国家所有:①中国境内出土的文物,国家另有规定的除外;②国有文物收藏单位以及其他国家机关、部队和国有企业、事业组织等收藏、保管的文物;③国家征集、购买的文物;④公民、法人和其他组织捐赠给国家的文物;⑤法律规定属于国家所有的其他文物。属于国家所有的可移动文物的所有权不因其保管、收藏单位的终止或者变更而改变。

(1)国家直接行使所有权。即国家对全民所有的财产的直接占有、使用、收益和处分，如国家每年进行的财政预算拨款。此外，国家还可以国家的名义运用国库财产进行某项民事活动，如发行国库券，开展对外贸易活动。

(2)授权国家机关、国家举办的事业单位经营管理财产。按照所有权与经营管理权相分离的理论，国家依法可将财产授予国家机关、国家举办的事业单位经营管理，以便更好地发挥全民所有的财产的效用。《民法典》对国家机关和国家举办的事业单位所直接支配的国有财产的权限作出规定：国家机关对其直接支配的不动产和动产，享有占有、使用以及依照法律和国务院的有关规定处分的权利。国家举办的事业单位对其直接支配的不动产和动产，享有占有、使用以及依照法律和国务院的有关规定收益、处分的权利。应当指出的是，国家机关占有的国有财产是属于非经营性的国有财产，而非经营性的国有财产的管理规则是不同于经营性财产的，前者无法要求保值增值，而后者要求保值增值。由于国家举办的事业单位类型非常复杂，在收益权方面它和国家机关所享有的权利是不同的。国家举办的事业单位对其占用的财产要根据事业单位类型、财产的特殊性作出不同的规定。因此，除了《民法典》以外，还需要通过制定《国有财产管理法》来对国家举办的事业单位如何有效行使和如何处分其财产作出明确的规定。

(3)《民法典》明确了政府对国家出资的企业所享有的出资人职责与权益：国家出资的企业，由国务院、地方人民政府依照法律、行政法规规定分别代表国家履行出资人职责，享有出资人权益。依照《民法典》的规定，国家依法可以出资设立有限责任公司、股份有限公司或者其他企业。国家所有的不动产或者动产，投到企业的，由出资人按照约定或者出资比例享有资产收益、重大决策以及选择经营管理者等权利并履行义务。国家出资的法人财产，在物权法上可以分成两种类型，即国家出资给企业所形成的企业法人财产和国家出资给非企业而形成的非企业法人财产。无论是哪一种类型，当国家出资以后，都应当享有出资人的权益。国家出资既包括中央政府的出资，也包括各级地方政府的出资，因此，国务院、地方人民政府依照法律、行政法规都可以分别代表国家行使出资人的权益。根据《企业国有资产监督管理暂行条例》的规定，国务院代表国家对关系国民经济命脉和国家安全的大型国有及国有控股、国有参股企业，重要基础设施和重要自然资源等领域的国有及国有控股、国有参股企业，履行出资人职责。省、自治区、直辖市人民政府和设区的市、自治州人民政府分别代表国家对由国务院履行出资人职责以外的国有及国有控股、国有参股企业，履行出资人职责。应当指出的是，国家实行国有企业出资人制度的前提是国家统一所有，国家是国有企业的出资人。中央政府和地方政府都只是分别代表国家履行出资人职责，享有出资人的权益。因此，不能把国家所有与政府所有等同起来，更不能将国家所有和地方政府所有等同起来。中央政府与地方政府通过各自设立的国有资产监督管理委员会，代表国家享有《公司法》上规定的资产收益、重大决策和选择管理者等出资人权益，对国有资产保值增值和防止国有资产流失负监管责任。同时，根据宪法和国有资产管理改革所遵循的政企分开的原则，中央政府和地方政府以及其设立的国有资产管理机构不能干涉国家出资的企业依法行使的自主经营权。

(4)准许集体所有制组织或公民使用经营某些国有财产。国有土地、森林、山岭、草原、荒地、滩涂、水面等自然资源，可以依法确定给集体所有制单位使用，国有矿藏可以依法由集体所有制单位或公民采挖，公民对一定范围内的自然资源的使用具有承包经营权。被准许使用或经营某些国有财产的集体所有制单位和公民应在法律或协议规定的范围内，依法进行使用、经营。

(四)国家财产所有权的保护

根据我国《宪法》第12条第1款关于"社会主义的公共财产神圣不可侵犯"的规定,我国刑法、行政法、民法等都以各自的方式调整国有财产关系,运用不同的法律方式保护国有财产。在民法领域,国家财产神圣不可侵犯,禁止任何组织或者个人侵占、哄抢、私分、截留、破坏。而《民法典》对国有财产的具体保护措施,除了明确宣示部分国有财产的专属性原则外,还特别规定:国家所有的财产受法律保护,禁止任何组织或者个人侵占、哄抢、私分、截留、破坏。对上述各种违法行为,应依法追究行为人的法律责任。对国有财产的保护,还应注重对动态利益的保护,以保障国家所有权在经济上的体现。为了防止国有资产的流失,《民法典》还专门规定了国有资产管理监督机构及其工作人员在保护国有资产方面的义务和责任:履行国有财产管理、监督职责的机构及其工作人员,应当依法加强对国有财产的管理、监督,促进国有财产保值增值,防止国有财产损失;滥用职权,玩忽职守,造成国有财产损失的,应当依法承担法律责任。违反国有财产管理规定,在企业改制、合并分立、关联交易等过程中,低价转让、合谋私分、擅自担保或者以其他方式造成国有财产损失的,应当依法承担法律责任。

二、集体财产所有权

集体财产所有权是指劳动群众集体组织对其所有的财产享有占有、使用、收益和处分的权利,它是劳动群众集体所有制在法律上的反映。劳动群众集体所有制是我国社会主义公有制的重要形式,集体财产所有权是对劳动群众集体所有制的确认。目前,在农村存在着形式多样的地区性合作经济组织、合作社、乡镇企业和经济联合体,在城镇也存在着各种各样的城镇集体企事业单位,它们共同构成了社会主义公有制经济的重要组成部分。

(一)集体财产所有权的主体

不同于国家所有权主体的唯一性,集体所有权的主体具有多元性。我国《宪法》第8条第1款规定:"农村中的生产、供销、信用、消费等各种形式的合作经济,是社会主义劳动群众集体所有制经济。"第2款规定:"城镇中的手工业、工业、建筑业、运输业、商业、服务业等行业的各种形式的合作经济,都是社会主义劳动群众集体所有制经济。"劳动群众集体组织的财产属于劳动群众集体所有。在现实生活中数以万计的集体组织,都是其财产的独立的所有者。集体组织所有权没有全国性的统一的主体,各个集体组织都是独立的集体所有权的主体,它们相互之间是平等的相互合作关系。从法律地位上看,劳动群众集体组织属于法人。

(二)集体财产所有权的客体

集体财产所有权的客体,虽也具有广泛性,但受到一定的限制,不如国家财产所有权的客体那么广泛,属于国家专有的财产如矿藏、水流、军事设施等就不能成为劳动群众集体所有的财产。对此,《民法典》明确规定:集体所有的不动产和动产包括:(1)法律规定属于集体所有的土地和森林、山岭、草原、荒地、滩涂;(2)集体所有的建筑物、生产设施、农田水利设施;(3)集体所有的教育、科学、文化、卫生、体育等设施;(4)集体所有的其他不动产和动产。

(三)集体财产所有权的行使

一般而言,集体所有的财产是由集体组织来行使所有权的,但改革开放后,随着经营方式的改变,集体财产的所有权权能也可由非所有人来行使。我国《宪法》第8条规定:"农村集体经济组织实行家庭承包经营为基础、统分结合的双层经营体制。"为了加强农村集体经济组织的民主管理,保护广大农民的利益,《民法典》规定对一些重大事项,必须实行民主管理,经过集体经济组织成员依法定程序共同决定:"农民集体所有的不动产和动产,属于本集体成员集体所有。下列事项应当依照法定程序经本集体成员决定:(1)土地承包方案以及将土地发包给本集体以外的组织或者个人承包;(2)个别土地承包经营权人之间承包地的调整;(3)土地补偿费等费用的使用、分配办法;(4)集体出资的企业的所有权变动等事项;(5)法律规定的其他事项。"《民法典》还根据《宪法》的规定总结了长期以来的立法经验,对农村集体土地所有权和使用权进一步作出明确的规定:对于集体所有的土地和森林、山岭、草原、荒地、滩涂等,依照下列规定行使所有权:(1)属于村农民集体所有的,由村集体经济组织或者村民委员会依法代表集体行使所有权;(2)分别属于村内两个以上农民集体所有的,由村内各该集体经济组织或者村民小组依法代表集体行使所有权;(3)属于乡镇农民集体所有的,由乡镇集体经济组织代表集体行使所有权。城镇集体所有权是我国集体所有权的一项重要内容,《民法典》对城镇集体财产从物权的角度作出原则性的规定:城镇集体所有的不动产和动产,依照法律、行政法规的规定由本集体享有占有、使用、收益和处分的权利。《民法典》的这一规定,实际上是从基本法的层面规定了这一类财产形态,为有关具体法律法规将来具体界定城镇具体企业的财产归属确定了基本原则,也为今后城镇集体企业的深化改革留下了空间。

(四)集体所有权的保护

集体所有权受法律保护。我国《宪法》第 12 条第 2 款规定:"国家保护社会主义的公共财产。禁止任何组织或者个人用任何手段侵占或者破坏国家的和集体的财产。"集体所有的财产受法律保护,禁止任何组织或者个人侵占、哄抢、私分、破坏或者非法查封、扣押、冻结、没收。在农村,有的集体经济组织负责人违反法定程序或者章程的规定,擅自决定或者以集体的名义作出决定,低价处分、私分、侵占集体所有的财产,严重侵害集体成员的财产利益。为了充分保障农村集体经济组织成员的权利,促进集体经济有序稳定的发展,《民法典》规定了农村集体经济组织的成员权。该成员权包括民主管理权、收益分配请求权、知情权和撤销权等。知情权就是集体经济组织成员有权了解涉及集体经济组织成员的重大利益的事项的权利,《民法典》规定:农村集体经济组织或者村民委员会、村民小组应当依照法律、行政法规以及章程、村规民约向本集体成员公布集体财产的状况。集体成员有权查阅、复制相关资料。该规定确认了村务公开的原则,以进一步保护农民的知情权。《民法典》还规定:集体所有的财产受法律保护,禁止任何组织或者个人侵占、哄抢、私分、破坏。农村集体经济组织、村民委员会或者其负责人作出的决定侵害集体成员合法权益的,受侵害的集体成员可以请求人民法院予以撤销。该规定赋予了集体经济组织成员的撤销权,在集体财产遭受侵害的情况下,农村集体经济组织成员有权向人民法院提起诉讼,请求维护集体财产,返还财产并赔偿损失。对此,《民事诉讼法》规定:"当事人一方人数众多的共同诉讼,可以由当事人推选代表人进行诉讼。代表人的诉讼行为对其所代表的当事人发生效力,但代表人变更、放弃诉讼请求或者承认对方当事人的诉讼请求,进行和解,必须经被代表的当事人同意。"农村集体成员在集体财产遭受侵害的情况下,可以根据《民事诉讼法》关于代表人诉讼制度的规定,请求人民法院予以保护。但农村集体成员在其管理权遭受侵害的情况下,只能以个人的名义向人民法院提起诉讼,请求获得保护。在民法领域,同样可以采用所有权的保护方法来保护劳动群众集体财产所有权,但当前保护这类所有权的重点在于保护农村集体所有的土地和保证乡镇企业、城镇企业的自主经营权,维护它们与全民所有制企业的平等地位。

三、私人所有权

(一)私人所有权的主体

私人所有权是指公民个人依法对其所有的动产或者不动产享有的权利,以及私人投资到各类企业中所依法享有的出资人的权益。私人所有权是私人所有制在法律上的反映。《民法典》从三种所有制形态出发,分别确定了国家、集体和私人所有权。应当指出的是,私人所有权的外延大于个人所有权。个人所有权实际上仅指自然人对其不动产或者动产所享有的权利,其主体限于自然人。而“私人”是和国家、集体相对应的物权主体,它不仅包括我国的公民,也包括在我国合法取得财产的外国人和无国籍人;不仅包括自然人,还包括个人独资企业、个人合伙等组织。《民法典》上确认了私人所有权的概念,将有助于把私人财产和公有财产区分开。同时,由于私人财产和公共财产在法律调整上存在较大的差异,这样不仅在民法上而且在行政法上也具有重大的意义。

(二)私人所有权的客体

私人所有权的客体是私人的合法财产,依其使用目的可分为家庭财产、合伙财产和个人独资财产,包括生产资料和生活资料。《民法典》列举了比较重要的几类私人所有权的客体:(1)合法收入,是指人们从事各种劳动获得的货币收入或者有价证券。主要包括:①工资;②从事智力创造和提供劳务所取得的物质权利如专利转让费等;③因拥有债权、股权而取得的利息、股息和红利所得;④出租建筑物、土地使用权、机器设备、车船以及其他财产所得;⑤转让有价证券、股权、建筑物、土地使用权、机器设备、车船以及其他财产所得;⑥得奖、中奖、中彩以及其他偶然所得;⑦从事个体经营的劳动收入、从事承包土地所获得的收益等。(2)房屋,包括依法购买的城镇住宅,也包括在农村宅基地上依法建造的住宅,还包括商铺、厂房等建筑物。根据《土地管理法》和《城市房地产管理法》等法律规定,房屋仅指土地上的建筑物部分,不包括其占有范围内的土地。(3)生活用品,是指用于生活方面的物品,包括家用电器、私人汽车、家具和其他用品。(4)生产工具和原材料。生产工具是指人们在进行生产活动时所使用的器具,包括机器设备以及车辆、船舶等运输工具。原材料是指生产产品所需的物质基础材料如矿石、木材、钢铁等物资。生产工具和原材料是重要的生产资料,是生产所必需的物质基础。(5)除了上述财产外,私人财产还包括其他的不动产或者动产,如图书、个人收藏品、牲畜和家禽等。随着社会经济的发展,法律所允许的私人财产范围将越来越大,凡非法律所禁止个人拥有的财产,都可以成为私人的财产。

法律上还保护私人的储蓄、投资及其收益与继承权:私人合法的储蓄、投资及其收益受法律保护。国家依照法律规定保护私人的继承权及其他合法权益。其中,储蓄是指公民个人将其合法拥有的货币存入银行等金融机构,当存款到期或者客户随时兑付时,由金融机构保证支付利息和归还本金的一种信用行为。投资是指将现有的资金或者可用于消费的价值投入到未来可以获得更大价值的经济活动。投资活动主体和范畴非常广泛,主要包括通过购买股票、基金、债券、期货等以获得更高的资本收益,也包括将资金投入到企业中以扩大再生产或者获得资产收益等行为。不同于国家所有权和集体所有权的保护,公民的私人合法财产不仅在公民生前受国家法律保护,在其死后亦受法律保护。《民法典》规定了法律保护公民私有财产的继承权。继承权是指在自然人死亡后,根据遗嘱或者法律规定而承受死者遗留财产(遗产)的权利。《民法典》继承编不仅对公民继承权的取得和行使等作了具体的规定,而且规定公民享有依遗嘱处分其死后财产的权利,体现了法律对公民私人财产的特别保护。

(三)私人财产所有权的行使

私人财产所有权的行使一般是由公民个人直接进行的,但也不排除公民以间接方式来行使所有权,例如公民将财产投资入股,取得股东地位,行使股东权。《民法典》对私人作为企业出资人权利的规定:私人依法可以出资设立有限责任公司、股份有限公司或者其他企业。私人所有的不动产或者动产,投入到企业的,由出资人按照约定或者出资比例享有资产收益、重大决策以及选择经营管理者等权利并履行义务。出资是指权利人在设立公司或者其他企业或者在增加公司注册资本时,为了取得相应的出资人权益如股权而按照约定或者法律和章程的规定,向公司或者其他企业交付动产、不动产等财产或者履行其他给付义务的行为。应当指出的是,公民私人行使所有权,必须在法律许可范围内进行,受到诚实信用原则、权利不得滥用原则的约束,不得损害国家、集体和其他公民的合法权益。

(四)私人财产所有权的民法保护

对于私人财产所有权的民法保护,同样可适用《民法典》关于物权、所有权保护的一般方法。公民的合法财产受法律保护,禁止任何组织或者个人侵占、哄抢、破坏或者非法查封、扣押、冻结、没收。私人财产所有权的保护,要解决的主要是私人财产与国家财产、集体财产的平等保护问题。过去在计划经济体制下,一味强调公有财产的优先性、神圣性,限制、歧视个人财产,严重挫伤了个人的积极性。市场经济体制的建立为实现不同所有权的平等保护提供了制度基础。1999 年宪法修正案规定非公有制经济“是社会主义市场经济的重要组成部分”,为私有财产保护提供了宪法基础。2004 年在修改《宪法》时,将《宪法》原来的第 11 条第 2 款“国家保护个体经济、私营经济的合法权利和利益。国家对个体经济、私营经济实行引导、监督和管理”修改为“国家保护个体经济、私营经济等非公有制经济的合法权利和利益。国家鼓励、支持和引导非公有制经济的发展,并对非公有制经济依法实行监督和管理”。现行《宪法》明确规定:“公民的合法的私有财产不受侵犯。”此外,《合伙企业法》《个人独资企业法》等法律法规的颁布也为私人财产所有权的平等保护提供了法律依据。《民法典》则进一步明确指出:“私人的合法财产受法律保护,禁止任何组织或者个人侵占、哄抢、破坏。”《民法典》根据《宪法》原则扩大了私有财产保护的范围,进一步强化了对私有财产的保护,体现在:一是第一次以基本法的形式,确立了平等保护的原则;二是对私有财产的保护范围非常宽泛;三是关于城市居民建筑物区分所有权和农村居民宅基地使用权以及土地承包经营权的规定,有力地维护了广大人民群众的切身利益;四是完善了征收补偿制度,从而强化了对公民私人财产权的保护;五是完善了私有财产的民法保护方法,规定了对物权保护的各种方法,包括物权请求权和债权请求权的保护方法,它们都可以适用于物权遭受侵害的情形。所有这些规定,进一步完善了保护私有财产的法律制度,必将有利于激发人民群众创造财富和积累财富的积极性,促进社会和谐。

四、法人所有权

《民法典》除了根据具体国情规定了以上三种不同类型的所有权外,还就法人所有权作出特别规定。《民法典》第 268 条规定:“国家、集体和私人依法可以出资设立有限责任公司、股份有限公司或者其他企业。国家、集体和私人所有的不动产或者动产,投到企业的,由出资人按照约定或者出资比例享有资产收益、重大决策以及选择经营管理者等权利并履行义务。”《民法典》第 269 条规定:“营利法人对其不动产和动产依照法律、行政法规以及章程享有占有、使用、收益和处分的权利。营利法人以外的法人,对其不动产和动产的权利,适用有关法律、行政法规以及章程的规定。”

根据上述规定，就营利法人而言，当出资人将其不动产或者动产投入到企业后，即构成了营利法人独立的财产。营利法人享有法人财产权，对其不动产和动产依照法律、行政法规以及章程享有占有、使用、收益和处分的权利。出资人个人不能直接对其投入的财产进行支配，这是营利法人实现自主经营、自负盈亏，独立承担民事责任的物质基础。

对于营利法人以外的法人而言，它们对其不动产和动产的权利，则需要适用有关法律、行政法规以及章程的规定。考虑到在现实中社会团体法人与捐助法人的财产有的是国家出资的，有的是民间投资兴办的，经过一段时期的发展，其财产很难按照所有制而被归属到哪一类中去，因此，有必要对社会团体法人、捐助法人的财产所有权单独专门作出规定。为此，《民法典》第 270 条规定："社会团体法人、捐助法人依法所有的不动产和动产，受法律保护。"该规定为保护各类社会团体法人、捐助法人的财产权利提供了明确的法律依据，有利于促进我国文化、教育、宗教等方面事业的发展，为新的所有权类型的发展预留空间。

第四节 所有权的取得与消灭

一、所有权的取得

所有权的取得方式可分为两类：原始取得和继受取得。两者的区别在于是否以原所有人的所有权和意志为依据取得所有权。原始取得指所有权第一次产生或不以原所有人的所有权和意志为依据而直接根据法律的规定取得物的所有权。其方式主要有劳动生产，孳息，没收征收和国有化，拾得遗失物，漂流物、埋藏物和隐藏物，添附，先占，善意取得，时效取得等。继受取得又称传来取得，指通过某种法律行为或法律事件从原所有人处取得所有权，它以原所有人对该财产的所有权为取得的前提条件。常见的法律行为包括买卖、赠与、互易，典型的法律事件如继承、受遗赠。《民法典》专门就善意取得、拾得遗失物、发现埋藏物和隐藏物、孳息以及添附等所有权取得的特别问题作出规定。

（一）劳动生产

劳动生产是取得所有权的最重要的方式。民事主体通过劳动生产占有自然物和通过扩大再生产占有新产品，取得物的所有权。因生产而获得的产品，通常由生产资料所有人和生产者享有所有权。

（二）孳息

孳息是与原物相对应的概念。原物是孳息所从出之物，孳息是由原物所衍生的收益，包括天然孳息和法定孳息。天然孳息是指原物因自然规律而产生的或者按物的用法而收获的物。天然孳息可以是自然的，也可以是人工的。但是人工产生的物必须是没有对出产物进行改造加工。关于天然孳息的归属，《民法典》规定：天然孳息，由所有权人取得；既有所有权人又有用益物权人的，由用益物权人取得。当事人另有约定的，按照其约定。按照这一规定，在确定孳息归属时，首先，当事人有约定的按照约定。其次，在没有约定的情况下，原物之上既有所有权人又有用益物权人的，应当由用益物权人取得。这是因为，用益物权是对他人不动产占有使用和收益的权利。在设定用益物权时，所有权人已经转移了收益权，自然应由用益物权人获得孳息的所有权。应当注意的是并非所有用益物权都包含收益权能，如地役权原则上就不发生该效果。最后，在没有约定，原物之上也没有用益物权的，天然孳息归所有人取得。法定孳息是指根据法律规定，由法律关系所产生的收益。法定孳息是由他人使用原物而产生的收益，自己利用财产所得到的收益以及劳务报酬等，不是法定孳息。根据《民法典》的规定：法定孳息，当事人有约定的，按照约定取得；没有约定或者约定不明确的，按照交易习惯取得。

（三）没收

没收是根据法律规定，强制将财产收归国有的一种措施。在中国共产党领导人民取得政权之后，国家曾颁布革命法令没收官僚资本和反革命分子的财产作为全民财产。根据我国现行刑法和有关行政法规的规定，没收是刑法和行政法中的一种法律责任形式。对于违法犯罪的行为人，司法机关和行政机关可依法定程序，将其非法所得或其他财物没收，归国家所有。

（四）征收与国有化

征收是国家以行政权取得集体、组织或者个人的财产所有权的行为。《民法典》中规定：为了公共利益的需要，依照法律规定的权限和程序可以征收集体所有的土地和组织、个人的房屋及其他不动产。征收、征用不动产或者动产的，应当给予公平、合理的补偿。国有化是国家通过颁布法令将属于私人所有或社会组织所有的财产强制收归国有的一种措施。国有化是主权国家有权采取的措施，它既可以是有偿的，也可以是无偿的。例如，我国《外资企业法》规定："国家对外资企业不实行国有化和征收；在特殊情况下，根据社会公共利益的需要，对外资企业可以依照法律程序实行征收，并给予相应的补偿。"

（五）拾得遗失物

遗失物是他人不慎丢失而又无人占有的动产。构成遗失物，一般应满足以下条件：(1)必须是动产而非不动产，动产包括银行存折、货币、有价证券和各种证书；(2)必须是他人所有而非拾得人所有的动产；(3)遗失人丧失对该动产的占有不是基于自身的意思。所有权人将动产埋藏或隐藏于他物之中，基于其主观意思而丧失占有，不属于遗失物。

拾得人基于拾得的事实而占有遗失物，是否取得遗失物的所有权，各国立法不一。英美法系和大陆法系不少国家都承认拾得人一定条件下取得所有权。例如德国、日本民法采"附条件取得所有权主义"，规定拾得人在履行有关义务后，若拾得物在法定期限内无人认领，即取得所有权；法国采取"有限的取得所有权主义"，视遗失物的不同种类，分别规定为国库所有、拾得人部分所有或拾得人全部所有；英美法判例确认拾得人对遗失物享有"占有权"，如果真正所有权人放弃追索（在时效期间内未追索者推定为放弃），则由拾得人取得对遗失物的绝对权利。[①]我国采取的是不取得所有权主义。[②]《民法典》规定：拾得遗失物，应当返还权利人。拾得人应当及时通知权利人领取，或者送交公安等有关部门。即拾得人拾得遗失物之后，不论时间经过的长短或采取了什么行为，都不能将拾得物占为己有。《民法典》对拾得人的权利和义务作出明确的规定：(1)拾得遗失物，应当返还权利人。拾得人应当及时通知权利人领取，或者送交公安等有关部门。其中，权利人包括所有人和所有人以外的其他权利人如借用人等。拾得人负有返还遗失物的义务，这是法定义务，如果拒不返还甚至擅自处分，则构成侵权行为，依法应当承担侵权责任。(2)有关部门收到遗失物，知道权利人的，应当及时通知其领取；不知道的，应当及时发布招领公告。(3)拾得人在遗失物送交有关部门前，有关部门在遗失物被领取前，应

---

① 李双元、温世扬主编：《比较民法学》，武汉大学出版社1998年版，第320～321页。

② 有观点认为，《民法典》中所采取的不取得所有权主义，一定程度上高估了市民社会中人的道德品质，也与现实存在一些不契合的地方，应借鉴拾得人取得所有权主义，使拾得人在一定条件下取得拾得物的所有权。

当妥善保管遗失物。因故意或者重大过失致使遗失物毁损、灭失的,应当承担民事责任。按照该规定,拾得人负有妥善保管遗失物的义务,由于保管行为是没有获利的,因此法律上对该义务的注意程度并未提出比较高的要求,只要拾得人和有关机关尽到一般注意义务即可。但是如果拾得人和有关部门因其故意或者重大过失致使遗失物毁损、灭失的,则应当承担民事责任。(4)权利人领取遗失物时,应当向拾得人或者有关部门支付保管遗失物等支出的必要费用。权利人悬赏寻找遗失物的,领取遗失物时应当按照承诺履行义务。拾得人侵占遗失物的,无权请求保管遗失物等支出的费用,也无权请求权利人按照承诺履行义务。(5)遗失物自发布招领公告之日起一年内无人认领的,归国家所有。

(六)漂流物、埋藏物或者隐藏物

漂流物是指在水上漂流的动产(遗失物)。埋藏物、隐藏物是指埋藏于地下或隐藏于他物之中,不易为他人发现而所有人不明的动产。

发现人因发现而占有埋藏物、隐藏物,是否就取得埋藏物、隐藏物的所有权,主要有两种立法主张。一是发现人取得所有权主义,德国、法国和日本民法都采取此种主张。但如果埋藏物、隐藏物是在他人所有的不动产或动产中发现的,动产或不动产所有人与发现人就各取得埋藏物、隐藏物的一半。此外,如果所发现的埋藏物、隐藏物具有历史、艺术和科学价值,则依文物保护法等特别法的规定,收归国有。二是国家取得所有权主义。在我国的实践中,对所有人不明的埋藏物、隐藏物,归国家所有。接收单位应当对上缴的单位或者个人,给予表扬或者物质奖励。[①]

《民法典》对漂流物、埋藏物或者隐藏物的归属作出规定:拾得漂流物、发现埋藏物或者隐藏物的,参照适用拾得遗失物的有关规定。法律另有规定的,依照其规定。据此,漂流物、埋藏物或者隐藏物的归属判定,可以区分两种情况:一是有所有人的或者可以查明所有人的,应当作为遗失物,适用有关遗失物返还的法律规则。拾得人、发现人应当自行返还或者通过有关部门返还所有权人。二是所有人不明的物。当漂流物、埋藏物或者隐藏物没有明确的所有人,或者无法确定所有人的,经过有关部门的公告,自发布招领公告之日起一年内无人认领的,归国家所有。拾得人、发现人或者有关部门不得将其据为己有。此外,根据我国《文物保护法》的规定:中华人民共和国境内地下、内水和领海中遗存的一切文物,属于国家所有。古文化遗址、古墓葬、石窟寺属于国家所有。因此,在漂流物、埋藏物或者隐藏物中,如果是属于文物,应当依法归国家所有。

(七)添附

添附包括混合、附合和加工三种形式。混合是指不同所有人的动产互相渗合,难以分开,形成新的财产,如不同种类酒的混合。附合是指不同所有人的财产密切结合在一起形成新的财产,虽未达到混合程度,但非经拆毁不能恢复原来状态。附合包括动产与不动产的附合,如对他人房屋的装修;也包括动产与动产的附合,如油漆他人书柜。加工是指对他人所有的动产进行加工改造,形成更高价值的财产,如将他人的布料加工成时装。

由于添附而形成的财产,恢复原状事实上不可能或存在经济不合理性,而根据一物一权原则,在一物之上又不能同时存在两个所有权,物的组成部分不能单独设立物权,因而有必要确

---

① 有观点认为,这种不区分埋藏物价值一律归国家所有的规定,过高估计了人的自觉性,一定程度上对人的行为提出了不恰当的法律要求,而且对于一些价值微不足道的埋藏物、隐藏物也都要归国家所有,不仅没必要也不符合实际,因此在立法上对发现埋藏物,我国可以采取有限的取得埋藏物所有权主义。

定由此形成的混合物、附合物和加工物的所有权归属。对于混合物，由于已难以分辨原来的不同财产，所以是根据原财产价值的大小来确定混合物的归属，一般情况下混合物归原财产价值大的一方所有，原财产价值小的一方有权取得与原财产相当的补偿。对于附合物，由于其分离不可能或经济上不合理，因而对动产与不动产的附合，附合物一般归不动产所有人所有，动产所有人可取得与其动产价值相当的补偿；在动产与动产的附合中，一般可根据动产价值的大小或区别主物与从物而决定将附合物归动产价值大的所有人或主物所有人所有，同时给予相对方相应的补偿。对于加工物，由于加工人对被加工的财产投入了自己的劳动而形成了新的财产，各国立法中有的规定加工物归材料所有人所有，如《法国民法典》第 570 条、我国台湾地区“民法”第 814 条的规定；也有的规定加工物归加工人所有的，如《德国民法典》第 950 条第 1 项、《瑞士民法典》第 726 条第 1 款的规定，但都有例外情形的规定。

关于添附取得物的归属，《民法典》规定：因加工、附合、混合而产生的物的归属，有约定的，按照约定；没有约定或者约定不明确的，依照法律规定；法律没有规定的，按照充分发挥物的效用以及保护无过错当事人的原则确定。因一方当事人的过错或者确定物的归属造成另一方当事人损害的，应当给予赔偿或者补偿。添附要解决的是所有权的归属问题，作为一种专门用于解决物的有效利用的法律制度，添附独有的价值在于促进物的有效利用，在发生添附的情况下，要恢复原状往往事实上已不可能，继续维持该添附物有利于维护经济价值，避免财产的浪费。因此，在确定权属时，法律不允许破坏物的一体性而强行将添附物拆除，并以物归原主的方式来明确物的所有权。

应当指出的是，添附是基于事实行为直接根据法律的规定取得财产所有权，属于原始取得的范畴，但如果取得财产所有权的一方添附行为基于恶意，即明知是他人的财产而进行加工，或者有其他故意或过失行为，则不适用添附取得所有权，原所有人除有权向他请求经济补偿外，还有权要求他赔偿因添附所造成的损失。

关于房屋租赁活动中的添附行为如何处理的问题。实践中承租人在未经出租人同意的情况下，擅自对房屋进行装饰装修而引发的纠纷不少。承租人未取得出租人同意，擅自在租赁房屋上进行装饰装修，改变了租赁房屋的形态，因而构成了对房屋所有权人的侵害，依法应当承担侵权责任。承租人未经出租人同意进行装饰装修的，即应认定构成侵权，承担侵权责任。在承租人恶意添附构成侵权的情况下，承租人不得要求出租人就其装饰装修的投入进行补偿。因为在这种情况下，承租人的装修投入应当作为其损失，在其主观上存在过错的情形下，应由其自行承担。在承租人侵权的情况下，也不能适用公平原则要求出租人补偿承租人损失，在一方当事人有过错的情况下，并无公平原则可适用。在承租人构成侵权的情况下，出租人不仅不补偿承租人的装修投入损失，还有权基于房屋所有权主张排除妨害，并要求有过错的承租人承担恢复原状的拆除费用并就装饰装修中的其他损失请求损害赔偿。

关于发生添附后原物之上的权利是否继续存在的问题。该情形通常发生在混合和附合的情形，在善意加工且加工后增值明显的情况下，也会出现这一问题。首先，添附作为所有权取得的重要方式，属于原始取得的范畴，因此，因添附而新取得的所有权，将不再承受原有的权利负担，即该物的所有权因添附而消灭后，该物上的权利负担即告消灭。其次，对此可以参照善意取得的相关规则处理，《民法典》物权编中规定：“善意受让人取得动产后，该动产上的原有权利消灭。但是，善意受让人在受让时知道或者应当知道该权利的除外。”即如果添附后取得所有权的人明知原物之上有权利负担的，则其应当继续承受该权利负担。最后，这一情形更多地发生在担保物权的领域，要注意与担保物权的物上代位性做好衔接。即基于担保物权的物上代位性,原有权利负担可以存在于该动产的代位物上。

(八)先占

先占是指基于所有的意思,占有无主的动产而取得该动产的所有权。先占是因单方事实行为而取得动产所有权,其依据直接来源于法律规定,属于原始取得。不少国家的立法确立先占为所有权取得的方式。我国现行立法没有明确规定先占制度,但在实践中,先占屡见不鲜,如上山伐薪砍柴、采摘野果,下海打鱼捞虾,拾破烂,先占作为一种习惯规则存在于社会生活之中。鉴于现实的这种情形,我们认为,民法上应承认先占取得制度。

根据各国和地区的立法例,构成先占应满足以下条件:(1)标的物须为无主的动产。其一,应为无主物,即先占人在占有时,尚不属于任何人所有的物,经原所有人抛弃的物也可视为无主物。其二,应为动产。不动产的价值通常较之动产大而出现无主的情形相对较少,因而多数国家将先占的对象限于无主动产。其三,应非法律禁止占有之物。禁止流通物、尸体、禁止捕获采摘之珍贵动植物、文物等不能成为先占的标的。(2)先占人须以所有的意思占有标的物。主观上的所有意思是指以与所有人同一程度的支配意思占有标的物,而不以取得所有权的意思为必要,只要事实上有排除他人就标的物行使一般的支配的意思就可以,即自主占有;客观上的占有,一般指占有人自己的占有(直接占有),但在某些场合,如雇佣他人的情形,占有人基于他人的辅助占有也可取得无主动产的所有权。

(九)主物与从物

《民法典》规定:主物转让的,从物随主物转让,但是当事人另有约定的除外。同一所有人所有的两个或两个以上物理上各自独立的、在用途和经济性上相关联的物,往往结合使用才能发挥更好的效益的,其中处于核心地位、起主要作用的物是主物,处于附属地位、起辅助或配合作用的物是从物。从物具有如下特点:(1)从物并不是主物的组成部分。在物理性质上与主物是可分离的,并有其独立存在的价值。(2)从物是为发挥主物的效用而存在的。主物既有其独立的经济利益,同时也有其独立的经济效用。而从物,则虽有其独立的经济利益,但却无独立的经济效用。从物的效用,须配属于主物,方能发挥,从物的存在是为了辅助主物的存在,为了增加主物的价值。如手表与表链,若无表链,手表的价值就会减损。(3)从物与主物须有一定程度的场所结合关系。如手表与表带、灯与灯罩不存在一定程度的场所结合关系,而是分离甚远,则不能认为二者有主从关系。相反,唯有二者间存在一定程度的场所结合关系,才有从物与主物关系发生的可能。(4)从物必须与主物同属于一人。因为只有从物与主物同属一人的情况下才能适用从物的所有权随主物的所有权转移的规则。如果二物不属于一人,则从物随主物的转移而转移,将会损害第三人的利益。

由于主物与从物是可以分离的独立的物,因此,当事人之间也可以特别约定,在转移主物时从物的所有权并不发生转移,或者约定抵押主物,而从物并不相应地作为抵押标的,或者转移主物时只使某一从物发生转移而另外从物不发生转移。

(十)善意取得

善意取得又称即时取得,指无处分权人将其动产或者不动产转让给受让人,如果受让人取得该动产或者不动产时出于善意,则依法取得该动产或者不动产的所有权。依善意取得,从财产交付或者办理登记之时开始,受让人依法律直接规定取得财产所有权,而原所有人的权利归于消灭,故善意取得属于原始取得。

起源于日耳曼法"以手护手"原则的善意取得制度已为当今世界多数国家的立法所采纳。一般认为善意取得制度从均衡原财产所有人利益和善意第三人利益的角度出发,以牺牲一定程度的财产所有权的静态安全保护财产所有权的动态安全，具有稳定社会秩序、保护交易安全和定纷止争的作用。

《民法典》在总结我国司法实践基础上，明确规定了善意取得制度。根据该规定，无处分权人将不动产或者动产转让给受让人的，所有权人有权追回；除法律另有规定外，符合下列情形的，受让人取得该不动产或者动产的所有权：(1)受让人受让该不动产或者动产时是善意的；(2)以合理的价格转让；(3)转让的不动产或者动产依照法律规定应当登记的已经登记，不需要登记的已经交付给受让人。受让人依据规定取得不动产或者动产的所有权的，原所有权人有权向无处分权人请求损害赔偿。当事人善意取得其他物权的，参照适用上述规定。

根据《民法典》的有关规定和司法解释，善意取得应具备以下要件：

1.让与人必须是无处分权人

即行为人无处分权但从事了法律上的处分行为，如果对于财产有处分权，那么其处分行为具有法律效力，自然不会产生善意取得问题。无处分权的情形既包括不享有所有权的人处分他人所有之动产，如保管人处分保管的物品、借用人处分借用物等情形，也包括处分权受限制的所有权人处分自己的动产，如所有人对被查封后的动产进行处分、部分共有人未经其他共有人同意处分共有财产等情形。在司法实践中，具有下列情形之一的，应当认定不动产受让人知道转让人无处分权：(1)登记簿上存在有效的异议登记；(2)预告登记有效期内，未经预告登记的权利人同意；(3)登记簿上已经记载司法机关或者行政机关依法裁定、决定查封或者以其他形式限制不动产权利的有关事项；(4)受让人知道登记簿上记载的权利主体错误；(5)受让人知道他人已经依法享有不动产物权。真实权利人有证据证明不动产受让人应当知道转让人无处分权的，应当认定受让人具有重大过失。其中，受让人受让动产时，交易的对象、场所或者时机等不符合交易习惯的，应当认定受让人具有重大过失。

2.受让人受让财产时是出于善意

善意是与恶意相对应的，善意是指不知情，即不知或不应知道让与人转让财产时没有处分权。至于受让人是否有偿取得财产，则不是善意取得的构成条件。但在我国司法实践中，善意第三人须有偿受让财产，才能取得所有权；如无偿受让财产，则不能即时取得所有权，原所有权人有权要求善意占有人返还原物。当标的物为动产时，首先推定受让人为善意，而由主张其为恶意的原权利人提出证明，原权利人对受让人的恶意负举证责任。由于《民法典》原则上对不动产物权变动采登记要件主义，赋予了不动产登记公信力，因此，在不动产善意取得中，第三人的恶意应当仅限于存在异议登记的情形。在司法实践中，受让人受让不动产或者动产时，不知道转让人无处分权，且无重大过失的，应当认定受让人为善意。受让人受让动产时，交易的对象、场所或者时机等不符合交易习惯的，应当认定受让人具有重大过失。真实权利人主张受让人不构成善意的，应当承担举证证明责任。

3.善意取得的财产必须是法律允许流通的财产

一般来说，善意取得场合比较多地适用于动产。首先，由于不动产物权是以登记为公示方法，权利归属十分明显，一般不必以善意取得来对交易安全予以特殊保护。但是鉴于我国建立不动产统一登记制度时间还不久，同时不动产登记也会出现登记错误情形，因此我国《民法典》中的善意取得既适用于动产，也可适用于不动产。其次，法律禁止流通的物如毒品、枪支弹药等，本来就不能成为交易对象，因而不适用善意取得。此外，对于赃物(或其他由出让人非法占有的动产)，非依所有权人的意思而由他人非法占有，法律上也属于禁止流通物，一般来说也不适用善意取得。但是，为保护善意第三人的利益，如果善意第三人是通过拍卖程序获得的，也可取得所有权。

《民法典》还规定遗失物不适用善意取得的情形：所有权人或者其他权利人有权追回遗失物。该遗失物通过转让被他人占有的，权利人有权向无处分权人请求损害赔偿，或者自知道或者应当知道受让人之日起两年内向受让人请求返还原物；但是，受让人通过拍卖或者向具有经营资格的经营者购得该遗失物的，权利人请求返还原物时应当支付受让人所付的费用。权利人向受让人支付所付费用后，有权向无处分权人追偿。按照这一规定，受让人是不能善意取得遗失物的所有权。失主可以请求返还遗失物，但为了维护财产关系的稳定性，该返还请求权受到三个限制：一是受到请求对象的限制，仅限于受让人。如果受让人已经转让给第三人，则失主不能再行请求。二是受到除斥期间的限制，失主应当自知道或者应当知道受让人之日起两年内主张。三是受到返还费用要求的限制。如果受让人是通过拍卖或者向具有经营资格的经营者购得该遗失物的，权利人请求返还原物时应当支付受让人所付的费用。权利人向受让人支付所付费用后，有权向无处分权人追偿。

4.受让人支付了合理的价款

无处分权人将他人的财产转让给受让人，受让人必须支付合理的对价才能适用善意取得制度。"合理"应当根据市场价格来判断。受让人是基于法律行为而取得财产，即受让人通过与让与人进行买卖、互换、赠与、出资等法律行为取得财产，这些行为往往具有交易的性质，从而就排除了因继承、遗赠、公司合并等取得财产行为适用善意取得的可能。在司法实践中，"合理的价格"，应当根据转让标的物的性质、数量以及付款方式等具体情况，参考转让时交易地市场价格以及交易习惯等因素综合认定。对于"合理的价格"，人民法院应当以交易当地一般经营者的判断，并参考交易当时交易地的物价部门指导价或者市场交易价，结合其他相关因素综合考虑予以确认。转让价格达不到交易时交易地的指导价或者市场交易价70%的，一般可以视为明显不合理的低价。

5.完成了法定的公示方式

依照《民法典》的规定，不动产物权变动原则上登记生效，动产物权变动需要以交付为表征。因此，要构成善意取得，动产必须完成实际交付，不动产必须完成转移登记。在司法实践中，"受让人受让该不动产或者动产时"，是指依法完成不动产物权转移登记或者动产交付之时。当事人以民法典规定的方式交付动产的，转让动产民事法律行为生效时为动产交付之时；当事人以民法典规定的方式交付动产的，转让人与受让人之间有关转让返还原物请求权的协议生效时为动产交付之时。法律对不动产、动产物权的设立另有规定的，应当按照法律规定的时间认定权利人是否为善意。其中，不动产登记是指不动产的转移登记，不包括预告登记，因为法律只赋予预告登记以阻却未经预告登记权利人同意处分不动产的物权效力，没有赋予预告登记以转移所有权的功能。此外，应当登记的动产未经登记不得对抗第三人，并非不发生物权效力。因此，转让人将船舶、航空器和机动车等交付给受让人的，应当认定符合民法典规定的善意取得的条件。关于善意取得制度适用的排除，当转让合同被认定无效或者转让合同被撤销，受让人主张取得所有权的，对此不予支持。

《民法典》还规定：善意受让人取得动产后，该动产上的原有权利消灭。但是，善意受让人在受让时知道或者应当知道该权利的除外。该规定表明，由于动产是以占有为公示方式的，其他他物权通常无法为受让人所知悉，因而不能让其继续承受这些权利负担。在动产善意取得的情况下，原则上该动产上的其他他物权消灭。而在不动产所有权发生善意取得的情况下，由于其上的其他权利已通过登记记载加以公示，因此，不动产的善意取得不影响其上的他物权的效力。如果受让人知道或者应当知道该权利的存在，就表明其不是善意的。因此，应当承受该动产上已设的其他权利的负担(如抵押权)。

应当指出的是，在物权法律体系中，对于各种他物权，按照法理也可以准用所有权善意取得的规定，产生善意取得的法律效果。但动产抵押由于其公示方式的特殊性，不能发生善意取得。动产质权可以发生善意取得，但不以有偿性为要件。

当构成善意取得，受让人取得不动产或者动产的所有权，原权利人对标的物的所有权消灭，从而无权向受让人请求返还财产。在这种情况下，原所有权人只能向无处分权人请求损害赔偿。该项赔偿责任可以基于违约责任，也可以基于侵权责任。如果无处分权人因处分行为而获得利益并使原所有权人受损的，原所有权人可以主张无处分权人返还不当得利。

需要指出的是，善意取得制度和善意第三人制度是存在区别的：(1)设置目的不同。善意取得制度的侧重点在于保障第三人的交易安全，保护第三人的利益；而善意第三人制度的侧重点在于督促受让人尽快去完成登记，以确保其所取得物权效力的完整性，并进而提示其对抗力欠缺带来的风险，法律并不否认其取得的物权效力。(2)善意内涵不同。善意取得制度的前提是无权处分，其内涵是不知道或者不应当知道转让人无处分权；而善意第三人制度的善意内涵是不知道或者不应当知道已经发生的物权变动，即不知道权利人已经将该财产转让这一事实。重点在于判断第三人的权利是否足以否定未登记前一受让人的权利。(3)举证责任分配不同。善意取得制度的受让人如果要援引该制度来保护，必须自证善意。而在善意第三人制度中，第二受让人要援引该制度以对抗第一受让人，只需证明第一受让人的物权变动欠缺登记就够了，并非必须对自己的“善意”举证证明。(4)适用情形不同。善意取得制度针对和适用情形的是单一的一次性交易，由于有无处分权人的存在，导致真实权利人和受让人均对转让的财产主张权利；而善意第三人制度针对和适用情形是“一物数卖”案件。(5)适用结果不同。善意取得制度适用的结果是使受让人能够取得物权，而使真实权利人丧失其原有的物权；善意第三人制度适用的结果是受让人已经取得物权劣于第三人的权利。

(十一)时效取得

时效取得又称取得时效，是指无权占有人以自己所有的意思，善意地、公开地、持续地占有他人财产，经过法律规定的期间，即依法取得该财产所有权。

时效取得应具备一定的条件：(1)占有人主观上须以所有的意思而占有。以所有的意思占有，同于先占人以所有的意思占有标的物。(2)所谓善意，指占有人占有他人财产时对自己无权占有他人财物的情形不知情。(3)占有人应以公然的和平方式占有财产，即占有人以非暴力或胁迫手段取得或维持占有，并将这一事实向社会(包括占有物的利害关系人)公开而不加以隐瞒。(4)占有的标的物应是他人的财产。他人的财产应是法律允许流通的财产，如果是法律禁止或限制流通的财产，则不适用时效取得。(5)须持续经过一定的期间[①]，即占有人公然和平地占有他人的财产应经过法定的期间才能取得财产的所有权。

我国现行法律未规定取得时效，但在立法层级效力比较低的行政规范有关于这方面的规定，自然资源部《确定土地所有权和使用权的若干规定》第 21 条规定：“农民集体连续使用其他

① 关于占有时效的期间，各国规定不同，动产和不动产的时效期间也不同。《德国民法典》第 937 条规定：“自主占有动产经过 10 年者，取得其所有权。”第 900 条第 1 项规定：“未取得土地所有权而于土地登记簿登记为所有人，其登记经过 30 年，且于其期间内就土地为自主占有者，取得其所有权。”

农民集体所有的土地已满二十年的，应视为现使用者所有；连续使用不满二十年，或者虽满二十年但在二十年期满之前所有者曾向现使用者或有关部门提出归还的，由县级以上人民政府根据具体情况确定土地所有权。”因此，有学者主张我国应确立取得时效制度。主要理由是：取得时效有利于维护人类共同生活的和平秩序，可以促进权利人积极行使其权利，促进物尽其用的社会功能，有利于避免诉讼中当事人举证困难和法院判断证据的困难。[①]

二、所有权的消灭

所有权的消灭是指因一定的法律事实而使所有人丧失所有权或所有权与所有人相脱离。引起所有权消灭的法律事实主要有以下几点：

(1)所有权客体的消灭。所有权的客体是物，一旦所有人对物进行事实上的处分（如生产和生活过程中对物的消费），或物发生灭失，那么该物的所有权将不复存在。

(2)所有权主体的消灭。主要指公民死亡（包括自然死亡和被宣告死亡）和法人的终止。公民死亡后，其财产由继承人继承，或由受遗赠人接受遗赠，如无人继承又无人受遗赠，则归国家所有；公民生前是集体所有制组织成员的，则归其所在集体所有制组织所有。法人终止后，其财产按法人章程和有关法律规定确定归属。

(3)依法转让所有权。所有人可依自己的意志，通过买卖、赠与、互易等法律行为转让所有权，使自己丧失对某项财产的所有权，而受让人依法取得该项财产的所有权。

(4)所有权依法被强制消灭。国家行政机关或司法机关可根据行政措施或法律程序，强制所有人转移所有权。例如人民法院通过审判程序，依法判决将当事人的财产没收，或者国家根据公共利益需要，依法定程序对当事人的房屋进行征收，该当事人对没收的财产或者征收的房屋所享有的所有权归于消灭。

(5)抛弃所有权。抛弃包括两种情况：一是依法享有权利的人不愿取得所有权而予以放弃，随即丧失所有权。《民法典》第 1124 条规定：受遗赠人应当在知道受遗赠后 60 日内，作出接受或者放弃遗赠的表示；到期没表示的，视为放弃受遗赠。二是抛弃所有物，所有权随之丧失。但所有人行使该权利时，不得损害国家利益和社会公共利益，也不能损害他人的合法权益。所有人抛弃动产所有权，客观上应放弃动产的占有；抛弃不动产所有权，如以登记为取得要件的，则抛弃人应到登记机关办理注销登记才能使抛弃生效。被抛弃的财产，成为无主物，按先占制度确定其归属。

(6)动产因添附于他人的不动产或动产上，他人因此取得动产所有权时，原动产所有人的所有权消灭。

(7)在建立取得时效制度的情况下，因法定期间的届满，占有人取得财产所有权，原财产所有人的所有权消灭。

(8)在建立善意取得制度的情况下，善意取得人依法获得财产的所有权，原财产所有人的所有权消灭。

在上述各种消灭原因中，通常把因物的消灭而导致的所有权的永远不复存在，称为所有权的绝对消灭，而把其他几种所有权消灭称为所有权的相对消灭。因为，在这些情况下，物客观上仍存在，只是所有权脱离原所有权人，物归属于新的所有人所有，由新所有人代替原所有人，

① 梁慧星：《中国物权法草案建议稿——条文、说明、理由与参考立法例》，社会科学文献出版社 2000 年版，第 229 页。

物的所有权客观上仍存在着。在所有权发生移转时,因动产或不动产而有不同,动产所有权原则上从交付时起移转,不动产须经登记才发生所有权移转。

第五节　建筑物区分所有权

一、建筑物区分所有权的概念

建筑物区分所有权是随着城市建设的发展而逐渐形成的一种复杂的不动产所有权关系。一幢建筑物往往包括众多的单元房,每一单元房在客观上又是相互关联的,并且存在着共用的部分,因此,虽然每一单元房的所有人对自己的单元房享有所有权,但是这种所有权又不同于独立建筑物的所有权,而是形成区分所有的复杂情形。正是由于建筑物区分所有的情形复杂,因此各国立法和学说关于建筑物区分所有权的概念也不尽相同,概括起来主要有以下三种:一元论、二元论和三元论。

(一)一元论

一元论又有“专有权”说和“共有权”说两种不同观点。(1)专有权说。该说认为,建筑物区分所有权是指区分所有人对建筑物的专有部分(不包括共有部分)所享有的单独所有权(专有权)。日本《有关建筑物区分所有等之法律》第 2 条第 1 项规定:“本法上的区分所有权,是指以建筑物的专有部分为标的的所有权。”采专有权说。(2)共有权说。该说认为,建筑物区分所有权实质上是一种共有所有权,区分所有的建筑物属于全体区分所有权人共有。《瑞士民法典》中所称分层住宅所有权,实际上是分层住宅共有权。该法典第 712 条第 1 款规定:“楼层所有权,即建筑物或楼房的共同所有权的应有份。”采共有权说。

(二)二元论

该说认为,建筑物区分所有权是指区分所有人对区分所有建筑物专有部分的所有权和对共用部分的共有权的结合。法国 1938 年《有关区分各阶层不动产共有之法律》第 5 条规定,建筑物区分所有权系成立于“专有物”(专有部分)上的专有权与成立于“共有物”(共有部分)上的共有权的结合,采取二元说。

(三)三元论

该说认为,建筑物区分所有权由区分所有人对建筑物的专有部分的所有权和对共有部分的共有权,以及基于对建筑物的管理、维护、修缮等共同关系而产生的成员权(社员权)三部分所组成。德国《住宅所有权法》采取了三元论说,该法中的所有权概念系由专有所有权、按份共有权和共同所有人的成员权三部分所组成。[①]

上述三种观点中,一元论中的专有权说无法解决区分所有人对建筑物共有部分的使用权问题,共有权说则忽视了区分所有人对建筑物共有部分的权利,因而反映建筑物区分所有权的法律关系。二元论将区分所有人对建筑物的权利做了合理的概括,且没有超过财产法的范畴,较准确地反映了建筑物区分所有权的特性。三元论将建筑物的公共管理问题纳入区分所有权,明显地超出作为财产权的所有权的范畴,且具有身份权的内容。

---

① 此说为目前通说,参见陈华彬:《现代建筑物区分所有权制度研究》,法律出版社 1995 年版,第 65～75 页。王利明:《论业主的建筑物区分所有权的概念》,载《当代法学》2006 年第 5 期。

我国《民法典》规定了"业主的建筑物区分所有权",是指业主对建筑物内的住宅、经营性用房等专有部分享有所有权,对专有部分以外的共有部分享有共有和共同管理的权利。可以看出,我国《民法典》上的建筑物区分所有权采取的是三元论观点。业主的建筑物区分所有权,是由专有部分所有权、共有权和共同管理权相结合而组成的一种复合物权。

二、建筑物区分所有权的特征

(一)权利主体身份多重性

区分所有人不仅对建筑物中属于自己的单元房享有所有权(专有权),而且对建筑物共用部分享有共有权,一身兼具所有人和共有人双重身份,这不同于传统所有权主体身份的单一性。后者要么作为单一所有权人,要么作为共有权人。建筑物区分所有权人在实践中称为"业主",明确业主身份的界定标准,对理解该规定具有重要的意义。

根据《民法典》的相关规定和司法解释:确定依法登记取得或者依据生效法律文书、继承或者受遗赠,以及合法建造房屋等事实行为取得专有部分所有权的人,应当认定为业主。这是界定业主身份的一般规则,但在现实生活中,基于与建设单位之间的商品房买卖民事法律行为,房屋买受人在已经合法占有使用专有部分的情况下,仍未依法办理所有权登记的情形大量存在。在此情况下,如果仅以是否已经依法登记取得所有权作为界定业主身份的标准,将与现实生活产生冲突,并有可能对前述人群应当享有的权利造成损害。这部分人对共有部分的利用以及共同管理权的行使需求更为强烈,与其他业主之间的联系程度也更为直接和紧密,因此有必要对其"业主身份"问题进行特别规定。为了更好地维护业主自治秩序和建筑物区分所有权法律关系的和谐稳定,根据《民法典》规定的立法旨意,相关司法解释对这种情形下的业主身份认定问题作出特别规定:依法登记取得或者依据民法典规定取得建筑物专有部分所有权的人,应当认定为民法典所称的业主。基于与建设单位之间的商品房买卖民事法律行为,已经合法占有建筑物专有部分,但尚未依法办理所有权登记的人,可以认定为民法典所称的业主。这样的规定既可以有效地统一司法评价标准,也符合《民法典》的规定精神,适应现实生活。同时,还可以引导这部分人及时办理不动产物权登记。

(二)权利内容的复合性

不同于传统所有权人对主体的单一所有权或单一共有权,建筑物区分所有权由专有权和共有权复合而成,两者截然不可分割,必须一体处分。在专有权和共有权中,专有权起到了主导性的作用,表现在:(1)区分所有人取得或丧失专有权,都意味着同时取得或丧失共有权,专有权是取得共有权的前提,共有权不能单独处分,只能随专有权的处分而转移。(2)区分所有人专有权标的物的大小决定了其共有权的应有份额。(3)在区分所有权登记上,只登记区分所有人的专有权,而不单独登记其共有权。

(三)权利客体的多样性

区分所有权的客体主要是建筑物但也不仅限于建筑物,由于我国商品房的开发大都是以住宅小区为单位进行开发规划和建设的,业主的区分所有权的范围已从建筑物拓展到整个小区,包括其他公共场所、公用设施和物业服务用房、绿地、道路、车库等。不同于传统所有权客体的单一性,建筑物区分所有权的主要客体是由建筑物的专有部分和共用部分两部分组成的。对于专有部分,区分所有人享有占有、使用、收益和处分等所有人权益;对于共用部分,区分所有人有使用、收益和管理等共有人权益。此外,共同生活中的重大事务也是区分所有权中的管理权的客体。

（四）权利变动的登记公示性

建筑物区分所有权的处分涉及建筑物及其附属物等不动产的权利归属，因而在立法上也以登记作为其权利变动的公示要求，只是这种登记，往往是区分所有人专有部分权利的登记，其共用部分的权利一般不作登记或不作单独登记。

三、专有部分的所有权

《民法典》对业主的专有部分所有权作出规定，业主对其建筑物专有部分享有占有、使用、收益和处分的权利。业主行使权利不得危及建筑物的安全，不得损害其他业主的合法权益。据此，专有部分所有权是指区分所有人对其建筑物内的住宅、经营性用房等专有部分所享有的单独所有权。

建筑物专有部分是指属于所有人的单元房。依物权法律"一物一权"原则，作为物权客体的物须为独立物，物的组成部分不能成为物权的客体。如果把整幢建筑物当成一个独立物，那么该建筑物上只能设立一个所有权，而不能将建筑物划分为各个单元，分别设立所有权。但在建筑物区分所有的财产关系中，所谓独立物，是指社会观念上独立之物，是建筑物经分割后形成的具有一定独立性和具有可公示性的"专有部分"。建筑物按其设计在构造上各自独立使用的单元可以成为独立物。这是由于，将一栋建筑物划分为不同的单元出售给不同的用户，这正是现代高层建筑的优势所在，其分割不仅必要而且经济合理，提高了土地和空间的利用效率。而且，将建筑物区分所有，在专有部分设立所有权，通过登记公示建筑物的分割结果，其产权归属也是明确的，不仅有利于保护区分所有人的所有权，也有利于保护区分所有人对专有部分的处分。所以，建筑物区分所有权不违背"一物一权"原则。

作为建筑物区分所有专有权的客体，专有部分在构造上及使用上须具有独立性。[①] 所谓构造上及使用上的独立性，是指该部分可以被区分而与建筑物其他部分完全隔离，以及具有独立的出入门户可作为一建筑物单独使用。如《瑞士民法典》第 712 条之二第 1 项规定："特别权利（指楼层所有权，笔者注）标的物，可为单独的楼层，亦可为楼层内隔开的具有出入口的用于居住、办公或其他目的的单元；单元可包括隔开的房间。"构造上的独立性和使用上的独立性是专有部分必不可少的要件。如果仅以屏风、拉窗、隔扇或桌椅间隔而没有遮蔽性的隔离设施，则不具备构造上的独立性。如果本身没有独立的可进出的门户，而必须借助相邻的出入单位的门户与外界相通，则不具备使用上的独立性。欠缺其中之一都不能成为建筑物区分所有的专有部分。

关于专有部分的范围，我国《民法典》上对此没有作出立法上的界定，只是规定了住宅和经营性用房的专有性质。在理论界，有四种不同的观点：(1)空间说。认为专有部分的范围包括内墙壁（共同墙壁）、天花板和地板所围成的空间，墙壁、天花板、地板等境界部分属于共有部分。(2)中心说。认为专有部分的范围达到墙壁、柱、地板、天花板等境界部分厚度的中心线。(3)最后粉刷表层说。认为专有部分的范围包括至墙壁、柱、天花板、地板等境界部分表层最后粉刷的部分。(4)壁心和最后粉刷表层混合说。认为专有部分的范围应区分内部关系和外部关系。在区分所有人相互间对建筑物维持、管理的内部关系上，专有部分仅包含至墙壁、天花板、地板等境界部分表层所粉刷的部分；在买卖等外部关系上，专有部分的范围达到墙壁、天花

---

① 王泽鉴：《民法物权第一册：通则、所有权》，台湾三民书局 2001 年版，第 255 页。

板、地板等境界部分厚度的中心线。[①]

比较以上四种观点，第四种主张一方面保证区分所有人对分界部分表面自由使用的权利，避免区分所有人对埋在墙壁内的各种属于共有的管道路线的擅自使用，既有利于保障区分所有人充分行使权利，又有利于确定各区分所有人对墙壁的管理、维修义务，协调共有人之间的利益；另一方面契合区分所有建筑物以壁心为界线进行交易和产权登记的做法，正确处理了区分所有人与第三人的关系，有利于物权公示和交易安全。因此，第四种观点界定了共用墙壁的共有财产和专有财产的双重性质，比较符合实际情况。

专有部分的范围，除了建筑物的结构部分外，根据实际情况，还包括供区分所有人专用的附属物和附属建筑物，例如配置于建筑物内部的暖气管道、电话线，附属的贮藏室、车库。

关于专有部分的范围。最高人民法院《关于审理建筑物区分所有权纠纷案件适用法律若干问题的解释》第 2 条规定：建筑区划内符合下列条件的房屋，以及车位、摊位等特定空间，应当认定为《民法典》所称的专有部分：(1)具有构造上的独立性，能够明确区分；(2)具有利用上的独立性，可以排他使用；(3)能够登记成为特定业主所有权的客体。规划上专属于特定房屋，且建设单位销售时已经根据规划列入该特定房屋买卖合同中的露台等，应当认定为《民法典》所称专有部分的组成部分。房屋包括整栋建筑物。按照建筑物区分所有权理论通说认为，界定专有部分的标准是“具有构造和利用上的独立性”。此外，专有部分属于不动产，而不动产所有权的取得一般须经登记。因此有必要把登记作为专有部分界定的标准之一。尽管目前还存在一些本应属于专有部分却无法进行登记的情况，但随着登记制度的不断完善，并不意味着日后不能办理登记。因此，司法解释将“登记”表述为“能够登记”。除了建筑物内住宅、经营性用房等房屋外，司法解释从现实生活出发规定，专有部分的范围还包括整栋建筑物、特定空间及露台等。

专有部分所有权的变动与一般所有权的变动没有什么实质性差别，作为建筑物这种不动产所有权的变动，都要办理相应的登记或注销手续，其他区分所有人对于这种变动无权主张优先购买权。专有部分所有权的处分，会产生两个法律效果：其一，区分所有人享有的对区分所有建筑物共有部分的共有权随之处分；其二，“基于主物之处分及于从物之法理，于该专有部分移转或设定负担时，其效力自应及于之(指专有部分的附属物和附属建筑物，笔者注)”。[②]

专有部分所有权的内容包括区分所有人对于专有部分进行占有、使用、收益和处分的权利，其与一般的所有权内容没有实质差别。但由于区分所有人各专有部分在物理上相互连接，彼此形成一个立体的相邻关系，存在着共同利益，因此区分所有人在行使权利时要更多考虑全体区分所有人的利益和维护建筑物的安全，其所受到的所有权限制更为复杂。具体而言，作为区分所有权人，其权利主要有：(1)区分所有人可以在不违背专有部分本身用途和不危及区分所有建筑物结构安全的前提下，对专有部分进行占有、使用、收益和处分，例如进行装饰、出租、出借、出卖、设定抵押等；(2)在所有权受到非法侵犯时，有权运用所有权的保护方法排除他人的干预，恢复对专有部分的圆满支配状态，但对于他人的合理要求，有容忍的义务；(3)区分所有人在为使用、保存或改良专用部分或共用部分所必需的限度内，有权使用其他区分所有人的专用部分或不属于自己共有的共用部分。区分所有人所负的义务主要有：(1)按照专有部分的

---

① 段启武：《建筑物区分所有权之研究》，载梁慧星主编：《民商法论丛》第 1 卷，法律出版社 1994 年版，第 251 页。

② 温丰文：《论区分所有建筑物之专有部分》，载《法令月刊》1991 年第 7 期。

使用目的或管理规约规定使用专有部分的义务。对此,《民法典》规定:业主不得违反法律、法规以及管理规约,将住宅改为经营性用房。业主将住宅改变为经营性用房的,除遵守法律、行政法规规定和管理规约外,应当经有利害关系的业主一致同意。例如未经同意就将用于居住的商品房住宅用于开设卡拉OK厅、录像厅,即构成对专有部分的不当使用,其他区分所有人有权制止。(2)独自出资维修专有部分,不得危及建筑物的安全,不得随意变动或毁损处于专有部分内部的共有部分(如电线、管道、梁柱等),维护建筑物牢固、完整和美观的义务。(3)维护住宅环境卫生和安宁,不得破坏住宅所在地善良风俗习惯的义务。

四、共有部分的权利

《民法典》对业主的共有权规定:业主对建筑物专有部分以外的共有部分,享有权利,承担义务;不得以放弃权利为由不履行义务。业主转让建筑物内的住宅、经营性用房,其对共有部分享有的共有和共同管理的权利一并转让。业主的共有权是指区分所有人依据法律、合同以及区分所有人之间订立的规约,对建筑物的共有部分、基地使用权、小区建设用地使用权和设施等共同享有的财产权利。

共有部分是指不属于专有部分的建筑物及其附属物、附属设施的部分。在确定其具体范围时,有列举法、排除法和推定法等多种方法。如美国《联邦公寓所有权法》第2条规定,建筑物基地、墙壁、柱子、地板、走廊、楼梯、屋顶、出入口、地下室、庭院、管理人室、中央冷暖气和电力系统、电梯等公共设备,除了区分所有权人另有约定外,原则上均属于共用部分,采取的是列举法;[①]《瑞士民法典》第712条之二第2项规定,"下列物不得成为特别权利(专有权,笔者注)的标的物:(1)建筑物的场地及建造楼房的建筑权;(2)对于楼房或其他楼层所有人的房屋的存在,结构及坚固极为重要的或楼房的外观及造型起决定作用的装饰物;(3)其他楼层所有人亦使用的设备",采取的是排除法;法国1938年《有关区分各阶层不动产共有之法律》第5条第1项规定,"不宜由一区分所有人予以排他性使用的建筑物部分即推定为共用物",采取的是推定法。我们认为,对于共有部分的范围,可采用列举法和排除法等多种方法结合,从正反两面予以充分界定。

在我国,关于共有的范围,共有部分有法定共有部分和约定共有部分。法定共有部分即区分所有建筑物在性质或者构造上当然共有的部分,如电梯、楼梯等;约定共有部分是指在构造、利用上具有独立性的建筑物、设施等而由区分所有人约定为共有的部分,业主也可以共同决定将非当然专有部分的某些共有部分约定为归业主专有,如业主可以将共有的绿地约定为业主专有。根据《民法典》的规定,小区的绿地可以成为业主专有的对象,《民法典》所规定的由业主共有的占用公共道路的车位也可以约定为业主专有。按照原《城市异产毗连房屋管理规定》,共用部分包括以下部分:共用的门厅、阳台、屋面、楼道、厨房、厕所、院落、上下水设施,共有房屋主体结构中的基础、柱、梁、墙,房屋的附属建筑。对于建筑物以外的土地权利、附属建筑,该规定未明确。

在建筑物区分所有权中,其专有部分界限比较清楚,且在不动产登记簿上有明确的记载,一般不易发生纠纷。而对于共有部分范围比较容易发生纠纷,因此有必要在法律上作出明确的规定。最高人民法院《关于审理建筑物区分所有权纠纷案件适用法律若干问题的解释》第3条规定:"除法律、行政法规规定的共有部分外,建筑区划内的以下部分,也应当认定为民法典

① 陈华彬:《现代建筑物区分所有权制度研究》,法律出版社1995年版,第129页。

第二编第六章所称的共有部分：(1)建筑物的基础、承重结构、外墙、屋顶等基本结构部分，通道、楼梯、大堂等公共通行部分，消防、公共照明等附属设施、设备，避难层、设备层或者设备间等结构部分；(2)其他不属于业主专有部分，也不属于市政公用部分或者其他权利人所有的场所及设施等。建筑区划内的土地，依法由业主共同享有建设用地使用权，但属于业主专有的整栋建筑物的规划占地或者城镇公共道路、绿地占地除外。"

由于实践中很多建筑物区分所有权纠纷是围绕共有部分产生的，《民法典》对共有部分采取了较为分散的列举式规定。综合实践中有关共有部分界定争议的实际情况并经反复研究，司法解释采用列举、排除加兜底的方法，明确了共有部分的含义，以便于解决审判实践中的问题。根据《民法典》的规定，法定共有部分包括建筑区划内的道路(属于城镇公共道路的除外)、绿地(属于城镇公共绿地以及明示属于个人的除外)、其他公共场所、公用设施和物业服务用房、占用业主共有的道路或者其他场地用于停放汽车的车位及电梯、水箱等。此外，司法解释也就天然共有部分作出了明确规定。天然共有部分，即法律没有规定，合同也没有约定，而且一般也不具备登记条件，但从其属性上天然属于共有的部分，包括建筑物的基本结构部分、公共通行部分、公共设施设备部分和公共空间等，其中明确列举外墙面、屋顶、通道等属于共有部分，是为了便于解决审判实践中的纠纷。因共有部分很难通过列举的方法予以穷尽，按照"非特定权利人所有即为业主共有"的思路，司法解释还专门作出了兜底性的规定。满足下列两个条件的应当认定为共有部分：(1)不属于业主专有部分；(2)不属于市政公用部分或者其他权利人所有。

对建筑区划内的土地，司法解释根据《民法典》也作出了相关规定。《民法典》对绿地、道路和物业管理用房等权属作出规定：建筑区划内的道路，属于业主共有，但是属于城镇公共道路的除外。建筑区划内的绿地，属于业主共有，但是属于城镇公共绿地或者明示属于个人的除外。建筑区划内的其他公共场所、公用设施和物业服务用房，属于业主共有。①

关于车位、车库的归属规则，《民法典》对此规定：建筑区划内，规划用于停放汽车的车位、车库的归属，由当事人通过出售、附赠或者出租等方式约定。占用业主共有的道路或者其他场地用于停放汽车的车位，属于业主共有。同时，《民法典》还明确要求在建筑区划内，规划用于停放汽车的车位、车库应当首先满足业主的需要。据此，有关车位、车库的归属在区分所有建筑物中是一不确定的共有部分，即占用业主共有的道路或者其他场地用于停放汽车的车位，属于业主共有，这是确定的共有；在建筑区划内规划用于停放汽车的车位、车库，应当根据出售、附赠或者出租等方式确定。通过出售或者附赠取得车位、车库，个人可取得所有权，而通过出租取得车位、车库，则只取得使用权；如果约定为共有的，则为共有。有关司法解释进一步指出：建设单位按照配置比例将车位、车库，以出售、附赠或者出租等方式处分给业主的，应当认

① 关于绿地所有权的归属，在单行民事法律《物权法》起草制定过程中，存在比较大的争议，有观点认为小区绿地作为建筑物的附属设施应为约定共有部分；也有观点认为建筑物土地使用权所占土地以外的土地面积如绿地也应为法定共有，开发商不得为自己保留小区的物业所有权，否则开发商可能改变规划更改绿地的使用目的，从而损害业主的利益。考虑到绿地的范围比较宽泛，法律上只是从整体上推定绿地属于业主共有。但绿地中可能确有属于城镇公共绿地或者个人所有的情形，所以就特别规定，属于城镇公共绿地或者明示属于个人的除外。此外，对于其他公共场所和共用设施应根据具体情况判定，如会所等营利性设施就不属于公共设施；对于人防工程应根据具体情形来判定其归属；对接入小区的水、电、气、暖等设施设备，除按照规定已经确定为供水、电、气、暖公司所有的之外，也应当归业主共有。

定其行为符合《民法典》有关“应当首先满足业主的需要”的规定。前款所称配置比例是指规划确定的建筑区划内规划用于停放汽车的车位、车库与房屋套数的比例。建筑区划内在规划用于停放汽车的车位之外，占用业主共有道路或者其他场地增设的车位，应当认定为《民法典》所称的车位。司法解释在《民法典》规定的框架内，着重解决如何认定建设单位已经履行法律有关“首先满足业主的需要”的问题。如果建设单位已经按照规划确定的建筑区划内规划用于停放汽车的车位、车库与专有部分的比例，将车位、车库以出售、附赠或者出租等方式处分给业主的，应当认定其行为已符合《民法典》有关“应当首先满足业主的需要”的规定。其原因在于，规划确定的配置比例具有法定性和确定性，业主在购买专有部分的时候对此也是明知的。只要业主已经按照配置比例购置或者租赁车位、车库，就应当认为其需要已经得到了“首先满足”。否则，将有可能出现特定业主对车位、车库提出过度主张。车位、车库纠纷的处理是一个极其复杂的问题，司法解释的规定较为原则化，但思路是明确的。

对于共有部分权利的性质，理论界历来存在争议。有主张共同共有的，也有主张按份共有的。有的学者则主张，对于区分所有建筑物共用部分之性质，不应一概而论，而应分别依区分所有建筑物之不同类型而予以确定，纵割式区分所有建筑物共用部分之所有关系，宜解为按份共有，横切式与混合式区分所有建筑物共用部分之所有关系与纵割式不同，宜解为共同共有性质。[①] 事实上，无论是哪一种建筑物区分所有的情况，建筑物共有部分在产权分割上都是分摊到各区分所有人的(即所谓公摊面积)，属于各所有人。区分所有人按其专有部分的份额占整幢建筑物份额的比例对共有部分享有权利和承担义务。因此，该共有不属于共同共有，而应属于按份共有。但是，区分所有人对共有部分的权利从属于其对专有部分的所有权，后者起着主导的作用，即共有权随专有权的设定、移转和消灭而产生、移转和消灭，区分所有人对共有部分的权利不能单独存在，也无法独立登记，此其一。其二，由于该共有关系的标的物性质上应永久维持共有关系，才能确保建筑物的合理使用，因此区分所有人不得像一般按份共有一样请求分割建筑物共有部分。其三，区分所有人处分其专有部分所有权，共有部分随之转移，此时其他区分所有人并无主张优先购买的权利。因此，建筑物区分所有中共有部分应属于一种特殊的共有。而且这种共有权与其专有部分不可分割，同时该共有权的享有具有强制性，业主不得以放弃共有权为由来拒绝履行相应的义务(见《民法典》第 273 条)。

区分所有人对共有部分的权利主要有：(1)有权按照共用部分的用途依需要进行使用，使用方法可分为同时使用或轮番使用，不受区分所有人对共有部分应有份额的限制，其他共有人不得限制和干涉。如果区分所有人按共有部分的非本来用途使用，则需要由多数区分所有人决定或按照管理规约的规定处理。(2)有权按其应有份额分享共有部分产生的收益，如出租广告位置所得的收益。(3)经多数区分所有人的同意对共有部分进行必要的不影响或损害建筑物共有部分性质的改良。区分所有人所负的义务主要有：(1)不得分离处分共有部分的权利和请求分割共有部分。(2)维持共有部分的正常使用状态，按共有部分的本来用途加以使用，不得随意改动共有部分的结构和设置，也不得侵占共有部分。(3)按应有份额负担因使用、管理、修缮共有部分而产生的正常费用。

共有部分的权利，很大一部分是对基地的利用权。各区分所有人享有按其应有份额对基地进行利用的权利。在我国由于土地属于国家或集体所有，各区分所有人取得的只能是按份共有的土地使用权，而非土地所有权。

---

① 陈华彬：《现代建筑物区分所有权制度研究》，法律出版社 1995 年版，第 139 页。

五、区分所有建筑物的管理

由于区分所有人人数众多，每个区分所有人又无法都亲自进行管理，因此除了区分所有人大会之外，一般由区分所有人成立一个自治性的管理团体（如楼委会、管委会），负责区分所有建筑物的日常管理。作为区分所有人团体的最高决策机关，区分所有人大会并不负责区分所有建筑物的日常事务，而只议决区分所有建筑物管理的重大事项，诸如管理规约的订立、修改、废止，扩建改建建筑物，毁损建筑物的重建，选举管理委员会等。在表决方式上可按决议事项的重要性采取一致决、特别多数决和普通多数决等多种方式。区分所有人大会所作出的决议对于全体区分所有人及其继受人有约束力。

各区分所有人因取得专有部分的所有权而成为区分所有人，有权参加区分所有人大会，并按其专有部分占整栋建筑物份额的大小来行使表决权，参与决定有关区分所有建筑物管理的重大事项。区分所有人的这种成员资格如前所述，并不是一种身份上的权利，它是基于区分所有人专有部分的取得和对区分所有建筑物共有部分的权利而产生的。各区分所有人要遵守区分所有人大会作出的决议，服从管理委员会的日常管理。

管理委员会是区分所有人大会的常设执行机构，由区分所有人大会从区分所有人中选举产生。管理委员会主要负责区分所有建筑物的日常管理，包括对物的管理和对人的管理，前者如对建筑物本身、基地和建筑附属设施的管理，后者如管理区分所有人对建筑物的不当使用、毁损行为和区分所有人或第三人对生活的妨害行为。

区分所有人可以制定管理规约作为自治性的规范。一般而言，管理规约的内容包括：(1)关于区分所有权人间之基础法律关系（或所有关系）事项；(2)关于区分所有权人间共同事务之事项，例如管理人的选任、任期；(3)关于区分所有权人间利害关系调整之事项，主要包括专有部分之使用限制和共用部分（含基地）及附属设施之使用方法；(4)关于对违反义务者的处置事项。管理规约的制定、修改或废止一般要求区分所有人大会以绝对多数票通过，公示出来的管理规约对于全体区分所有人和继受人有约束力，任何违反管理规约的行为都将导致无效。

根据《民法典》的规定，业主大会是业主的自治组织，是基于业主的建筑物区分所有权的行使而产生的，它由全体业主组成，是建筑区划内建筑物及其附属设施的管理机构，以维护建筑区划内全体业主的合法权益。业主大会是区分所有权人就共有物的管理、维护、使用等共同事务的处理所结成的共有人团体的权利机关，是区分所有人行使区分所有权之成员权和共有权的主要形式。

在采纳“三元说”的立法例下，区分所有权包括成员权的内容，区分所有人为业主大会的当然成员。按照《民法典》的规定，业主对共有物不仅享有权利，而且不得以放弃权利为由不履行义务。业主即使未参加业主大会的决议，也不得主张决议对其没有拘束力。针对业主权利行使及小区管理问题，《民法典》规定：业主可以设立业主大会，选举业主委员会。业主大会、业主委员会成立的具体条件和程序，依照法律、法规的规定。地方人民政府有关部门、居民委员会应当对设立业主大会和选举业主委员会给予指导和协助。下列事项由业主共同决定：(1)制定和修改业主大会议事规则；(2)制定和修改管理规约；(3)选举业主委员会或者更换业主委员会成员；(4)选聘和解聘物业服务企业或者其他管理人；(5)使用建筑物及其附属设施的维修资金；(6)筹集建筑物及其附属设施的维修资金；(7)改建、重建建筑物及其附属设施；(8)改变共有部分的用途或者利用共有部分从事经营活动；(9)有关共有和共同管理权利的其他重大事项。业主共同决定事项，应当由专有部分面积占比 2/3 以上的业主且人数占比 2/3 以上的业主参与表决。决定前款第六项至第八项规定的事项，应当经参与表决专有部分面积3/4以上的业主且参与表决人数3/4以上的业主同意。决定前款其他事项，应当经参与表决专有部分面积过半数的业主且参与表决人数过半数的业主同意。根据有关司法解释：处分共有部分，以及业主大会依法决定或者管理规约依法确定应由业主共同决定的事项，应当认定为民法典规定的有关共有和共同管理权利的“其他重大事项”。

专有部分面积、建筑物总面积以及业主人数、总人数如何计算，关系到业主共同管理权的具体行使问题，是认定业主自治决议作出的程序是否合法的重要依据。《民法典》规定了业主自治多数决的比例，但对计算该比例依据的专有部分面积、建筑物总面积，以及业主人数、总人数却未作明确规定，对此有必要在司法解释中进行规定。专有部分面积和建筑物总面积，可以按照下列方法认定：(1)专有部分面积，按照不动产登记簿记载的面积计算；尚未进行物权登记的，暂按测绘机构的实测面积计算；尚未进行实测的，暂按房屋买卖合同记载的面积计算。(2)建筑物总面积，按照前项的统计总和计算。业主人数和总人数，可以按照下列方法认定：(1)业主人数，按照专有部分的数量计算，一个专有部分按一人计算。但建设单位尚未出售和虽已出售但尚未交付的部分，以及同一买受人拥有一个以上专有部分的，按一人计算。(2)总人数，按照前项的统计总和计算。在不动产登记实践中，各地对专有部分面积依何种标准记载并不统一，但在同一建筑区划内则是相同的，所以司法解释仅笼统表述为“面积”。如果已经依法登记的，按照不动产登记簿记载的面积计算；尚未进行物权登记的，暂按测绘机构的实测面积计算；尚未进行实测的，暂按房屋买卖合同记载的面积计算。专有部分面积确定后，建筑物总面积则应以按照同一标准计算的专有部分面积的总和计算。业主人数原则上应当按照专有部分的数量计算。但在一人(包括建设单位)拥有数个专有部分的情况下，如果同时复计人数将导致该人双重优势。因此，有关司法解释特别规定，建设单位尚未出售和虽已出售但尚未交付的部分，以及同一买受人拥有一个以上专有部分的，按一人计算。该规定并不会对这类权利人行使管理权造成影响，因为其专有部分面积在建筑物总面积中的比例未被改变。

关于实践中的“住改商”问题。《民法典》规定：业主不得违反法律、法规以及管理规约，将住宅改变为经营性用房。业主将住宅改变为经营性用房的，除遵守法律、法规以及管理规约外，应当经有利害关系的业主一致同意。对于“住改商”，应当把握以下几点：

第一，“住改商”的含义与表现形式及危害。在建筑物区分所有的情形下，业主擅自将小区内的住宅房屋改变为餐饮、娱乐等商业用房，以及经营公司、服务行业等经营性用房的情况不断增加，实践中将此种情况称为“住改商”。“住改商”既包括利用住宅从事经营生产企业、规模较大的餐饮及娱乐、洗浴或者作为公司办公用房等营业行为，也包括因生活需要利用住宅开办小卖部、早点铺、理发店等经营行为。“住改商”有以下几种情形，有的只是改变了房屋的使用性质；有的不仅改变房屋的使用性质，而且改变了房屋的结构状况。房屋在建造并报经审批时的用途不得随意改变，如果需要在建造过程中改变房屋的用途，如将住宅性质的房屋改变成经营性用房，需要重新报经规划部门同意批准后才能建造，作为购房人的业主在购买商品房后也不得改变商品房屋的用途，这既涉及城市功能的定位、布局规划，同时更涉及区域社会秩序的安定、社会的管理。如果允许业主随意将住宅改为经营性用房，将带来很多弊端，主要表现有：一是干扰业主的正常生活，造成邻里不和，引发社会矛盾；二是造成小区车位、电梯、水、电等公共设施使用的紧张；三是容易产生安全隐患；四是使城市规划目标难以实现。

第二，法律规定对“住改商”行为的限制。2007年通过的《物权法》第77条规定：“业主不得违反法律、法规以及管理规约，将住宅改变为经营性用房。业主将住宅改变为经营性用房的，除遵守法律、法规以及管理规约外，应当经有利害关系的业主同意。”据此，业主不得随意改变住宅的居住用途，是业主应当遵守的最基本的准则，也是业主必须承担的一项基本义务。值得注意的是，该条规定为业主将住宅改变为经营性用房的，除遵守法律、法规以及管理规约外，应当经有利害关系的业主同意。实践中有的做法是按照多数决来确定有利害关系业主的意见，这违背了当初的立法本意。因此，《民法典》第279条在《物权法》第77条的基础上进行了修改，明确规定“应当经有利害关系的业主一致同意”，明确了“住改商”中有利害关系业主的意见不应适用“多数决”。需要强调的是，在“住改商”问题上，有利害关系业主一致同意只是必要条件，业主将住宅改为经营性用房时必须遵守法律、法规以及管理规约的规定，这两个条件必须同时具备，缺一不可，才可以将住宅合理合法地改变为经营性用房。

第三，“业主”和“有利害关系业主”的主体范围。《民法典》第279条规定的“业主”应是指将专有部分住宅用途改为经营性用房的业主，但在实践中，业主将住宅出租、出借后，承租人、借用人改变住宅用途为经营性用房的情况时有发生。非业主的物业使用人同样受本条内容的规制，在将住宅改变为经营性用房时，亦应遵守本条规定的相应义务。对有利害关系的业主的界定，不仅要考虑对业主居住、生活环境的安全和安宁的影响或者可能造成的影响，还应当考虑对其专有部分不动产价值的影响。实践中，在判断某一业主是否属于本条所称的有利害关系的业主时，应注意从以下几点进行认定：一是应当具有法律规定的业主身份。实践中，应认定基于合同或法律规定而具体居住或者使用物业的符合法律规定情形的物业使用人，拥有与业主相同的权利。二是必须是业主的合法权利受到或者可能受到侵害，这里所说的合法权利指的是业主作为建筑物所有权人所享有的特定权利，如共有权、区分专有权等。三是损害与“住改商”业主行为之间有法律上的因果关系。从位置上来说，本栋建筑物内的其他业主是当然的有利害关系的业主，但不宜将整个小区的所有业主都认定为法律规定的有利害关系的业主。实践中确有可能出现建筑区划内本栋建筑物之外的业主也与“住改商”行为存在利害关系的情况，但这部分业主的范围难以统一划定。如果建筑区划内本栋建筑物之外的业主主张与“住改商”行为存在利害关系的，应当举证证明利害关系的存在，即其房屋价值、生活质量受到或者可能受到不利影响。当存在小区业主已将房屋出租、出借等情形时，也应赋予非业主的物业使用人相同的异议权利。

第四，“住改商”行为未经有利害关系的业主一致同意的法律后果。根据《民法典》第279条的规定，“住改商”行为的合法性需要满足两个条件：遵守法律、法规以及管理规约；应当经有利害关系的业主一致同意。未经有利害关系的业主一致同意，其行为仍不具备合法性，该条规定实际上已成为“住改商”业主对由此产生的损害后果需承担相应民事责任的法律依据。有利害关系的业主请求“住改商”业主承担民事责任的不以已经造成实际损害为限。《最高人民法院关于审理建筑物区分所有权纠纷案件适用法律若干问题的解释》（以下简称《建筑物区分所有权纠纷案件司法解释》）第10条规定，业主将住宅改变为经营性用房，未依据《民法典》第279条的规定经有利害关系的业主一致同意，有利害关系的业主请求排除妨害、消除危险、恢复原状或者赔偿损失的，人民法院应予支持。将住宅改变为经营性用房的业主以多数有利害关系的业主同意其行为进行抗辩的，人民法院不予支持。根据《建筑物区分所有权纷纷案件司法解释》第10条第1款关于“有利害关系的业主请求排除妨害、消除危险、恢复原状或者赔偿损失的，人民法院应予支持”的规定，在已经造成现实损害的情形中，有利害关系的业主可以请求“住改商”业主承担恢复原状或者赔偿损失的民事责任；若损害尚未实际发生，但有发生之虞时，有利害关系的业主也可以请求“住改商”业主依法承担排除妨害、消除危险的民事责任。实践中,有的"住改商"业主以其已经办理工商登记并取得了营业执照为由主张其行为的合法性,用以对抗有利害关系业主的反对意见。"住改商"业主已经办理了工商登记取得营业执照的事实,不能改变其行为欠缺合法性。办理工商登记并取得了营业执照的事实属于行政登记及许可范围,其不涉及当事人"住改商"民事行为效力问题。

《民法典》对业主撤销权作出了规定:业主大会或者业主委员会的决定,对业主具有法律约束力。业主大会或者业主委员会作出的决定侵害业主合法权益的,受侵害的业主可以请求人民法院予以撤销。但业主撤销权的行使还涉及一些具体问题,需要加以明确。比如,业主大会、业主委员会违反法定程序作出的决定,业主能否申请撤销,以及业主撤销权的行使应否有一个时间限制等。相关司法解释将《民法典》规定的"业主合法权益"解释为:不仅包括侵害业主的实体权利,也包括作出决定的程序违反法律规定。业主撤销权作为一种形成权,应当受到除斥期间的限制,参照有关债权人撤销权的规定,将其确定为自知道或者应当知道业主大会或者业主委员会作出决定之日起一年之内。如此规定,既可以督促受侵害的业主及时行使权利,也有利于尽量维护业主共同生活秩序的稳定。因该除斥期间的起算点为"在知道或者应当知道业主大会或者业主委员会作出决定之日起",所以也不会对业主合法权益保护带来不利影响。

为解决实践中经常出现的业主和物业服务企业之间的纠纷,《民法典》对业主和物业服务企业之间的关系进行了规范:业主可以自行管理建筑物及其附属设施,也可以委托物业服务企业或者其他管理人管理。对建设单位聘请的物业服务企业或者其他管理人,业主有权依法更换。物业服务企业或者其他管理人根据业主的委托,依照《民法典》第三编有关物业服务合同的规定管理建筑区划内的建筑物及其附属设施,接受业主的监督,并及时答复业主对物业服务情况提出的询问。物业服务企业或者其他管理人应当执行政府依法实施的应急处置措施和其他管理措施,积极配合开展相关工作。

建筑物共有部分及其附属设施不仅存在养护、维修和维修资金归属问题,还涉及经营收益如何分配等问题。对此,《民法典》规定:建筑物及其附属设施的维修资金,属于业主共有。经业主共同决定,可以用于电梯、屋顶、外墙、无障碍设施等共有部分的维修、更新和改造。建筑物及其附属设施的维修资金的筹集、使用情况应当定期公布。紧急情况下需要维修建筑物及其附属设施的,业主大会或者业主委员会可以依法申请使用建筑物及其附属设施的维修资金。最高人民法院有关司法解释进一步指出:业主请求公布、查阅下列应当向业主公开的情况和资料的,人民法院应予支持:(1)建筑物及其附属设施的维修资金的筹集、使用情况;(2)管理规约、业主大会议事规则,以及业主大会或者业主委员会的决定及会议记录;(3)物业服务合同、共有部分的使用和收益情况;(4)建筑区划内规划用于停放汽车的车位、车库的处分情况;(5)其他应当向业主公开的情况和资料。《民法典》同时还规定:建设单位、物业服务企业或者其他管理人等利用业主的共有部分产生的收入,在扣除合理成本之后,属于业主共有。建筑物及其附属设施的费用分摊、收益分配等事项,有约定的,按照约定;没有约定或者约定不明确的,按照业主专有部分面积所占比例确定。

由于小区业主众多,难免因权利行使、相邻关系以及物业管理等问题发生纠纷,为此,全体业主都应当遵守法律、法规以及业主共同制定的管理规约。对于个别业主从事损害他人合法权益的行为,法律上应提供基本的救济渠道。对此,《民法典》规定:业主应当遵守法律、法规以及管理规约,相关行为应当符合节约资源、保护生态环境的要求。对于物业服务企业或者其他管理人执行政府依法实施的应急处置措施和其他管理措施,业主应当依法予以配合。业主大会或者业主委员会，对任意弃置垃圾、排放污染物或者噪声、违反规定饲养动物、违章搭建、侵占通道、拒付物业费等损害他人合法权益的行为，有权依照法律、法规以及管理规约，请求行为人停止侵害、排除妨碍、消除危险、恢复原状、赔偿损失。业主或者其他行为人拒不履行相关义务的，有关当事人可以向有关行政主管部门报告或者投诉，有关行政主管部门应当依法处理。业主对建设单位、物业服务企业或者其他管理人以及其他业主侵害自己合法权益的行为，有权请求其承担民事责任。

根据最高人民法院有关司法解释，业主或者其他行为人违反法律、法规、国家相关强制性标准、管理规约，或者违反业主大会、业主委员会依法作出的决定，实施下列行为的，可以认定为《民法典》所称的其他"损害他人合法权益的行为"：(1)损害房屋承重结构，损害或者违章使用电力、燃气、消防设施，在建筑物内放置危险、放射性物品等危及建筑物安全或者妨碍建筑物正常使用；(2)违反规定破坏、改变建筑物外墙面的形状、颜色等损害建筑物外观；(3)违反规定进行房屋装饰装修；(4)违章加建、改建，侵占、挖掘公共通道、道路、场地或者其他共有部分。

对个别业主任意弃置垃圾、排放污染物或者噪声、违反规定饲养动物、违章搭建、侵占通道、拒付物业费等损害他人合法权益的行为，《民法典》提供了以下三种救济途径：一是业主大会、业主委员会依照法律、法规以及管理规约的规定或者约定，有权要求其停止侵害、消除危险、排除妨害、赔偿损失。二是受到侵害的业主个人依据《民事诉讼法》等有关法律法规的规定，有权向人民法院提起诉讼。三是受到共同侵害的业主，可以推选代表人，依据《民事诉讼法》等有关法律和司法解释，向人民法院提起诉讼，以维护自己的合法权益。

第六节 相邻关系

一、相邻关系的概念

相邻关系是指两个以上相互毗邻不动产的所有人或使用权人，在行使不动产的所有权或使用权时，因行使权利的延伸或限制而发生的权利义务关系。相邻关系中，一方对他方不动产得到便利的权利，称为相邻权。相邻权是不动产所有权和使用权的扩张，从属于不动产所有权和使用权。在民法上，相邻权不构成独立的物权。相邻关系具有如下法律特征：

第一，相邻关系的主体是两个以上的不动产的所有人或使用权人。《民法典》将相邻关系的主体界定为不动产的相邻各方，其范围是较广的。相邻人既可以是公民，也可以是法人；既可以是财产所有人，也可以是非所有人，包括土地使用权人、承租人等各种不动产的合法使用人。

第二，相邻关系因种类不同而具有不同的内容。但基本上是相邻一方有权要求他方提供必要的便利，他方应给予必要的方便。所谓必要的便利，是指非从相邻方得到便利，就不能正常行使其所有权或使用权。民事主体行使相邻权时，应尽量避免和减少给对方造成损失，不得滥用权利。《民法典》明确规定：不动产权利人因用水、排水、通行、铺设管线等利用相邻不动产的，应当尽量避免对相邻的不动产权利人造成损害。

第三，相邻关系的客体主要是行使不动产权利所体现的利益。相邻各方在行使权利时，既要实现自己的利益，又要为邻人提供方便，尊重他人的合法权益。所以，相邻关系的客体是行使不动产的所有权或使用权所体现的财产利益和其他利益。

第四，相邻关系基于不动产的毗邻关系而产生。例如，因房屋毗邻产生了通风采光的相邻关系。动产的相邻不构成民法上的相邻关系。在许多情况下，相邻关系的发生也与自然环境有关，如甲、乙两村处于一条河流的上下游，自然形成了甲、乙两村因利用水力资源的相邻关系。

二、相邻关系的处理原则

《民法典》规定：不动产的相邻权利人应当按照有利生产、方便生活、团结互助、公平合理的原则，正确处理相邻关系。根据这一规定，在处理相邻关系时，应遵守如下原则：

第一，有利生产、方便生活。相邻关系无不关系着相邻各方的生产或生活。有利生产、方便生活，充分发挥不动产的使用效益，是法律调整相邻关系的目的所在，也体现了物权法“物尽其用”的基本原则与价值取向。

第二，团结互助、公平合理。我国人民历来重视邻里关系，依循“与人方便，自己方便”的生活准则，在处理相邻关系时，应遵循团结互助的精神。与此同时，在一方享受权利、获得利益，而他方承担义务、受到损失之时，应按公平合理的原则，妥善处理相邻关系。

第三，尊重历史和习惯。不动产相邻关系中的某种事实状态，无论其形成原因如何，只要其持续达到法律规定的时间，法律就予以保护。尊重历史和习惯，对妥善处理相邻关系具有重要意义。外国民法不乏这样的规定。《民法典》明确规定：法律、法规对处理相邻关系有规定的，依照其规定；法律、法规没有规定的，可以按照当地习惯。[①] 该规定肯定了习惯在处理相邻关系中的补充作用。从稳定相邻关系、维护社会经济秩序出发，在处理相邻关系时应当充分尊重历史和习惯。“习惯”须经过当地多年实践且为当地大多数人所认可与遵从，且该习惯不可违背公序良俗。在法律、法规没有规定的情况下人民法院在处理民事纠纷时，可依据不动产所在地的习惯。“习惯”是人们通过长期的重复实践而逐渐形成的、具有普适性的行为准则。习惯可以填补法律的空白，使法官审理民事案件有据可依，确保《民法典》施行。不动产所在地的习惯作为法律渊源，可用于弥补法律、法规的空白。

三、相邻关系的种类

根据《民法典》的规定和最高人民法院的有关司法解释，同时参酌近现代各国民法关于相邻关系的立法例，相邻关系主要有以下几种：

（一）相邻土地使用关系

相邻土地使用关系包括相邻必要通行关系和相邻管线安设关系。

相邻必要通行关系，又称必要通行权。因通行而产生的相邻关系是传统的一种相邻关系。通行权维持人们正常生产和生活的基本条件，如果通行权都无法获得保障，那么就会引发社会矛盾。对此，《民法典》规定：不动产权利人对相邻权利人因通行等必须利用其土地的，应当提供必要的便利。通行关系一般包括两种情况：一是因袋地所产生的问题[②]，二是通行困难的情

① 关于习惯，《民法典总则编司法解释》第 2 条指出：在一定地域、行业范围内长期为一般人从事民事活动时普遍遵守的民间习俗、惯常做法等，可以认定为民法典第 10 条规定的习惯。当事人主张适用习惯的，应当就习惯及其具体内容提供相应证据；必要时，人民法院可以依职权查明。适用习惯，不得违背社会主义核心价值观，不得违背公序良俗。

② 所谓袋地是指土地被他人土地所包围，与公路没有适宜的联络，致使不能正常使用的土地。

形。在司法实践中也是承认相邻必要通行制度的：一方必须在相邻一方使用的土地上通行的，应当予以准许；因此造成损失的，应当给予适当补偿。对于一方所有的或者使用的建筑物范围内历史形成的必经通道，所有权人或者使用权人不得堵塞。因堵塞影响他人生产、生活，他人要求排除妨碍或者恢复原状的，应当予以支持。但有条件另开通道的，也可以另开通道。对于相邻双方共同使用的空地、道路、院墙以及其他宅基地上的附属物，相邻一方不得擅自独占或擅自处理。

相邻管线安设关系，是指非通过邻人的土地不能敷设生产、生活所必需的电线、电缆、水管、煤气管和下水道等管线，或虽可敷设但耗资巨大时，有权通过邻人土地上下空敷设，邻人应予允许。《民法典》对此也作出明确的规定：不动产权利人因建造、修缮建筑物以及铺设电线、电缆、水管、暖气和燃气管线等必须利用相邻土地、建筑物的，该土地、建筑物的权利人应当提供必要的便利。《民法典》上规定这种相邻关系，主要是考虑到保障人们的基本生活条件，预防和减少矛盾与纠纷；同时也是为了维护公共利益，保障有效利用公共资源。但是，当事人在敷设管线时应选择对邻人损害最小的线路和方法进行，且应向对方支付适当的补偿费，并于施工完毕后恢复土地原状。如因敷设管线给邻人造成其他损失的，应予以赔偿。此外，管线敷设人对其敷设的管线负有防止损害的发生的义务，对于因敷设的管线致人损害的，管线敷设人应承担损害赔偿的民事责任。

（二）相邻土地营缮使用关系

相邻土地营缮使用关系又称邻地使用权。依该制度，因营造或修缮建筑物需临时占用邻人土地时，须选择对于邻人损害最小的地方使用，邻人应予许可。但使用方应按约定的范围、用途和期限使用邻地，使用完毕后应及时恢复土地原状，并赔偿邻人因此而遭受的损失。如占用的一方未按照双方约定的范围、用途和期限使用的，邻人有权责令及时清理现场，排除妨碍、恢复原状、赔偿损失。

（三）相邻土地防险关系

相邻土地防险关系是指土地所有人或利用人在挖掘土地或修筑建筑物时，负有不得使邻地地基动摇或发生危险或使邻人工作物受到损害的义务，而邻地所有人或利用人则享有要求该项防免的权利。《民法典》中规定：不动产权利人挖掘土地、建造建筑物、铺设管线以及安装设备等，不得危及相邻不动产的安全。在司法实践中，对此种相邻关系也作了原则规定：相邻一方在自己使用的土地上挖水沟、水池、地窖等或者种植的竹木根枝延伸危及另一方建筑物的安全和正常使用的，应当分别情况，责令其消除危险、恢复原状、赔偿损失。应当指出的是，《建筑法》对施工现场对相邻建筑物的安全、地下管线的安全提出了明确要求。该法第 39 条第 2 款规定："施工现场对毗邻的建筑物、构筑物和特殊作业环境可能造成损害的，建筑施工企业应当采取安全防护措施。"第 40 条规定："建设单位应当向建筑施工企业提供与施工现场相关的地下管线资料，建筑施工企业应当采取措施加以保护。"

（四）相邻地界及越界物的相邻关系

1.因界标设置而产生的相邻关系

为预防地界纠纷的发生，相邻双方可协商在地界上共同修建分界墙、分界篱、分界沟或安设分界石。如为一方独自修建，则不得越界占用对方的土地，所修的界标应归修建方所有。相邻土地地界线上的竹木、分界墙、分界沟、分界篱以及其他设施，如因所有权或使用权不明发生争执且无法查证的，应推定为相邻各方共有的财产，有关权利义务关系依据按份共有的原则确定。如相邻各方对于宅基地发生争议时，四至明确的，应以四至为准。四至不清，或土地证上所载的面积与实际丈量的面积不符的，应当首先查明在四至上的院墙、墙桩、界石、树木等历史遗留下来的标记，作为确定宅基地的根据；对无法查实的，应参照历史形成的使用情况，本着有利于生产和生活的原则，合理地确定界线。对因地界不清而发生争议的，应协商解决，协商不成者应提交司法机关裁处。在纠纷处理之前，争议双方应维持地界的现状。

2.因越界建筑而发生的相邻关系

相邻一方在地界一侧修建建筑物，应与地界线保持一定距离，不得越界侵占邻人的土地。当越界建筑侵占邻人土地的，相邻方有权请求停止侵害，如造成损失时则可请求赔偿。但如邻地所有人明知其越界而不及时提出异议时，通常不得请求移去或变更其建筑物（这主要是为了不使建筑物的经济价值受到破坏）。在这种情况下，越界建筑一方应给予邻人合理补偿，并办理土地使用权变更手续。

3.因越界竹木根枝而发生的相邻关系

相邻一方在地界一侧栽培竹木时应与地界线保持适当距离，预防竹木根枝越界侵入邻人土地。竹木根枝越界影响邻人土地使用的，邻人有权请求竹木所有人适当期间内自行割除越界根枝，否则邻人有权割除。在司法实践中对此处理原则是：相邻一方种植的竹木根枝延伸危及另一方建筑物的安全和正常使用的，应当分别情况，责令其消除危险、恢复原状、赔偿损失。

（五）相邻用水、流水、截水、排水、滴水关系

对此，《民法典》上原则规定：不动产权利人应当为相邻权利人用水、排水提供必要的便利。对自然流水的利用，应当在不动产的相邻权利人之间合理分配。对自然流水的排放，应当尊重自然流向。

1.关于相邻水流关系

水资源（包括地上水和地下水）的开发和利用应由相邻各方共同协商，有计划地进行。相邻各方均不得为一己之利乱凿井眼，破坏原有水源。任何一方都不得为一己之利擅自改变水流的自然流向，或者独截水流而独占水流。自然流水一般应遵其“由近及远，由高至低”的原则依次灌溉和使用。如一方擅自堵截或独占自然流水影响他方正常生产、生活的，他方有权请求排除妨碍；造成他方损失的，应负赔偿责任。

2.关于相邻排水和滴水关系

排水分为自然排水和人工排水，处理两者的相邻关系不尽相同。对于自然排水如雨水等，由于水往低处流的自然属性，低地所有人或利用人应负容忍排水的承受义务，不得设置人为障碍妨碍高地所有人行使排水权。由于低地所有人或利用人的这项义务为不作为的义务，因此，当流水在低地发生阻滞，低地占有人并无疏通的义务，但应容忍高地占有人以自己的费用去加以疏通（此项权利亦称疏通权）。当低地占有人设置障碍妨碍自然流水时，高地占有人有权请求除去堵塞物或损害赔偿。对于人工排水如工业废水等，相邻各方在进行人工排水时，应尽量不使用邻地。更不能通过设置屋檐或其他工作物，使自己不动产上的雨水直注于邻人的不动产之上。如相邻一方必须使用邻人的土地排水的，邻人应当予以许可，此项权利又称为“过水权”。在使用邻地进行人工排水时，应选择对邻地损害最小之处及所及方法为之，并向邻人支付适当的补偿。如排放工业、生活污水时应经净化处理或采取必要的防护措施，以免损害他人土地及污染环境。如人工排水人未履行上述义务而致邻人土地或其他财产受损害，受害方有要求损害赔偿的权利。在司法实践中，对相邻排水和滴水关系的处理原则是：相邻一方必须使用另一方的土地排水的，应当予以准许；但应在必要限度内使用并采取适当的保护措施排水，如仍造成损失的，由受益人合理补偿。如相邻一方可以采取其他合理的措施排水而未采取，向

他方土地排水毁损或者可能毁损他方财产，他方要求致害人停止侵害、消除危险、恢复原状、赔偿损失的，应当予以支持。在处理相邻房屋滴水纠纷时，对有过错的一方造成损害的，应当责令其排除妨碍、赔偿损失。

应当指出的是，在司法实践中，要注意相邻排水关系的内涵中并不包括排放污水，因为排污权已经成为一项独立制度。同时，《中华人民共和国水法》第57条规定："单位之间、个人之间、单位与个人之间发生的水事纠纷，应当协商解决；当事人不愿协商或者协商不成的，可以申请县级以上地方人民政府或者其授权的部门调解，也可以直接向人民法院提起民事诉讼。县级以上地方人民政府或者其授权的部门调解不成的，当事人可以向人民法院提起民事诉讼。在水事纠纷解决前，当事人不得单方面改变现状。"行政机关调解处理相邻用水纠纷和相邻排水纠纷，是不动产相邻纠纷处理的特征。

（六）关于建筑物的相邻关系

就相邻关系的发展进程来看，是先有土地相邻关系，而后才有建筑物相邻关系，并且随着社会经济生活的不断发展，建筑物相邻关系已成为重要的不动产相邻关系的类型。

1.相邻采光、通风和日照关系

对此，《民法典》规定：建造建筑物，不得违反国家有关工程建设标准[①]，不得妨害相邻建筑物的通风、采光和日照。相邻各方营造房屋和其他建筑物，应与邻人的房屋保持适当距离，不得妨碍邻居的采光（日照）和通风。当营建中的建筑物有妨碍邻人采光和通风之虞时，邻人有权提出异议，请求采取避免遮光、阻风等措施，有权要求停止侵害、恢复原状或赔偿损失。

在土地资源日益紧缺背景下，对于已合法建成的建筑物，邻方以相邻通风采光纠纷要求排除妨害、拆除建筑物的，法院不应当支持。法院应当告知当事人将诉讼请求变更为损害赔偿，当事人拒不变更的，裁定驳回起诉。法院应当根据超过规划技术规定参数的数额，综合通风采光的受影响程度、用电损失等情况酌定损害赔偿数额。法院还可根据采光权受侵害前后房屋市场价格的差额，来计算采光权受侵害的赔偿数额，同时要考虑地方商品房均价、经济发展水平等因素。对于相邻双方就通风采光争议大、涉及当事人多社会影响大的案件，法院可以组织进行专业技术鉴定以确定通风采光受影响程度及损失赔偿数额。

2.相邻环保关系

对此，《民法典》规定：不动产权利人不得违反国家规定弃置固体废物，排放大气污染物、水污染物、土壤污染物、噪声、光辐射、电磁波辐射等有害物质。相邻一方可能产生有害气体的设施，应与邻人生产、生活的建筑物保持安全距离，特别在建造该有害气体、液体等设施时，还应采取严格的预防和应急措施，一旦造成邻人损失的，应予赔偿。同时，相邻各方不得以持续的噪声、喧嚣和震动等妨碍邻人，此种情形在学说上也称为不可量物的侵害。对一般不可量物的

---

① 建设工程标准有很多，如2001年7月31日原建设部颁布《建筑采光设计标准》；2002年9月30日原建设部专门就房屋建筑部分发布《工程建设标准强制性条文》（房屋建筑部分）；2002年3月1日原建设部发布《城市居住区规划设计规范》，按照该规范，旧区改造住宅日照标准按照大寒日照不低于1小时执行。2005年11月30日建设部发布的《住宅建筑规范》等。各省、自治区和直辖市的工程建设规范中高于国家规定的采光、日照标准的，可以参照适用。根据国家城市居住区规划设计标准，条式住宅的住宅侧面间距，多层之间不宜小于6米，高层与各种层数住宅之间不宜小于13米。2012年12月25日住房和城乡建设部发布的《建筑采光设计标准》。2018年住房和城乡建设部发布的《城市居住区规划设计标准》规定，在原设计建筑外增加任何设施不应使相邻住宅原有日照标准降低，既有住宅建筑进行无障碍改造加装电梯除外。

侵害,受害人负有必要的容忍义务,因为人们在社会中生活,总是会对他人产生轻微的妨害。但如果这种不可量物的妨害超过必要的限度,受害人有权提出异议,请求采取防止损害发生的措施。如果受到损害的,有权要求赔偿。

应当指出的是,要处理好相邻不动产之间的不可量物侵害与环境污染侵权的关系。《环境侵权纠纷司法解释》第18条第2款规定:"相邻污染侵害纠纷、劳动者在职业活动中因受污染损害发生的纠纷,不适用本解释。"由此,实践中需要正确理解和区分本规定和环境污染侵权的关系。因环境污染侵权适用无过错责任原则,污染者是否违法被明确排除在环境侵权责任构成要件之外。而本规定的排放行为构成相邻污染妨害需要"违反国家规定",将违法性要件作为相邻不动产权利人承担责任的构成要件。基于此,正确区分本规定和环境污染侵权,对于受害人能否获得救济意义重大。本规定的情形应当限于因相邻不动产的个人或者家庭生活排放污染物,在此情形下,是否合规排放应系认定污染者是否承担民事责任的构成要件之一。因个人或者家庭生活之外的相邻不动产权利人实施的环境侵权行为,包括法人、非法人组织以及自然人在生产经营过程中排放污染物对他人人身或者财产权益造成损害的,不适用本规定,而应适用《民法典》侵权责任编中关于环境污染侵权的相关规定,即是否合规排放并非认定污染者应否承担民事责任的构成要件,污染者以排污符合国家或者地方污染物排放标准为由主张不承担责任的,人民法院不予支持。概言之,司法实践中区分相邻污染侵害和环境侵权应主要以污染来源是生活污染还是生产污染为标准,同时还应结合相邻权人排污的目的是正常使用不动产还是侧重于生产经营,所侵害的是邻人生活环境还是更广泛意义上的生态环境,其行为是单纯的不动产利用民事行为还是需要接受国家环境行政监管的行为,正确认定案件性质进而正确适用法律。

3.区分所有建筑物相邻关系

在建筑物区分所有的情况下,其相邻关系比一般相邻关系更为复杂,主要有以下几种情形:(1)因不当使用专有部分而妨碍邻人对其专有部分的使用。(2)各区分所有人行使其专有部分权利时,应为邻人专有部分的权利的行使提供必要的便利,并因提供该便利而使自己的权利受到限制。(3)为方便邻人维护修缮其专有部分,在必要情况下应允许邻人使用自己的专有部分和他人所有的共有部分。(4)各区分所有人因使用和维护共有部分而发生的相邻关系。(5)由于对建筑物的不当毁损行为,未按建筑物的本来用途或使用目的使用专有部分,从而违反全体区分所有人的共同利益,因此而发生的相邻关系。

第七节　共　有

一、共有概述

(一)共有的概念

所谓共有,是指某项财产由两个或两个以上的公民或法人享有所有权,即多个权利主体对某一物共同享有所有权。共有的权利主体称为共有人,客体称为共有财产或共有物,各共有人之间因财产共有而形成的权利义务关系称为共有关系。在现实社会经济生活中,不仅物之所有权存在共有形式,其他财产也会形成共有关系,如土地使用权共有、专利权共有、著作权共有等。共有具有如下法律特征:

第一，共有关系的权利主体为多数，共有是多数人对一项财产享有所有权。因此，共有不同于单独所有，也不同于分别所有。单独所有是一个权利主体对一项财产独自享有权利，分别所有则是权利主体分别对各自的财产独立享有所有权(如建筑物区分所有)。多数权利主体既可以是自然人，也可以是法人。从法律上看，共有就是多数人共同享有一项所有权。

第二，共有的客体即共有物是特定的，它可以是独立物，也可以是集合物(如共同继承的遗产)。共有物在共有关系存续期间不能分割，不能由各个共有人分别对某一部分共有物享有所有权，每个共有人的权利及于整个共有财产，因此共有不是分别所有。

第三，在内容方面，共有人对共有物按照各自的份额享有权利并承担义务，或者平等地享有权利、承担义务。前者是按份共有，后者是共同共有。每个共有人对共有物享有的占有、使用、收益和处分的权利，不受其他共有人的侵犯。在行使共有财产的权利，特别是处分共有财产时，必须由全体共有人协商，按全体共有人的意志行事。

(二)共有与公有

在我国，“公有”一词具有双重含义：一是指社会经济制度，即公有制，包括全民所有制和集体所有制；二是指一种财产权类型，即国家财产所有权和集体财产所有权。国家财产所有权是全民所有制在法律上的体现，集体财产所有权是集体所有制的法律形式。共有则是财产所有权的存在形式，它既可以存在于公有制上，也可以存在于个人财产或私人所有制上。就公有财产权来说，它和共有在法律性质上也是不同的，表现在：第一，共有财产的主体是多数人，而公有财产的主体是单一的，国家财产所有权的主体是国家，劳动群众集体财产所有权的主体是集体组织。第二，公有财产已经脱离个人而存在，它既不能实际分割为个人所有，也不能由个人按照一定的份额享有财产权利。在法律上，任何个人都不能成为公有财产的权利主体。而在共有的情况下，特别是在公民个人财产的共有关系中，财产没有脱离共有人而存在，共有财产归共有人所有，是共有人的财产存在状态。所以，单个公民退出或加入公有组织并不影响公有财产的完整性，但公民退出或加入共有关系(如合伙)，就会对共有财产发生影响。

(三)共有的分类

共有包括按份共有和共同共有两种形态。《民法典》规定：不动产或者动产可以由两个以上组织、个人共有。共有包括按份共有和共同共有。至于哪些共有属于按份共有，哪些共有属于共同共有，《民法典》采取推定的方式来加以确认：共有人对共有的不动产或者动产没有约定为按份共有或者共同共有，或者约定不明确的，除共有人具有家庭关系等外，视为按份共有。[①] 一般来说，区分按份共有与共同共有的标准是各共有人对共有财产的利益与分担是否存在份额。存在份额的为按份共有，不存在份额的则为共同共有。此外，两者在发生的原因、所有权的归属形态、处分共有物以及共有关系消灭原因等方面都存在不同之处。

二、按份共有

(一)按份共有的概念

按份共有又称分别共有，是指共有人按照各自的份额分别对共有财产享有权利和承担义

① 这一规定改变了原有的司法实践认定标准，在有关司法解释中规定：对于共有财产，部分共有人主张按份共有，部分共有人主张共同共有，如果不能证明财产是按份共有的，应当认定为共同共有。参见《最高人民法院关于贯彻执行〈中华人民共和国民法通则〉若干问题的意见(试行)》第88条。

务的一种共有关系。《民法典》规定：按份共有人对共有的不动产或者动产按照其份额享有所有权。

在按份共有中，各共有人对共有物享有特定的份额。各共有人的份额又称应有份，其具体数额一般是由共有人的协议决定的（如按出资比例决定各自的份额）。法律要求共有人在共有关系产生时应明确各自的份额，如果各共有人的份额不明确，则推定其份额均等。《民法典》规定：按份共有人对共有的不动产或者动产享有的份额，没有约定或者约定不明确的，按照出资额确定；不能确定出资额的视为等额享有。在按份共有中，每个共有人对共有财产享有的权利和承担的义务，是依据其份额确定的。共有人的份额决定了其权利义务的范围，共有人对共有物持有多大的份额，就对共有物享有多大的权利和承担多大的义务。份额不同，其对共有财产的权利义务也不同。

（二）按份共有人的权利和义务

1.按份共有人的权利

（1）按份共有人按照预先确定的份额分别对共有财产享有占有、使用、收益和处分的权利。按份共有人依据其份额享有并行使权利。但是，为维护全体共有人的利益，对共有财产的使用和收益方法，应由全体共有人协商决定，不能由某一个共有人擅自决定。任何共有人未经其他共有人的同意，不得擅自占有和使用共有财产。每个共有人都必须在预先确定的范围内行使权利，否则，视为对其他共有人合法权益的侵犯，其他共有人可以要求侵害人赔偿损失、返还不当得利或承担其他民事责任。

（2）按份共有人有处分其份额的权利。按份共有财产的每个共有人有权要求将自己的份额分出或者转让。所谓分出，是指按份共有人退出共有，将自己在共有财产中的份额分割出去。在分出份额时，通常要对共有财产进行分割。所谓转让，是指共有人依法将自己的共有财产中的份额转让给他人。共有人可以自由退出共有。为了保护共有人的权益，应允许共有人自由转让其共有份额。但共有人转让其份额，不得损害其他共有人的利益。为防止某一按份共有人转让其份额造成对其他共有人的损害，《民法典》规定了优先购买权：按份共有人可以转让其享有的共有的不动产或者动产份额。其他共有人在同等条件下享有优先购买权。所谓“同等条件”是指其他共有人就购买该份额所给出的价格等条件与欲购买该份额的非共有人相同。“同等条件”应当综合共有份额的转让价格、价款履行方式及期限等因素来确定。法律上赋予共有人对份额的优先购买权，旨在简化共有人之间的关系，防止因外人的介入而使共有人内部关系趋于复杂化。需要指出的是，共有份额的权利主体因继承、遗赠等原因发生变化时，其他按份共有人主张优先购买的，不予支持，但按份共有人之间另有约定的除外。

关于优先购买权的实现方式。《民法典》规定：按份共有人转让其享有的共有的不动产或者动产份额的，应当将转让条件及时通知其他共有人。其他共有人应当在合理期限内行使优先购买权。两个以上其他共有人主张行使优先购买权的，协商确定各自的购买比例；协商不成的，按照转让时各自的共有份额比例行使优先购买权。在司法实践中，关于“通知”的要求：（1）通知的主体是拟转让份额的按份共有人。（2）通知的对象是其他共有人。（3）通知的内容是“转让条件”，应包含“同等条件”。至于“同等条件”的内容，应当综合共有份额的转让价格、价款履行方式及期限等因素确定。（4）通知的方式，一般采用“以书面或者其他能够确认收悉的合理方式”。（5）通知义务的履行时间，《民法典》规定的是“及时”。一般应当在与第三人协商达成一致意见之前的任何时间都可以。

关于优先购买权的行权期间。《民法典》规定：其他共有人应当在合理期限内行使优先购买权。关于“合理期限”，在司法实践中，优先购买权的行使期间，按份共有人之间有约定的，按照约定处理；没有约定或者约定不明的，按照下列情形确定：(1)转让人向其他按份共有人发出的包含同等条件内容的通知中载明行使期间的，以该期间为准；(2)通知中未载明行使期间，或者载明的期间短于通知送达之日起15日的，为15日；(3)转让人未通知的，为其他按份共有人知道或者应当知道最终确定的同等条件之日起15日；(4)转让人未通知，且无法确定其他按份共有人知道或者应当知道最终确定的同等条件的，为共有份额权属转移之日起6个月。

关于优先购买权的行使方式。在司法实践中，在行权期限内，其他共有人若要行使优先购买权，则应按照转让条件购买按份共有人拟转让的份额。具有下列情形之一的，其他共有人的请求则不予支持：(1)未在行权期间内主张优先购买，或者虽主张优先购买，但提出减少转让价款、增加拟转让份额的按份共有人的负担等实质性变更要求；(2)以其优先购买权受到侵害为由，仅请求撤销共有份额转让合同或者认定该合同无效。

关于优先购买权的竞合。根据《民法典》规定，两个以上其他共有人主张行使优先购买权的，协商确定各自的购买比例；协商不成的，按照转让时各自的共有份额比例行使优先购买权。需要特别指出的是，两个以上其他共有人经协商不成的，行使优先购买权时，应当按照“转让时”各自的共有份额比例行权，而非按照按份共有关系“形成时”各自的共有份额比例行权。此外，需要进一步指出的是，优先购买权是共有人相对于非共有人而言的，除非法律另有规定或者当事人另有约定，在共有人之间并无优先的问题。按份共有人之间转让共有份额，其他按份共有人主张依据《民法典》规定优先购买的，不予支持，但按份共有人之间另有约定的除外。

2.按份共有人的义务

按份共有人按照各自的份额对共有财产分享权利，同时也要按各自的份额分担义务，从而体现权利义务一致的法律原则。正如各共有人的权利及于全部共有财产一样，各共有人的义务也及于全部共有财产，每个共有人不能仅对共有财产的某一部分承担义务。根据《民法典》的规定，共有人按照约定管理共有的不动产或者动产；没有约定或者约定不明确的，各共有人都有管理的权利和义务。[①] 共有物的管理指的是为了维持共有物的物理功能，从而发挥其社会的、经济的作用而对之所为的一切管理活动，一般包括共有物的保存、改良、利用和处分等。其中，共有物保存指的是通过相应的管理措施，避免共有物的毁损、灭失或者其权利丧失、限制等，以维持共有物的现状，保持共有物的完好。共有物利用指的是以满足共有人共同需要为目的，不变更共有物的性质，而决定其使用、收益方法的行为，如共有物的出租。共有物简易修缮指的是为了维护共有物价值，不改变共有物的性质和效用对共有物进行的一般的修理、维护行为。由于简易修缮所需费用较少，并有益于全体共有人，所以如果共有人有约定，就按照约定办理，如果没有约定，各个共有人单独都有权利也有义务进行简易修缮。对于共有人对共有物的利用问题，共有人应当基于共有物的性质，协商处理。对于共有物利用纠纷，共有人对于共有物的使用和收益方法不能达成协议时，法院不能介入共有物的管理，当事人起诉到人民法院的，人民法院应不予受理；已经受理的，应驳回起诉。当出租共有物合同不需要共有人多数或者一致同意，任何共有人都可以基于共有物管理的需要出租共有物，其他共有人不能以自己不知晓或者不同意为由而否认出租共有物合同的效力。

共有人对整个共有财产承担义务，还包括共有应按其份额承担整个共有财产的管理费用、

---

① 其中，共有人之间对共有物的使用、收益或者管理方法等事项而订立的约定称为“分管契约”，按照有的国家或者地区的法律实践，“分管契约”如果经过登记，则对后来加入的共有人也发生拘束力。

税款及保险费等。如果某个共有人支付了上述费用，对于超过其份额所应分担的部分，该共有人有权请求其他共有人偿还。对此，《民法典》规定：共有人对共有物的管理费用以及其他负担，有约定的，按照其约定；没有约定或者约定不明确的，按份共有人按照其份额负担。一般来说，对共有物的管理费用主要包括三项：(1)对共有物的保存费用，即为保持共有物免于毁损灭失，处于良好安全状态或者使用状态而支出的费用。(2)对共有物做简易修缮或者重大修缮所支出的费用。(3)对共有物的其他负担，包括由于共有物对共有人以外的第三人造成损害而向受害人赔偿的费用。就管理共有物所生费用及其他负担，对外应当由各共有人承担连带责任，但在内部则由各共有人分担。在共有人对内部分担未有约定的情况下，则基于公平原则，按份共有人各自按照其享有的份额来负担。

(三)按份共有财产的处分和重大修缮

《民法典》规定，处分共有的不动产或者动产以及对共有的不动产或者动产作重大修缮、变更性质或者用途的，应当经占份额2/3以上的按份共有人同意，但是共有人之间另有约定的除外。据此，在按份共有财产的处分和重大修缮等问题上，《民法典》对按份共有物的处分问题上兼顾效益原则和公平原则，实行“多数决”的原则。即只要占份额2/3以上的按份共有人的同意，就可以处分共有物，而无须经全体共有人的一致同意。对共有物的处分是指在法律上的处分，包括对共有物的转让、出租或者设定担保等行为。所谓重大修缮是指对共有财产作出重大的改良，一般的保存行为或者改良行为不在此列。保存行为是指为了防止共有物及其权利免遭毁损灭失或者限制的危险而采取的措施。因保存行为对全体共有人有利且多为紧迫情形下的行为，故不必要经过其他共有人的同意即可从事该行为。改良行为是指在不改变共有物性质的前提下增加共有物使用价值或者交换价值的行为。由于改良行为不像保存行为那么紧迫，故改良行为只需要经过半数以上按份共有人的同意或者持有份额过半数的按份共有人的同意即可。关于“变更性质或者用途的”行为，对共有物具有重大影响，可能会给共有物带来更大风险或者增加共有人的费用，当然也可能给共有人带来更大收益，因此，按照处分和重大修缮的标准来对待变更性质或者用途的行为。

(四)按份共有中因共有物发生的债权债务对内、对外责任的确定

共有物在使用过程中会因利用共有物而获得收益或者因共有物而发生负担，从而产生相应的债权或者债务。就债权债务的对外关系来说，由于外部难以知晓共有人之间的内部关系，因此，为保护第三人的利益，法律原则上不区分按份共有还是共同共有，各共有人均对外负连带债务，享有连带债权。所谓连带即共有人在享有连带债权时，任一共有人都可以向第三人主张债权；当共有人承担连带债务时，第三人都可以向任一共有人主张债权。但是，在对外关系上也有两个例外：一是法律有特别的规定，这主要是针对共有财产产生的债务；二是第三人知道共有人不具有连带债权债务关系的，也即第三人知晓共有人之间为按份共有。就债权债务的对内关系而言，每个按份共有人对内应当按照共有份额来分享债权或者分担债务，凡是偿还债务超过自己应当承担份额的按份共有人，都有权向其他共有人追偿。

(五)按份共有的发生与消灭

按份共有关系通常基于共同购置、投资或其他约定而产生的。按份共有可因共有人之间的协议，共有财产归于一个所有、共有财产丧失、被转让等原因而发生消灭。当协议终止共有关系和共有人提出请求分割共有物时，就涉及按份共有财产的分割问题。共有物的分割可依共有人的协议而定(协议分割)，如共有人之间不能达成协议的，则可诉请法院分割(又称裁判分割或审判分割)。

三、共同共有

(一)共同共有的概念

共同共有是指共有人根据某种共同关系而对某项财产不分份额地共同享有权利并承担义务的共有。《民法典》规定了共同共有:共同共有人对共有的不动产或者动产共同享有所有权。共同共有具有如下特征:

第一,共同共有根据共同关系而产生,以共同关系的存在为前提。共同关系是指共有人之间存在的共同生产生活关系,例如因夫妻关系、家庭共同劳动而形成的夫妻财产共有关系和家庭财产共有关系。共同共有一般发生在互有特殊身份的当事人之间。

第二,在共同共有中,共有财产不分份额。只要共同生产生活关系存在,共有财产就不能划分或确定各共有人的具体份额。只有在共同生产生活关系终止以后,共有人分割共有财产时,才能确定各共有人的具体份额,因此,在共同关系存续期间,共同共有人一般不得请求分割共有物。这是共同共有与按份共有的主要区别。

第三,在共同共有中,各共有人平等地享受权利和承担义务。就是说,各共有人对整个共有财产平等地享有占有、使用、收益和处分的权利,同时对整个共有财产平等地承担义务。由于共同共有人的权利和义务都是平等的,因此较之于按份共有,共同共有人之间具有更密切的利害关系。

(二)共同共有人的权利和义务

1.共同共有人的权利

(1)共有财产的占有、使用和收益权。共同共有人对于共有财产享有平等的占有、使用权,对共同财产的收益,不是按比例分配,而是共同享用。

(2)共有财产的处分权。处分共有的不动产或者动产以及对共有的不动产或者动产作重大修缮的,应当经全体共同共有人的同意,但共有人之间另有约定的除外。各共同共有人的权利及于共有物的全部,因此,对共有物的处分及其他权利的行使原则上应得到全体共有人的同意,否则,除非发生善意取得的场合,共有人的处分行为在法律上是无效的。但根据法律规定或共有人之间的协议,可以由某个共有人代表或代理全体共有人处分共有财产的,则不在此限。无权代表或代理的共有人擅自处分共有财产的,如果其他共有人明知而不提出异议的,视为同意,并由此产生处分的效力。

(3)物上请求权。基于共同共有人享有的连带权利,在共同共有关系中,当共有财产被他人非法占有、受到他人非法侵害或有受妨害的危险时,任何一个共有人均可行使相应的物上请求权(这一点与共有财产的占有、使用、收益和处分权的共同行使不同),以保全财产所有权的圆满状态。

2.共同共有人的义务

(1)维护、保管和改良共有财产义务。共有人按照约定管理共有的不动产或者动产;没有约定或者约定不明确的,各共有人都有管理的权利和义务。对共有物的管理费用以及其他负担,有约定的,按照约定;没有约定或者约定不明确的,共同共有人共同负担。共同共有人在享有权利的同时,对共有财产因维护、保管和改良而支出的费用由各共有人平均分担。

(2)连带清偿债务及赔偿损害的义务。共同共有人作为连带债务人,对于因经营共有事业而对外发生的债务,全体共有人应共同承担连带清偿责任。对于共有财产因管理不善致人损害,全体共有人应承担损害赔偿责任。而对于共有人致人损害的赔偿责任则应视不同情况而定。

(3)不得擅自改变法律关于共有关系的内容。共同共有关系一般来自法律的直接规定或当事人的约定,因此在共有关系存续期间,当事人负有不得擅自改变或排除法律有关共同共有关系的规定,否则其行为无效。例如不得随意改变《民法典》婚姻家庭编中关于在其关系存续期间,财产属于共同共有的规定(当然双方另有约定的除外)。

(4)在共同共有关系存续期间,各共有人一般不得请求分割共有财产。共有人约定不得分割共有的不动产或者动产,以维持共有关系的,应当按照约定,但共有人有重大理由需要分割的,可以请求分割;没有约定或者约定不明确的,共同共有人在共有的基础丧失或者有重大理由需要分割时可以请求分割。因分割对其他共有人造成损害的,应当给予赔偿。除共同继承、受遗赠外,在共同共有关系存续期间,各共有人无权请求分割共有财产,如部分共有人擅自划分份额并分割共同共有财产的,应认定为无效。由于共同共有不分份额,因此各共有人也不可能像按份共有那样自由转让其份额或主张共有财产的优先购买权。在夫妻共同共有和家庭共同共有关系中,由于共有人之间是基于婚姻和血缘关系而形成的,具有严格的人身性,因此共有人的资格是不能转让的。但在纯粹财产性质的共同共有关系(如合伙关系)中,只要不违反法律的规定或合同的约定以及损害其他共有人的利益,则共有人可以转让其作为共有人的资格(或共有份额)。

(三)共同共有的产生与消灭

共同共有是基于一定的共同关系而产生,并以该关系的存续为前提。一般来说,共同关系既有依法律的直接规定而产生,如共同继承关系、婚姻关系、家庭关系;也有依合同约定而产生,如合伙关系。

共同共有的消灭主要是因共同关系的解体而引起的,如夫妻关系解体、家庭关系解体、散伙、共同继承人(受遗赠人)分割遗产完毕。由于共同关系据以成立的基础不复存在,共同共有关系随即归于消灭。此外,共同共有也可因共有物灭失或转让他人而消灭。

(四)共同共有财产的类型

1.夫妻共有财产

根据《民法典》的规定,夫妻在婚姻关系存续期间所得的下列财产,为夫妻的共同财产,归夫妻共同所有:(1)工资、奖金、劳务报酬;(2)生产、经营、投资的收益;(3)知识产权的收益;(4)继承或者受赠的财产,但是遗嘱或者赠与合同中确定只归一方的财产的除外;(5)其他应当归共同所有的财产。夫妻对共同财产,有平等的处理权。下列财产为夫妻一方的个人财产:(1)一方的婚前财产;(2)一方因受到人身损害获得的赔偿或者补偿;(3)遗嘱或者赠与合同中确定只归一方的财产;(4)一方专用的生活用品;(5)其他应当归一方的财产。男女双方可以约定婚姻关系存续期间所得的财产以及婚前财产归各自所有、共同所有或者部分各自所有、部分共同所有。约定应当采用书面形式。没有约定或者约定不明确的,适用《民法典》婚姻家庭编的有关规定。夫妻对婚姻关系存续期间所得的财产以及婚前财产的约定,对双方具有法律约束力。夫妻对婚姻关系存续期间所得的财产约定归各自所有,夫或者妻一方对外所负的债务,相对人知道该约定的,以夫或者妻一方的个人财产清偿。

2.家庭共有财产

我国现行立法尚未对家庭共有财产作出明确规定,但在司法实践中确认家庭财产由一定范围内的家庭成员共同共有。[①] 家庭共有财产是指家庭成员在家庭共同生活期间，共同创造、共同所得的财产。例如，家庭成员交给家庭的财产，家庭成员受赠的财产，以及在此基础上购置和积累起来的财产等。概言之，家庭共有财产是家庭成员的共同劳动收入和所得。

家庭共有财产以维持家庭成员共同的生活或生产为目的，每个家庭成员都对其享有平等的权利。除法律另有规定或家庭成员间另有约定外，对于家庭共有财产的使用、处分或分割，应取得全体家庭成员的同意。家庭共有财产只有在家庭共同生活关系终止以后，才能进行分割。

3.共同继承的遗产

继承开始后，当继承人为数人时，遗产由全体继承人共同继承，形成共同继承关系。共同继承的遗产分割前属于全体继承人共同共有。

4.合伙人财产

合伙人的财产包括合伙人投入的财产和合伙经营中积累的财产。按照《民法典》的规定，合伙合同是两个以上合伙人为了共同的事业目的，订立的共享利益、共担风险的协议。合伙人应当按照约定的出资方式、数额和缴付期限，履行出资义务。合伙人的出资、因合伙事务依法取得的收益和其他财产，属于合伙财产。合伙合同终止前，合伙人不得请求分割合伙财产。因此，一般认为基于合伙关系产生的合伙共有财产的性质，无论是合伙投资还是合伙积累，无论是营利性合伙的财产还是非营利性合伙的财产，都是共同共有财产，在该财产之上构成的关系，是共同共有关系。

四、共有财产的分割

（一）共有财产分割的原则

按照《民法典》的规定：共有人约定不得分割共有的不动产或者动产，以维持共有关系的，应当按照约定，但是共有人有重大理由需要分割的，可以请求分割；没有约定或者约定不明确的，按份共有人可以随时请求分割，共同共有人在共有的基础丧失或者有重大理由需要分割时可以请求分割。因分割造成其他共有人损害的，应当给予赔偿。共有财产在分割时应遵循如下原则：

第一，分割共有财产应遵循法律规定。不能把属于国家或集体所有的财产作为个人共有财产加以分割，如有隐匿的赃款、赃物等非法财物必须依法追缴，不能作为共有财产加以分割。

第二，分割共有财产应坚持约定优先的原则。无论是按份共有还是共同共有，共有人如对共有财产的分割有约定的，应依其约定。各共有人对共有财产分割的范围、期限、方式以及分配方法等，均可通过协商决定。如果共有人之间事先订立合同，明确规定了共有财产的分割方式，则共有人应依合同的规定分割共有财产。在按份共有中，合同禁止在共有存续期间分割共有财产，或规定共有人在一定期限内不得退出共有的，则在合同规定的期限内不得分割共有财产。某个共有人将其份额转让给共有人之外的其他人，该受让人加入共有的，也应遵守合同的规定。分割共有财产时，按份共有人一般只能取得相当于自己份额的财产，否则就是不当得利，应将超过份额的部分返还给其他共有人。

第三，分割共有财产应坚持依法分割的原则。为集合财产发展事业，共有人可以约定不得

---

① 《最高人民法院关于适用〈中华人民共和国民法典〉婚姻家庭编的解释（一）》（法释〔2020〕22 号）（2020 年 12 月 25 日最高人民法院审判委员会第 1825 次会议通过，自 2021 年 1 月 1 日起施行）。

分割共有的不动产或者动产，以维持共有关系，这一约定对于各共有人具有拘束力，因此，各共有人原则上不得请求分割共有物。但如果发生了重大事由，共有人可以请求分割。其中“重大事由”应当参照《民法典》有关合同法定解除条件的规定来加以判定。当共有人之间没有约定或者约定不明确的，应当依法分割。按份共有因无共同关系的存在，所以，按份共有人原则上有权随时请求分割。而共同共有是以一定的共同关系存在为基础的，因此共有人原则上不能请求分割。但是，如果共同共有人在共有的基础丧失或者有重大理由需要分割时，共同共有人也可以请求分割。共同共有人共有基础的丧失，如夫妻财产的共同共有，因婚姻关系的解除而失去了共有的基础，在这种情形下，夫或者妻一方可以请求分割共有的财产。所谓“重大理由”需要分割的，如在婚姻关系存续期间，夫妻约定由原来的夫妻共同财产制改变为夫妻分别财产制，在这种情形下，夫或者妻一方可以请求分割共有的财产。在婚姻关系存续期间，有下列情形之一的，夫妻一方可以向人民法院请求分割共同财产：(1)一方有隐藏、转移、变卖、毁损、挥霍夫妻共同财产或者伪造夫妻共同债务等严重损害夫妻共同财产利益的行为；(2)一方负有法定扶养义务的人患重大疾病需要医治，另一方不同意支付相关医疗费用。分割夫妻共有财产，还应当根据《民法典》婚姻家庭编的有关规定处理。[①] 在婚姻关系存续期间，除《民法典》的上述规定情形以外，夫妻一方请求分割共同财产的，人民法院不予支持。共有人就共有财产的分割发生争议的，可以请求人民法院依法裁决。

第四，分割共有财产应考虑损害赔偿的原则。共有财产作为特定的统一财产，在某一共有人因自己的原因而请求分割时，会使共有财产的功能丧失或者削弱从而降低其价值，有可能给其他共有人造成损害，因此，对因分割而给其他共有人造成的损害，应当承担赔偿责任。

(二)共有财产分割的方式

《民法典》规定，共有人可以协商确定分割方式。达不成协议，共有的不动产或者动产可以分割且不会因分割减损价值的，应当对实物予以分割；难以分割或者因分割会减损价值的，应当对折价或者拍卖、变卖取得的价款予以分割。共有人分割所得的不动产或者动产有瑕疵的，其他共有人应当分担损失。

对共有财产的分割可以采取三种方式：第一，实物分割。对于共有财产的分割，在不影响共有财产的使用价值和特定用途时，可以对共有财产采取实物分割的方式。可以进行实物分割的共有物一般是可分物。第二，变价分割。如果共有财产是特定物且不能分割或者分割有损其价值，而且各共有人都不愿意接受共有物时，可以将共有物出卖，将所得价金按各个共有人的份额分配。第三，作价补偿。对于不可分割的共有物，共有人中的一人愿意取得共有物的，可以由该共有人取得共有物，对于共有物的价值超出其应得份额的部分，取得共有物的共有人应对其他共有人作价补偿。共有人分割所得的不动产或者动产有瑕疵的，其他共有人应当分担损失。所谓瑕疵，包括权利瑕疵和物的瑕疵，权利瑕疵是指共有人应担保第三人就其他共有人分得之物不得主张任何权利；物的瑕疵是指共有人对其他共有人应担保分得部分于分割前未隐含物上瑕疵。

如果共有人就共有物的分割方式无法达成协议，且共有物(如房屋)由于不具备拆分使用和内部分割后单独进行产权登记的条件而无法进行实物分割，经过多次拍卖均最终流拍，共有

① 在司法实践中，还要适用法释《最高人民法院关于适用〈中华人民共和国民法典〉婚姻家庭编的解释(一)》(〔2020〕22号)(2020年12月25日最高人民法院审判委员会第1825次会议通过，自2021年1月1日起施行)的有关规定。

人未顺利变卖共有物,或者共有人一致认为评估机构评估的价格过高,均不同意接受房屋并向另一方支付相应补偿,此时,共有物的分割陷入僵局。在这种情况下,法院可以认定诉争共有物尚不具备分割条件,可以向共有人释明,待共有物具备分割条件时另行主张权利。

(三)共有财产分割的效力

共有财产分割以后,共有关系归于消灭,不管是就原物进行分割还是变价分割,各共有人就其分得的份额取得单独的所有权。分割以后属于某个共有人的财产由于分割以前的原因而为第三人追索或发现有瑕疵的,原共有人都要承担责任。因为原共有人有义务担保各人分得的共有财产不受第三人的追索,对原共有财产负有瑕疵担保责任。司法实践中,在共同共有财产分割以后,一个或者数个原共有人出卖自己分得的财产时,如果出卖的财产与其他原共有人分得的财产属于一个整体或者配套使用,则其他原共有人享有优先购买权。

五、准共有

准共有是指两个以上的民事主体共同享有财产所有权以外的财产权的共有。[①] 在民法上,并非只有所有权才存在共有现象,其他财产权如他物权、知识产权和债权等,也存在共有的情形。因此,《民法典》中除了规定所有权的共有外,还作出其他财产权的共有准用所有权共有制度的规定。《民法典》规定:两个以上组织、个人共同享有用益物权、担保物权的,参照适用本章的有关规定。按照该规定,准共有仅适用于所有权以外的用益物权和担保物权,明显排除了物权之外的其他财产权利。

准共有与一般共有不同。第一,其客体并非物和所有权,而是以财产利益为内容的权利。因此,人格权、身份权等权利不得成为其客体。此外,占有作为事实状态而非一种权利,故也不得成为准共有的客体。准共有的权利种类,一般包括用益物权的共有、担保物权的共有、知识产权的共有和债权的共有。第二,准共有适用一般共有的基本原理,至于是准按份共有还是准共同共有,则应由准共有人依据法律规定和合同的约定以及共有权利的性质来加以确定。第三,依特别法优先于普通法的原理,准共有应优先适用关于该权利立法的特别规定,如《著作权法》《专利法》中的专门规定。准共有的发生、消灭、权利义务和分割均适用一般共有的原则。

① 参见杨立新:《论准共有》,载《法学与实践》1995 年第 2 期。其他相类似的观点可参见:陈华彬:《物权法原则》,国家行政学院出版社 1998 年版,第 495 页;杨立新:《民法判解研究与适用》(第二集),中国检察出版社 1996 年版,第 149 页;张俊浩:《民法学原理》,中国政法大学出版社 1997 年版,第 402 页;黄宗乐监修:《六法全书·民法》,保成文化事业出版公司 1991 年版,第 748 页;[日]我妻荣:《新版新法律学辞典》(中文版),董璠舆译,中国政法大学出版社 1991 年版,第 468 页。

第12章 用益物权

第一节 用益物权概述

一、用益物权的概念

用益物权是指非所有人对所有人的不动产或者动产依照法律规定享有占有、使用和收益的权利。《民法典》调整因物的归属和利用而产生的民事法律关系，其中，所有权是确定财产归属关系的一种法律制度，用益物权则是有关物的利用关系的一种制度。用益物权作为物权的一种，着眼于财产的使用价值。用益物权具有以下法律特征：

第一，用益物权是他物权，其内容为占有、使用和收益。用益物权是在他人所有物上设定的物权，是非所有人根据法律规定以及当事人之间的约定对他人所有物享有的占有、使用和收益的权利。因此，相对于所有权（自物权）而言，用益物权属于他物权，用益物权是由所有权派生出的物权。依照法律规定以及当事人的约定，用益物权人对他人所有的财产享有占有、使用和收益的权利。占有是对物的实际控制。使用是依物的自然属性、法定用途以及约定方式对物的实际上的利用。收益是指权利人通过对物的利用而获得经济上的利益或者其他利益。应当指出的是，在上述三项权能中，使用权能是各类用益物权所共通的权能，而占有和收益权能特别是收益权能并非各种用益物权所必须具备的权能。

第二，用益物权是限制物权。这种限制来自三方面：一是权能方面的限制。用益物权人并不能像所有权人那样对财产进行全面的支配，不具有对财产进行处分的权能，它只能在法律规定和设定人意思所确定的特定范围内对财产进行支配。二是来自期限上的限制。与所有权具有永久性不同，用益物权具有期限性。一般来说，法律上对用益物权所享有的最长期限都要加以限制，以避免用益物权的永续存在而使所有权虚化。三是来自法律规定或者当事人约定的限制。用益物权人必须按照法律规定和当事人之间的约定行使权利，按照设定权利时约定的用途和方式进行利用，不得损害所有权人的利益。

第三，用益物权是一项主权利，是一项独立的物权。用益物权虽然是由所有权派生的物权，以所有权为权源，是限制物权，但用益物权一经设定，便具有独立于所有权的一种主权利。主权利是不以其他权利存在为前提的权利。用益物权一经确立，就对所有权形成限制，所有权人也不得非法干涉用益物权人行使权利。作为一个例外，用益物权中的地役权具有从属性，以地役权人必须对需役地拥有所有权或者用益物权为前提条件，不能与其相分离而独立存在。但是，地役权的物权从属性与担保物权的债权从属性是不同的。

第四，用益物权以不动产为主要客体。基于动产物权和不动产物权的差异性，动产物权的特点决定了可通过购买或者租赁等方式来获得所有权或者使用权，因此，用益物权多以不动产特别是土地作为权利的客体。从《民法典》中所规定的用益物权形态来看，用益物权的客体主要是不动产尤其是土地，例外情形包括不动产权利。为给将来社会的发展留下空间，《民法典》还允许动产作为用益物权的客体。此外，由于《民法典》将各种准物权纳入用益物权范围，因此，用益物权的客体还包括土地之外的其他自然资源。

用益物权制度是物权法律制度中一项重要的制度，它与所有权制度、担保物权制度一起共同构成物权制度法律体系。用益物权是以“利用”为核心的物权观念的主要表现。用益物权制度的确立，能够促进物尽其用，促进资源的有效利用，维护资源的有序利用，有效地规范物的所有人和用益物权人之间的利益关系。

二、用益物权的基本规则

《民法典》专门对用益物权的行使作出基本规定，用益物权人对他人所有的不动产或者动产，依法享有占有、使用和收益的权利。用益物权的基本权利就是占有、使用和收益，表现为对财产的利用关系。

(1)国家所有或者国家所有由集体使用以及法律规定属于集体所有的自然资源，组织、个人依法可以占有、使用和收益。自然资源非常广泛，包括土地、矿藏、水流、海域、森林、山岭、草原、荒地以及滩涂等，由于土地的特性，在法律上还需要专门的规定。自然资源虽属国家所有或者集体所有，但可以为单位、个人依法占有、使用和收益，因此，用益物权的主体是普通的民事主体。

(2)国家实行自然资源有偿使用制度，但是法律另有规定的除外。自然资源有偿使用制度是指国家以自然资源所有者和管理者的双重身份，为实现所有者的权益，保障自然资源的可持续利用，向使用自然资源的单位或者个人收取自然资源使用费的制度，用益物权法律制度规定自然资源使用制度不仅具有合理性，还具有必要性，它可以促进“物尽其用”，并且防止自然资源利用的浪费，保持可持续发展。用益物权法律制度将对自然资源使用的权利以法律的形式固定下来，在法律上进行初始界定归属之后，通过市场交易加以流转，以市场手段完成对自然资源使用的分配，从而实现自然资源利用的合理配置。应当指出的是，按照《民法典》的规定，在自然资源上设定用益物权以有偿为原则，但在法律另有规定的情况下，也可以无偿设立。基于公共政策的需要，如用益物权中的土地承包经营权、宅基地使用权的取得一般是无偿的。在建设用地使用权中，如果是通过划拨设定的建设用地使用权就是无偿的。就地役权而言，原则上是有偿的，但如当事人约定是无偿的，约定优先。

(3)用益物权人行使权利，应当遵守法律有关保护和合理开发利用资源、保护生态环境的规定。所有权人不得干涉用益物权人行使权利。《民法典》从用益物权人和所有权人两方面的角度，规定了用益物权人在享有权利的同时，也应当遵守法律有关保护和合理开发利用资源的规定，这实际上是限制用益物权人对自然资源进行事实上的处分。另外，作为所有权人，不得干涉用益物权人行使权利，这是用益物权人正常行使权利的基本前提，也是所有权和用益物权关系所决定的。

(4)因不动产或者动产被征收、征用致使用益物权消灭或者影响用益物权行使的，用益物权人有权依照《民法典》的有关规定获得相应补偿。在以往的法律规定和实践中，国家只对房屋所有权、青苗及地上附着物的所有权进行补偿，而对被一并征收的建设用地使用权、土地承包经营权、宅基地使用权等不予补偿。《民法典》明确各种用益物权作为独立于房屋和其他附着物所有权以外的一项独立财产权利，权利人由于可以通过法律行为对其进行法律上的处分，在受到侵害时有权获得法律救济，在其赖以设定的所有权被征收征用致使用益物权消灭或者影响用益物权行使的情况下，用益物权人和所有权人一样，有权就其损失要求合理补偿。

三、用益物权体系及其特点

《民法典》用益物权的种类包括土地承包经营权、建设用地使用权、宅基地使用权、居住权和地役权等，由此构建了具有中国特色的用益物权体系。在《民法典》颁布之前，我国的《民法通则》《农村土地承包法》《土地管理法》《城市房地产管理法》《物权法》等法律法规已初步确立了用益物权体系。此外，《矿产资源法》《渔业法》《水法》《野生动物保护法》《森林法》等法律规定了采矿权、渔业权、取水权和狩猎权等各种物权取得权(准物权)。《民法典》在主要规范了土地承包经营权、建设用地使用权、宅基地使用权、居住权和地役权四种用益物权的同时，还对海域使用权、探矿权、采矿权、取水权、养殖权和捕捞权等准物权作出准用性的规定。

《民法典》规定：依法取得的海域使用权受法律保护。依法取得的探矿权、采矿权、取水权和使用水域、滩涂从事养殖、捕捞的权利受法律保护。上述准物权的法律适用，首先应适用有关特别法，只有当特别法没有规定时，才适用《民法典》的规定，这样的立法安排，既保持了《民法典》的独立性，同时因将准物权纳入《民法典》的体系中，就扩大了《民法典》的适用范围。我国《民法典》物权编的体系，一方面尊重原有法律规定的物权类型，如建设用地使用权、宅基地使用权和土地承包经营权等，另一方面借鉴传统民法关于用益物权的规定，增加了居住权和地役权的规定，使得我国用益物权的体系比较完整。

第二节　土地承包经营权

一、土地承包经营权概述

(一)土地承包经营权的概念

土地承包经营权是指土地承包经营权人依法对其承包经营的耕地、林地、草地等享有占有、使用和收益的权利。土地承包经营权人有权从事种植业、林业、畜牧业等农业生产。法律保护农民的土地承包经营权，《民法典》《农村土地承包法》《农业法》《土地管理法》等法律、法规对农民的土地承包经营权的保护都作了规定。土地承包经营权具有以下法律特征：

第一，土地承包经营权是以家庭承包经营为基础、统分结合的双层经营体制在民事法律中的具体体现。这种土地承包经营权具有农村福利性质，不论长幼，不论男女，凡村民人人有份，且每人有一份，它是村民赖以生存的民事权利。

第二，土地承包经营权的对象是农民集体所有和国家所有由农民集体使用的耕地、林地、草地以及其他用于农业的土地。承包经营的土地属于农民集体所有，或者属于国家所有而由农民集体长期使用。这里的土地的含义是广义的，包括耕地、林地、草地和养殖水面等，还有荒山、荒丘、荒沟、荒滩等四荒地。农村土地属于农民集体所有的，农民集体对该土地享有所有权。农村集体经济组织将土地发包给村民，村民就享有土地的使用权。当农村土地属于国家所有的，国家允许农民集体长期使用，农民集体对该土地享有使用权。农村集体经济组织将土地的使用权发包给村民，村民对该土地享有使用权。

第三，土地承包经营权由发包人与承包人通过签订承包合同的方式设定。签订承包合同是农村土地承包的必经程序，也是取得土地承包经营权的重要前提条件。承包经营权的主体、客体、期限和内容等均由承包合同加以确定。承包合同生效后，双方当事人均受承包合同的约束。

第四，土地承包经营权是由土地所有权派生的一种新型他物权。《民法典》直接将土地承包经营权界定为一类物权形态，从而为农民享有长期稳定的土地权利打下坚实的法律基础。承包经营权人对集体或国家所有的土地直接进行生产经营，享有占有、使用和收益的权利，而无须借助他人的帮助。

（二）家庭承包与其他方式承包

农村土地承包有两种承包方式，即农村集体组织内部的家庭承包方式和招标、拍卖、公开协商等方式承包（以下简称其他方式承包）。前者是指农村集体经济组织的每一个农户家庭全体成员为一个生产经营单位，作为承包人承包本集体的耕地、林地、草地等农业用地，对于承包地按照本集体经济组织成员是人人平等地享有一份的方式进行承包。后者是指对不宜采取家庭承包方式的荒山、荒沟、荒丘、荒滩等农村土地，通过招标、拍卖、公开协商等市场化方式进行承包。两者在承包的主体、方法、原则以及承包地的功能等方面都存在重要的区别：

（1）家庭承包是按照国家有关规定进行的人人有份的承包，是按照每个农户家庭的人口、劳动力数量等计算承包地面积，以农户为单位进行承包。在承包过程中强调公平，人人有份，发包方不能选择承包方，承包地具有强烈的社会保障和福利功能。其他方式承包的承包方不限于集体经济组织内部的农户和个人，经本集体经济组织成员同意，其他单位和个人也可以承包，并且是通过市场化的方式获得承包经营权，由最有经营能力的人承包，发包方按照“效率为主，兼顾公平”的原则选择承包人。

（2）家庭承包的土地主要是耕地、林地、草地以及其他依法用于农业的土地。而其他方式承包的土地主要是“四荒”①以及果园、茶园、桑园、养殖水面等不太适宜按照家庭承包方式进行承包的土地。

（3）对家庭承包的土地实行物权保护，土地承包经营权至少 30 年不变，承包期内除依法律规定并按法定程序外发包方不得调整、收回承包地。根据《民法典》的规定，耕地的承包期为 30 年；草地的承包期为 30 年至 50 年。林地的承包期为 30 年至 70 年。当规定的承包期届满，由土地承包经营权人依照农村土地承包的法律规定继续承包，从而赋予了农民长期又有保障的土地使用权。根据《农村土地承包法》第 49 条规定：“以其他方式承包农村土地的，应当签订承包合同。当事人的权利和义务、承包期等，由双方协商确定。”但是，双方协商确定“四荒”土地承包经营权期限，不得超过国家规定的期限。1996 年国务院办公厅《关于治理开发农村“四荒”资源进一步加强水土保持工作的通知》指出：承包、租赁、拍卖“四荒”使用权，最长不超过 50 年。1999 年国务院办公厅发布《关于进一步做好治理开发农村“四荒”资源工作的通知》再次重申：“四荒”使用权承包租赁或拍卖的期限，最长不超过 50 年。因此，今后实行“四荒”土地承包的，承包期限不得超过 50 年。

土地承包经营权可以依法采取转包、出租、互换、转让或者其他方式流转。对其他方式承包的土地实行债权保护。由于这种方式是有偿取得，并且不涉及社会保障因素，法律上比较灵活。双方的权利义务关系均由合同约定，经依法登记取得土地承包经营权等证书的，其土地承

① 实践中是指荒山、荒沟、荒丘、荒滩。

包经营权可以依法采取转让、出租、入股、抵押或者其他方式流转。承包人死亡，其应得的承包收益依照《民法典》的规定继承，在承包期内其继承人可以继续承包。

二、土地承包经营权的内容

土地承包经营权的内容即发包方和承包方双方的权利和义务。农村土地的发包方分别是农民集体经济组织、村民委员会或者村民小组，家庭承包的承包方是本集体经济组织的农户。

（一）发包方的权利和义务

在农村土地家庭承包中，发包方享有以下权利：（1）发包的权利。即发包属于本集体经济组织农民集体所有的土地或者国家所有依法由本集体经济组织农民使用的土地的权利，这是发包方的重要权利，是享有其他权利的前提。（2）监督的权利。发包方有权监督承包方按照承包合同约定的用途合理利用和保护土地，承包合同约定的用途主要是种植农作物、林木或者从事畜禽养殖等农业用途。（3）制止承包方损害承包地和农业资源的权利。农业资源是指种植业、林业、畜牧业、渔业可以利用的土地、草地、水、生物、气候等自然资源。承包方不得给土地造成永久性损害，否则发包方有权予以制止。此外，发包方还享有其他法律、行政法规规定的权利。

在农村土地家庭承包中，发包方应承担下列义务：（1）维护承包方的土地承包经营权，不得非法变更、解除承包合同，农村集体经济组织成员依法享有的土地承包经营权是通过签订土地承包合同来体现的，因此，发包方除依法收回、调整土地后需要解除、变更承包合同外，不得以其他任何理由解除、变更承包合同。（2）尊重承包方的生产经营自主权。生产经营自主权是承包方自主安排生产、自主经营决策的权利，是承包权的重要内容。发包方有义务尊重承包方的生产经营自主权，不得干涉承包方依法进行正常的生产经营活动。（3）为承包方提供服务。由于我国实行的是以家庭经营为基础、统分结合的双层经营体制，"统"就是要求集体经济组织做好为农户提供生产、经营、技术等方面的统一服务，所以发包方有义务依照承包合同的约定为承包方提供生产、技术和信息等服务。（4）组织农业基础设施建设。农业基础设施主要是指乡村机耕道路、机井和灌溉排水等农田水利设施。农业基础设施建设靠个别承包户难以进行，必须由发包方统一组织进行，这也是双层经营的一项重要内容。农业基础设施建设与土地利用总体规划有关，因此，发包方还应执行县、乡（镇）土地利用总体规划，不得违反规划占用耕地或者开发利用其他土地资源。此外，发包方还应当承担法律、行政法规规定的其他义务。

（二）承包方的权利和义务

在农村土地家庭承包中，承包方享有下列权利：（1）土地承包经营权。承包方享有的土地承包经营权包括使用承包地的权利，生产经营自主权，产品处置权，收益权以及流转权，这是承包方享有的最重要的权利。（2）承包地被征用、占用时依法享有获得补偿的权利。在国家、集体建设确需依法征用、占用承包地时，应当依法给集体经济组织和承包方相应的补偿。根据《土地管理法》的规定，征地补偿应当按照被征用土地的原用途确定补偿标准和补偿数额。按照《民法典》的规定，承包地被征收的，土地承包经营权人有权依照法律规定获得相应的补偿。在承包地被征收的情况下，不仅应当对土地上的青苗、附着物进行补偿，还应当对承包经营权本身进行合理补偿。根据《农村土地承包纠纷司法解释》的有关规定：集体经济组织成员就"用于分配的土地补偿费数额"提起民事诉讼的，人民法院不予受理；如果农村集体经济组织等发包方决定在本集体经济组织内部分配已经收到的土地补偿费，则征地补偿安置方案确定时已经具有本集体经济组织成员资格的人，请求支付相应份额的，应予支持。此外，承包方还享有法律、行政法规规定的其他权利,如承包人应得的承包收益,依照《民法典》的规定继承。林地承包的承包人死亡的,其继承人可以在承包期内继续承包。在同等条件下本集体经济组织成员对流转的土地承包经营权享有优先权。此外,农业法、渔业法、草原法和森林法等法律也对承包方的权利做了相应的规定。

在农村土地家庭承包中,承包方应承担下列义务:(1)维持土地的农业用途。承包地是用于农业的土地,承包方必须维持承包地的农业用途,不得擅自将承包地用于非农业建设。(2)保护和合理利用土地。承包方在生产经营过程中,应当采取措施保护承包地的土地质量和生态环境,防止水土流失,应保护和提高地力,不得给土地造成永久性损害。此外,承包方还应承担法律、行政法规规定的其他义务,如依照《农业法》和《农民承担费用和劳务管理条例》的规定缴纳承包费。

三、土地承包经营权的取得

土地家庭承包应遵循法定的原则和程序。土地承包应当遵循以下原则:(1)按照规定统一组织承包时,本集体经济组织成员依法平等地行使承包土地的权利,也可以自愿放弃承包土地的权利;(2)民主协商,公平合理;(3)承包方案依法经本集体经济组织的村民会议 2/3 以上成员或者 2/3 以上村民代表的同意;(4)承包程序合法。[①]

签订承包合同是农村土地承包的必经程序,也是取得土地承包经营权的重要前提条件。土地承包合同的主体是法定和特定的,家庭承包合同体现的是农村集体经济组织与其成员之间的经济关系,集体经济组织不能拒绝与承包方签订承包合同。合同的内容受法律规定的约束,某些内容不允许当事人自由约定,不得约定减轻或者放弃。承包合同应当采用书面形式。[②] 承包合同自成立之日起生效,承包方自承包合同生效时取得土地承包经营权。土地承包经营权自土地承包经营权合同生效时设立。登记机构应当向土地承包经营权人发放土地承包经营权证、林权证等证书,并登记造册,确认土地承包经营权。如果发包方就同一土地承包经营权签订两个以上承包合同,承包人均主张取得土地承包经营权,对此,《农村土地承包纠纷司法解释》分别作如下处理:已经依法登记的承包方,取得土地承包经营权;均未依法登记的,生效在先合同的承包方取得土地承包经营权;依前两项规定无法确定的,已经根据承包合同合法占有使用承包地的人取得土地承包经营权,但争议发生后一方强行先占承包地的行为和事实,不得作为确定土地承包经营权的依据。

应当指出的是,土地承包经营权作为一种土地使用权,属于用益物权的一种,它的设立以土地承包合同生效为前提,承包合同的生效无须经过特别的批准和登记程序,承包合同的生效一般不应附条件或期限。按照《民法典》的规定,对通过家庭承包方式设定的土地承包经营权,只需合同生效即产生创设物权的效力。发放证书也不是土地承包经营权的设定条件。土地承

① 土地承包应当按照以下程序进行:(1)本集体经济组织成员的村民会议选举产生承包工作小组;(2)承包工作小组按照法律、法规的规定拟订并公布承包方案;(3)依法召开本集体经济组织成员的村民会议,讨论通过承包方案;(4)公开组织实施承包方案;(5)签订承包合同。

② 承包合同一般包括以下条款:(1)发包方、承包方的名称,发包方负责人和承包方代表的姓名、住所。(2)承包土地的名称、坐落、面积、质量等级。(3)承包期限。法律根据农村土地家庭承包的实际情况,对不同用途的土地的承包期及其上限作出规定:耕地的承包期为 30 年;草地的承包期为 30 年至 50 年;林地的承包期为 30 年至 70 年。(4)承包土地的用途。(5)发包方和承包方的权利和义务。(6)违约责任。

包经营权自承包合同生效时取得，登记机构的登记造册只是作为对承包经营权确认的程序。在承包合同生效后，发包方不得因承办人或者负责人的变动而变更或者解除，也不得因集体经济组织的分立或者合并而变更或者解除。国家机关及其工作人员不得利用职权干涉农村土地承包或者变更、解除承包合同。

四、土地承包经营权的保护

土地承包经营权的保护涉及承包土地的收回与调整，土地承包中的继承，以及对妇女土地承包经营权的保护等问题。

（一）土地承包经营权的收回

为稳定土地承包关系，除法律对承包地的收回有特别规定的以外，在承包期内，无论承包方发生什么样的变化，只要作为承包方的家庭还存在，发包方就不得收回承包地。在承包期内，承包方全家迁入小城镇落户的，应当按照承包方的意愿，保留其土地承包经营权或者允许其依法进行土地承包经营权流转。在承包期内，承包方全家迁入设区的市，转为非农业户口的，应当将承包的耕地和草地交回发包方。承包方不交回的，发包方可以收回承包的耕地和草地。当承包方交回承包地或者发包方依法收回承包地时，承包方对其在承包地上的投入而提高土地生产能力的，有权获得相应的补偿。

（二）土地承包经营权的调整

按照承包土地"大稳定，小调整"的原则，在长达 30 年至 50 年甚至更长的承包期里，农村的情况会发生很大的变化，完全不允许调整承包地也难以做到。因此，农村土地承包法一方面规定，承包期内，发包方不得调整承包地；另一方面针对需要适当调整的特殊情形作出严格的规定：在承包期内，因自然灾害严重毁损承包地等特殊情形对个别农户之间承包的耕地和草地需要适当调整的，必须经本集体经济组织成员的村民会议 2/3 以上成员或者 2/3 以上村民代表的同意，并报乡（镇）人民政府和县级人民政府农业等行政主管部门批准。如承包合同中约定不得调整的，要按照其约定。至于哪些土地应当用于调整承包土地或者承包给新增人口，则依照有关法律规定。①

（三）土地承包经营权的继承

土地承包经营权的继承问题是保障土地承包制度的一项内容。由于家庭承包是以户为单位取得土地承包经营权的，因此在承包期内家庭某个或部分成员死亡，土地承包经营权不发生继承问题，所承包的土地仍然由生存的家庭成员以户的名义继续承包。如家庭成员全部死亡，土地承包经营权消灭，由发包方收回承包地。此外，由于家庭承包是农村集体经济组织成员的一项权利，因此在承包期内家庭某个或部分成员死亡时，如果生存的家庭成员不是集体经济组织的成员，就不能继续享有承包土地的权利，否则就会损害其他成员的利益。虽然承包地不允许继承，但承包人应得的承包收益（如未收割的农作物等）作为承包人的个人财产，则应当依照《民法典》的规定继承。应当指出的是，上述情形主要适用于耕地和草地，而不包括林地。当林地承包的承包人死亡，其继承人可以在承包期内继续承包。允许林地继承，与林地不得收回和调整的原因是一样的，主要是考虑林地的承包经营与耕地、草地的承包经营相比有

---

① 这主要有三种情况：一是集体经济组织依法预留的机动地；二是通过依法开垦等方式增加的；三是承包方依法、自愿交回的。在承包期内，承包方可以自愿将承包地交回发包方。承包方自愿交回承包地的，应当提前半年以书面形式通知发包方。承包方在承包期内交回承包地的，在承包期内不得再要求承包土地。

其特殊性(如投资大、收益慢、风险大等),同时林木所有权的继承与林地不能分离。为了绿化山川,治理水土流失,《水土保持法》规定,承包“四荒”地的,基于治理水土流失所种植的林木及其果实归承包者所有,基于治理水土流失而新增加的土地,由承包者使用。而且承包者在合同有效期内死亡的,继承人可以依照承包合同的约定继续承包。

(四)妇女土地承包经营权的保护

为加强对妇女承包土地权益的保护,《土地承包法》对此作出特别规定:农村土地承包,妇女与男子享有平等的权利。承包中应当保护妇女的合法权益,任何组织和个人不得剥夺、侵害妇女应当享有的土地承包经营权。《妇女权益保障法》也规定,农村划分责任田、口粮田以及批准宅基地,妇女与男子享有平等的权利。在承包期内,妇女结婚,在新居住地未取得承包地的,发包方不得收回其原承包地;妇女离婚或者丧偶,仍在原居住地生活或者不在原居住地生活但在新居住地未取得承包地的,发包方不得收回其原承包地。

五、土地承包经营权的流转

农村土地承包经营权作为一种用益物权具有流转性。通过家庭承包方式取得的土地承包经营权流转应当遵循以下原则:(1)平等协商、自愿、有偿,任何组织和个人不得强迫或者阻止承包方进行土地承包经营权流转;(2)不得改变土地所有权的性质和土地的农业用途;(3)流转的期限不得超过承包期的剩余期限;(4)受让方须有农业经营能力;(5)在同等条件下,本集体经济组织成员享有优先权。土地承包经营权流转的主体是承包方,承包方有权依法自主决定土地承包经营权是否流转和流转的方式。在承包期间,发包方不得单方面解除承包合同,不得假借少数服从多数强迫承包方放弃或者变更土地承包经营权,更不得以划分“口粮田”和“责任田”等为由收回承包地搞招标承包,不得将承包地收回抵顶欠款,以确实保障农民的土地承包经营权。在土地承包经营权流转过程中所产生的转包费、租金、转让费等,应当由当事人协商确定。流转的收益归承包方所有,任何组织和个人不得擅自截留、扣缴。

通过家庭承包方式取得的土地承包经营权可采取互换、转让和出租、入股或者其他方式流转。

1.土地承包经营权的互换、转让

土地承包经营权人依照法律规定,有权将土地承包经营权互换、转让。未经依法批准,不得将承包地用于非农建设。互换是承包方之间为方便耕种或者各自需要对属于同一集体经济组织的土地的承包经营权进行交换。转让是指土地承包经营权人将其未到期的承包经营权以一定的方式和条件移转给他人的行为。该条件是转让方有稳定的非农职业或者有稳定的收入来源;经发包方同意,受让方应当是从事农业生产经营的农户,他既可以是本集体经济组织的成员,也可以是外部的农户。转让不同于转包、出租和互换,后三者并没有失去土地承包经营权,而转让则使受让方与发包方确立新的承包关系,原承包方与发包方在该土地上的承包关系即行终止,转让方不再享有土地承包经营权。另外,当土地承包经营权采取互换、转让方式流转的,由于权利主体发生变更,如当事人要求登记的,可以向登记机构申请登记;未经登记,不得对抗善意第三人,即不登记将产生不利于受让人的法律后果,这表明法律对此采取登记对抗主义。

2.土地经营权的流转

承包方既可以自己经营,也可以流转其承包地的土地经营权,由他人经营。土地承包经营权人可以自主决定依法采取出租、入股或者其他方式向他人流转土地经营权。出租是指承包方作为出租方将自己承包期内承包的土地，在一定期限内部分或者全部租赁给本集体经济组织以外的单位或者个人并收取租金的行为。应当指出的是，在出租后，虽然土地不再由原承包方耕作，但土地承包经营权的主体并没有发生变化，仍然是原承包方和发包方的关系，而不是发包方和接包方或者承租方之间的关系。发包方与承包方之间的关系属于土地的用益物权关系，是承包法律关系的基础。而转包方和接包方以及出租方和承租方的关系，属于债权（合同）关系。债权关系要受到物权关系的制约，因此，出租应以书面形式订立合同。但如果承包方将土地交由他人代耕不超过一年的，可以不签订合同。入股是指承包方之间为发展农业经济将承包期内的土地承包经营权量化为股份，以股份入股形式与他人自愿联合从事农业合作生产，并按股取得收益。其他方式包括这些类型：土地托管、农地信托、代耕代种、反租倒包等。

3.土地经营权合同与登记

按照承包地的“三权分置”制度设计，土地经营权人有权在合同约定的期限内占有农村土地，自主开展农业生产经营并取得收益。土地经营权人主要有两类：一类是家庭承包模式下，采取出租、入股、转包等流转承包地产生的土地经营权人；另一类是其他承包模式下，直接承包其他农业用地所产生的土地经营权人。虽然这两类土地经营权人对约定期限内的农村土地均具有占有、使用和收益权，但是法律对两者行权的限制规定存在一定差异性。

承包方流转土地经营权，应当与受让方在协商一致的基础上签订书面流转合同，并向发包方备案。承包方将土地交由他人代耕不超过一年的，可以不签订书面合同。承包方委托发包方、中介组织或者他人流转土地经营权的，流转合同应当由承包方或者其书面委托的受托人签订。土地经营权流转合同一般包括以下内容：(1)双方当事人的姓名或者名称、住所、联系方式等；(2)流转土地的名称、四至、面积、质量等级、土地类型、地块代码等；(3)流转的期限和起止日期；(4)流转方式；(5)流转土地的用途；(6)双方当事人的权利和义务；(7)流转价款或者股份分红，以及支付方式和支付时间；(8)合同到期后地上附着物及相关设施的处理；(9)土地被依法征收、征用、占用时有关补偿费的归属；(10)违约责任。承包方不得单方解除土地经营权流转合同，但受让方有下列情形之一的除外：(1)擅自改变土地的农业用途；(2)弃耕抛荒连续两年以上；(3)给土地造成严重损害或者严重破坏土地生态环境；(4)其他严重违约行为。有以上情形，承包方在合理期限内不解除土地经营权流转合同的，发包方有权要求终止土地经营权流转合同。受让方对土地和土地生态环境造成的损害应当依法予以赔偿。

按照《民法典》的规定，流转期限为5年以上的土地经营权，自流转合同生效时设立。当事人可以向登记机构申请土地经营权登记；未经登记，不得对抗善意第三人。承包方可以用承包地的土地经营权向金融机构融资担保；土地经营权流转的受让方，通过流转取得的土地经营权，经过承包方的书面同意并向发包方备案，也可以向金融机构融资担保。融资担保以后，发生担保物权的效力。当事人可以向登记机构申请登记。作为担保物权人的金融机构，有权就土地经营权优先受偿。

此外，通过招标、拍卖、公开协商等方式承包农村土地，经依法登记取得权属证书的，可以依法采取出租、入股、抵押或者其他方式流转土地经营权。为适应土地流转，解除农户的后顾之忧，《农村土地承包法》规定，承包方对其在承包地上投入而提高土地生产能力的，在土地承包经营权依法流转时有权获得相应的补偿，具体补偿方式和补偿多少，由流转双方协商确定。国家所有的农用地实行承包经营的，参照适用《民法典》物权编的有关规定。

第三节　建设用地使用权

一、建设用地使用权的概念

建设用地使用权是指自然人、法人或者其他组织依法享有的在国有或者集体土地及其上下建造、保有建筑物、构筑物及其附属设施的用益物权。[①] 按照我国土地用途管制制度，建设用地包括住宅用地、公共设施用地、工矿用地、交通水利设施用地、旅游用地、军事设施用地等。建筑物主要是指住宅、写字楼、厂房等，构筑物是指不具有居住或者生产经营功能的人工建造物如道路、桥梁、隧道、水池、水塔、纪念碑等，附属设施是指附属于建筑物、构筑物的一些设施。在我国，由于土地所有权不允许流转，因此建设用地使用权具有实现土地流转的功能。建设用地使用权人通过出让或者划拨方式取得对国家所有的土地使用和收益的权利，有权利用土地建造建筑物、构筑物及其附属设施。

《民法典》有关建设用地使用权的规定，针对我国的国情，突出体现以下几个原则：一是实行土地有偿使用制度，赋予建设用地使用权人使用土地的权利；二是切实加强土地调控，规范建设用地使用权出让制度；三是充分发掘土地资源的潜力，建立土地分层出让制度；四是对土地的用途进行严格管制，制止违法违规用地行为；五是切实维护广大群众的利益，住宅建设用地使用权自动续期；六是适应土地制度改革的要求，为集体建设用地的改革留下发展的空间。

关于建设用地使用权的体系。根据土地所有权主体的不同，可分为国有土地上建设用地使用权和集体所有土地上建设用地使用权。其中，国有建设用地使用权依其设定方式的不同又可分为：通过出让方式设定的建设用地使用权、通过划拨方式设定的建设用地使用权和合资外资企业中通过合约并加审批方式获得的建设用地使用权三种。集体所有土地的建设用地使用权根据其设立目的的不同，可分为乡镇村公共设施、公益事业建设用地使用权，乡镇企业建设用地使用权和宅基地使用权三种。由于宅基地使用权的特殊性，《民法典》专章对此作了规定。

根据《民法典》的规定，建设用地使用权具有以下法律特点：

(1)权利客体范围原则上为国有土地，也可以为集体所有的土地。按照《民法典》的规定，国有土地可以作为建设用地使用权的客体，同时也规定了集体所有的土地作为建设用地的情形，但集体所有的土地作为建设用地的，应当依照土地管理的法律规定办理。根据现行法律规定，建设用地原则上应为国家所有的土地，但为兴办乡镇企业或者乡镇村公共设施和公益事业而设定建设用地使用权时，或者村民建设住宅使用本集体经济组织土地作为宅基地的，其客体则可以为集体所有的土地。按照目前土地供应机制，国家垄断建设用地一级市场，集体建设用

---

① 应当指出的是，关于建设用地使用权的名称是单行法《物权法》和《民法典》采用的提法，此前在有关法律中提法并不一致，如在《民法通则》《城市房地产管理法》中采用"国有土地使用权"，在《土地管理法》中采用"建设用地使用权"，在《公司法》中采用的是"土地使用权"，在《中外合资经营企业法》中则采用"场地使用权"。由于"土地使用权"是一个广义的概念，《民法典》没有采用这一概念，因土地承包经营权、建设用地使用权和宅基地使用权在权利的设立、利用等方面存在较大的区别，当事人的权利和义务也不尽相同，故《民法典》根据土地用途将土地使用权分解为土地承包经营权、建设用地使用权和宅基地使用权，并分章作出规定。

地原则上不能直接进入市场。因此，建设用地使用权的客体原则上为国有土地。正因为如此，以往的相关法律把建设用地使用权称为国有土地使用权。

(2)权利设立目的的特定性。建设用地使用权的权利内容就是权利人在国有或者集体土地上下建造、保有建筑物、构筑物及其附属设施。建设用地使用权是以开发利用、生产经营和社会公益事业为目的的，这一特点使其与土地承包经营权、宅基地使用权区别开来。由于建设用地使用权的适用范围限于建造、保有建筑物、构筑物及其附属设施，因此，这与大陆法系上"地上权"包括种植竹木是有所不同的。

(3)权利的取得一般具有有偿性，权利一般存在期限性。在建设用地使用权中，除了通过划拨方式取得建设用地使用权外，在大多数情况下和将来的发展趋势，建设用地使用权的取得是有偿的。建设用地使用权一般也是存在期限的，期限因目的的不同而有所差别。

二、建设用地使用权的设立、流转和消灭

(一)建设用地使用权的设立方式与登记

《民法典》规定：建设用地使用权可以在土地的地表、地上或者地下分别设立。设立建设用地使用权，应当符合节约资源、保护生态环境的要求，遵守法律、行政法规关于土地用途的规定，不得损害已经设立的用益物权。设立建设用地使用权，可以采取出让或者划拨等方式。工业、商业、旅游、娱乐和商品住宅等经营性用地以及同一土地有两个以上意向用地者的，应当采取招标、拍卖等公开竞价的方式出让。严格限制以划拨方式设立建设用地使用权。

上述规定表明，建设用地使用权可以通过出让或者划拨方式取得。同时，针对土地的不同用途，出让的具体形式可以是招标、拍卖等公开竞价的方式。按照现行有关法律的规定，我国的国有土地使用权的取得方式主要有协议出让、招标出让、拍卖出让、挂牌出让和划拨等方式，如果是国有企业改制还涉及国家租赁、国家授权经营、国家作价出资入股等方式。《民法典》的上述规定，直接将工业用地纳入招标、拍卖等公开竞价方式的适用范围中。应当指出的是，虽然《民法典》只是列举了现行法律已作规定的招标和拍卖两种出让方式，没有对实践中已运用的公开竞价方式一一列举(如挂牌出让等方式)，但这并不表明出让土地时不能采取挂牌或者其他公开竞价方式。关于建设用地使用权出让合同，《民法典》对此作出明确规定：通过招标、拍卖、协议等出让方式设立建设用地使用权的，当事人应当采用书面形式订立建设用地使用权出让合同。[①] 此外，由于我国目前集体建设用地如何改革正处在试验阶段，因此，《民法典》对建设用地使用集体所有的土地情况仅作了原则性的规定，明确集体所有的土地作为建设用地的，应当按照土地管理的法律规定办理。《民法典》对集体建设用地作出原则且灵活的规定，为今后土地制度改革留下空间，集体建设用地制度的变革需要通过修改土地管理法等有关法律来从根本上解决问题。

随着社会和经济的发展，对土地的需求越来越大，建设用地供给量不足问题日益突出。为了适应土地利用由平面向立体化发展的趋势，增加土地分层利用的效用，《民法典》规定，建设用地使用权可以在土地的地表、地上或者地下分别设立。建设用地使用权人可根据出让合同规定的建筑物等占用的空间来确定自己的权利范围。《民法典》有关分层出让土地的规定，使

---

① 建设用地使用权出让合同一般包括下列条款：(1)当事人的名称和住所；(2)土地界址、面积等；(3)建筑物、构筑物及其附属设施占用的空间；(4)土地用途、规划条件；(5)建设用地使用权期限；(6)出让金等费用及其支付方式；(7)解决争议的方法。

国家在分层出让土地时有了法律依据，同时也界定了土地不同层次建设用地使用权人之间的权利义务，使地下或者地下设施的权利人能够办理相应的登记手续，使得权利人的合法权利能够得到法律上的确认和保护。[①] 土地的利用从平面变成立体，将有利于挖掘现有土地资源的潜力，缓解建设用地供应量不足的矛盾，进一步促进科学节约使用建设用地，保障经济的可持续发展。新设立的建设用地使用权，可能会与同宗土地上的其他用益物权产生冲突。对此，《民法典》规定，新设立的建设用地使用权，不得损害已设立的用益物权。在土地分层出让的情形下，不同层次的建设用地使用权人之间应当适用《民法典》上关于相邻关系的规定，如果建设用地使用权人一方需要利用另一方的建设用地，可以通过设定地役权来解决。因此，《民法典》中有关适用于横向的不动产相邻关系和地役权等规定都可用来适用于纵向的不动产情形。在判断同一土地之上先后设立的用益物权关系时，应当考虑相邻关系规则。一方面，后设定的权利如果对先设立的权利妨害不大，先权利人应负有一定的容忍义务，以求物尽其用的物权法的理念；另一方面，如果超出容忍的范围，则先权利人有权要求排除妨害，甚至请求宣告后设定的建设用地使用权合同无效。

设立建设用地使用权，应当符合节约资源、保护生态环境的要求。《民法典》对绿色原则作了规定，民事主体从事民事活动，应当有利于节约资源、保护生态环境。绿色原则是贯彻宪法关于保护环境的要求，也是落实建设生态文明、实现可持续发展理念的要求。为进一步体现绿色原则，设立建设用地使用权也应当符合节约资源、保护生态环境。设立建设用地使用权还应当遵守法律、行政法规关于土地用途的规定，并不得损害已设立的用益物权。建设用地使用权可能涉及地表范围内的建设用地使用权，还可能涉及地上或地下等“空间”的建设用地使用权。这些建设用地使用权的设立不得损害“已设立”的土地承包经营权、宅基地使用权、自然资源使用权等用益物权。如果一定要利用其他人的建设用地，完全可以通过设立地役权等方式来合法解决。简言之“已设立”的用益物权相对于“新设立”的建设用地使用权，具有优先权。应当指出的是，违反该规定的还可通过公益诉讼程序纠正违法行为。根据《最高人民法院、最高人民检察院关于检察公益诉讼案件适用法律若干问题的解释》的相关规定，人民检察院在履行职责中发现相关行政机关设立建设用地使用权时违反本条规定的，应当提出检察建议，督促其依法履行职责。行政机关不依法履行职责的，人民检察院依法向人民法院提起行政公益诉讼。人民法院经审理认为行政机关确实存在违反本条规定情形的，应判决确认违法或者确认无效，并可以同时判决责令行政机关采取补救措施等。

依照《民法典》的规定，设立建设用地使用权还必须由当事人向登记机构申请建设用地使用权登记。建设用地使用权自登记时设立。登记机构应当向建设用地使用权人发放权属证书。由此可以看出，在建设用地使用权的设定方面，物权法采用了严格的登记要件主义，即建

---

① 现行法律法规还没有对地下空间开发利用进行统一规定，目前只有部门规章和地方性法规如《城市地下空间开发利用管理规定》《上海市城市地下空间建设用地审批和房地产登记试行规定》，只是对城市地下空间利用的管理作了规定，而对地下空间的利用能不能成为一种权利就成了疑问。《民法典》的规定使得地下空间也可以设定建设用地使用权。此外，根据原国土资源部《关于地下建筑物土地确权登记发证有关问题的复函》（2000 年 8 月 15 日）对在地下设定建设用地使用权的登记作了明确的规定。根据该复函，离开地面一定深度单独建造，不能与地上建筑物连为一体的地下建筑物，其土地权利可确定为土地使用权（地下）。在登记时，其土地使用权为地下建筑物垂直投影面积，并在备注栏注明相应地上土地使用权的特征。土地使用权（地下）在不违反地下建筑物规定的用途、使用条件的前提下，可以进行出租、转让和抵押。

设用地使用权出让合同的生效,并不直接发生设定建设用地使用权的效力,只有完成建设用地使用权登记,才产生建设用地使用权设定的效果,受让人才实际取得建设用地使用权。因此,建设用地使用权期限应当自完成登记之日起算。同时,是否完成登记,并不影响建设用地使用权出让合同的效力。应当指出的是,建设用地使用权设立登记可以单方申请。设立建设用地使用权登记属于尚未登记的不动产权利首次申请登记,根据《不动产登记暂行条例》第 14 条第 2 款之规定,权利人可单方向登记机构申请。此外,根据《不动产登记暂行条例实施细则》第 33 条的规定,依法取得建设用地使用权,即使尚未建造房屋等建筑物,权利人也可以单独申请建设用地使用权登记。依法利用国有建设用地建造房屋的,还可以申请国有建设用地使用权及房屋所有权首次登记。根据《民法典》的规定,建设用地使用权人建造的建筑物、构筑物及其附属设施的所有权属于建设用地使用权人,但是有相反证据证明的除外。该规定表明,地上物应当添附于建设用地使用权而非土地所有权。建筑物、构筑物及其附属设施的所有权独立于土地所有权,而与建设用地使用权权利主体一致。

(二)建设用地使用权的流转

建设用地使用权流转是指建设用地使用权人不改变权利的客体和内容,将其权利通过合同方式再行转移给他人的行为,包括转让、互换、出资、赠与或者抵押,但是法律另有规定的除外。当建设用地使用权转让、互换、赠与的,准用《民法典》合同编中有关买卖、互易和赠与合同的规定,同时还要遵守《城市房地产管理法》有关限制转移权利的情形。①

建设用地使用权的流转方式中的转让是指受让人支付转让价款取得建设用地使用权的情形。互换是指权利人以自己建设用地使用权与他人权利进行交换,本质上就是两个建设用地使用权的互相转让。出资是指权利人将建设用地使用权投入公司或合伙企业等,作为对价取得股权或合伙份额,对此,《公司法》《合伙企业法》等均明确投资人可以用土地使用权等作价出资,其评估作价及出资比例限制等亦应遵循《公司法》等有关规定。赠与是指权利人将权利无偿移转于受让人。建设用地使用权可作为不动产抵押融资,虽然在抵押权设立时不立即发生权利流转的效果,但在实现时可采取拍卖、变卖或折价等方式流转。建设用地使用权的抵押作为债务担保行为,未必导致使用权的转移,只有实现抵押权时才会产生权利转移。在实践中还有其他流转方式,主要包括司法处置、资产处置、法人或其他组织合并或分立等形式涉及的建设用地使用权转移。实践中,有一些当事人为规避法定审批手续或税费,以合作建房为名行土地使用权转让之实,这种情况下应采取穿透式裁判思维,根据通谋虚伪表示的规定,按照当事人真实意思确定相关合同的法律性质。在合作开发房地产合同约定提供土地使用权的当事人不承担经营风险,只收取固定利益的,应当认定为建设用地使用权转让。

根据《民法典》的规定,建设用地使用权转让、互换、出资、赠与或者抵押的,当事人应当采

---

① 如《城市房地产管理法》第 37 条规定:“下列房地产,不得转让:(1)以出让方式取得土地使用权的,不符合本法第 38 条规定的条件的;(2)司法机关和行政机关依法裁定、决定查封或者以其他形式限制房地产权利的;(3)依法收回土地使用权的;(4)共有房地产,未经其他共有人书面同意的;(5)权属有争议的;(6)未依法登记领取权属证书的;(7)法律、行政法规规定禁止转让的其他情形。”第 38 条规定:“以出让方式取得土地使用权的,转让房地产时,应当符合下列条件:(1)按照出让合同约定已经支付全部土地使用权出让金,并取得土地使用权证书;(2)按照出让合同约定进行投资开发,属于房屋建设工程的,完成开发投资总额的百分之二十五以上,属于成片开发土地的,形成工业用地或者其他建设用地条件。转让房地产时房屋已经建成的,还应当持有房屋所有权证书。”

用书面形式订立相应的合同。使用期限由当事人约定，但是不得超过建设用地使用权的剩余期限。建设用地使用权转让、互换、出资或者赠与的，应当向登记机构申请变更登记。建设用地使用权转让、互换、出资或者赠与的，附着于该土地上的建筑物、构筑物及其附属设施一并处分。建筑物、构筑物及其附属设施转让、互换、出资或者赠与的，该建筑物、构筑物及其附属设施占用范围内的建设用地使用权一并处分。上述规定体现了“房随地走”和“地随房走”的规则。

(三)建设用地使用权的消灭与登记

建设用地使用权可因土地使用权出让合同规定的使用年限届满、提前收回以及土地灭失等原因而终止。《民法典》在规定对于国家因公共利益需要提前收回建设用地使用权的时候，不仅规定了对地上房屋及其他不动产的补偿，还规定了对剩余年限的土地出让金的处理办法：建设用地使用权期限届满前，因公共利益需要提前收回该土地的，应当依照《民法典》的有关规定对该土地上的房屋以及其他不动产给予补偿，并退还相应的出让金。此外，《民法典》对住宅建设用地使用权期间届满以及非住宅建设用地使用权届满后其地上其他不动产的处理作出不同的规定：住宅建设用地使用权期限届满的，自动续期。续期费用的缴纳或者减免，依照法律、行政法规的规定办理。非住宅建设用地使用权期限届满后的续期，依照法律规定办理。该土地上的房屋及其他不动产的归属，有约定的，按照约定；没有约定或者约定不明确的，依照法律、行政法规的规定办理。上述区别规定着重体现了保护私人所有权的原则。[①] 当建设用地使用权消灭，因为《民法典》对建设用地使用权采取登记要件主义，故出让人应当及时办理注销登记。登记机构应当收回权属证书。

三、建设用地使用权人的权利与义务

按照《民法典》的规定，建设用地使用权人依法对国家所有的土地享有占有、使用和收益的权利，有权利用该土地建造建筑物、构筑物及其附属设施。建设用地使用权人有权将建设用地使用权转让、互换、出资、赠与或者抵押，但法律另有规定的除外。根据上述规定，建设用地使用权作为用益物权中的一项重要权利，出让人通过出让建设用地使用权，使建设用地使用权人对国家所有的土地享有了占有、使用和收益的权利。据此，建设用地使用权人可利用该土地上下建造建筑物、构筑物及其附属设施。同时，由于建设用地使用权还具有实现土地流转的功能，因此，建设用地使用权人依法有权将建设用地使用权进行转让、互换、出资、赠与或者抵押。

建设用地使用权人在行使物权法所赋予的权利的同时，还必须履行法律所规定的义务。

---

① 关于住宅建设用地使用权到期需续期的问题，浙江省国土资源厅就此问题请示原国土资源部，原国土资源部作出《国土资源部办公厅关于妥善处理少数住宅建设用地使用权到期问题的复函》，主要内容是：《中共中央、国务院关于完善产权保护制度依法保护产权的意见》提出，“研究住宅建设用地等土地使用权到期后续期的法律安排，推动形成全社会对公民财产长久受保护的良好和稳定预期”。在尚未对住宅建设用地等土地使用权到期后续期作出法律安排前，少数住宅建设用地使用权期间届满的，可按以下过渡性办法处理：(1)不需要提出续期申请。少数住宅建设用地使用权期间届满的，权利人不需要专门提出续期申请。(2)不收取费用。市、县国土资源主管部门不收取相关费用。(3)正常办理交易和登记手续。此类住房发生交易时，正常办理房地产交易和不动产登记手续，涉及“土地使用期限”仍填写该住宅建设用地使用权的原起始日期和到期日期，并注明：“根据《国土资源部办公厅关于妥善处理少数住宅建设用地使用权到期问题的复函》(国土资厅函〔2016〕1712号)办理相关手续。”故在相关法律、行政法规对住宅建设用地使用权续期期限、是否缴纳相关费用等作出明确规定前，实践中可参照上述复函的规定处理。

这些义务主要包括:(1)建设用地使用权人应当合理利用土地,不得改变土地用途。需要改变土地用途的,应当依法经有关行政主管部门批准。建设用地使用权人在使用土地时,应当符合节约资源、保护生态环境的要求。建设用地使用权人在使用土地时,必须严格遵守我国的土地用途管制制度。建设用地使用权人在使用土地时,不得损害已设立的用益物权。(2)建设用地使用权人应当依照法律规定以及合同约定支付出让金等费用。我国实行土地有偿使用制度,建设用地使用权人应当通过支付土地出让金的方式来获得出让的建设用地使用权。如未按照出让合同约定支付建设用地使用权出让金的,土地出让部门有权要求解除合同,并可以请求违约赔偿。

第四节　宅基地使用权

一、宅基地使用权的概念

宅基地使用权是指权利人依法对集体所有的土地享有占有和使用并利用该土地建造住宅及其附属设施的一项用益物权。《民法典》将宅基地使用权作为独立的用益物权进行规定,对宅基地使用权的权利内容及宅基地使用权灭失后的处理给予了明确的规定,同时还对宅基地使用权的取得、行使和转让等作了原则性的规定。从《民法典》和相关法律、法规规定来看,宅基地使用权具有以下法律特点:

第一,权利主体上的限定性。从法律上来看,原则上限于农村村民即农村集体经济组织的成员。宅基地是对集体所有的土地所享有的权利,因此,就其初始取得而言,权利主体只能是本集体经济组织的成员。外乡、外村的村民也不具备该项权利的主体资格,除非其依法将户口迁入本乡或者本村。按照一些地方性法规,集体经济组织招聘的技术人员要求在当地落户的,回乡落户的离休、退休、退职的干部职工、复退军人和回乡定居的华侨和港、澳、台同胞,也可以申请取得宅基地使用权,但这是以其已经获得该集体经济组织成员的身份为前提的。即使将来的法律允许宅基地使用权自由流转,城镇居民也只能通过买卖或者赠与等方式获得。

关于集体经济组织成员资格的认定,可结合承包地征收补偿费用分配纠纷中的主体资格认定标准,即综合考虑当事人生产生活状况、户口登记状况以及农村土地对农民的基本生活保障功能等因素认定相关权利主体。在非试点地区,对于农民将其宅基地上的房屋出售给非本集体经济组织成员的,应依法认定合同无效。根据《土地管理法》第 62 条第 6 款的规定,国家允许进城落户的农村村民依法自愿有偿退出宅基地,进而推导出宅基地使用权人除了农村村民之外,还可能是进城落户的农村村民,因此,应避免用僵化的农村户口这一静态因素来判定宅基地使用人。

第二,权利客体的特定性。宅基地使用权的客体仅限于集体所有的土地。根据我国现行的有关法律,宅基地属于集体所有。《宪法》第 10 条第 2 款规定:农村和城市郊区的土地,除由法律规定属于国家所有的以外,属于集体所有;宅基地和自留地、自留山,也属于集体所有。《土地管理法》第 8 条第 2 款进一步明确规定:农村和城市郊区的土地,除由法律规定属于国家所有的以外,属于农民集体所有;宅基地和自留地、自留山,属于农民集体所有。因此,宅基地使用权只能以集体所有的土地为客体。

农村宅基地是农村村民用于建造住宅及其附属设施的集体建设用地,包括住房、附属用房和庭院等用地，不包括与宅基地相连的农业生产性用地、农户超出宅基地范围占用的空闲地等土地。依据《土地管理法》的规定，按照土地所有制性质划分，土地分为国有土地和农民集体所有的土地，其中宅基地属于农民集体所有。按照土地用途划分，土地分为农用地、建设用地、未利用地三大类。其中，建设用地是指建造建筑物、构筑物的土地，包括城乡住宅和公共设施用地、工矿用地、交通水利设施用地、旅游用地、军事设施用地等。因此，从土地性质和用途上来说，农村宅基地属于集体建设用地。按照2017年发布的《土地利用现状分类》(GB/T 21010—2017)，土地进一步分为耕地、工矿仓储用地、住宅用地、公共管理与公共服务用地、交通运输用地、其他土地等12类。其中，农村宅基地属于住宅用地，农村道路占地属于交通运输用地。

第三，权利取得的特殊性。这种特殊性主要体现在宅基地使用权的获得要经过行政审批和取得具有无偿性两方面。与土地承包经营权、建设用地使用权取得方式所不同的是，宅基地使用权的创设取得不是通过合同方式，而是通过行政审批程序获得的。按照有关规定[①]：农村村民建造住宅需要使用宅基地的，应向本集体经济组织提出申请，并在本集体经济组织或者村民小组张榜公布。公布期满无异议的，报经乡(镇)审核后，报县(市)审批，经依法批准的宅基地，农村集体经济组织或者村民小组应及时将审批结果张榜公布。国家鼓励农民在申请宅基地时，尽量安排村内空闲地、老宅基地和未利用土地。对于这些用地的审批，应由村、乡(镇)逐级审核，批量报县(市)批准后，由乡(镇)组织落实到户。

在我国，宅基地使用权是一种带有社会福利性质的权利，它是农民的安身之本，与土地承包权一样，作为集体经济组织成员的农民应是无偿获得和无偿使用，它是农民基于集体成员身份而享有的福利保障。农民的建房用地属农村集体经济组织所有，土地所有权没有发生转移，因此不应缴纳土地补偿费、青苗补偿费和新菜地开发基金等费用。

第四，权利的存续没有明确期限的限制。由于宅基地使用权是农民以户为单位在集体土地上为生活需要而建造住宅的权利，虽然由户主代表家庭享有，但户主或者某个家庭成员的死亡并不影响宅基地的存续。因此，《民法典》并没有像建设用地使用权、土地承包经营权那样对宅基地使用权规定期限上的限制。

新中国成立以来农村宅基地制度的演变，以改革开放、《物权法》颁布、《土地管理法》修订为标志，分为四个阶段。

第一阶段是1949年至1978年，集体所有制逐步建立。1954年《宪法》规定了农民宅基地所有权。1962年《农村人民公社工作条例修正草案》(即“人民公社六十条”)规定了宅基地归生产队所有，一律不准出租和买卖。

第二阶段是1978年至2007年，宅基地严格管理阶段。1982年2月，国务院发布《村镇建房用地管理条例》提出宅基地限额要求，并对特定城镇居民取得宅基地的合法性作了规定。1997年4月，中共中央、国务院印发《关于进一步加强土地管理切实保护耕地的通知》，第一次以中央文件形式提出“一户一宅”的要求。1998年修订的土地管理法，删除了1986年土地管理法关于城镇非农业户口居民使用集体土地建住宅的规定；规定了“一户一宅、限定面积”，即“农村村民一户只能拥有一处宅基地，其宅基地的面积不得超过省、自治区、直辖市规定的标准”。1999年5月，国务院办公厅印发《关于加强土地转让管理严禁炒卖土地的通知》，首次禁止城市居民在农村购置宅基地的行为。

第三阶段是2007年至2018年，改革赋权扩能阶段。2007年3月出台的《物权法》，明确

① 参见2004年原国土资源部颁布的《关于加强农村宅基地管理的意见》(国土资发〔2004〕234号)。

宅基地使用权为用益物权。2014 年 12 月，中共中央办公厅、国务院办公厅印发《关于农村土地征收、集体经营性建设用地入市、宅基地制度改革试点工作的意见》，部署开展农村宅基地制度改革试点。2018 年中央一号文件提出探索宅基地所有权、资格权、使用权“三权分置”，标志着宅基地制度改革探索进入新阶段。

第四阶段是 2019 年以来，宅基地规范管理阶段。2019 年 8 月，第十三届全国人民代表大会常务委员会第十二次会议对《土地管理法》进行了第三次修正。新修正的土地管理法中，明确了一户一宅、户有所居的宅基地分配制度，统筹合理安排宅基地用地的村庄规划编制制度；明确宅基地由乡（镇）人民政府审核批准，可以依法自愿有偿退出，鼓励盘活利用闲置宅基地和闲置住宅，以及国务院农业农村主管部门负责全国农村宅基地改革和管理工作的宅基地管理新体制。新修正的《土地管理法》标志着我国农村宅基地管理，从管理机构、制度设计到政策指导、监督检查，进入规范管理的新时期。

需要指出的是，目前农村土地三项制度改革是指农村土地征收、集体经营性建设用地入市、宅基地制度改革试点。在 2014 年 12 月，中共中央办公厅、国务院办公厅印发《关于农村土地征收、集体经营性建设用地入市、宅基地制度改革试点工作的意见》（中办发〔2014〕71 号），在全国部署农村土地三项制度改革试点工作。改革的主要目标是：健全程序规范、补偿合理、保障多元的农村土地征收制度，同权同价、流转顺畅、收益共享的农村集体经营性建设用地入市制度，依法公平取得、节约集约使用、自愿有偿退出的农村宅基地制度。探索形成可复制、可推广的改革成果，为科学立法和修改完善相关法律法规提供支撑。

2018 年中央一号文件《中共中央国务院关于实施乡村振兴战略的意见》在“深化农村土地制度改革”中提出，探索宅基地所有权、资格权、使用权“三权分置”，落实宅基地集体所有权，保障宅基地农户资格权和农民房屋财权，适度放活宅基地和农民房屋使用权。

2020 年中央一号文件要求“以探索宅基地所有权、资格权、使用权‘三权分置’为重点，进一步深化农村宅基地制度改革试点”。按照中央要求，农业农村部将牵头组织试点，拓展试点范围，丰富试点内容，完善制度设计，围绕宅基地所有权、资格权、使用权“三权分置”，探索完善宅基地分配、流转、抵押、退出、使用、收益、审批、监管等制度的方法路径，总结一批可复制、能推广、惠民生、利修法的制度创新成果。

二、宅基地使用权的内容

1.宅基地使用权人的权利

主要表现为对宅基地的占有和使用的权利。按照《民法典》的规定，宅基地使用权人对其拥有的集体土地享有占有和使用的权利，可以依法在其拥有的土地上建造住宅及其附属设施。此外，宅基地使用权人在经过本集体经济组织的同意后，可以转让住房给本集体的农户，当住房转让时，该宅基地使用权同时转让。宅基地使用权没有期限上的制约。我国目前对农村的房屋拆迁补偿还没有专门的规定，参照《民法典》和《土地管理法》的有关规定，在国家征收土地补偿中，房屋按照地上附着物对待，具体补偿标准根据《土地管理法》第 47 条的规定，被征地的地上附着物的补偿标准，由各省、自治区和直辖市规定。

2.宅基地使用权人的义务

由于宅基地使用权带有社会福利色彩，在取得时基本上是无偿的，因此，宅基地使用权人的权利就受到比较多的限制，对宅基地使用权没有收益和处分的权利。宅基地使用权人要接受政府和乡村统一规划的义务，负有正当使用宅基地的义务，未经依法批准，不得改变宅基地的用途，不得非法转让宅基地使用权。

3.宅基地使用权的取得、行使、转让、抵押和面积规定

《民法典》规定，宅基地使用权的取得、行使和转让，适用土地管理的法律和国家有关规定。这一规定表明，《民法典》对于宅基地的取得、行使和转让等的规范与现行法律法规仅作了衔接性的规定。

对宅基地的取得和行使主要涉及我国的土地法律制度，《土地管理法》对宅基地使用权的取得和行使权利的必要限制作出了明确规定：农村村民一户只能拥有一处宅基地，其宅基地的面积不得超过省、自治区、直辖市规定的标准。[①] 农村村民建住宅，应当符合乡（镇）土地利用总体规划，并尽量使用原有的宅基地和村内空闲地。农村村民住宅用地，经乡（镇）人民政府审核，由县级人民政府批准；其中，涉及占用农用地的，依照有关规定办理审批手续。农村村民出卖、出租住房后，再申请宅基地的，不予批准。关于宅基地使用权的转让和抵押，依据现行的法律法规的规定，宅基地使用权不允许转让和抵押，《民法典》中也规定，耕地、宅基地、自留地、自留山等集体所有的土地使用权不得抵押。对于宅基地出租问题，虽然法律上没有直接作出禁止性的规定，但是按照相关规定，当村民将住房出卖或者出租以后，再申请宅基地的将不予批准，即不可能再获得新的宅基地。最高人民法院在第八次全国法院民事商事审判工作会议上，对农村宅基地买卖案件形成如下意见：一是在国家确定的宅基地制度改革试点地区，可以按照国家政策及相关指导意见处理宅基地使用权因抵押担保、转让而产生的纠纷。二是在非试点地区，农民将其宅基地上的房屋出售给本集体经济组织以外的个人，该房屋买卖合同认定为无效。合同无效后，买受人请求返还购房款及其利息，以及请求赔偿翻建或改建成本的，应当综合考虑当事人过错等因素予以确定。

4.关于宅基地继承问题

农村宅基地不能单独继承。依据法律规定，宅基地的所有权和使用权是分离的，宅基地的所有权属于村集体，使用权属于村内房屋所有权人，村民只有宅基地使用权，不能随意对宅基地进行处置。所以宅基地不属于遗产，不能被继承，宅基地上的房屋可以继承。在土地确权之后，有六种情形宅基地子女无法继承：(1)已经分户的孩子无法继承父辈宅基地；(2)宅基地是违法的无法继承；(3)子女户口迁走，转为城镇户口的；(4)五保户的宅基地；(5)超出规定面积的部分无法被继承；(6)闲置超过两年时间的。这些无法被继承的宅基地，最终将被村里收回。需特别指出的是，继承后房屋灭失的，不能进行重建或者以其他方式继续使用这块宅基地，应由村集体经济组织按法定程序收回其宅基地使用权另行安排。符合一户一宅的村民除外。

三、宅基地使用权的消灭与法律后果

宅基地使用权可因下列原因而消灭：

(1)宅基地使用权的收回和调整。一般来讲，集体经济组织根据乡村建设需要或者是宅基地使用权人违法使用宅基地的或者是使用权人长期闲置宅基地的，经原批准用地人民政府的批准，可以收回宅基地使用权。当宅基地使用权被收回后，该宅基地使用权即归于消灭。其

---

①　在实践中，有一些村民由于历史的原因或者是通过继承房产，使得宅基地的面积超过了所规定的标准的现象。对此，根据《确定土地所有权和使用权的若干规定》，当面积超过当地政府规定标准的，可在土地登记卡和土地证书内注明超过标准面积的数量。以后分户建房或者现有房屋拆迁、改建、翻建或者政府依法实施规划重新建设时，按当地政府规定的面积标准重新确定使用权，其超过部分退还集体。

中，根据《确定土地所有权和使用权的若干规定》规定，空闲或者房屋坍塌、拆除两年以上未恢复使用的宅基地，不确定土地使用权。已经确定使用权的，由集体报经县级人民政府批准，注销其土地登记，土地由集体收回。

(2)宅基地被征收。当国家因社会公共利益的需要而征收宅基地的，宅基地使用权随之而消灭。在这种情形下，经原宅基地使用权人的申请，应当重新分配宅基地。

(3)宅基地使用权的抛弃。当宅基地使用权人抛弃宅基地的，宅基地使用权即归于消灭。同时，原宅基地使用权人不得再申请宅基地使用权。

(4)宅基地的灭失。当宅基地因自然灾害等原因灭失的，作为权利客体灭失，宅基地使用权丧失存在的基础，宅基地使用权即归于消灭。对失去宅基地的村民，应当依法重新分配宅基地。由于宅基地使用权是农民基于集体成员身份所享有的一种具有福利保障性的权利，因此，对于宅基地使用权人再次申请宅基地时应分别对待。若是自然灾害原因致使其所享有的宅基地使用权灭失的，集体经济组织应当重新分配宅基地。但如果是将自己的宅基地使用权出售或者出租，则不能获得新的宅基地。

根据《民法典》的规定，已经登记的宅基地使用权转让或者消灭的，应当及时办理变更登记或者注销登记。《民法典》并未规定宅基地使用权登记设立或者登记发生对抗第三人的效力，因此，宅基地使用权的设定是以审批程序为要件的，而无须进行登记。但如果是已经登记的，在转让或者消灭时，应当及时办理变更登记或者注销登记。

同一集体经济组织成员依法订立宅基地转让合同，如果意思表示真实则合同有效，是否办理过户登记手续对合同效力不产生任何影响。

在宅基地变更过程中，妇女及进城落户的农民宅基地权益在变更登记中有特殊制度安排。根据 2016 年原国土资源部《关于进一步加快宅基地和集体建设用地确权登记发证有关问题的通知》的规定和相关法律规定，农村妇女作为家庭成员，其宅基地权益应记载到不动产登记簿及权属证书上。农村妇女因婚嫁离开原农民集体，取得新家庭宅基地使用权的，应依法予以确权登记，同时注销其原宅基地使用权。农民进城落户后，其原合法取得的宅基地使用权应予以确权登记。

第五节 居住权

一、居住权的概念

居住权是指根据双方的合同约定，非所有人为满足生活居住需要对他人所有的房屋进行居住使用的权利。居住权由非所有人与房屋所有人通过协商一致订立合同的方式设立，因此属于一种意定物权。居住权具有以下法律特征：

第一，居住权以他人的住房为利用对象。设立居住权的目的在于为没有住房的人解决生活居住需要，这一目的需要借助他人的住房才能实现，故居住权是设立在他人的住房之上的。居住权的客体为住宅。这有别于“商品房”“房屋”等表述，表明住宅只能是用于居住的房屋，包括但不限于商品房、经济适用房、限竞房、两限房、共有产权房以及农村宅基地所建房屋等。对于非用于居住的商铺、厂房、办公楼等，原则上不能设立居住权。

第二，居住权是一种用益物权。居住权是为了满足居住权人的生活居住需要而设立的，是对他人房屋的使用权，并且这种权利具有排他性，是一种用益物权。

第三，居住权的权利主体只能是自然人，而居住权的义务主体则没有此限制，既可以是自然人，也可以是法人和非法人组织，只要是设定居住权的房屋的所有者即可。

第四，居住权是通过合同设立的。居住权人按照合同约定而享有权利，表明居住权是经意思自治所创设而并非所有权人的法定义务。

第五，居住权人享有占有和使用权能。通说认为，完整的所有权包含占有、使用、处分和收益四项权能。所有权人通过设定用益物权将占有、使用和收益权能转移给用益物权人，而居住权人仅享有占有、使用标的物住宅的权能，明确排除居住权人享有收益权，体现了立法对于居住权保障弱势群体的功能定位。同时，对于居住权人的占有权、使用权的理解还应当结合“以满足生活居住的需要”作限缩性解释，即居住权人对标的物住宅的占有、使用不能超出居住的范畴。如使用住宅权仅用于堆放物资、改造住宅用于经营等，均超出了居住权人的权利范围。

应当指出的是，居住权是对他人房屋进行占有使用的权利，而房屋承租权也是对他人房屋进行占有使用的权利，但这两种房屋使用权并不相同，在实践中要能够区分居住权与房屋承租权二者之间的区别：(1)二者的权利性质不同。居住权是一种物权，具有对抗第三人的效力；房屋承租权则为债权，一般在相对人之间发生效力。(2)二者在主体方面的限制不同。居住权的权利人具有限定性，只能是自然人；而房屋承租人则无此限制，自然人、法人和非法人组织皆可。(3)二者对房屋的使用目的不同。居住权人对房屋的使用只能限于满足生活居住需要；而房屋承租人对房屋的使用则无此限制，既可以用于满足生活居住需要，也可用于经营活动。(4)有偿与否不同。房屋承租权的获取一般是有偿的，承租人在获得房屋租赁权时需向房屋所有人支付租金等费用；而居住权根据我国法律规定以无偿为原则，以当事人约定有偿为补充。

二、居住权的意义

居住权制度最早产生于古罗马的婚姻家庭关系中，是为了调整处于无夫权婚姻和概括继承制度之下的婚姻家庭关系而产生的。在当时的制度设置下，家主常选择将房屋居住权遗赠给被解放的奴隶或无继承权的家人，从而实现对家庭关系中弱者的关怀。[①] 由此可见，居住权制度的设立初衷在于弱势群体之基本住房权益，与住房保障制度保障弱者基本住房需求的目的不谋而合。从我国现有居住权制度来看，同样具有明显的福利性特征。我国自 2001 年在《最高人民法院关于适用婚姻法若干问题的解释(一)》中首次提出居住权概念，经过数十年广泛探讨，最终在民法典中得以确立。根据立法机关说明，之所以决定在我国创设居住权制度，是为落实党中央的要求，认可和保护民事主体对住房保障的灵活安排，满足特定人群的居住需求，还特别提到这一制度安排有助于为公租房和老年人以房养老提供法律保障。居住权制度是《民法典》“物权编”中新增加的一章内容。依居住权的立法旨意，它是权利人对他人住房进行居住使用的一种用益物权，其目的在于为那些经济困难无力购买住房的人解决生活居住需求。在我国单行民事法律《物权法》的制定过程中，居住权制度入法的呼声就很高，但 2007 年颁布的《物权法》却最终将居住权的有关规定加以删除。但此后，围绕我国民法中是否应当规定居住权制度这一问题的争议一直没有中断，现实生活中也确实存在对居住权的迫切需要。在居住权立法讨论阶段，学界反对观点之一便是认为居住权在我国适用空间不大，可以被其他

① 黄薇编：《中华人民共和国民法典物权编释义》，法律出版社 2020 年版，第 401 页。

制度所取代。[①] 最终决定立法则是立法机关认为居住权能够突破国外传统居住权规则的限定，在我国社会中发挥更大作用。将居住权制度引入住房保障领域，进行住房保障制度的体系重构，能够将其从私法领域引入公法，拓宽居住权适用空间，实现立法目的和居住权的制度价值。居住权系我国一项新的民法制度，处于初创阶段，各项规定还不够完善。就目前的立法内容来看，我国居住权制度设置趋于封闭，且存在内容缺失的情况，亟须在实践中加以拓展及完善。[②]

三、居住权的设立与内容

根据《民法典》的规定，设立居住权，当事人应当采用书面形式订立居住权合同。居住权合同一般包括下列条款：(1)当事人的姓名或者名称和住所；(2)住宅的位置；(3)居住的条件和要求；(4)居住权期限；(5)解决争议的方法。以上为居住权合同的必备条款，对于欠缺的非必备条款，可依照《民法典》合同编有关确定的规则予以填补。

关于居住权人的亲属的权利问题。居住权人的亲属亦享有居住利益。居住权的功能在于满足生活居住的需要，自然应当包括家庭生活。因而，居住权人的家庭成员或者保姆等为其提供生活起居照顾的人员亦应当享有居住的利益。根据规定，享有居住利益的仅包括配偶、受权利人抚养之子女以及其他应由权利人抚养之血亲。除此之外，还可以包括与权利人有事实婚姻关系之人以及基于为权利人服务或上述家庭成员服务而与权利人一起生活的人。

居住权原则上应无偿设立，但是当事人另有约定的除外。设立居住权的，应当向登记机构申请居住权登记。居住权自登记时设立。

居住权还可通过遗嘱方式设立。以遗嘱方式设立居住权的，应以遗嘱有效为前提。《民法典》对遗嘱的形式和效力作出规定。根据法律规定，遗嘱分为自书遗嘱、代书遗嘱、打印遗嘱、录音录像遗嘱、口头遗嘱、公证遗嘱等，不同形式的遗嘱必须具备特定形式要件才能发生效力。同时，对于无民事行为能力或限制民事行为能力人作出的遗嘱、受欺诈或胁迫作出的遗嘱、伪造以及被篡改的遗嘱，应依法认定无效。无效遗嘱设立的居住权，自始不能发生物权效力。此外，根据法律规定，遗嘱还应当为缺乏劳动能力又没有生活来源的继承人保留必要的份额。未保留的，则居住权人的权利亦可能受到影响。通过遗赠设立居住权的，受遗赠人应当及时作出接受的意思表示。根据《民法典》的规定，受遗赠人应当在知道受遗赠后60日内，作出接受或者放弃受遗赠的表示；到期没有表示的，视为放弃受遗赠。与此不同的是，被继承人如没有作出表示的，视为接受继承。

根据《民法典》的规定，居住权不得转让、继承。设立居住权的住宅不得出租，但是当事人另有约定的除外。

关于居住权人的住宅修缮改良行为。在居住权存续期间，居住权人的住宅修缮改良行为有三种情形：(1)如果是住宅存在重大危险可能导致损毁或灭失的，则应视为为所有权人的利益，相应费用应由所有权人承担；(2)如果是基于居住的需要进行适当修缮改良的，属于为居住权人居住利益，相应费用应当由居住权人自行承担；(3)如果是非基于住宅的安全或自身居住需求而进行重大改良的，一般应由双方协商。居住权人未经协商擅自改良的，相应费用应当由其自行承担。此外，若居住权人不当使用导致房屋损毁的，应当承担赔偿责任。但因居住导致

---

① 全国人大常委会法工委民法室编：《物权法立法背景与观点全集》，法律出版社2007年版，第49页。

② 申卫星：《〈民法典〉居住权制度的体系展开》，载《吉林大学社会科学学报》2021年第3期。

房屋及设施老化折旧的，无须支付相应折旧费用。

四、居住权的消灭

根据《民法典》的规定，居住权期限届满或者居住权人死亡的，居住权消灭。居住权消灭的，应当及时办理注销登记。

居住权除了因居住权期限届满或者居住权人死亡而消灭，还可因以下原因而消灭：(1)居住权因住宅灭失而消灭。居住权依附于他人的住宅而存在，如果该住宅灭失，则居住权无所依托，应当消灭。(2)居住权因住宅被依法征收而消灭。根据《民法典》的规定，为了公共利益的需要，国家可以征收组织、个人所有的房屋。由于房屋被征收后用途往往发生改变，难以为居住权人继续居住，故此时居住权亦应当消灭。(3)因居住权人放弃居住权而消灭。居住权是一项私权，可以由权利人主动放弃。居住权人放弃居住权的，居住权应当消灭。(4)所有权人依照法定或约定事由解除居住权合同的，居住权应当消灭。(5)居住权因与所有权混同而消灭。居住权是设立在他人住宅之上的用益物权。一旦居住权人取得房屋所有权，则其获得完整的占有、使用、处分、收益四项权能，居住权即失去存在的意义，自然归于消灭。

在实践中，因标的物灭失后重建的，原居住权人是否可以取得居住权？由于用益物权是对特定物的使用和收益，一旦该物灭失，用益物权即归于消灭，权利人不享有物上代位权。作为承载居住权的住宅灭失后，所有权人重新修建的住宅属于新的物，原居住权人并不当然就该新建住宅享有居住权，亦无权依据原居住权合同请求设定新的居住权。

第六节　地役权

一、地役权的概念

地役权是指地役权人按照合同约定利用他人的不动产，以提高自己不动产效益的一种用益物权。[①] 地役权中的“役”是使用或者利用之意。地役权的主要特征有：

第一，地役权是对他人土地享有的用益物权。设立地役权的目的在于使此土地供彼土地使役，因而必须有两块土地的存在。其中，为自己之便利而需要使用他人土地的土地称需役地，为需役地之便利而供他人使用的土地称供役地。需役地与供役地一般是相互毗连的，但地役权并不以此为限。[②]

第二，地役权是为了自己土地的便利的权利。使用供役地的目的是为了需役地的便利，如果供役地不能提供需役地的便利，就不必设定地役权。需役地的便利，泛指开发、利用需役地的各种需要，如人、畜、车辆的通行，管道线路的铺设，汲水、排水、通风、采光等。只要不违背法律和社会公共利益，当事人均可在供役地上设立地役权，以满足需役地权利人的需要。

---

① 学术界曾有主张采用“邻地利用权”一词来替代“地役权”。梁慧星：《中国物权法草案建议稿——条文、说明、理由与参考立法例》，社会科学文献出版社 2000 年版，第 550 页；梁慧星、陈华彬：《物权法》，法律出版社 1997 年版，第 271 页；梁慧星主编：《中国物权法研究》(下)，法律出版社 1998 年版，第 625 页；参见梁慧星主编：《中国民法典草案建议稿》，法律出版社 2003 年版，第 92 页以下。

② 钱明星：《物权法原理》，北京大学出版社 1994 年版，第 320 页。

第三,地役权具有从属性和不可分性。地役权是为需役地而设立的,虽非需役地所有权或使用权的扩张,但与需役地的所有权或使用权共命运,具有从属性。因此,地役权不得与需役地所有权或使用权分离而单独让与,需役地所有权或使用权转移时地役权一并转移。此外,地役权不得与需役地分离而成为其他权利的标的,如单以地役权抵押或出租。需役地上设立抵押权或其他权利时,地役权应包括在内。地役权还具有不可分性,地役权不得被分割为两个以上的权利,也不得使其一部分消灭。在需役地分割时,地役权为分割后的地块的利益仍然存续。

在民事单行法《物权法》颁布前,地役权的内容主要纳入土地他项权利中,原国家土地管理局颁布的《确定土地所有权和使用权的若干规定》中规定,土地他项权利依照法律或者当事人约定设定。他项权利可以与土地所有权或者使用权同时确定,也可在土地所有权或者使用权确定之后增设。而后《物权法》和《民法典》对地役权的设立给予了明确规定,并在用益物权分编的第十五章专门对地役权的设立、生效、登记及转让等进行了详细的规定。

地役权制度与相邻关系制度均调整相邻土地关系,两者的实质均是此土地供彼土地便利之用。但相邻关系是由法律所直接确认的,是法律对于因相邻土地关系而使用他人土地最低限度的规定,对土地的利用程度有限。地役权则依当事人间设立地役权的合同而产生,使得当事人可以通过协商处理相邻土地的利用,在相邻关系制度之外为人们处理相邻土地的利用提供更充分的余地,对于相邻关系具有弥补其不足的作用。

地役权制度与土地租赁制度在调节土地利用方面也存在相似之处,即均是对他人土地的使用。但土地租赁是债的关系,因此,土地租赁在稳定土地关系对他人的土地利用方面,不如作为物权关系的地役权稳固。此外,由于承租人独占性地使用出租人的土地,因此以土地租赁虽解决了土地的便利及使用土地的需要,但会造成较大的土地利益的损失。而地役权制度不仅满足了需役地的需要,一般也不妨碍供役地权利人对供役地的利用,对于供役地权利人的利益并无多大影响。

二、地役权的种类

依地役权行使的范围、内容、方法和状态等标准,可将地役权分为不同的种类。

(1)乡村地役权(田野地役权)和城市地役权。前者包括通行役权和用水役权;后者包括通水役权、立墙役权和采光役权等。此类地役权的设立目的,在于调整相邻土地所有人之间因实现土地的利益而必须使用他人土地所发生的财产关系。

(2)积极的地役权和消极的地役权。前者也称为作为地役权,主要指提供进行建筑便利的权利等。后者亦称为不作为地役权,主要是指限制建筑物的役权、禁止妨碍采光和视线的役权等。上述分类表明,地役权不仅是土地房产物权的法定权利,也是现代社会环境保护法理论创设的环境权的依据之一。

(3)继续地役权和不继续地役权。前者是指连续无间断地行使于供役地上的地役权,主要包括眺望地役权、管道引水地役权等。消极地役权通常为继续地役权。后者是指其行使以地役权人每次行为为必要的地役权,如汲水地役权、未开设道路的通行地役权等。

(4)表见地役权和不表见地役权。前者指其行使可由外部设施查知的地役权,如汲水地役权、开设道路的通行地役权等。后者指其行使或实现不能由外部设施查知的地役权,如眺望地役权、采光权、无道路的通行地役权等。

(5)依地役权的具体内容可分为通行权、通过权、流水权、通风权、采光权、取水权、眺望权等。通行权是指需役地人在供役地上通行的权利。通过权是指需役地人将某些管线设施通过供役地的地表、上空或地上的权利。流水权也称排水权,指将需役地的自然流水或生产、生活用水通过供役地而排泄的权利。通风权是指需役地人要求供役地人在一定范围内不得修建建筑物或其他障碍物,以保证需役地人的土地或建筑物通风的权利。采光权是指需役地人要求供役地人在一定范围内不得修建建筑物或其他障碍物,以保证需役地人的土地或建筑物采光需要的权利。取水权是指需役地人在供役地上的水源取水的权利,又可分为汲水权和引水权。眺望权是指需役地人要求供役地人不得在一定范围内修建建筑物或其他障碍物,以保证需役地上的土地或建筑物的视野的权利。

三、地役权的设立与转让

(一)地役权的设立

地役权的设立,可分为基于法律行为的设立与基于法律行为以外的其他法律事实设立两种。

地役权的设立,通常采取合同方式。当事人设立地役权,应当采用书面形式订立地役权合同。地役权的合同通常包括以下条款:(1)当事人的姓名或者名称和住所;(2)需役地和供役地的位置;(3)利用目的(如通行或排水等)和方法(如仅供人通行或人车共用);(4)地役权期限;(5)费用及其支付方式;(6)解决争议的方法。地役权的设立主要是根据需役地人的需求而确定的,因此根据不同的需求,订立的地役权合同权利内容也有所不同。当事人可以根据自身的实际需要,通过约定来设定各种内容的地役权,只要其约定不违反法律的强制性规范,不违背公序良俗,法律都应当予以保护。为了规范地役权的设立,《民法典》对地役权设立的合同进行了原则性的规定,合同所必须包含的内容在上述规定的条款中列出。根据地役权的性质,供役地和需役地的位置、利用目的和方法为必备条款。而费用条款则由当事人自行决定是否约定。当事人也可以约定不支付费用,也即地役权的设立既可以为有偿,也可以是无偿的。

《民法典》第 374 条规定:“地役权自地役权合同生效时设立。当事人要求登记的,可以向登记机构申请地役权登记;未经登记,不得对抗善意第三人。”这一规定表明,在通过法律行为设立地役权时,《民法典》并没有采用不动产物权变动登记生效的原则,而是采取了登记对抗主义。在登记之前合同生效后,地役权就已设立,登记只是其对抗要件,而非权利生效要件。权利的设立或者变动只因当事人的意思表示而发生效力,登记只是对抗第三人的要件。地役权是否办理登记,在对抗第三人方面的效力是不同的。只要地役权合同生效就能够产生创设地役权的效力,但此时地役权并不能对抗善意第三人,仅可以对抗恶意第三人。当然,如果到登记机构履行了登记手续,则该地役权可以对抗善意第三人。

《民法典》还规定,当已经登记的地役权变更、转让或者消灭的,应当及时办理变更登记或者注销登记。据此,如未办理登记,则该变更不能对抗善意第三人。当需役地所有权或者使用权转移时,根据地役权的从属性,地役权也一并转移。无论其是否登记,供役地人因明知地役权的存在,应当受其约束。对于已经登记的地役权,在转让时要求及时办理相应的登记手续。但是否要求新的地役权人主动申请办理变更登记手续,为避免效力的中断,在办理需役地所有权或者使用权移转登记时,登记机构应一并办理移转登记。

在供役地所有权或者使用权转移的情况下,地役权负担是否一并转移,则需视地役权是否登记而定。未办理登记的地役权,除非地役权人能够证明受让人知晓地役权存在的事实(即受让人是恶意的),否则,地役权人不能对抗受让人,受让人也有权拒绝继续承受地役权的负担。

对已办理登记的地役权，当供役地所有权或者使用权转移时，受让人自动承受地役权的负担。

地役权可以约定期限，也可以不约定期限，但不可约定永久期限。根据《民法典》的规定，地役权的期限由当事人约定；但是，不得超过土地承包经营权、建设用地使用权等用益物权的剩余期限。据此，地役权的设立，当事人要协商确定其期限，如对期限没有约定或者约定不明确的，可以在事后补充协商确定。法律上之所以没有对地役权的期限作出统一的具体年限的规定，主要是因为地役权是在设立了某种用益物权后又增设的另一种用益物权，且是通过当事人订立合同来设定的。地役权的期限由当事人来约定，但不得超过土地承包经营权、建设用地使用权等用益物权的剩余期限。如果出现供役地和需役地的剩余期限不一致的话，则剩余较短的期限为地役权的期限。由于地役权的从属性，当供役地使用权消灭时，允许在用益物权或者租赁权消灭后地役权仍然存在，则无异于在用益物权或者租赁权消灭后强加给土地使用权人或者所有权人负担，因此，地役权的期限不得超过土地承包经营权、建设用地使用权等用益物权的剩余期限。即使供役地使用权人设定的地役权期限超过其权利期限，在供役地使用权因期限届满而消灭的情况下，地役权也一并消灭，地役权人不能对供役地所有权人主张其权利。

（二）地役权的转让

地役权不得单独转让。土地承包经营权、建设用地使用权等转让的，地役权一并转让，但是合同另有约定的除外。地役权为从权利，地役权人将需役地转让他人，地役权随之转让，需役地受让人取得地役权。

地役权不得单独抵押。土地经营权、建设用地使用权等抵押的，在实现抵押权时，地役权一并转让。需役地以及需役地上的土地承包经营权、建设用地使用权等部分转让时，转让部分涉及地役权的，受让人同时享有地役权。供役地以及供役地上的土地承包经营权、建设用地使用权等部分转让时，转让部分涉及地役权的，地役权对受让人具有法律约束力。

地役权作为从权利可以随主权利转让。土地所有权人享有地役权或者负担地役权的，设立土地承包经营权、宅基地使用权等用益物权时，该用益物权人继续享有或者负担已经设立的地役权。土地上已经设立土地承包经营权、建设用地使用权、宅基地使用权等用益物权的，未经用益物权人同意，土地所有权人不得设立地役权。需役地发生继承，地役权随之由继承人继承。此外，有学者还主张，地役权也可因取得时效完成而取得。[①]

四、地役权的效力

地役权的效力，包括对地役权人的效力和对供役地人的效力。其效力表现为地役权人的权利义务和供役地人的权利义务。

（一）地役权人的权利和义务

（1）土地使用权。地役权人享有使用供役地的权利。但地役权人对供役地的使用应以地役权设立的目的范围为限，地役权人不得超过地役权设立的目的范围而使用。地役权人对供役地的使用不是独占性的，可以与供役地人共同使用；而且只要性质不同，同一供役地上，还可设立数个地役权，依其情形或者同时使用。如同一供役地，可以为不同的需役地设立通行权，或通行地役权，或引水地役权。

（2）为附属行为的权利。地役权人为行使其权利，在供役地内可以为必要的附属行为。例

① 史尚宽：《物权法论》，中国政法大学出版社2000年版，第236页。

如通行地役权人，为行使通行权，可以在供役地上开辟道路，铺设路面，建设必要的排水设施等。地役权人所修建的附属设施所有权归地役权人，因此，在地役权消灭时，地役权人有取回的权利。

(3)地役权人应按约定支付租金。设立地役权时，当事人可以就地役权人使用供役地约定土地租金，也可以不做此约定。如约定租金的，地役权人应按约定向供役地人支付租金。

(4)地役权人对供役地的使用应当尽可能避免减少给供役地人造成损。地役权人应当按照合同约定的利用目的和方法利用供役地，尽量减少对供役地权利人物权的限制。例如，地役权人为通行而在供役地修建道路，应选择可能给供役地人造成损失最小的地点，不得因修建通道而破坏供役地的整体使用。这样，既使得通过地役权的设立增加需役地的价值，又不至过分损害供役地的效用。另外，地役权人因行使地役权的行为对供役地造成损害的，应当在事后恢复原状并补偿损害。

(5)地役权人对为行使地役权而在供役地修建的设施，如管道、道路、电力设施，应当注意维修，以免因其设施损坏给供役地人造成损害。另外，地役权人对于上述设施，在不妨碍其地役权行使的限度内，应当允许供役地人使用这些设施。例如，地役权人修建的道路设施，供役地人也有通行的权利。

(二)供役地人的权利和义务

(1)供役地人对于地役权人行使役权所为的行为有容忍及不作为的义务。供役地权利人应当按照合同约定，允许地役权人利用其不动产，不得妨害地役权人行使权利。地役权的设立是为了需役地人的便利，地役权设立后，需役地人在供役地上获得某种便利，供役地人在此范围内即有容忍和不作为的义务。例如，设立通行地役权的，供役地人有容忍需役地人在供役地上开辟通道、修建附属设施的义务，并不得干涉地役权人的通行。供役地人的义务仅以不作为义务为限，而不负作为的义务。

(2)供役地人在不妨碍地役权行使的范围内，可以行使与地役权人相同的权利。例如，供役地人在不影响地役权人通行权的情况下，可以在开辟的道路上通行，可以使用地役权人在通道上修建的附属设施，但应承担相应的附属设施维护费用。

(3)供役地人有对利用场所及方法的变更请求权。地役权的设立是需役地人获得便利而使供役地人承受负担。在地役权存续期间，供役地人因自己生产生活需要，在不影响地役权实现的情况下，有请求地役权人变更利用场所或利用方法的权利。例如，请求改变通道管道线路，变更取水地点，改架设空中管线为深埋。

(4)供役地人有按约定收取租金的权利。

五、地役权的解除与消灭

地役权人有下列情形之一的，供役地权利人有权解除地役权合同，地役权消灭：(1)违反法律规定或者合同约定，滥用地役权；(2)有偿利用供役地，约定的付款期限届满后在合理期限内经两次催告未支付费用。

地役权可因地役权合同的解除而消灭。合同解除是指因一方当事人行使法定或者约定的解除权，或者经双方当事人协议，而使有效存在的合同关系自始消灭或者向将来消灭的一种行为。

关于法定的地役权合同的解除事由。根据《民法典》的规定，一是地役权人滥用权利。地役权人附有损害避免的义务，应当减少对供役地权利人物权的限制。如果地役权人滥用权利，过于妨害供役地权利人的利益，如地役权人超越土地利用的范围或者不按约定的方法利用供役地等，则供役地权利人有权解除合同。二是履行迟延。在地役权合同为有偿的情况下，支付费用为地役权人的主要义务。如果地役权人迟延付款，尤其是在合理期限内经两次催告仍然没有支付的情况下，表明地役权人以其行为默示拒绝支付相关费用的要求，已经无意履行地役权合同，当然在这种情况下，供役地权利人有权解除合同。

除了上述两种法定解除权发生事由以外，当事人之间还可以约定在特定情况下一方当事人有权解除合同的其他情形。

在地役权合同中，当有关事由产生后，合同并不当然解除。解除权的行使以意思表示为之，解除的通知要到达对方当事人，合同才发生解除的效果。解除权的行使无须对方当事人的同意，解除权依单方意思为之。需要指出的是，解除权也不同于可撤销合同中的撤销权，后者的行使需要经过法院或者仲裁机构，而解除权的行使则无须通过法院或者仲裁机构，可以直接以意思表示来进行。如对方当事人对此有异议的，可以请求法院或者仲裁机构来确认解除合同的效力。此外，还应当根据合同性质是否是继续性的合同，并结合履行情况来具体确定其效力是单纯地向将来消灭还是溯及既往的消灭。地役权合同属于继续性合同，因此，合同的解除只是向将来发生效力，已经履行的内容继续有效。

除上述一般消灭原因外，在法理上地役权还可因以下原因而消灭：

(1)土地灭失。土地灭失是任何以土地为标的物的物权消灭的原因，但地役权不但因作为其标的物的土地即供役地的灭失而消灭，而且地役权人自己的土地即需役地灭失时地役权亦消灭。

(2)目的不能。设定地役权的目的事实上不能实现，即供役地事实上不能再供需役地之便利时，地役权消灭。例如，汲水地役权因供役地水源枯竭而消灭。

(3)抛弃。地役权人如将地役权抛弃，供役地则因之恢复其无负担的原状，地役权归于消灭。但如果是有偿地役权，地役权人抛弃地役权后，仍应支付地役权全部期间的费用。

(4)存续期间的届满或其他预定消灭事由的发生。地役权如有存续期间，因期限的届满而消灭。其设定行为附有解除条件时，因条件的成就地役权消灭。在地役权消灭的情况下，按照《民法典》的规定，已经办理登记的地役权应当及时办理注销登记。由于地役权的设立采取登记对抗主义，即使地役权已经消灭，但在登记未注销的情况下，基于登记的公信力，第三人仍然有理由相信地役权的存在。当第三人取得需役地所有权或者使用权的，仍然一并取得地役权，供役地权利人不应当以地役权合同已被解除为由来加以抗辩。

第13章 担保物权

第一节 担保物权概述

一、担保物权的概念

担保物权是指以确保债务清偿为目的，而在债务人或第三人的特定物或财产权利上所设立的一种限制物权。担保物权是传统民法上典型的物权形式，它和用益物权构成物权中的他物权。担保物权具有以下几方面的特征：

第一，担保物权是以确保债务清偿为目的而设立的限制物权。担保物权的设立，不是以直接使用和收益为目的，而是以取得物的交换价值为目的，故又称"价值权"，并以此区别于用益物权。担保物权既以担保债权的实现为目的，所以必然与债权紧密地联系在一起，具有从属性、不可分性和物上代位性。

第二，担保物权是在债务人或第三人的特定物或财产权利上所设立的物权。担保物权的客体主要是特定物，包括动产和不动产，某些财产权利（如专利、商标等知识产权）也可以成为担保物权的客体。由于特定物或财产权利是以确保债务清偿为目的的，因此担保物权只存在于他人所有的特定物或者财产权利上，以自己的财产为自己的债权设立担保物权，既无必要也不能成立。

第三，担保物权是一种限制物权。所谓限制物权，是相对于完全物权而言的。完全物权是对物进行全面支配的权利，限制物权是在一定范围内对物进行支配的权利。担保物权作为一种只能对物的价值进行直接支配的物权，因此属于限制物权。

除了上述特征外，与用益物权相比较而言，两者在存续期间上也不同。用益物权的存续期间是根据合同约定的，而担保物权由于是以担保债务实现为目的，因此当主债权实现，担保物权即归于消灭。另外，由于担保物权是以确保债务清偿为目的的，因此担保物权与债权存在密切的联系。并且，两者的目的都是实现债权。但是，两者也存在重大的区别，除了所属的范围不同外，两者权利实现的方式也不同，债权实现的形式为债务人履行其义务，而担保物权则是以债权人对担保物的交换价值优先受偿的方式来实现的，即体现为物的支配。两者的责任也不同，对债权人而言，它是以债务人的总财产作为债权的总担保；而担保物权表现为债务人首先是以其特定的担保物或权利抵偿债务，在债权人未处分担保物之前，债权人不能要求债务人以担保物以外的财产清偿债务。

二、担保物权的属性

担保物权以担保债权的实现为目的，与债权紧密地联系在一起，具有从属性、不可分性和物上代位性。

（一）担保物权的从属性

所谓从属性，是指担保物权以主债的存在为前提，随主债的转移而转移，并随主债的消灭而消灭。《民法典》规定，担保合同是主债权债务合同的从合同。主债权债务合同无效的，担保合同无效，但是法律另有规定的除外。在司法实践中，当事人在担保合同中约定担保合同的效力独立于主合同，或者约定担保人对主合同无效的法律后果承担担保责任，该有关担保独立性的约定无效。主合同有效的，有关担保独立性的约定无效不影响担保合同的效力；主合同无效的，人民法院应当认定担保合同无效，但是法律另有规定的除外。因金融机构开立的独立保函发生的纠纷，适用《最高人民法院关于审理独立保函纠纷案件若干问题的规定》。相关司法解释也指出担保责任范围的从属性：当事人对担保责任的承担约定专门的违约责任，或者约定的担保责任范围超出债务人应当承担的责任范围，担保人主张仅在债务人应当承担的责任范围内承担责任的，人民法院应予支持。担保人承担的责任超出债务人应当承担的责任范围，担保人向债务人追偿，债务人主张仅在其应当承担的责任范围内承担责任的，人民法院应予支持；担保人请求债权人返还超出部分的，人民法院依法予以支持。担保合同从属性的例外主要体现在最高额抵押权中的三种特殊情形：一是最高额抵押权具有相对独立性，在主债权尚未产生时，最高额抵押权可以存在；二是当事人可以特别约定将最高额抵押权设立前已经存在的债权转入最高额抵押担保的债权范围；三是在连续的交易关系中，如果单个债权无效，最高额抵押权合同的效力并不受影响。

（二）担保物权的不可分性

所谓不可分性，是指债权人在全部债权清偿前，可就担保物的全部行使其权利。它表现在：担保物分割、一部分债权清偿或消灭，均不影响担保物权的整体性，担保物权仍为担保各部分的债权或剩余债权而存在；债权部分让与时，担保物权并不因此而分割，受让人与让与人按其债权额共有一个担保物权。在司法实践中，担保物权的效力及于担保财产的全部。如果主债权未受全部清偿，担保物权人主张就担保财产的全部行使担保物权的，人民法院应予支持，但是留置权人行使留置权的，应当依照民法典的相关规定处理。担保财产被分割或者部分转让，担保物权人主张就分割或者转让后的担保财产行使担保物权的，人民法院应予支持，但是法律或者司法解释另有规定的除外。应当指出的是，担保财产还担保主债权的全部，当主债权被分割或者部分转让，各债权人主张就其享有的债权份额行使担保物权的，人民法院应予支持，但是法律另有规定或者当事人另有约定的除外。当主债务被分割或者部分转移，债务人自己提供物的担保，债权人请求以该担保财产担保全部债务履行的，人民法院应予支持；第三人提供物的担保，主张对未经其书面同意转移的债务不再承担担保责任的，人民法院应予支持。

（三）担保物权的物上代位性

所谓物上代位性是指物的担保的效力及于担保标的物的替代物上。当担保标的物因为侵权行为等原因遭受毁损灭失而受到赔偿或者补偿的，担保权人有权从赔偿或者补偿中优先受偿。对此，《民法典》规定：担保期间，担保财产毁损、灭失或者被征收等，担保物权人可以就获得的保险金、赔偿金或者补偿金等优先受偿。被担保债权的履行期限未届满的，也可以提存该保险金、赔偿金或者补偿金等。该规定表明，当担保物发生毁损、灭失或者被征用时，如果担保物的价值表现为其他形态的物(如金钱或其他物),则担保物权仍然于该笔金钱或其他物之上而存在。担保物的实体形态发生变化,并不影响担保物权人的权利。

代位物的范围可以包括:(1)保险金。保险金是指投保的担保财产发生保险事故后,保险公司根据保险合同所支付的赔偿金。保险金虽然并非担保财产直接的替代物,法律规定其为代位物是出于对债权人的保护,有利于强化担保物权,更好地发挥担保物权促进资金融通的功能。(2)赔偿金。赔偿金是指担保财产因第三人的侵害行为而毁损或灭失后,担保人所获得的损害赔偿金。(3)补偿金。补偿金是指担保财产被国家依法进行征收后担保人获得的国家所支付的补偿。除了法律明确列举的保险金、赔偿金或者补偿金以外,还有其他类型的代位物。虽然法律列举的代位物都是金钱的形式,但代位物也可以是金钱以外的物。例如,设有抵押权的房屋拆迁,国家并没有采取货币补偿的方式,而是进行房屋产权的调换。此时,代位物即为新调换的房屋。因此,代位物不限于金钱,也可以是其他物,只要是担保财产价值的直接承继者,都可以为代位物。

在司法实践中,抵押权依法设立后,抵押财产毁损、灭失或者被征收等,抵押权人请求按照原抵押权的顺位就保险金、赔偿金或者补偿金等优先受偿的,人民法院应予支持。给付义务人已经向抵押人给付了保险金、赔偿金或者补偿金,抵押权人请求给付义务人向其给付保险金、赔偿金或者补偿金的,人民法院不予支持,但是给付义务人接到抵押权人要求向其给付的通知后仍然向抵押人给付的除外。抵押权人请求给付义务人向其给付保险金、赔偿金或者补偿金的,人民法院可以通知抵押人作为第三人参加诉讼。关于代位物提存问题。所谓提存,是指提存人为履清偿义务或者担保义务而将提存标的交给提存机构保存的民事法律行为。提存包括清偿提存和担保提存两种类型。清偿提存是指以清偿为目的之提存,是由于债权人的原因,债务人将无法清偿的标的物交给提存机构保存从而消灭债权债务关系的制度。担保提存是指以担保为目的之提存,指债务人或第三人将标的物交给与债权人约定的第三人保存,从而保证债务的履行或者替代其他的担保形式的制度。担保提存以担保债务履行为目的,通常是依据提存人与债权人的约定而产生,或是基于法律的直接规定而产生,并具有保证债务履行和替代其他担保形式的法律效力。《民法典》所规定的关于保险金、赔偿金或者补偿金的提存,是基于法律的直接规定而产生的担保提存。

三、担保物权的分类

(一)担保物权的学理分类

担保物权在理论上可依不同的标准进行划分。担保物权的学理分类,将有助于进一步了解特征和加以运用。

1.法定担保物权与意定担保物权

依发生原因为标准,担保物权可分为法定担保物权和意定担保物权。在一定条件下,直接依照法律的规定发生的担保物权为法定担保物权(也有称之为费用性担保物权),如留置权、优先权等。由于法定担保物权以保障特定债权的清偿为目的,因而具有较强的债权附随性。依当事人之协议而设立的担保物权为意定担保物权,如抵押权、质权就是典型的意定担保物权。意定担保物权也称为融资性担保物权,此类担保物权主要是获取融资的手段。

2.留置性担保物权与优先受偿性担保物权

依担保物权的效力可将担保物权分为留置性担保物权与优先受偿性担保物权。前者指债权人占有债务人的担保物而促使债务人清偿其债务的担保物权,如留置权;后者指债权人支配担保物的交换价值并就此享有优先受偿的担保物权，如抵押权。质权则兼有留置性担保物权和优先受偿担保物权的特性。

3.动产担保物权、不动产担保物权与权利担保物权

依担保物权的客体不同可作以上划分。动产担保物权指在动产上设立的担保物权，如动产抵押权、动产质权以及留置权。不动产担保物权指在不动产上设立的担保物权，如不动产抵押权。权利担保物权指以具有交换价值的民事权利作为标的而设立的担保物权，如权利质权。

4.占有担保物权与非占有担保物权

依是否移转担保物的占有可将担保物权分为占有担保物权和非占有担保物权。前者是指以担保物移转至债权人占有为要件的担保物权，如质权、留置权。后者指不以担保物移转给债权人占有为要件的担保物权，如抵押权。

5.典型担保与非典型担保

担保物权属于物的担保，与人的担保相对应，但物的担保并不限于担保物权。除了担保物权这种不移转权利的物的担保外，还有移转权利的物的担保，前者称为典型担保，后者称为非典型担保（也称不规则担保或变态担保）。非典型担保包括让与担保、所有权保留等形式。应当注意的是，典型担保为物权的一种，而非典型担保则属债的关系。

此外，担保物权还可依登记与否，分为登记担保物权与不登记担保物权；依担保是否为债务人所有或支配可分为自物担保物权和他物担保物权；根据担保物是否变动，区分为特定担保物权与浮动担保物权；依法源可分为民法上的担保物权和特别法上的担保物权；等等。

（二）担保物权的法律分类

担保物权的法律分类，是根据担保物权在法律上的规定内容进行的分类。担保法律将物的担保分为不转移所有权形式的物的担保和转移所有权形式的物的担保两种表现方式：

1.不转移所有权形式的物的担保

即以在担保财产上设定一定的权利来保障债的履行。不转移所有权的物的担保除存在担保的一般法律特征外，还具有以下特征：

（1）物的担保是一种限定物权。物的担保只是对作为担保的标的物的价值进行支配的权利，而不能对担保标的物的使用价值进行支配，不具有物权的全部内容，不能对担保标的物加以使用收益。这种因为担保而产生的物权属于限定物权。

（2）物的担保表现为特别的价值权。担保物权属于价值权，是指以取得担保物的交换价值作为内容，是在债务不履行时以担保物的价值优先受偿。将物的担保权利称为特别的价值权，在于它不是以实现给付为目的的价值权，而是一种以担保标的物的价值优先受偿的权利。当债务人不履行债务时，担保权人有权依法对担保标的物以折价，或者拍卖、变卖标的物而优先受偿。

（3）物的担保具有不可分性和物上代位性。不可分性是指担保人得以全部担保物担保债权的全部清偿。具体来说，担保标的物部分灭失的，剩余部分仍然担保债权的全部；债权的部分因为清偿等其他原因消灭的，担保标的物仍然用其全部担保剩余债权的实现；债权的部分让与时，担保标的物也不因此而被分割。物上代位性是指物的担保的效力及于担保标的物的替代物上。当担保标的物因为侵权行为等原因遭受毁损灭失而受到赔偿或者补偿的，担保权人有权从赔偿或者补偿中优先受偿。

不转移所有权形式的物的担保包括抵押、质押、留置和优先权。其中，优先权是指由法律规定的特殊债权人就债务人的全部财产或者某项特定财产优先受偿的担保物权。优先权不能

由当事人约定,而只能由法律直接规定。但是,这种由法律直接规定的担保物权又和法律规定的留置权有着明显的区别,即优先权不以占有对方当事人特定财产为前提。《民法典》规定的担保物权种类只有抵押、质押、留置,没有包括优先权,但其他法律有规定了优先权这一担保权。[①]

2.转移所有权形式的物的担保

即以转移担保物的所有权或者其他权利来担保债权的方式。这种物的担保的特点是,当债务人不履行债务时,作为担保的标的物的所有权或者其他权利就归属于债权人。转移所有权形式的物的担保有以下几种类型:

(1)让与担保。[②] 让与担保是指为了担保债权的实现,将债务人或者第三人的财产转让给债权人。在债务不履行时,债权人有权就该财产优先受偿。当债务清偿后,债权人应当将该财产返还给债务人或者第三人。

(2)所有权保留。所有权保留是指根据法律规定或者当事人约定,财产所有人转移财产占有于对方当事人,而仍然保留其对该财产的所有权,待对方当事人交付价金或者完成特定条件时,该财产所有权才发生转移的法律制度。这种担保方式具有在债权人本应享有的某种权利上设定担保的特点,一般只适用于因分期付款买卖合同所产生的债的关系。

四、担保物权与担保合同的适用范围

《民法典》第387条规定:"债权人在借贷、买卖等民事活动中,为保障实现其债权,需要担保的,可以依照本法和其他法律的规定设立担保物权。第三人为债务人向债权人提供担保的,可以要求债务人提供反担保。反担保适用本法和其他法律的规定。"该规定表明,担保物权的适用范围比较广泛的,包括借贷、买卖等民事活动。"其他法律"指的是其他民事特别法。如《海商法》《民用航空法》等法律对船舶抵押权、航空器抵押权等也作了规定,它们也属于担保物权,所以依据这些特别法的规定,也可以设立担保物权。所谓反担保,是指第三人为债务人向

---

① 具体表现在:第一,执行中的优先权。《民事诉讼法》第204条规定:"破产财产优先拨付破产费用后,按照下列顺序清偿:(一)破产企业所欠职工工资和劳动保险费用;(二)破产企业所欠税款;(三)破产债权。"第222条规定:"被执行人未按执行通知履行法律文书确定的义务,人民法院有权扣留、提取被执行人应当履行义务部分的收入。但应当保留被执行人及其所扶养家属的生活必需费用。"第223条规定:"被执行人未按执行通知履行法律文书确定的义务,人民法院有权查封、扣押、冻结、拍卖、变卖被执行人应当履行义务部分的财产。但应当保留被执行人及其所扶养家属的生活必需品。"第二,船舶优先权。即对产生海事请求的船舶具有优先受偿的权利。《海商法》第22条规定:"下列各项海事请求具有船舶优先权:(一)船长、船员和在船上工作的其他在编人员根据劳动法律、行政法规或者劳动合同所产生的工资、其他劳动报酬、船员遣返费用和社会保险费用的给付;(二)在船舶营运中发生的人身伤亡的赔偿请求;(三)船舶吨税、引航费、港务费和其他港口规费的缴付请求;(四)海难救助款项的给付请求;(五)船舶在营运中因侵权行为产生的财产赔偿请求。"第三,航空器优先权。即为了保护债权人的利益,在执行人民法院判决以及拍卖过程中产生的费用,应当从民用航空器拍卖所得价款中先行拨付。民用航空器优先权先于民用航空器抵押权受偿。《民用航空法》第19条规定:"下列各项债权具有民用航空器优先权:(一)援救该民用航空器的报酬;(二)保管维护该民用航空器的必需费用。"航空器优先权,债权人应当自援救或者保管维护工作终了之日起3个月内,就其债权向国务院民用航空主管部门登记。

② 2002年12月17日提请全国人大审议的《中华人民共和国民法(草案)》曾将让与担保规定为担保物权的种类。而2020年公布的《民法典》未将让与担保列入,但在司法实践中对让与担保是认可的。

债权人提供担保的情形下,债务人应第三人的要求为第三人所提供的担保。反担保的目的在于保障第三人追偿权的实现,因此反担保也可以被称为求偿担保。无论第三人基于何种原因为债务人提供担保,在担保有效成立后,债权人与第三人之间即形成了担保权利义务关系。在债务履行期届满且债务人未履行债务时,该第三人应当承担担保责任。第三人在履行担保责任后,即取代了债权人地位,有权向债务人进行追偿。为了保障这种追偿权的实现,第三人在为债务人向债权人提供担保时,可以要求债务人向自己提供适当的担保即反担保。

《民法典》第388条规定:"设立担保物权,应当依照本法和其他法律的规定订立担保合同。担保合同包括抵押合同、质押合同和其他具有担保功能的合同。担保合同是主债权债务合同的从合同。主债权债务合同无效的,担保合同无效,但是法律另有规定的除外。担保合同被确认无效后,债务人、担保人、债权人有过错的,应当根据其过错各自承担相应的民事责任。"根据该条规定,除了抵押合同、质押合同等典型担保合同外,具有担保功能的合同还包括非典型担保合同即所有权保留买卖、融资租赁、保理等涉及担保功能的合同。关于非典型担保合同,在司法实践中,还需要注意以下问题:

1.合同效力与物权效力

债权人与担保人订立担保合同,约定以法律、行政法规尚未规定可以担保的财产权利设立担保,当事人主张合同无效的,人民法院不予支持。当事人未在法定的登记机构依法进行登记,主张该担保具有物权效力的,人民法院不予支持。

2.取回权的行使条件与程序

在所有权保留买卖中,出卖人依法有权取回标的物,但是与买受人协商不成,当事人请求参照民事诉讼法"实现担保物权案件"的有关规定,拍卖、变卖标的物的,人民法院应予准许。出卖人请求取回标的物,符合民法典规定的,人民法院应予支持;买受人以抗辩或者反诉的方式主张拍卖、变卖标的物,并在扣除买受人未支付的价款以及必要费用后返还剩余款项的,人民法院应当一并处理。

3.租金未付的救济途径

在融资租赁合同中,承租人未按照约定支付租金,经催告后在合理期限内仍不支付,出租人请求承租人支付全部剩余租金,并以拍卖、变卖租赁物所得的价款受偿的,人民法院应予支持;当事人请求参照民事诉讼法"实现担保物权案件"的有关规定,以拍卖、变卖租赁物所得价款支付租金的,人民法院应予准许。出租人请求解除融资租赁合同并收回租赁物,承租人以抗辩或者反诉的方式主张返还租赁物价值超过欠付租金以及其他费用的,人民法院应当一并处理。当事人对租赁物的价值有争议的,应当按照下列规则确定租赁物的价值:(1)融资租赁合同有约定的,按照其约定;(2)融资租赁合同未约定或者约定不明的,根据约定的租赁物折旧以及合同到期后租赁物的残值来确定;(3)根据前两项规定的方法仍然难以确定,或者当事人认为根据前两项规定的方法确定的价值严重偏离租赁物实际价值的,根据当事人的申请委托有资质的机构评估。

4.保理纠纷中的问题

同一应收账款同时存在保理、应收账款质押和债权转让,当事人主张参照民法典的规定确定优先顺序的,人民法院应予支持。在有追索权的保理中,保理人以应收账款债权人或者应收账款债务人为被告提起诉讼,人民法院应予受理;保理人一并起诉应收账款债权人和应收账款债务人的,人民法院可以受理。应收账款债权人向保理人返还保理融资款本息或者回购应收账款债权后,请求应收账款债务人向其履行应收账款债务的,人民法院应予支持。

5.善意第三人的范围及效力

在所有权保留买卖、融资租赁等合同中,出卖人、出租人的所有权未经登记不得对抗的“善意第三人”的范围及其效力,参照相关司法解释的规定处理。

6.让与担保的效力

债务人或者第三人与债权人约定将财产形式上转移至债权人名下,债务人不履行到期债务,债权人有权对财产折价或者以拍卖、变卖该财产所得价款偿还债务的,人民法院应当认定该约定有效。当事人已经完成财产权利变动的公示,债务人不履行到期债务,债权人请求参照民法典关于担保物权的有关规定就该财产优先受偿的,人民法院应予支持。债务人或者第三人与债权人约定将财产形式上转移至债权人名下,债务人不履行到期债务,财产归债权人所有的,人民法院应当认定该约定无效,但是不影响当事人有关提供担保的意思表示的效力。当事人已经完成财产权利变动的公示,债务人不履行到期债务,债权人请求对该财产享有所有权的,人民法院不予支持;债权人请求参照民法典关于担保物权的规定对财产折价或者以拍卖、变卖该财产所得的价款优先受偿的,人民法院应予支持;债务人履行债务后请求返还财产,或者请求对财产折价或者以拍卖、变卖所得的价款清偿债务的,人民法院应予支持。债务人与债权人约定将财产转移至债权人名下,在一定期间后再由债务人或者其指定的第三人以交易本金加上溢价款回购,债务人到期不履行回购义务,财产归债权人所有的,人民法院应当参照第二款规定处理。回购对象自始不存在的,人民法院应当依照民法典的规定,按照其实际构成的法律关系处理。

7.股权让与担保的效力

股东以将其股权转移至债权人名下的方式为债务履行提供担保,公司或者公司的债权人以股东未履行或者未全面履行出资义务、抽逃出资等为由,请求作为名义股东的债权人与股东承担连带责任的,人民法院不予支持。

8.保证金账户质押

债务人或者第三人为担保债务的履行,设立专门的保证金账户并由债权人实际控制,或者将其资金存入债权人设立的保证金账户,债权人主张就账户内的款项优先受偿的,人民法院应予支持。当事人以保证金账户内的款项浮动为由,主张实际控制该账户的债权人对账户内的款项不享有优先受偿权的,人民法院不予支持。在银行账户下设立的保证金分户,参照前款规定处理。当事人约定的保证金并非为担保债务的履行设立,或者不符合前两款规定的情形,债权人主张就保证金优先受偿的,人民法院不予支持,但是不影响当事人依照法律的规定或者按照当事人的约定主张权利。

关于担保合同无效的法律后果。在司法实践中,主合同有效而第三人提供的担保合同无效,人民法院应当区分不同情形确定担保人的赔偿责任:(1)债权人与担保人均有过错的,担保人承担的赔偿责任不应超过债务人不能清偿部分的1/2;(2)担保人有过错而债权人无过错的,担保人对债务人不能清偿的部分承担赔偿责任;(3)债权人有过错而担保人无过错的,担保人不承担赔偿责任。主合同无效导致第三人提供的担保合同无效,担保人无过错的,不承担赔偿责任;担保人有过错的,其承担的赔偿责任不应超过债务人不能清偿部分的1/3。关于反担保人的责任。当担保合同无效,承担了赔偿责任的担保人按照反担保合同的约定,在其承担赔偿责任的范围内请求反担保人承担担保责任的,人民法院应予支持。反担保合同无效的,依照司法解释的有关规定处理。当事人仅以担保合同无效为由主张反担保合同无效的,人民法院不予支持。

五、担保物权制度的意义

担保物权制度是市场经济发展的产物，是市场经济发展的安全阀和推进器，《民法典》中担保物权制度的一些新规定，扩大了可担保财产的范围，为生产力发展注入了新的活力；完善物权公示制度，为建立安全可靠的资本市场奠定了基础；简化担保物权实现机制，为金融稳定保驾护航；健全交易保障制度，为形成良好的市场经济秩序创造条件。在社会主义市场经济，促进资金的融通，维护交易的迅捷和安全，是民商法的一项基本任务。而这一任务又主要是由《民法典》中的担保制度来实现的。担保物权制度的作用和意义：(1)促进资金融通和商品流通。(2)保障债权的实现和交易的安全，促进债务人诚信履行债务以实现债权。当债权的实现受到阻碍时，可以救济债权损失，替代债之给付，从而实现债权。(3)稳定和维护市场经济秩序。

六、担保物权的效力

(一)担保物权的担保范围

担保物权的设定目的在于担保债权之实现，担保物权的担保范围是指担保物权人实行担保物权时应就该担保物之价值优先清偿的范围。对债务人或者担保人而言，就是使担保物权消灭所必须清偿的债务范围。《民法典》第389条规定："担保物权的担保范围包括主债权及其利息、违约金、损害赔偿金、保管担保财产和实现担保物权的费用。当事人另有约定的，按照其约定。"根据该条规定，担保物权的担保范围主要有以下六项：

(1)主债权。担保物权以确保主债权之清偿为目的，因此主债权自然应当成为担保物权所担保的主要内容。通常而言，在通过缔结担保合同设定担保物权时，被担保的主债权的种类、数额、履行期限等均在担保合同中载明，并在登记时予以登记。关于担保债权的范围，在司法实践中，以登记作为公示方式的不动产担保物权的担保范围，一般应当以登记的范围为准。关于担保责任的范围，在司法实践中，担保人承担的担保责任范围不应当大于主债务，是担保从属性的必然要求。当事人约定的担保责任的范围大于主债务的，如针对担保责任约定专门的违约责任、担保责任的数额高于主债务、担保责任约定的利息高于主债务利息、担保责任的履行期先于主债务履行期届满等，均应当认定大于主债务部分的约定无效，从而使担保责任缩减至主债务的范围。

(2)利息。利息是由主债权所生之孳息，通常包括约定利息和法定利息。在当事人就利息有明确约定且该约定利息合法的情形下，该利息应指约定利息在当事人未约定利息或者存在金钱债权不履行之时，该利息应指法定利息。法定利息自然包括延迟利息，即因债务人延迟履行而导致的利息。延迟利息是法定的附随性债权，因此不经当事人特别约定或登记，即属于担保物权的担保范围。

(3)违约金。违约金是指主债务人不履行或不适当履行主合同时，为违约行为支付的带有惩罚性或者补偿性的金钱，通常亦可区分为约定违约金和法定违约金两种类型。只要出现不履行或延迟履行主债务之情形，违约金条款即发生法律效力，因此违约金自然成为担保物权所担保的范围。至于违约金是否过高，则属于担保范围具体数额的确定问题。在司法实践中，当事人对担保责任的承担约定专门的违约责任，或者约定的担保责任范围超出债务人应当承担的责任范围，担保人主张仅在债务人应当承担的责任范围内承担责任的，人民法院应予支持。担保人承担的责任超出债务人应当承担的责任范围，担保人向债务人追偿，债务人主张仅在其应当承担的责任范围内承担责任的，人民法院应予支持；担保人请求债权人返还超出部分的，人民法院依法予以支持。

(4)损害赔偿金。债务人不履行主债权合同或者履行该合同义务不符合约定条件而造成债权人损失的，应向债权人承担赔偿损失的违约责任。损害赔偿金是指对于因债务人违约所造成的损害，在通过其他违约责任形式仍不能达到承担违约责任之目的时，债权人向债务人请求赔偿的损失金额。

(5)保管担保财产的费用。一般而言，保管担保财产的费用仅发生在转移担保物占有之担保场合，诸如质押和留置。

(6)实现担保物权的费用。担保物权的实现有变卖、拍卖等多种方式，担保物权人既可以通过与担保人协商变现，也可以在担保人无异议的情况下，到法院申请拍卖、变卖。在双方发生争议的情况下，担保物权人通过诉讼的方式，取得胜诉判决，申请法院强制执行。无论何种途径，担保物权人即债权人实现债权的费用，诸如拍卖费、变卖费、诉讼费、申请法院强制执行费等，皆属于担保物权所担保的范围。

应当指出的是，《民法典》关于担保物权的担保范围的规定，属于任意性法律规范，在当事人没有特殊约定时，可以直接发生效力；但是，当事人对担保范围另有特别约定的，无论当事人特别约定的担保范围是大于法律规定的范围还是小于法律规定的范围都是法律所允许的。

(二)债务承担对担保人担保责任的影响

债务承担是指债的关系不失其同一性，债权人或债务人通过与第三人订立债务承担合同，将债务全部或者部分转移给第三人承担的现象，该第三人称为承担人。债务承担一般可以分为两类：一类是免责的债务承担，另一类是并存的债务承担。前者是指第三人完全取代原债务人的地位而承担全部债务，原债务人免除债之责任；后者是指原债务人的地位不受影响，与新债务人共同对债权人承担同一债务。以债务转移的量为标准，债务承担又可分为全部债务的债务承担与部分债务的债务承担，具体的债务承担方式可以由当事人间自行约定。

由于并存的债务承担对于债权人而言并不会造成不利影响，因此不以债权人同意为必要。《民法典》第552条规定："第三人与债务人约定加入债务并通知债权人，或者第三人向债权人表示愿意加入债务，债权人未在合理期限内明确拒绝的，债权人可以请求第三人在其愿意承担的债务范围内和债务人承担连带债务。"而免责的债务承担则可能增加债权人实现其债权的风险，所以法律对此有必要专门予以规定。对此，《民法典》第551条规定："债务人将债务的全部或者部分转移给第三人的，应当经债权人同意。债务人或者当事人可以催告债权人在合理期限内予以同意，债权人未作表示的，视为不同意。"

发生免责的债务承担情形，对担保人承担担保责任也会产生一定的影响。《民法典》第391条规定："第三人提供担保，未经其书面同意，债权人允许债务人转移全部或者部分债务的，担保人不再承担相应的担保责任。"据此规定，如果发生免责的债务承担未得到提供担保的第三人的书面同意，则应免除担保人的担保责任。在司法实践中，免责的范围应视未经该担保人同意转让的债务范围来确定。如果债权人允许债务人转让全部债务且债务人已将债务向承担人实际转让，但未征得担保人同意，则担保人将全部免除担保责任。如果债权人允许债务人转让主债务的一部分且未经担保人书面同意，则担保人的免责范围应限于实际转让的债务部分，对于未转让的债务，担保人仍应承担担保责任。在司法实践中，主债务被分割或者部分转移，债务人自己提供物的担保，债权人请求以该担保财产担保全部债务履行的，人民法院应予支持；第三人提供物的担保，主张对未经其书面同意转移的债务不再承担担保责任的，人民法院应予支持。关于书面形式。根据《民法典》第 469 条的规定,书面形式是指合同书、信件、电报、电传、传真等可以有形地表现所载内容的形式。以电子数据交换、电子邮件等方式能够有形地表现所载内容,并可以随时调取查用的数据电文,视为书面形式。

(三)人保和物保并存时担保物权的实现规则

被担保的债权既有物的担保又有人的担保的属于混合担保。由于混合担保中如何确定担保人承担责任并不会对社会公共利益产生影响,属于意思自治的范畴,因此允许当事人自行约定担保责任的承担问题。《民法典》第 392 条规定:"被担保的债权既有物的担保又有人的担保的,债务人不履行到期债务或者发生当事人约定的实现担保物权的情形,债权人应当按照约定实现债权;没有约定或者约定不明确,债务人自己提供物的担保的,债权人应当先就该物的担保实现债权;第三人提供物的担保的,债权人可以就物的担保实现债权,也可以请求保证人承担保证责任。提供担保的第三人承担担保责任后,有权向债务人追偿。"

根据上述规定,混合担保中关于约定的内容,主要为物的担保与人的担保的担保责任的承担顺序。如果债权人仅与个别保证人或物上保证人作出约定,损害其他担保人的顺序利益的,则该约定对其他担保人无效。如果没有约定或约定不明,首先,债权人应就债务人提供的物保实现债权。在混合担保中,如果债务人自己为债权人提供了物的担保,则债权人应当首先就债务人提供的物的担保实现债权。但这不是"保证人绝对优待主义"的体现,而是出于公平和成本的选择。如果在债务人自己提供了物保的情形下,债权人转而要求保证人或者其他物上担保人承担担保责任,这对于保证人和其他物上担保人而言是不公平的。而且,如果债权人首先要求保证人或者其他物上担保人承担担保责任,后续债务人也面临着担保人的追偿,这样便增加了成本。如果债权人没有先行就债务人的物的担保实现债权,保证人和提供物保的第三人享有抗辩权。其次,在混合担保中,如果当事人之间没有约定或约定不明,而且债务人自己也没有提供物的担保,则债权人可以自行选择就保证或者第三人提供的物保来实现债权。这里体现的是"物的担保责任与人的担保责任平等说"的立场,保证人和物保人的地位平等,同时法律赋予债权人以选择权,目的在于让债权人可以选择最有利于实现债权的方式,体现了担保制度保障债权实现的核心要义。当提供担保的第三人承担担保责任后,有权向债务人追偿。无论是保证人还是物上保证人承担了担保责任,债务人始终是最终的责任承担者,因此,提供担保的第三人承担担保责任后毫无疑问可以向债务人追偿。关于混合担保中担保人之间是否享有追偿权的问题。在司法实践中,承担了担保责任或者赔偿责任的担保人,在其承担责任的范围内向债务人追偿的,人民法院应予支持。同一债权既有债务人自己提供的物的担保,又有第三人提供的担保,承担了担保责任或者赔偿责任的第三人,主张行使债权人对债务人享有的担保物权的,人民法院应予支持。

需要指出的是,关于共同担保。在司法实践中,同一债务有两个以上第三人提供担保,担保人之间约定相互追偿及分担份额,承担了担保责任的担保人请求其他担保人按照约定分担份额的,人民法院应予支持;担保人之间约定承担连带共同担保,或者约定相互追偿但是未约定分担份额的,各担保人按照比例分担向债务人不能追偿的部分。同一债务有两个以上第三人提供担保,担保人之间未对相互追偿作出约定且未约定承担连带共同担保,但是各担保人在同一份合同书上签字、盖章或者按指印,承担了担保责任的担保人请求其他担保人按照比例分担向债务人不能追偿部分的,人民法院应予支持。除前两款规定的情形外,承担了担保责任的担保人请求其他担保人分担向债务人不能追偿部分的,人民法院不予支持。应当注意的是,担保人在受让债权后不享有代位权:同一债务有两个以上第三人提供担保,担保人受让债权的,人民法院应当认定该行为系承担担保责任。受让债权的担保人作为债权人请求其他担保人承担担保责任的，人民法院不予支持；该担保人请求其他担保人分担相应份额的，依照相关司法解释的规定处理。

（四）担保物权的竞合及其处理

担保物权的竞合是指同一财产上并存的数个担保物权之间发生的效力冲突问题。包括：第一，数个抵押权的清偿顺序。同一财产向两个以上债权人抵押的，拍卖、变卖抵押财产所得的价款依照下列规定清偿：(1)抵押权已经登记的，按照登记的时间先后确定清偿顺序；(2)抵押权已经登记的先于未登记的受偿；(3)抵押权未登记的，按照债权比例清偿。其他可以登记的担保物权，清偿顺序参照适用前款规定。在司法实践中，企业将其现有的以及将有的生产设备、原材料、半成品及产品等财产设定浮动抵押后，又将其中的生产设备等部分财产设定了动产抵押，并都办理了抵押登记的，登记在先的浮动抵押优先于登记在后的动产抵押。第二，抵押权与质权的清偿顺序。同一财产既设立抵押权又设立质权的，拍卖、变卖该财产所得的价款按照登记、交付的时间先后确定清偿顺序。但动产购买价款抵押担保的优先权，即动产抵押担保的主债权是抵押物的价款，标的物交付后10日内办理抵押登记的，该抵押权人优先于抵押物买受人的其他担保物权人受偿，但是留置权人除外。在司法实践中，担保人在设立动产浮动抵押并办理抵押登记后又购入或者以融资租赁方式承租新的动产，下列权利人为担保价款债权或者租金的实现而订立担保合同，并在该动产交付后10日内办理登记，主张其权利优先于在先设立的浮动抵押权的，人民法院应予支持：(1)在该动产上设立抵押权或者保留所有权的出卖人；(2)为价款支付提供融资而在该动产上设立抵押权的债权人；(3)以融资租赁方式出租该动产的出租人。买受人取得动产但未付清价款或者承租人以融资租赁方式占有租赁物但是未付清全部租金，又以标的物为他人设立担保物权，前款所列权利人为担保价款债权或者租金的实现而订立担保合同，并在该动产交付后10日内办理登记，主张其权利优先于买受人为他人设立的担保物权的，人民法院应予支持。同一动产上存在多个价款优先权的，人民法院应当按照登记的时间先后确定清偿顺序。第三，留置权、抵押权与质权竞合时的顺位规则。同一动产上已经设立抵押权或者质权，该动产又被留置的，留置权人优先受偿。

七、担保物权的消灭

担保物权的消灭，是指担保物权对于担保财产所具有的支配力终止。一般而言，担保物权的消灭既可以基于法律规定原因，也可以基于当事人约定的原因。根据《民法典》第393条的规定：有下列情形之一的，担保物权消灭：(1)主债权消灭；(2)担保物权实现；(3)债权人放弃担保物权；(4)法律规定担保物权消灭的其他情形。因此，担保物权消灭的事由或原因主要有：

(1)主债权消灭。担保物权是为担保主债权实现而存在的从权利，相对于被担保的主债权，抵押权具有绝对的附从性，主债权消灭，抵押权亦消灭。

(2)担保物权实现。担保物权的实现，亦被称为担保物权的实行，系指在债务人不能履行债务时，担保物权人行使其担保物权将担保财产变价以满足其债权得到优先受偿的过程。担保物权的实现是债权实现的一种方式，是担保物权之担保功能实现的最后环节。担保物权实现，担保法律关系消灭，担保物权自然随之消灭。

(3)债权人放弃担保物权。债权人放弃担保物权，其实质上属于民法理论上的抛弃物权。抛弃是一种单独行为，属民事法律行为的一种，因此必须以意思表示为之，且抛弃人须具备行为能力，始能合法有效。

(4)法律规定担保物权消灭的其他情形。该项规定属于兜底条款。根据现行法律之规定，担保物权消灭的其他情形大致可以包括三种:第一,因丧失对担保财产的占有而消灭。这种情形主要是针对留置权而言,由于留置权之成立和持续以占有留置物为要件,因此留置物占有之丧失,自然构成作为担保物权的留置权消灭之原因。第二,因另行提供担保而消灭。第三,因担保财产灭失而消灭。

需要指出的是,担保物权是存在一定期间的,如果允许担保物权一直存续,担保物权人可能怠于行使担保物权,从而不利于发挥担保财产的经济效用。因此,《民法典》第419条规定:"抵押权人应当在主债权诉讼时效期间行使抵押权;未行使的,人民法院不予保护。"在司法实践中,当主债权诉讼时效期间届满后,抵押权人主张行使抵押权的,人民法院不予支持;抵押人以主债权诉讼时效期间届满为由,主张不承担担保责任的,人民法院应予支持。主债权诉讼时效期间届满前,债权人仅对债务人提起诉讼,经人民法院判决或者调解后未在民事诉讼法规定的申请执行时效期间内对债务人申请强制执行,其向抵押人主张行使抵押权的,人民法院不予支持。当主债权诉讼时效期间届满后,财产被留置的债务人或者对留置财产享有所有权的第三人请求债权人返还留置财产的,人民法院不予支持;债务人或者第三人请求拍卖、变卖留置财产并以所得价款清偿债务的,人民法院应予支持。当主债权诉讼时效期间届满的法律后果,以登记作为公示方式的权利质权,参照适用上述的规定;动产质权、以交付权利凭证作为公示方式的权利质权,参照适用上述的规定。

第二节　抵押权

一、抵押权概述

(一)抵押权的概念

抵押权是指抵押权人在债务人不依约履行债务或者发生当事人所约定的实现抵押权情形时,对抵押物享有的就其变价优先受偿的权利。其中,提供财产的债务人或者第三人称为抵押人,接受担保的债权人为抵押权人,作为担保的财产称为抵押物。根据《民法典》的规定,抵押权具有以下含义:

第一,抵押权是一种约定担保物权。抵押权是对抵押物所卖得的价金优先受偿的权利,抵押权人通过支配抵押物的交换价值,以确保债权得到清偿为目的,故抵押权属于一种担保物权。抵押依据抵押人与抵押权人的协议而设立,因此抵押权属于约定担保物权,而非法定担保物权。

第二,抵押权的客体是债务人或第三人提供的作为担保的特定财产。抵押物主要是不动产,但我国《民法典》没有像大陆法系国家民法典那样规定,将抵押标的物限于不动产。因此,该特定财产除了不动产外,还包括某些动产(机器设备、交通运输工具)和特定财产权利(如国有土地使用权以及荒山、荒沟、荒丘、荒滩等荒地的使用权等),但以法律准许设立抵押者为限。

第三,抵押权是不移转抵押物占有的担保物权。抵押权的成立和存续,不以移转抵押物的占有为必要,这是它与其他担保物权如质权的重要区别。因此,抵押权就不能以占有方式来公示其存在,而只能通过登记或其他方式来公示。抵押权的这一特点,使得抵押权的设立并不影响抵押物的使用收益,因而能充分发挥物的效用,同时也减轻了抵押人的负担。

第四,抵押权是债权人对抵押物享有变价处分权和价金优先受偿权的担保物权。当债务人到期不能履行债务时,抵押权人享有上述两项权利,即对抵押物可以依法变卖,进而从价金中优先于债务人的其他债权人实现其债权。顺序在先的抵押权人有优先于顺序在后的抵押权人受清偿的权利。当债务人被宣告破产时,抵押权人享有别除权,即破产债务人已设立抵押的财产不划入破产财产之列,抵押权人仍有优先受偿于抵押物或其价金的权利。抵押物的这种优先受偿性,主要源于抵押权的物权性质。

抵押权是典型的担保物权,其主要法律特征有:(1)从属性或附随性。抵押权与其所担保的债权有从属关系,抵押权为从权利,其担保的债权为主权利,通常称为主债权。抵押权随主债权的存在而存在,随主债权的转移而转移,随主债权的消灭而消灭。抵押权不能与主债权相分离而单独转让,也不能与主债权相分离而单独提供为其他债权的担保。(2)不可分性。抵押权的效力及于抵押财产的全部,抵押财产部分分割或者让与第三人时,抵押权人仍得就抵押财产的全部行使其权利。抵押财产部分灭失时,未灭失部分仍担保全部债权。主债权经分割或者部分让与时,各债权人仍得就其享有的债权份额行使全部抵押权;主债权部分受偿时,抵押权人仍得就其未受偿部分的债权对抵押财产全部行使抵押权。(3)特定性。抵押物和抵押权担保的债权都只能是特定的,这既是抵押权作为物权性质的要求,也是其担保作用的要求。(4)物上代位性。抵押权的效力及于抵押物的代位物上,在抵押物毁损、灭失而受有赔偿金或保险金等代位物时,抵押权人得就该代位物行使权利,抵押权的物上代位性是由其价值权所决定的。(5)顺序性。在同一财产上设有数个抵押权时,各抵押权之间有一定顺序的,顺序在先的抵押权优于顺序在后的抵押权而实现。(6)追及性。抵押人擅自将抵押财产转让给他人时,抵押权人得追及该抵押物并对之行使抵押权;在抵押财产受到不法侵害时,抵押权人得请求除去妨害。

(二)抵押与按揭

“按揭”一词是我国香港地区特有的用语,内地法律上并没有这一概念,但随着内地房地产业的兴起和港资进入房地产市场,“按揭”一词经常出现在房地产经营实务中。其实,从严格的法律角度来看,按揭与抵押并不相同。

按揭在英文中的对应词语应是 mortgage,其正名为“消费者信贷”,日本人称之为“信贩”。香港人根据广东话的发音将其译为“按揭”。[①] 在香港法律中,按揭与抵押的主要区别是:按揭是房地产所有者把物业转让(convey)给债权人,而该所有者保留赎回权(redemption),债权人以取得物业所有权为保障。而抵押是房地产所有者把房地产的某些权益赋予(vest)债权人,以作为偿还债务的保证,债权人以取得房地产权益作保证。因此,在贷款未清偿完毕前,按揭受益人一定意义上是物业的业主,而抵押受益人绝对不是物业的业主。香港 1984 年生效的

① 关于按揭的含义,有广义和狭义两种解释:(1)广义上的按揭包括抵押,“抵押”一词在英文中的对应词为 legal charge。抵押的基本特征是抵押人为保证偿还债务或者履行对债权人的某些责任,在有关责任解除以前,抵押人把其资产(asset)的法定权益赋予债权人。房地产抵押是业主赋予抵押权人某些权利,包括优先受偿权和直接取得或出售抵押物取得款项偿还债务或直接占管经营及取得抵押物经营收入等权利,作为还款的保证。但抵押权人不因此成为业主,在还款后,抵押权人通过相应手续将其原有权益撤销。(2)狭义上的按揭是业主(按揭人)将其物业转让给按揭受益人(通常为银行)作为还款保证的法律行为,经过这样的转让,按揭受益人成为业主,在还款后,按揭受益人将物业转回于原按揭人。按揭还可分为法定按揭和衡平法按揭,以及公义式按揭(即楼花按揭)与法定式按揭(即现房按揭)等。参见李宗锷:《香港房地产法》,商务印书馆(香港)1988 年版,第 155 页。

《地产转让及物业条例》中，有关抵押契约的标准常备条款赋予抵押权人广泛权利，其效力和按揭一样，从而使香港人在观念上并不看重按揭和抵押的区分。另根据香港《房地产导报》1994年10月号的"地产词条剖释"，人们通常接触的楼宇按揭，严格上应该是抵押而不是按揭。人们通常所说的按揭，真正意义上是抵押，但已习惯于称作按揭。因此，楼宇按揭贷款是指购楼者以所购得的楼宇作为抵押品而从银行获得贷款，购楼者按照按揭契约中规定的归还方式和期限分期付款(payment by instalments)给银行，银行则按照一定的利率收取利息；如果贷款人违约(breach of contract)，银行有权收回楼宇。

我国《民法典》所规定的担保形式并没有包括狭义上的按揭，抵押与广义上的按揭有相近之处，但也存在一定的区别：香港的抵押权人在抵押权实现时，有权直接出租、出售或转让物业，而内地的抵押权人除非与债务人达成协议，否则只能通过诉讼程序转让物业，以达到主债权优先受偿的目的。

二、抵押权的设立

抵押权的设立，是指因一定的事实或行为而获得抵押权。抵押一般是通过抵押当事人意思表示一致而设立，表现为抵押人与抵押权人签订书面合同来设立抵押法律关系。

(一)抵押合同

抵押合同是债权人与抵押人之间设立抵押权的意思表示一致的法律行为。《民法典》第400条规定："设立抵押权，当事人应当采用书面形式订立抵押合同。抵押合同一般包括下列条款：(1)被担保债权的种类和数额；(2)债务人履行债务的期限；(3)抵押财产的名称、数量等情况；(4)担保的范围。"可见，抵押合同为要式合同。《民法典》之所以规定抵押合同为要式的书面合同，主要是考虑到抵押合同所涉及的财产数额一般较大，抵押法律关系一般比较复杂，抵押合同存续的时间一般较长，尤其在第三人抵押的情况下，更是涉及债权关系当事人之外的第三人的利益，因此为督促当事人慎重行事、保全证据，以确保抵押权最终能顺利实现，维护抵押法律关系人的利益，立法者力劝抵押合同当事人以书面形式订立抵押合同。但是，《民法典》中的"应当"二字，并非表明该规范是强制性规范，而应理解为"劝导性规范"，即当事人如果非依书面形式订立抵押合同，如以口头形式订立合同，则该口头抵押合同并非无效，而应属有效。只要当事人有证据证明当事人之间就抵押合同的有关内容有明确的意思表示，即使当事人没有如《民法典》所希望和劝导的那样依书面形式订立抵押合同，该意思表示也属有效的意思表示，该抵押合同也属于有效的抵押合同。比如当事人有录音证据证明当事人之间就抵押合同的相关内容达成了意思表示，则可以证明抵押合同成立。合同条款包括要素、常素和偶素三类。要素又称必备条款，是某一类合同不可或缺的条款。要素只能通过当事人的意思表示来确定，不能够通过其他合同条款、交易习惯或者《民法典》的规定来补正。要素的欠缺意味着当事人未就合同必备条款达成一致，其结果是导致合同不成立。常素是某一类合同通常具备的条款，在有名合同中，当事人未对常素作出约定的，往往可以通过《民法典》的有关规定来补正。偶素是当事人出于特定交易目的的考虑而作出的特别约定，既可以是对常素的排除，也可以是对交易作出的特别约定。对抵押合同来说，抵押财产以及被担保的主债权种类属于要素。因此，抵押合同对被担保的主债权种类、抵押财产没有约定或者约定不明，根据主合同和抵押合同不能补正或者无法推定的，抵押合同不成立。根据相关司法解释，当事人在动产和权利担保合同中对担保财产进行概括描述，该描述能够合理识别担保财产的，人民法院应当认定担保成立。而主债务履行期限以及担保范围则属于常素，抵押合同缺乏具体规定的，当事人可以根据

《民法典》的相关规定补正其内容。

应当指出的是，抵押合同是抵押人与抵押权人之间签订的旨在设立抵押权的合同，其具有以下意义：第一，抵押合同是设立抵押权的原因。我国民事立法确立了物权变动与其原因行为的区分原则。按照区分原则，抵押合同作为原因行为，并非直接产生抵押权，而仅产生合同债权。要产生抵押权，则需另外适用相应的抵押权设立规范来调整。具体而言，在动产抵押中，抵押合同有效成立，抵押权就设立，但未经登记不能对抗善意第三人；不动产抵押中，登记是抵押权设立的生效要件，未经登记，抵押合同有效，但不发生抵押权设立的效果。第二，抵押合同为单务合同、诺成合同、要式合同、从合同。在抵押合同中，仅抵押人负有主给付义务，故为单务合同。抵押合同经意思表示一致即成立，不以抵押物的交付为特别成立要件，故为诺成合同。抵押财产的价值通常较高，且抵押合同为单务合同，为使当事人谨慎从事担保行为，法律要求抵押合同必须采用书面形式，故为要式合同。此外，登记机关在办理抵押登记时要求当事人提交书面的抵押合同，且登记簿记载事项往往也源于抵押合同的约定，故从操作层面看，抵押合同也只能采用书面形式。较之于主合同，抵押合同属于从合同，在成立、内容、处分以及消灭上均与主合同同命运。抵押合同既可能是有偿合同，也可能是无偿合同，这取决于当事人的约定。

抵押合同的当事人包括抵押人和抵押权人。抵押权人是接受抵押人提供抵押担保的合同当事人，即抵押担保的主合同债权人。抵押权人在抵押关系中是纯受利益的当事人，对抵押权人不要求具有民事行为能力。无民事行为能力人也可成为抵押权人。抵押人一般必须具备三个条件：第一，抵押人必须具有民事行为能力。由于抵押属于行为人对自己所有或者有权处分的财产进行处分的行为，这就要求行为人必须具有完全民事行为能力，能够依法承担抵押所产生的法律后果。第二，抵押人对抵押物必须具有处分权。抵押人在债务人不能履行到期债务时，应当将抵押财产进行变价以优先偿还抵押权人的债权，这事关抵押物所有权的转移。因此，非所有人未经所有人同意、共有人未经其他共有人同意，无权进行抵押。第三，抵押不得违反法律规定。根据相关司法解释，机关法人提供担保的，人民法院应当认定担保合同无效，但是经国务院批准为使用外国政府或者国际经济组织贷款进行转贷的除外。居民委员会、村民委员会提供担保的，人民法院应当认定担保合同无效，但是依法代行村集体经济组织职能的村民委员会，依照村民委员会组织法规定的讨论决定程序对外提供担保的除外。以公益为目的的非营利性学校、幼儿园、医疗机构、养老机构等提供担保的，人民法院应当认定担保合同无效，但是有下列情形之一的除外：(1)在购入或者以融资租赁方式承租教育设施、医疗卫生设施、养老服务设施和其他公益设施时，出卖人、出租人为担保价款或者租金实现而在该公益设施上保留所有权；(2)以教育设施、医疗卫生设施、养老服务设施和其他公益设施以外的不动产、动产或者财产权利设立担保物权。登记为营利法人的学校、幼儿园、医疗机构、养老机构等提供担保，当事人以其不具有担保资格为由主张担保合同无效的，人民法院不予支持。

关于抵押合同的约定问题。《民法典》第401条规定："抵押权人在债务履行期限届满前，与抵押人约定债务人不履行到期债务时抵押财产归债权人所有的，只能依法就抵押财产优先受偿。"该规定是对原《物权法》第186条规定的修改。《物权法》第186条规定："抵押权人在债务履行期届满前，不得与抵押人约定债务人不履行到期债务时抵押财产归债权人所有。"该规定采取绝对禁止流押契约，而《民法典》采取有限承认流押契约。流押契约是指当事人在设立抵押权时约定，当债务人不履行债务时，由债权人取得抵押财产所有权的合同。《民法典》删除了"不得"二字，增加了"只能依法就抵押财产优先受偿"，表明对流押行为作出了有限承认：一是在市场经济环境下，当事人有权以自由意志订立契约，国家应尊重当事人的意思自治，只有当契约内容涉及国家利益和社会公共利益时才有权干涉。二是为避免担保物价值与担保债权额之间的失衡造成当事人之间的交易不公平，《民法典》通过确立清算制度，规定当事人之间约定流押契约的，只能依法就抵押财产优先受偿，以最大限度地达到保护债务人利益的目的。清算制度可以分为处分型清算和归属型清算。二者的区别在于，当发生约定的实现担保物权的事由时，前者是将担保物拍卖、变卖，并用所得价金清偿债务；后者是担保物权人可直接取得担保物的所有权，担保物价值超出债权额的，超出部分应当返还给担保人。关于抵押权的实现，《民法典》第 410 条第 1 款规定："债务人不履行到期债务或者发生当事人约定的实现抵押权的情形，抵押权人可以与抵押人协议以抵押财产折价或者以拍卖、变卖该抵押财产所得的价款优先受偿。"因此，"只能依法就抵押财产优先受偿"应为归属型清算，即在债务人不履行到期债务或者发生当事人约定的实现抵押权的情形时，抵押权人可以与抵押人协议以抵押财产折价的方式，由抵押权人取得抵押财产的所有权，此时若抵押财产的价值超出债权额，则抵押权人须将超出抵押财产的价值返还给抵押人。

（二）抵押物

抵押物是指由债务人或第三人享有的用来设置抵押权的标的物。抵押物既可以是动产，也可以是不动产。抵押人对抵押物均不转移占有。抵押物一般具有如下特征：(1)抵押物应当具有交换价值。抵押物必须具有可让与性，使抵押物最终能够变价，使债权能够以抵押物的变价优先清偿。如果抵押物不具有交换价值，则抵押物也就不具有担保意义。因此，抵押物应为流通物。如以限制流通物作为抵押物的，则变价时只能在指定机构进行购买。禁止流通物不能成为抵押物。(2)抵押物应当具有不易损耗性和易于管理性。由于抵押物不转移占有，抵押设立后抵押人对抵押物的使用收益并不受影响，这就要求抵押物必须不易损耗，否则，抵押权将难以实现。抵押物的易于管理性表现在抵押物的价值必须相当稳定，才能有利于抵押权的实现。同时，也要便于抵押人进行占有。(3)抵押物应当具有特定性。抵押权人对抵押物应具有现实的支配权。抵押物必须是已经现实存在的物，未来肯定可以取得的物不宜作为抵押物。[①] (4)抵押物应当具有权属明确性。抵押人对抵押物应当具有所有权或处分权，这样才能使抵押物的变价清偿债权成为可能。抵押人对抵押物没有所有权或处分权的，其设立的抵押一般无效。

抵押权依抵押合同而设立，以抵押合同的有效为前提。抵押合同有效，除要求当事人具有行为能力、意思表示真实及具备法定形式要件外，在很大程度上取决于抵押物的适法性。抵押物须是具有特定性，具有交换价值和可让与性，且不会因继续使用收益而损毁其本来的价值及形态，并能够依登记的方式予以公示的财产。总之，抵押物必须是法律允许设立抵押权之物（或权利）。根据《民法典》第 395 条的规定，债务人或者第三人有权处分的下列财产可以抵押：(1)建筑物和其他土地附着物；(2)建设用地使用权；(3)海域使用权；(4)生产设备、原材料、半成品、产品；(5)正在建造的建筑物、船舶、航空器；(6)交通运输工具；(7)法律、行政法规未禁止抵押的其他财产。抵押人可以将前款所列财产一并抵押。债务人或者第三人对抵押财产有处分权的情形包括三种：一是债务人或者第三人为所抵押财产的所有权人；二是债务人或者第三人对抵押财产享有用益物权，例如根据《城市房地产管理法》的规定可以用土地使用权来抵押；

① 谢在全：《民法物权论》（下册），中国政法大学出版社 2000 年版，第 569～570 页。值得注意的是，在浮动抵押制度下，抵押物可以是现有或者将来取得的特定财产。

三是债务人或者第三人根据法律、行政法规的规定，或者经过政府主管部门的批准，可以将其占有使用和管理的财产来设定抵押。在上述可抵押的财产中，其他土地附着物是指附着于土地之上的除房屋以外的不动产，如桥梁、隧道、大坝、道路等构筑物以及林木和庄稼等。建设用地使用权是权利主体依法对国家所有的土地享有的占有、使用和收益的权利。海域使用权是指权利人根据海域的不同地理特征和资源环境优势开展各种开发利用活动，包括海底资源开发、海水养殖与捕捞、海洋盐水与海水综合利用、海岸和海洋工程建设等，对特定海域进行使用和收益的权利。《民法典》从解决生产者特别是农业生产者贷款的需要以及保障债权安全的角度出发，明确规定了“生产设备、原材料、半成品、产品”可以抵押。生产设备一般包括工业的各种机床、计算机、化学试验设备、仪器仪表设备、通信设备，海港、码头、车站的装卸机械，拖拉机、收割机、脱粒机等农用机械等。原材料是指用于制造产品的原料和材料，半成品是指尚未全部生产完成的产品。产品是生产出来的物。《民法典》规定在建的建筑物、船舶、航空器可以抵押，是为了解决实践中建设工程周期长、资金缺口大、建设者融资难的问题。交通运输工具包括飞机、火车、船舶、机动车辆等。《民法典》同时明确规定凡法律、行政法规未禁止抵押的财产都可以抵押，此处采取的立场是反面排除法。按照规定，抵押人可以将企业的动产、不动产及其某些权利（如工业产权）作为一个整体来向银行抵押担保贷款。

根据《民法典》第399条的规定，下列财产不得抵押：(1)土地所有权；(2)宅基地、自留地、自留山等集体所有土地的使用权，但是法律规定可以抵押的除外；(3)学校、幼儿园、医疗机构等为公益目的成立的非营利法人的教育设施、医疗卫生设施和其他公益设施；(4)所有权、使用权不明或者有争议的财产；(5)依法被查封、扣押、监管的财产；(6)法律、行政法规规定不得抵押的其他财产。

上述财产之所以不得作为抵押物，有的是因其不具有可让与性，如土地所有权，依法被查封、扣押、监管的财产；有的则是基于社会政策和公共利益的考虑，如宅基地使用权以及社会公益设施等。关于土地所有权，由于我国实行公有制，土地只能归国家或者集体所有，而一旦允许以土地所有权作为抵押财产设定抵押，抵押权人就有可能通过折价、拍卖或者变价等方式取得土地所有权，这与土地公有制不符，因而在我国土地所有权不能成为抵押财产。而集体土地使用权包括农用地和建设用地使用权。农用地使用权包括农村土地承包经营权、自留山、自留地等土地使用权。在农村土地“三权分置”改革后，土地经营权可以作为抵押财产。农民对自留山、自留地等土地的使用权具有社会保障的性质，不得作为抵押财产。但符合一定条件的集体经营性建设用地使用权是可以作为抵押财产的。乡（镇）村公益建设用地使用权具有很强的公益性，不得作为抵押财产。宅基地同样具有福利性质，也不能单独转让，当然也不能设定抵押。

在司法实践中，根据相关司法解释，以公益为目的的非营利性学校、幼儿园、医疗机构、养老机构等提供担保的，人民法院应当认定担保合同无效，但是有下列情形之一的除外：(1)在购入或者以融资租赁方式承租教育设施、医疗卫生设施、养老服务设施和其他公益设施时，出卖人、出租人为担保价款或者租金实现而在该公益设施上保留所有权；(2)以教育设施、医疗卫生设施、养老服务设施和其他公益设施以外的不动产、动产或者财产权利设立担保物权。登记为营利法人的学校、幼儿园、医疗机构、养老机构等提供担保，当事人以其不具有担保资格为由主张担保合同无效的，人民法院不予支持。

关于受限财产设立抵押问题。当事人以依法被查封或者扣押的财产抵押，抵押权人请求行使抵押权，经审查查封或者扣押措施已经解除的，人民法院应予支持。抵押人以抵押权设立时财产被查封或者扣押为由主张抵押合同无效的，人民法院不予支持。以依法被监管的财产抵押的，适用前款规定。如果当事人以所有权、使用权不明或者有争议的财产抵押，经审查构成无权处分的，人民法院应当依照《民法典》第311条的规定处理。

（三）抵押登记

抵押权的设立，除订立抵押合同外，还应进行登记。这是物权的公示公信原则所要求的，其目的是保护第三人的利益。关于登记的效力，各国立法上有两种立法体例：其一是登记要件主义，未经登记的抵押不生效力，抵押权未设立，如德国、瑞士等国；其二是登记对抗主义，不经登记的抵押可以有效，但抵押权人不能对抗第三人。我国《民法典》兼采以上两种立法例，即抵押权登记的效力是依抵押物的不同而采取两种规则：法律规定应当登记的，登记为抵押的生效条件；法律规定可以自愿登记的，登记为抵押的对抗要件。

1.登记为抵押的生效条件

根据《民法典》第402条的规定，以下列财产设立抵押的，应当办理抵押登记，抵押权自登记时设立。(1)建筑物和其他土地附着物；(2)建设用地使用权；(3)海域使用权；(4)正在建造的建筑物、船舶、航空器。办理抵押登记，应当向登记部门提供下列文件：第一，主合同和抵押合同。这两份合同证明主债权的存在，并且抵押人愿意设立抵押权，以担保债务的履行。第二，抵押物的所有权或使用权证书。出具抵押物的所有权或使用权证书的目的，在于确保抵押人对抵押物有自由处分的权利。另外，对于登记部门登记的材料，法律允许他人以正当理由查阅、抄录或者复印。这是因为设立抵押权虽然只是抵押权人与抵押人的事，但对其他人影响也较大，并且由于抵押登记为物权登记的一种，抵押登记应当具有公示效力和公信力。①

在司法实践中，如果不动产登记簿就抵押财产、被担保的债权范围等所作的记载与抵押合同约定不一致的，人民法院应当根据登记簿的记载确定抵押财产、被担保的债权范围等事项。如果当事人申请办理抵押登记手续时，因登记机构的过错致使其不能办理抵押登记，当事人请求登记机构承担赔偿责任的，人民法院依法予以支持。

关于未办理抵押权登记时的民事责任问题。在司法实践中，不动产抵押合同生效后未办理抵押登记手续，债权人请求抵押人办理抵押登记手续的，人民法院应予支持。抵押财产因不可归责于抵押人自身的原因灭失或者被征收等导致不能办理抵押登记，债权人请求抵押人在约定的担保范围内承担责任的，人民法院不予支持；但是抵押人已经获得保险金、赔偿金或者补偿金等，债权人请求抵押人在其所获金额范围内承担赔偿责任的，人民法院依法予以支持。

---

① 为落实《民法典》对不动产抵押权的规定，自然资源部发布关于做好不动产抵押权登记工作的通知。具体可参见自然资发〔2021〕54号文：一、依法确定不动产抵押范围。学校、幼儿园、医疗机构、养老机构等为公益目的成立的非营利法人的教育设施、医疗卫生设施、养老设施和其他公益设施，以及法律、行政法规规定不得抵押的其他不动产，不得办理不动产抵押登记。二、明确记载抵押担保范围。当事人对一般抵押或者最高额抵押的主债权及其利息、违约金、损害赔偿金和实现抵押权费用等抵押担保范围有明确约定的，不动产登记机构应当根据申请在不动产登记簿“担保范围”栏记载；没有提出申请的，填写“/”。三、保障抵押不动产依法转让。当事人申请办理不动产抵押权首次登记或抵押预告登记的，不动产登记机构应当根据申请在不动产登记簿“是否存在禁止或限制转让抵押不动产的约定”栏记载转让抵押不动产的约定情况。有约定的填写“是”，抵押期间依法转让的，应当由受让人、抵押人(转让人)和抵押权人共同申请转移登记；没有约定的填写“否”，抵押期间依法转让的，应当由受让人、抵押人(转让人)共同申请转移登记。约定情况发生变化的，不动产登记机构应当根据申请办理变更登记。《民法典》施行前已经办理抵押登记的不动产，抵押期间转让的，未经抵押权人同意，不予办理转移登记等。

因抵押人转让抵押财产或者其他可归责于抵押人自身的原因导致不能办理抵押登记，债权人请求抵押人在约定的担保范围内承担责任的，人民法院依法予以支持，但是不得超过抵押权能够设立时抵押人应当承担的责任范围。

关于预告登记的优先受偿效力问题。在司法实践中，当事人办理抵押预告登记后，预告登记权利人请求就抵押财产优先受偿，经审查存在尚未办理建筑物所有权首次登记、预告登记的财产与办理建筑物所有权首次登记时的财产不一致、抵押预告登记已经失效等情形，导致不具备办理抵押登记条件的，人民法院不予支持；经审查已经办理建筑物所有权首次登记，且不存在预告登记失效等情形的，人民法院应予支持，并应当认定抵押权自预告登记之日起设立。当事人办理了抵押预告登记，抵押人破产，经审查抵押财产属于破产财产，预告登记权利人主张就抵押财产优先受偿的，人民法院应当在受理破产申请时抵押财产的价值范围内予以支持，但是在人民法院受理破产申请前一年内，债务人对没有财产担保的债务设立抵押预告登记的除外。

2.登记为抵押的对抗条件

根据《民法典》第403条的规定，以动产抵押的，抵押权自抵押合同生效时设立；未经登记，不得对抗善意第三人。当事人以不动产以外的财产设立抵押的，实行登记对抗主义，抵押权自抵押合同生效时设立，当事人可以自愿办理抵押登记，如果未办理抵押登记，抵押权则不得对抗善意第三人。当事人以生产设备、原材料、半成品、产品；交通运输工具；正在建造的船舶、航空器抵押的，可以办理抵押登记，也可以不办理抵押登记；当企业、个体工商户、农业生产经营者以现有的或者将有的生产设备、原材料、半成品、产品抵押的，抵押权自抵押合同生效时设立，未经登记，不得对抗善意第三人，也不得对抗正常经营活动中已支付合理价款并取得抵押财产的买受人。

关于正常经营活动中买受人的判定规则。在司法实践中，买受人在出卖人正常经营活动中通过支付合理对价取得已被设立担保物权的动产，担保物权人请求就该动产优先受偿的，人民法院不予支持，但是有下列情形之一的除外：(1)购买商品的数量明显超过一般买受人；(2)购买出卖人的生产设备；(3)订立买卖合同的目的在于担保出卖人或者第三人履行债务；(4)买受人与出卖人存在直接或者间接的控制关系；(5)买受人应当查询抵押登记而未查询的其他情形。所谓"出卖人正常经营活动"，是指出卖人的经营活动属于其营业执照明确记载的经营范围，且出卖人持续销售同类商品。而所谓"担保物权人"，则包括已经办理登记的抵押权人、所有权保留买卖的出卖人、融资租赁合同的出租人。

所谓不得对抗善意第三人，包括两方面的含义：一是在合同订立后，如果抵押人将抵押物转移，对于善意取得该物的第三人，抵押权人无权追偿，而只能要求抵押人重新提供担保，或者要求债务人及时偿还债权；二是在抵押合同签订后，如果抵押人以该抵押物再次设立抵押，而后位抵押权人进行了抵押物登记，那么实现抵押权时，后位抵押权人可以优于前位未进行抵押物登记的抵押人受偿。而自愿办理抵押物登记的，抵押权具有对抗第三人的法律效力，也就是说，抵押物登记后，不论抵押物转移到谁手中，只要债务履行期届满债务人没有履行债务，抵押权人都可以就该抵押物实现抵押权，同时还有先于未登记的抵押权人受偿的权利。

由此可见，在实行登记对抗主义时，办理与不办理抵押物登记的法律后果是不同的。上述规定实际上只能适用于动产抵押权的设立，对于不动产以及不动产物权的变动，各国法例均以登记为生效要件。而对于动产物权变动，若以登记为生效要件，则增加交易的手续和成本。但是，由于抵押权的设立不移转占有，为增加抵押权设立的公示效果以保护善意的第三人，为使我国法律在抵押权设立公示方式上的一致性，对动产抵押权原则上适用登记对抗主义。关于第三人范围界定问题，应注意第三人是对同一个抵押标的物享有物权的人，也就是说，该第三人是在抵押权人、抵押人以外与抵押财产有利害关系的人，如自抵押人处受领抵押财产的受让人、质权人等。与抵押财产没有利害关系之人如一般债权人应排除在外。而对第三人是否是善意的判断，关键在于对该第三人主观的判断。善意第三人是指在自抵押人处受让抵押财产或设定质权并转移占有等时，并不知道该财产之上已存在有抵押权人的抵押权的受让人、质权人等。此处，第三人的善意应指第三人主观上的不知情，即对该抵押财产抵押权的存在根本不知情。明知或应当知道该动产之上存在抵押权的第三人应解释为恶意。

(四)关于未办理登记的动产抵押权的效力问题

在司法实践中，动产抵押合同订立后未办理抵押登记，动产抵押权的效力按照下列情形分别处理：(1)抵押人转让抵押财产，受让人占有抵押财产后，抵押权人向受让人请求行使抵押权的，人民法院不予支持，但是抵押权人能够举证证明受让人知道或者应当知道已经订立抵押合同的除外；(2)抵押人将抵押财产出租给他人并移转占有，抵押权人行使抵押权的，租赁关系不受影响，但是抵押权人能够举证证明承租人知道或者应当知道已经订立抵押合同的除外；(3)抵押人的其他债权人向人民法院申请保全或者执行抵押财产，人民法院已经作出财产保全裁定或者采取执行措施，抵押权人主张对抵押财产优先受偿的，人民法院不予支持；(4)抵押人破产，抵押权人主张对抵押财产优先受偿的，人民法院不予支持。

(五)关于不动产抵押的特别规定

根据《民法典》和有关规定，在对不动产进行抵押权设立时还应遵循以下准则：

(1)以建筑物抵押的，该建筑物占用范围内的建设用地使用权一并抵押。以建设用地使用权抵押的，该土地上的建筑物一并抵押。如果抵押人未依据规定一并抵押的，未抵押的财产视为一并抵押。这一登记准则的依据在于，我国处理房地产关系时采取的是“地随房走或者房随地走”的原则，坚持房地产的不可分性。只有这样，才能保证在实现抵押权时，房屋所有权和建设用地使用权能同时转让，避免抵押权实现的困境，使债权人的利益受到损害。在司法实践中，以违法的建筑物抵押的，抵押合同无效，但是一审法庭辩论终结前已经办理合法手续的除外。抵押合同无效的法律后果，依照司法解释相关的有关规定处理。当事人以建设用地使用权依法设立抵押，抵押人以土地上存在违法的建筑物为由主张抵押合同无效的，人民法院不予支持。当事人仅以建设用地使用权抵押，债权人主张抵押权的效力及于土地上已有的建筑物以及正在建造的建筑物已完成部分的，人民法院应予支持。债权人主张抵押权的效力及于正在建造的建筑物的续建部分以及新增建筑物的，人民法院不予支持。当事人以正在建造的建筑物抵押，抵押权的效力范围限于已办理抵押登记的部分。当事人按照担保合同的约定，主张抵押权的效力及于续建部分、新增建筑物以及规划中尚未建造的建筑物的，人民法院不予支持。抵押人将建设用地使用权、土地上的建筑物或者正在建造的建筑物分别抵押给不同债权人的，人民法院应当根据抵押登记的时间先后确定清偿顺序。

(2)乡镇、村企业的建设用地使用权不得单独抵押。以乡镇、村企业的厂房等建筑物抵押的，其占用范围内的建设用地使用权一并抵押。应当指出的是，虽然乡镇、村企业的建设用地使用权可以随厂房等建筑物一并抵押，但在法律上对实现抵押权后土地的性质和用途作了限制，根据《民法典》的有关规定，以集体所有土地的使用权依法抵押的，实现抵押权后，未经法定程序，不得改变土地所有权的性质和土地用途。

(3)关于划拨的建设用地使用权抵押问题。在司法实践中，抵押人以划拨建设用地上的建筑物抵押，当事人以该建设用地使用权不能抵押或者未办理批准手续为由主张抵押合同无效或者不生效的，人民法院不予支持。抵押权依法实现时，拍卖、变卖建筑物所得的价款，应当优先用于补缴建设用地使用权出让金。当事人以划拨方式取得的建设用地使用权抵押，抵押人以未办理批准手续为由主张抵押合同无效或者不生效的，人民法院不予支持。已经依法办理抵押登记，抵押权人主张行使抵押权的，人民法院应予支持。抵押权依法实现时所得的价款，参照前款有关规定处理。

（4）建设用地使用权抵押后，该土地上新增的建筑物不属于抵押财产。该建设用地使用权实现抵押权时，应当将该土地上新增的建筑物与建设用地使用权一并处分。但是，新增建筑物所得的价款，抵押权人无权优先受偿。

（5）国有企业、事业单位法人以国家授予其经营管理的房地产抵押的，应当符合国有资产管理的有关规定，以集体所有制企业的房地产抵押的，必须经集体所有制企业职工（代表）大会通过，并报其上级主管机关备案；以中外合资企业、合作经营企业和外商独资企业的房地产抵押的，必须经董事会通过，但企业章程另有规定的除外；以有限责任公司、股份有限公司的房地产抵押的，必须经董事会或者股东大会通过，但企业章程另有规定的除外；有经营期限的企业以其所有的房地产抵押的，其设立的抵押期限不应当超过该企业的经营期限；以具有土地使用年限的房地产抵押的，其抵押期限不得超过土地使用权出让合同规定的使用年限减去已经使用年限后的剩余年限；以共有的房地产抵押的，抵押人应当事先征求其他共有人的书面同意；以已出租的房地产抵押的，抵押人应当将租赁情况告知抵押权人，并将抵押情况告知承租人，原租赁合同继续有效。

（6）设立房地产抵押时，抵押房地产的价值可以由抵押当事人协商议定，也可以由房地产评估机构评估确定，法律、法规另有规定的除外。抵押当事人约定对抵押房地产投保的，由抵押人为抵押的房地产投保，保险费由抵押人负担。抵押房地产投保的，抵押人应当将保险单移送抵押权人保管。在抵押期间，抵押权人为保险赔偿的第一受益人。企业、事业单位法人分立或者合并后，原抵押合同继续有效，其权利和义务由变更后的法人享有和承担。抵押人死亡、依法被宣告死亡或者被宣告失踪时，其房地产合法继承人或者代管人应当继续履行原抵押合同。

三、抵押权的效力

抵押权的效力是指抵押权人具有直接支配抵押物的交换价值的法律效力，包括抵押权的效力范围和效力表现两方面的内容。

（一）抵押权所担保债权的范围

抵押权所担保的债权范围，是指抵押权人可以就哪些债权对抵押物的价值行使优先受偿权。依《民法典》第389条的规定，担保物权的担保范围包括主债权及其利息、违约金、损害赔偿金、保管担保财产和实现担保物权的费用。当事人另有约定的，按照其约定。

（二）抵押权效力及于标的物的范围

抵押权效力及于标的物的范围，是指抵押权人在实现抵押权时可依法予以变价的标的物的范围。一般认为，抵押权的效力不仅及于原抵押物，而且及于抵押物的从物和从权利、抵押物的附合物、抵押物的孳息和抵押物的代位物。

抵押物的从物因其在使用上与主物形成主从关系，与主物同时使用才能发挥其效用。根据从物随主物的原则，除法律另有规定或当事人另有约定外，从物随主物的转移而转移，因此抵押物的从物就属于抵押权效力的范围之内。抵押物的从权利指从属于抵押物所有权或使用权为抵押物发挥效用所必需的权利。在实现抵押权时，从权利应随抵押物上的主权利转移而转移，故从权利在抵押权效力所及范围之内。在司法实践中，从物产生于抵押权依法设立前，抵押权人主张抵押权的效力及于从物的，人民法院应予支持，但是当事人另有约定的除外。从物产生于抵押权依法设立后，抵押权人主张抵押权的效力及于从物的，人民法院不予支持，但是在抵押权实现时可以一并处分。

当抵押权依法设立后，抵押财产被添附，添附物归第三人所有，抵押权人主张抵押权效力及于补偿金的，人民法院应予支持。抵押权依法设立后，抵押财产被添附，抵押人对添附物享有所有权，抵押权人主张抵押权的效力及于添附物的，人民法院应予支持，但是添附导致抵押财产价值增加的，抵押权的效力不及于增加的价值部分。抵押权依法设立后，抵押人与第三人因添附成为添附物的共有人，抵押权人主张抵押权的效力及于抵押人对共有物享有的份额的，人民法院应予支持。此所谓“添附”，包括附合、混合与加工。

抵押物的孳息包括天然孳息和法定孳息。天然孳息指物依自然规律产生的收益，法定孳息指依法律关系产生的收益。当财产抵押后，抵押物的使用权和收益权仍由抵押人行使。但是，债务履行期届满，债务人不履行债务致使抵押物被法院依法扣押的，抵押权的效力及于抵押物的孳息，抵押物上的利益应由抵押权人享有。对此，《民法典》第412条规定：“债务人不履行到期债务或者发生当事人约定的实现抵押权的情形，致使抵押财产被人民法院依法扣押的，自扣押之日起，抵押权人有权收取该抵押财产的天然孳息或者法定孳息，但是抵押权人未通知应当清偿法定孳息义务人的除外。前款规定的孳息应当先充抵收取孳息的费用。”由此可见，抵押权的效力及于孳息必须具备两个条件：(1)抵押权人须在抵押物被法院扣押后才能对孳息行使收益权；(2)抵押权人已将扣押抵押物的事实通知了应当清偿法定孳息的义务人。如抵押权人未将扣押事实通知应当清偿法定孳息的义务人，该义务人无法将孳息交付给抵押权人，抵押权的效力也就无法及于该孳息。抵押权具有物上代位性，因此，当抵押物转化为其他价值形态时，抵押权的效力可及于抵押物的代位物。

在司法实践中，抵押权依法设立后，抵押财产毁损、灭失或者被征收等，抵押权人请求按照原抵押权的顺位就保险金、赔偿金或者补偿金等优先受偿的，人民法院应予支持。给付义务人已经向抵押人给付了保险金、赔偿金或者补偿金，抵押权人请求给付义务人向其给付保险金、赔偿金或者补偿金的，人民法院不予支持，但是给付义务人接到抵押权人要求向其给付的通知后仍然向抵押人给付的除外。抵押权人请求给付义务人向其给付保险金、赔偿金或者补偿金的，人民法院可以通知抵押人作为第三人参加诉讼。

（三）抵押人的权利

抵押人的权利是抵押权对抵押人的效力。抵押人于自己的财产上设立抵押权，并未丧失抵押物的所有权。由于抵押不转移抵押物的占有，因此在抵押权设立后，抵押人仍对抵押物享有占有、使用、收益乃至处分的权利。具体地说，抵押人对抵押物有以下几种权利：

1.抵押物的占有、使用权

抵押人在抵押期间对抵押物享有继续占有的权利，但抵押人同时对抵押物负有保管的义务，不得侵害抵押物，不得实施使抵押物价值减少的行为。抵押人对抵押物可以自己使用，也可以让别人使用。抵押权设立后，抵押人既可以自行对抵押物为使用收益，也可以在抵押物上设立用益物权。这是因为，抵押权是价值权，而用益物权为实体权利，两者并不矛盾。但抵押权不因用益物权的设立而受影响。

2.抵押物再设立抵押的权利

抵押人在抵押物上设立抵押权后，可以为担保其他债权再设立抵押权。财产抵押后，该财产的价值大于所担保债权的余额部分，可以再次抵押，但不得超出其余额部分。依此法理，抵押人可以将已设立抵押权的抵押物再次抵押。数个抵押权的清偿顺序问题，《民法典》第414条规定："同一财产向两个以上债权人抵押的，拍卖、变卖抵押财产所得的价款依照下列规定清偿：(1)抵押权已经登记的，按照登记的时间先后确定清偿顺序；(2)抵押权已经登记的先于未登记的受偿；(3)抵押权未登记的，按照债权比例清偿。其他可以登记的担保物权，清偿顺序参照适用前款规定。"根据该条规定，抵押权的顺位以登记顺序为主要标准，所以确定登记时间就尤为重要。在实践中，确定抵押权登记时间首先以登记簿中记载的时间为准。记载时间在先的登记顺位优先于记载时间在后的登记顺位。若记载时间相同，应以登记申请日期的先后顺序为准。但是，如果登记簿中记载的登记日期不符合真实的登记日期，就会直接影响登记顺位。此时，若当事人对登记日期与真实登记日期不符能够予以证明，则应按照真实的登记日期对登记顺位予以确定。《不动产登记暂行条例实施细则》第67条规定："同一不动产上设立多个抵押权的，不动产登记机构应当按照受理时间的先后顺序依次办理登记，并记载于不动产登记簿。当事人对抵押权顺位另有约定的，从其规定办理登记。"按照该条规定，实务中，登记机构应严格按受理时间先后顺序依次办理抵押登记，并记载于登记簿，故以登记簿记载时间确定登记时间符合登记实践和各方当事人权益。

在司法实践中，关于浮动抵押顺位确定问题，当企业将其现有的以及将有的生产设备、原材料、半成品及产品等财产设定浮动抵押后，又将其中的生产设备等部分财产设定了动产抵押，并都办理了抵押登记的，登记在先的浮动抵押优先于登记在后的动产抵押。《民法典》关于抵押权顺位制度是遵循"登记决定""登记优先"的原则，既适用于不动产抵押，也适用于动产抵押。除了抵押权，权利质权等其他可以登记的担保物权，清偿顺序也适用于本条规定，从而统一了担保物权的优先受偿顺位规则。

3.抵押物的出租权

《民法典》第405条规定："抵押权设立前，抵押财产已经出租并转移占有的，原租赁关系不受该抵押权的影响。"此即"抵押不破租赁"规则，据此，出租人将财产出租并转移占有后，又用该财产设定抵押权时，原租赁关系不受抵押权的影响。首先，承租人须已经占有租赁物；其次，在后的抵押权须已设立。所谓原租赁关系不受该抵押权的影响，一方面是指抵押权的设立不影响原租赁关系的存续，承租人仍可基于租赁合同继续占有使用租赁物；另一方面是指抵押权实现时，只要租赁合同还在合同有效期内，租赁合同对抵押物(同时也是租赁物)受让人继续有效，受让人取得的是有租赁权负担的抵押物。此时，抵押权人或者受让人能否向抵押人主张损害赔偿？由于承租人占有租赁物不一定就是租赁物变动的公示方法，抵押人在设立抵押时应当将已经设立租赁权的事实告知抵押权人，因抵押人未尽告知义务而导致的抵押物价值贬损的损失，抵押权人可以向抵押人主张。但在抵押物拍卖、变卖时，其上有权利负担这一事实受让人往往是明知的，受让人明知物上有权利瑕疵仍然从事交易，应当自担风险，不得请求承担权利瑕疵担保责任。况且物上存在权利瑕疵也会影响抵押物的价值，受让人可能会以较低的价格受让抵押物，因而价格的贬损对其来说不能算是损失，故其不能向抵押人主张损失。

关于"抵押不破租赁"的适用范围。从《民法典》的规定来看，并未对适用范围作出限制，故应理解为该规则适用于包括动产在内的租赁。因此，在先租赁后抵押场合，其权利顺序为：已转移占有的租赁权优先于已设立的抵押权，已设立的抵押权则优先于未转移占有的租赁权。

4.抵押人的处分权

抵押人对抵押物的处分包括事实上的处分和法律上的处分两种情形。由于对抵押物进行事实上的处分会导致抵押物价值的灭失，因此抵押人一般不得对抵押物进行事实上的处分。对抵押物进行法律上的处分即转让抵押物所有权。对此，《民法典》第406条规定："抵押期间，抵押人可以转让抵押财产。当事人另有约定的，按照其约定。抵押财产转让的，抵押权不受影响。抵押人转让抵押财产的，应当及时通知抵押权人。抵押权人能够证明抵押财产转让可能损害抵押权的，可以请求抵押人将转让所得的价款向抵押权人提前清偿债务或者提存。转让的价款超过债权数额的部分归抵押人所有，不足部分由债务人清偿。"

我国在抵押财产转移制度上经历了从严格限制到逐渐放宽的过程。已被废止的《最高人民法院关于贯彻执行〈中华人民共和国民法通则〉若干问题的意见（试行）》第15条规定："抵押物如由抵押人自己占有并负责保管，在抵押期间，非经债权人同意抵押人将同一抵押物转让他人，或者就抵押物价值已设置抵押部分再作抵押的，其行为无效。"该规定显然是对抵押财产持限制转让的态度。而原《担保法》第49条第1款对此作出一定改变："抵押期间，抵押人转让已办理登记的抵押物的，应当通知抵押权人并告知受让人转让物已经抵押的情况；抵押人未通知抵押权人或者未告知受让人的，转让行为无效。"原《担保法司法解释》第67条对此又有进一步突破："抵押权存续期间，抵押人转让抵押物未通知抵押权人或者未告知受让人的，如果抵押物已经登记的，抵押权人仍可以行使抵押权；取得抵押物所有权的受让人，可以代替债务人清偿其全部债务，使抵押权消灭。受让人清偿债务后可以向抵押人追偿。如果抵押物未经登记的，抵押权不得对抗受让人，因此给抵押权人造成损失的，由抵押人承担赔偿责任。"《物权法》第191条虽规定"抵押期间，抵押人未经抵押权人同意，不得转让抵押财产"，但也作出了例外规定，即"受让人代为清偿债务消灭抵押权的除外"。在2016年11月30日颁布的《第八次全国法院民事商事审判工作会议（民事部分）纪要》第14条又对《物权法》第191条第2款涉及的抵押财产转让合同的效力进一步作出说明："物权法第191条第2款并非针对抵押财产转让合同的效力性强制性规定，当事人仅以转让抵押房地产未经抵押权人同意为由，请求确认转让合同无效的，不予支持。受让人在抵押登记未涂销时要求办理过户登记的，不予支持。"《民法典》对抵押财产转让持更为宽松的立法态度，适应了我国市场经济条件下对物尽其用的价值追求。

《民法典》并未继续沿袭此前不承认抵押权具有追及力，因而均对抵押人转让抵押财产进行限制的做法，而是在承认抵押权具有追及力的基础上，认可抵押人有权转让抵押财产。同时借鉴《担保法》《物权法》有关提前清偿债务或者提存的规定，但不同的是：一是只有在抵押权人能够证明抵押财产转让可能损害抵押权的情况下，抵押权人才能请求抵押人提前清偿债务或者提存；二是这是抵押权人的权利，而非抵押人的义务；三是抵押人负有通知义务，但与原《担保法》第49条规定"抵押人未通知抵押权人或者未告知受让人的，转让行为无效"不同，该规定的通知不影响转让行为的效力。

关于抵押财产转让的约定效力问题。在司法实践中，当事人约定禁止或者限制转让抵押财产但是未将约定登记，抵押人违反约定转让抵押财产，抵押权人请求确认转让合同无效的，人民法院不予支持；抵押财产已经交付或者登记，抵押权人请求确认转让不发生物权效力的，人民法院不予支持，但是抵押权人有证据证明受让人知道的除外；抵押权人请求抵押人承担违约责任的，人民法院依法予以支持。当事人约定禁止或者限制转让抵押财产且已经将约定登记，抵押人违反约定转让抵押财产，抵押权人请求确认转让合同无效的，人民法院不予支持；抵押财产已经交付或者登记，抵押权人主张转让不发生物权效力的，人民法院应予支持，但是因受让人代替债务人清偿债务导致抵押权消灭的除外。

(四)抵押权人的权利

抵押权人的权利是指抵押权对抵押权人的效力。抵押权人的权利主要表现在以下几方面:

1.抵押权的保全权

由于抵押权人在抵押期间不占有抵押物,为保护其利益,法律规定抵押权人在抵押物价值受侵害时,享有保全其抵押权的权利。具体地讲,抵押权人的保全权主要表现为两项内容:一是抵押物价值减少防止权。当抵押人对抵押物实施某种足以使其价值减少的行为,从而使抵押权受到侵害时,抵押权人有权请求其停止该行为。根据《民法典》第408条的规定,抵押人的行为足以使抵押物价值减少的,抵押权人有权请求抵押人停止其行为。一般而言,抵押人使抵押物价值减少的行为包括两个方面:一方面是抵押人的积极行为致使抵押物价值减少,另一方面是抵押人的消极行为致使抵押物价值减少。二是抵押物价值减少的补救权。抵押权人的停止侵害请求权,仅于抵押物价值尚未减少前发生作用,若抵押物价值业已减少,则需要采取另外的补救措施,包括请求抵押人恢复原状或提供与减少价值相当的担保。根据《民法典》第408条的规定,当抵押财产价值减少时,抵押权人有权请求恢复抵押财产价值,或者提供与减少的价值相应的担保。若抵押人不恢复抵押财产的价值,也不提供担保的,抵押权人有权请求债务人提前清偿债务。该规定涉及抵押权保全权、抵押财产价值减少防止权、恢复抵押财产价值请求权、增加担保请求权与提前清偿请求权。

应当指出的是,根据《民法典》第390条的规定,在担保期间,担保财产毁损、灭失或者被征收等,担保物权人可以就获得的保险金、赔偿金或者补偿金等优先受偿。被担保债权的履行期限未届满的,也可以提存该保险金、赔偿金或者补偿金等。该规定赋予了抵押权人对因担保财产毁损而获得的保险金、赔偿金等享有直接优先受偿或者提存的权利,这也是物上代位的体现,简化了处理程序,更有效地保护了债权人的利益。

2.抵押权人的处分权

抵押权属财产权,且不具专属性,故原则上得自由处分。抵押权的处分主要包括以下几种情况:

(1)抵押权的转让。抵押权具有从属性、不可分性,原则上不得与其所担保的债权相分离而单独转让。对此,《民法典》第407条规定,“抵押权不得与债权分离而单独转让或者作为其他债权的担保。债权转让的,担保该债权的抵押权一并转让,但是法律另有规定或者当事人另有约定的除外”。该规定表明:其一,抵押权不得与债权分离而单独转让。抵押权人不得仅保留主债权而单独转让抵押权,抵押权人也不得仅保留抵押权而单独转让主债权。在通常情况下,抵押权所担保的主债权发生转让,抵押权应随之一同转让,无须征得抵押人的同意。但例外情况是法律另有规定或当事人另有约定。对此,《民法典》第421条规定:“最高额抵押担保的债权确定前,部分债权转让的,最高额抵押权不得转让,但是当事人另有约定的除外。”该条对最高额抵押权担保的债权转让的规定就属于“法律另有规定”的内容。“当事人另有约定”,既可以是抵押权人在转让债权时,与受让人约定只转让债权而不转让担保该债权的抵押权,这种情形大多发生在债权的部分转让时;也可以是第三人专为特定的债权人设定抵押时,该第三人与债权人约定,被担保债权的转让未经其同意的,抵押权因债权的转让而消灭。其二,抵押权不得与债权分离作为其他债权的担保。抵押权人不得自己保留主债权,而仅以抵押权作为其他债权的担保。当抵押权人主债权和抵押权分别作为不同债权的担保时,以主债权设定质权的部分,应认定为无抵押权担保的债权质权;以抵押权设定担保的部分,应认定为无效。在司法实践中,由于抵押权是从属于主合同的从权利,根据"从随主"规则,债权转让的,除法律有规定或者当事人另有约定外,担保该债权的抵押权一并转让。受让人向抵押主张行使抵押权,抵押人以受让人不是抵押合同的当事人、未办理变更登记等由提出抗辩的,人民法院不予支持。

(2)抵押权的担保。抵押权人可以其抵押权为标的为其他债权作担保。由于抵押权为从权利,不得与债权相分离而单独作为其他债权的担保,因此,抵押权只能随同主债权一并作为其他债权的担保,即成立权利质押,质权人取得标的债权的收取权,并得为债权的实现行使抵押权。

(3)抵押权的抛弃。抵押权可以抛弃,与抵押权可以转让同理。抵押权的抛弃是指抵押权人放弃其优先受偿的担保利益,包括绝对抛弃和相对抛弃两种情况。绝对抛弃是指抵押权人为一切债权人的利益而抛弃其抵押权,实际上是抵押权人与抵押人解除抵押合同。抵押权一经绝对抛弃,即归消灭,原抵押权人成为普通债权人。抵押权的相对抛弃是指抵押权人仅为同一债务人的其他债权人的利益抛弃抵押权,也就是抵押权人为抵押人的特定无担保债权人的利益而抛弃其抵押权。

(4)抵押权顺序的处分。抵押权顺序是抵押权人的一项权利,即顺序权或次序权。由于抵押权人之间的先后受偿顺序涉及各抵押权人的利益,抵押权人对此也可以处分。抵押权顺序的处分包括抵押权顺序的抛弃、转让和变更。抵押权顺序的抛弃是指抵押权人放弃其顺序利益,包括抵押权顺序的相对抛弃和绝对抛弃。抵押权顺序的相对抛弃,是指前一顺序的抵押权人为同一债务人的特定的后顺序抵押权人的利益而抛弃其顺序权。抵押权顺序的绝对抛弃是指前一顺序抵押权人并非专为同一债务人某一特定的后顺序抵押权人的利益而是为所有后顺序抵押权人的利益抛弃其顺序利益。抵押权顺序的转让是指抵押权人将其抵押权顺序让与同一债务人的其他抵押权人。抵押权顺序的变更是指同一抵押人的数个抵押权人将其抵押权的顺序互换。

关于抵押人放弃抵押权、抵押权的顺位以及变更抵押权的问题,《民法典》第 409 条规定,"抵押权人可以放弃抵押权或者抵押权的顺位。抵押权人与抵押人可以协议变更抵押权顺位以及被担保的债权数额等内容。但是,抵押权的变更未经其他抵押权人书面同意的,不得对其他抵押权人产生不利影响。债务人以自己的财产设定抵押,抵押权人放弃该抵押权、抵押权顺位或者变更抵押权的,其他担保人在抵押权人丧失优先受偿权益的范围内免除担保责任,但是其他担保人承诺仍然提供担保的除外"。该规定表明,抵押权作为抵押权人享有的一项权利,抵押权人可以放弃优先受偿的权利。但抵押权人不行使抵押权或者怠于行使抵押权的,不得推定抵押权人放弃抵押权。抵押权人放弃抵押权的,不必经过抵押人的同意。当抵押权人放弃抵押权的,抵押权消灭。抵押权顺位是抵押权人优先受偿的顺序。当抵押权人放弃抵押权顺位的,后顺位的抵押权人的顺位则依次递进。但在放弃人放弃抵押权顺位后新设定的抵押权不受该放弃的影响,其顺位仍应在放弃人的抵押权顺位之后。当抵押权顺位发生变更,即表明将同一抵押财产上的数个抵押权的清偿顺序互换。当抵押权的顺位变更后,各抵押权人只能在其变更后的顺序上行使优先受偿权。当抵押权顺位以及被担保的债权数额等内容进行变更的,如果在同一抵押财产上还有其他抵押权人的,可能对这些抵押权人产生不利的影响。为了保护同一财产上其他抵押权人的利益,未经其他抵押权人的书面同意而变更抵押权的,对其他抵押权人产生不利影响的,该变更无效。

当被担保的债权既有以债务人自己的财产来作抵押担保，又有其他担保人的如为债务人提供担保的保证人或者提供抵押、质押担保的第三人的情形，当抵押权人放弃该抵押权、抵押权顺位或者变更抵押权的，该行为也会影响其他担保人的利益。为避免抵押权人放弃利益行为加重其他担保人责任的不合理现象，法律特别规定其他担保人在抵押权人丧失优先受偿权益的范围内免除担保责任。但如果其他担保人承诺仍然提供担保的，其担保责任不予免除。

在司法实践中，关于抵押权人放弃顺位的效力问题，主要有两种情形，这两种情形的处理结果是不同的。一种是先顺位抵押权人为了特定后顺位抵押权人的利益主动放弃自己优先受偿的顺位，此种情形下，其他抵押权人的顺位没有变动，放弃先顺位的抵押权人与该特定后顺位抵押权人成为同一顺位，将他们应受分配的金额合计后，按照各自债权额的比例予以分配。另一种是先顺位的抵押权人并非为了特定后顺位抵押权人的利益放弃自己优先受偿的顺位，而是彻底放弃自己的顺位，则后顺位的抵押权人的顺位依次上升，放弃顺位的先顺位抵押权人退居于最后的顺位。

3.抵押物孳息的收取权

《民法典》第 412 条规定，“债务人不履行到期债务或者发生当事人约定的实现抵押权的情形，致使抵押财产被人民法院依法扣押的，自扣押之日起，抵押权人有权收取该抵押财产的天然孳息或者法定孳息，但是抵押权人未通知应当清偿法定孳息义务人的除外。前款规定的孳息应当先充抵收取孳息的费用”。该规定表明，抵押权的效力要及于抵押财产的孳息，必须具备两个条件：一是抵押财产被扣押后，抵押权人才能收取其孳息；二是抵押财产被扣押后，抵押权人已经通知应当给付法定孳息的义务人。如果权利人没有将扣押事实通知义务人，义务人就无法将孳息交付给抵押权人，抵押权的效力就当然不能及于该孳息。

4.优先受偿权

抵押权人的优先受偿权是指于抵押权实现时抵押权人以抵押物的变价优先受清偿的权利。优先受偿权是抵押权的实质内容，是抵押权的最主要效力，也是抵押权人享有的最根本权利。抵押权人的优先受偿权主要表现在以下几个方面：第一，在一般情况下，抵押权人优先于普通债权人受偿。第二，在抵押物被查封、执行时，抵押权优先于执行权。第三，在抵押人破产时，抵押权人享有别除权，抵押财产不列入破产财产。第四，同一财产向两个以上债权人抵押的，拍卖、变卖抵押财产所得的价款依照下列规定清偿：(1)抵押权已经登记的，按照登记的时间先后确定清偿顺序；(2)抵押权已经登记的先于未登记的受偿；(3)抵押权未登记的，按照债权比例清偿。其他可以登记的担保物权，清偿顺序参照适用前款规定。

应当注意的是，《民法典》第 807 条规定：“发包人未按照约定支付价款的，承包人可以催告发包人在合理期限内支付价款。发包人逾期不支付的，除根据建设工程的性质不宜折价、拍卖外，承包人可以与发包人协议将该工程折价，也可以请求人民法院将该工程依法拍卖。建设工程的价款就该工程折价或者拍卖的价款优先受偿。”据此，在司法实践中，与发包人订立建设工程施工合同的承包人，依据民法典的规定请求其承建工程的价款就工程折价或者拍卖的价款优先受偿的，人民法院应予支持。装饰装修工程具备折价或者拍卖条件，装饰装修工程的承包人请求工程价款就该装饰装修工程折价或者拍卖的价款优先受偿的，人民法院应予支持。承包人根据民法典规定享有的建设工程价款优先受偿权优于抵押权和其他债权。根据相关司法解释，承包人应当在合理期限内行使建设工程价款优先受偿权，但最长不得超过 18 个月，自发包人应当给付建设工程价款之日起算。

四、抵押权的实现

抵押权的实现是指抵押权人行使抵押权就抵押物价值优先受偿的行为过程。抵押权的实现是抵押权人最主要的权利,是抵押权人设立抵押权的目的,也是抵押权效力的体现。需要指出的是,抵押权实现与否是抵押权人的权利而非义务,法律不能强制债权人实现抵押权。同时,在要求债务人履行债务时,债务人不能以先行实现抵押权作为抗辩,也不能强行要求以抵押财产代为清偿。

(一)抵押权实现的条件

抵押权的实现是有一定条件的,只有满足这些条件才能实现抵押权。抵押权的实现须具备以下三个条件:

1.须抵押权的有效存在且有效的抵押权不受限制

如果抵押所担保的主债权未成立、无效或者被撤销,则抵押合同因主合同的无效、不成立或被撤销而不具有抵押担保的法律效力。不仅如此,抵押权本身也必须有效。有效的抵押才能成为主债权的担保。另外,抵押权虽然有效存在,但如果其实现受到当事人约定或者法律规定的限制,则在受限制的范围内,不能实现抵押权。

2.须债务人的债务履行期限届满而未为给付

债务人届期不履行债务,这是债务人承担清偿责任的标准。债务人届期未为给付包括债务人拒绝履行、迟延履行和不适当履行。债务人未履行债务,导致债权人的债权无法实现,抵押权人有权行使抵押权以使其债权得到受偿。但在下列情形下,尽管债务人的债务履行期限尚未届满,抵押权人也可以请求实现抵押权:(1)债务人被宣告破产;(2)抵押人的行为使抵押财产毁损或者减少,抵押权人请求恢复抵押物的价值或者提供担保而遭到拒绝;(3)债务人于债务履行期限届满前已明确表示不履行债务。值得注意的是,债务人债务履行期限届满而未履行债务应当是非因债权人方面的事由(如拒绝受领)造成的,否则抵押权人不得实现抵押权。

3.须在主债权诉讼时效期间内完成

根据《民法典》第 419 条的规定,抵押权人应当在主债权诉讼时效期间行使抵押权;未行使的,人民法院不予保护。如果抵押权人在主债权的诉讼时效期间内未行使抵押权的,则将无法再请求人民法院执行抵押物而获得优先受偿。在司法实践中,主债权诉讼时效期间届满后,抵押权人主张行使抵押权的,人民法院不予支持;抵押人以主债权诉讼时效期间届满为由,主张不承担担保责任的,人民法院应予支持。主债权诉讼时效期间届满前,债权人仅对债务人提起诉讼,经人民法院判决或者调解后未在民事诉讼法规定的申请执行时效期间内对债务人申请强制执行,其向抵押人主张行使抵押权的,人民法院不予支持。

(二)抵押权实现的方式

关于抵押权实现的方式,《民法典》第 410 条规定:“债务人不履行到期债务或者发生当事人约定的实现抵押权的情形,抵押权人可以与抵押人协议以抵押财产折价或者以拍卖、变卖该抵押财产所得的价款优先受偿。协议损害其他债权人利益的,其他债权人可以请求人民法院撤销该协议。抵押权人与抵押人未就抵押权实现方式达成协议的,抵押权人可以请求人民法院拍卖、变卖抵押财产。抵押财产折价或者变卖的,应当参照市场价格。”

根据该条规定,抵押权实现的事由包括法定事由和约定事由。法定事由是指债务人一旦不履行到期债务,抵押权人就可以直接请求实现抵押权。约定事由是指当事人在抵押合同中约定,一旦抵押人实施了某种行为,抵押权人就可以基于该约定提前实现抵押权,即便此时债务履行期限尚未届满。而此类约定事由往往与抵押人或者债务人的违约行为相联系，从而使抵押权加速到期，法理上类似于预期违约制度。

关于抵押权实现的方式，该条规定明确采取当事人自救主义而非司法保护主义。抵押权人首先应与抵押人协商以抵押财产折价或者拍卖、变卖抵押财产的方式来实现抵押权，只有在双方当事人协商不成时，抵押权人才可以请求人民法院拍卖、变卖抵押财产。该条规定明确了直接申请拍卖、变卖的条件，重视抵押权实现的便捷，在一定程度上降低了抵押权实现的成本。当事人如不能就抵押权的实现方式达成协议的，即可直接向人民法院申请拍卖、变卖抵押物，而无须向人民法院提起诉讼。据此，抵押权的实现方式可分为抵押物折价、拍卖和变卖三种。

1.抵押物折价抵偿

折价的方式就是在债务履行期届满债务人不能履行债务之后，抵押权人与抵押人协议，参照市场价格确定一定的价款把抵押物的所有权转移给抵押权人，以抵偿部分或全部债务，从而使债权得以实现。履行期限届满后签订的以物抵债协议，并不违反法律、行政法规的强制性规定，而且对抵押人也无不公，因而是合法有效的。关于抵押权人能否在抵押合同中事先就作出约定，如约定一旦出现法定或者约定的事由，抵押权人就以约定的价值取得抵押物，这就涉及如何理解流押条款的效力问题。① 此前的立法是完全否定流押条款的效力的，因此此类约定是无效的。但《民法典》已对流押条款作出了柔化规定，这就为归属型清算或者处分型清算留下了空间。抵押人同意的，意味着双方事后重新达成了折价协议，对抵押合同再次进行了确认，符合《民法典》有关以折价方式实现抵押权的规定，此为归属型清算。如果抵押人不同意，可以请求拍卖、变卖抵押财产，拍卖、变卖所得价款用于优先清偿债务，并实行多退少补，此时转为处分型清算。《民法典》的规定表明：一是允许抵押权人直接请求抵押人将抵押物所有权转移至自己名下；二是通过归属型清算向处分型清算的转化，这样既促成当事人积极实现抵押权，也可以扭转此前以司法拍卖为原则的拍卖制度。

需要注意的是，关于"抵押财产折价或者变卖的，应当参照市场价格"的规定，主要是倡导性规定。事实上，在允许归属型清算的情况下，主要是通过当事人对抵押财产价值的判断来实现抵押权，而不是通过诸如有关价格评估等机制来确定抵押财产的价值。否则，一旦价格评估不合理，就很容易导致利益失衡。需要指出的是，以折价方式实现抵押权，不得损害其他债权人的利益。如果抵押人与抵押权人以明显低于市场的价格将抵押物所有权移转于抵押权人，因而危及其他债权人的利益，其他债权人有权依据《民法典》的规定，请求人民法院撤销该行为。

2.拍卖抵押物

根据《拍卖法》的规定，拍卖是指以公开竞价的形式，将特定物品或者财产权利转让给最高应价者的买卖方式。拍卖可分为任意拍卖（或称自愿拍卖）和强制拍卖（或称公物拍卖）两种。前者是出卖人与拍卖人订立委托合同，委托拍卖机构拍卖；后者是债务人的财产基于某些法定的原因而由司法机关强制性拍卖。

抵押权人与抵押人协议以抵押物拍卖来实现债权的方式就属前者，只要双方当事人达成

① 在债权清偿期届满前，如果抵押权人与抵押人约定抵押物的所有权于债务已届清偿期而债务人未为清偿时移转于抵押权人，则该约定无效。此即所谓"流押契约之禁止"。法律之所以禁止流押契约，是为了保护债权人、债务人和抵押人各方的利益。但法律所限制的只是在订立抵押合同时，不得作出这种将来移转所有权的协议。

协议，即可选择拍卖机构拍卖。以拍卖方式实现抵押权有很大的优点，因为拍卖是以公开竞价的方式来出卖标的物（拍卖物），所得价款能够最大限度地体现出拍卖物的价值，并以其所具有的价值来满足债权，最充分地实现抵押权。当拍卖完成后，抵押物拍得价金扣除拍卖费用后即由抵押权人受偿，如有剩余再返还于抵押人；如卖得价金不足清偿抵押权人的债权，抵押权人有权请求债务人以其他财产来清偿。

对于设立抵押的房地产，依据《民法典》第417条和第418条的规定，城市房地产抵押合同签订后，土地上新增的房屋不属于抵押物，需要拍卖该抵押的房地产时，可以依法将该土地上新增的房屋与抵押物一同拍卖，但对拍卖新增房屋所得，抵押权人无权优先受偿；以承包的荒地的土地使用权抵押的，或者以乡（镇）、村企业的厂房等建筑物占用范围内的土地使用权抵押的，在实现抵押权后，未经法定程序不得改变土地集体所有和土地用途；拍卖划拨的国有土地使用权所得的价款，在依法缴纳相当于应缴纳的土地使用权出让金的款额后，抵押权人才能享有优先受偿权。由于这些限制的存在，因此，拍卖人在拍卖时应当说明，否则买受人可以要求解除合同或者降低拍卖物的价款。

3.变卖抵押物

采用变卖的方式也就是以一般的买卖方式（如将抵押物卖给第三人）使抵押物变现来满足债权。一般而言，变卖方式不如拍卖方式那样能够体现抵押物的价值。但由于某些抵押物可能拍卖不出去或者受拍卖机构数量的制约，客观上也需要这种形式。为了保障变卖的价格公允，依《民法典》的规定，变卖抵押物应当参照市场价格。

（三）一物多抵的债务清偿

对于以同一抵押物向若干债权人进行抵押的情况，即一物多抵时，抵押物的价值应当与债权额相当。抵押权人在与抵押物价值相当的债权范围内，享有债权的优先受偿权。当涉及多个债权人如何对同一抵押物实现清偿债权问题时，根据《民法典》第414条的规定，同一财产向两个以上债权人抵押的，拍卖、变卖抵押财产所得的价款依照下列规定清偿：(1)抵押权已经登记的，按照登记的时间先后确定清偿顺序；(2)抵押权已经登记的先于未登记的受偿；(3)抵押权未登记的，按照债权比例清偿。

由于一物多抵时抵押权的顺位采取“登记优先”的一般规则并以登记时间顺序为主要标准，因此确定登记时间就尤为重要。实践中，确定抵押权登记时间首先以登记簿中记载的时间为准。记载时间在先的登记顺位优先于记载时间在后的登记顺位。若记载时间相同，应以登记申请日期的先后顺序为准。但是，如果登记簿中记载的登记日期不符合真实的登记日期，就会直接影响登记顺位。此时，若当事人对登记日期与真实登记日期不符能够予以证明，则应按照真实的登记日期对登记顺位予以确定。《不动产登记暂行条例实施细则》第67条规定：“同一不动产上设立多个抵押权的，不动产登记机构应当按照受理时间的先后顺序依次办理登记，并记载于不动产登记簿。当事人对抵押权顺位另有约定的，从其规定办理登记。”按照该规定，实务中，登记机构应严格按受理时间先后顺序依次办理抵押登记，并记载于登记簿，故以登记簿记载时间确定登记时间符合登记实践和各方当事人权益。在司法实践中，企业将其现有的以及将有的生产设备、原材料、半成品及产品等财产设定浮动抵押后，又将其中的生产设备等部分财产设定了动产抵押，并都办理了抵押登记的，登记在先的浮动抵押优先于登记在后的动产抵押。

（四）抵押权与质权的清偿顺序

《民法典》第415条规定：“同一财产既设立抵押权又设立质权的，拍卖、变卖该财产所得的价款按照登记、交付的时间先后确定清偿顺序。”该条规定旨在解决同一财产上既设立抵押权又设立质权时，抵押权人应如何行使权利的问题。抵押权和质权在同一财产上存在的，该财产只能是动产。登记、交付均为物权变动的公示方法。质权的成立系以标的物的交付为生效要件，一旦质权成立，即已完成公示，且能够对抗第三人。根据先成立之物权优先于后成立之物权的物权优先效力，若质权设定在前，抵押权设定在后，无论该抵押权是否经过了登记，设定在先的质权必定优先于设定在后的抵押权。反之，若抵押权设定在前，且已经登记，同样该抵押权优先于成立在后的质权。若质权和抵押权设立的时间顺序相同，则应按照所担保的债权比例清偿。

因此，同一动产上设定的抵押权和质权清偿顺序的先后，要根据登记、交付的时间来判断。具体来说，主要分为以下几种情形：(1)若质权和抵押权都已完成公示，即质权经交付有效设立，抵押权也已办理了抵押登记，则按照公示的先后确定优先受偿的顺序。这是因为经公示的抵押权和质权效力相同，判定二者的清偿顺位，只能依据公示时间的先后。(2)若质权和抵押权都已公示，且公示的顺序相同的，则按照债权比例清偿。(3)若质权有效设立，抵押权已设立但未办理抵押登记，此时两个担保物权虽然都已有效设立，但经交付的质权由于已完成公示，优先于未经登记的抵押权。(4)若质权未有效设立，抵押权已办理登记，因此时抵押权已经有效设立且已公示，故抵押权优先受偿。

（五）动产购买价款抵押担保的优先权

《民法典》第 416 条规定，“动产抵押担保的主债权是抵押物的价款，标的物交付后 10 日内办理抵押登记的，该抵押权人优先于抵押物买受人的其他担保物权人受偿，但是留置权人除外。”该条规定旨在规范买受人因购买货物而产生购买价款债务，并以该货物作为抵押物对该价款债务进行担保的问题。针对交易实践中普遍存在的借款人借款购买货物，同时将该货物抵押给贷款人作为价款的担保的情形，《民法典》赋予了该抵押权的优先效力，以保护融资人的权利，并促进融资。购买价款债务是指债务人因购买货物而承担的交付该货物价款全部或一部分的义务。该货物既是买卖合同的标的物，也是抵押合同中的抵押物。换句话说，买受人从出卖人处购买某动产，由于该动产价款不能全部支付，便可和出卖人约定，将该动产抵押给出卖人，并在法定时间内办理抵押登记。由此，出卖人取得该动产的抵押权，且该抵押权优先顺位高于其他担保物权人的优先顺位，即使后者已经公示在先。因此购买价款抵押担保优先权可谓是“超级优先权”。但需要注意的是，即便如此，购买价款抵押担保优先权也不能优先于该动产的留置权。

关于购买价款抵押担保优先权与其他担保物权的顺位问题。购买价款抵押担保优先权突破了“登记优先”的一般规则。若买受人在该抵押物上再设定其他担保物权，则即使这些权利已公示，购买价款抵押担保优先权也可对抗其他担保物权优先受偿。另外，由于购买价款抵押担保优先权是“超级优先权”，所以满足购买价款抵押担保优先权的条件应受到严格限制：其一，该抵押权的设立必须是为了抵押人购置标的物，且在该标的物上设立，旨在担保该标的物全部或部分价款的清偿。其二，该抵押担保优先权的成立不仅要出卖人(抵押权人)和买受人(抵押人)的意思表示一致在出卖物上设定抵押权，还要求在标的物交付后 10 日内办理抵押登记，否则，出卖人不能享有优于其他担保物权人受偿的权利。其三，为他人设立了购买价款抵押担保优先权和其他竞存的动产担保权的须是同一债务人。

应当指出的是，动产的价款抵押权即使完成登记，如果同一动产之上还存在留置权，留置权效力优先。当同一动产之上出现价款抵押权和留置权竞存时，即使价款抵押权已经在法定期限内进行登记,留置权的效力仍然优先于价款抵押权。这一规则符合《民法典》立法中确立的留置权与抵押权竞存时留置权优先的一贯立场,同时也符合留置权和价款抵押权的交易实践需求。留置权作为法定担保物权,通常出现在对标的物进行加工或服务的场合,留置权人的服务对标的物价值有所增加,因此,当出现债务人无法清偿债务的情况,留置权人有权直接留置标的物作为担保。同时,留置权的效力应当优先于动产上存在的其他抵押权,原因在于留置权人作为正常交易的主体,在提供服务时来说并无审查动产上是否存在抵押权的义务,否则将极大地增加交易成本,不符合现实要求。此外,留置权人的服务使动产价值增加如果不赋予留置权优先效力,无异于用留置权人的劳动和服务,为动产上其他抵押权人增加抵押财产价值,对留置权人显属不公。在价款抵押权在这一问题上,与其他一般抵押权并无二致,应当受到抵押权和留置权竞存时留置权优先一般规则的约束。因此,当动产被留置权人合法留置时,留置权的效力优先于价款抵押权。当出现价款抵押权和留置权竞存的情形,还应当审查留置权是否符合法定要件。留置权作为法定担保物权,其生效要件都由法律直接规定,当出现价款抵押权和留置权竞存的情形时,留置权效力优先。但是在司法实践中,应当注意审查留置权是否符合法律规定,是否满足留置权人已经合法占有该动产、债权人所留置的动产是否与债权属于同一法律关系(企业之间的留置除外),以及是否属于法律规定或当事人约定不得留置的动产等法定要件。

在司法实践中,关于动产价款优先权,担保人在设立动产浮动抵押并办理抵押登记后又购入或者以融资租赁方式承租新的动产,下列权利人为担保价款债权或者租金的实现而订立担保合同,并在该动产交付后10日内办理登记,主张其权利优先于在先设立的浮动抵押权的,人民法院应予支持:(1)在该动产上设立抵押权或者保留所有权的出卖人;(2)为价款支付提供融资而在该动产上设立抵押权的债权人;(3)以融资租赁方式出租该动产的出租人。买受人取得动产但未付清价款或者承租人以融资租赁方式占有租赁物但是未付清全部租金,又以标的物为他人设立担保物权,前款所列权利人为担保价款债权或者租金的实现而订立担保合同,并在该动产交付后10日内办理登记,主张其权利优先于买受人为他人设立的担保物权的,人民法院应予支持。同一动产上存在多个价款优先权的,人民法院应当按照登记的时间先后确定清偿顺序。

五、抵押权的消灭

抵押权的消灭是指抵押权人对于抵押物所具有的支配力终止。抵押权因设立行为而成立,也因一定的法律事实而消灭。抵押权既有因物权消灭的一般原因(如混同、抛弃等)而消灭,也有特别的消灭原因。这些特别原因如下:

(一)主债权消灭

由于抵押权是为担保债权实现而存在的从权利,具有从属性,随主债权的消灭而消灭;因此,在主债权因履行、抵销、提存、免除等原因消灭时,抵押权也随之消灭。抵押权与其担保的债权同时存在,债权消灭的,抵押权也消灭。但是,由于抵押权的特点,在以下几种情况下抵押权并不能消灭:(1)抵押担保的债权因为诉讼时效的完成而不受法律的保护,其债权本身并未消灭,抵押权的效力不受影响。(2)主债权非全部消灭而仅是部分消灭。由于抵押权的不可分性,抵押权仍担保着未受清偿的部分债权因而不能消灭。(3)主债权因第三人的清偿而消灭,第三人从而取得代位求偿权的,抵押权也不能消灭。(4)因主债权相对消灭(即债权主体变更)的,抵押权随债权转移而转移,在这种情况下,抵押权不消灭。(5)在发生债务转移时,债权并未消灭,因而从属于债权的抵押权也不能消灭。

(二)抵押权实现

当抵押权人行使抵押权时,担保债权受偿的目的已经实现,因此无论抵押权人的债权是否已全部受偿,抵押权均归消灭。即使在同一抵押物上有数个抵押权,次序在先的抵押权实现的,次序在后的抵押权不论是否得以实现(包括声明参与分配),其抵押权全部消灭。

(三)抵押物灭失

抵押物为抵押权的标的物,因此当抵押物灭失时,抵押权即告消灭。抵押物的灭失既包括事实上的灭失,也包括法律上的灭失。当抵押物发生事实上的灭失时,抵押物实际上已不存在了。但由于抵押权属于价值权,抵押权人是以抵押物的价值担保债权的实现,因此,抵押物灭失,但其有代位物,抵押权仍然存在于其代位物上。抵押权因抵押物灭失而消灭。因灭失所得的价金,应当作为抵押财产。当抵押物发生法律上的灭失时,如善意第三人取得抵押物所有权,则抵押权消灭。

(四)抵押权的抛弃

抵押权作为一项权利,抵押权人有权抛弃。但是,抵押权的抛弃,不能损害他人利益。因此,法律为了保护当事人的利益,一般都对抵押权的抛弃进行规定。同一债权上数个担保物权并存时,债权人放弃债务人提供的物的担保的,其他担保人在其放弃权利的范围内减轻或者免除担保责任。

(五)未经抵押人同意的债务承担

第三人提供抵押的,债权人许可债务人转让债务未经抵押人书面同意的,抵押人对未经其同意转让的债务,不再承担担保责任。抵押人对债务提供担保,一方面是基于抵押人对债务人的信任,另一方面是享有对债务人的追偿权。未经抵押人同意的债务转让,使债务人的信用发生变化,使抵押担保人不能作出意思表示,违背了抵押人的自主决定权。因此,抵押权消灭。

(六)抵押权存续期间届满

在社会经济实践中,如果允许抵押权无期限存续,可能会使抵押权人怠于行使抵押权,也不利于发挥抵押财产的经济效用。规定抵押权存续期间,能够促使抵押权人积极行使权利。《民法典》第 419 条规定:"抵押权人应当在主债权诉讼时效期间行使抵押权;未行使的,人民法院不予保护。"由于抵押权是从权利,《民法典》把抵押权的存续期间和主权利的消灭时效或者诉讼时效联系起来。当超过主债权诉讼时效期间后,抵押权人丧失的是抵押权受人民法院保护的权利即胜诉权,而抵押权本身并没有消灭。如果抵押人自愿履行抵押担保义务的,抵押权人仍然可以行使抵押权并受领而不构成不当得利。

六、特别抵押权

(一)最高额抵押

最高额抵押是指为担保债务的履行,债务人或者第三人对一定期间内将要连续发生的债权提供担保财产的,当债务人不履行到期债务或者发生当事人约定的实现抵押权的情形时,抵押权人有权在最高债权额限度内就该担保财产优先受偿的一种特别抵押权。最高额抵押又称限定额抵押、根抵押,始于法国。最高额抵押是随着商品经济产生而产生的一项重要的抵押担保制度,一些国家,以及我国台湾地区对此作了规定。例如,《德国民法典》第 1190 条明确规定了最高额抵押权,日本于 1971 年以第 99 号法律在民法典第 398 条追加了关于最高额抵押的规定。我国《民法典》也设专节对最高额抵押作了规定。最高额抵押与一般抵押相比有其优越性，因为不论其债权发生几次，只需进行一次财产评估和抵押物登记即可，不仅省时、省力和省钱，而且可加速资金的流通，从而有利于促进经济的发展。

最高额抵押作为特殊抵押权的一种，与一般抵押相比，具有以下特殊性：

1.相对独立性

一般抵押具有典型的从属性，抵押权随主债权存在而设立，并随主债权消灭而消灭，而最高额抵押权的设立不以主债权存在为前提，也不随某一具体主债权的消灭而消灭。设立最高额抵押时，主债权可以尚未发生。

2.所担保债权的不确定性

一般抵押的抵押物和所担保的债权均须特定，而最高额抵押所担保的仅是一定范围和一定期限内的可能发生的债权，将来是否发生债权及金额多少都是不确定的。也就是说，抵押权人在最高额抵押所构成的这一框架内可以自由地、反复地创设债权、消灭债权，只要抵押的最后期间来临时的债权总额未超过最高限额，抵押人便要对抵押权人的债权以其抵押物承担担保责任。而一般抵押则不允许除约定担保债权之外连续发生的债权由已约定就特定债权提供担保的抵押物获得担保。根据《民法典》第 420 条的规定，最高额抵押权设立前已经存在的债权，经当事人同意，可以转入最高额抵押担保的债权范围。这是由于，最高额抵押权的本质是所担保的债权为不特定的债权且具有最高限额，只要最终实际发生的债权总额不超过双方约定的最高债权额，因此，即使该债权发生在最高额抵押权设立前，只要双方当事人协商同意，也是应当允许将已经存在的债权纳入最高额抵押所担保的债权范围。应当指出的是，最高额抵押权人优先受偿的债权范围以约定的最高限额为限，抵押权人所享有的超过最高限额的债权部分只能作为一般债权来请求债务人清偿。

3.适用范围上的限定性

一般抵押的适用范围原则上不加以限制，而最高额抵押由于是对一定期间内连续发生的债权的担保，因此其适用范围受到一定的限制，仅适用于连续发生债权的法律关系，如连续借贷关系、连续交易关系。一般而言，借款合同可附最高额抵押合同。债权人与债务人就某项商品在一定期间内连续发生交易而签订的合同，也可以附最高额抵押合同。以上两种方式采用最高额抵押，主要是为了简化手续，方便当事人。应当指出的是，国外的最高额抵押并不仅限于上述两类合同，还包括长期租赁合同、交互计算合同和行纪合同等。

最高额抵押的设立，除了订立最高额抵押合同和按法律规定办理抵押登记外，还须明确以下两项内容：(1)抵押所担保的债权范围和最高限额；(2)确定被担保债权实际数额的决算期。因最高额抵押是对先后连续发生的各个债权所提供的担保，被担保债权实际数额的确定必须有一个确定的期间，该期间一般称为决算期。决算期一般是依照主合同的基本关系而定，决算期通常于主合同终了时同时届至。最高额抵押所担保的债权须在决算期届至才能确定。如发生的债权额超过所预定的最高额，则以最高额作为抵押担保的债权额，超过的部分成为无担保的债权。如没有预定的最高额，则以实际金额作为抵押担保债权额。债权额的范围包括本金、利息、违约金和损害赔偿金，但实行抵押权的费用不计入最高额，而应于抵押物拍卖价金中优先扣除。在司法实践中，最高额担保中的最高债权额，是指包括主债权及其利息、违约金、损害赔偿金、保管担保财产的费用、实现债权或者实现担保物权的费用等在内的全部债权，但是当事人另有约定的除外。登记的最高债权额与当事人约定的最高债权额不一致的，人民法院应当依据登记的最高债权额确定债权人优先受偿的范围。

关于最高额抵押权所担保债权确定的事由，按照《民法典》第 423 条的规定，有下列情形之一的，抵押权人的债权确定：

(1)约定的债权确定期间届满。债权确定期间是指确定最高额抵押权所担保的债权实际数额的时间，当事人约定的确定债权期间届满，最高额抵押权所担保的债权额即自行确定。关于期间，在实践中要明确当事人约定的债权确定期间与最高额抵押中的债务清偿期不同，后者是指债务人履行债务的期间。

(2)没有约定债权确定期间或者约定不明确，抵押权人或者抵押人自最高额抵押权设立之日起满2年后请求确定债权。由于最高额抵押权的设立目的是对连续交易提供担保，如果允许当事人随时或者在比较短的时间确定债权额，这就违背设立最高额抵押权的初衷。此外，规定一个固定期间可以稳定最高额抵押权关系，该期间为2年，不存在中止、中断情形，其起算点为最高额抵押权设立之日。根据《民法典》的有关规定，如以建筑物、建设用地使用权等不动产权益作最高额抵押的，最高额抵押权设立之日为最高额抵押权登记之日；如是以交通运输工具等动产作最高额抵押权的，最高额抵押权设立之日为最高额抵押合同生效之日。

(3)新的债权不可能发生。这主要包括两种情形：一是连续交易的终止；二是最高额抵押关系的基础法律关系消灭而导致新的债权不可能发生。

(4)抵押权人知道或者应当知道抵押财产被查封、扣押。该规定采用了“主观说”的观点，自抵押权人知道或应当知道抵押财产被查封、扣押的事实时债权确定，抵押权人未收到通知或不知道查封事实时，查封后发生的债权仍属于最高额抵押权的担保范围。对于在保全信息获取方面处于劣势的抵押权人来说，这样的规定无疑更有利于其权利的保护。即只有在抵押权人收到查封通知或者知道查封事实时，债权才能确定。当出现这种情形时，抵押财产有可能被拍卖或者变卖，将直接影响到最高额抵押权人债权利益的实现。同时查扣抵押财产实际上隔断了抵押财产与担保债权的关系，也脱离了最高额抵押人和最高额抵押权人对抵押财产的影响和控制。因此，应当确定最高额抵押所担保的债权额。此外，除了法律另有规定，即使被担保的债权额因抵押财产被查封、扣押而确定，最高额抵押权人仍可以就被确定的担保债权额对抵押财产行使优先受偿权，这种优先受偿权既优先于一般债权，也优先于排在其后的其他担保物权。

(5)债务人、抵押人被宣告破产或者解散。这种情况所产生的直接法律后果是债务人、抵押人进入破产或者清算程序，而根据《企业破产法》的规定，未到期的债权在破产申请受理时视为到期。附利息的债权自破产申请受理时起停止计息。债务到期是实现最高额抵押权的法定事由，因此，债务人被宣告破产使确定最高额抵押所担保的债权额成为必要。当抵押人进入破产程序的，其所有的财产包括最高额抵押财产都应由破产管理人占有和支配，但对破产人特定财产享有担保物权的权利人对该特定财产享有优先受偿的权利，因此，抵押人被宣告破产也使得最高额抵押所担保的债权额确定成为必要。同理，当债务人、抵押人出现解散的情形下，债务人、抵押人进入清算程序也需要确定所担保的债权额。

(6)法律规定债权确定的其他情形。最高额抵押权所担保的债权额确定将发生以下法律效力：一是最高额抵押权转变为普通抵押权；二是确定被担保债权的范围；三是最高额抵押权所担保的债权确定后，当债权到期或者出现当事人约定的可以实现抵押权的情形，抵押权人可以就抵押财产优先受偿，其优先受偿的额度不得超过双方当事人约定的最高担保额。在抵押权人实现最高额抵押权时，如果实际发生的债权额高于最高限额的，以最高额为限，超过部分不具有优先受偿的效力。如果实际发生的债权额低于最高限额的，以实际发生的债权额为限对抵押财产优先受偿。

关于最高额抵押合同的变更，一般应予准许。对此，《民法典》第 422 条规定："在最高额抵押担保的债权确定前，抵押权人与抵押人可以通过协议变更债权确定的期间、债权范围以及最高债权额。但是，变更的内容不得对其他抵押权人产生不利影响。"该条规定表明，在最高额抵押所担保的债权确定前，双方当事人可以通过协议来变更最高额抵押的有关内容。当事人可以协议变更的合同内容包括债权确定的期间、债权范围和最高债权额。但在同一抵押财产上还有其他抵押权人特别是顺位在后面的抵押权人时，变更的内容可能会对他们产生影响甚至损害其合法权益，因此，法律上特别规定，变更的内容不得对其他抵押权人产生不利的影响，如损害其利益该变更无效。此外，最高额抵押合同已登记的，其变更也须经登记方能生效。最高限额的变更，不经变更登记不发生效力。如增加最高限额数，不得以增加部分对抗变更登记之前成立的后顺序权利人。延长抵押合同存续期间的，如已就期间进行了登记，则不进行延长登记不得对抗第三人，并且对于延长期间以前成立的后顺序权利人不得以期间的延长对抗。

关于最高额抵押转让问题。从法理上说，最高额抵押的成立须具备三要素：最高限额、原因契约交往关系和决算期。如允许主合同债权转让，势必导致原因契约关系基础丧失。限制最高额抵押主合同债权的转让，乃是出于保障交易的安全。由于最高额抵押的主合同债权不得转让，最高额抵押也就不得单独转让。但《民法典》第 421 条规定："最高额抵押担保的债权确定前，部分债权转让的，最高额抵押权不得转让，但是当事人另有约定的除外。"这一规定的理由在于我国市场机制不断完善，最高额抵押的主合同债权转让与否，应当按照当事人意思自治的原则由债权人自己决定。因此，最高额抵押所担保的主债权是可以转让的。但是，当主债权转让的，最高额抵押权是否一并转让？如果最高额抵押所担保的主债权确定后，根据抵押权随主债权的转让而转让的原则，当主债权转让最高额抵押权也一并转让。如果最高额抵押所担保的主债权尚未确定，部分债权转让的，除非当事人另有约定，否则最高额抵押权不得转让。这是因为最高额抵押是对一定期间内连续发生的所有债权作担保，并不是单独只对某一个债权作担保，最高额抵押权并不从属于特定债权，是从属于主合同关系。当部分债权转让的，只是使这部分债权脱离了最高额抵押权的担保范围，对最高额抵押权不发生其他影响。最高额抵押权还要在最高债权额限度内，对已经发生的债权和尚未发生的将来可能发生的债权担保。当然，当事人可以约定在最高额抵押担保的债权确定前，最高额抵押权随部分债权的转让而转让。一般来说，当事人的约定主要有以下两种情形：一是部分债权转让的，抵押权也部分转让。原最高额抵押所担保的债权额随之也相应减少。在这种情形下，转让的抵押权需要重新作抵押登记，原最高额抵押权需要作变更登记。二是部分债权转让的，全部抵押权随之而转让，未转让的部分债权成为无担保的债权。

最高额抵押权的实现，除了一般抵押权实现条件外，还须所担保的债权额已确定，债权已届清偿期。如前所述，最高额抵押所担保的债权实际数额须决算期才能确定，但决算期并非就是债权的清偿期。因为当事人可以在决算期外另行约定债权的清偿期。如当事人未约定清偿期，而仅约定抵押权存续期间的，则以抵押权存续期间届满为债权清偿期届至；如当事人也未约定抵押权的存续期间，则以决算期为清偿期。另外，由于最高额抵押是担保未来债权的，如担保的债权确定不发生的，则最高额抵押当然消灭。

（二）财团抵押与浮动抵押

财团抵押是指以企业的有形资产和无形资产为整体而设立的抵押。财团抵押与一般抵押不同，一般抵押仅就单独的财产（或动产或不动产或某项权利）上设立抵押权，各个独立的财产应分别设立抵押权；而财团抵押是以抵押人所有的不同形式的财产（包括动产、不动产和某些财产权利）作为一个整体，为一个债权而设立抵押权。设立财团抵押，避免了当事人分别就各个财产设立抵押所带来的麻烦。同时，财团抵押的标的可以包括抵押人的各种财产，对充分发挥企业财产的担保价值和使用价值有着积极的作用。

以企业财产整体为标的而设立的担保制度，可分为英美法上的浮动担保（floating charge）和大陆法上的固定式财团抵押两个类型。另外，在大陆法系国家中，日本原采德国式铁路财团抵押制度，20 世纪 50 年代末又以英国浮动担保制度为蓝本制定企业担保法，从而兼有两种财团抵押的方式。浮动担保制度产生于英国衡平法，后为英美法系国家所广泛采用，它有以下特点：(1)抵押标的物为企业的全部财产，既包括现有的财产，也包括将来取得的财产；既可以是固定资产，也可以是流动资金。(2)担保财产的数额处在不断的变动之中，只有在实现抵押权时，担保物才能确定。(3)抵押人设立抵押之后，对浮动担保的标的物可以营业为限，自由收益和处分。固定式财团抵押最初始于德国铁路财团抵押，后为大陆法系国家所采用，其主要特点有：(1)担保标的物限于抵押人现有的财产，不包括将来可能取得的财产；(2)抵押标的物在抵押设立时就已确定，而不是在抵押权实现时才明确；(3)抵押人财产一旦组成财团设立抵押，则构成财团的各个标的物或权利不得与财团相分离，因而在处分权上受到限制，但仍可以进行使用和收益。由此可见，固定式财团抵押更有利于保护债权人的利益，而浮动式担保制度则更有利于企业的生产经营活动。

在我国，依《民法典》第 395 条的规定，可以作为抵押的标的物包括房屋和其他地上定着物、机器、交通运输工具、土地使用权和其他财产，抵押人可以将前款所列财产一并抵押。这是关于企业财产集合抵押的规定，根据该规定，企业可以将其动产、不动产以及某些权利作为一个整体。可见我国法律承认固定式财团抵押方式。值得注意的是，由于不同的财产登记机构不同，因此，在财团抵押中，当事人仍须就不同的财产向不同的登记机构办理抵押登记。

由于浮动抵押有利于企业融资，促进经济发展；有利于简化抵押手续，降低抵押成本；有利于企业正常经营；可以补充传统抵押的不足并符合国际通行做法，因此《民法典》第 396 条专门规定了动产浮动抵押制度，即"企业、个体工商户、农业生产经营者可以将现有的以及将有的生产设备、原材料、半成品、产品抵押，债务人不履行到期债务或者发生当事人约定的实现抵押权的情形，债权人有权就抵押财产确定时的动产优先受偿"。以动产抵押的，不得对抗正常经营活动中已经支付合理价款并取得抵押财产的买受人。抵押财产自下列情形之一发生时确定：(1)债务履行期限届满，债权未实现；(2)抵押人被宣告破产或者解散；(3)当事人约定的实现抵押权的情形；(4)严重影响债权实现的其他情形。

根据《民法典》的上述规定，设立浮动抵押应当符合以下条件：

(1)设立浮动抵押的主体限于企业、个体工商户、农业生产经营者。由于设立浮动抵押制度的主要目的是为了解决中小企业和农民生产经营贷款难的困境，所以将主体限定为企业、个体工商户、农业生产经营者。这也就排除了国家机关、社会团体、事业单位、非从事生产经营的自然人作为浮动抵押的主体。这是我国浮动抵押制度不同于其他国家的地方，其他国家没有对浮动抵押适用主体资格加以限制，而是将浮动抵押设立人的范围扩展到一切企业，包括公司企业、非公司企业、合伙企业、个体企业和个体工商户、农业生产经营者。

(2)设立浮动抵押的财产限于现有的和将有的生产设备、原材料、半成品和产品，除此以外的动产不得设立浮动抵押，不动产也不得设立浮动抵押。这主要是鉴于不动产等抵押权生效始于登记，还有知识产权根据物权法定主义不能作为抵押权的标的，因此将不动产、知识产权和债权等财产排除在浮动抵押标的物的范围之外。但就将来的财产设定的抵押权，应在其实际存在时发生效力。

(3)设立浮动抵押一般要有书面合同,这是形式要件的要求,该合同一般包括担保债权的种类、数额、债务履行期间、抵押财产的范围和实现抵押权的条件等内容。在司法实践中,当事人在动产和权利担保合同中对担保财产进行概括描述,该描述能够合理识别担保财产的,人民法院应当认定担保成立。浮动抵押自抵押合同生效时设立;但未经登记,不得对抗善意第三人。

(4)实现抵押权的条件是不履行到期债务或者发生当事人约定的实现抵押权的事由。

(5)债权人有权就实现抵押权时的动产优先受偿。在抵押期间,由于抵押财产处于不确定状态,抵押人可以自由处分抵押财产,只有在约定或者法定的实现抵押权的条件成就时,抵押财产才能确定。抵押财产确定时与设立抵押权时的财产不必相同,通常也不会一样。对于抵押期间处分的财产不能追及,新增的财产要作为抵押财产,债权人就实现抵押权时确定的抵押财产享有优先受偿的权利。同一财产既有浮动抵押又有固定抵押的,当实现抵押权所得价款,要按照《民法典》的有关规定来清偿。

在浮动抵押设立后就具有优先受偿的效力,但也有例外。按照《民法典》第404条的规定,浮动抵押不得对抗正常经营活动中已经支付合理价款并取得抵押财产的买受人,这就是登记对抗效力的例外。受到法律上保护的买受人必须符合以下条件才能不受登记公信力的拘束:第一,买受的财产是生产设备、原材料、半成品或者产品。第二,受保护的主体必须是正常交易活动中的买受人。一般来说,正常交易活动中的买受人主要包括两种情况:一是在存货融资中,买受出卖人在正常经营过程中出售的已设定担保的存货的人;二是市场交易中的消费者。如果买受人在抵押人贱卖资产准备逃避债务时所购买的抵押财产则不受法律保护。第三,买受人必须是已支付合理价款并取得了抵押财产。买受人必须已经支付了合理价款,如果抵押人将抵押财产无偿赠送或者以超低价格转归买受人所有时,也不受法律的保护。买受人必须是已经取得抵押财产,这是因为动产是以占有作为公示的要件,买受人必须享有抵押财产的所有权,否则买受人不享有比其他债权人更优的保护。具备上述条件,抵押财产的买受人就可以对抗抵押权人,即买受人可以取得所买受的抵押财产而不受抵押权人的追索。

关于正常经营活动中买受人规则的认定,在司法实践中,买受人在出卖人正常经营活动中通过支付合理对价取得已被设立担保物权的动产,担保物权人请求就该动产优先受偿的,人民法院不予支持,但是有下列情形之一的除外:(1)购买商品的数量明显超过一般买受人;(2)购买出卖人的生产设备;(3)订立买卖合同的目的在于担保出卖人或者第三人履行债务;(4)买受人与出卖人存在直接或者间接的控制关系;(5)买受人应当查询抵押登记而未查询的其他情形。这里所称出卖人正常经营活动,是指出卖人的经营活动属于其营业执照明确记载的经营范围,且出卖人持续销售同类商品。这里所称担保物权人,是指已经办理登记的抵押权人、所有权保留买卖的出卖人、融资租赁合同的出租人。关于浮动抵押的效力和清偿顺位,在司法实践中,企业将其现有的以及将有的生产设备、原材料、半成品及产品等财产设定浮动抵押后,又将其中的生产设备等部分财产设定了动产抵押,并都办理了抵押登记的,登记在先的浮动抵押优先于登记在后的动产抵押。

需要指出的是,《民法典》对浮动抵押效力的限制:一是通过规定正常经营买受人制度,对正常交易行为进行保护,避免因浮动抵押的设立而影响交易安全;二是通过规定的价款优先权(俗称超级优先权),对浮动抵押的效力进行限制,从而使抵押人不至于因设定浮动抵押而堵死再融资的渠道。也就是说,浮动抵押设立后,当抵押人新购入机器设备等动产,并以该动产作为抵押财产为价款设定抵押时，只要为担保价款而设立的担保在标的物交付后 10 日内办理了抵押登记的，即便该抵押登记在时间上后于在先的浮动抵押，后抵押仍然优先于在先的浮动抵押，从而对浮动抵押的效力进行了限制。

根据《民法典》第 411 条的规定，浮动抵押财产的确定有以下四种情形：(1)债务履行期限届满，债权未实现的。在这种情况下，无论抵押权人是否向抵押人提出实现抵押人的要求，抵押财产均应确定，自债务履行期届满之日起，抵押人不得再处分抵押财产。(2)抵押人被宣告破产或者解散的。由于抵押人停止营业，进入清算程序，因其财产不再发生变动，抵押财产随之确定，抵押权人对抵押财产享有优先受偿的权利。(3)发生当事人约定的实现抵押权的情形的，抵押财产确定。(4)发生严重影响债权实现的其他情形的，抵押财产确定。这种情形既可以是因经营不善导致抵押人经营状况或者严重亏损，也可以是因抵押人放弃其到期债权、无偿转让财产或者以明显不合理的低价转让财产，致使其财产明显减少等情况。上述四种情形为抵押财产确定的法定情形，当发生其中任何一种情形，自该情形发生时浮动抵押即转化为固定抵押，抵押财产一经确定，抵押人不得再处分抵押财产，抵押权人可以依法实现抵押权。

浮动抵押权的实现不同于普通抵押权的实现。在实现浮动抵押权时，应由浮动抵押权人向人民法院提出申请，法院在受理浮动抵押权人的申请后，经审查符合实现条件的，应作出实现浮动抵押权的决定，同时发布浮动抵押权开始实现的公告和查封抵押人总财产的公告，并指定财产管理人负责管理抵押人的总财产。财产接管人在公司总部所在地的登记机构进行浮动抵押权开始实现的登记，接受人可对管理抵押效力范围内的全部财产进行处置。为了抵押权人的利益，既可以对抵押财产进行经营，也可以将全部财产作为整体出售。因浮动抵押权的实现，可能导致公司的清算和消灭，因此还应适用公司破产和清算还债的程序。

(三)共同抵押

共同抵押是指为共同担保同一债权而在数个不同的财产上分别设立抵押权，又称总括抵押。[①] 共同抵押不同于一般抵押，其抵押权的标的物是数物，而不是一物，各物上设立抵押权为同一债权连带担保。共同抵押也不同于财团抵押，其抵押物是独立的，每个抵押物分别设立抵押权，而不是数个物集合而设立一个抵押权。另外，共同抵押中的连带关系不同于连带债务中的连带关系，连带债务是一种人的连带，属于债的关系；而共同抵押是一种物的连带，属于物权关系。

共同抵押的设立与一般抵押大致相同，但对共同抵押的标的物是否为同一人所有各国有不同的规定。按《瑞士民法典》第 798 条的规定，共同抵押以设立抵押的数块土地属于同一债务人或者连带债务人为限，其各土地连带负担物上责任，否则各个土地应限制其负担的数额部分；当事人未作约定时，依其土地的价值比例分担。但大多数国家立法对此并未加以限制，即抵押物不限于债务人或同一抵押人所有之物，也不限于同一种类的物，均得设立共同抵押。同时，共同抵押的设立也不以一次于数个财产上设立为必要，且不必处于同一顺序上。当事人约定了各个抵押物执行顺序的，依其约定；如未约定，则抵押权人得任意就某个或数个财产实现抵押权。

---

① 共同抵押制度在一些国家或地区的法典中均有规定，如《瑞士民法典》第 798 条、第 816 条第 3 款及第 833 条，《德国民法典》第 1132 条，《日本民法典》第 392 条、第 393 条和我国台湾地区“民法典”第 875 条。在我国，《民法典》对此尚未作出明确规定。

由于共同抵押是为担保同一债权而在数个抵押物上分别设立的，因此抵押权人如何就数个抵押物受偿其债权，成为共同抵押效力上的一个特殊问题。一般而言，共同抵押就数个抵押物上所负担的担保金额有两种情况：(1)当事人就数个抵押物负担的金额以特别约定作了限定，则应依各该抵押物应负担的金额各自承担其担保责任，抵押权人在实现抵押权时就各个抵押物所负担的金额优先受偿；(2)当事人没有限定各个抵押物上所负担的债权金额，抵押权人可就各个抵押物卖得的价金使债权的全部或部分受偿。由于每一个抵押物的价值都担保着全部债权额，如数个抵押物不为同一人所有，就会产生不同所有人之间的求偿关系问题。这是由于抵押权为使其债权得以实现，既可同时实行数个抵押权，也可选择行使其中一项抵押权，也就是说抵押权人对各个抵押物实现抵押权的顺序具有选择性，这样对后一顺序抵押权人极为不利。为保护不同抵押人和后一顺序抵押权人的利益，法律有必要对共同抵押权人的受偿制定特殊规则。这一规则有不同的立法例：一是分担或分别主义，即各个抵押物按照其价额的比例分担所担保的债权额；二是代位求偿主义或称异时分配主义。依此规定，在共同抵押物的一部分被拍卖时，共同抵押权人可就其价款受债权的全部清偿，但是后顺序的抵押权人在共同抵押权人应就其他抵押物上比例分配的受偿额限度内，代位行使共同抵押权人的抵押权，以实现其求偿权。

第三节　质　权

一、质押与质权概述

质押，是指债务人或者第三人将其动产或者权利凭证交给债权人占有，以该动产或者权利凭证作为债权的担保。当债务人不履行到期债务或者发生当事人约定的实现质权情形时，债权人有权以该动产或者权利折价，或以拍卖、变卖所得的价款优先受偿。债务人或者第三人用于质押担保的财产称为质权标的或质物，占有质物的债权人称为质权人，提供财产设立质押的债务人或者第三人称为出质人。

从质押的概念可见，质押具有以下含义：(1)质押以转移质物的占有为成立要件。质押的成立必须以出质人移交质物的占有为要件，标的物未转移占有，质押依法不能成立。因此，质权人对质物的持续占有是质押成立并生效的要件。(2)质押是一种担保物权。担保物权是权利人对标的物的价值进行支配并排除他人干涉的权利。质押是为担保债权实现而设立的物权，其目的是对设定担保的动产或者权利的价值的优先受偿权，而不是对标的物的使用收益。(3)质押的标的既可以是动产，也可以是权利。由于质押必须以转移标的物的占有为要件，因此，不动产因不适宜转移占有而不作为质押的标的。而作为质押标的的权利必须具有可让与性，不能转让的非财产权利不能作为质押的标的。(4)质押具有优先受偿性。质押虽然由债权人占有质物，但债权人并不能在债务人未履行债务时直接取得质物的所有权以抵偿债权，而只能以质物的价值优先于其他债权人受偿。因此，当债务人不履行债务时，债权人有权对所占有的质物进行变卖、拍卖，以优先实现自己的债权。

质权，是指债权人因担保债权而占有债务人或者第三人提供的财产(动产或权利)，于债务人不履行债务时，得以其所占有的标的物的价值优先于其他债权人受偿债权的一种担保物权。设立质权的行为称为质押或者出质。需要指出的是，质权与质押的关联有所不同，质押是设定质权的法律行为，而质权则是质权人的权利；质押是质权产生的原因，质权是质押引起的法律后果。

质权作为担保物权的一种，也具有担保物权的一般特性，主要表现在以下几个方面：(1)从属性。质权为从权利，被质权担保的债权为主权利，质权以主债权的有效存在为存在前提，并随主债权的转让而转移，随主债权的消灭而消灭；(2)不可分性。质权的效力及于质权标的的全部，质权标的全部价值担保债权的全部，质物部分灭失的，未灭失的部分仍担保着全部债权；(3)物上代位性。在质物发生毁损、灭失或者其价值形态发生改变时，质权的效力及于质物的代位物上；(4)优先受偿性。在债务人不履行债务时，质权人有权以质物的价值优先受偿。

质权作为独立的一种担保物权，与抵押权相比较，又有其特征：(1)对物的占有状况不同，这是两者最大的区别。抵押权设立后抵押物仍由抵押人占有、使用，而质权设立后，质物需移交质权人占有。(2)生效要件不同。抵押权须经过登记，才产生法律效力；对于不办理登记的，抵押合同自签订之日起生效。质权一般不需登记，质权合同自质物移交于质权人占有时生效。(3)标的物不同。抵押权的标的物主要为不动产，也可以是特定的动产；质权的标的只能是动产或特定的财产权利。(4)权利的实现方式不同。抵押权实现可以由当事人双方协议折价或者以拍卖、变卖抵押物所得的价款受偿，协议不成的，抵押权人可以向人民法院提起诉讼。而质权的实现，在协议不成的情况下，可由质权人直接依法拍卖。

正由于质权的上述特征，因而其在以下三方面发挥着重要的作用。第一，质权因以质权人占有质物为成立要件，因而质权具有公示的作用，质权人占有质物就可公示其权利的存在，而不必以登记来公示担保物权。第二，质权因以质物的占有为存续要件，质权还有留置的作用。第三，质权大多以动产及可转移权利为标的，在程序上简便易行，因而对担保债权实现和发挥有价证券的资金融通作用具有重大的意义。

二、动产质权

(一)动产质权的设立

动产质权，是指债务人或者第三人将其动产移交债权人占有，以该动产作为债权的担保，当债务人不履行到期债务或者发生当事人约定的实现质权情形时，债权人有权依法以该动产折价或者以拍卖、变卖该动产的价款优先受偿。作为动产质押的标的必须符合以下两个要求：

1.须具有让与性且法律不禁止流通的动产

《民法典》第426条明确规定，法律、行政法规禁止转让的动产不得出质。一般来说，凡法律不明确规定禁止转让的动产，都可以作为设定质权的标的。但法律、行政法规规定禁止流通的动产如毒品、管制枪支等则不得设定质权。由于设定动产质权是一种民事权利，对于禁止性民事权利的限定应当是比较严格的，规定禁止转让的动产的依据只能是全国人大及其常委会制定的法律以及国务院制定的行政法规，其他规范性文件不能作为禁止转让动产的依据。这是因为动产质权是变价权，是以质物的价值来担保债权人的债权。当债务人届期不履行债务时，债权人有权以占有的质物进行变价以优先清偿债权。如果质押的标的不具有让与性，不能变价，就丧失了其作为质押担保的意义，而如果质物属于法律规定的禁止流通物，则由于其不能流通、不能变价而使债权人的目的无法达到。但如果出质人以限制流通物作为质物的，则是允许的。在质权实现时，作为质物的限制流通物应当由有关部门收购，质权人以收购价款优先受偿。

2.须为特定动产

质物应当由出质人交付质权人，因此，特定化是质物转移占有的必备要件。同时，在我国司法实践中，特定化的金钱可以作为动产质权的质物来担保债权。债务人或者第三人为担保债务的履行，设立专门的保证金账户并由债权人实际控制，或者将其资金存入债权人设立的保证金账户，债权人主张就账户内的款项优先受偿的，人民法院应予支持。当事人以保证金账户内的款项浮动为由，主张实际控制该账户的债权人对账户内的款项不享有优先受偿权的，人民法院不予支持。在银行账户下设立的保证金分户，参照前述规定处理。当事人约定的保证金并非为担保债务的履行设立，或者不符合前述规定的情形，债权人主张就保证金优先受偿的，人民法院不予支持，但是不影响当事人依照法律的规定或者按照当事人的约定主张权利。

根据《民法典》的规定，设立质权，当事人应当采用书面形式订立质押合同。质权自出质人交付质押财产时设立。在司法实践中，当事人在动产和权利担保合同中对担保财产进行概括描述，该描述能够合理识别担保财产的，人民法院应当认定担保成立。

动产质押一般都是由债权人和出质人通过订立动产质押合同设立的。出质人和质权人应当以书面形式订立质押合同。据此，动产质押只能依质押合同设立（即意定质权），而不能以单方法律行为如遗嘱而设立。质押的设立除了双方当事人的合意外，还必须以移转质物的占有为要件。质权自出质人交付质押财产时设立。质押合同自质物移交于质权人占有时生效。合意加上移转物的占有，两者缺一不可，因此质押合同是要物合同或实践合同。

就质押的设立而言，质押合同的成立与质押的生效是两个不同的概念。当质押合同成立后并且出质人将质物移交于质权人占有时才生效。《民法典》明确规定，质权自出质人交付质押财产时设立。虽然质权合同订立但未转移质物的，质权不发生效力。之所以这样规定，是因为一方面是考虑到对质权人的保护，质权人在实际控制质物的情况下，就质物优先受清偿获得保障；另一方面是保障交易安全的需要，如果质物仍保留在出质人手中，则出质人可能将该质物出卖或再次设质，善意第三人也可能因此遭受损失，并且使质押法律关系复杂化。因此，质押合同自质物移交于质权人占有时生效，有利于保障质权人债权的实现，维护商品交易的安全，减少纠纷的发生。在质押合同订立后，如出质人不移交质物占有而使质权人受损时，质权人可依缔约过失责任的规定请求出质人赔偿。移转占有即交付，法律上有多种形式，但并非一切交付形式都符合质押的设立，如出质人不得以占有改定方式来代替交付。因为，在这种情况下出质人仍直接占有质物，而质权人仅对质物间接占有，这与质押的目的是相悖的。如质物已由质权人占有，则自质押合同成立之日起质权就生效。

依规定质押合同应采用书面形式，但如果出质人和质权人没有订立书面的质押合同，应如何认定质押关系的效力？有种观点认为，书面形式并非质押合同成立或生效的必要条件。因此，若债务人或第三人与债权人口头约定由前者提供质物给后者设立动产质权，债权人能够证明其与债务人或第三人之间的合同关系，则法院应当确认质押合同已经成立；若债权人不能举证，则质押合同应当推定为没有成立。而且，即使债权人能证明其与债务人或第三人之间的质押合同，但若尚未实际占有债务人或第三人的动产，仍不能认为动产质押合同已经生效。值得注意的是，即使债权人已经占有债务人或第三人的动产，但若不能证明其与债务人或第三人之间的质押关系，仍不能认为质押合同的成立及生效。债务人或第三人有权向债权人主张不当得到返还请求权,债权人以其债权中的相应数额对债务人主张债的抵销,但不能对第三人主张。[①] 一般来说,合意是否仅指书面质押合同交付即视为达成合意?《民法典》第 490 条第 2 款规定:“法律、行政法规规定或者当事人约定合同应当采用书面形式订立,当事人未采用书面形式但是一方已经履行主要义务,对方接受时,该合同成立。”一方已经履行主要义务,对方接受的,该合同成立。书面合同可以被履行行为补正,因此,订立书面质押合同并非质权成立的构成要件,质物交付即可以视为达成合意。但质押合意不仅包括对交付动产事实的确认,还包括关于被担保债权的种类、数额、债务人履行债务的期限等内容,因此在司法实践中需要结合其他证据予以确认。质押合同是否以书面形式订立,不影响国家利益和社会公共利益,因此该规定中的“应当”不应被视为“效力性强制性规定”。法律上并没有对不采用该形式的法律后果作出明确规定的,从鼓励交易的角度出发,原则上不宜轻易否定其效力。

质押的当事人为出质人和质权人。出质人是指将出质物品交给债权人供作该债权担保的人。出质人可以是债务人,也可以是债务人以外的第三人。无论出质人是第三人还是债务人,对债权人(质权人)而言,其法律效果是一样的。因为其债权的最终保障是质物的价值,而不是债务人或第三人本身。当然,由第三人出质的,如果质物的价值不能完全清偿债务,未受清偿的债务要由债务人而不是由第三人来清偿。另外,第三人可以代替债务人清偿债务,当第三人代替债务人清偿债务或者因为质权的行使致其丧失质物的所有权时,该物上保证人对债务人享有求偿权。由于出质人是以自己的动产作为债权担保的,在质权实现时质物将被处分,因而出质人应为质物的所有人或对质物享有处分权,以保障质权人的变价受偿。如出质人以自己不拥有处分权的动产设立质押的,质权人可否取得质权?应当看到,动产质权是以质权人占有标的物为其成立和存续要件,只有占有质物才能给出质人以较重的责任并给予质权人以权利保障。根据民法原理,质权设定以占有为公示方式,而无登记或者注册制度,因此,债权人往往无法审查出质人是否具有所有权或处分权。如果质物交付后,真正的权利人可以追夺,则动产质权制度将变得毫无意义。因此,为保护善意取得动产质权的质权人和维护交易安全,各国民法普遍承认质权的善意取得,即使债务人无权处分质物,质权人仍可取得质权。具体规则可以适用《民法典》第 311 条的规定,参照适用动产所有权的善意取得规则。

动产质押的设立需有双方当事人的合意,这一合意的体现即质押合同。质押合同一般包括下列条款:(1)被担保债权的种类和数额;(2)债务人履行债务的期限;(3)质押财产的名称、数量等情况;(4)担保的范围;(5)质押财产交付的时间、方式。一般来说,质押合同不完全具备前款规定内容的,可以补正。质权合同内容即条款,为提示性、指导性和非要式,而非强制性的规定,“一般包括”,而非“应当包括”,实践中当事人未约定或约定与该规定不符的需要分情况判断合同效力,这样更加有利于保护当事人不因质押合同被确认为无效而受损害。

质押合同之所以应当约定被担保的主债权种类和数额,是由于质押担保的范围即出质人的负担与主债权的范围是密切相关的,也是为了明确质权发生的依据。质押所担保的主债权,一般为金钱债权,但不限于金钱债权。不属于金钱债权(即实物债权)的,应当明确债权标的额的数量和价款,以明确在实现质权时就质物优先受清偿的主债权的数额。双方可约定担保全部债权,也可以为主债权的一部分设立质押。被担保的主债权一般为现存的债权,也可以是附

① 唐德华主编:《最新担保法条文释义》,人民法院出版社 1995 年版,第 141 页。另一种观点,则认为质押合同是法定的书面合同,如果当事人采用口头形式订立质押合同,该质押合同无效。孙礼海主编:《中华人民共和国担保法释义》,法律出版社 1995 年版,第 83 页。

停止条件或附延缓期限的债权。此外,当事人还可为担保将来发生的债权而设立最高额质押。质押合同之所以应当约定债务人履行的期限,主要是因为以此确定债务人债务清偿期届满的时间,明确质权人实现质权的时间,保障质权人及时实现质权。质押合同之所以应当记载质物的名称、数量等情况,是由于质物的种类、数量、质量和状况决定着质物价值的大小及动产质押的债权担保效果,也是衡量质权人是否履行其妥善保管质物义务的标准。另外,由于在实现动产质权时要对质物进行变价,因此作为动产质押合同的标的物即质物,须为可让与的且法律不禁止流通的动产,须为特定之物,须为可留置物。质物不能是不特定的物,因此金钱货币不能作质物。同一质物之上可否设立数个质押?对此有的国家法律予以肯定,如《日本民法典》第355条规定,为担保数个债权,而就同一动产设立质权时,其质权的顺位,依设立的先后而定。质押担保的范围是指质权人实现质权时就质物可以优先受清偿的范围。依规定,当事人对担保范围不作约定或者约定不明确时,质押担保的范围是主债权及利息、违约金、损害赔偿金、质物保管费用和实现质权的费用。质押合同之所以应当记载质物移交的时间,是因为只有当出质人将质物移交于质权人占有时,质押合同才生效。根据合同自由的原则,质押合同如不完全具备上述内容的,并不因此而影响合同的效力,当事人可经协商对质押合同的内容予以补充和修改。如当事人拒绝或不能对不完全条款的质押合同进行补正,则应根据合同所缺内容的不同而作具体分析。

应当指出的是,近年来还发展出来有别于传统意义质权的质押形式即流动质押。最高人民法院《民商审判会议纪要》第63条规定了流动质押的设立与监管人的责任,该条规定:“在流动质押中,经常由债权人、出质人与监管人订立三方监管协议,此时应当查明监管人究竟是受债权人的委托还是受出质人的委托监管质物,确定质物是否已经交付债权人,从而判断质权是否有效设立。如果监管人系受债权人的委托监管质物,则其是债权人的直接占有人,应当认定完成了质物交付,质权有效设立。监管人违反监管协议约定,违规向出质人放货、因保管不善导致质物毁损灭失,债权人请求监管人承担违约责任的,人民法院依法予以支持。如果监管人系受出质人委托监管质物,表明质物并未交付债权人,应当认定质权未有效设立。尽管监管协议约定监管人系受债权人的委托监管质物,但有证据证明其并未履行监管职责,质物实际上仍由出质人管领控制的,也应当认定质物并未实际交付,质权未有效设立。此时,债权人可以基于质押合同的约定请求质押人承担违约责任,但其范围不得超过质权有效设立时质押人所应当承担的责任。监管人未履行监管职责的,债权人也可以请求监管人承担违约责任。”这一内容对于解决审判实务中的相关问题具有很强的针对性。《最高人民法院关于适用〈中华人民共和国民法典〉有关担保制度的解释》(法释〔2020〕28号)第55条对此也作出规定:债权人、出质人与监管人订立三方协议,出质人以通过一定数量、品种等概括描述能够确定范围的货物为债务的履行提供担保,当事人有证据证明监管人系受债权人的委托监管并实际控制该货物的,人民法院应当认定质权于监管人实际控制货物之日起设立。监管人违反约定向出质人或者其他人放货、因保管不善导致货物毁损灭失,债权人请求监管人承担违约责任的,人民法院依法予以支持。在前款规定情形下,当事人有证据证明监管人系受出质人委托监管该货物,或者虽然受债权人委托但是未实际履行监管职责,导致货物仍由出质人实际控制的,人民法院应当认定质权未设立。债权人可以基于质押合同的约定请求出质人承担违约责任,但是不得超过质权有效设立时出质人应当承担的责任范围。监管人未履行监管职责,债权人请求监管人承担责任的,人民法院依法予以支持。

(二)动产质押的效力

动产质押的效力包括效力范围和效力表现。动产质押的效力范围包括质权所担保的债权范围和所及于标的物的范围,动产质押的效力表现包括质权对于出质人的效力和对于质权人的效力。现分述如下。

1.动产质押所担保的债权范围

质押担保的范围,由当事人在质押合同中约定。质押合同中没有约定或者约定不明确的,质押担保的范围包括主债权及利息、违约金、损害赔偿金、质物保管费用和实现质权的费用。与抵押权相比,质押担保的债权范围要广。一是质权人因保管质物所需费用列入了担保范围,二是因质物隐有瑕疵所生的损害赔偿费用也列入质押担保范围。质物有损坏或者价值明显减少的可能,足以危害质权人权利的,质权人可以要求出质人提供相应的担保。出质人不提供的,质权人可以拍卖或者变卖质物,并与出质人协议将拍卖或者变卖所得的价款用于提前清偿所担保的债权或者向与出质人约定的第三人提存。因此,损害赔偿金不仅包括因债务人不履行债务而产生的损害赔偿,还包括因质物的瑕疵而产生的损害赔偿。一般认为,因质物隐有瑕疵所生的损害赔偿应具备以下条件:(1)须质物存在瑕疵;(2)须质物的瑕疵为隐蔽的,如质物有明显瑕疵而质权人仍予接受或不采取防止措施以致损害发生的,则不在赔偿之列;(3)须因该瑕疵而造成损害,如损害的发生不是因该质物的隐蔽瑕疵所造成的,则不在赔偿之列。质押担保的范围之所以比抵押权担保的范围要广,究其原因:一是动产质权须移交质物给债权人占有;二是在同一质物上少有数个质权的竞合,因而即使质权的担保范围有所扩张,也不至于影响其他债权人的利益。

2.动产质押效力及于标的物的范围

动产质押效力及于标的物的范围,应包括标的物的从物、孳息和代位物等。通说认为,从物一般情况下随主物一并纳入出质财产的范围,但当事人在质权合同中另有约定的除外。除质押合同另有约定外,质权的效力及于质物的孳息。该孳息包括天然孳息和法定孳息。质物的代位物包括出卖质物所得价金及因质物灭失所得赔偿金。质物因灭失所得的赔偿金应作为出质财产。

3.出质人的权利

动产质押对于出质人的效力,表现为出质人因质押成立而产生的权利和义务:(1)质物的处分权,出质人于质权成立后并不丧失其对质物的所有权,因此出质人有权对质物进行法律上的处分(如出卖、赠与或再质押),但出质人的处分行为不影响质权人的质权;(2)质物孳息的收取权,在当事人约定质物孳息仍由出质人收取的,出质人有收取孳息的权利;(3)对质权人的抗辩权,出质人应享有基于主债务上的抗辩权和基于质押合同所生的抗辩权;(4)除去权利侵害和返还质物的请求权,当质权人不能妥善保管质物可能致使其灭失或者毁损的,出质人可以要求质权人将质物提存,或者要求提前清偿债权而返还质物;(5)物上保证人对债务人的代位求偿权。当出质人为债务人以外的第三人时,该出质人即为物上保证人。物上保证人代债务人清偿债务的,或者因质权的实现而丧失质物所有权的,对债务人享有代位求偿权。为债务质押担保的第三人,在债权人实现质权后,有权向债务人追偿。

4.质权人的权利和义务

动产质押对于质权人的效力,表现为质权人因质押的成立而产生的权利和义务:

(1)占有质物的权利。质权人对质物享有占有的权利,但在当事人没有特别约定的情况下不得使用质物。(2)留置质物的权利。质权人于其债权受清偿前对其占有的质物有留置的权利，得拒绝出质人或其他人关于返还质物的要求。(3)质物孳息的收取权。除当事人另有约定外，质权人有收取质物孳息的权利。收取孳息应以通常的方法为之，质权人收取的孳息应先充抵收取孳息的费用。(4)费用偿还请求权。质权人对于因保管质物所支出的必要费用有权请求出质人返还。所谓必要费用，是指为保存和管理质物所不可缺少的费用。(5)转质权。所谓转质[1]，是指质权人为自己的债务提供担保而将质物移转给其债权人占有而设立的新质权。如甲为质权人，甲为乙的债务人，甲将其占有的质物移交给乙而设立质权，乙即为转质权人。如质权人未经出质人同意而转质的，应对质物因转质所受的一切损害负赔偿责任。(6)质物的变价权。指在质物有败坏之虞或者其价值显有减少而足以危害质权人的权利时，质权人得将质物拍卖或变卖，以其卖得价金代充质物。(7)优先受偿权。这是质权人就质物的变价优先受偿的权利，是质权的基本效力。当出质人破产时，质权人对质物有别除权，质物不能列入破产财产。(8)质权的处分权。质权人有权处分其质权，既可以抛弃质权，也可以在债权让与时与债权一并让与或者与债权一同供作其他债权的担保。(9)质物的保管义务。质权人负有妥善保管质物的义务，因保管不善致使质物灭失或者毁损的，质权人应当承担民事责任。(10)返还质物的义务。当债务履行期届满债务人履行债务的，或者出质人提前清偿所担保的债权的，质权人应当返还质物。

应当指出的是，《民法典》第428条规定，质权人在债务履行期限届满前，与出质人约定债务人不履行到期债务时质押财产归债权人所有的，只能依法就质押财产优先受偿。该规定对禁止流质之规定作了一个重大变化，不再以“不得约定”之方式直接禁止流质，而是采用了法律后果模式。从禁止性的行为规范到技术性的法律后果模式，体现了《民法典》立法技术上的成熟和立法理念的更新。在解释论上，该规定可以看作对禁止流质的缓和，并产生认可让与担保、股权让与担保、买卖型担保等新型担保类型的体系效应。让与担保、买卖型担保等不再能够以禁止流质为依据认定无效，从尊重自治的角度对这些担保类型予以认可。第一，明确了“质权人在债务履行期限届满前，与出质人约定债务人不履行到期债务时质押财产归债权人所有”的情形，不能认定该条款无效，更不能认定该质权无效。换言之，即使质权人即债权人与出质人之间作出了上述约定，也不影响质押合同的效力，更不能影响质权的成立。第二，当事人在质押合同中作出了这一约定后，在符合质权实现条件时，即债务人到期未履行债务的，不能产生该约定的法律后果，即质权人不能取得该标的物的所有权，其只能从实现其债权的角度获得满足，也就只能从质权作为担保物权的功能价值上予以定位，质权人得以就该标的物在其担保范围内的债权优先受偿。至于优先受偿的方式和程序，应当同于担保物权实现的一般程序。在后果上，也就是该标的物价值不足以偿还所担保债权范围的，债务人应当继续承担剩余债务的清偿责任；如果该标的物价值超过所担保债权范围，则超过部分应当返还出质人。此外，即使这一约定达不到该约定预期的效力，也不能影响该质押合同其他条款的效力。第三，适用的前提条件是当事人在“债务履行前”作出的约定。这一时间限定十分重要。在债务到期后债务人没有履行债务的时候，质权人和出质人约定以出质物移转给债权人所有的条款是有效的，这

① 从各国的立法和实务来看，转质可分为承诺转质和责任转质两种。承诺转质是指质权人经出质人的同意，为担保自己债务的履行于其占有的质物上设立新质权。责任转质是指质权人于质权存续期间，不经出质人的同意以自己的责任将质物转质于第三人而设立新质权。责任转质与承诺转质的根本区别在于其设立无须出质人同意。因此，在转质期间，对质物发生的一切损害，即使是因转质所受的不可抗力造成的，转质人都应负赔偿责任。

不属于规定的流质契约的范畴，而是质权实现的一种方式。当然，这时要按照市场价值合理估价，也要注意考虑维护第三人，尤其是出质人的其他债权人的合法权益。当出质物的价值高于债权额时，质权人在取得出质物的所有权时要给予出质人以合理的补偿，若出质物的价值低于其所担保的债权额时，债务人要对余额继续履行清偿义务。

（三）动产质押的实现与消灭

1.动产质押的实现

动产质押的实现，是指质权人于债权已届受偿期而未受偿时，通过处分质物以质物的变价优先受偿其受担保的债权。关于动产质押实现的条件和方法，各国立法的规定有所不同。《民法典》第436条规定：债务人不履行到期债务或者发生当事人约定的实现质权的情形，质权人可以与出质人协议以质押财产折价，也可以就拍卖、变卖质押财产所得的价款优先受偿。质押财产折价或者变卖的，应当参照市场价格。据此，质权实现的条件有三：(1)须债务履行期届满债务人未履行债务；(2)须债权人非因自己的原因未受偿；(3)须质权人占有质物。质权的实现方法与抵押权一样，包括折价、拍卖或者变卖三种。

2.动产质押的消灭

动产质押的消灭原因主要有以下几点：(1)质权实现或存续期间届满，当质权人的质权依法实现，其担保目的已达到，其质权当然消灭；(2)被担保的债权消灭，当被担保债权因清偿、混同、抵销、债务更新等原因而消灭时，动产质权也随之消灭；(3)质权的抛弃或者质权人任意将质物返还给出质人；(4)质权人丧失对质物的占有；(5)质物的灭失。质权因质物灭失而消灭。但因灭失所得的赔偿金，产生物上代位权，赔偿金应作为出质财产。

三、权利质押

（一）权利质押的概念

权利质押是以所有权以外的、可让与的财产权作为质权的标的而设立的担保方式。权利质押除具有质权的一般特征外，由于其以财产权利作为标的，因此又有自己的特点：第一，作为质押的权利必须为一定范围内的财产权利。这种财产权利除了应当具有可让与性外，最重要的是必须属于适于设质。对于何种财产权利适于设质，一般均由法律进行规定。第二，权利质押的公示方式是交付或者登记。动产质押以占有转移作为其公示方式，而权利质押由于其以无形财产为标的，其在公示方法上也具有特殊性。对于有权利凭证的，权利质押在出质人交付权利凭证后生效；没有权利凭证的，权利质押一般须登记后生效。权利质押的上述特点决定了权利质押的成立方法及实行方式不同于动产质押。故各国立法均将其单独作出规定，我国《民法典》也在质权一章中对此专节作了规定。

（二）权利质押的客体

权利质押以一定的财产权为特定的债权担保，作为权利质押客体的财产权利须是所有权以外的财产权，具有可转让性。如担保人以自己所有的动产或不动产设立担保时，所设立的是动产质权或抵押权，而非权利质权。至于哪些财产权可以设立质押，各国法律规定不同。法国、德国和日本民法以及我国台湾地区的"民法"规定，凡债权原则上都可以成为权利质权的标的。我国《民法典》规定可以质押的权利不包括普通债权，但可以出质的权利范围作了扩大，以适应经济高度发展的需要，对促进资金融通和商品流通有重要的意义。

根据《民法典》第440条的规定："债务人或者第三人有权处分的下列权利可以出质：(一)汇票、本票、支票；(二)债券、存款单；(三)仓单、提单；(四)可以转让的基金份额、股权；(五)可以转让的注册商标专用权、专利权、著作权等知识产权中的财产权;(六)现有的以及将有的应收账款;(七)法律、行政法规规定可以出质的其他财产权利。"其中"法律、行政法规规定可以出质的其他财产权利",可以根据社会经济发展的需要扩大其范围,由其他法律加以规定。

根据《民法典》的规定,可以出质的权利包括以下几方面:

(1)汇票、本票、支票。汇票是指由出票人签发的,委托付款人在见票时或者在指定日期无条件支付确定的金额给收款人或者持票人的票据。汇票分为银行汇票和商业汇票。按照我国《票据法》的规定,汇票必须记载"汇票"字样、无条件支付的委托、确定的金额、付款人名称、收款人名称、出票日期和出票人签章,如有一项未记载,汇票即无效。本票是出票人签发的,承诺自己在见票时无条件支付确定的金额给收款人或者持票人的票据。本票指银行本票。本票必须记载"本票"字样、无条件支付的承诺、确定的金额、收款人名称、出票日期和出票人签章,如有一项未记载,本票无效。支票是指出票人签发的,委托办理支票存款业务的银行或者其他金融机构在见票时无条件支付确定的金额给收款人或者持票人的票据。支票必须记载"支票"字样、无条件支付的委托、确定的金额、付款人名称、出票日期和出票人签章,如有一项未记载,支票无效。

(2)债券、存款单。债券是指依照法定程序发行的,约定在一定期限还本付息的有价证券,包括国库债券、企业债券和金融债券等。存款单是指银行、储蓄机构发给存款人的证明其债权的单据,可以质押的存款单主要是各类定期存款单。

(3)仓单、提单。仓单是提取仓储物的凭证,是仓库保管人应存货人的请求而填发的有价证券。存货人交付仓储物的,保管人应当给付仓单。存货人或者仓单持有人在仓单上背书并经保管人签字或者盖章的,可以转让提取仓储物的权利。提单是指用以证明海上货物运输合同和货物已经由承运人接受或者装船,以及承运人保证据以交付货物的单证。提单包括记名提单、指示提单和不记名提单。记名提单不得转让,不记名提单无须背书即可转让,指示提单经过记名背书或者空白背书转让。可以质押的提单主要是指可以转让的提单或者经法定程序后成为可以转让的提单。

(4)可以转让的基金份额、股权。基金是指《证券投资基金法》中规定的证券投资基金,即通过公开发售基金份额募集证券投资基金,由基金管理人管理,基金托管人托管,为基金份额持有人的利益,以资产组合方式进行证券投资活动的信托契约型基金。包括投资于不同对象的信托契约型基金,采用不同运作方式的信托契约型基金,选择不同投资收益与风险的信托契约型基金等。基金份额是向投资者公开发行的表示持有人按其所持份额对基金财产享有收益分配权、清算后剩余财产取得权和其他相关权利并承担相应义务的凭证。根据我国有关法律的规定,股权是指股东因向公司直接投资而享有的权利。股份是指股份有限公司的资本份额,股票是股份有限公司签发的证明股东所持股份凭证。有限责任公司股东的股权是通过公司签发的出资证明书来体现的,股份有限公司股东的股权是通过公司签发的股票来体现的。出资证明书是证明投资者已经依法履行缴付出资义务,成为有限责任公司股东的法律文件。出资证明书和股票就是股东享有股权的法定凭证。只有依法可以转让的股份、股票才可以质押。在一定期间内不得转让的股份、股票不得为质押标的。依照《公司法》的有关规定,这主要是指发起人持有的本公司股份,自公司成立之日起一年内不得转让。公司公开发行股份前已发行的股份,自公司股票在证券交易所上市交易之日起一年内不得转让。因此这两类股份、股权在法定期限内不得出质。

(5)可以转让的注册商标专用权、专利权、著作权等知识产权中的财产权。根据我国有关法律的规定，商标专用权是指注册商标所有人依法对注册商标享有的独占使用权。其中，注册商标转让权和使用许可权是财产权，依法可以质押。专利权包括发明专利权、实用新型专利权和外观设计专利权。其中，专利转让权和专利实施许可权是专利权的财产权，可以设立权利质押。著作权是指作者对其作品享有的发表权、署名权、修改权、保护作品完整权、使用权和获得报酬权。其中使用权可获得报酬，属于财产权，可以质押。

(6)现有的以及将有的应收账款。应收账款是指权利人因提供一定的货物、服务或者设施而获得的要求义务人付款的权利，不包括因票据或者其他有价证券而产生的付款请求权。应收账款实质上属于一般债权，包括尚未产生的将来的债权(但仅限于金钱债权)，公路、桥梁等收费权属于应收账款。在实践中，由于企业的资金往来一般都是通过银行等金融机构进行的，当债务人不履行债务时，银行金融机构可通过直接划转用于担保的应收账款的方式来实现债权，程序上比较简便，因此，以应收账款设质，为银行等金融机构所乐于接受。

(三)权利质押的设立与效力

《民法典》根据出质权利的不同类型，规定了不同的成立要件及其效力。

(1)以汇票、本票、支票、债券、存款单、仓单、提单出质的，以汇票、本票、支票、债券、存款单、仓单、提单出质的，质权自权利凭证交付质权人时设立；没有权利凭证的，质权自办理出质登记时设立。法律另有规定的，依照其规定。

当事人应当订立书面合同。质权自权利凭证交付质权人时设立；没有权利凭证的，质权自有关部门办理出质登记时设立。在书面质权合同订立后，质权并不当然设立。质权设立可分为有权利凭证和没有权利凭证两种情形。对于有权利凭证的，质权自权利凭证交付给质权人时设立。出质人应当在合同约定的期限内将权利凭证交付质权人。权利凭证是指记载权利内容的象征性证书。质押合同自权利凭证交付之日起生效。而没有权利凭证的，质权自有关部门办理出质登记时设立。在我国由于部分债券(如记账式国库券、上市交易的公司债券)已经实现无纸化，这些债券就没有权利凭证。如以该债券出质，应到法律、法规规定的登记部门去办理出质登记，质权自登记时设立。按照规定，记账式的国库券要到中央国债登记结算公司办理出质登记，而在证券交易所上市交易的公司债券应到证券登记结算机构办理出质登记。

在司法实践中，以汇票出质，当事人以背书记载"质押"字样并在汇票上签章，汇票已经交付质权人的，人民法院应当认定质权自汇票交付质权人时设立。

在司法实践中，存货人或者仓单持有人在仓单上以背书记载"质押"字样，并经保管人签章，仓单已经交付质权人的，人民法院应当认定质权自仓单交付质权人时设立。没有权利凭证的仓单，依法可以办理出质登记的，仓单质权自办理出质登记时设立。出质人既以仓单出质，又以仓储物设立担保，按照公示的先后确定清偿顺序；难以确定先后的，按照债权比例清偿。保管人为同一货物签发多份仓单，出质人在多份仓单上设立多个质权，按照公示的先后确定清偿顺序；难以确定先后的，按照债权比例受偿。存在上述规定的情形，债权人举证证明其损失系由出质人与保管人的共同行为所致，请求出质人与保管人承担连带赔偿责任的，人民法院应予支持。

在司法实践中，在跟单信用证交易中，开证行与开证申请人之间约定以提单作为担保的，人民法院应当依照《民法典》关于质权的有关规定处理。在跟单信用证交易中，开证行依据其与开证申请人之间的约定或者跟单信用证的惯例持有提单，开证申请人未按照约定付款赎单，开证行主张对提单项下货物优先受偿的，人民法院应予支持；开证行主张对提单项下货物享有所有权的，人民法院不予支持。在跟单信用证交易中，开证行依据其与开证申请人之间的约定或者跟单信用证的惯例，通过转让提单或者提单项下货物取得价款，开证申请人请求返还超出债权部分的，人民法院应予支持。前述规定不影响合法持有提单的开证行以提单持有人身份主张运输合同项下的权利。

以载明兑现或者提货日期的汇票、支票、本票、债券、存款单、仓单、提单出质的，汇票、本票、支票、债券、存款单、仓单、提单的兑现日期或者提货日期先于主债权到期的，质权人可以兑现或者提货，并与出质人协议将兑现的价款或者提取的货物提前清偿债务或者提存。当出现上述情况时，质权人应当兑现或者提货，以免除债务人的债务。因为，如果不按时兑现或者提货，有可能给债务人带来损失（比如会增加仓储费），最终影响所担保的主债权的实现。当出现上述情形时，质权人可以不经出质人同意，有权兑现或者提货，但质权人不能据为己有，必须通知出质人并与出质人协商提前清偿债权或者采取提存。当提前清偿债权的，当事人所设立的质权消灭。而采取提存方式的，质权继续存在于提存的价款或者货物之上。必须指出的是，出质人只能在提前清偿债权和提存方式中选择。

(2)以基金份额、股权出质的，质权自办理出质登记时设立。基金份额、股权出质后，不得转让，但是出质人与质权人协商同意的除外。出质人转让基金份额、股权所得的价款，应当向质权人提前清偿债务或者提存。

以基金份额、股权出质的，当事人应当订立书面合同。在合同订立后，质权并不当然设立。以基金份额出质的，应当到证券登记结算机构办理出质登记，质权自登记时设立。而以股权出质的，质权设立分两种情形：①以证券登记结算机构登记的股权出质的，质权自证券登记结算机构办理出质登记时设立。根据我国《证券法》的规定，证券登记结算机构是为证券交易提供集中登记、存管与结算服务，是不以营利为目的的法人。依法应当在证券登记结算机构登记的股权，包括上市公司的股权、公开发行股份的公司的股权、非公开发行但股东在200人以上的公司的股权等。前述股权的表现形式就是股票，同时是无纸化的股票，股票的过户、结算、保管等行为都要通过证券登记结算机构进行。②以其他股权出质的，质权自有关机构办理出质登记时设立。这里的其他股权是指不在证券登记结算机构登记的股权，包括有限责任公司的股权，非公开发行的股东在200人以下的股份有限公司的股权等。以这些股权出质的，必须到有关机构办理出质登记，质权自登记时设立。

基金份额和股权出质后原则上不能转让。这主要是因为出质人的基金份额和股权虽然出质了，但他仍然是基金份额的持有人或者股东，作为质权人无权转让作为债权担保的基金份额或者股权，否则会构成对基金份额持有人或者股东权利的侵害。同时基金份额或者股权作为债权的担保是一种有负担的权利，如果可以随意转让会损害质权人的利益。但是，如果出质人和质权人协商一致，同意转让出质基金份额和股权，这应是一种处分行为，法律不应加以限制。但转让基金份额和股权所得的价款，并不当然地用于清偿所担保的债权，因为此时债务清偿期尚未届至，出质人应当与质权人协商，将所得的价款提前清偿所担保的债权或者提存。

(3)以注册商标专用权、专利权、著作权等知识产权中的财产权出质的，质权自办理出质登记时设立。知识产权中的财产权出质后，出质人不得转让或者许可他人使用，但是出质人与质权人协商同意的除外。出质人转让或者许可他人使用出质的知识产权中的财产权所得的价款，应当向质权人提前清偿债务或者提存。

知识产权中的财产权虽然属于知识产权人，但此时已是有负担的权利，如果能够任意转让，必然导致其财产权价值下降，势必损害质权人的利益。但如果双方协商一致，质权人对此已有充分的认识，法律上也不应加以干涉。出质人转让或者许可他人使用出质的知识产权中的财产权所得的价款,应当向质权人提前清偿债务或者提存。

(4)以现有的以及将有的应收账款出质的。以应收账款出质的,质权自办理出质登记时设立。应收账款出质后,不得转让,但是出质人与质权人协商同意的除外。出质人转让应收账款所得的价款,应当向质权人提前清偿债务或者提存。

在司法实践中,以现有的应收账款出质,应收账款债务人向质权人确认应收账款的真实性后,又以应收账款不存在或者已经消灭为由主张不承担责任的,人民法院不予支持。

以现有的应收账款出质,应收账款债务人未确认应收账款的真实性,质权人以应收账款债务人为被告,请求就应收账款优先受偿,能够举证证明办理出质登记时应收账款真实存在的,人民法院应予支持;质权人不能举证证明办理出质登记时应收账款真实存在,仅以已经办理出质登记为由,请求就应收账款优先受偿的,人民法院不予支持。

以现有的应收账款出质,应收账款债务人已经向应收账款债权人履行了债务,质权人请求应收账款债务人履行债务的,人民法院不予支持,但是应收账款债务人接到质权人要求向其履行的通知后,仍然向应收账款债权人履行的除外。

以基础设施和公用事业项目收益权、提供服务或者劳务产生的债权以及其他将有的应收账款出质,当事人为应收账款设立特定账户,发生法定或者约定的质权实现事由时,质权人请求就该特定账户内的款项优先受偿的,人民法院应予支持;特定账户内的款项不足以清偿债务或者未设立特定账户,质权人请求折价或者拍卖、变卖项目收益权等将有的应收账款,并以所得的价款优先受偿的,人民法院依法予以支持。

第四节　留置权

一、留置权的概念与特征

留置权是指债权人依合同约定占有债务人的动产,在债务人不按照合同约定的期限履行债务时,债权人有权留置该动产,以该财产折价或者以拍卖、变卖的价款优先受偿的权利。在留置权关系中,享有留置权的债权人称为留置权人,被留置的财产(动产)称为留置物。

一般而言,留置是因保管合同、运输合同、加工承揽合同及法律规定可以留置的其他合同发生的债权,债权人按照约定占有债务人的动产,债务人不按照合同约定的期限履行债务的,债权人有权依法留置该财产,以该财产折价或者以拍卖、变卖该财产的价款优先受偿。《民法典》则规定了承揽合同、运输合同、保管合同和行纪合同的债权人享有留置权。《民法典》也作了相应的规定,即债务人不履行到期债务,债权人可以留置已经合法占有的债务人的动产,并有权就该动产优先受偿。作为担保物权的一种,留置权具有如下法律特征:

(1)留置权为法定担保物质权。留置权为依照法律规定而设定的物权,其发生无须当事人约定,当事人也不能在法律规定的范围外自行约定留置权,这是大陆法系民法原则。留置权的成立非出于当事人的约定,而是基于法律的直接规定,这是留置权与抵押权、质权的重大区别。同时还应注意到,法律规定或者当事人约定不得留置的动产,不得留置。如果当事人在合同中约定不得留置的物,当事人在合同中约定排除留置权,债务履行期届满,债权人行使留置权的,人民法院不予支持。由于原《担保法》规定的留置权的适用范围过窄，不符合经济发展实践的需要，并不利于债权人利益的保护，因此，《民法典》扩大了范围，将留置权的适用范围扩大到因无因管理、仓储合同及其他服务合同发生的债权，虽然《民法典》没有明文列举留置权的适用范围，但只要不是法律规定或者当事人约定不得留置的动产，又符合留置权成立的条件，均可以成立留置权。

（2）留置权为得二次发生效力的权利。留置权人在其债权受偿前得留置债务人的财产，以促使债务人履行债务，此为留置权的第一次效力。该效力于债务人清偿债务之时终止。留置权的第二次效力，即留置权对与留置物有牵连关系的债权所具有的担保效力，发生于债务人逾期未清偿债务之时，表现为留置权人优先受偿权的实现，也就是留置权人于债务人超过规定的限期仍不履行义务时，得依法折价或拍卖、变卖留置物，并以其变价款优先受偿。由于在留置权发生二次效力时，留置权人有优先受偿的权利，因此留置权也具有物上代位性。而其他担保物权并不存在这种情况，当债务人于债务履行期满而未履行债务时，债权人即可实现担保物权。

（3）留置权的标的物应为动产。留置权的标的物是债权人按照合同约定取得占有的债务人的动产，即与其债权处于同一合同关系中的动产。

（4）留置权的标的物与债权具有牵连性。留置权的发生以与留置标的物有牵连性的债权的存在为前提，并随债权的消灭而消灭。留置权的标的物与债权的这种牵连关系表现为，留置标的物实际上就是原有债权的标的物，留置物与其被担保债权的标的物为同一体。此外，留置权也具有担保物权的共性，如从属性、不可分性和优先受偿性等。留置权的不可分性主要体现在：留置权人在债权未受全部清偿前，留置物为不可分物的，留置权人可以就其留置物的全部行使留置权。留置财产为可分物的，债权人留置的财产的价值应当相当于债务的金额，而不应留置其占有的债务人的全部动产。

二、留置权与其他相关权利的区别

（一）留置权与质权

留置权与质权同为担保物权，并且都以占有标的物为成立要件和存续要件，但两者是不同的，主要存在以下差异：

（1）成立的条件不同。质权为约定担保物权，它依双方当事人的合意而成立；而留置权是法定担保物权，它不能由双方当事人自由约定，而必须是根据法律的直接规定。

（2）占有的条件不同。两者虽然都是以担保物的占有及移转为要件，但质权在设定时才移转占有，担保物与债权事先没有占有的关系；而留置权担保的债权事先就与担保物有法律上的牵连，即债权人事先占有是留置权成立的前提条件。

（3）法律关系的客体不同。质权的标的包括动产和财产权利，而留置权的标的只能是动产。

（4）权利的实现不同。质权在债权已届清偿期而未受清偿时，就可以当然行使质权；而留置权则在债权已届清偿期而未受清偿时，还必须具备法律规定的程序和条件，才可以实现留置权。

（5）消灭不同。质权不因债务人另行提供担保而消灭，而留置权则在债务人另行提供担保时消灭。

（二）留置权与同时履行抗辩权

同时履行抗辩权，是指双务合同的当事人一方在对方未为对待给付之前，有权拒绝对方请求自己履行合同的要求的权利。留置权与同时履行抗辩权均为合同债权人的权利，特别是留置权人于债务人未履行义务时得拒绝债务人返还留置物的请求与同时履行抗辩权极为相似，但是，两者属于不同的法律制度，具有以下主要区别：

（1）目的不同。留置权以确保一个债权的履行为目的，而同时履行抗辩权则以确保两个债权同时交换履行为目的。

（2）性质不同。留置权为物权，对于债务人以外的第三人也可主张其权利，而同时履行抗辩权属于债权之效力，只能对抗相对人。

（3）效力不同。留置权人对留置物享有变价权和优先受偿权，而同时履行抗辩权仅为拒绝自己给付的权利。

（4）保护对象不同。留置权为担保关于占有物所生的债权，留置物与债权具有牵连性，同时履行抗辩权所保护的债权与标的物无关系，仅要求双务合同双方当事人所负对待之债务得以同时履行。

（5）对抗对象不同。留置权所对抗的是相对人所主张的标的物的返还请求权，而同时履行抗辩权对抗的是互有对价关系的各种债务的履行请求权的行使。

（6）消灭事由不同。留置权以担保债权为目的，因而在债务人另行提供相当担保时，留置权即消灭，而同时履行抗辩权并不因对方当事人提供相当担保而消灭，只因对方履行其债务而消灭。

（三）留置权与抵销权

抵销权是指合同当事人互负到期债务，以自己的债权充抵对方的债权，使自己的债务与对方的债务在等额内消灭的一项权利。留置权与抵销权的目的都是避免在对立债务履行中的不公平现象，并借以维护债权人的利益。两者的主要区别在于：

（1）性质不同。留置权为担保物权，而抵销权为形成权。

（2）目的不同。留置权的目的在于担保债权的实现，而抵销权的主要目的在于免除了当事人双方实际履行的行为，方便了当事人，节省履行费用。

（3）产生的条件不同。留置权是当事人之间因关于物的交付债务与基于该物所生的债务的对立条件而产生，而抵销权则是依双方当事人之间有同种给付的债务而产生。

（4）法律效果不同。留置权人在相对人履行债务前仅有一时的留置效力，并不能直接使债权归于消灭，抵销权则具有使双方债权在等额范围内归于消灭的效力。

三、留置权的种类

留置权有民事留置权和商事留置权之分。民事留置权源于罗马法上的恶意抗辩权（诉讼法上的权利）。商事留置权是在中世纪意大利都市法的基础上发展起来的制度，近代法上的留置权，实际源于该带有物权性质的商事留置权。由于立法上的差异及其他原因，就形成债权留置权和物权留置权两种立法例。法国、德国、意大利等国民商立法采取的是债权留置权，即留置权只是债权效力的延伸，不产生直接支配物的效力；日本、瑞士以及英美法系国家采取的是物权留置权制度，即认为留置权为独立的法定担保物权。[①]

① 参见梁慧星主编：《中国物权法研究》（下），法律出版社1998年版，第1004～1006页。

留置权除了有上述划分外，还可以从其他角度加以分类：(1)原物留置权和孳息留置权。这是从标的物的类别所作的分类。(2)含变卖权和优先受偿权的留置权与不含变卖权和优先受偿权的留置权。这是对物权性留置权的进一步分类。(3)正常留置权与紧急留置权。紧急留置权为留置物属于破产财产场合下的留置权，正常留置权为留置物不属于破产财产的留置权。(4)要求债权与留置物有牵连性的留置权与不要求债权与留置物有牵连性的留置权。民事留置权、运输经营者留置权等要求债权与留置物有牵连性。商人留置权、代理商留置权等不要求债权与留置权有牵连性。(5)一般商事留置权和特别商事留置权。这是对商事留置权的进一步分类。一般商事留置权是指在商人间由双方的商行为所发生的债权已届清偿期，债权人占有由于双方商行为已占有的债务人之物或有价证券而成立的留置权。特别商事留置权是由商法上特别规定的留置权的代理商留置权、批发商留置权、运输经营人留置权等。(6)普通法上的留置权(legal lien)、衡平法上的留置权(equitable lien)和海上留置权(maritime lien)。这是英美法系上的分类。普通法上的留置权又称占有留置权，即以留置物的占有为必要，这与大陆法系的留置权相似。如动产出卖人、承揽人、代理人、旅店主人以及运送人的留置权。衡平法上的留置权则不以物的占有为必要，其标的为不动产如土地买卖的留置权。海事留置权指为担保海商法上的请求权得到清偿而享有的对船舶、船上装备、货物等的扣押请求权，如对加害船舶的留置权等。

《民法典》关于留置权的规定没有采用以上分类。而《海商法》第25条还特别规定了船舶留置权。船舶留置权是指造船人、修船人在合同另一方未履行合同时，可以留置所占有的船舶，以保证造船费用或者修船费用得以偿还的权利。船舶留置权在造船人、修船人不再占有所造或者所修的船舶时消灭。

四、留置权的成立要件

留置权属于法定担保物权，依法律规定而发生。只有具备法律规定的条件，债权人才享有留置权。

(一)留置的财产须是债权人基于合同关系占有债务人的动产

首先，债权人依合同已占有债务人的动产，这是留置权成立和存续的条件。动产以占有为公示方式，留置只是对已取得的占有的继续，因此债权人只有在已经占有债务人的动产的情况下才能依法享有留置权。如尚未占有不发生留置权，如丧失占有，则留置权归于消灭。

其次，债权人所占有的财产必须是债务人的财产，包括属于债务人所有的财产和债务人合法占有(如善意占有[①])的财产。既非债务人所有又非债务人合法占有的财产，即使被债权人占有，债权人也不享有留置权。

再次，债权人留置的财产，必须是债权人基于合同关系占有债务人的财产，基于侵权行为而占有债务人的动产，不得成立留置权。

在实践中，基于保管合同、运输合同、加工承揽合同或法律规定的其他合同而占有债务人的动产，债务人不履行因该财产而产生的债务时，债权人享有留置权。保管合同是保管人保管寄存人交付的保管物，并返还该物的合同。运输合同是承运人将旅客或者货物从起运地点运输到约定地点，旅客、托运人或者收款人支付票款或者运输费用的合同。承揽合同是承揽人按

---

① 债权人合法占有债务人交付的动产时，不知该债务人无处分该动产的权利，债权人仍然有权对该动产依法进行留置。

照定作人的要求完成工作，交付工作成果，定作人给付报酬的合同。承揽包括加工、定作、修理、复制、测试、检验等工作。此外，行纪合同中的行纪人也享有留置权。行纪合同是行纪人以自己的名义为委托人从事贸易活动，委托人支付报酬的合同。当行纪人完成或者部分完成委托事务的，委托人应当向其支付相应的报酬。如委托人逾期不支付报酬的，除了当事人另有约定以外，行纪人对委托物有留置权。

应当指出的是，虽然法律规定了保管合同、运输合同、承揽合同、行纪合同可以成立留置权，但并没有规定当事人在留置权条件成立后必然行使留置权，如当事人事先在合同中约定不得留置的，不得留置该物。例如承揽合同双方当事人预先约定排除留置权，在定作人不给付加工费时，承揽人就不得留置标的物，只能依债权本身的效力要求债务人支付费用。

（二）留置的财产应当与债权人的债权属于同一法律关系，但企业之间留置的除外

设立留置权的目的在于允许债权人留置债务人的财产，以迫使债务人履行债务，从而实现债权的受偿。但如果允许债权人任意留置债务人的财产，则有违公平原则。因此，债权人能否留置债务人的财产？应以债权同债权人占有的财产有牵连关系为必要。

留置权的设立，不仅须以债权人占有债务人的财产为必要，而且须债权人所占债务人的财产与其债权的发生具有牵连关系，此为各国立法对留置权设立的共同要求。但究竟何为“牵连关系”，对此各国有不同的立法例和主张。

一种是德国立法例，又称债权与债权有牵连说。该说主张，债权人占有的债务人的物上能否成立留置权，取决于债权人的债权与相对人的物的返还请求权之间是否存在牵连关系。依《德国民法典》第273条的规定，债权人的债权和相对人的物的返还请求权因同一标的物而发生，才能产生留置权。[①] 法国民法也采债权之间有牵连关系的主张，但其牵连关系只限于两个相对应的请求权产生于同一合同关系，否则不能成立留置权。应当指出的是，法国民法上规定的留置权制度，仅为双务契约同时履行抗辩权的特例。

另一种为瑞士立法例，又称债权与标的物有牵连关系说。此说认为，债权人的债权与其占有的标的物之间有牵连时，才可成立留置权。瑞士、日本及我国台湾地区立法均采用这种主张。《瑞士民法典》第895条第1款规定：债权已到期，按其性质该债权与留置的标的物有关联时，债权人在受清偿前，得留置经债务人同意由债权人占有的财产或有价证券。《日本民法典》第295条第1款规定：他人物的占有人，就该物产生债权时，于其债权受清偿前，可以留置该物。我国台湾地区“民法”第928条仿瑞士、日本立法例，作了类似的规定。通说认为，债权的发生与该动产有牵连关系，这种牵连关系有三种：(1)债权是由该动产本身发生的。例如我国台湾地区“民法”第596条规定：受寄人因寄托人之性质或瑕疵所受之损害，对寄托人有损害赔偿请求权。这种损害赔偿债权是由寄托物所生，因而在寄托人未为赔偿前对寄托物有留置权。(2)债权与交付该动产的义务是由于同一法律关系发生的。(3)债权与交付该动产的义务是由于同一事实关系而发生的。以上是就普通当事人之间的留置权而言，如双方当事人都是商人，因商业关系而占有对方的动产，并因营业关系而生有债权时，则不问有无上述情况，法律规定均视为有牵连关系，可以成立留置权。例如，《瑞士民法典》第895条第2款规定：商人间因营

---

① 《德国民法典》第273条规定：“(1)债务人根据与其债务发生的同一法律关系，对债权人有已届清偿期的请求权时，以债的关系无其他约定者为限，得在履行其应得的给付之前，拒绝、清偿其债务(留置权)。(2)有交付物件的义务的人，在为物件支付费用或由此物件所生的损害而已届清偿期的请求权时，享有相同的权利，但债务人因故意为不法行为而取得物件者，不在此限。”

业发生的债权和占有之财产之间的关联，仅以因营业取得占有为必要。我国台湾地区“民法”第929条规定：商人间因营业关系而占有之动产，及其因营业关系所生之债权，视为有前条所定之牵连关系。此外，《德国商法典》第369条和《日本商法典》第521条也有相类似的规定。由此可见，商事留置权的范围较民事留置权为广。

债权人按照特定合同约定占有对方的财产时，才能成立留置权。债权的发生和标的物的占有取得因为同一合同关系而发生，当债务人不履行债务时，债权人才有留置权。这种立法主张与瑞士、日本的立法例有所不同，留置权的适用范围失之过窄，债权与留置物有牵连关系仅局限于法定的几种合同之债。由于留置权所担保的债权与留置物有牵连关系，故与留置物有牵连关系的债权，都在留置物所担保的范围之内，包括主债权及利息、违约金、损害赔偿金、留置物保管费用和实现留置权的费用。由于留置财产与债权的牵连关系比较模糊，分歧比较大，因此，《民法典》没有采取牵连关系这一说法，而是规定债权人留置的动产应当与债权属于同一法律关系，但企业之间留置的除外。由于在商业交往中，交易频繁，如果严格要求留置财产必须与债权的发生具有同一法律关系，有悖交易安全和迅捷交易的准则，因而企业之间留置的财产可以不与债权属于同一法律关系。在司法实践中，当债务人不履行到期债务，债权人因同一法律关系留置合法占有的第三人的动产，并主张就该留置财产优先受偿的，人民法院应予支持。第三人以该留置财产并非债务人的财产为由请求返还的，人民法院不予支持。企业之间留置的动产与债权并非同一法律关系，债务人以该债权不属于企业持续经营中发生的债权为由请求债权人返还留置财产的，人民法院应予支持。企业之间留置的动产与债权并非同一法律关系，债权人留置第三人的财产，第三人请求债权人返还留置财产的，人民法院应予支持。

（三）须债权已届清偿期

留置权的成立须以债权已届清偿期为要件，没有到期的债权即使债权人业已占有动产也不能当然成立留置权。留置权之所以要强调以债权已届清偿期为成立要件，在于保护债务人的利益，维系当事人双方之间的公平理念。债权人对业已占有的动产，并非自占有时就享有留置权，留置权的成立还须以债权已届清偿期，债务人未清偿债务为要件。如果债权尚未到清偿期，那么债务人则处于自觉履行合同的状态中，还不能判断出债务人能否清偿到期债务，因此，这时留置权还不能成立。只有在债权已届清偿期，债务人仍不履行其债务时，债权人才可以将其合法占有的原本属于债务人的动产留置。确认债务是否已届清偿期的方法，一般认为，如果合同有规定的，合同期满即债务已届清偿期；如合同没有规定的，应依债权人发出的履约催告时间或其他方式来确定。现代各国民法都规定以债权已届清偿期作为留置权的成立要件，《民法典》也对此作了明确规定。应当指出的是，债权已届清偿期为留置权的成立要件，而对于其他担保物权如抵押权、质权而言是其行使要件。对于留置权而言，债权已届清偿期，留置权才刚成立。如要行使留置权，还必须经过一定的催告期间方可实行。另外，留置权的成立，以债权已届清偿期为已足，至于债务人是否构成履行给付义务迟延，与留置权的成立无关。债务人在债权已届清偿期时，如主张同时履行抗辩权，债权人则不得主张留置权；债权人如有受领迟延情形的，也无权主张留置权。

留置权以债权已届清偿期为其成立要件，但作为例外，有的国家法律规定，当债务人无支付能力时，债权人的债权即使未到清偿期，债权人也享有留置权。对未届清偿期的债权视为已届清偿期的救济方式，学说上称之为紧急留置权，[①]其目的在于保护债权人的利益。例如：《瑞

① 史尚宽：《物权法论》，中国政法大学出版社2000年版，第501页。

士民法典》第 897 条规定:债务人无支付能力时,债权人即使其债权未到期,亦有留置权。前款的无支付能力,发生在物已经交付之后,或发生在债权人知悉之时,即使与债权人已承担的义务或债务人的特别意思相抵触,亦得行使留置权。《德国商法典》第 370 条规定:基于下列情形,即使债权未到期,留置权也可以被行使:(1)当涉及债务人破产诉讼已被提出,或者债务人停止其付款;(2)当对债务人财产的强制执行未能生效。《英国货物买卖法》第 41 条规定:买方失去偿付能力时,未收货款的卖方对仍处于自己占有的货物,有权予以扣押直至其货款被支付或者偿还。我国台湾地区"民法"第 931 条第 1 款规定:债务人无支付能力时,债权人纵于其债权未届清偿期前,亦有留置权。我国《民法典》无此规定,而从保护债权人利益出发,可借鉴这种立法例。在司法实践中,债权人的债权未届清偿期,其交付占有标的物的义务已届履行期的,不能行使留置权。如果债权人能够证明债务人无支付能力的,符合《民法典》第 527 条规定的情形,债权人可以行使不安抗辩权,没有必要通过留置权的方式对债权人进行保护。

五、留置权的效力

留置权的效力包括两方面内容即效力范围和效力表现。留置权的效力范围包括留置权所担保的债权的范围和留置权标的范围。留置权所担保的债权范围,原则上与其他担保物权所担保的债权范围相同,包括主债权及利息、违约金、损害赔偿金、留置物保管费用和实现留置权的费用。留置权标的物的范围,一般认为应包括留置物、留置物的从物、孳息和留置物的代位物。

留置权的效力表现包括留置权对留置权人和债务人(即被留置人)的效力(权利和义务)。同时,留置权的效力还涉及留置权的对外效力,对此,《民法典》明确规定:同一动产上已经设立抵押权或者质权,该动产又被留置的,留置权人优先受偿。该规定表明,在同一动产上,无论留置权是产生于抵押权或者质权之前,还是产生于抵押权或者质权之后,留置权的效力都优于抵押权或者质权。留置权对抵押权或者质权的优先效力不受其产生时间的影响。同时,留置权对抵押权或者质权的优先效力还不受留置权人在留置动产时主观是善意还是恶意的影响。

(一)留置权人的权利

当留置权成立后,留置权人享有下列权利:

1.留置物的占有权

在债权未得到清偿前,留置权人有权拒绝交付标的物,此项权利不仅可以对抗债务人而且可以对抗第三人。如果留置权人对留置物的占有受到侵害,有权提起诉讼,以恢复对留置物的占有。

2.留置物孳息收取权

留置权人对留置物所生孳息有留置取得权,并可用来充抵债权,留置权人的此项权利并非基于占有而发生,而是基于留置权的效力。因此,留置权人收取留置物的孳息并不能直接取得孳息的所有权,而只能以收取的孳息优先受清偿。留置权人收取的孳息应先充抵收取费用,次充抵利息,最后充抵原债权。留置权人在留置期间留置物产生的天然孳息和法定孳息,应当按照下列顺序清偿:(1)收取孳息的费用;(2)主债权的利息;(3)主债权。根据《民法典》第 452 条的规定,留置权人有权收取留置财产的孳息,收取的孳息应当先充抵收取孳息的费用。

3.留置物的必要使用权

原则上留置权人对标的物无使用权,只能实行静态的留置。但出于保管和维持留置物完全的需要，或者经留置物所有人的同意，在必要时有一定的使用权则不在此限，这种必要的使用不得以营利为目的。此外，当必要的使用产生收益时，留置权人应按照留置物孳息的处理方法处理。

4.留置物必要保管费用的返还请求权

留置权人为保管留置物所支出的必要费用，是为债务人的利益而支出的，因此该费用应由债务人来承担，并且也在留置权所担保的债权范围内，对此留置权人有权请示债务人偿还。

5.对留置物的变价权和优先受偿权

当债务人经催告后，在催告期限内仍不履行债务的，留置权人有权依照法律的规定以留置物折价或者以变卖留置物的价款优先受偿。留置权行使的范围包括债务人原应交付的款项、利息、保管留置物的费用、行使留置权的费用及其他损失。留置物的价值超过债权人的损失额的，超出部分应返还给债务人；不足的，债务人应予以补足。

（二）留置权人的义务

留置权人在享有上述权利的同时，必须承担下列义务：

1.留置物的保管义务

留置权人负有妥善保管留置物的义务，因保管不善致使留置物灭失或者毁损的，留置权人应当承担民事责任。《民法典》第 451 条也对留置权人的保管义务作了类似的规定，这是留置权人的基本义务。

2.不得擅自处分留置物的义务

留置权人未经债务人同意，不得使用、出租留置物，也不得以之为其他债权提供担保，但留置权人为保全留置物而为的必要使用不在此限。如留置权人违反上述义务，债务人可以请求消灭留置权，对造成损害的，还可对留置权人提出侵权赔偿之诉。

3.返还留置物的义务

《民法典》第 455 条规定，留置物折价或者拍卖后，其价款超过债权数额的部分归债务人所有，不足部分由债务人清偿。因此，留置权人在债务人于合理期限内清偿债务后，即有返还留置物的义务。

此外，留置权人行使留置权不得违反社会公德，不得与留置权人承担的义务相抵触，对法律禁止流通物和禁止强制执行的财产不得留置和加以处分。

（三）债务人的权利义务

债务人的权利义务主要表现在以下几方面：

1.保有对留置物的处分权

当留置权成立后，债务人并不因此丧失留置物的所有权，因此债务人仍享有留置物的处分权，可将留置物出卖或赠与等。但债务人对留置物的处分不能影响留置权，留置权也不因此而消灭。

2.承担因保管留置物所支出必要费用的义务

留置担保的范围包括主债权及利息、违约金、损害赔偿金、留置物保管费用和实现留置权的费用。

3.承担不作为的义务

即债务人不得干扰、阻碍留置权人行使权利。债务人可以请求留置权人在债务履行期限满后行使留置权；留置权人不行使的，债务人可以请求人民法院拍卖、变卖留置财产。如果财产被留置权人长期留置又迟迟不行使留置权，可能会导致留置财产自然损耗或者贬值，这对债务人也是不公平的。因此法律上为平衡利益特设该规定，不能让留置权人无限期地留置财产而不行使留置权。如果债务人在债务履行期限届满认为无能力履行债务的，可以请求留置权人及时实现留置权。当留置权人不主动实现的，可以请求人民法院拍卖或者变卖该留置财产，以消灭留置权。

六、留置权的实现

(一)留置权实现及其条件

留置权的实现又称留置权的实行或行使，是指留置权人实现其权利的过程。具体而言，当债务人于债权人留置标的物后的一定期限内仍不履行其债务时，留置权人有权以标的物的变价优先受偿。在留置权关系中，留置权人有权直接支配留置物的交换价值，当债务人已届清偿期而不履行其债务，又未提供相当的担保时，可依法变价留置物而优先受偿，因此，留置权的实现是留置权人的变价权和优先受偿权的总称。

各国立法例对留置权的实现都作了相应的规定，例如，《瑞士民法典》第 898 条规定："债务人不履行义务时，债权人经事先通知债务人，得变卖留置权。但此规定仅限于债权人未得到充分担保的情形。"《日本民法典》第 296 条规定："留置权人在受债权全部清偿前，可以就留置物的全部行使其权利。"我国台湾地区"民法"第 936 条规定：债权人于其债权已届清偿期，而未受清偿者，得定 6 个月以上之相当期限，通知债务人，声明如不于其期限内为清偿时，即就其留置物取偿。债务人不于前项期限内为清偿者，债权人得依关于实行质权的规定，拍卖留置物或取得其所有权。

《民法典》第 453 条规定：留置权人与债务人应当约定留置财产后的债务履行期限；没有约定或者约定不明确的，留置权人应当给债务人 60 日以上履行债务的期限，但是鲜活易腐等不易保管的动产除外。债务人逾期未履行的，留置权人可以与债务人协议以留置财产折价，也可以就拍卖、变卖留置财产所得的价款优先受偿。留置财产折价或者变卖的，应当参照市场价格。根据上述规定，留置权人要实现留置权须具备以下三个条件：

1.须确定留置财产后债务人履行债务的宽限期

留置权的实现是留置权人对留置物进行处分，以其价款保证债权的实现。处分债务人被留置的财产，应当采取慎重的态度，为债务人留有较为充分的偿还债务的期限。当然这一期限不宜过长，也不宜过短。过长不利于留置权人实现债权，过短则不利于债务人设法偿还债务。根据实践经验和公平原则，《民法典》规定，该期限为 60 日以上。该期限可以由债权人与债务人在订立主合同时一并约定。如果未约定的或者约定不明确的，由债权人在留置债务人财产后，留置权人应当给债务人 60 日以上履行债务的期限，但是鲜活易腐等不易保管的动产除外。该宽限期应从主合同债务人履行债务的期限届满起算。

2.通知债务人于确定的期限内履行其义务

债权人在变价留置物以清偿其债权之前，应当通知债务人在宽限期内履行债务。非经通知，债权人不得变价留置物。如债权人未通知债务人履行债务，而径行变价留置物的，则应承担侵权责任。但债权人无法通知或另有约定的则不在此限。[①] 一般认为，债权人对债务人的通知具有催告的性质，其内容应包括告知其所给予的宽限期和催促债务人应于宽限期内履行

---

① 我国台湾地区"民法"第 936 条中规定，在债权人不能为通知的情况下，债权人在债权届期经过两年后，可以变价留置物。对此情形，《民法典》尚无规定。

义务两方面的内容。

3.须债务人在宽限期内仍不履行义务，且也无另外提供担保

如果债务人在宽限期内履行了义务或者提供了新的担保，则留置权消灭。只有在债务人于宽限期内仍不履行义务，又不提供新担保并为债权人所接受的，留置权人即可就留置物变价取偿。

（二）留置权的实现方式

根据《民法典》的规定，当债务人逾期未履行的，留置权人可以与债务人协议以留置财产折价，也可以就拍卖、变卖留置财产所得的价款优先受偿。留置财产折价或者变卖的，应当参照市场价格。据此，留置权的实现方式有以下三种：

1.折价取偿方式

指留置权人以商定的留置物的价格抵销留置权所担保的债权，从而取得留置物的所有权。折价方式在性质上属于代物清偿，即以移转留置物所有权的形式来代替债务的清偿。通过协议来取得留置物的所有权，留置权人与债务人应订立合同，并且合同是以清偿留置物所担保的债权为目的，该合同约定应无害于其他担保物权人的利益。如果留置权人和债务人不能就留置物折价达成协议的，则无法采用此种简便方式来处分留置物。

2.拍卖取偿方式

这是依照法定拍卖程序，以拍卖所得价金来清偿债权的方法。拍卖可分为一般拍卖和强制拍卖，如双方能达成协议的，则共同委托拍卖人拍卖留置物并从拍得的价金中优先受偿，此为一般拍卖。如当事人不能达成协议的，则留置权人应通过诉讼方式请求拍卖留置物，此为强制拍卖。

3.变卖取偿方式

这是留置权人和债务人通过协议用变现留置物以清偿债权的方式，如向第三人转让留置物，并以转让所得的价金来抵偿留置物所担保的债权。这是在留置权人不愿取得留置物的所有权，也不愿采用费用较高的拍卖方式的情况下，所采取的比较灵活的方式。

此外，当留置物折价或者拍卖、变卖以后，如果所得的价款超过债权额的，债权人应当将多余的部分返还给债务人，如无法返还则应当予以提存，提存费用由债务人负担。如果留置物的价款不足以清偿债权的，债权人有权请求债务人补足，债务人对未受清偿的部分，仍应承担清偿义务。

七、留置权的消灭

留置权的消灭，是指在留置权成立后因一定的法律事实出现而不复存在。引起留置权消灭的法律事实即留置权的消灭原因。由于留置权为法定担保物权，因此其消灭原因既有基于物权和担保物权而产生的共同原因，也有因其特殊性而产生的特别原因。

留置权具有物权性，因物权的共同消灭事由的发生而消灭，如标的物的灭失、征收、混同、抛弃等。留置权为担保物权，因担保物权的共同消灭事由的发生而消灭，如留置权因被担保债权消灭、抵销、免除等而消灭。

引起留置权消灭的特别事由，主要有：留置权人对留置财产丧失占有或者留置权人接受债务人另行提供担保的，留置权消灭。

1.留置权因实行而消灭

前已述及，留置权的实行与其他担保物权相比，具有其特殊性。

2.留置权因出具其他担保而消灭

债务人另行提供担保并被债权人接受的，留置权则因出具其他担保而消灭。虽然留置权为法定担保物权，但这并不排除当事人在留置权以外选择其他担保方式来代替留置担保。债务人提供新担保物，其价值应当与债权额相当。由于留置权是以先行占有的与债权有牵连关系的动产为标的，留置物的价值有可能高于被担保债权，但后设的担保物权或保证的价值不应以留置物的价值而论，一般应与被担保债权的价值相当。

3.留置权因占有丧失而消灭

债权人对留置物的占有是留置权存在的条件，债权人一旦丧失了对留置物的占有，留置权也就消灭。必须指出的是，这种消灭并不是终局性的消灭，债权人还可以依占有的返还之诉请求债务人返还留置物而回复留置权。在司法实践中，当留置权人将留置物返还给债务人后，以其留置权对抗第三人的，人民法院不予支持。

4.留置权因债权清偿期延缓而消灭

留置权以债权已届清偿期为成立要件，借以强制债务人履行债务。当发生债权清偿期延缓时，则不得请求债务履行，留置权随之消灭。但这种消灭也是暂时而非终局的，在债权缓期清偿期间，留置权不生效力，一旦缓期结束，留置权即生效力。

第14章 占　有

第一节　占有概述

一、占有的概念及其构成要件

占有(possessio)在罗马法中是指:"一种使人可以充分处分物的、同物的事实关系,它同时要求具备作为主人处分物的实际意图。"[①]罗马法中的占有分为两种类型:一种是自然占有即实际占有,它只需握有某物即可,并不要求占有人具有将物据为己有的意图,在法律上它不能因时效而获得所有权;另一种是市民法上的占有,这能使对物的实际控制因时间的经过并履行一定的仪式而获得所有权,即能够导致时效的产生。但占有不得对抗其他法定的合法占有,因而法律规定不能将物据为己有的若干情况,如质押权人的占有、临时受让人的占有、保管人的占有等情形。

在当代各国的占有制度中,主要有权利说和事实说两种观点:前者主张占有是一种权利而非一种事实状态,而在如何认识这种权利的问题上又有不同的理解;事实说主张占有只是一种事实状态而非一种权利,是事实上行使某种请求。此外,也有认为占有是一种法律关系。我们认为,占有是主体对于物基于占有的意思进行控制的事实状态。[②] 占有人对物控制的事实包括对物进行掌握、使用收益及处分等。

占有作为一种事实,其构成须具备一定的条件:

1.对物支配须是现实的

所谓现实的支配,是指主体的支配力正及于物,如现实的掌握物、控制物,对物进行使用、收益等。过去对物有过一定的支配力,但后来基于某种原因而丧失者,不构成现实占有关系。主体仅存在将来支配某物的可能性,但其支配力尚未现实地及于物者,也不构成占有。

2.对物的支配须是确定的

所谓确定,是指对物的支配是明确的、肯定的且具有一定的稳定性,偶然的转瞬即逝的支配不构成占有。

---

① [意]彼德罗·彭梵得:《罗马法教科书》,黄风译,中国政法大学出版社 1992 年版,第 270 页。

② 我国《物权法(草案)》中曾对占有作出专门的解释:占有指占有人对不动产或者动产的实际控制。但是该条在提交审议时被删除了,因此我国物权法中没有对占有的概念作出明确的界定。按照通说,占有是指占有人对物进行事实上的管领和控制的状态。

3.对物的支配须具备一定的外观,为外人所认识

占有作为一种事实是有其为外人识别的表现形式即外观的。物之支配关系通常从两个方面表现出来:一是物在空间上所处之地位。例如,置于宅内及宅旁的物,通常应认定为住宅所有人或使用占有人之物。二是物在法律上的地位。例如,物虽为承租人现实地使用、收益,但依该法律地位应认定其所有人具有间接的占有关系。

二、占有及占有权与相关概念的区别

(一)占有与权利的区别

占有与权利虽均受法律保护,但两者存在下列差异:(1)凡有权利能力人均可享受权利,但有权利能力未必能对物加以占有;(2)权利有主权利与从权利之分,占有则无主从之别;(3)权利无直接、间接之分,占有却有直接、间接占有之别;(4)权利有不得让与和继承的情形,如人格权与身份权,而占有则无;(5)权利可供担保,占有则不能;(6)权利与权利有混同的可能,占有与占有之间则无这种可能。

(二)占有与持有的区别

占有与持有都是对物在事实上的管领,但有如下的区别:(1)占有是民法上的概念和制度,而持有则为刑法上的概念,如非法持有毒品罪(见我国《刑法》第348条)。(2)占有有直接占有与间接占有、自主占有与辅助占有之分,这是依据其抽象状态而构筑双重占有的理论与制度;而持有只是一种事实控制状态,其形态是单一的,不能形成双重持有的情形。(3)占有可移转或继承,而持有则否。占有可通过现实交付、简易交付或占有改定等方式发生占有的移转,但持有作为一种单纯的控制状态,一旦持有人不能实际控制其物时,便丧失其持有,因而持有是不可转让的。占有是可以继承的,如甲有某物并由乙继承,乙虽不知其事,且事实上未管领该物,但仍取得对该物的占有,这种情况下乙对物的控制并不是持有。(4)对于占有,民法上设有各种推定制度,而持有则无相类似的推定制度。

(三)占有与所有权的区别

占有与所有权的区别是明显的:(1)占有为一种事实状态,而所有权为物权;(2)占有仅是对物事实上现实的管领控制,所有权则是对物在法律上的支配;(3)占有是以现实有管领力为必要条件,而所有权则不以现实管领为必要条件;(4)占有有直接占有和间接占有之分,而所有权则无直接所有权与间接所有权之别;(5)占有不适用一物一权的原则,而所有权则适用一物一权的原则;(6)占有人不必须为占有物的所有人,享有所有权的人则为该物的所有人;(7)占有与所有权的标的物不一致,能成为占有标的物的不一定可成为所有权的标的物;(8)占有不能提供担保,所有权则可为其他权利提供担保;(9)所有权为支配权,所有权者亦有占有权,但所有权人可以在其物上设定用益物权,致使其在事实上不能支配标的物,而形成所有与占有分离的现象,这对其所有权存在不构成影响,而是其行使所有权的一种表现。占有则不然,占有人一旦无事实上的管领力,则其占有即丧失。

(四)占有与占有权能的区别

作为所有权和其他物权能之一的占有权能与作为独立物权制度的占有权的区别表现在以下几个方面:(1)发生和消灭的根据不同。占有权能产生于本权,是本权的一项内容、一种作用与表现,它伴随本权的发生而发生,并随着本权的消灭而消灭。而占有权发生根据则是现实地对物进行占有的事实,它随占有的取得而取得,占有的丧失而消灭,无论占有人对物的占有是否基于本权,只要占有事实存在,占有人均依法律保护占有规定而享有一定的占有权。(2)两

者的内容和表现形式不同。占有权能不论其基于什么权利而发生，其内容都是确定的，仅表现为对物体进行掌握和控制一个方面，而占有权的内容则是多方面的，而且依占有原因的不同而有所不同。善意占有人的占有权包括即时取得权、使用收益权、排除妨碍请求权、费用偿还请求权等，其内容十分广泛。善意占有人的占有权还可在一定条件下排除本权。而恶意占有则只能在其占有存续期间依占有适法之推定而享有一定的占有权，且其占有权不能对抗本权。(3)两者与占有的关系不同。就占有权能与占有的关系而言，享有占有权能是对物进行占有的基础和前提，而对物的实际占有则是行使占有权能的表现。在占有权与占有的相互关系中，两者的地位则完全颠倒过来了，占有成了享有占有权的基础和前提。

第二节　占有的分类

不同的占有状态有不同的法律效果，认识不同的占有状态对司法实践具有一定的意义。占有依其状态的不同可作如下分类：

一、直接占有与间接占有

直接占有，是指不以他人的占有为媒介，直接对物进行管领的占有，如借用人对借用物的占有，土地使用权人对土地的占有。

间接占有，是以他人的占有为媒介，非现实占有其物，仅对物有间接支配力的占有。例如，所有人对租赁物的占有，对委托他人保管的保管物的占有，就属于间接占有。间接占有的构成，须具备三个条件：(1)须与直接占有人有一定的法律关系，如租赁关系、保管关系等；(2)须对直接占有人具有返还原物的请求权，如所有人对承租人有返还租赁物的权利；(3)须对直接占有人对物的支配具有一定的制约能力，换句话说，直接占有人对物的支配只是有限的支配，而非完全性的支配，其对物的支配受间接占有人的制约。

二、自主占有与他主占有

自主占有是以所有的意思对物进行的占有。所有人对所有物的占有为自主占有。虽非物的真正所有人，但自信为物的所有人，或自视为物的所有人的占有，也是自主占有。

他主占有是非以所有人之意思对物进行的占有，如经营人、使用人、质权人、留置权人、借用人对物进行的占有。

区分自主占有与他主占有有以下意义：(1)只有自主占有人才能依取得时效取得占有物的所有权，他主占有不适用时效取得；(2)只有自主占有人才能依先占原则取得占有物的所有权，他主占有不适用先占取得；(3)他主占有人因可归责于自己的事由致占有物毁损、灭失时，对返还原物请求人须负损害赔偿的责任，自主占有通常不会发生此种责任。

三、有权占有与无权占有

根据占有是否具有法律上的原因可将占有分为有权占有和无权占有。有权占有是指基于法律或合同的原因而享有对某物进行占有的权利。如通过买卖、赠与、设质等原因而取得的占有。有权占有又称有权源占有、正权源占有或适法占有。基于一定法律上的原因而得为占有的权利称为本权。本权既可以是物权(所有权)、债权，也可以是其他法律关系所生的权利。无权占有指非依合法原因而取得的占有，又称无本权的占有、非法占有或无权源占有，如对赃物、遗失物的占有。本权消灭以后的占有，属有权占有转化为无权占有，如承租人于租赁期满后继续占有租赁物。《民法典》采纳了这一分类，在第二编第五分编第二十章第458条对有权占有作出规定：基于合同关系等产生的占有，有关不动产或者动产的使用、收益、违约责任等，按照合同约定；合同没有约定或者约定不明确的，依照有关法律规定。对无权占有情形下有关不动产或者动产的使用、收益以及损害赔偿责任等问题也作了原则的规定。[①]

区分有权占有和无权占有的意义在于：(1)受法律保护的程度不同，有权占有不仅受占有制度的保护，而且受物权、债权等制度的保护，无权占有仅作为一种事实状态受占有制度的适当保护；(2)有权占有人有权拒绝他人为本权的行使，而无权占有人在本权人请求返还原物时，原则上负有返还的义务；(3)留置权的成立须以有权占有为要件，因侵权行为或其他不法行为占有他人财产不产生留置权的效果。

四、善意占有与恶意占有

这是以占有人的主观心理状态为标准对无权占有的进一步区分。善意占有又称诚实占有，是指占有人不知道也不可能知道自己的占有为无权占有，从而误信其为有权占有的占有。这里所称"不知道"是指占有人主观心理上确实不知道其占有为无权占有；所称"不可能知道"，是指占有人在受让占有时没有任何客观情形可能使占有人对其无权占有情况产生怀疑。

恶意占有又称非诚实占有，是指占有人知道或可能知道其占有为无权占有的占有。这就是说，不仅占有人明知其无权占有而仍然占有他人之物为恶意占有，即使占有人未明确知道其无权占有，但在受让占有或受让占有后可能使其产生怀疑的客观情形，也构成恶意占有。[②]

善意占有与恶意占有之区分在占有制度中最为重要。因为占有制度的本质是从稳定占有关系、维护商品交易安全出发，而对无权源占有给予一定法律保护的制度。但是，占有制度对无权占有的保护又不是不加区别的，而是在严格按民法诚实信用原则的要求划清恶意占有与善意占有的基础上进行的。按照占有制度的原理，恶意占有除在本权人提起返还原物诉讼前受"占有适法"推定原则的保护外，基本上不受其他法律保护；善意占有则受即时取得制度的保护及其他一些法律规定的保护。

区分善意占有和恶意占有的法律在于：(1)占有人的责任不同。按照《民法典》的规定，占有人因使用占有的不动产或者动产，致使该不动产或者动产受到损害的，恶意占有人应当承担赔偿责任。而善意占有人不承担赔偿责任。(2)占有人的费用偿还请求权不同。根据《民法典》的有关规定，不动产或者动产被占有人占有的，权利人可以请求返还原物及其孳息；但是，应当支付善意占有人因维护该不动产或者动产支出的必要费用。而恶意占有人则没有此项权利。(3)在不当利益返还上是否只返还现存利益不同。依据《民法典》的规定，占有的不动产或者动产毁损、灭失，该不动产或者动产的权利人请求赔偿的，占有人应当将因毁损、灭失取得的保险金、赔偿金或者补偿金等返还给权利人；权利人的损害未得到足够弥补的，恶意占有人还应当赔偿损失。而善意占有人则不负赔偿责任。

---

① 关于占有状态的推定，在《物权法(草案)》中曾规定：占有，包括有权占有和无权占有。不动产或者动产的占有，除有相反证据证明外，推定有权占有。但该规定在提交审议时被删除。

② 关于占有状态的推定，在《物权法(草案)》中曾规定：无权占有，包括善意占有和恶意占有。无权占有，除有相反证据证明外，推定善意占有。但该规定在提交审议时被删除。

五、瑕疵占有与无瑕疵占有

这是依据占有的手段和方法对无权占有的再分类。瑕疵占有是指以强暴、隐秘手段取得和保持的占有，无瑕疵占有是指以和平、公然手段取得和保持的占有。由此，瑕疵占有包括强暴占有和隐秘占有两种情形：强暴占有是以法律禁止的手段（如抢夺、窃取等）而取得并保持的占有；隐秘占有是以隐秘方式而不示于他人而取得和维护的占有。无瑕疵占有包括和平占有和公然占有两种情况：和平占有是以非暴力手段取得或维持的占有（如买卖或租赁），公然占有是指不故意为避免他人发现而为的占有，占有人的占有易为他人所知晓。

区分瑕疵占有与无瑕疵占有的意义在于对取得时效的适用和占有效力判定，通过取得时效而取得所有权的占有，必须是善意、和平和公然的。

六、自己占有与辅助占有

以占有人是否亲自占有标的物为标准，占有可分为自己占有和辅助占有。凡占有人亲自对物为事实上的管领的为自己占有；凡基于当事人之间特定的法律关系，受他人指示而对标的物为事实上的管领的为辅助占有，如受雇佣者、学徒或基于其他类似关系的人受他人指示而对标的物的管领。辅助占有与代理制度不同，代理主要适用于法律行为，而辅助占有适用于事实行为。

占有人与辅助占有人之间通常存在某种从属的法律关系（如雇佣），占有人有权指示辅助占有人对物进行某种占有行为，而辅助占有人则完全依据占有人的意思占有标的物。由此可见，辅助占有人并非具有独立的占有意志，他对某物的占有是根据他人的意思而非基于自己的意思，因此辅助占有人一旦对某物进行了事实上的管领，则应由其占有的主人取得占有。辅助占有人虽有管领某物的事实，但并非取得占有，因此占有人即使强行收回该物，辅助占有人也不得实行自力救济或主张占有保护请求权。当占有人侵夺他人的财物而将其交给辅助人保管时，该他人原则上只能向占有人请求返还原物或行使占有保护请求权，一般不能向辅助占有人提出请求。

区分自己占有和辅助占有的意义在于：(1)辅助占有不能独立存在，而自己占有能独立存在；(2)有利于确定谁是真正的占有人。由于辅助占有人不能独立存在，因而其不享有负担因占有而生的权利或义务。辅助占有人在其所管领之物被他人侵害时，不享有占有保护请求权；其所管领的票据遗失时，也不得以自己的名义申请公示催告。

七、单独占有与共同占有

以占有人的人数为标准，可将占有区分为单独占有和共同占有。单独占有指同一物只有一个占有人的占有，又称分别占有。共同占有指数人对同一标的物的占有。共同占有既可为自主占有，也可为他主占有；既可为直接占有，也可为间接占有。共同占有又可进一步分为重复共同占有和统一共同占有。重复共同占有指各共同占有人于不妨害其他共同占有人的情形下，各得单独管领其物的占有（如地下室属于建筑物区分所有人共有，各单元所有权人均可单独进入地下室，即为重复共同占有）。统一共同占有指全体共同占有人对于占有物仅有一个管领力，仅得结合全体占有人，为共同的管领（如银行的保险箱由银行和承租人各持有钥匙，须共同配合才能开启，即为统一共同占有）。此种共同占有人不得单独管领占有物，这是它与重复共同占有的不同之处。

通说认为，共同占有的成立，各占有人之间不必有共同占有的意思。在共同占有人之间的内部关系上，各共同占有人之间不得相互请求占有保护，但如一共同占有人的占有受到其他共同占有人的剥夺，则其可向剥夺其占有的其他共同占有人主张占有的保护；在共同共有的对外关系上，当共同占有物被他人侵害或妨害时，各共同占有人均得单独行使自力救济权或占有保护请求权，共同占有人之一人仅得请求将占有物返还于全体共同占有人。

区分单独占有和共同占有的意义主要在于，数人共同占有一物时，各占有人就其占有物使用的范围，不得互相请求占有的保护。

八、继续占有与不继续占有

以占有在时间上有无中断为标准，可将占有分为继续占有和不继续占有。继续占有指对于占有物为不间断的占有，反之则为不继续占有。区分继续占有和不继续占有的主要意义在于，因时效而取得占有物的所有权，须以继续占有达一定期间为必要，否则产生时效取得的中断。

九、准占有

准占有，又称权利占有，是指行使不包括物的占有权能的财产权的事实。例如，水权等自然资源利用权，并非以占有水流等自然资源为成立条件，而是对水流等自然资源有利用的权利，行使此种权利的事实即准占有，行使此权利的人称为准占人。占有本为物之事实上的支配，故占有制度以保护物的事实上的支配关系为中心。但是，对不包含物之占有权能的财产权的行使，与物之事实上的支配，除指向的客体有所区别(一为权利，一为有体物)外，在性质上并无二致。故对此类财产权的行使，亦应准用占有制度的规定加以保护，于是行使此类财产权的事实便因此而得名曰“准占有”。

第三节　占有的效力

占有的效力是指占有所具有的法律上的证明力和强制力。占有的效力包括占有的权利推定效力、占有人与返还请求人的关系以及占有的保护等方面的内容。

一、占有的权利推定效力

占有的权利推定效力，是指占有人于占有物上行使的权利，推定为占有人合法享有的权利。至于占有人是否真正享有这一权利，在第三人举证破除法律所作推定前在所不问。法律作此推定的目的在于通过假定占有人享有合法权利，给占有法律保护，从而稳定现实的占有关系；同时，也有利于法院处理财产纠纷，具有定分止争的作用。

权利推定的适用范围应从以下几方面考察：(1)从占有方面看，权利推定适用于一切占有，包括善意占有与恶意占有、无瑕疵占有与有瑕疵占有等；(2)从权利方面看，推定可适用于一切由占有表现的权利，包括所有权与具有占有权能的他物权、债权，至于应推定占有人享有什么权利，则取决于占有的名义和占有人对物进行支配的范围，如以所有人名义对物全面支配，则推定占有人享有所有权；(3)从占有阶段方面看，推定既适用于现有的占有，也适用于过去的占有，如物之现时占有人在诉讼中可利用其前手的占有主张自己占有之权利；(4)从财产方面看，推定只适用于动产，因为不动产物权的公示方法为登记，应推定不动产的登记人享有登记的权利。

权利推定尽管其适用范围十分广泛，且具有多方面的效力，但推定毕竟只是法律从本权与占有之一般结合情况出发而作出的一种假定，当占有与本权背离时，真正的权利人完全可以通过反证将其推翻，因此权利推定并不会损害真正权利人的利益。

二、占有人与返还请求人的关系

占有人与返还原物请求人的权利义务关系，通常区分善意占有和恶意占有并赋予不同的法律效果。一般而言，在善意占有的情况下，善意占有人享有占有物的使用权、收益权和必要费用求偿权。在恶意占有的情况下，恶意占有人在享有必要费用偿还请求权（依无因管理的规定）时，负有返还占有物孳息的义务。

在占有物毁损、灭失时，占有人对于返还请求人负有赔偿责任。这种责任的范围因占有人是善意的，还是恶意的有所不同。善意占有人对于占有物因可归责于自己的事由毁损、灭失时，仅于因毁损、灭失所受到的利益为限负赔偿责任。这是因为善意占有人既然相信物为己有，也当不可能预见到自己应负什么样的责任。这时如果使善意占有人对占有物的全部损失负赔偿责任，未免失之过苛。恶意占有人或无所有意思占有人，因可归责自己的事由使占有物毁损、灭失的，应负赔偿损失的责任，其责任较善意占有人为重。

三、占有的保护

占有的保护是在对占有的非法侵害（侵夺或妨害）时给占有人以法律救济的一项制度。占有作为一种事实状态，体现了财产秩序。法律之所以要保护占有，并不一定是为了寻求对真正权利人的保护，而是为了维护社会财产秩序和生活秩序的稳定。因此，不论占有人有无本权以及侵害人有无本权，均给予保护。民法上对占有的保护可分为物权法上的保护和债权法上的保护。前者包括占有人的自力救济权和占有人的物上请求权（即占有诉权），后者包括不当得利返还请求权及侵害占有的损害赔偿请求权。

（一）占有的物权法保护

对占有的物权法保护，一般针对占有被侵害的不同阶段而赋予占有人自力救济权和物上请求权。

占有人的自力救济权，是指占有人得以自己的行为回复受到他人侵害的权利。占有人的自力救济权适用于原来受到保护的占有被侵害，而新的占有（侵害占有）尚未确立的阶段。占有人的自力救济权包括自力防御权和占有物取回权。占有人的自力防御权，是指占有人对于侵夺或妨害其占有的行为，可以以自己的力量进行防御，以排除侵害。占有人于占有物被侵夺时，可以即时以自己的力量取回其物，以回复占有，此为占有物取回权。

为稳定财产的占有关系，维护社会秩序，法律给占有以相当于本权（所有权与他物权）的保护，故占有人亦享有维护占有为目的的各种物上请求权，包括占有物返还请求权、占有排除妨碍请求权、占有防止妨害请求权，总称为占有人的物上请求权。物上请求权适用于侵害人的占有（新的占有）已确立以后，在这种情况下，原占有人即不得依自力而为救济，如要恢复其占有，必须通过正当的法律程序。

占有请求权的主体为占有人。法律规定占有请求权的目的在于维护物之事实上的占有关系。占有请求权的相对人即义务人，为侵夺或妨害占有之人。物之非本权人，于侵害或妨害占有人之占有时，当然成为占有请求权的相对人；即使物之本权人，如不以合法的途径与方式行使其权利，而对占有人之占有施以非法的侵夺或妨害，亦可以为占有请求权的相对人。

占有请求权是受诉讼程序保护的实体权，当占有人向相对人行使请求权而为相对人所不应允时，占有人有权向法院提起相应的诉讼。此种诉讼归纳起来可分为：请求返还占有物之诉，请求排除妨害之诉以及请求停止侵害之诉。

《民法典》对占有的保护规定：占有的不动产或者动产被侵占的，占有人有权请求返还原物；对妨害占有的行为，占有人有权请求排除妨害或者消除危险；因侵占或者妨害造成损害的，占有人有权依法请求损害赔偿。[①] 占有人返还原物的请求权，自侵占发生之日起一年内未行使的，该请求权消灭。

1.占有物返还请求权

占有物返还请求权亦称回复占有请求权，指占有人于其占有物被侵夺时，有请求侵夺人及其继承人返还其占有物的权利。其构成要件有：(1)必须存在侵夺占有物的事实。所谓占有被侵夺，指占有人非基于其意思而丧失对于占有物的占有。若占有人基于其意思移转占有，由此而丧失标的物的占有，即使该物移转出于错误、欺诈、胁迫，丧失占有的人也无权行使该返还请求权。(2)必须针对侵夺占有的行为人提出该项请求，对善意的继受人不得请求返还。(3)请求权人必须为占有人，包括直接占有人、间接占有人、自主占有人及他主占有人，至于其占有是否存在权源、善意或恶意，均在所不问。

2.排除占有妨害的请求权

排除占有妨害的请求权又称占有妨害除去请求权，指占有人于其占有受到妨害时，有请求他人除去妨害的权利。其构成要件为：(1)必须存在妨害行为。所谓妨害，是指对于现存的占有状态加以部分的侵害，使占有人无法完全支配其占有物。妨害不同于占有的侵夺，占有人未丧失占有，妨害人也未取得占有。另外，妨害也指非正当的妨害，或超过了占有人社会生活上忍受限度的妨害。如为正当妨害或未超过一般占有人社会生活上忍受限度的妨害，均不适用占有妨害排除请求权的规定。(2)请求权人须是占有人。(3)须向妨害人提出请求。妨害人包括两种人：一是行为妨害人即因其行为妨害占有的人，二是状态妨害人即因其意思容许妨害占有状态存在的人。对于上述两种妨害，占有人均有权向其提出排除占有妨害的请求。

3.防止占有妨害的请求权

防止占有妨害的请求权又称占有妨害预防请求权，指占有人在其占有存在被妨害的可能时，有请求相对人防止其妨害的权利。占有人行使该请求权，应以其占有在客观上存在被妨害的可能为条件，必须根据一般社会观念和当时周围环境来加以判断，而不能依占有人的主观来臆断。被请求人(妨害人)对此是否存在过失，则在所不问。对现已存在妨害将来有受妨害之虞时，则同时产生占有妨害排除请求权和防止占有妨害请求权。

应当指出的是，占有人的物上请求权与所有人的物上请求权，虽同为请求权，但两者是存在区别的：第一，权利主体和目的不同。占有人的物上请求权旨在保护占有，以占有人为请求权主体。所有人的物上请求权目的在于保护所有权，并以所有人为请求权主体。第二，适用前提条件和效力表现不同。占有人的物上请求权是以占有被侵夺或妨害为条件，并通过行使占

① 与原《物权法》第245条规定比较，《民法典》规定新增了“依法”二字，进一步明确了占有损害赔偿请求权的性质，是侵权责任请求权而非物权保护请求权。占有损害赔偿请求权的法律依据不是物权编，而是侵权责任编，以此将占有损害赔偿请求权的性质与排除妨碍请求权、消除危险请求权区别开来。

有保护请求权，最终使占有人恢复对物的占有。而所有人的物上请求权的行使须以他人无权占有或妨害所有权的行使为前提条件，其效力表现为使所有权恢复圆满状态。由于占有人的物上请求权和所有人的物上请求权各自所依据的诉讼基础不同，因而各自独立，互不相妨。一方消灭，他方并不当然消灭。但所有人的物上请求权属于终局和确定性的请求权。

（二）占有的债权法保护

占有除了获得物权法上的保护外，也得到债权法上的保护。这主要包括不当得利和损害赔偿请求权两种情形：

1.占有与不当得利

不当得利是指没有合法根据，使他人财产受到损失而自己获得利益的事实。关于占有是否可以成为不当得利的客体，并产生不当得利返还请求权问题，学界有不同的看法。但大多数学者认为，占有是一种利益，可以产生不当得利，可以成为不当得利的客体。[①] 在给付的不当得利中，给付因自始欠缺目的或目的未达到而产生不当得利，对方当事人可依不当得利的规定而请求返还占有物。在非给付的不当得利中，因侵害他人的占有而取得利益，也可构成不当得利，应负返还利益予占有人的义务。

2.侵害占有的损害赔偿责任

占有是否可以成为侵权行为法保护的客体也是存有争议的。从维护社会法律秩序的角度出发，占有作为一种事实状态，可以成为侵权行为法所保护的对象。但应当指出的是，可以行使侵权损害赔偿请求权的，仅限于有权占有人和善意的无权占有人，而恶意占有人不能享有该项请求权。侵害占有所产生的损害赔偿请求权主要适用于：一是使用收益的损害赔偿，即占有人对于占有物因侵害人行为致不能使用和收益所生的损害；二是支出费用的损害赔偿，指占有人对占有物支出费用，因该物被侵夺而毁损、灭失致不能求偿而受到的损害；三是责任损害，指占有人因占有物被第三人侵夺而致毁损、灭失，应对占有物返还请求权人承担的损害赔偿责任。

① 黄右昌：《占有与不当得利》，载台湾政治大学《法学评论》1982年第25期。

第15章

债权通论

第一节　债的概念

一、债的定义和本质

债是按照合同约定或法律规定，在特定当事人之间产生的一方请求他方为或不为一定行为的权利义务关系。《民法典》第118条第2款从债权的角度对债作出了定义："债权是因合同、侵权行为、无因管理、不当得利以及法律的其他规定，权利人请求特定义务人为或者不为一定行为的权利。"其中，享有请求他方为或不为一定行为权利的一方是债权人，负有为或不为一定行为义务的一方是债务人。

在民法中，债的概念至少包含以下含义：(1)债是一种民事法律关系，它以债权债务关系为内容，既指债权，也指债务。(2)债的范围广泛，包括合同之债、无因管理之债、不当得利之债、侵权行为之债以及依其他法律规定而产生的债。(3)债的标的为给付，即为或不为一定行为，给付包括给付金钱、移转权利、交付财物、提供劳务以及不作为等。(4)债的关系受国家法律保护，该关系依法形成后可以强制实现。

债的形成是社会经济生活的反映。商品经济的发展，使财产交易不再限于物物交换或即时清结的交易，债成为民事主体参与经济交往的一种手段。因而，债的本质被认为是法律上可期待的信用，是实现某种特定利益的信用手段。债是建立在特定的债权人和债务人之间的权利义务关系。债的实质并不是直接带给权利主体某一财物，而是使相对应的义务主体必须实施某种特定的行为。因而，债法强调债是债权人实现其特定利益的法律手段。债的关系的设定，保障当事人的利益得到完全的满足，或者使当事人受到损害的利益得以补偿。

二、债的要素

债是一种民事法律关系，其构成要素包括债的主体、债的内容和债的客体。

(一)债的主体

债的主体是指参加债的法律关系的当事人，包括债权人和债务人。有权请求对方为或不为一定行为的人为债权人，有义务满足对方的要求而为或不为一定行为的人为债务人。在债的关系中，债权人与债务人互相对应，一方为债权人，另一方则为债务人。债的当事人一方或双方可以是一人，也可以是多人。双方均为一人的，为单一主体之债，一方或双方为多人的，为多数人之债。

由于债是产生在特定民事主体之间的一种法律关系，因此在债的关系中，无论是债权人还是债务人，均是特定的。主体特定化是债权债务关系区别于物权关系的一个重要特征。此外，债的主体双方具有利益上的对立性。债权人享有的权利，正是债务人承担的义务。债务人履行义务使债权人的债权得以实现；债务人不履行义务，债权人的债权就无从实现。

（二）债的内容

债的内容是债权人的权利和债务人的义务，即债权和债务。

1.债权

债权是债权人享有的请求债务人为或不为一定行为的权利。债权的权能或作用包括给付请求权即请求债务人为给付行为的权利、给付受领权即接受债务人给付的权利以及解除合同或终止债的关系的权利。

债权与物权同为财产权，与物权相比，债权具有以下法律特征：(1)债权是一种请求权，而非支配权。债权赋予权利人的是请求债务人为给付行为的权利，而非支配债务人财物的权利，债权人不能直接取得其权利所体现的财产利益，而只能请求并借助于债务人履行给付义务来实现自己的债权。(2)债权是一种相对权，而非绝对权。债权具有相对性，债产生在特定的当事人之间，只在特定当事人之间产生效力，债权的效力并不能及于第三人。只有在法律有特别规定的情况下，债权的效力才能及于第三人。[①] (3)债权的设立具有任意性。这主要是就合同之债而言的，在合同之债中，债权的内容依当事人合同约定而设定，只要不违反法律、行政法规的强制性规定，不违背公序良俗，当事人可以自由协商确定债权债务关系。(4)债权具有相容性。债权不具有排他性，表现为就同一标的物上可以同时成立两个或两个以上内容相同的债权，当这两个或两个以上的债权矛盾时，并不当然地意味着某一债权是无效的。(5)债权具有平等性。当数个债权人对于同一个债务人先后产生数个未设立担保的普通债权时，各债权的效力是平等的，不因成立先后而有效力上的差别。(6)债权无追及性。债权无追及效力，在债权人请求给付的标的物所有权转移至债权人之前，该标的物的所有权已经转移至第三人时，债权人对于该第三人没有请求返还或给付的权利，唯能向债务人请求履行义务或承担因不能履行而应承担的相应责任。

当物权与债权并存时，物权一般具有优先于债权的效力。例如，债务人以其占有的财产履行债务时，该财产的所有权人享有取回权；在债的清偿中，享有担保物权的债权人具有优先受偿的权利。但是，物权效力的优先性也有例外的法律规定，例如，《民法典》第725条规定："租赁物在承租人按照租赁合同占有期限内发生所有权变动的，不影响租赁合同的效力。"即租赁合同具有对抗租赁物新所有权人的效力。这种为保护承租人利益而创设的制度被认为是"债权的物权化"，它使具有相对性的债权亦具有对抗一般人的效力。[②]

2.债务

债务是债务人负有的向债权人为或不为一定行为的义务，即给付义务。债务人的债务与债权人的债权相对应，共同构成债的关系。没有债权，就没有债务；反之，没有债务，债权也就没有存在的基础或实现的可能。

债务的本质是一种不利益，是债务人因受合同约定或法律规定的拘束而应当履行的义务。债务人依约或依法履行了义务，便因此失去了既有的利益，形成一种不利益，债权人则因此而

① 《民法典》第465条第2款规定："依法成立的合同，仅对当事人具有法律约束力，但是法律另有规定的除外。"

② 王泽鉴：《债法原理》，北京大学出版社2013年第2版，第65页。

获得一定利益。正是这种利益的转换，使债实现财产流转的目的得到实现。债务的内容具有特定性、确定性。在合同之债中，合同一方或双方的义务由合同规定。在法定之债中，义务人的义务则由法律直接规定。

在民法理论上，债务与责任则被认为是既互相联系，又相互区别，可以分离的概念。债务是一种义务，是债务人依照法律规定或合同约定应当履行的义务；责任则是一种法律后果，是债务人不履行义务后应当承担的法律后果。责任在债务设定时，是债务履行的担保；在债务不履行时，是债务履行的法律强制。债务与责任存在一定的关联性，但并非绝对必然的因果关系。例如，在已超过诉讼时效期间的自然债务关系中，债权人与债务人之间的债的实体关系不因诉讼时效期间届满而消灭，债务人履行债务时，债权人仍可以受领；但债权因诉讼时效期间届满使得债务人获得拒绝履行义务的抗辩权，债务人不履行债务无须承担责任，此时对于债务人而言仅有债务而无责任。

（三）债的客体

债的客体，又称债的标的，是指债权和债务共同指向的对象，称为给付，给付包括作为和不作为。作为是以债务人实施某种特定行为为内容的给付，包括交付标的物、移转权利、完成劳务、交付工作成果；不作为是以债务人不为某种特定行为为内容的给付，如不泄密、不为同业竞争、不一稿多投。大多数情况下，债的客体是作为。根据债权的具体内容不同，给付的对象可能是物、行为或劳务，也可能是技术、作品等无体的智力成果。

作为债的客体的给付应当具备合法性、可能性和确定性。合法性，是指给付行为必须合法、正当，不得违反法律禁止性规定，不得损害社会公共利益，这在合同之债中往往直接影响了合同的有效性。可能性，是指给付标的须为事实上或法律上可能的事项，在客观上可能实施或能够实现，因此不能以客观上完全不可能之行为为客体而成立债。确定性，是指债务人的给付是特定行为，债成立时就能够依照法律规定或合同约定而予以确定。

第二节 债的分类

一、根据债的产生根据所作的分类

根据债的产生根据的不同，债可以分为意定之债和法定之债。

（一）意定之债

意定之债，即合同之债，是指债的产生和内容依当事人合同之约定的债。这是商品经济社会中最为常见也是最为重要的债。合同之债的产生及债权债务关系的内容体现了当事人意思自治原则，除法律另有禁止性规定外，当事人可以根据自己的意愿经意思表示一致自由地设定债的关系。意定之债不仅包括法律规定的有名合同所生之债，也包括法律没有规定的无名合同所生之债。

（二）法定之债

法定之债，是指债的产生和内容均由法律直接规定的债。依照法律的规定，当某一法律事实产生时，就在特定的当事人之间产生一定的债权债务关系。这种债权债务关系具有法定性，债的产生以及债的内容均由法律直接规定，对当事人具有强制适用的效力。根据《民法典》第118条第2款的规定，属于法定之债的有无因管理之债、不当得利之债、侵权行为之债以及因

“法律的其他规定”所生之债。所谓因“法律的其他规定”所生之债，是指那些依据法律规定的民事法律事实而产生的但不属于无因管理之债、不当得利之债、侵权行为之债的债。例如，《民法典》第 317 条规定的拾得人返还拾得物时对失主享有的必要费用请求权，拾得人的这一权利不属于合同之债，属于法定之债，但它又不同于无因管理之债、不当得利之债、侵权行为之债，即属于第 118 条第 2 款规定的因“法律的其他规定”所生之债。

由于《民法典》未设债编，只设合同编和侵权责任编，无因管理和不当得利纳入合同编，为合同编第三分编“准合同”，债的一般规范也主要规定于合同编第一分编“通则”中。为了解决法定之债的法律适用问题，《民法典》第 468 条特别规定：“非因合同产生的债权债务关系，适用有关该债权债务关系的法律规定；没有规定的，适用本编通则的有关规定，但是根据其性质不能适用的除外。”

二、根据债的主体所作的分类

（一）单一之债和多数人之债

根据债的主体的数量是否单一，债可以分为单一之债和多数人之债。单一之债，是指债权人和债务人均为一人的债。多数人之债，是指债的一方或双方为两人以上的债，可能是债权人一方为多数人，或债务人一方为多数人，或债权人和债务人双方均为多数人。多数人之债因债的主体一方或双方为两人以上，债的主体一方的内部关系以及该方与对方的外部关系相对复杂，不仅涉及债权人与债务人之间的权利义务关系，而且涉及多数的债权人之间或多数的债务人之间的内部关系。

（二）按份之债和连带之债

在多数人之债中，根据债的多数主体之间的相互权利义务关系，债可以分为按份之债和连带之债。

1.按份之债

按份之债，是指债的多数主体各自按照确定的份额享有债权或承担债务的债。其中，债权人为多数的，每个债权人按照各自的份额享有请求债务人给付的权利，称为按份债权；债务人为多数的，每个债务人只就各自的债务份额承担给付义务，称为按份债务。《民法典》第 517 条第 1 款规定：“债权人为二人以上，标的可分，按照份额各自享有债权的，为按份债权；债务人为二人以上，标的可分，按照份额各自负担债务的，为按份债务。”第 177 条规定：“二人以上依法承担按份责任，能够确定责任大小的，各自承担相应的责任；难以确定责任大小的，平均承担责任。”在按份之债中，按份债权人或者按份债务人的份额能够确定的，各按其份额享有债务或承担债务，份额难以确定的，依据《民法典》第 527 条第 2 款的规定，“视为份额相同”，按份债权人或按份债务人按照等同份额享有债权和承担债务。

按份之债的标的可分，即作为债的客体的给付可以分成数个份额分别给付，且不因此影响其性质和价值。在按份之债中，由于多数人组成的债的一方之间，权利或义务的份额明确，因此彼此之间不具有牵连关系。各按份债权人只能就自己享有的债权份额请求债务人履行给付，在自己的债权份额得到清偿后，即退出债的关系，而无权受领超过自己债权的清偿份额。各按份债务人也在自己负担的债务份额履行给付后，即退出债的关系，而无须对整个债务负责。

2.连带之债

连带之债，是指债的多数主体之间有连带关系的债。其中，债权人为多数，任何一个债权人都享有请求债务人履行全部债务的权利，称为连带债权；债务人为多数，任何一个债务人都负有向债权人履行全部债务的义务，称为连带债务。《民法典》第518条第1款规定："债权人为二人以上，部分或者全部债权人均可以请求债务人履行债务的，为连带债权；债务人为二人以上，债权人可以请求部分或者全部债务人履行全部债务的，为连带债务。"第178条规定："二人以上依法承担连带责任的，权利人有权请求部分或者全部连带责任人承担责任。""连带责任人的责任份额根据各自责任大小确定；难以确定责任大小的，平均承担责任。实际承担责任超过自己责任份额的连带责任人，有权向其他连带责任人追偿。""连带责任，由法律规定或者当事人约定。"

《民法典》第518条第2款规定："连带债权或者连带债务，由法律规定或者当事人约定。"依据法律规定的连带之债称为法定连带之债，根据当事人约定的连带之债称为意定连带之债。《民法典》多处规定了法定连带之债。例如，《民法典》第67条第2款规定："法人分立的，其权利和义务由分立后的法人享有连带债权，承担连带债务，但是债权人和债务人另有约定的除外。"第164条第2款规定："代理人和相对人恶意串通，损害被代理人合法权益的，代理人和相对人应当承担连带责任。"第1168条规定："二人以上共同实施侵权行为，造成他人损害的，应当承担连带责任。"第932条规定："两个以上的受托人共同处理委托事务的，对委托人承担连带责任。"第1169条规定："教唆、帮助他人实施侵权行为的，应当与行为人承担连带责任。"

连带之债为多数人之债，其效力不仅涉及债权人与债务人之间的权利义务关系，即外部效力；而且涉及多数主体之间的内部关系，即内部效力。在连带之债中，由于多数人组成的债的一方当事人之间具有连带关系，互相牵连，因此各连带债权人或者连带债务人不能单独退出债的关系，只有在整个债的关系消灭时，多数主体才能一并退出债的关系。根据《民法典》第518条的规定，就连带债权而言，任何一个连带债权人都有权请求债务人履行全部债务，连带债权人中的一人受领全部给付后，连带债权归于消灭；就连带债务而言，任何一个债务人都应对全部债务负责，均负有履行全部债务的义务，债权人有权向连带债务人的一人、数人或全体请求全部给付，连带债务人中的一人或若干人履行全部债务后，连带债务归于消灭，若连带债务只是部分得到履行，全体连带债务人对尚未履行的部分仍存在连带关系。

但是，根据《民法典》第519条第2款、第3款和第521条第2款规定，在连带之债的内部，各连带债权人或者各连带债务人是按连带之债成立时确定的份额享有权利或承担债务的。因此，实际承担债务超过自己份额的连带债务人，有权就超出部分在其他连带债务人未履行的份额范围内向其追偿，被追偿的连带债务人不能履行其应分担份额的，其他连带债务人应当在相应范围内按比例分担；实际受领超过自己份额的连带债权人，应当按比例向其他连带债权人返还。

三、根据债的标的所作的分类

（一）特定之债和种类之债

根据给付的标的物在债成立时是否特定，债可以分为特定之债和种类之债。特定之债，是指以特定物为给付标的物的债。在特定之债中，债成立时，债的履行标的物已经具体确定为某一特定物。债务人仅得给付该特定物，债权人也仅得请求给付该特定物。种类之债，是指以种类物为给付标的物的债。在种类之债中，债成立时，债的履行标的物只确定为符合一定数量、质量、等级、规格等要求的种类物。由于种类物具有可替代性，因此，在种类之债的履行中，属于同一种类的物可以替代给付。债务人按照合同约定或法律规定交付同一种类的财物，债权人不得拒绝受领。

区分特定之债与种类之债的法律意义在于：第一，确定债务人是否完全适当履行。特定之债中，债务人应交付债规定的特定物，不能以其物替代履行。种类之债中，债务人以交付规定的种类物为履行，履行标的物在交付时才被特定化。第二，确定标的物所有权及风险责任的转移时间。在转移标的物所有权的债的关系中，以特定物为标的物时，当事人约定标的物所有权自债成立时起转移的，即使标的物尚未实际交付，标的物的所有权也转移归债权人，标的物意外灭失、毁损的风险责任也由债权人承担。以种类物为标的物时，除法律另有规定或者当事人另有约定外，标的物的所有权从交付时起转移，在债成立后标的物交付前，标的物的所有权仍归债务人，标的物意外灭失、毁损的风险责任由所有权人即债务人承担。第三，确定标的物灭失后债务人的履行义务。特定之债因以特定物为履行标的，当该特定物灭失时，则产生履行不能，不能归责于债务人时，债务人的履行义务消灭；归责于债务人时，债务人得以承担违约责任或侵权损害赔偿责任取代交付特定物之债务。种类之债因以可以替代的种类物为履行标的，因而不产生履行不能之情形，债务人拒不履行债务时，债权人仍可以请求实际履行。

（二）简单之债和选择之债

根据债的标的有无选择性，债可以分为简单之债和选择之债。简单之债，又称为单纯之债，是指债的标的只有一个，当事人只能就该标的请求给付或者履行给付而无选择余地的债。选择之债，是指债的标的为数种给付，当事人可以从中选择一种请求给付或者履行给付的债。选择之债在成立时，数个可供选择的债的标的是抽象的，需经行使选择权才能确定给付。在选择之债中，选择权属于债权人的，称为选择债权；选择权属于债务人的，称为选择债务。《民法典》第515条第1款规定，除法律另有规定、当事人另有约定或者另有交易习惯外，选择权属债务人。为防止享有选择权的人怠于行使选择权而致使他人利益受损，法律设置选择权移转制度。《民法典》第515条第2款规定："享有选择权的当事人在约定期限内或者履行期限届满未作选择，经催告后在合理期限内仍未选择的，选择权转移至对方。"依据《民法典》第516条的规定，选择权行使的方式是"通知"，当事人行使选择权"应当及时通知对方"，"通知"到达对方时发生效力。如果债的标的发生不能履行的情形，除非该不能履行的情形是由于对方造成的，选择权人不得选择不能履行的标的。选择权属于形成权，选择之债一经行使选择权，便转化为简单之债，当事人应按照选择所确定的标的请求给付或者履行给付。为了确保债的关系确定，当事人行使选择权不得附加条件或期限，也不得撤回或者变更。

（三）可分之债与不可分之债

根据债的标的是否可以分割，债可以划分为可分之债与不可分之债。债的标的可分，当事人可以部分地履行债而不改变其实质的，为可分之债；反之则为不可分之债。在对同一债存在多数的债权人或债务人时，如无相反的规定，各债权人或债务人以均等比例享有权利和承担义务，此为可分之债。当债权或债务的标的因其性质或当事人的约定而为不可分给付时，如债权人为数人，每一个债权人都有权向债务人请求向全体债权人共同给付；如债务人为数人，每一债务人均负有连带债务，都有义务向债权人为全部给付，此为不可分之债。

（四）金钱之债

金钱之债，又称货币之债，是指以支付金钱为内容的债。金钱之债可分为三种情形：一是特定货币之债，指以特定化的货币为标的物的债，债务人的义务是交付该特定货币。特定货币之债属于特定之债。二是金额货币之债，指以一定金额的一般通用货币为标的物的债，这种金钱之债属于典型的种类之债。三是特种货币之债，指以一定金额的特种货币（如美元）为标的物的债，这种债兼具特定之债和种类之债的特点。[①]

金钱之债的履行有其特点。第一，《民法典》第 514 条规定："以支付金钱为内容的债，除法律另有规定或者当事人另有约定外，债权人可以请求债务人以实际履行地的法定货币履行。"如实际履行地在我国，则为人民币；如在美国则为美元。第二，金钱之债的履行地约定不明确的，适用《民法典》第 511 条第 3 项规定，在"接受货币一方所在地"履行，即在债权人所在地履行。第三，一般情况下，金钱之债的提前履行、部分履行不会损害债权人的利益，依据《民法典》第 530 条、第 531 条的规定，债权人不得拒绝。第四，金钱之债受金融法律制度的特别规制。例如，《现金管理暂行条例》第 8 条规定："机关、团体、部队、全民所有制和集体所有制企业事业单位购置国家规定的专项控制商品，必须采取转账结算方式，不得使用现金。"

四、其他类型的债

（一）典型之债与非典型之债

债还可以分为典型之债和非典型之债。典型之债是指民法规定的基本类型的债，典型之债有其特定的名称，法律上具有相对独立的规范体系。非典型之债是指依据法律的规定而产生的不可归类于典型之债的债，非典型之债没有特定的名称，也没有相对完整的规范体系。《民法典》第 118 条第 2 款规定："债权是因合同、侵权行为、无因管理、不当得利以及法律的其他规定，权利人请求特定义务人为或者不为一定行为的权利。"其中，合同之债、侵权行为之债、无因管理之债、不当得利之债，均有特定的名称，在民法典中也有相对完整的规范体系，属于典型之债。因"法律的其他规定"产生的债，不能归类于四种典型之债的，为非典型之债。例如，前述《民法典》第 317 条规定的拾得人返还拾得物时对失主享有的必要费用请求权，属于非典型之债。

在法律上，非典型之债的分布很广，在总则、物权、婚姻家庭、继承以及商事特别法和公法领域，都存在着不能被典型之债所涵盖的债。[②] 根据《民法典》第 468 条的规定，非典型之债的法律适用，有关法律有规定的，适用其规定；没有规定的，适用《民法典》合同编通则的有关规定，但是根据其性质不能适用的除外。

（二）主债与从债

根据两个相互联系并存的债之间的相互效力，债可以分为主债与从债。主债是指两个相互联系并存的债中，能够独立存在，不以其他债的存在为前提而存在的债；从债是指两个相互联系并存的债中，不能独立存在，必须以主债的存在为前提而存在的债。主债的存在决定了从债的产生和存在，没有主债就不可能有从债；从债的效力依附于主债的效力，主债无效则从债也无效；主债因履行、抵销、混同等原因而消灭的，从债也随之消灭。

（三）自然债务

自然债务，是指债务人自愿履行，法律予以承认，债务人不愿履行，法律不得强制其履行的债务。在权利人一方则为自然债权。相对于一般债务具有强制执行力，法院得依据债权人请求强制债务人履行不同，自然债务欠缺的是强制执行力，其履行与否取决于债务人，法院不得强制。在我国，自然债务主要是指诉讼时效期间届满的债务。

---

① 最高人民法院民法典贯彻实施工作领导小组主编：《中华人民共和国民法典合同编理解与适用（一）》，人民法院出版社 2020 年版，第 368 页。

② 关于非典型之债及其分布，详情可参考柳经纬：《当代中国债权立法问题研究》第二章第三、四、五节和第三章，北京大学出版社 2009 年版。

第三节　债的发生

债的发生，是指债之关系在相对的当事人之间原始的发生。能够引起债的关系发生的民事法律事实称为债的发生根据。根据《民法典》第118条第2款的规定，债的发生根据包括合同、侵权行为、无因管理、不当得利以及“法律的其他规定”。

一、合同

合同，又称契约，根据《民法典》第464条第1款的规定，它是指民事主体之间设立、变更、终止民事法律关系的协议。合同是债发生的主要根据，其法律性质上属于民事法律事实中的行为，为民事法律行为。《民法典》第119条规定：“依法成立的合同，对当事人具有法律约束力。”当事人双方在合同中约定的权利和义务即为合同之债的债权或债务。以合同设定债的关系，具有任意性。合同之债的主体、客体和内容体现当事人的意思自治，只要不违反法律强制性规定或损害社会公共利益，合同当事人可以根据双方的意思自由协商确定合同的条款。

二、侵权行为

侵权行为，是指不法侵害他人财产权或人身权，给他人造成损害的行为。实施侵害行为的是侵权人，又称加害人；权利受到侵害的是被侵权人，又称受害人。侵权行为在法律性质上属于民事法律事实中的行为，为不法行为。《民法典》第120条规定：“民事权益受到侵害的，被侵权人有权请求侵权人承担侵权责任。”此即侵权行为之债。受害人为债权人，有权请求加害人承担赔偿损失、返还财产等民事责任；加害人为债务人，有义务根据受害人的请求承担侵权责任。侵权行为是加害人单方实施的不法行为，法律确认在受害人与加害人之间产生特定的债权债务关系，从而使受害人因侵权行为所受到的损害能够得到相应的补救。侵权行为之债属法定之债，债的产生基础是侵权民事责任的承担，侵权民事责任的构成条件以及承担方式均由法律规定。

三、无因管理

无因管理，是指没有法定的或者约定的义务，为避免他人利益受损失而为他人管理事务的行为。管理他人事务的人称为管理人，因管理人的管理行为而受益的人称为受益人或本人。无因管理在法律性质上属于民事法律事实中的事实行为。《民法典》第121条规定：“没有法定的或者约定的义务，为避免他人利益受损失而进行管理的人，有权请求受益人偿还由此支出的必要费用。”第979条进而规定：“管理人没有法定的或者约定的义务，为避免他人利益受损失而管理他人事务的，可以请求受益人偿还因管理事务而支出的必要费用；管理人因管理事务受到损失的，可以请求受益人给予适当补偿。”此即无因管理之债，管理人为债权人，受益人为债务人。管理人并无义务为受益人管理事务，其因管理行为而支出的必要费用以及所受到的损失，有权要求受益人偿还或补偿。无因管理之债为法定之债，债的产生、构成条件、给付内容均由法律直接规定。

四、不当得利

不当得利，是指没有合法根据而取得利益并造成他人损失的事实。取得利益的一方是得利人，受损失的一方为受损失人。不当得利虽然与当事人的行为有关，但在法律性质上属于民事法律事实中的事件。《民法典》第122条规定："因他人没有法律根据，取得不当利益，受损失的人有权请求其返还不当利益。"第985条进而规定："得利人没有法律根据取得不当利益的，受损失的人可以请求得利人返还取得的利益，但是有下列情形之一的除外：（一）为履行道德义务进行的给付；（二）债务到期之前的清偿；（三）明知无给付义务而进行的债务清偿。"此即不当得利之债，受损失人为债权人，得利人为债务人，由于所得利益无法律依据，属于不当利益，得利人应当将所得利益返还给受损失人，受损失人则有权请求得利人返还不当利益。不当得利之债依据法律的规定而产生，属于法定之债。

五、法律的其他规定

根据《民法典》第118条第2款的规定，除合同、侵权行为、无因管理、不当得利外，债还可以因"法律的其他规定"而发生。法律规定本身不属于民事法律事实，不会直接引起债的发生，只有法律规定的民事法律事实才能引起债的发生。因此，"法律的其他规定"应理解为法律规定的其他民事法律事实。所谓法律规定的其他民事法律事实之"其他"应指合同、侵权行为、无因管理、不当得利之外民事法律事实。如果法律规定的民事法律事实属于合同、侵权行为、无因管理和不当得利，就不属于其他民事法律事实，其所生之债应归属于合同之债、侵权行为之债、无因管理之债和不当得利之债，不属于因"法律的其他规定"所生之债。例如，《保险法》规定的保险合同，《海商法》规定的船舶碰撞，虽为其他法律规定，但是从债的发生来看，它们分别属于《民法典》第118条第2款规定的合同和侵权行为，不属于法律规定的其他民事法律事实；所生之债属于合同之债和侵权行为之债，不属于因"法律的其他规定"所生之债。同时，如果法律规定的引起债发生的民事法律事实不属于合同、侵权行为、无因管理和不当得利，即便不是其他法律规定，而是《民法典》规定，也应认定为属于"法律的其他规定"，所生之债属于因"法律的其他规定"之债。

根据"法律的其他规定"所生之债是非典型之债。法律规定的其他能够引起债的发生的民事法律事实纷繁复杂，非本书所能详述。以下根据《民法典》的规定试举几例说明：(1)缔约过失。《民法典》第500条规定："当事人在订立合同过程中有下列情形之一，造成对方损失的，应当承担赔偿责任：（一）假借订立合同，恶意进行磋商；（二）故意隐瞒与订立合同有关的重要事实或者提供虚假情况；（三）有其他违背诚信原则的行为。"缔约过失不属于合同，也不是侵权行为，更不是无因管理和不当得利，而属于法律规定的其他民事法律事实，缔约过失责任属于因"法律的其他规定"所生之债。(2)添附。《民法典》第322条规定："因加工、附合、混合而产生的物的归属，有约定的，按照约定；没有约定或者约定不明确的，依照法律规定；法律没有规定的，按照充分发挥物的效用以及保护无过错当事人的原则确定。因一方当事人的过错或者确定物的归属造成另一方当事人损害的，应当给予赔偿或者补偿。"本条中的"补偿"关系属于债，但添附既非合同，也非侵权行为、无因管理和不当得利，属于法律规定的其他民事法律事实，所生之债属于因“法律的其他规定”所生之债。[①] (3)《民法典》第1144条规定:“遗嘱继承或者遗赠附有义务的,继承人或者受遗赠人应当履行义务。没有正当理由不履行义务的,经利害关系人或者有关组织请求,人民法院可以取消其接受附义务部分遗产的权利。”继承人或受遗赠人的义务,基于遗嘱而产生,遗嘱既非侵权行为、无因管理、不当得利,也非合同,依此遗嘱所附义务属于因“法律的其他规定”所生之债。

第四节　债的效力

一、债的效力概述

(一)债的效力概念

债的效力,指基于债的关系所生法律之力,也就是债的关系成立后,为实现其内容,法律赋予的法律效果。其内容包括债权人的权利、债务人的义务以及债务不履行的法律后果。基于债的效力,债权人有权请求债务人履行债务,有权受领债务人的履行并保持受领权益;在债务人不履行债务时,债权人有权要求法院以国家强制力强制债务人履行债务。在法律特别规定或当事人特别约定的情况下,为保障债权的实现,债权人享有代位权,可以向债务人以外的第三人主张权利,如请求保证人履行义务,代债务人对债务人的债务人行使债权。

(二)债的效力的分类

1.一般效力和特殊效力

一般效力,是指不分产生根据或给付内容的任何债均具有的共同的、普遍的效力。特殊效力,是指依据民法就某种债所作的特别规定而产生的法律效力。例如,在双务合同之债中,当事人依《民法典》第525条等规定,享有同时履行抗辩权和不安抗辩权,即属于双务合同之债的特殊效力。

2.对内效力和对外效力

对内效力,是指债产生于债的当事人即债权人和债务人之间的效力,它包括给付、不给付、不完全给付、给付迟延及受领迟延。对外效力,是指债产生于债的当事人与第三人之间的效力,它主要表现为债的保全(包括代位权和撤销权)和债的担保。

3.积极效力和消极效力

积极效力,是指债的履行和实现。消极效力,是指债不履行(包括债务人不履行债务和债权人受领迟延等)而产生的后果。

二、债权的效力

(一)债权的请求力

基于债的效力,债权人有权请求债务人履行债务以实现其债权利益。这种请求力为一种实体请求权,可以于诉讼上和诉讼外行使,于诉讼上行使则体现为诉权。诉讼时效期间届满的债权,债权人也可以提起诉讼,请求债务人履行债务。

---

① 关于添附中的求偿关系之法律性质,参见柳经纬:《论添附中的求偿关系之法律性质——兼谈非典型之债与债法总则的设立问题》,载《法学》2006年第12期。

（二）债权的保持力

基于债的效力，债权人因债务人履行债务所获得的利益为正当利益，因有法律上之正当原因而得以永久保持。债务人履行债务后，不得任意撤回给付行为，也不得以债权人不当得利为由请求返还。即使诉讼时效期间届满的债权，债务人自愿履行的，债权人有权受领，债务人不得以不当得利请求返还。

（三）债权的执行力

基于债的效力，债权人于债务人不履行债务时，有权请求法院强制债务人履行债务。债权的执行力是法律提供的实现债权的根本性保障。债权人得以依照诉讼程序或者仲裁程序提起诉讼请求或者仲裁请求，并申请强制执行生效的判决或者仲裁裁决，以获得债权实现的公力救济。但是，自然之债则无执行力。例如，超过诉讼时效期间的债权，债权人虽然可以请求债务人履行债务，但债务人有权予以拒绝（抗辩权），法院不得强制债务人履行债务。

（四）债权人受领迟延

1.受领迟延的概念

受领迟延，又称债权人迟延，是指债权人对于债务人已经提出或者实施之给付，拒绝受领或者不能受领之事实。关于债权人受领之性质，民法上有受领权利说和受领义务说两种主张①，应以受领权利说为妥。既然债权是一种民事权利，该权利是否行使，应属债权人之自由，债务人不得请求法院强制债权人受领债务履行。根据《民法典》第 570 条的规定，如果债权人拒绝受领导致债务人难以履行债务，债务人可以通过提存以摆脱债的约束，自无强制债权人受领之必要。然而，基于债的相对性，债务人履行债务应当有债权人的受领才能产生债的消灭之后果，因而债权人虽无受领之一般义务，但是依法律规定或者合同约定，债权人对于债务人履行义务负有协助或者配合义务的，债权人未履行协助或者配合义务而拒绝受领或者不能受领时，债权人应当承受因此产生的不利后果。《最高人民法院关于适用〈中华人民共和国民法典〉合同编通则若干问题的解释》第 30 条规定：债务人按照约定向第三人履行债务，第三人拒绝受领，债权人请求债务人向自己履行债务的，人民法院应予支持，但是债务人已经采取提存等方式消灭债务的除外。第三人拒绝受领或者受领迟延，债务人请求债权人赔偿因此造成的损失的，人民法院依法予以支持。例如，根据《民法典》第 83 条的规定，货物运输到达后收货人收到承运人通知的，应当及时提货；收货人逾期提货的，应当向承运人支付保管费等费用。

2.受领迟延的构成要件

构成债权人受领迟延的条件包括：第一，债权合法存在，并且债务的履行需有债权人的协助或者配合。这是债权人承担受领迟延责任的前提。若债权不存在，或者债务履行无须债权人协助或者配合，仅依债务人的给付行为即可实现，则不产生受领迟延。第二，债务人依债的内容提出给付或者实施给付。这包含两方面的条件：一是债务人提出给付或者已实施的给付符合债的内容。若债务履行不符合当事人的约定或者法律规定，则债权人有权拒绝受领。二是债务人已现实提出给付或者实施给付。前者为作出给付之意思表示并以通知送达债权人以获得债权人之协助或者配合。后者为已实际实施履行行为从而使债权人处于实际受领之可能状态。第三，债权人拒绝受领或者不能受领。受领迟延责任一般不以债权人是否存在主观过错为条件，因而债权人拒绝受领（即客观能为受领而不为受领）和不能受领（即客观上无法受领）均可构成受领迟延。拒绝受领包括明示拒绝受领和不提供协助行为的默示拒绝受领。

① 史尚宽：《债法总论》，中国政法大学出版社 2000 年版，第 423～425 页。

3.受领迟延的法律后果

因债权人受领迟延所产生的法律后果，主要体现为减免债务人的责任和使债权人承受不利益。具体而言，包括以下方面：第一，债务人的责任减轻。在债权人受领迟延的情形下，债务人仅就故意或者重大过失承担责任，债务人的注意义务得以减轻，因受领迟延而导致债务人履行不能的，债务人得以免除履行义务。第二，债务人无须支付利息。根据《民法典》第589条第2款的规定，债权人虽受领迟延，仍得随时请求清偿，但债所及于的给付利息的规定或者约定在受领迟延后不再产生作用。第三，债务人仅就受领迟延前所生孳息承担返还责任。根据《民法典》第589条第1款的规定，在债的关系中，债务人负担返还标的物或者标的物所生孳息义务的，若产生受领迟延，则债务人仅就已收取之孳息承担返还责任。对于受领迟延后产生的孳息，纵然有可收取而故意不收取之情形，也不必承担返还或者赔偿责任。第四，债务人得请求债权人赔偿增加的必要费用。因受领迟延，债权人应当负担因此产生的标的物的保管费用、仓储费用、提存费用、运送费用、通知费用等额外费用。对于上述费用，债务人已经支付的，可以请求债权人予以补偿。因受领迟延给债务人履行义务造成损失的，债权人应当承担赔偿责任。第五，风险责任产生转移。债权人受领迟延后，因不可抗力而产生标的物毁损、灭失的风险责任由债权人负担。第六，债务人得以一定方式自行消灭债务。债权人受领迟延后，给付标的物为动产的，债务人得以提存方式消灭债务，但不得为抛弃占有；给付标的物为不动产的，债务人得以抛弃其占有而消灭债的关系，但应当尽妥善告知义务。

三、债务的效力

（一）给付义务

债的目的在于实现给付，因而债务人的给付是债的最为主要的效力。给付概念包含两种含义：一是债务人基于债的关系而应为的特定行为，这时的给付是抽象、静态意义上的债的标的，是构成债的关系的必要条件。二是债务人实施的履行债务以实现债权的现实行为，这时的给付是具体、动态意义上的债务清偿或债务履行，是债的效力的体现，其结果导致债的消灭。

根据债的内容的不同。给付区分为积极给付和消极给付。前者以作为为给付内容，后者以不作为为给付内容。根据给付义务是否构成某类型的债的关系的决定性要素，给付义务区分为主给付义务和从给付义务。主给付义务是指债务人负担的特定类型债的关系所固有的、必备的、特定的基本义务，例如出卖人交付出卖物的义务。从给付义务是指债务人负担的辅助主给付义务以最大限度地满足债权人利益的主给付义务以外的给付义务，例如出卖人按照合同约定交付出卖物收藏证书的义务。《最高人民法院关于适用〈中华人民共和国民法典〉合同编通则若干问题的解释》第26条规定：当事人一方未根据法律规定或者合同约定履行开具发票、提供证明文件等非主要债务，对方请求继续履行该债务并赔偿因怠于履行该债务造成的损失的，人民法院依法予以支持；对方请求解除合同的，人民法院不予支持，但是不履行该债务致使不能实现合同目的或者当事人另有约定的除外。除了债规定的给付内容外，依照诚实信用原则，债的给付内容还应当包括相应的附随义务。附随义务产生于各种不同性质的债的关系中，其内容一般包括注意义务、告知义务、照顾义务、说明义务、保密义务、忠实义务、不作为义务等。附随义务可以区分为独立的附随义务和非独立的附随义务，前者可以单独请求给付，后者不得单独请求给付，但因一方违反该附随义务而导致他方受损的，他方可以请求损害赔偿。

此外，债的关系除给付义务外，还有不真正义务。不真正义务是指债权人对自己权利的照顾义务，如果债权人没有履行这些义务，会使自己的债权效力减损或丧失，因此，这种义务也称为债权人的权利性义务或称对己义务。[①] 此种义务没有对应的权利，其违反仅发生义务人承担法律规定的不利后果，而不产生债不履行的责任问题。[②] 例如，《民法典》第 591 条第 1 款规定："当事人一方违约后，对方应当采取适当措施防止损失的扩大；没有采取适当措施致使损失扩大的，不得就扩大的损失请求赔偿。"第 621 条第 1 款规定："当事人约定检验期限的，买受人应当在检验期限内将标的物的数量或者质量不符合约定的情形通知出卖人。买受人怠于通知的，视为标的物的数量或者质量符合约定。"上述两款规定的"应当采取适当措施防止损失的扩大""应当在检验期限内将标的物的数量或者质量不符合约定的情形通知出卖人"均为不真正义务。

（二）债务履行的原则

《民法典》第 509 条规定："当事人应当按照约定全面履行自己的义务。""当事人应当遵循诚信原则，根据合同的性质、目的和交易习惯履行通知、协助、保密等义务。""当事人在履行合同过程中，应当避免浪费资源、污染环境和破坏生态。"本条规定了债履行的三项原则：一是全面履行原则，二是诚实信用原则，三是"绿色"原则。

（三）债务履行的具体要求

债务人应当按照债所规定的主体、标的、期限、地点、方式等履行义务。在合同之债中，当事人就债的内容约定明确的，应当依合同的约定履行。如果合同没有约定或者约定不明确的，依《民法典》第 510 条的规定，当事人可以协议补充约定；不能达成补充协议的，按照债的相关条款或者交易习惯履行。仍然不能确定的，依《民法典》第 511 条的规定，按照以下规定履行：(1)质量要求不明确的，按照强制性国家标准履行；没有强制性国家标准的，按照推荐性国家标准履行；没有推荐性国家标准的，按照行业标准履行；没有国家标准、行业标准的，按照通常标准或者符合合同目的的特定标准履行。[③] (2)价款或者报酬不明确的，按照订立合同时履行地的市场价格履行；依法应当执行政府定价或者政府指导价的，依照规定履行。(3)履行地点不明确，给付货币的，在接受货币一方所在地履行；交付不动产的，在不动产所在地履行；其他标的，在履行义务一方所在地履行。(4)履行期限不明确的，债务人可以随时履行，债权人也可以随时请求履行，但是应当给对方必要的准备时间。(5)履行方式不明确的，按照有利于实现合同目的的方式履行。(6)履行费用的负担不明确的，由履行义务一方负担；因债权人原因增加的履行费用，由债权人负担。

此外，根据《民法典》第 513 条、第 514 条、第 530 条、第 531 条的规定，合同标的物执行政府定价或者政府指导价的，在合同约定的交付期限内政府价格调整时，按照交付时的价格履行；以支付金钱为内容的债，除法律另有规定或者当事人另有约定外应当以"实际履行地的法定货币"履行；原则上债务人不得提前履行债务，提前履行债务的，债权人有权拒绝，但是提前履行不损害债权人利益的除外，债务人提前履行债务给债权人增加的费用由债务人负担；没有约定分期履行的，债务人应当一次履行债务，债务人部分履行债务的，债权人有权拒绝，但是部分履行不损害债权人利益的除外，债务人部分履行债务给债权人增加的费用，由债务人负担。

---

① 江平主编：《民法学》，中国政法大学出版社 2019 年第 4 版，第 436 页。

② 柳经纬：《感悟民法》，人民法院出版社 2006 年版，第 46～63 页。

③ 本项中的"国家强制性标准""国家推荐性标准""行业标准"均指标准化意义的标准，它们是我国标准体系中的特定类型的标准（参见《标准化法》第 2 条第 2 款）；"通常标准"或者"符合合同目的的特定标准"并非标准体系中的特定类型的标准，此标准具有更为广泛的意义，泛指衡量事务的准则。

这些规定都是对债务履行的要求。

(四)违反给付义务的形态及其后果

1.给付不能

给付不能,是指债务人不能依债的内容为现实给付。这种“不能”并非物理学意义或者逻辑学意义上的不能,而是社会观念及法律意义上的不能。[①] 换言之,依社会普遍观念,债务事实上已无法履行,或者虽有履行可能但必须付出不适当的巨大代价或冒重大生命危险或因此违反更大的义务,均可认定为给付不能。

在民法理论上,给付不能可以根据不同的标准作不同的划分。

首先,根据导致给付不能的原因的产生时间,给付不能划分为自始不能和嗣后不能。前者之不能在债的关系成立之时就已确定或者存在,后者之不能产生于债的关系成立之后。传统观点认为,在自始不能情形下,民事行为虽已成立,但不产生债的效力,当事人因此受到损害的,仅得以请求信赖利益的损害赔偿,如请求对方承担缔约过失责任,而不得主张债务不履行责任。然而,现代观点认为,自始不能与嗣后不能的法律效果相同,均不影响债的效力。

其次,根据导致给付不能的原因是否与债务人的主观因素有关,给付不能划分为客观不能和主观不能。因债务人本身之事由而导致的给付不能为主观不能,除此之外的原因导致的给付不能均为客观不能。此外,给付不能还可以划分为自始不能与嗣后不能、事实不能与法律不能、永久不能与一时不能、全部不能与部分不能、可归责的给付不能与不可归责的给付不能。[②] 在司法实践中,债的效力所及于的债务履行不能责任仅仅于嗣后永久不能。

给付不能的效力依是否存在可归责于债务人之事由而有所不同。因不可归责于债务人的事由而导致给付不能的,债务人得以免除全部或者部分给付义务,对方也因此免除对待给付。根据《民法典》第590条的规定,当事人一方因不可抗力不能履行合同的,除法律另有规定外,根据不可抗力的影响,部分或者全部免除责任。在此给付不能的情形下,债务人仍应履行相应的附随义务,及时通知对方以减轻可能给对方造成的损失,否则因此导致债权人受损害或者损失扩大的,债务人应当承担赔偿责任。因可归责于债务人的事由而导致给付不能的,就给付不能部分,债务人得以免除履行原债务的义务,但须承担违约责任或者损害赔偿责任,就仍能为给付部分,债务人仍负继续履行义务。若可能给付部分之履行于债权人已无利益时,债权人得以拒绝受领部分给付而请求全部不履行之损害赔偿。

2.拒绝给付

拒绝给付,是指债务人能够履行债务而拒绝履行。除法律或者合同另有规定外,债务人拒绝履行债务是一种违法行为,因此产生债务人违反债务履行义务之效力。但如债务客观上不存在,或者债务人以债权诉讼时效期间已经超过或保证责任期间届满为抗辩,或者债务人行使同时履行抗辩权、不安抗辩权等抗辩权的,则不属于拒绝履行。

拒绝履行应当有债务人拒绝履行的意思表示。无论是债务清偿期限届满之前或者届满之后,债务人为拒绝履行意思表示,债权人据此可以请求强制履行,也可以解除合同请求损害赔偿。债务的履行设有担保,债权人还得以行使担保物权,或请求保证人承担保证责任;在双务合同中,债权人得以行使不安抗辩权和同时履行抗辩权。

拒绝给付后,除债权人同意外,债务人不得再撤回拒绝履行之意思表示。债务人于拒绝履

① 江平主编:《民法学》,中国政法大学出版社2019年第4版,第438页。

② 江平主编:《民法学》,中国政法大学出版社2019年第4版,第439~440页。

行后又实际履行的,债权人可以以债务履行已成为不必要为由拒绝受领,并就此请求债务人承担违约责任或者全部损害赔偿责任。

3.给付迟延

给付迟延,也称迟延给付,是指债务人于债务已届清偿期,能够给付而不为给付。给付迟延致使债权不能得到完全的满足,是债务人不履行债务的一种形式,因而产生违反债务履行义务的法律后果。

构成给付迟延,应当具备下列条件:一是须有合法债务存在。债务尚未产生或者业已消灭的,不产生给付迟延。二是债务已届清偿期。给付有确定期限的,债务人自期限届满时起,负迟延责任;给付无确定期限的,债务人于债权人请求给付时,经债权人催告而未为给付,自受催告时起(含给予必要的准备时间),负迟延责任。三是给付须为可能。给付在迟延后发生不能的,自给付不能原因产生时起,按照给付不能处理。四是须无法律上的正当理由。例如,债务人行使同时履行抗辩权而对方未为对待给付的,该债务人逾期未为履行的,不负给付迟延责任。五是可归责于债务人。如因不可归责于债务人之事由,致未为给付者,债务人不负迟延责任。但债务人应当就此项事由负举证责任。

给付迟延后,债务人应当承担相应的责任。债权人得以请求强制履行,提出解除合同,请求债务人赔偿因迟延所生损害。给付迟延后虽为给付,但因于债权人无利益而为债权人拒绝受领的,债务人得赔偿因不履行债务所生的一切损害。给付迟延后产生不可抗力,债务人仍应承担不可抗力所生之损害赔偿责任。对于给付迟延之债务是以支付金钱为标的的,无论债务人是否有过失,也不论债权人是否受实际利息损失,债权人均得请求债务人依法定利率计算迟延利息以承担赔偿责任。

4.不完全给付

不完全给付,又称不适当履行,是指债务人虽有履行债务的行为,但履行债务有瑕疵或者给债权人造成损害而未达到债务完全履行之目的。不完全给付可以分为瑕疵给付和加害给付。瑕疵给付,是指债务人虽为给付,但给付不完全符合债的要求。例如,给付标的物数量短少或质量不符合标准,或给付时间、地点、方式不符合合同约定等。加害给付,是指债务人虽为给付,但给付具有瑕疵,并因此导致债权人受损害。例如,出售有质量瑕疵的商品,并因此导致消费者人身受损害。

构成不完全给付应当具备如下条件:一是须有债务人的给付行为。给付不能、拒绝给付、给付迟延均为消极的违反债务履行义务。二是须有债务人的履行不当。因债务人履行债务存在瑕疵或者给债权人造成损害而未能完全达到债务履行的目的。三是须可归责于债务人。基于债的效力,债务人为瑕疵给付的,债权人得以拒绝受领和请求补正;若因补正而致逾清偿期限的,则债权人得以请求债务人依给付迟延承担违反债务履行义务的责任;若补正于债权人已无利益时,债权人可以拒绝受领,或者解除合同,并得以主张全部损害赔偿责任;若因给付瑕疵而致债权人受损害的,债权人得以请求债务人承担损害赔偿责任。

综上所述,债务人不履行债务且不具有不可归责于债务人的事由的,债权人均可要求:(1)强制履行,即以国家强制力强制债务人履行债务,或者以代替履行。代替履行,是指由债务人承担履行费用,由债权人或者第三人代替债务人实现债的内容。例如,强制搬迁(腾退房屋)、强制实现债权。(2)损害赔偿,即债务人应当赔偿债权人因债务人违反债务履行义务而导致的实际损害。此外,在合同之债中,债权人还得以主张适用定金罚则而要求双倍返还定金,或要求债务人支付违约金,或得以解除合同,或于担保人承担担保责任。

第五节　债的保全

一、债的保全概述

债的保全，是指债权人为确保其债权得到清偿而就债的当事人以外的第三人所实施的行为。债的保全是债的相对性原则的例外，是债的对外效力的体现。根据债的相对性原则，债只在特定的当事人之间发生效力，债的效力并不及于第三人。在此原则下，不能防止债务人不当减少或者应当增加而未增加财产，从而可能危及债权的实现。因此，为了维护债务人的财产状况，防止因债务人财产减少而影响债权人的利益，法律特别赋予债权人干预债务人与第三人关系之权利，因而设立债的保全制度。

债的保全是以债务人之全部财产作为债务履行的一般担保，该全部财产在民法上称为"责任财产"。当债务人的全部财产成为债务履行的一般担保时，该责任财产的减少或受损害将影响债权人债权的实现，与债权人的利益攸关，债权人得以根据债的保全之一般规定行使代位权或撤销权，以排除对债务人财产可能造成的危害，从而确保自己债权的实现。

债的保全制度源于罗马法，罗马法上之废罢诉权实即近现代民法撤销权之源头。现代各国民法均确立了包括债权人代位权和撤销权在内的债的保全制度。我国《民法典》合同编第五章规定了保全制度，内容包括代位权和撤销权。

二、债权人的代位权

（一）代位权的概念和性质

代位权，是指在债务人怠于行使其到期债权而影响债权人的债权实现时，债权人有权以自己的名义代位行使债务人的债权的权利。《民法典》第535条规定："因债务人怠于行使其债权或者与该债权有关的从权利，影响债权人的到期债权实现的，债权人可以向人民法院请求以自己的名义代位行使债务人对相对人的权利，但是该权利专属于债务人自身的除外。"此相对人，是债务人的债务人，称为次债务人。在代位权关系中，债权人的债务人具有双重身份，对于债权人来说，他是债务人；对于次债务人来说，他是债权人。

关于代位权的性质，学界的观点并不一致，比较一致的看法是，代位权是债权人的一项特殊的法定权利，它既有实体性权利的特征，又有实现权利的程序性特征，它兼具代理权、形成权、请求权、管理权、优先权等权利的部分特征，具有复合性。[①] 第一，代位权是债权人行使的是债务人对次债务人的债权，有代理之义。但代位权行使债务人对次债务人的债权是以自己的名义，不是以债务人的名义，因而又不同于代理权。第二，债权人行使代位权向次债务人主张债权，次债务人向债权人履行债务，债权人对债务人的债权和债务人对次债务人的债权均归于消灭，代位权之行使具有致使债的关系消灭的效力，具有形成权的特征。但此债权之消灭的根本原因是债得到清偿，而非代位权人之单方行为，因而又不同于形成权，有关形成权的除斥期间也不适用于代位权。第三，债权人依其代位权有请求次债务人履行债务的权利，因而具有

① 最高人民法院民法典贯彻实施工作领导小组主编：《中华人民共和国民法典合同编理解与适用（一）》，人民法院出版社2020年版，第498～499页。

请求权之义。但是，与一般债之请求权不同，次债务人履行债务的利益并不归属于债权人，而归属于债务人。第四，债权人行使代位权，次债务人向债权人履行义务，行使代位权的债权人相对于债务人的其他债权人具有清偿的优先性，但此优先性清偿请求并非法定的优先权，在债务人破产情况下，行使代位权的债权人并不当然优先获得清偿。第五，按照法律规定，代位权须向人民法院提出，因而具有诉权的特征，但代位权是债权固有的效力，因而又不是诉权。

（二）代位权的行使条件

根据《民法典》的规定，债权人行使代位权应当符合下列条件：(1)债权人对债务人的债权以及债务人对次债务人的债权均合法有效。(2)债权人对债务人的债权以及债务人次债务人的债权均已到期，但根据《民法典》第 536 条的规定，债权人的债权到期前，"债务人的债权或者与该债权有关的从权利存在诉讼时效期间即将届满或者未及时申报破产债权等情形，影响债权人的债权实现的"，债权人可以提前行使代位权。(3)债务人怠于行使其对次债务人的到期债权，影响债权人到期债权的实现。这是指债务人既不履行其对债权人的到期债务，又不向其次债务人主张到期债权，致使债权人的到期债权未能实现。《最高人民法院关于适用〈中华人民共和国民法典〉合同编通则若干问题的解释》第 33 条规定：债务人不履行其对债权人的到期债务，又不以诉讼或者仲裁方式向相对人主张其享有的债权或者与该债权有关的从权利，致使债权人的到期债权未能实现的，人民法院可以认定为《民法典》第 535 条规定的"债务人怠于行使其债权或者与该债权有关的从权利，影响债权人的到期债权实现"。债务人怠于行使的权利包括其对次债务人的主债权，也包括该主债权的从权利，如抵押权、质押权、保证债权、建设工程的优先受偿权。(4)债务人对次债务人的债权不是专属于债务人自身的权利。根据《最高人民法院关于适用〈中华人民共和国民法典〉合同编通则若干问题的解释》第 34 条的规定，下列权利，人民法院可以认定为专属于债务人自身的权利：一是抚养费、赡养费或者扶养费请求权；二是人身损害赔偿请求权；三是劳动报酬请求权，但是超过债务人及其所扶养家属的生活必需费用的部分除外；四是请求支付基本养老保险金、失业保险金、最低生活保障金等保障当事人基本生活的权利；五是其他专属于债务人自身的权利。债权人基于上述专属于债务人自身的债权，不得代位行使。

（三）代位权的行使方式

代位权的行使主体是债权人，债权人行使代位权以自己的名义进行，不以债务人的名义进行。如以债务人的名义对次债务人主张权利，则为代理，应适用代理的规定。

代位权的行使原则上应通过诉讼进行。但在提前行使代位权时，依《民法典》第 536 条的规定，可以采取非诉讼方式，债权人可以请求次债务人向债务人履行、向破产管理人申报债务或者作出其他必要的行为。在代位权诉讼中，债权人为原告，次债务人为被告。至于债务人的诉讼地位，基于对债权人即原告的选择权的尊重，不论债权人将其列为原告还是第三人，均属诉权自由，法院不应干预。但如果债权人未将债务人列为被告或第三人，为便于查明案件事实，尤其是为了确认债务人是否怠于行使权利，债务人可以申请作为第三人参加诉讼。根据《最高人民法院关于适用〈中华人民共和国民法典〉合同编通则若干问题的解释》第 37 条的规定，债权人以债务人的相对人为被告向人民法院提起代位权诉讼，未将债务人列为第三人的，人民法院应当追加债务人为第三人参加诉讼。

根据《民法典》第 525 条第 2 款、第 3 款的规定，代位权的行使范围以债权人的到期债权为限。如债务人对次债务人的债权超过债权人对债务人的债权，债权人只能在其债权范围内要求次债务人履行债务，而不得要求次债务人履行全部债务。次债务人依据其他从权利人对债务人享有的抗辩，可以对债权人主张。如债务人对次债务人的债权的诉讼时效期间已经届满，次债务人可以对债权人提出时效抗辩。

（四）代位权行使的效力

1.对债务人的效力

第一，代位权行使的结果归于债务人。按照法律关系分析，对次债务人享有债权的是债务人，债权人仅是代位受领，因此代位权行使取得的财产虽然可用于清偿债权人的债权，但根本上属于债务人，即债权人对次债务人行使代位权的结果法律上归于债务人。第二，在代位权行使的范围内，债权人与债务人之间的债权债务关系归于消灭。第三，债务人对其债权之处分因债权人行使代位权而受限。债权人行使代位权后，债务人在该代位权行使范围内，不得行使处分权，不得为抛弃、免除、让与、延长履行期限等可能导致代位权行使失去效力的行为。否则，所为行为无效。第四，债权人行使代位权所支出的必要费用由债务人负担。因为债权人是"代位"行使权利，所取得的财产利益归属于债务人，因此行使代位权所支出的必要费用应当由债务人负担。如果债权人行使代位权取得的财产用于代位权人与债务人的其他债权人之间进行分配，那么代位权人行使代位权所支付的必要费用应从行使代位权所得财产中优先得到清偿。[①]

2.对债权人的效力

第一，债权人行使代位权的范围以债权为限，在该行使范围内，由次债务人向债权人履行义务，债权人与债务人之间相应的债权债务关系归于消灭。第二，债权人行使代位权应尽妥善义务，因债权人的过错造成债务人财产利益受损的，债权人应当承担赔偿责任。

3.对次债务人的效力

第一，债务人与次债务人之间的债权债务关系，在代位权行使的范围内归于消灭。第二，债权人行使代位权不得及于第三人的债务人，即一般不允许辗转行使代位权。

4.诉讼时效中断的效力

债权人提起代位权诉讼的，债权人对债务人的债权和债务人对次债务人的债权均发生诉讼时效中断。

三、债权人的撤销权

（一）撤销权的概念和性质

撤销权，是指债权人对于债务人所为的影响其债权实现的行为，请求法院予以撤销的权利。《民法典》第538条规定："债务人以放弃其债权、放弃债权担保、无偿转让财产等方式无偿处分财产权益，或者恶意延长其到期债权的履行期限，影响债权人的债权实现的，债权人可以请求人民法院撤销债务人的行为。"第539条规定："债务人以明显不合理的低价转让财产、以明显不合理的高价受让他人财产或者为他人的债务提供担保，影响债权人的债权实现，债务人的相对人知道或者应当知道该情形的，债权人可以请求人民法院撤销债务人的行为。"

撤销权与代位权均为债的保全措施，都是为维持债务人财产以保障债权人之债权的实现而设置的制度。所不同的是，代位权是就债务人的消极行为而致可供债权实现的财产应当增加而未增加而采取的法律救济措施，撤销权则是就债务人积极行为而致可供实现债权的财产

---

① 最高人民法院民法典贯彻实施工作领导小组主编：《中华人民共和国民法典合同编理解与适用（一）》，人民法院出版社2020年版，第507页。

不应当减少而减少而采取的法律救济措施。

关于撤销权的性质，学界有请求权说、形成权说和折中说不同观点。[①] 折中说认为撤销权兼具请求权和形成权两种性质。债权人行使撤销权，请求撤销债务人与第三人的民事法律行为，使之归于无效，具有形成权属性。同时，如果第三人已取得债务人的财产或其他利益，债权人有权请求返还利益，使债务人的财产恢复至行为之前的状态，因而又具有请求权属性。折中说为通说，为多数学者所主张。

（二）撤销权的行使条件

根据《民法典》的规定，债权人行使撤销权应当符合下列条件：(1)债权人对债务人存在合法有效的债权。与代位权人的债权必须到期不同，撤销权人的债权无须期限届满，债权数额也无需确定。(2)债务人在客观上实施了影响债权人债权实现的行为。该行为包括“放弃其债权、放弃债权担保、无偿转让财产等方式无偿处分财产权益，或者恶意延长其到期债权的履行期限”，“以明显不合理的低价转让财产、以明显不合理的高价受让他人财产或者为他人的债务提供担保”，这些行为只是导致债务人的财产减少，并因此影响债权人实现其债权。(3)债务人实施的行为须以财产为标的。对于非以财产为标的的行为，因与保全债务人的责任财产无关，债权人不得主张撤销。(4)债务人“以明显不合理的低价转让财产、以明显不合理的高价受让他人财产或者为他人的债务提供担保”影响债权人的债权实现的，只有在“债务人的相对人知道或者应当知道该情形”时，债权人才可以主张撤销。根据《最高人民法院关于适用〈中华人民共和国民法典〉合同编通则若干问题的解释》第 42 条、第 43 条的规定，对于《民法典》第 539 条规定的“明显不合理”的低价或者高价，人民法院应当按照交易当地一般经营者的判断，并参考交易时交易地的市场交易价或者物价部门指导价予以认定。转让价格未达到交易时交易地的市场交易价或者指导价 70%的，一般可以认定为“明显不合理的低价”；受让价格高于交易时交易地的市场交易价或者指导价 30%的，一般可以认定为“明显不合理的高价”。但债务人与相对人存在亲属关系、关联关系的，不受该规定的 70%、30%的限制。此外，债务人以明显不合理的价格，实施互易财产、以物抵债、出租或者承租财产、知识产权许可使用等行为，影响债权人的债权实现，债务人的相对人知道或者应当知道该情形，债权人请求撤销债务人的行为的，人民法院应当依据《民法典》第 539 条的规定予以支持。(5)撤销权的行使范围以债权人的债权为限。

（三）撤销权的行使方式

债权人行使撤销权应当通过诉讼的方式。由于撤销权的对象是债务人的行为，其效果涉及相对人的利益，相对人或为受益人（如债务人免除相对人的债务）或为财产的受让人（如债务人以不合理的低价转让与他人），因此在撤销权之诉中，作为原告的债权人应当将相对人作为共同被告提起撤销之诉。《最高人民法院关于适用〈中华人民共和国民法典〉合同编通则若干问题的解释》第 44 条的规定，债权人依据《民法典》第 538 条、第 539 条的规定提起撤销权诉讼的，应当以债务人和债务人的相对人为共同被告，由债务人或者相对人的住所地人民法院管辖，但是依法应当适用专属管辖规定的除外。两个以上债权人就债务人的同一行为提起撤销权诉讼的，人民法院可以合并审理。

---

① 史尚宽：《债法总论》，中国政法大学出版社 2000 年版，第 476～479 页。

(四)撤销权行使的效力

1.对债务人的效力

根据《民法典》第540条、第542条的规定,债务人影响债权人债权实现的行为,一经撤销,即自始无效。债权人行使撤销权所支付的必要费用,包括合理的律师代理费、差旅费等费用,由债务人负担。

2.对受益人的效力

因债权人行使撤销权而使债务人的行为归于自始无效,因此若债务人已为给付,即受益人的受领视为不当得利,受益人应当就其不当得利承担返还义务;受益人因此遭受损失,仅得请求债务人赔偿。

3.对债权人的效力

行使撤销权的债权人有权请求受益人向自己返还不当得利,但不据此享有优先受偿权。行使撤销权后所产生的利益应当归于债务人而作为债务人之全部债权人的债权的一般担保。

4.对债务人的相对人的效力

《最高人民法院关于适用〈中华人民共和国民法典〉合同编通则若干问题的解释》第46条的规定,债权人在撤销权诉讼中同时请求债务人的相对人向债务人承担返还财产、折价补偿、履行到期债务等法律后果的,人民法院依法予以支持。

(五)撤销权的消灭

撤销权为形成权,适用除斥期间的规定。《民法典》第541条规定:"撤销权自债权人知道或者应当知道撤销事由之日起一年内行使。自债务人的行为发生之日起五年内没有行使撤销权的,该撤销权消灭。"

(六)撤销权与代位权的一并行使

债务人"放弃到期债权"或"恶意延长其到期债权的履行期限"而影响债权人债权实现的,如果具备代位权行使的条件,债权人可以一并行使撤销权和代位权。即债权人可以请求法院撤销债务人"放弃到期债权"或"恶意延长其到期债权的履行期限"的行为,同时行使代位权,请求次债务人向其履行债务。

第六节　债的担保

一、债的担保的概念

在民法理论上,债权担保可以分为一般担保和特别担保。一般担保,是指债务人以其全部财产担保债务履行。特别担保,是指在一般担保之外,为担保债权的实现而设定的担保。一般担保并非针对特定债权人而设立,所有的债权不论性质和种类,也不论成立先后,均享有债的一般担保。因而,债权人依靠一般担保实现其债权时,一般以债务人现存的清偿能力为基础。当债务人多次甚至无限负债时,以债务人的全部财产作为债的一般担保的担保能力就越来越低,债权人必然直接面临债权不能实现或者不能足额实现的危险。虽然法律为债权实现设置了代位权和撤销权两项保全措施,但仍是限于一般担保内的责任财产之保障,并未解决具体债权的实现保障问题。为获得债务清偿和债权实现的安全、可靠的保障,民法于债的一般担保之外设置特别担保,以供债权人选择。本节所称的债的担保,仅指特别担保,不包括一般担保。

二、债的担保的特征

债的担保是为保障债权实现而设定的特别担保，具有从属性、补充性特征。

从属性，又称附随性，是指债的担保依附于被担保的债而存在，与被担保的债形成主从关系，债的担保的成立，以所担保的债的存在为前提，并随着该债的消灭而消灭。例如，《民法典》第 388 条第 1 款规定，担保合同是主债权债务合同的从合同；除法律另有规定外，主债权债务合同无效，担保合同无效。第 682 条第 1 款规定，保证合同是主债权债务合同的从合同；除法律另有规定外，主债权债务合同无效，保证合同无效。第 420 条规定，法律另有规定的情形如最高额抵押，最高额抵押是为"一定期间内将要连续发生的债权"提供担保，所担保的债权先于抵押而存在。此外，担保物权的债券化，也使得担保的从属性发生变化，而呈现出相对的独立性。①

补充性，是指债权人基于债的担保而获得的利益对于债权实现具有补充的意义。在一般情况下，只有在债务人不履行债务而致主债权无法获得清偿时，债权人才能行使担保权利或者实现取得担保利益。其典型是一般保证中保证人享有的先诉抗辩权。依《民法典》第 687 条第 2 款的规定，在一般保证中，在主合同纠纷未经审判或者仲裁，并就债务人财产依法强制执行仍不能履行债务前，债权人要求保证人承担保证责任的，保证人有权拒绝。

三、债的担保类型

（一）人的担保、物的担保和金钱担保

根据担保的形式，债的担保可分为人的担保、物的担保和金钱担保。人的担保，是指债务人以外的第三人以其信用为保障债权实现而设立的担保。这种担保主要是指保证方式，它是以债务人不履行债务时，由保证人代为履行债务或者承担连带清偿责任的方式担保债权实现。物的担保，是指以债务人或者第三人特定的动产、不动产或者其他财产为保障债权实现而设立的担保。抵押、质押、留置均为物的担保。金钱担保，是指以金钱为担保标的物而设立的担保。金钱担保实质上是一种特殊的物的担保，它是以转移金钱占有为标志的担保。定金属于金钱担保。

（二）约定担保与法定担保

根据担保的设立方式，债的担保可分为法定担保和约定担保。法定担保，是指根据法律规定而直接成立并产生效力的担保。约定担保，是指根据当事人的约定而设立的担保。约定担保因基于当事人的意思表示而成立并产生效力因而也称为意定担保。留置属于法定担保；保证、抵押、质押、定金属于约定担保。

（三）本担保与再担保、反担保

根据担保的对象，债的担保可分为本担保与再担保、反担保。本担保是以债权人对债务人的债权为担保对象的担保。本担保是再担保、反担保的前提和基础。再担保是以债权人对本担保人的担保权为对象再设立的担保。在某些情况下，一项债权已设立担保（本担保），如遭遇担保人的偿债能力变弱或担保物的毁损灭失也会导致债权无法实现，为了预防这种情形，债权人要求担保人提供新的担保，为本担保再设立担保，防止债权因担保人的偿债能力变弱或担保物的毁损灭失而受影响。反担保是第三人为债务人提供担保（本担保），以第三人将来承担担

① 柳经纬主编：《债法总论》，北京师范大学出版社 2011 年版，第 243 页。

保责任后获得对债务人的追偿权之实现为担保对象而设立的担保。反担保的被担保人是本担保中提供担保的第三人，债务人自己提供担保的，不适用反担保。反担保的担保人可以是债务人，也可以是其他人。在本担保中，担保人承担担保责任后，有权依据反担保要求反担保人在其承担担保责任的范围内承担反担保责任。

（四）典型担保与非典型担保

典型担保是指在法律上明确规定其为债的担保形式的担保，非典型担保是指具有债的担保功能但在法律上未规定其为担保形式的担保。保证、抵押、质押、留置、定金属于典型担保，通常所说的担保是典型担保。违约金、买卖合同中的所有权保留，属于非典型担保。

四、债的担保方式

（一）保证

保证，是指债权人与第三人（保证人）约定，当债务人不履行债务时，由第三人（保证人）按照约定履行债务或者承担责任的担保。保证是第三人提供的担保，依据第三人与债权人订立的保证合同而设立。《民法典》第 681 条规定："保证合同是为保障债权的实现，保证人和债权人约定，当债务人不履行到期债务或者发生当事人约定的情形时，保证人履行债务或者承担责任的合同。"保证合同属于从合同。保证属于人的担保。根据保证人承担的责任是补充性责任还是连带责任，保证分为一般保证和连带责任保证。当事人在保证合同中约定，债务人不能履行债务时，由保证人承担保证责任的，为一般保证。当事人在保证合同中约定，保证人和债务人对债务承担连带责任的，为连带责任保证。

（二）抵押

抵押，是指债务人或者第三人不移转财产的占有而将其财产作为债权实现保障的担保。《民法典》第 394 条第 1 款规定："为担保债务的履行，债务人或者第三人不转移财产的占有，将该财产抵押给债权人的，债务人不履行到期债务或者发生当事人约定的实现抵押权的情形，债权人有权就该财产优先受偿。"抵押属于物的担保，依据抵押合同而设立。在抵押担保关系中，设立担保的财产称为抵押物，抵押物的权利人为抵押人，抵押人可以是债务人也可以是第三人，抵押物不移转占有；债权人对抵押物享有抵押权，为抵押权人，抵押权属于物权，具有支配效力和排他效力，当债务人不履行债务或者发生约定的抵押权实现情形时，债权人（抵押权人）有权请求法院拍卖、变卖抵押物，优先获得偿还。

（三）质押

质押，是指债务人或者第三人移转财产的占有而将其财产作为债权实现保障的担保。《民法典》第 425 条第 2 款规定："为担保债务的履行，债务人或者第三人将其动产出质给债权人占有的，债务人不履行到期债务或者发生当事人约定的实现质权的情形，债权人有权就该动产优先受偿。"质押分为动产质押和权利质押，以动产设立质押的为动产质押，也称动产质；以一定财产权利（如票据、债券、仓单、提单、知识产权中的财产权）设立质押的为权利质押，也称权利质。质押属于物的担保，依据质押合同而设立。在质押担保关系中，设立担保的财产称为质物，质物的权利人为质押人，质押人可以是债务人也可以是第三人，质物移转占有；债权人对质物享有质权，为质权人，质权属于物权，具有支配效力和排他效力，当债务人不履行债务或者发生约定的质权实现情形时，债权人（质权人）有权请求法院拍卖、变卖质物，优先获得偿还。

（四）留置

留置，是指债权人占有债务人的动产，当债务人不履行与该动产有关的债务时，债权人有权留置该动产作为其债权实现保障的担保。《民法典》第447条第1款规定:“债务人不履行到期债务,债权人可以留置已经合法占有的债务人的动产,并有权就该动产优先受偿。”留置属于物的担保。在留置担保关系中,债权人所占有的债务人的动产,称为留置物,债权人对留置物享有留置权,为留置权人,留置权为物权,具有支配效力和排他效力,当债务人不履行债务时,债权人有权留置留置物,请求法院拍卖、变卖留置物,优先获得偿还。留置依据法律规定而设立,属于法定担保,债权人的债权须与所占有的债务人的动产存在牵连关系。《民法典》第448条规定,除企业之间留置外,债权人留置动产应与债权属于同一法律关系。例如,在运输关系中,承运人对托运人的货物的占有与对托运人享有的请求支付运费的债权属于同一运输合同,如托运人为支付运费,承运人有权留置运输的货物。

(五)定金

定金,是指为确保合同的履行,由当事人一方根据合同的约定在合同订立时或者履行前支付给对方一定数额的金钱,当支付定金的一方不履行合同义务时,他将失去定金,当收受定金的一方不履行合同义务时应当加倍返还定金。《民法典》第586条规定“当事人可以约定一方向对方给付定金作为债权的担保”,第587条规定“给付定金的一方不履行债务或者履行债务不符合约定,致使不能实现合同目的的,无权请求返还定金;收受定金的一方不履行债务或者履行债务不符合约定,致使不能实现合同目的的,应当双倍返还定金”。定金属于金钱担保,为约定担保。定金对合同双方当事人具有互为担保的功能。

第七节 债的移转与变更

一、债的移转

债的移转,是指在不改变债的内容的前提下,债的主体产生变化,从而产生债在主体之间的流转。广义的债的移转包括因企业合并分立、继承等法定原因引起的债在不同主体之间的流转,狭义的债的移转仅指根据合同发生的移转,分为债权让与、债务承担以及债权债务的概括转移。《民法典》合同编第六章“合同的变更和转让”规定的合同转让,属于狭义的债的移转。

(一)债权让与

1.债权让与的概念

债权让与,是指在不改变债的内容,债权人将债权移让给第三人的制度。第三人因此而成为新的债权人,有权请求债务人向其履行债务,债务人则有义务向新的债权人履行债务。债权让与分为债权全部让与和债权部分让与。在债权全部让与中,债权人将全部债权转让给第三人,退出债的关系,第三人取代原债权人的地位而成为新的债权人。在债权部分让与中,债权人并未完全退出债的关系,第三人受让债权也未完全取代原债权人的法律地位,而是与原债权人共同享有债权,从而形成多数人之债。

债权让与可以因法律规定、单方民事法律行为或双方民事法律行为而产生。

2.债权让与的有效条件

债权让与必须符合以下条件方能生效:第一,须原债权合法、有效存在,并且债权让与不得改变债权的内容。第二,所让与的债权必须具有可让与性。除法律规定外,债权均可让与。依《民法典》第545条的规定,不得让与的债权包括:(1)依债权性质不得转让的债权。例如,基于当事人间特殊信任关系而产生的债权(如基于委托、雇佣、租赁而取得的债权)、以特定身份关系为基础的债权(如遗产给付请求权、扶养请求权)以及不作为的债权,均不得让与;属于从属权利的债权不得单独让与。(2)根据当事人约定不得转让的债权,但当事人约定非金钱债权不得转让的,不得对抗善意第三人。当事人约定金钱债权不得转让的,不得对抗第三人。(3)法律规定不得转让的债权。例如,《文物保护法》第25条第1款规定:"非国有不可移动文物不得转让、抵押给外国人。"债权人如将以"非国有不可移动文物"为标的物的买卖合同之债权转让给外国人,将违反文物保护法的禁止性规定,其让与行为无效。第三,债权让与因债权让与合同而发生,债权让与应当经原债权人与债权受让人达成合意,并符合民事法律行为成立的有效条件。第四,依《民法典》第546条第1款的规定,债权让与须经通知债务人,通知到达债务人发生效力,债权人未通知债务人的,债权让与对债务人不发生效力,如果债务人继续向债权人履行的,债权人不得以债权已经转让为由拒绝。债权人转让权利的通知不得撤销,但经受让人同意的除外。第五,依《民法典》第502条第3款的规定,法律、行政法规规定合同转让应当办理批准等手续的,该债权让与应当办理批准等手续。

3.债权让与的效力

债权让与有效成立后,即在原债权人、债务人、债权受让人之间产生一定的法律效力。具体体现在以下方面:第一,债权由原债权人转移至债权受让人。原债权人退出债的关系,不得主张受领债务履行;债权受让人取代原债权人成为新的债权人,有权请求债务人履行;债务人在收到债权让与通知后,应当向新的债权人履行债务。但是,根据《最高人民法院关于适用〈中华人民共和国民法典〉合同编通则若干问题的解释》第47条的规定,债权转让后,债务人向受让人主张其对让与人的抗辩的,人民法院可以追加让与人为第三人。同时,第48条规定,债务人在接到债权转让通知前已经向让与人履行,受让人请求债务人履行的,人民法院不予支持;债务人接到债权转让通知后仍然向让与人履行,受让人请求债务人履行的,人民法院应予支持。此外,让与人未通知债务人,受让人直接起诉债务人请求履行债务,人民法院经审理确认债权转让事实的,应当认定债权转让自起诉状副本送达时对债务人发生效力。债务人主张因未通知而给其增加的费用或者造成的损失从认定的债权数额中扣除的,人民法院依法予以支持。第二,根据《民法典》第547条的规定,债权人转让债权的,受让人取得与债权有关的从权利,但该从权利专属于债权人自身的除外;受让人取得从权利不因该从权利未办理转移登记手续或者未转移占有而受到影响。第三,根据《民法典》第548条的规定,债务人接到债权转让通知后,债务人对债权让与人的抗辩,可以向债权受让人主张。第四,根据《民法典》第549条的规定,债务人接到债权转让通知时,债务人对债权让与人享有债权,且债务人的债权先于转让的债权到期或者同时到期的,债务人可以向债权受让人主张抵销;债务人的债权与转让的债权是基于同一合同产生的,债务人也可以像受让人主张抵销。第五,因债权让与,债权让与人对债权受让人承担附随义务,例如让与人应当将债权文书等与债权有关的证明文件(如借条、票据、合同文本、往来确认函等)移交受让人。第六,因债权让与,债权人通知债务人的,构成诉讼时效中断事由,诉讼时效从债权转让通知到达债务人之日起中断。

此外,所转让的债权设有担保的,债权让与对担保人也产生一定的效力。依《民法典》第696条的规定,债权人转让全部或者部分债权,未通知保证人的,该转让对保证人不发生效力;保证人与债权人约定禁止债权转让,债权人未经保证人书面同意转让债权的,保证人对受让人不再承担保证责任。

4.债权让与两个以上受让人的效力

根据《最高人民法院关于适用〈中华人民共和国民法典〉合同编通则若干问题的解释》第50条的规定，让与人将同一债权转让给两个以上受让人，债务人以已经向最先通知的受让人履行为由主张其不再履行债务的，人民法院应予支持。债务人明知接受履行的受让人不是最先通知的受让人，最先通知的受让人请求债务人继续履行债务或者依据债权转让协议请求让与人承担违约责任的，人民法院应予支持；最先通知的受让人请求接受履行的受让人返还其接受的财产的，人民法院不予支持，但是接受履行的受让人明知该债权在其受让前已经转让给其他受让人的除外。前述所称最先通知的受让人，是指最先到达债务人的转让通知中载明的受让人。当事人之间对通知到达时间有争议的，人民法院应当结合通知的方式等因素综合判断，而不能仅根据债务人认可的通知时间或者通知记载的时间予以认定。当事人采用邮寄、通信电子系统等方式发出通知的，人民法院应当以邮戳时间或者通信电子系统记载的时间等作为认定通知到达时间的依据。

(二)债务承担

1.债务承担的概念

债务承担，是指在不改变债的内容的前提下，第三人承受债务或加入债务的制度。债务承担包括免责的债务承担和并存的债务承担两种情形。免责的债务承担，是指以原债务人所负担债务转移于新债务人为目的，由第三人承受债务人的地位而成为新债务人承担债务，原债务人退出债的关系。并存的债务承担，是指以使第三人与债务人共同承担债务为目的，由第三人加入债的关系成为新债务人与原债务人共同负担债务，原债务人并不退出债的关系。通常所说的债务承担是指免责的债务承担。无论是免责的债务承担还是并存的债务承担，新债务人既可以是对全部债务承担责任，也可以是对部分债务承担责任。

债务承担与债的履行承担不同。债的履行承担不以移转债务为内容，第三人代为履行债务仍以债务人的名义实施，并不因此加入债的关系，债务人也不因此退出债的关系。因第三人的履行不当而产生的违约责任仍由债务人承担，债权人不得向第三人主张违约责任。

2.债务承担的有效条件

债务承担必须符合以下条件方能生效：第一，须有合法债务的有效存在。非法的债务或无效的债务或已经消灭的债务不能作为债务承担的标的。第二，债务具有可移转性。法律规定或合同约定不得移转于第三人的债务，或者根据债的性质必须由债务人亲自履行的债务，不得移转于他人。第三，债务承担合同需合法有效。第四，免责的债务承担须经债权人同意；并存的债务承担，须债权人未予拒绝。《民法典》第551条规定："债务人将债务的全部或者部分转移给第三人的，应当经债权人同意；债务人或者第三人可以催告债权人在合理期限内予以同意，债权人未作表示的，视为不同意。"第552条规定："第三人与债务人约定加入债务并通知债权人，或者第三人向债权人表示愿意加入债务，债权人未在合理期限内明确拒绝的，债权人可以请求第三人在其愿意承担的债务范围内和债务人承担连带债务。"这是由于，在免责的债务承担中，当债务由原债务人转移至第三人，第三人是否具有相应的履行能力，是否足以信任，将直接影响债权人债权的实现，所以须经债权人同意；而在并存的债务承担，由于债务人并不退出债的关系，第三人加入债的关系与债务人共同承担债务，对债权人只会有利而不会有害，因此无须其明确同意，只要其不拒绝即可。第五，与债权让与一样，依《民法典》第502条第3款规定，法律、行政法规规定合同转让应当办理批准等手续的，该合同债务承担也应当办理批准等手续。

3.债务承担的效力

在并存的债务承担，法律效力相对简单，第三人加入债的关系，只是使得债在原有关系上增加了新的债务人，原债务人与债权人之间的关系不受影响。但是，在免责的债务承担，由于原债务人退出债的关系，债的原有关系受到影响，其法律效力也就相对复杂。

免责的债务承担的法律效力如下：第一，原债务人退出债的关系，由债务承担人承受债务人地位而成为新债务人，债权人仅能向新债务人请求履行债务，因债务不履行或履行不适当而产生的法律后果概由新债务人负担，与原债务人无关。第二，根据《民法典》第553条的规定，原债务人基于债的关系所享有的抗辩权由新债务人享有，新债务人可以主张原债务人对债权人的抗辩，根据《最高人民法院关于适用〈中华人民共和国民法典〉合同编通则若干问题的解释》第47条的规定，债务转移后，新债务人主张原债务人对债权人的抗辩的，人民法院可以追加原债务人为第三人；原债务人对债权人享有债权的，新债务人不得向债权人主张抵销。第三，从属于主债务的从债务一并转移于债务承担人承受。根据《民法典》第554条的规定，债务人转移债务的，债权人基于主债权而享有的从权利继续存在，新债务人应当承担与主债务有关的从债务，但该从债务专属于原债务人自身的除外。第四，债务承担为无因行为，当产生债务承担的原因无效或者消灭时，债务承担人不得以此为由而拒绝向债权人履行债务。第五，债务承担构成原债务人对债务的承认，诉讼时效从债务承担意思表示到达债权人之日起中断。

根据《最高人民法院关于适用〈中华人民共和国民法典〉合同编通则若干问题的解释》第49条的规定，债务人接到债权转让通知后，让与人以债权转让合同不成立、无效、被撤销或者确定不发生效力为由请求债务人向其履行的，人民法院不予支持。但是，该债权转让通知被依法撤销的除外。受让人基于债务人对债权真实存在的确认受让债权后，债务人又以该债权不存在为由拒绝向受让人履行的，人民法院不予支持。但是，受让人知道或者应当知道该债权不存在的除外。

此外，就所移转的债务设有担保的，则债务承担对担保人也产生一定的效力。根据《民法典》第697条的规定，在免责的债务承担，除债权人和保证人另有约定外，债权人未经保证人书面同意，允许债务人转移全部或者部分债务，保证人对未经其同意转移的债务不再承担保证责任；在并存的债务承担，保证人的保证责任不受影响。

4.第三人加入债务的追偿权

根据《最高人民法院关于适用〈中华人民共和国民法典〉合同编通则若干问题的解释》第51条的规定，第三人加入债务并与债务人约定了追偿权，其履行债务后主张向债务人追偿的，人民法院应予支持；没有约定追偿权，第三人依照民法典关于不当得利等的规定，在其已经向债权人履行债务的范围内请求债务人向其履行的，人民法院应予支持，但是第三人知道或者应当知道加入债务会损害债务人利益的除外。债务人就其对债权人享有的抗辩向加入债务的第三人主张的，人民法院应予支持。

（三）债权债务的概括转移

债权债务的概括转移，是指债的当事人将其享有的债权和承担的债务一并转移于第三人，第三人完全替代转让人的法律地位，全部承受这些债权和债务。《民法典》第555条规定："当事人一方经对方同意，可以将自己在合同中的权利和义务一并转让给第三人。"但是，根据《最高人民法院关于适用〈中华人民共和国民法典〉合同编通则若干问题的解释》第47条的规定，当事人一方将合同权利义务一并转让后，对方就合同权利义务向受让人主张抗辩或者受让人就合同权利义务向对方主张抗辩的，人民法院可以追加让与人为第三人。

《民法典》第556条规定:“合同的权利和义务一并转让的,适用债权转让、债务转移的有关规定。”其要件包括:(1)须有合法的债权和债务存在;(2)债权债务须具有可转让性,法律规定、当事人约定不得转让的债权债务,性质上不得转让的债权债务不得转让;(3)债权债务概括移转的合同须合法有效;(4)债权债务概括移转须经相对人同意;(5)法律、行政法规规定合同转让应当办理批准等手续的,债权债务的概括转移须依法办理相关批准等手续。

二、债的变更

(一)债的变更的概念

债的变更,是指在不改变债的主体的前提下,仅改变债的个别具体内容的情形。债的变更与债的移转都是债发生了变化,所不同的是,债的移转是债的主体发生变化,债的内容不变;债的变更只是债的内容发生变化,债的主体不变。

债的变更与债的更改不同。债的更改是债的当事人约定消灭旧债、成立新债,以新债代替旧债。例如,甲因买卖合同欠乙货款,甲乙重新约定此项欠款作为乙向甲的借款。在该例里,依据约定,甲乙之间原有的债是买卖关系,新成立的债是借贷关系,借贷之债成立,买卖之债消灭。这种情形属于债的更改,而非债的变更。债的变更只是债的内容的变更,而不改变债的同一性,即变更前的债与变更后的债,虽然内容有所不同,但属于同一债。例如,如果甲乙只是约定货款延期支付,那么甲乙之间的买卖关系不变,只是付款期限发生变化。这种情形属于债的变更。

(二)债的变更的构成要件

第一,存在着合法有效的债的关系。债的变更是对已经存在的债的内容加以变更,以原债为对象,也以原债的存在为前提条件,如果不存在债的关系,变更就失去前提,也没有对象。因此,如果合同不成立、无效或者被撤销而无效,合同之债均无法成立,自无变更的预定。同时,原债必须继续存在,原债已经消灭,也没有变更的余地。此时,如果原债的当事人之间依法产生新的债,自应按照新债的规则处理,不构成债的变更。例如,在合同履行中,债务人交付的标的物超过合同约定的数量,因此产生的请求返还超额部分货物属于合同之债以外的另一不当得利之债,不构成对合同之债的变更。

第二,债的主体不变,债的内容产生变更。债的内容是债权和债务,决定债权债务的因素包括债的履行标的物(标的物的种类、数量、质量、规格、等级)、债的履行条件(履行期限、履行地点、履行方式)、债的担保等。这些因素的变更均可构成债的变更。在合同之债中,价款的变更、合同附随义务的变更、违约责任的变更、合同解除条件和程序的变更、合同纠纷争议解决方式的变更,也构成债的变更。债的主体的变化以及债的同一性的变化,则不属于债的变更。

第三,债的变更须有合法的依据。债根据法律规定或合同约定而产生后,即对当事人具有法律拘束力,非依法定方式不得变更债的关系。如因法律规定的情形或者经当事人协商一致,可以变更债的内容。例如,《民法典》第533条规定:“合同成立后,合同的基础条件发生了当事人在订立合同时无法预见的、不属于商业风险的重大变化,继续履行合同对于当事人一方明显不公平的,受不利影响的当事人可以与对方重新协商;在合理期限内协商不成的,当事人可以请求人民法院或者仲裁机构变更或者解除合同。”“人民法院或者仲裁机构应当结合案件的实际情况,根据公平原则变更或者解除合同。”依据本条规定的情势变更原则,如出现情势变更的情形,当事人可以请求人民法院变更合同。当事人约定变更债的关系,依意思自治原则,法律承认其变更债的效力。《民法典》第543条规定:“当事人协商一致,可以变更合同。”第544条规定:“当事人对合同变更的内容约定不明确的,推定为未变更。”

第四,变更后的债的内容应当具有合法性。变更后的债不得违反法律规定,或损害社会公共利益,否则不产生债的变更的效力。

第五,与债的移转一样,依《民法典》第502条第3款的规定,法律、行政法规规定合同变更应当办理批准等手续的,该合同债务承担也应当办理批准等手续。

(三)债的变更的效力

第一,债的主体间的债权债务关系的内容产生变更,并对当事人有法律拘束力。债权人应当按照变更后的内容请求给付,债务人应当按照变更后的内容履行债务。但原则上,债的变更的效力仅及于债尚未履行的部分,对于已经履行完毕的,一般不具有溯及力。

第二,合同之债中,因合同变更而影响当事人一方或双方利益的,按照合同约定处理。当事人协商变更合同的内容,并就因合同变更而给对方造成的损失的赔偿达成协议的,应按协议约定处理。

第八节　债的消灭

一、债的消灭概述

1.债的消灭的概念

债的消灭,即债的终止,是指债权债务关系客观上不复存在。债的消灭属于绝对的消灭,它不同于债的移转。债的移转仅是债权债务关系转移至新的主体,转让一方退出债的关系,对于该转让人而言,债在主观上消灭,但原债仍在受让人与债的另一方主体间存在。债的消灭也不同于债的变更,债的变更是在债的关系仍然存在,债的主体不变的前提下,对债的内容的改变,因债的变更改变了债权债务关系中的给付内容或给付形态,但债权人享有的请求权及债务人承担的履行义务并没有消灭。

2.债消灭的原因

《民法典》第557条规定:“有下列情形之一的,债权债务终止:(一)债务已经履行;(二)债务相互抵销;(三)债务人依法将标的物提存;(四)债权人免除债务;(五)债权债务同归于一人;(六)法律规定或者当事人约定终止的其他情形。”“合同解除的,该合同的权利义务关系终止。”根据这一规定,引起债消灭的原因(民事法律事实)包括履行(清偿)、抵销、提存、免除、混同以及“法律规定或者当事人约定终止的其他情形”。合同的解除只是合同之债消灭的原因,不是其他债消灭的原因。

“法律规定或者当事人约定终止的其他情形”是关于债消灭的“兜底”条款,体现了债的开放性,也体现了当事人意思自治的原则。[①] “法律规定”的情形,如《民法典》第934条规定:“委托人死亡、终止或者受托人死亡、丧失民事行为能力、终止的,委托合同终止;但是,当事人另有约定或者根据委托事务的性质不宜终止的除外。”第977条规定:“合伙人死亡、丧失民事行为能力或者终止的,合伙合同终止;但是,合伙合同另有约定或者根据合伙事务的性质不宜终止

① 最高人民法院民法典贯彻实施工作领导小组主编:《中华人民共和国民法典合同编理解与适用(一)》,人民法院出版社2020年版,第555~556页。

的除外。”根据《民法典》第158条、第160条的规定，“当事人约定”的情形如附解除条件的合同，条件成就时合同之债消灭；附终止期限的合同，期限届满时合同之债归于消灭。

3.债消灭的效力

第一，发生债消灭的原因时，债的关系归于消灭，债权人不再享有债权，债务人不再承担债务。并且主债消灭的，原附随于主债的从债权或从债务也一并消灭。

第二，产生后合同义务。《民法典》第558条规定：“债权债务终止后，当事人应当遵循诚信等原则，根据交易习惯履行通知、协助、保密、旧物回收等义务。”后合同义务是一项独立的法定义务，内容包括：(1)通知义务，如《民法典》第572条规定：“标的物提存后，债务人应当及时通知债权人或者债权人的继承人、遗产管理人、监护人、财产代管人。”(2)协助义务，如《保险法》第63条规定，保险人理赔后，取得对第三人进行追偿权利时，被保险人负有“向保险人提供必要的文件和所知道的有关情况”的协助义务。(3)保密义务。(4)旧物回收义务，《民法典》第625条规定：“依照法律、行政法规的规定或者按照当事人的约定，标的物在有效使用年限届满后应予回收的，出卖人负有自行或者委托第三人对标的物予以回收的义务。”此外，台湾地区“民法典”第308条规定，债全部消灭时，债权人负有返还或涂销债权契据的义务。

第三，从权利消灭。《民法典》第559条规定：“债权债务终止时，债权的从权利同时消灭，但是法律另有规定或者当事人另有约定的除外。”债权的从权利主要是债的担保权利，包括保证债权、抵押权、质权、留置权、定金债权。主债消灭，债因履行、提存、抵销、免除、混同而消灭，担保权利也归于消灭。例如，依《民法典》第393条的规定，主债权消灭，担保物权(抵押权、质权、留置权)归于消灭。但是，债因合同解除而消灭的，担保权利并不当然归于消灭。《民法典》第566条第3款规定：“主合同解除后，担保人对债务人应当承担的民事责任仍应当承担担保责任，但是担保合同另有约定的除外。”

二、清偿

清偿，又称履行、给付，是指为实现债的目的，按照债的内容所实施的给付行为。清偿使债权人的债权得以实现，债的关系因此消灭，因而清偿是债消灭的最为主要的和常见的原因。清偿不属于法律行为范畴，因而不适用民法关于民事行为能力的规定。此外，除法律有特别规定或合同有特别规定外，清偿可以由代理人代理或第三人替代完成。

清偿应当以全部清偿为原则，债务人不得任意为部分清偿，否则债权人有权拒绝受理而不承担受领迟延责任。但当部分清偿不构成对债权人的不利益时，基于诚实信用原则，债权人不得拒绝。《民法典》第531条规定：“债权人可以拒绝债务人部分履行债务，但是部分履行不损害债权人利益的除外。债务人部分履行债务给债权人增加的费用，由债务人承担。”

债的清偿标的应当符合法律规定或者合同约定。例如，未经债权人同意，债务人不得实施代物清偿，因为代物清偿以他种给付代替原来给付的清偿。此外，债的清偿还应当符合债规定的清偿地点、期限和方法。对于清偿地、清偿期、清偿方法，当事人有约定的，从其约定；当事人没有约定的或约定不明确的，应当按照《民法典》第51条、第511条的规定处理。

关于以物抵债，《最高人民法院关于适用〈中华人民共和国民法典〉合同编通则若干问题的解释》第27条、第28条的规定：第一，债务人或者第三人与债权人在债务履行期限届满后达成以物抵债协议，不存在影响合同效力情形的，人民法院应当认定该协议自当事人意思表示一致时生效。债务人或者第三人履行以物抵债协议后，人民法院应当认定相应的原债务同时消灭；债务人或者第三人未按照约定履行以物抵债协议，经催告后在合理期限内仍不履行，债权人选择请求履行原债务或者以物抵债协议的，人民法院应予支持，但是法律另有规定或者当事人另有约定的除外。第二，前述规定的以物抵债协议经人民法院确认或者人民法院根据当事人达成的以物抵债协议制作成调解书，债权人主张财产权利自确认书、调解书生效时发生变动或者具有对抗善意第三人效力的，人民法院不予支持。第三，债务人或者第三人以自己不享有所有权或者处分权的财产权利订立以物抵债协议的，依据本解释第19条的规定处理。[①] 第四，债务人或者第三人与债权人在债务履行期限届满前达成以物抵债协议的，人民法院应当在审理债权债务关系的基础上认定该协议的效力。第五，当事人约定债务人到期没有清偿债务，债权人可以对抵债财产拍卖、变卖、折价以实现债权的，人民法院应当认定该约定有效。当事人约定债务人到期没有清偿债务，抵债财产归债权人所有的，人民法院应当认定该约定无效，但是不影响其他部分的效力；债权人请求对抵债财产拍卖、变卖、折价以实现债权的，人民法院应予支持。第六，当事人订立前款规定的以物抵债协议后，债务人或者第三人未将财产权利转移至债权人名下，债权人主张优先受偿的，人民法院不予支持；债务人或者第三人已将财产权利转移至债权人名下的，依据《最高人民法院关于适用〈中华人民共和国民法典〉有关担保制度的解释》第68条的规定处理。

三、抵销

抵销，指二人互负同种类的债务时，各以其债权充抵所负债务之清偿，而使双方的债务在等额内相互归于消灭的行为。抵销作为一种债的消灭的方法，有利于节约交易成本和费用，并能收到与清偿相同的效果。抵销根据产生原因的不同，分为法定抵销和合意抵销。

法定抵销，是指依据法律规定，以当事人单方意思表示所作的抵销。《民法典》第568条第1款规定："当事人互负债务，该债务的标的物种类、品质相同的，任何一方可以将自己的债务与对方的到期债务抵销；但是，根据债务性质、按照当事人约定或者依照法律规定不得抵销的除外。"根据这一规定，法定抵销应具备如下条件：(1)债的当事人互负债务，互享债权。(2)双方债务标的为同一种类的给付。以不同种类的给付为标的或以特定物为给付标的物的债，单方不能主张抵销。(3)双方债务均已届履行期限，如双方所负的债务的履行期不同的，或一方债务有履行期规定而另一方债务没有履行期规定的，则不得向债务尚未届履行期的另一方主张抵销。但以自己未届履行期的债务与对方已届履行期的债务抵销，只要不损害对方利益，原则上应当允许。(4)不属于不能抵销的债务。依债务性质决定不能抵销的债务，或法律规定不得抵销的债务，或当事人特别约定不适用于抵销的债务，均不得为抵销。例如，不作为的债务不得抵销；诉讼时效完成的债务，债权人不得主张抵销，但享有时效利益的债务人主张抵销则不受此限；侵权行为之债，侵权人不得主张抵销，但受害人主张抵销则不受此限。[②]

---

① 《最高人民法院关于适用〈中华人民共和国民法典〉合同编通则若干问题的解释》第19条规定：以转让或者设定财产权利为目的订立的合同，当事人或者真正权利人仅以让与人在订立合同时对标的物没有所有权或者处分权为由主张合同无效的，人民法院不予支持；因未取得真正权利人事后同意或者让与人事后未取得处分权导致合同不能履行，受让人主张解除合同并请求让与人承担违反合同的赔偿责任的，人民法院依法予以支持。前款规定的合同被认定有效，且让与人已经将财产交付或者移转登记至受让人，真正权利人请求认定财产权利未发生变动或者请求返还财产的，人民法院应予支持。但是，受让人依据民法典第三百一十一条等规定善意取得财产权利的除外。

② 关于不得抵销的债，参见最高人民法院民法典贯彻实施工作领导小组主编：《中华人民共和国民法典合同编理解与适用(一)》，人民法院出版社2020年版，第672～674页。

法定抵销权性质上属于形成权，享有抵销权的当事人主张抵销的意思表示一经作出并到达对方当事人，即产生消灭债的效力。抵销权的行使也无须以向人民法院提起诉讼的方式为必要。根据《民法典》第 568 条第 2 款的规定，当事人主张抵销的，应当通知对方，通知自到达对方时生效；抵销不得附条件或者附期限。在法定抵销，如双方债权数额相等，各方所负债务经抵消均归消灭；如双方债权数额不等，超出等额内的尚未被抵销的部分的债权债务关系仍然存在，债务人仍应负履行义务。

合意抵销，是指互负债务的当事人双方经意思表示一致所作的抵销。《民法典》第 569 条规定："当事人互负债务，标的物种类、品质不相同的，经协商一致，也可以抵销。"合意抵销属于合同行为，应符合民事法律行为的规定。合意抵销的债不受种类相同的限制，种类相同的债务可以合意抵销，种类、品质不同的债务也可以合意抵销。

根据《最高人民法院关于适用〈中华人民共和国民法典〉合同编通则若干问题的解释》第 55 条、第 56 条、第 57 条、第 58 条的规定，司法实践认为：一是当事人一方依据《民法典》第 568 条的规定主张抵销，人民法院经审理认为抵销权成立的，应当认定通知到达对方时双方互负的主债务、利息、违约金或者损害赔偿金等债务在同等数额内消灭。二是行使抵销权的一方负担的数项债务种类相同，但是享有的债权不足以抵销全部债务，当事人因抵销的顺序发生争议的，人民法院可以参照《民法典》第 560 条的规定处理。行使抵销权的一方享有的债权不足以抵销其负担的包括主债务、利息、实现债权的有关费用在内的全部债务，当事人因抵销的顺序发生争议的，人民法院可以参照《民法典》第 561 条的规定处理。三是因侵害自然人人身权益，或者故意、重大过失侵害他人财产权益产生的损害赔偿债务，侵权人主张抵销的，人民法院不予支持。四是当事人互负债务，一方以其诉讼时效期间已经届满的债权通知对方主张抵销，对方提出诉讼时效抗辩的，人民法院对该抗辩应予支持。一方的债权诉讼时效期间已经届满，对方主张抵销的，人民法院应予支持。

四、提存

提存，是指在一定条件下，清偿人以消灭债为目的，将给付物提交有关机关保存的行为。提存适用于以交付标的物为给付内容的债，不适用于其他债。作为一种债消灭的原因，提存只发生在由于债权人的原因导致债务人无法履行义务的情形，《民法典》第 570 条第 1 款规定："有下列情形之一，难以履行债务的，债务人可以将标的物提存：(一)债权人无正当理由拒绝受领；(二)债权人下落不明；(三)债权人死亡未确定继承人、遗产管理人，或者丧失民事行为能力未确定监护人；(四)法律规定的其他情形。""法律规定的其他情形"如《民法典》第 529 条规定："债权人分立、合并或者变更住所没有通知债务人，致使履行债务发生困难的，债务人可以中止履行或者将标的物提存。"

债务人提存的标的物应适于提存。根据《民法典》第 570 条第 2 款、第 571 条、第 573 条的规定，如果标的物不适于提存或者提存费用过高，债务人可以依法拍卖或者变卖标的物，提存所得的价款。债务人将标的物或者将标的物依法拍卖、变卖所得价款交付提存部门时，提存成立，视为债务人在其提存范围内已经交付标的物。标的物提存后，标的物毁损、灭失的风险移转至债权人，由债权人承担；提存期间，标的物的孳息也归债权人所有，提存的费用(如物的保管费用)则由债权人负担。

提存应当向有关提存机关提出。在我国，提存采取公证形式，适用司法部 1995 年制定的《提存公证规则》(司法部第 38 号令)。提存公证由债务履行地的公证处受理，公证处应当从提存之日起 3 日内出具提存公证书，提存之债从提存之日即告清偿。根据《民法典》第 572 条的规定，标的物提存后，债务人应当及时通知债权人或者债权人的继承人、遗产管理人、监护人、财产代管人。另，根据《提存公证规则》第 18 条规定，债权人不清或下落不明、地址不详无法送达通知的，由公证处应自提存之日起 60 日内，以公告方式通知。

标的物提存后，依《民法典》第 574 条的规定，债权人可以随时领取提存物，但债权人对债务人负有到期债务的，在债权人未履行债务或者提供担保之前，提存部门根据债务人的要求应当拒绝其领取提存物。债权人领取提存物的权利，自提存之日起 5 年内不行使而消灭，提存物扣除提存费用后归国家所有。但是，债权人未履行对债务人的到期债务，或者债权人向提存部门书面表示放弃领取提存物权利的，债务人负担提存费用后有权取回提存物。

五、免除

免除，是指债权人向债务人表示抛弃债权，并以此消灭双方的债权债务关系的行为。债权人向债务人表示放弃债权的，则在其所放弃的债权的范围内免除债务人的债务，双方的债权债务关系归于消灭。《民法典》第 575 条规定："债权人免除债务人部分或者全部债务的，债权债务部分或者全部终止，但是债务人在合理期限内拒绝的除外。"

债的免除是单方民事法律行为，须符合民事法律行为的有效条件。由于债的免除通常是给债务人带来利益，因此只需债权人一方作出免除的意思表示即可成立，发生债消灭的效力，无须债务人同意；但是如果债务人不愿接受此利益，在合理期限内表示拒绝，则不发生免除的效力。

债权人与债务人也可就债的免除进行协商，订立债务免除合同，债务免除合同为无偿合同，并以债的消灭为合同的主要内容。

六、混同

混同，是指债权债务同归于一人，从而使债的关系归于消灭的法律事实。《民法典》第 575 条规定："债权和债务同归于一人的，债权债务终止，但是损害第三人利益的除外。"债是存在于特定的债权人和债务人之间的权利义务关系，债的存在必须以债权人和债务人的分立为必要，如果债权和债务同归于一人，导致债权人与债务人同为一人，债就没有存在的意义。

混同在法律性质上属于民事法律事实中的事件，不以当事人的意思表示为条件，只要产生债权与债务同归于一人的事实，债的关系即归于消灭。债因混同而消灭的情形有：(1)债的概括承受。如原存在债权债务关系的两个企业合并，因合并后的债权和债务均同归于合并后的企业而产生混同，原债权债务关系消灭。(2)债的特定承受。如债权人承受债务人对自己的债务，或者债务人受让债权人对自己的债权，因此产生债主体的混同而导致债的关系消灭。

第16章 合同通论

第一节 合同的概念与特征

一、合同的概念

合同又称“契约”。长期以来，大陆法系和英美法系对合同的概念存在不同的理解。大陆法系认为，合同是当事人之间的合意或协议；英美法系则把合同看作一种允诺，将合同归结为当事人承担义务的单方意思表示。目前英美法系国家的学理和司法判例关于契约(合同)的概念与大陆法系呈现融合的趋势。[①] 我国民法理论基本上继受大陆法系的合同概念，民事立法亦采合同而非契约概念，《民法典》第464条第1款规定：“合同是民事主体之间设立、变更、终止民事法律关系的协议。”可见，我国强调合同本质上是当事人意思表示一致所形成的协议。

民法学上的合同涉及整个民事法律关系，不仅包括债权债务关系，也包括物权、身份及合伙、联营等双方行为而产生的法律关系。有关婚姻、收养、监护等身份关系的协议也是民事合同，依据《民法典》第464条第2款的规定，这些身份关系的协议应当适用有关该身份关系的法律，当《民法典》总则编、人格权编、婚姻家庭编或其他有关身份关系的规范没有规定的，可以根据其性质参照适用合同编关于合同的规定。参照适用既包括当事人设立民事权利义务关系的协议，也包括当事人变更、终止民事权利义务的协议。[②]

二、合同的特征

(一)合同是平等主体的当事人双方或多方实施的民事法律行为

合同是平等主体实施的民事法律行为，合同的主体是民事主体，包括自然人、法人和非法人组织。合同建立在当事人平等自愿基础上，当事人各方在订立合同时的法律地位是平等的，所作的意思表示是自愿的，任何一方不得将自己的意志强加给另一方，这是合同的基本特征。同时，合同是当事人实施旨在创设、变更或终止民事权利义务关系的法律行为，适用民事法律行为的一般性规定。合同本质上应具有合法性，任何违反法律规定的意思表示不发生合同的法律效力。合同作为一种民事法律行为，与无因管理、侵权行为等事实行为不同，是以意思表示为要素，按意思表示的内容赋予其法律效果。

---

① 李永军：《合同法》，法律出版社2021年第6版，第9页。

② 王利明：《合同法》，中国人民大学出版社2021年第2版，第7页。

（二）合同是当事人设立、变更或终止民事权利义务关系的协议

合同是以设立、变更或终止民事权利义务关系为目的和宗旨的。所谓设立民事权利义务关系，是指当事人通过订立合同形成或产生民事权利义务关系；所谓变更民事权利义务关系，是指当事人通过订立合同使原有的民事权利义务关系发生变化，形成新的民事权利义务关系，通常是在保持原合同效力下变更合同内容；所谓终止民事权利义务关系，是指当事人通过订立合同而消灭原有的民事权利义务关系。因此，当事人设立民事权利义务关系的协议是合同，变更或消灭民事权利义务关系的协议也是合同。

（三）合同是体现当事人双方或多方意思表示一致的协议

合同是基于当事人的合意，合同的成立要求必须有两个或两个以上当事人的意思表示。若只有单方当事人的意思表示，则不能构成合同。同时，当事人之间的意思表示须在合同标的与数量方面达成合意才能成立合同[①]，因此合同体现当事人的共同意志。

第二节　合同的分类

一、有名合同和无名合同

根据法律是否规定并赋予特定名称为标准，将合同分为有名合同和无名合同。有名合同又称典型合同，是指法律已明确其名称并规定相关规则的合同，如《民法典》规定的买卖、赠与、借款、保证、租赁、保理、承揽、建设工程、运输、技术、保管、委托、物业服务协议、合伙等合同。对于有名合同的内容，法律通常规定了一些规则，当事人可以参照执行，法院和仲裁机构在处理有名合同的争议时亦可直接加以适用。但基于合同自由原则，法律的规定大多是任意性规范，当事人仍可通过约定加以改变。

无名合同又称非典型合同，法律尚未明确其名称，对其也未作具体规定。因此，只要不违背法律禁止性规定和公序良俗的，当事人可以根据实际生活的需要自由订立无名合同。但无名合同发生争议时，一方面应尊重合同目的和当事人的意思表示，可类推适用与之类似的有名合同的法律规定，另一方面也可适用民事法律行为和合同法的基本原则的规定加以解决。《民法典》第 467 条规定："本法或者其他法律没有明文规定的合同，适用本编通则的规定，并可以参照本编或者其他法律最相类似合同的规定。"

二、双务合同和单务合同

根据合同成立后当事人双方对合同权利义务的分担方式，将合同分为双务合同和单务合同。

双务合同是指当事人双方互相承担权利义务关系，互负对待给付义务的合同。在双务合同中，双方当事人均具有双重身份，既是债权人，又是债务人，且彼此之间的权利和义务互为对价关系，如买卖、租赁等合同。单务合同是指仅有一方当事人负担给付义务的合同，如借用、赠与等合同。但在附义务的赠与等单务合同中，一方当事人虽不负对待给付义务，但须承担一定的义务。

---

① 参见《最高人民法院关于适用〈中华人民共和国民法典〉合同编通则若干问题的解释》第 3 条。

区分双务合同和单务合同的法律意义在于：双务合同当事人享有同时履行抗辩权、不安抗辩权和后履行抗辩权，而单务合同则不适用前述抗辩权。双务合同双方当事人的权利义务互相依存、互为条件，因此合同一方履行不能时，他方享有合同解除权，而单务合同不存在对待给付义务，在负担义务人不履行时，权利人则为撤回，通常不发生合同解除问题。此外，双务合同原则上是诺成性合同，单务合同原则上是实践性合同。[①]

三、要式合同和不要式合同

根据合同是否应采用法律规定的形式和手续为要件，可将合同分为要式合同和不要式合同。根据合同自由原则，当事人有权选择合同形式，但对于法律有特别的形式要件规定的，当事人必须遵循法律规定。

要式合同是指法律要求必须具备一定的形式和手续的合同，如法律要求合同须以书面形式或公证形式或经有关机关审批为合同成立或生效要件。但合同的形式要件是成立要件还是生效要件，应视合同的性质和法律的具体规定。不要式合同是指法律不强制要求必须具备特定的形式要件的合同。不要式合同允许当事人自由选择合同的形式，无论当事人采用何种形式合同，都不影响合同的成立和生效。

《民法典》第469条规定，当事人订立合同，可以采用书面形式、口头形式或者其他形式。书面形式是合同书、信件、电报、电传、传真等可以有效地表现所载内容的形式。以电子数据交换、电子邮件等方式能够有形地表现所载内容，并可以随时调取查用的数据电文，视为书面形式。在司法实践中，当事人未以书面或口头形式订立合同，但从当事人的民事行为能够推定双方有订立合同意愿的，可以认定是以“其他形式”订立的合同。

四、诺成合同和实践合同

根据合同的成立是否须以交付标的物或完成其他给付为标准，将合同分为诺成合同和实践合同。

诺成合同又称不要物合同，是指当事人意思表示一致即可成立的合同，无须以合同标的物的交付为成立要件。实践合同又称要物合同，是指除当事人意思表示达成一致外，合同的成立还要求具备标的物的交付或完成其他给付行为。诺成合同是典型的合同，法律没有明文规定的，均属于诺成合同。

区分诺成合同和实践合同的法律意义在于：两者成立的时间不同，诺成合同自当事人达成合意即告成立，而实践合同由当事人交付标的物或完成其他给付行为后才能成立。在诺成合同中，交付标的物或完成其他给付行为是当事人的义务，违反该义务应承担违约责任；而在实践合同中，交付标的物和完成其他给付行为是先合同义务，违反该义务构成缔约过失责任。[②]

五、有偿合同和无偿合同

根据当事人之间的权利义务关系是否互为对价，可将合同分为有偿合同和无偿合同。

有偿合同是指当事人一方享有合同的权益，应向另一方当事人支付相应代价的合同，如买卖、租赁等大多数债权合同。无偿合同是指当事人一方获取合同的权益无须偿付相应代价的

---

① 郑云瑞：《合同法学》，北京大学出版社2021年第4版，第13页。

② 魏振瀛主编：《民法》，北京大学出版社、高等教育出版社2021年版，第428页。

合同,如赠与、借用等合同。

有偿合同与无偿合同存在重大区别:第一,主体资格的要求不同。有偿合同原则上要求合同当事人双方均具备完全民事行为能力,而无偿合同的受益人可以是无民事行为能力人或限制民事行为能力人。第二,合同责任轻重不同。在有偿合同中,合同责任较重,只要一方违约造成对方损失,无论是否故意,均应承担赔偿责任,而在无偿合同中,利益出让方只承担较轻的合同责任,仅对其故意或重大过失行为负责。如《民法典》第897条规定:“保管期内,因保管不善造成保管物毁损、灭失的,保管人应当承担赔偿责任,但无偿保管人证明自己没有重大过失的,不承担赔偿责任。”

六、主合同和从合同

根据合同相互间的主从关系,可将合同分为主合同和从合同。

主合同是指不依赖其他合同而能独立存在的合同,从合同是指以主合同的存在为前提才能成立的合同,如设立主债务的合同是主合同,为债务担保的合同是从合同。从合同不能独立存在,具有从属性,以主合同的有效存在为前提,主合同无效或消灭,从合同随之无效或消灭,但当事人在合同中另有特别约定的除外。

七、为自己利益的合同和为第三人利益的合同

根据合同是否为订约人自己利益为标准,将合同分为为自己利益的合同和为第三人利益的合同。

合同当事人为自己设立权利,使自己直接享受合同利益而订立的合同,是为自己利益的合同,绝大多数合同属于此类。合同当事人为第三人设立权利,使第三人享有合同利益的合同,是为第三人利益的合同,如指定第三人为受益人的保险合同。在为第三人利益合同中,第三人并非合同当事人。为第三人利益的合同只能为第三人设立权利,而不能设定义务,第三人可接受合同权利,也可拒绝该权利。第三人接受合同赋予其利益后,第三人有权根据合同的规定享有独立请求权,请求合同义务人向其履行义务。

八、本合同和预约合同

以合同订立是否有事先的约定为标准,合同可以分为本合同和预约合同。预约合同是当事人约定在将来一定期限内应当订立合同的预先约定。《民法典》第495条规定,当事人约定在将来一定期限内订立合同的认购书、订购书、预订书等,构成预约合同。本合同是为履行预约合同所订立的合同。在合同的分类中,以本合同为常态,以预约合同为例外。

判断一个合同究竟是本合同还是预约合同,关键在于结合合同的内容探究当事人的真实意思表示:当事人是否有意另行在将来订立一个新的合同,以最终确立彼此的权利义务关系。合同要素明确,符合本合同的内容确定性要求,即使名为预约合同,但仍应识别为本合同。

法律基于对当事人缔约自由的尊重,肯定预约合同作为一种独立的合同类型。预约合同虽成立,但本合同没有订立的,当事人也具有履行预约合同所规定的义务。《民法典》第495条规定,当事人一方不履行预约合同约定的订立合同义务的,对方可以请求其承担预约合同的违约责任。预约违约责任的确定,依照预约的约定或者参照违约责任的法律规定。

第三节　合同的订立

一、合同订立的概念

合同的订立是指缔约人就合同事项进行协商并达成一致意思表示的过程，是动态和静态相结合的过程。它与合同的成立有所不同，合同的成立标志着合同的产生和存在，属于静态协议。[①] 在合同的订立过程中，当事人反复协商，彼此交换意思表示，最终达成合意，期间包含要约邀请、要约、反要约、承诺、缔约过失责任等有关法律行为和法律制度。《民法典》第 471 条规定："当事人订立合同，可以采取要约、承诺方式或者其他方式。"可见，法律把合同订立过程简化为要约和承诺两个阶段。"其他方式"，主要是指格式条款和悬赏广告等。

二、合同订立的一般程序

(一)要约

1.要约的概念

要约又称发盘、出盘、发价、出价、报价等，是指一方当事人希望与他人订立合同的意思表示，发出要约的一方为要约人，接受要约的一方为受要约人、相对人或承诺人。

2.要约的要件

要约要发生法律效力，必须具备特定的形式和内容。要约的构成要件为：

(1)要约是由具备缔约能力的合同当事人作出的意思表示。要约以缔结合同为目的，因此要约人应当具备缔约能力。当事人订立合同，应当具有相应的民事权利能力和民事行为能力。无民事行为能力人发出的订约提议或限制民事行为能力人发出的订约内容与其年龄、智力和精神健康不相适的，不能产生要约的法律效力。

(2)要约必须具有与他人订立合同的意图。要约作为订立合同的意思表示，根本目的在于缔结合同，所以，要约必须表达订立合同的意图。若提议一方明确表示不受其缔约建议的约束，不能构成有效的要约，属要约邀请。《民法典》第 472 条规定，要约是希望与他人订立合同的意思表示，该意思表示应当符合下列条件：(1)内容具体确定；(2)表明经受要约人承诺，要约人即受该意思表示约束。

(3)要约的内容须具备足以使合同成立的主要条款。要约的内容必须具体、确定，具备合同成立的最基本条款，使受要约人了解要约的真实意愿和缔约的主要条件，并一经承诺，合同即告成立。至于合同的主要条款，应视法律规定、商业惯例及合同的具体情况和内容加以判断，一般应至少包括合同标的和数量两项基本内容。

(4)要约应是已送达受要约人的意思表示。要约只有在送达受要约人后，受要约人才能知悉要约的内容。缔约一方虽有缔结合同的提议，但未送达受要约人，受要约人不能就该提议进行承诺，该提议因此也不可能产生要约所应有的拘束力。

3.要约邀请

要约邀请又称要约引诱，是指希望他人向自己发出要约的意思表示。要约邀请与要约虽

---

① 王利明主编：《合同法要义与案例析解》(总则)，中国人民大学出版社 2001 年版，第 37 页。

然最终目的都在于订立合同，但两者存在较大区别：第一，当事人的意愿不同。要约邀请的目的在于引诱或邀请对方向自己发出订约的意思表示，如向对方寄送价目表、报价单、商品目录等，不会因对方的接受而成立合同，这不是合同成立的必经程序和必要条件。而要约的宗旨则在于订立合同，一经受要约人承诺，就成立合同，是合同成立的必要条件和必经程序。第二，受约的对象不同。要约邀请的受约对象一般是不特定的多数人，而要约通常是向特定的相对人发出的。但是，法律规定在某些特定情况下，向不特定人发出订约提议也具有要约的效力，如商店标价出售商品、悬赏广告等。《民法典》第 473 条第 2 款规定："商业广告和宣传的内容符合要约条件的，构成要约。"第三，内容不同。要约邀请只是希望对方提出要约，在其内容上不要求具体、确定，无须包含合同成立的基本条款。而要约内容要求具体、确定，具备合同成立的基本条款，因受要约人的承诺而成立合同。第四，法律拘束力不同。要约邀请对行为人无法律拘束力，在发出要约邀请后可随时撤回其邀请，只要没有造成相对人信赖利益损失外，要约邀请人一般不承担法律责任。而要约一经受要约人承诺，合同便告成立，要约人和受要约人都会受到合同的约束。即使受要约人不承诺，要约人在一定时间内也应受到要约的约束，不得违反法律规定擅自撤回或撤销要约，不得随意变更要约的内容。

4.要约的效力

(1)要约的生效时间。要约的生效是指要约发生法律效力，即对要约人和受要约人产生的法律效力。根据《民法典》第 474 条的规定，以对话方式作出的要约，受要约人知道其内容时生效；以非对话方式如传真、信函等作出的要约，到达受要约人时生效。以非对话方式作出的采用数据电文形式的要约，受要约人指定特定系统接收数据电文的，该数据电文进入该特定系统时生效；未指定特定系统的，受要约人知道或者应当知道该数据电文进入其系统时生效。当事人对采用数据电文形式的要约的生效时间另有约定的，按照其约定。

(2)要约对要约人的拘束力。法律允许要约人在要约到达之前撤回要约。但要约一经生效，要约人即受到要约的拘束，这是要约的形式拘束力。要约人在要约有效期间内不得随意撤销要约或对要约内容加以限制、变更和扩张，以免影响正常的交易安全。要约的有效期间一般由要约人在要约中加以确定，若没有确定有效期间的，视要约的具体情况确定合理期间为有效期间。以口头形式发出要约的，受要约人"立即承诺"是合理期间；以书面形式发出要约的，合理期间一般考虑三方面内容：要约到达受要约人的时间、受要约人作出承诺所必要的时间、承诺通知到达要约人所必要的时间。

(3)要约对受要约人的拘束力。要约生效后，受要约人取得承诺的权利，受要约人可承诺，也可不予承诺。但这种承诺的权利不能作为继承标的，不能随意转让，受要约人以外的第三人均无权对该要约内容作出承诺，第三人作出的接受要约的意思表示应视为第三人向要约人发出的新要约。

(4)要约的撤回与撤销。要约的撤回是指要约人在要约生效前使要约不发生法律效力的行为。要约的撤回应在要约发出后，到达受要约人之前产生，因此，要约撤回的通知只能先于或同时与要约到达受要约人，若要约已送达受要约人，就不能撤回。《民法典》对要约的撤回适用总则编就意思表示撤回的一般规则。

要约的撤销是指要约发生法律效力后，要约人欲使其丧失法律效力而取消该项要约的意思表示。要约的撤销对于受要约人不利，同时影响到交易的安全，因此要约的撤销应有一定的限制，撤销要约的通知应当在受要约人发出承诺通知之前到达受要约人。根据《民法典》第 476 条的规定，要约在下列情况下不得撤销：第一，要约人以确定承诺期限或者以其他形式明示不可撤销;第二,受要约人有理由认为要约是不可撤销的,并已经为履行合同作了合理准备工作。要约人违反规定撤销要约而给相对人造成损失的,应承担缔约过失责任。

要约人行使要约撤销权,应在要约生效之后,受要约人作出承诺之前。撤销要约的意思表示以对话方式作出的,该意思表示的内容应当在受要约人作出承诺之前为受要约人所知道;撤销要约的意思表示以非对话方式作出的,应当在受要约人作出承诺之前到达要约人。

要约的撤回和要约的撤销是不同的,要约的撤回是在要约未生效之前使其不发生效力,要约的撤销是在要约作出并生效之后,要约人作出取消其要约的意思表示。

(5)要约的失效。要约的失效是指要约丧失法律效力,要约人和受要约人不再受其约束。

要约失效的原因主要有:第一,拒绝要约的通知到达要约人。第二,要约人依法撤销要约。要约人在受要约人承诺之前撤销要约的,要约就不再生效。第三,承诺期间届满,受要约人未作出承诺。要约中规定了承诺期间的,受要约人在承诺期间届满未承诺的,要约自动失效;要约没有规定承诺期间的,要约在合理期间届满后丧失效力。第四,受要约人对要约的内容作出了实质性变更。受要约人对要约进行实质性变更的,是受要约人向要约人作出的新要约,而非承诺,原要约失效。《民法典》第478条对要约失效的上述四种情形作出明确的规定。

要约失效后,受要约人即使作出接受的意思表示,也不会导致合同的成立,而视为向原要约人发出新要约。

(二)承诺

1.承诺的概念

承诺是指受要约人向要约人作出完全接受要约的意思表示。承诺以接受要约的全部条件为内容,以达到与要约人订立合同。受要约人作出的承诺到达要约人,合同便告成立。

2.承诺的要件

一项有效的承诺应符合下列要件:

(1)承诺是受要约人向要约人作出的意思表示。要约原则上是向特定人作出,承诺作为要约的回应,也只能由受要约人作出,任何第三人知悉要约的内容而作出同意的意思表示,不以承诺论。同时,承诺只向要约人或其代理人作出,若向非要约人作出同意要约内容的意思表示,也不能构成有效的承诺。

(2)承诺应在要约存续期间内作出。承诺应当在要约确定的期限内到达要约人,要约的有效期限届满,要约失效,受要约人作出同意的意思表示,视为受要约人发出的新要约,不产生承诺的法律效力。关于承诺期限,应根据要约确定的期限。要约没有确定承诺期限的,以具体情况确定合理期限。若要约以对话方式作出的,承诺应由受要约人即时作出承诺,除非当事人另有特别约定。若要约以非对话方式作出的,一般根据要约发出的客观情况和交易习惯确定合理期限,通常包括受要约人在收到要约后决定是否作出承诺的时间,以及发出承诺并到达要约人的时间。关于承诺期限的起算点,我国《民法典》第482条规定:"要约以信件或者电报作出的,承诺期限自信件载明的日期或者电报交发之日开始计算。信件未载明日期的,自投寄该信件的邮戳日期开始计算。要约以电话、传真等快速通讯方式作出的,承诺期限自要约到达受要约人时开始计算。"

(3)承诺的内容须与要约一致。承诺是受要约人对要约内容的同意和接受,因此只有承诺的内容与要约一致,合同才得以成立。传统的合同法理论认为,承诺的内容必须与要约的内容绝对完全一致,承诺不得限制、扩张和变更要约内容,不得附加条件。但随着民商事交易的发展,要求承诺内容与要约绝对一致,不利于鼓励交易。对此,受要约人对要约的内容作出实质性变更的，即对有关合同标的、数量、质量、价款或者报酬、履行期限、履行地点和方式、违约责任和争议解决方法等条款作出变更的，为新要约，不构成承诺；但未对要约的内容作出实质性变更的，如增加建议性条款、说明性条款等，除要约人及时表示反对或要约表明承诺不得对要约的内容作出任何变更的以外，仍可构成一项有效的承诺，合同的内容仍以承诺的内容为准。

承诺应当以通知的方式作出，通知可使用口头或书面形式，但受要约人一般应根据要约规定的承诺方式进行通知。要约没有明确规定承诺方式的，通常应采用与要约相同的方式或更为快捷的方式作出。根据交易习惯或要约表明可以通过行为进行承诺的，受要约人可以积极的作为方式进行，如开始装运货物、在工地施工等。缄默或不行为不能作为承诺的方式。

3.承诺的效力

(1)承诺的生效。承诺于何时生效，诺成性合同就于何时成立。大陆法系和英美法系在承诺生效问题上的规定截然不同，大陆法系采用到达主义，认为承诺的通知到达要约人支配的范围内，承诺才生效，在此之前，因邮寄等原因导致承诺通知丢失或延误，由承诺人承担其后果，承诺不生效。英美法系则采用发信主义，受要约人以书面形式作出承诺时，在承诺通知的信件投邮时承诺生效，不论要约人是否收到该通知。即使因邮局的原因而导致承诺丢失或延误，也应由要约人承担其风险和责任。我国采用大陆法系的观点，根据《民法典》第 484 条的规定：①以通知方式作出的承诺，分为两种情况：以对话方式作出的承诺，要约人知道承诺内容时生效；以非对话方式作出的承诺，通知到达要约人时生效。以非对话方式作出的采用数据电文形式的承诺，要约人指定特定系统接收数据电文的，以数据电文进入该特定系统的时间，视为承诺到达的时间；未指定特定系统的，以数据电文进入要约人任何系统的首次时间，视为承诺到达的时间。②承诺不需要通知的，根据交易习惯或者要约的要求作出承诺的行为时生效，即以行为作出承诺的，实施该行为的时间就是承诺生效的时间。

(2)承诺迟延。承诺迟延是指受要约人在承诺期限内发出承诺，并按通常情形能够及时到达要约人，但由于传达故障等原因使承诺超过承诺期限到达要约人。由于承诺迟延是非属于要约人和受要约人的外界原因所致，受要约人客观上并不知其承诺迟延，按照诚实信用原则，要约人应负有及时通知受要约人其是否接受承诺迟延的义务，若要约人及时通知受要约人因承诺超过期限不接受该承诺的，不发生承诺的效力；若要约人怠于履行及时通知的，则承诺仍有效。

但承诺迟延和逾期承诺是不同的，承诺迟延是受要约人在承诺期限内发出承诺，但因其他原因导致承诺到达要约人的时间超出了承诺期限；而逾期承诺是受要约人发出承诺的时间已经超出承诺期限。受要约人超过承诺期限发出承诺，或者在承诺期限内发出承诺，按照通常情形不能及时到达要约人的，为新要约；但是，要约人及时通知受要约人该承诺有效的除外。

(3)承诺的撤回。承诺的撤回是指承诺人阻止承诺发生法律效力的一种意思表示。英美法系在承诺生效上采用发信主义，客观上不存在承诺的撤回问题。大陆法系采用到达主义，允许承诺撤回，但应符合一定的条件才能产生承诺撤回的法律效力。我国《民法典》第 485 条规定承诺可以撤回，但“撤回承诺的通知应当在承诺通知到达要约人之前或者承诺通知同时到达要约人”。承诺撤回的，合同没有成立。

(三)合同订立的其他方式

1.法定缔约

对于某些关系到社会公共利益和基本生活保障的合同，实行法定缔约，对缔约自由予以一定的限制。《民法典》第 494 条规定了依指令性任务或国家订货任务订立的合同采用法定缔约义务。国家根据抢险救灾、疫情防控或者其他需要下达国家订货任务、指令性任务的，有关民事主体之间应对依照有关法律、行政法规规定的权利和义务订立合同。依照法律、行政法规的规定负有发出要约义务的当事人，应对及时发出合理的要约。依照法律、行政法规的规定负有作出承诺义务的当事人，不得拒绝对方合理的订立合同要求。

2.交叉要约

交叉要约是要约人以非直接对话的方式，相互不约而同地向对方发出内容相同以订立同一合同为目的的要约。交叉要约是两个要约人同时向对方发出要约，要约必须到达对方当事人，且两个要约内容是一致的。在交叉要约中，当事人并未形成合意，只有两个要约内容一致才是合同成立的前提。双方当事人可以相互将对方的要约视为对自己要约的承诺，关于承诺生效和撤回的规则可以予以适用。[①]

3.事实合同

事实合同是指因事实行为而在当事人之间形成的合同关系。以事实行为订立合同的情形有以下三种：(1)基于社会接触产生的事实合同关系；(2)基于团体关系产生的事实合同关系；(3)基于典型社会行为产生的事实合同关系。[②] 在事实合同下，合同的订立没有经过订立阶段，而是以事实行为作为合同的成立依据，如乘坐地铁的行为而成立旅客运输合同。

4.预约合同

预约合同是当事人之间约定在将来一定期限内应当订立合同的预先约定。《民法典》第495条第1款规定，当事人约定在将来一定期限内订立合同的认购书、订购书、预订书等，构成预约合同。《最高人民法院关于适用〈中华人民共和国民法典〉合同编通则若干问题的解释》第6条第1款规定："当事人以认购书、订购书、预订书等形式约定在将来一定期限内订立合同，或者为担保在将来一定期限内订立合同交付了定金，能够确定将来所要订立合同的主体、标的等内容的，人民法院应当认定预约合同成立。"可见，构成预约合同应当包含两个条件：第一，当事人之间须有在将来一定期限内订立合同的意思表示或者为担保在将来一定期限内订立合同交付了定金；第二，当事人的意思表示应具有一定的确定性，能够确定将来所要订立合同的主体、标的等内容。缺少其中任何一个条件均不构成预约合同。需要注意的是，如果当事人订立的认购书、订购书、预订书等已就合同的主要内容达成合意，符合了合同成立条件，未明确约定在将来一定期限内另行订立合同的，或者虽然有约定但是当事人一方已实施履行行为且对方接受的，也不能成立预约合同，而应当认定为成立本约合同。[③]

预约合同成立后，产生合同的约束力。当事人一方不履行预约合同约定的义务，包括拒绝订立本约合同或者在磋商订立本约合同时违背诚信原则导致未能订立本约合同，对方可以请求其承担预约合同的违约责任。[④] 当事人一方不履行订立本约合同的义务，对方可以请求其赔偿因此造成的损失。对于损失赔偿，当事人有约定的，按照约定；没有约定的，应综合考虑预约合同在内容上的完备程度以及订立本约合同的条件的成就程度等因素酌定。[⑤]

---

① 崔建远：《合同法》，法律出版社2021年第7版，第46页。

② 郑云瑞：《合同法学》，北京大学出版社2018年第3版，第76～77页。

③ 参见《最高人民法院关于适用〈中华人民共和国民法典〉合同编通则若干问题的解释》第6条第3款。

④ 参见《民法典》第495条第2款和《最高人民法院关于适用〈中华人民共和国民法典〉合同编通则若干问题的解释》第7条第1款。

⑤ 《最高人民法院关于适用〈中华人民共和国民法典〉合同编通则若干问题的解释》第8条。

三、合同的形式

我国《民法典》第469条规定:"当事人订立合同,可以采用书面形式、口头形式和其他形式。"可见,我国承认各种合同形式的合法性,除法律强制要求采用书面形式外,由合同当事人自主选择合同形式。

合同形式主要有三种:口头形式、书面形式和其他形式。口头形式的合同是指合同当事人通过对话形式达成的协议,以语言为意思表示的方式,它没有采用书面文字或其他有形载体记载协议内容,优点在于直接、简便、快捷、易行,有利于民事流转,一般用于简单或即时清结的交易,但缺点在于容易发生争议或在争议发生后难以举证,不利于合同关系的确定和纠纷的正确处理。书面形式的合同是指合同书、信件和数据电文等以有形方式表现所载内容的合同,包括普通书面形式和特殊书面形式两种。合同书、信件和数据电文等记载着合同内容,是普通书面合同形式。特殊书面形式还可分为合同的公证形式、合同的鉴证形式、合同的批准形式、合同的登记形式等。当事人未以书面形式或者口头形式订立合同,但从双方从事的民事行为能够推定双方有订立合同意愿的,也可以认定为以"其他形式"订立的合同。

关于合同形式的效力,理论界存在三种学说:第一种是成立要件说,认为合同形式是合同的特别要件,合同的订立应满足当事人的合意和具备某种法律规定的成立要件,否则,合同不成立。第二种是生效要件说,合同的法定形式属于合同的生效要件,合同不能满足法律规定的合同的形式要件的,合同无效。第三种是证据效力说,合同的形式不是合同的成立要件或生效要件,只是合同成立的证据,证明当事人之间合同的存在。《民法典》第490条规定,当事人采用合同书形式订立合同的,自当事人均签名、盖章或者按指印时合同成立。在签名、盖章或者按指印之前,当事人一方已经履行主要义务,对方接受时,该合同成立。法律、行政法规规定或者当事人约定合同应当采用书面形式订立,当事人未采用书面形式但是一方已经履行主要义务,对方接受时,该合同成立。可见,当事人的合意是合同成立的一般要件,合同的法定形式并非合同成立的一般要件。当事人未采用法律、行政法规规定或当事人约定的书面形式,但一方已经履行主要义务,对方接受的,该合同也成立,不得以合同形式欠缺而认定合同不成立。

四、合同的条款

合同条款是指合同当事人达成合意的具体内容,它是判定合同是否合法、有效以及确定合同当事人权利与义务的主要依据。

合同必须具备的条款为合同的必要条款。合同的必要条款可根据法律的规定、当事人的约定或合同的类型和性质确定。合同必要条款的缺失,导致合同的不成立。我国《民法典》采用提示的方法规定合同的指导性条款,其中包含了合同的基本的和必要的条款,主要包括:合同标的、数量、质量、价款或者报酬、履行期限、履行地点、履行方式、违约责任、解决争议的条款等。合同必要条款以外的其他条款为普通条款,虽不具备普通条款但当事人的权利义务关系能确定的,不影响合同的成立。普通条款分为两类:一类是当事人未写入合同中,但基于当事人的交易习惯或合同的明示条款或法律的规定,理应存在的合同条款,如买卖合同的标的物瑕疵担保义务条款;另一类是留待以后协商或根据具体情况加以确定的条款,通常被称为偶尔条款,如货物包装条款。

合同条款根据其表现形式,还可分为明示条款和默示条款。合同的明示条款是指当事人以口头或书面等方式明确规定的条款。合同的默示条款是指当事人没有明示规定,但根据法律规定或交易习惯或当事人的行为推定合同应当具有的条款，通常包括：(1)实现合同目的及作用或根据合同性质所推定的必不可少的条款；(2)以公认的商业习惯或经营习惯为内容的条款；(3)以合同当事人系列交易的惯有规则为内容的条款；(4)以某种特定的行业规则为内容的条款；(5)直接根据法律规定而产生的法定默示条款。默示条款是在合同条款没有明文规定情形下根据交易习惯或法律规定而推定适用，因此，当合同的明示条款与默示条款发生冲突时，明示条款具有优先适用的效力，以明示条款明确当事人之间的权利义务关系。

合同条款还可分为格式条款和非格式条款。格式条款是指当事人一方为了重复使用而预先拟定，并在订立合同时未与对方协商的条款。非格式条款是指当事人双方通过协商约定的条款。

格式条款一般是由当事人一方事先拟定，是为重复使用而不是为一次使用制定的，具有降低交易成本、便捷、易行和高效等优势，但是格式条款双方当事人没有经过协商，制作格式条款一方在设计条款时容易利用其经济优势地位，做有利于自身利益的安排，法律对采用格式条款订立合同的情况进行特别规制，主要体现在：(1)当事人一方提供的合同条款符合单方事先决定和重复使用的特征的，应认定为格式条款，当事人不能仅以合同系依据合同示范文本制作或者双方已经明确约定合同条款不属于格式条款为由主张该条款不是格式条款。同时，从事经营活动的当事人一方不能仅以未实际重复使用为由主张其预先拟定且未与对方协商的合同条款不是格式条款，除非其有证据证明该条款不是为了重复使用而预先拟定的。[①] (2)提供格式条款的一方应遵循公平原则确定当事人之间的权利和义务，对于免除其责任、加重对方责任、排除对方主要权利的条款无效。(3)提供格式条款的一方应采用合理的方式提请对方注意免除或者减轻其责任、排除或者限制对方权利等与对方有重大利害关系的异常条款，并按照对方的要求，对该条款予以说明。提供格式条款一方对已尽合理提示及说明义务承担举证责任。在合同订立时采用通常足以引起对方注意的文字、符号、字体等明显标识，并按照对方的要求就与对方有重大利害关系的异常条款的概念、内容及其法律后果以书面或者口头形式向对方作出通常能够理解的解释说明，可认定为“采取合理的方式”。[②] 对于通过互联网等信息网络订立的电子合同，提供格式条款的一方不可仅以采取了设置勾选、弹窗等方式为由主张其已经尽到提示义务或者说明义务，除非其能举证已经采取了前述的“合理的方式”履行提示义务或者说明义务。[③] 提供格式条款的一方当事人违反合理提示和说明义务的，导致对方没有注意或者理解与其有重大利害关系的条款的，对方当事人可以主张该条款不成为合同的内容。(4)对格式条款的理解发生争议的，应当按照通常理解予以解释。对格式条款有两种以上解释的，应当作出不利于提供格式条款一方的解释。格式条款与非格式条款不一致的，应当采用非格式条款。

五、缔约过失

1.缔约过失的概念

缔约过失是指在合同订立过程中，一方因违背依据诚实信用原则所应尽的义务，而致使合

① 《最高人民法院关于适用〈中华人民共和国民法典〉合同编通则若干问题的解释》第 9 条。

② 《最高人民法院关于适用〈中华人民共和国民法典〉合同编通则若干问题的解释》第 10 条第 1 款、第 2 款。

③ 《最高人民法院关于适用〈中华人民共和国民法典〉合同编通则若干问题的解释》第 10 条第 3 款。

同不成立、无效、被撤销而导致另一方的信赖利益受损的情形。我国《合同法》第一次较为完整地规定了缔约过失制度,有利于鼓励交易和维护交易的安全。《民法典》第500条规定了缔约过失责任。但也有观点认为,缔约过失责任并不要求“合同不成立、无效、被撤销”的要件,即使合同成立并生效也可以主张。[①]

2.缔约过失的构成

(1)缔约一方当事人对合同不成立、无效或被撤销具有过错。缔约方的过错包括故意和过失,且应发生在合同订立过程中,以合同成立为界,在合同成立或生效后发生的过错,应追究违约责任而非缔约责任。

(2)合同一方违背其应尽的先合同义务。当事人在订立合同的过程中,基于诚实信用原则和当事人之间的信赖关系而产生先合同义务。先合同义务通常包括告知义务、协作和照顾义务、保证合同的真实性和合法性义务、保护对方利益义务等。先合同义务是一项法定义务,当事人一方违背此项义务,造成对方损害,就应承担缔约过失责任。[②]

(3)缔约过失行为使一方当事人遭受损失。当事人在缔约阶段,基于信赖关系而相信合同能够成立或生效,为订立合同而支出必要费用,但由于一方缔约过失,破坏了这种信赖关系,使信赖人的利益丧失。追究缔约过失责任,进行信赖利益损害赔偿,使其达成与合同磋商未发生的状态。

(4)违反先合同义务与损害结果之间有因果关系。法律上的因果关系是指损害后果与违法行为的相互关联性,行为是因,损害是果。检验违反先合同义务是否是相对人损害的事实原因,只需检验前者是否为后者产生的必要条件和充分条件即可。

3.缔约过失责任

(1)缔约过失责任的定义。缔约过失责任是缔约人在合同订立过程中因故意或过失违反先合同义务并造成对方当事人损害时依法应承担的民事责任。这种责任是缔结合同过程中发生的民事责任,是以补偿缔约相对人损害后果为特征,建立在诚实信用原则基础上的民事责任。

(2)缔约过失责任的性质。关于缔约过失责任的性质,理论界存在不同的看法,通说认为,缔约过失责任的性质既不同于违约责任,也不同于侵权责任,而是一种独立的民事责任。

缔约过失责任不同于合同责任,两者的区别在于:第一,缔约过失责任是基于合同不成立或无效或被撤销而产生,违反的是先合同义务,而合同责任是基于合同有效存在为前提,违反的是合同义务;第二,缔约过失责任是一种法定责任,不能由当事人约定,而且责任方式仅是赔偿损失,而合同责任可以由当事人约定,如当事人在合同中可约定违约金的计算方法,且合同责任方式既有赔偿损失,也有支付违约金、强制实际履行等多种方式;第三,缔约过失责任赔偿范围仅限于信赖利益的损失,而在合同责任下,权利人还有权请求赔偿履行利益的损失;第四,缔约过失责任适用过错原则,而合同违约责任适用无过错责任。

---

① 韩世远:《合同法》,法律出版社2018年版,第166页。

② 《最高人民法院关于适用〈中华人民共和国民法典〉合同编通则若干问题的解释》第5条突破了合同的相对性,规定了第三人缔约过失责任,彰显了缔约过失责任信赖保护的宗旨。根据该条规定,第三人实施欺诈、胁迫行为,使当事人在违背真实意思的情况下订立合同,受到损失的当事人可以请求第三人承担赔偿责任;当事人亦有违背诚信原则的行为的,应根据各自的过错承担相应的责任。如果法律、司法解释对当事人与第三人的民事责任另作规定的,则依照其规定。

缔约过失责任也不同于侵权责任，两者的区别在于：第一，缔约过失责任以缔约双方因订立合同而产生的特殊信赖关系为前提，而侵权责任的发生不需要当事人之间存在任何关系，只要客观上发生了侵权行为，就在当事人之间产生损害赔偿关系；第二，缔约过失责任违反的是根据诚实信用原则而产生的先合同义务，而侵权责任违反的是不得侵犯他人的人身和财产权利的一般义务；第三，缔约过失责任以缔约方的过失为成立要件，而特殊侵权责任不以过失为主观要件；第四，缔约过失责任承担的是财产责任，而侵权责任承担的除了损害赔偿外，还有停止侵害、排除妨碍、消除影响等。

(3)缔约过失责任的适用。缔约过失责任主要适用于：第一，假借订立合同，恶意进行磋商。第二，故意隐瞒与订立合同有关的重要事实或者提供虚假情况。第三，泄露或者不正当地使用商业秘密或者其他应当保密的信息。《民法典》第501条规定，当事人在订立合同过程中知悉的商业秘密或者其他应当保密的信息，无论合同是否成立，不得泄露或者不正当地使用。泄露、不正当地使用该商业秘密或者信息，造成对方损失的，应当承担赔偿责任。第四，有其他违背诚实信用原则的行为。如在违反强制缔约义务等情形下，也产生缔约过失责任。

在上述情况下，过错一方应承担缔约过失责任，赔偿相对方因信赖合同成立和有效，但由于合同不能成立或无效或被撤销而遭受的信赖利益损失。过错方的赔偿范围包括直接损失和间接损失两种，其中直接损失是指受害人现有财产的减少，包括缔约费用、准备履行费用及其他财产损失如通信费用、赴缔约地的差旅费等，间接损失是指现有财产应增加而没有增加，如失去与第三人缔约的机会或失去比当前更有利条件下缔约的机会所遭受的损失。在缔约过失责任中，信赖利益是赔偿的基本范围，信赖利益的赔偿以不超过履行利益为限。

第四节　合同的履行

一、合同履行的概念和特点

合同履行是合同债务人全面地、适当地完成其合同义务，从而实现合同债权的目的。合同的成立是合同履行的前提和基础，合同效力是合同履行的依据。合同履行则是合同制度的核心。只有全面依据法律规定和合同的约定履行合同，才得以实现合同目的，使合同权利义务关系归于消灭。

合同的履行是针对合同内容的履行，履行形式多样，既可以是合同债务人的积极给付行为，也可以是消极的不作为，如禁止某些权利转让等，以实现合同的目的。合同履行期限届满是合同履行的前提条件，在合同履行期限届满之前，合同债务人有权拒绝债权人要求履行合同的要求，合同债权人有权拒绝受领债务人的给付。

合同的履行应依据合同的约定而作出的行为，合同存在明确约定的，合同债务人应严格按照合同约定的内容进行履行。合同就质量、价款或者报酬、履行地点等内容没有约定或者约定不明确的，可以协议补充；不能达成补充协议的，按照合同相关条款或者交易习惯确定。所谓“交易习惯”，一般可包括：(1)当事人之间在交易活动中的惯常做法；(2)在交易行为当地或者某一领域、某一行业通常采用并为交易对方订立合同时所知道或者应当知道的做法。对于交易习惯，由提出主张的当事人承担举证责任。[①] 我国《民法典》第511条就当事人因有关合同内容约定不明确的，作出规定：(1)质量要求不明确的，按照强制性国家标准履行；没有强制性国家标准的，按照推荐性国家标准履行；没有推荐性国家标准的，按照行业标准履行；没有国家标准、行业标准的，按照通常标准或者符合合同目的的特定标准履行。(2)价款或者报酬不明确的，按照订立合同时履行地的市场价格履行；依法应当执行政府定价或者政府指导价的，依照规定履行。(3)履行地点不明确，给付货币的，在接受货币一方所在地履行；交付不动产的，在不动产所在地履行；其他标的，在履行义务一方所在地履行。(4)履行期限不明确的，债务人可以随时履行，债权人也可以随时请求履行，但是应当给对方必要的准备时间。(5)履行方式不明确的，按照有利于实现合同目的的方式履行。(6)履行费用的负担不明确的，由履行义务一方负担；因债权人原因增加的履行费用，由债权人负担。《民法典》的上述规定起到弥补当事人约定不足的作用。

合同的履行是当事人全面完成合同义务的行为，不仅包括合同当事人按照合同约定完成合同义务，而且包括为履行合同义务而实施的准备行为和合同履行完毕的后合同义务。合同当事人应当遵循诚信原则，根据合同的性质、目的和交易习惯履行通知、协助、保密等义务。在合同的履行中，相互协作，对对方当事人的履行行为给予协助，包括但不限于及时通知、相互协助、予以保密等。

《民法典》第509条就合同的履行应贯彻绿色原则作出规定，当事人在履行合同过程中，应当避免浪费资源、污染环境和破坏生态，如出卖人应当按照约定的包装方式交付标的物；对包装方式没有约定或者约定不明确的，应当按照通用方式包装；没有通用方式的，应当采取足以保护标的物且有利于节约资源、保护生态环境的包装方式。又如在合同的债权债务终止后，当事人应当遵循诚信等原则，根据交易习惯履行通知、协助、保密、旧物回收义务等义务。

二、合同履行的主体

合同履行的主体是指履行合同债务和接受合同债务履行的人。合同债务人和合同债权人是履行合同义务的主体。《民法典》第532条规定，合同生效后，当事人不得因姓名、名称的变更或者法定代表人、负责人、承办人的变动而不履行合同义务。

在合同履行中，债权人、债务人以外的第三人也可以替代债务人向债权人作出履行或者替代债权人接受债务人的履行。

1.第三人向债权人履行

第三人向债权人履行是合同的履行主体的变化，是当事人约定在不变更合同当事人的情况下由第三人代债务人向债权人履行债务，但第三人并非合同当事人，只是按照合同的约定，代替债务人履行，亦不构成债务转移。在第三人履行的合同中，债权人不能拒绝第三人的履行，债务人也不能拒绝由第三人履行。[②]《民法典》第523条规定，当事人约定由第三人向债权人履行债务，第三人不履行债务或者履行债务不符合约定的，债务人应当向债权人承担违约责任。

2.第三人接受债务人履行

向第三人履行是指第三人代债权人受领债权，第三人接受债务人的合同履行，属于受领主

① 参见《最高人民法院关于适用〈中华人民共和国民法典〉合同编通则若干问题的解释》第2条。

② 王利明：《合同法》，中国人民大学出版社2021年版，第179页。

体的变化，而不是第三人成为合同当事人。第三人替代债权人接受合同的履行，第三人并不构成债权人的代理人，不适用代理的相关规定。在不真正利益第三人合同中，第三人不享有合同中的请求权，不能直接向债务人请求给付，若债务人不向第三人履行或不按照合同约定履行的，仍然是债务人向债权人履行负担义务。《民法典》第522条第1款规定，当事人约定由债务人向第三人履行债务，债务人未向第三人履行债务或者履行债务不符合约定，应对向债权人承担违约责任。

在真正利益第三人合同中，是为第三人利益订立的利他合同，第三人取得向债务人直接请求给付的权利。《民法典》第522条第2款规定，法律规定或者当事人约定第三人可以直接请求债务人向其履行债务，第三人未在合理期限内明确拒绝，债务人未向第三人履行债务或履行债务不符合约定的，第三人可以请求债务人承担违约责任；债务人对债权人的抗辩，可以向第三人主张。在真正利益第三人合同中，第三人享有的权利范围仅限于债权，而不包括撤销权、解除权等民事权利。[①] 债务人按照约定向第三人履行债务，第三人拒绝受领，除了债务人已经采取提存等方式消灭债务的以外，债权人有权请求债务人向自己履行债务。第三人拒绝受领或者受领迟延的，债务人有权请求债权人赔偿因此造成的损失的。[②]

3.第三人代为履行

第三人代为履行是指当债务届满履行期，债务人不履行债务的，因该不履行债务的行为有可能损害第三人利益的，第三人代债务人向债权人履行，以保全其合法利益。《民法典》第524条对第三人代为履行作出规定，债务人不履行债务，第三人对履行该债务具有合法利益的，第三人有权向债权人代为履行；但是，根据债务性质、按照第三人约定或者依照法律规定只能由债务人履行的除外。债权人接受第三人履行后，其对债务人的债转让给第三人，但是债务人和第三人另有约定的除外。可见，第三人代为履行，应满足一定的条件：(1)第三人是债务人及债务履行辅助人以外的人；(2)第三人对债务履行具有合法利益。合法利益建立在第三人对该债务的履行具有利害关系，且这种利益的享有具有正当性和合理性。一般而言，对履行债务具有合法利益的第三人包括但不限于：保证人或者提供物的担保的第三人；担保财产的受让人、用益物权人、合法占有人；担保财产上的后顺位担保权人；对债务人的财产享有合法权益且该权益将因财产被强制执行而丧失的第三人；债务人为法人或者非法人组织的，其出资人或者设立人；债务人为自然人的，其近亲属；以及其他对履行债务具有合法利益的第三人。[③] (3)第三人代债务人履行之后，债权人接受第三人履行的，其对债务人的债权转让给第三人，第三人对债务人享有该债权，可以向债务人主张该债权，除非债务人和第三人另有约定的除外。

但是，第三人代为履行存在例外情形：(1)根据债务的性质不能由第三人代为履行，如表演等具有人身专属性的以提供劳务内容的合同，必须由债务人本人履行，不能由第三人代为履行；(2)按照当事人的约定不得由第三人代为履行，当事人在合同中明确约定由债务人本人履行合同的，不得由第三人代为履行；(3)依照法律规定只能由债务人履行的，不得由第三人代为履行，如《民法典》第791条规定，建设工程主体结构的施工必须由承包人自行完成。法律作出明确规定的，只能由债务人本人履行，不能由债务人转给第三人代为履行。

---

① 参见《最高人民法院关于适用〈中华人民共和国民法典〉合同编通则若干问题的解释》第29条第1款。

② 参见《最高人民法院关于适用〈中华人民共和国民法典〉合同编通则若干问题的解释》第29条第2款、第3款。

③ 参见《最高人民法院关于适用〈中华人民共和国民法典〉合同编通则若干问题的解释》第30条第1款。

三、合同履行的期限

合同履行的期限是指债务人履行合同义务和债权人接受履行行为的期限。合同当事人可以约定一次性的债务履行，也可以约定分期履行。合同生效后，债务人应当在合同履行期限届满之前按照合同的约定履行合同债务，否则构成迟延履行或提前履行。合同履行期限按照合同约定的期限予以确认，合同没有约定或约定不明确的，当事人可以另行协议补充，如果补充协议不成的，应当根据合同的有关条款和交易习惯确定。按照《民法典》第511条规定，履行期限不明确的，债务人可以随时履行，债权人也可以随时请求履行，但是应当给对方必要的准备时间。

合同债务人在合同约定的履行期限届满后仍然未履行的，构成迟延履行并且承担违约责任。合同债务人在合同约定的履行期限届满之前提前履行的，按照《民法典》第531条的规定，债权人可以拒绝债务人提前履行债务，但是提前履行不损害债权人利益的除外。债务人提前履行债务给债权人增加的费用，由债务人负担。

四、合同履行的地点

合同履行的地点是指债务人履行债务和债权人受领债权的地点。合同履行的地点由合同当事人在合同中予以明确约定。合同没有约定或约定不明确的，当事人可以另行协议补充，如果补充协议不成的，应当根据合同的有关条款和交易习惯确定。按照《民法典》第511条的规定，合同履行地点不明确的，给付货币的，在接受货币一方所在地履行；交付不动产的，在不动产所在地履行；其他标的，在履行义务一方所在地履行。

五、合同履行的抗辩权

（一）同时履行抗辩权

1.同时履行抗辩权的概念

同时履行抗辩权是指双务合同的当事人没有先后履行顺序的，一方在对方履行之前有权拒绝对方的履行要求，一方在对方履行债务不符合约定时，有权拒绝其相应的履行要求。在合同当事人互为给付义务的双务合同中，当事人双方互为权利义务关系，彼此所负的债务具有关联性，倘若一方不履行自己义务，不仅使对方权利不能实现，而且直接影响到对方义务的履行。因此，合同没有约定先后履行顺序时，当事人双方应当同时履行各自的给付义务。我国《民法典》基于诚实信用原则确立同时履行抗辩权，其根本目的在于维持双方当事人在利益关系上的公平，因为一方当事人在不履行自己所负义务时，要求对方履行义务，有悖于公平原则。

2.同时履行抗辩权的适用条件

（1）须当事人双方之间存在有效的双务合同，双方互负债务。首先，同时履行抗辩权仅适用于双务合同（如买卖、租赁、承揽、保险、劳动合同等），而不适于单务合同（如无偿保管等）和不完全的双务合同（如委任合同等）。其次，同时履行抗辩权必须基于同一双务合同而产生互为对价的两个债务。如果双方的债务基于两个或两个以上双务合同而产生，即使在事实上具有密切关系，也不得主张同时履行抗辩权。第三，当事人互负债务，才能行使同时履行抗辩权。“互负债务”是双方互负债务具有对价关系，该对价关系并不要求双方债务在经济上必须等价，而是强调互负债务具有互为条件、互为牵连的关系。

（2）须双方互负的债务均已届清偿期，且没有先后履行顺序。当事人互负债务，有先后履行顺序的，不适用同时履行抗辩权。只有当事人互负债务均已到履行期限，为保证双方当事人所负的债务同时履行，才能行使同时履行抗辩权。

(3)须对方未履行债务或未按照约定正确履行债务。合同一方向对方请求履行债务时，须自己已履行债务，若自己未履行债务，对方则可主张同时履行抗辩权。合同一方未按照约定正确履行债务，致使合同目的无法实现或者当事人另有约定的，合同对方也可行使同时履行抗辩权。[①] 但是，一方履行债务部分有瑕疵的，另一方也只能就有瑕疵部分行使相应的同时履行抗辩权。

(4)须对方的对待给付是可能履行的义务。同时履行抗辩权制度的根本目的在于促使双方当事人同时履行其债务。倘若对方当事人已丧失履行的可能性，则要求对方同时履行就毫无意义，也就不发生同时履行抗辩权的问题。

(5)一方的不履行或履行不当须为该方当事人的过错所致。若非因当事人过错如不可抗力而导致一方不履行或履行不当的，不发生同时履行抗辩权。

3.同时履行抗辩权的效力

同时履行抗辩权属于延期抗辩权，而非永久性的抗辩权，其作用一般只是阻止对方当事人的请求权发生效力，或者使对方当事人的请求权延期生效，并没有产生消灭对方请求权的效力。当一方当事人完全履行了合同义务或为履行提供担保时，同时履行抗辩权消灭，对方当事人也应当履行自己的义务。同时履行抗辩权依其性质应由当事人自己行使，法院或仲裁机构不会主动依职权加以适用。[②] 当事人一方起诉请求对方履行债务，被告主张同时履行的抗辩且抗辩成立，被告未提起反诉的，法院应当判决被告在原告履行债务的同时履行自己的债务，并在判项中明确原告申请强制执行的，法院应当在原告履行自己的债务后对被告采取执行行为；被告提起反诉的，法院应当判决双方同时履行自己的债务，并在判项中明确任何一方申请强制执行的，法院应当在该当事人履行自己的债务后对对方采取执行行为。[③]

当事人行使同时履行抗辩权往往会导致合同迟延履行，但正当行使同时履行抗辩权并不构成违约。当事人违反同时履行抗辩权的适用条件滥用该抗辩权，该行为构成违约，因此造成对方损害的，应承担赔偿责任。

(二)后履行抗辩权

1.后履行抗辩权的概念

后履行抗辩权是指在双务合同中，负有先履行的一方当事人届期未履行义务或者履行义务不符合约定的情况下，负有后履行义务的当事人为了保护自己的合同利益，可以拒绝履行自己相应的义务。后履行抗辩权本质上是对违约的救济，可称为违约救济权。[④] 关于后履行抗辩权，各种著作和教材对其称谓不同，有的称“先履行抗辩权”“顺序履行抗辩权”等，其区别在于侧重点不同，而不在于其实质内容。

---

① 《最高人民法院关于适用〈中华人民共和国民法典〉合同编通则若干问题的解释》第 31 条第 1 款规定：“当事人互负债务，一方以对方没有履行非主要债务为由拒绝履行自己的主要债务的，人民法院不予支持。但是，对方不履行非主要债务致使不能实现合同目的或者当事人另有约定的除外。”

② 谢鸿飞：《合同法学的新发展》，中国社会科学出版社 2014 年版，第 288 页。

③ 《最高人民法院关于适用〈中华人民共和国民法典〉合同编通则若干问题的解释》第 31 条第2 款。

④ 李少伟、张晓飞：《合同法》，法律出版社 2021 年版，第 130 页。

2.后履行抗辩权的适用条件

(1)须双方当事人因双务合同而互负债务。双方当事人因同一合同互负债务,在履行上存在关联性,形成对价关系,才能发生后履行抗辩权。

(2)双方当事人互负的债务有先后履行顺序,且后履行一方的债务已届清偿期。无论根据法律规定还是依照合同的约定,合同双方互负的债务必须有先后顺序时,才能适用后履行抗辩权。同时,后履行一方的债务必须已到期,否则不存在后履行一方拒绝其履行的可能。

(3)先履行合同债务一方不履行债务或履行债务不符合约定或法律规定。后履行抗辩权的行使是对先履行合同义务一方当事人违约的抗辩,因此,只有先履行一方不履行债务或履行债务不符约定或法律规定时,后履行一方才能行使后履行抗辩权。①

(4)先履行一方当事人应当履行的债务是可以履行的。若先履行一方的债务已不可能被履行,则无从谈及后履行抗辩权。同时,先履行一方的不履行或履行不当系先履行方的过错所致,若因不可抗力等导致先履行一方不履行或履行不当的,也不存在后履行抗辩权。

3.后履行抗辩权的效力

后履行抗辩权属于延期的抗辩权,只是产生后履行一方暂时中止履行自己的给付义务的后果,并不产生消灭合同的效力。当先履行一方采取补救措施,完全地、正确地履行合同义务后,后履行抗辩权也就消灭,后履行一方应履行其债务。当然,后履行抗辩权的行使并不影响后履行一方就先履行一方违约而主张违约责任。同时,后履行一方因行使后履行抗辩权而造成迟延的,后履行一方并不因此承担违约责任,由此造成迟延履行的责任应由先履行一方承担。

(三)不安抗辩权

1.不安抗辩权的概念

不安抗辩权是指双务合同成立后,应当先履行的当事人有证据证明对方当事人不能履行义务,或者存在不能履行合同义务的可能或危险时,在对方没有履行或者没有提供担保之前,有权中止履行其合同义务。不安抗辩权不同于后履行抗辩权,是先履行一方有证据证明对方存在不能对待给付的危险时行使的一种自助权利。

2.不安抗辩权的适用条件

(1)双方当事人因同一双务合同而互负债务,且这两项债务具有对价关系。

(2)必须是负有先履行义务的一方当事人才有权享有不安抗辩权。不安抗辩权发生在有先后履行顺序的双务合同,当先履行一方在其预期利益存在不能实现的危险时享有的履行抗辩权,因此只有先履行义务的一方才有权享有不安抗辩权。

(3)后履行债务的一方当事人的债务尚未届履行期限,且这一方当事人履行能力明显降低,存在不能履行或可能不能履行的情形。首先,不安抗辩权是在合同成立后,履行期限届满前,因后履行一方存在不能对待给付的现实危险时产生。若在合同成立时,后履行一方已不能履行,或履行期限届满后,后履行一方不能履行,则无行使不安抗辩权的必要。其次,先履行一方有确切证据证明后履行一方存在不能履行或可能不能履行的情形,否则,当事人没有证据而

① 合同当事人一方的履行请求权会受到后履行抗辩权的制约,《最高人民法院关于适用〈中华人民共和国民法典〉合同编通则若干问题的解释》第31条第3款对此在实体法和程序法之间作了衔接,该款规定:"当事人一方起诉请求对方履行债务,被告依据民法典第五百二十六条的规定主张原告应先履行的抗辩且抗辩成立的,人民法院应当驳回原告的诉讼请求,但是不影响原告履行债务后另行提起诉讼。"

随意中止履行其债务的，应当承担违约责任。根据《民法典》第527条的规定，应当先履行债务的当事人，有确切证据证明对方有下列情形之一的，可以中止履行：①经营状况严重恶化。通常认为，经营状况严重恶化是指后履行一方因经营不善，已陷入破产或资不抵债或履行资金明显减损的状况。[①] ②转移财产、抽逃资金以逃避债务。③丧失商业信誉。丧失商业信誉是指一方当事人长期性地或多次不履行或不能履行合同义务，在商业行为上给他人感觉其履行能力明显降低，存在不能对待给付的现实危险。④有丧失或可能丧失履行债务能力的其他情形。如企业产品市场行情突变，导致后履行一方企业经营资金出现困难，履约能力受到影响，先履行一方可中止自己的履行。

(4)后履行债务的一方当事人未提供适当担保。后履行一方的履行能力明显降低，存在不能对待给付的现实危险，又未能提供与其应履行债务的义务相当的担保，则危及先履行一方当事人的债权实现，因此，先履行一方有必要行使不安抗辩权。

3.不安抗辩权的效力和行使

《民法典》第528条规定，当事人行使不安抗辩权中止履行的，应当及时通知对方。对方提供适当担保时，应当恢复履行。中止履行后，对方在合理期限内未恢复履行能力并且未提供适当担保的，视为以自己的行为表明不履行主要债务，中止履行的一方可以解除合同并且可以请求对方承担违约责任。因此，不安抗辩权的行使，应由先履行一方举证证明后履行一方存在不能履行或可能不能履行合同的确切证据，同时，先履行一方应及时通知对方，通知内容包括中止履行的意思表示、给予后履行一方提供担保的合理期限及恢复履行的条件等，通知方式一般以明示形式。后履行一方若及时提供担保的，先履行一方应恢复履行。后履行一方在合理期限内没有恢复履行能力，且未提供担保的，中止履行的一方可以解除合同。

第五节　合同的解释

一、合同解释的概念

合同解释是指运用各种解释规则和方法，确定合同条款的真实含义，探究合同当事人的意思表示，以明确双方的权利义务。合同解释的根本目的在于使含糊不清、模棱两可或相互矛盾的合同内容归于具体、明确，以利于当事人因合同文本的不同理解而导致的纠纷得到合理妥善的解决。

合同解释的主体有广义和狭义之分。广义上讲，任何人均有权对合同及其相关资料的含义进行分析和说明，不仅包括合同当事人对所订立的合同进行解释，而且包括发生合同纠纷后，仲裁机关和法院及其有关证人、鉴定人、诉讼代理人、专家学者等，从不同角度对合同进行解释。狭义而言，合同解释的主体仅指受理合同纠纷的法院或仲裁机构对合同及其相关资料的含义作出具有法律拘束力的分析和说明，即为有权解释，真正具有法律意义上的解释是指有权解释，其他人对合同及其相关资料所作的分析和说明，属无权解释，不具有法律拘束力。从合同解释所固有的清晰合同内容、弥补合同漏洞以及界定当事人之间权利义务的目的出发，合

---

① 郭明瑞：《合同法通义》，商务印书馆2020年版，第128页。

同解释可分为：合同的内容解释、合同的补充解释和合同的修正解释。[①] 合同的内容解释是指对当事人所订立之合同的内容以及合同条款文字的含义进行解释，属于阐释性的解释。合同的补充解释是指通过合同的解释，对合同当事人的权利义务关系不明确部分所欠缺意思进行补充。合同的修正解释是指法院或仲裁机构在合同的内容违背公平原则或者有其他不适当的情形下，通过解释对合同的内容作实质性的修正，使之趋于公平与适当。本书所称合同解释主要是指合同的内容解释，兼顾合同的补充解释和修正解释。

二、合同解释的规则

合同解释的规则是指导解释合同的客观准则。按照《民法典》第142条、第466条的规定，当事人对合同条款的理解有争议的，应当按照合同所使用的词句，结合合同的有关条款、合同的性质和目的、交易习惯以及诚实信用原则，确定该条款的真实意思。合同文本采用两种以上文字订立并约定具有同等效力的，对各文本使用的词句推定具有相同含义。各文本使用的词句不一致的，应当根据合同的相关条款、性质、目的以及诚信原则等予以解释。《最高人民法院关于适用〈中华人民共和国民法典〉合同编通则若干问题的解释》第1条第1款采用了动态立法技术，对《民法典》第142条和第466条进行了细化，规定解释合同条款时，应当以词句的通常含义为基础，结合相关条款、合同的性质和目的、习惯以及诚信原则，参考缔约背景、磋商过程、履行行为等因素确定争议条款的含义。就此，合同解释应遵循以下规则：

（一）文义解释规则

文义解释是指通过解释合同所使用的文字词句的含义来确定当事人的真实意思。由于合同条款由语言文字组成，所以确定合同条款的真实含义，必须首先揭示合同条款词句的意义。采用文义解释时应当从词句的通常含义来理解，但是如果有证据证明当事人之间对合同条款有不同于词句的通常含义的其他共同理解则采用该共同理解。[②] 一些词句在不同的场合可能表达不同的含义，因此，采用文义解释合同时不能拘泥于文字本身，而应该结合与交易有关的环境因素，从语法、逻辑的角度探究当事人订立合同的真实意思表示。

（二）体系解释规则

体系解释又称整体解释，是指将全部合同条款视为合同统一整体，从各个合同条款及构成部分的相互关联、在合同中所处的地位和总体联系上分析和阐明当事人有争议的合同条款用语的含义。体系解释规则要求将合同条款置于合同的整体之中，不能孤立地看待某个合同条款，坚持在同一个合同中的概念用语含义的统一性，不局限于合同文本的词句，结合合同其他条款及与该合同有关的合同草案、谈判记录、信件、电报、传真等文件，准确地确定该合同条款的意思。

（三）参照交易习惯解释规则

所谓交易习惯是指人们在长期反复实践的基础上形成的，在某一地域、某一行业经济交往中普遍采用的方法、做法，成为大多数从事交易者所认同和遵从的规则。交易习惯为法律所认可，且不违反法律的强制性规定和禁止性规定，为合同当事人双方所知道或应当知道且不明示排斥。参照交易习惯规则解释合同，则是指在合同文字或条款的含义发生歧义时，按照交易习惯予以明确和补充。交易习惯就其范围而言，包括一般习惯（通行全行业或全国的习惯）、特殊

---

① 郑云瑞：《合同法学》，北京大学出版社2021年版，第291页。

② 《最高人民法院关于适用〈中华人民共和国民法典〉合同编通则若干问题的解释》第1条第2款。

习惯(地域习惯或特殊群体习惯)和当事人之间的习惯。[①] 在合同没有明示的情况下,合同解释的效力依序是:当事人之间的习惯优先适用于特殊习惯,特殊习惯优先适用于一般习惯。

(四)诚实信用原则

诚实信用原则是民法的最高指导原则,不仅贯穿于合同的订立至合同的终止整个过程,而且要求在合同解释中,应以诚实、公平、善意来探究当事人的真意,以平衡双方当事人的利益,不偏袒任何一方。对于显失公平的合同条款,或合同当事人双方地位悬殊时,应作出有利于处于弱势地位当事人的解释。《民法典》第 498 条规定,对格式条款的理解发生争议的,应当按照通常理解予以解释。对格式条款有两种以上解释的,应当作出不利于提供格式条款一方的解释。《最高人民法院关于适用〈中华人民共和国民法典〉合同编通则若干问题的解释》第 2 条第 3 款规定,对合同条款有两种以上解释,可能影响该条款效力的,人民法院应当选择有利于该条款有效的解释;属于无偿合同的,应当选择对债务人负担较轻的解释。

(五)符合合同目的的解释规则

当事人以合同条款为载体来确定相互间的权利义务关系,以达到其预定的经济或社会的目的。符合合同目的解释规则,是指合同的解释应符合当事人缔约的目的。这种合同的目的应是当事人双方在合同中通过一致的意思表示来确定,若当事人双方内心所欲达到的目的不一致,则从双方均已知或应知的表示于外部的目的而加以明确。符合合同目的的解释规则可以印证文义解释、体系解释、参照交易习惯的解释是否正确。合同目的应被认为是当事人真意的核心,是合同解释的最高准则。[②] 当合同条款出现两种以上的解释时,应当以符合当事人订立合同的目的的解释为准。

(六)针对不同合同条款效力强弱的解释规则

对不同合同条款的解释,可遵循以下规则:第一,特殊用语优于一般用语。在合同中,如当事人采用其所知悉的特殊用语表达合同条款,应优先适用特殊用语进行解释。第二,种类限制解释。对表示范围的合同条款词句,应作限制解释,如合同条款采用"等"之类文字,应解释为与所列事项属同一种类;如合同条款列举具体事项,其后没有采用"等"之类的文字,应仅限于所列事项。第三,特别约定优先于标准条款。当合同条款中既有当事人特别约定条款,又有标准条款,而两者出现矛盾时,应以特别约定条款为准。第四,手写体条款优于印刷体或打印的条款。一般而言,手写体条款已否认了印刷体或打印条款的效力,是当事人之间的一种个别协商。因此,当手写体条款与印刷体条款或打印条款发生矛盾时,应优先适用手写体条款进行解释。第五,合同书面条款优于口头。书面合同证据效力优于口头合同,当书面合同有明确记载,而口头合同与之矛盾时,应优先适用书面合同。第六,行为效力优于书面文字效力。合同订立后,当事人的实际行为与合同规定相悖,且双方已认可,应视为当事人行为对合同的书面规定作出变更,行为效力优先。第七,明示条款优于默示条款。第八,加贴或批注条款优于基本条款。合同基本条款后附加贴或批注内容,这些加贴或批注条款若与基本条款发生冲突,应优先适用。

(七)不同合同文本的解释规则

当事人订立合同时,应约定合同使用的文字。在合同使用两种或两种以上的文字时,当事人应约定每种文字组成的合同文本的法律效力。在解释不同文字组成的合同文本的法律效力

---

① 《最高人民法院关于适用〈中华人民共和国民法典〉合同编通则若干问题的解释》第 2 条第 1 款。

② 徐涤宇:《合同法学》,高等教育出版社 2020 年版,第 146 页。

时，首先根据当事人的约定来确定，如当事人可在某些合同中约定，中文的合同文本效力优于英文的合同文本的效力。若当事人约定不同文字的合同文本具有同等效力的，但当事人对各文本使用的词句在理解上不一致时，应遵循以下解释规则：

第一，推定解释。合同文本采用两种以上文字订立并约定具有同等效力的情况下，对各合同文本所使用的词句推定具有相同的含义。

第二，目的解释。文本使用的词句含义不一致，按照订立合同的目的予以解释。

第六节　合同的解除

一、合同解除的概念

合同解除是指合同有效成立后，具备解除条件时，因当事人一方或双方的意思表示而使合同权利义务关系自始或者向将来消灭的行为。

合同解除具有以下法律特征：

(1)合同解除适用于有效成立的合同。对于欠缺有效要件的无效合同或当事人意思表示不真实的可撤销合同，不发生合同解除。

(2)合同解除必须具备解除条件。合同有效成立后，具有法律约束力，当事人非依法律规定或双方协议不得擅自解除合同。合同解除的条件可以是法定的，也可以是约定的。

(3)合同解除必须有解除行为。合同解除条件只是合同解除的前提，具备解除条件的，合同并不当然自动解除。合同的解除还应具有当事人的解除行为，包括当事人双方协商同意解除或主张解除合同的一方向对方发出解除的意思表示，才能达到合同解除的法律后果。

二、合同解除的种类

(一)法定解除

合同解除有法定解除和约定解除之分。法定解除是指合同生效后，没有履行或未履行完毕前，当事人在法律规定的解除条件出现时，行使解除权而使合同关系消灭。法定解除必须因发生法律规定的解除条件而解除合同，它适用于所有合同的条件(即一般法定解除)，也适用于特定合同的条件(即特别法定解除)。法定解除的主要特征在于权利人根据法律所规定的合同解除条件来行使解除权而解除合同，与约定解除既有联系，又有区别。两者的联系在于法定解除没有排除约定解除的适用，当事人可以通过约定来补充法定解除的条件，如因不可抗力导致不能实现合同目的的，属于《民法典》规定的法定解除范围，但当事人可通过协商约定不可抗力的具体范围。两者的区别在于，法定解除是解除权人在出现法律所规定的解除条件时作出解除合同的意思表示，是单方法律行为。而约定解除，无论是当事人双方通过协商解除合同，还是采用约定解除条件而当解除条件成就时，解除权人解除合同的方式，在合同中都需要当事人双方的合意，仅有一方当事人的意思表示，不能导致合同的解除。

根据《民法典》第 563 条的规定，有下列情形之一的，当事人可以解除合同：

(1)因不可抗力致使不能实现合同的。所谓不可抗力是指不能预见、不能避免且不能克服的客观情况，结合我国司法实践，通常包括自然灾害、战争、社会异常事件、政府行为等。

(2)在履行期限届满之前,当事人一方明确表示或者以自己的行为表明不履行主要债务[①]。当事人在履行期限届满之前,无论是明示还是默示方式表明其拒绝履行合同主要义务的,均构成预期违约。预期违约将导致非违约方的履行利益受损,为及时补救非违约方的损失,法律允许其通过解除合同的方式来主张对违约的救济。

(3)当事人一方迟延履行主要债务,经催告后在合理期限内仍未履行。迟延履行广义上讲包括债务给付迟延和债权受领迟延,但《民法典》相关条款只规定当债务人迟延履行主要债务时,经债权人催告,并给予债务人一段合理的期限催其继续履行,但债务人仍不履行的,债权人可解除合同。

(4)当事人一方迟延履行债务或者其他违约行为致使不能实现合同目的。债务人未能在合同规定的履行期限内履行合同义务,若严重影响债权人订立合同所期望的利益,致使债务人继续履行对债权人无意义的情况下,债权人因合同目的无法实现,可以解除合同。对于债务人除迟延履行外的其他违约行为,如履行不能、拒绝履行、履行不当致使不能实现合同目的的,债权人也可解除合同。

(5)法律规定的其他情形。所谓"法律规定的其他情形"是指其他法律针对特定类型的合同所规定的解除条件。如合同当事人一方行使不安抗辩权,中止履行后,对方在合理期限内未恢复履行能力且未提供适当担保时,中止履行的一方可以解除合同。又如分期付款的买受人未支付到期价款的金额达总额的1/5时,出卖人有违约解除权。

(二)约定解除

约定解除是指当事人根据协商或双方约定的条件解除合同。《民法典》第562条规定:"当事人协商一致,可以解除合同。当事人可以约定一方解除合同的条件。解除合同的事由发生时,解除权人可以解除合同。"由此可见,约定解除可分为协商解除与约定解除权的解除。

1.协商解除

协商解除又称协议解除、合意解除,是指合同有效成立后完全履行前,当事人双方通过协商同意而解除合同的行为。协商解除是基于当事人双方的合意,不以约定或法定的解除权为必要,适用于合同有效成立后的各种情况,当事人双方通过协商而达成解除原订合同的协议,该协议实质上是订立一个解除原合同的新合同。《最高人民法院关于适用〈中华人民共和国民法典〉合同编通则若干问题的解释》第52条规定:"当事人就解除合同协商一致时未对合同解除后的违约责任、结算和清理等问题作出处理,一方主张合同已经解除的,人民法院应予支持。但是,当事人另有约定的除外。有下列情形之一的,除当事人一方另有意思表示外,人民法院可以认定合同解除:(一)当事人一方主张行使法律规定或者合同约定的解除权,经审理认为不符合解除权行使条件但是对方同意解除;(二)双方当事人均不符合解除权行使的条件但是均主张解除合同。前两款情形下的违约责任、结算和清理等问题,人民法院应当依据民法典第五百六十六条、第五百六十七条和有关违约责任的规定处理。"协商解除虽然是当事人意思自治的体现,但是其也有一定限制,即当事人达成的解除合同的协议不得违反法律、行政法规的强制性规定,不得损害国家利益和社会公共利益,否则,协商解除将不能发生法律效力。

2.约定解除权的解除

约定解除权的解除是指当事人双方在合同中约定一定的解除合同条件,合同有效成立后完全履行前,当解除合同的条件成就时,由解除权人行使解除权解除合同的行为。约定

① 主要债务是指能够影响合同目的实现的债务。

解除权的解除是当事人事先在合同中约定解除条件，所以，解除权的设立是当事人通过协商设定的合意结果，必须符合法律规定的合同生效条件，否则，解除权的设立不发生法律效力。

三、解除权的行使

行使解除权是以当事人享有解除权为前提。解除权包括法定解除权和约定解除权，从性质上而言是形成权，享有解除权的一方当事人将解除合同的意思表示送达到合同另一方当事人，就发生合同解除的法律效果。

当事人行使解除权，应当按照以下程序进行：

(1)法律规定和当事人约定的解除合同的条件成就时，解除权人即可解除合同。解除合同是单方法律行为，只要解除权人的单方意思表示即可成立，无须对方当事人的同意。

(2)当事人一方行使解除权应当以口头或书面方式通知对方当事人。虽然，行使解除权只需解除权人的单方意思表示，但当事人行使解除权，必然引起合同的权利义务关系的终止，因而直接影响到对方当事人的权益。因此，当事人根据约定解除权或法定解除权主张解除合同时，应当通知对方，合同自通知到达对方时解除。通知载明债务人在一定期限内不履行债务则合同自动解除。对方当事人接到解除合同的通知后，认为不符合法定解除权或约定解除权的条件而不同意解除合同的，可请求人民法院或者仲裁机构否认解除合同的效力。当事人一方以通知方式解除合同，并以对方未在约定的异议期限或者其他合理期限内提出异议为由主张合同已经解除的，人民法院应当对其是否享有法律规定或者合同约定的解除权进行审查。经审查，享有解除权的，合同自通知到达对方时解除；不享有解除权的，不发生合同解除的效力。[①] 当事人一方未通知对方，直接以提起诉讼的方式主张解除合同，撤诉后再次起诉主张解除合同，人民法院经审理支持该主张的，合同自再次起诉的起诉状副本送达对方时解除。但是，当事人一方撤诉后又通知对方解除合同且该通知已经到达对方的除外。[②]

(3)法律、行政法规规定解除合同应当办理批准或登记等有关手续的，还应依法办理相关手续，才能发生法律效力。

(4)当事人必须在法律规定或者当事人约定解除权行使期限内及时行使解除权，否则期限届满当事人不行使的，将丧失解除权。由于合同解除权的行使，将引起合同关系的重大变化，而享有解除权的当事人长期不行使解除权，会使合同关系处于不确定状态，所以，解除权必须在一定期限内行使。法律规定或者当事人约定的行使期限届满而当事人不行使解除权的，解除权消灭。法律没有规定或当事人没有约定行使期限的，一方当事人可以催告享有解除权的对方当事人及时行使解除权，经催告享有解除权的当事人在合理期限仍不行使解除权的，解除权消灭，合同关系依然存在，当事人仍按照合同约定履行合同义务。

四、合同解除的法律后果

合同解除的后果是合同所生债权债务关系的消灭。合同解除是否具有溯及力，《民法典》做了灵活的规定，其第566条规定：“合同解除后，尚未履行的，终止履行；已经履行的，根据履行情况和合同性质，当事人可以要求恢复原状或者采取其他补救措施，并有权要求

---

① 《最高人民法院关于适用〈中华人民共和国民法典〉合同编通则若干问题的解释》第52条规定。

② 《最高人民法院关于适用〈中华人民共和国民法典〉合同编通则若干问题的解释》第54条规定。

赔偿损失。合同因违约解除的，解除权人可以请求违约方承担违约责任，但是当事人另有约定的除外。主合同解除后，担保人对债务人应当承担的民事责任仍应当承担担保责任，但是担保合同另有约定的除外。"所以，合同解除的法律后果因有无溯及力而不同，具体表现为：

（一）尚未履行的，终止履行

合同解除无论有无溯及力，合同解除后，对于尚未履行的义务，终止履行。

（二）恢复原状

恢复原状是有溯及力的合同解除所具有的法律后果。恢复原状使基于合同所发生的债权债务关系全部溯及消灭，恢复到订立合同前的状态。它仅适用于合同已部分或全部履行的情况。如果合同没有开始履行则谈不上恢复原状问题。

恢复原状的范围包括：(1)返还财产。如果原交付的标的物存在的，应返还原物；如果原物不存在的，原物又是种类物，可以用同一种类物返还。(2)返还原物所产生的孳息。(3)支付一方在财产占有期间为维护该财产所花费的必要费用。(4)补偿因返还财产所支出的必要费用。当事人一方违约导致合同继续履行不可能或不必要，对方因此主张解除合同的，有权要求违约方赔偿因返还给付而发生的费用在内的违约行为所造成的损失。

但是，根据某些合同的性质和履行情况，不可能或不容易恢复原状的，则不必恢复原状。这些合同有：(1)以水、电、气等使用标的为内容的连续供应合同，对以往的供应不可能恢复原状；(2)以行为为标的合同(如劳务合同、仓储合同等)，给付人只能请求对方返还劳务相应的价金，难以要求返还已支付的劳务；(3)涉及善意第三人利益的合同(如委任合同等)。为保护善意第三人的合法权益，这些合同的解除不应具有溯及力，以利于交易的稳定和社会经济秩序的正常化。①

（三）采取其他补救措施

合同解除时，当事人一方已全部或部分地履行了债务，对方却未履行对待给付。倘若这种情况发生在合同解除有溯及力下，可采用上述的恢复原状方式处理；倘若这种情况发生在合同解除无溯及力下，由于解除前的合同关系依然有效，履行债务的当事人可以要求对方为对待给付，也可以要求对方当事人赔偿因合同解除所造成的损失。

（四）赔偿损失

合同解除后，对合同解除负有过错的一方当事人应赔偿对方的损失。合同的解除不影响当事人要求赔偿损失的权利。但赔偿损失的行使因合同解除方式的不同而有所不同。

1.协商解除与赔偿损失

若当事人双方在协商解除中免除一方的损害赔偿责任，任何一方无权在解除协议达成后再主张损害赔偿；若双方在协商解除中商定了赔偿数额，只要不违背法律规定，就应根据该约定确定赔偿责任；若双方在协商解除中没有商定赔偿数额的，赔偿范围一般包括：对方订立合同所支出的必要费用，对方因相信合同能够适当履行而做准备所支出的必要费用，对方因返还原物所支出的必要费用，对方因无法恢复原状而造成的损失等。

2.法定解除与赔偿损失

(1)不可抗力引起的解除。在不可抗力情况下，当事人双方均无过错，因此在合同解除后双方都无须承担赔偿责任。但一方当事人在不可抗力发生后，应当积极采取措施避免损失的

---

① 郭明瑞：《合同法通义》，商务印书馆 2020 年版，第 186 页。

进一步扩大，若没有采取措施的，应就扩大的损失部分自行承担责任。

(2)因根本违约或者经催告仍不履行义务而解除合同的，由于当事人一方存在违约行为，并给对方造成损失，当然应承担赔偿责任，但赔偿范围有所不同。如果在合同解除无溯及力的情况下，违约方应当赔偿另一方因违反合同所受到的损失；如果在合同解除有溯及力的情况下，违约方应当赔偿对方因订立合同、准备履行合同和恢复原状而支出的费用。

第17章

典型合同(一)

第一节　买卖合同

一、买卖合同的一般性规定

(一)买卖合同的概念和法律特点

买卖合同是出卖人转移标的物的所有权于买受人,买受人支付价款的合同。在买卖合同中,出卖财产的一方称为出卖人或卖方,接受财产并支付价款的一方称为买受人或买方。买卖合同具有以下法律特征:

(1)买卖合同是卖方将合同标的物所有权转移给买方,买方支付约定的价款的合同。买卖合同的最基本法律特点就在于出卖人将财产所有权转让给买受人,以此区别于租赁合同、借用合同、保管合同等转移财产使用权或移转占有权的合同。同时,出卖人并非无偿转让财产所有权,买受人须支付一定的价款为对价来取得财产所有权,这是买卖合同的有偿性,以此区别于赠与合同、互易合同。

(2)买卖合同是双务合同和诺成性合同。买卖合同是典型的双务合同,出卖人和买受人互负义务,互享权利。出卖人转移标的物所有权,但有权收取相应的价款;买受人获得标的物所有权,但必须支付相应的价款为对价。同时,买卖合同自双方当事人意思表示一致而达成协议时即为成立,不以交付合同标的物为成立要件,因此,买卖合同又是诺成性合同,而非实践性合同。

(3)买卖合同的标的物是法律允许流通的有体物,包括动产和不动产。对于知识产权、债权、土地使用权等其他财产权益转移的合同,一般不列入买卖合同的调整范围,而由其他合同类型进行规范。

(4)买卖合同一般为不要式合同,可采用口头或书面形式。对于即时清结、关系比较简单的以及在长期业务往来中形成的交易伙伴而订立的买卖合同,以口头形式为常见。对于关系复杂,法律、行政法规规定或当事人约定应采用书面形式订立买卖合同的,应采用书面形式。

(二)买卖合同当事人的权利和义务

1.出卖人的义务

(1)出卖人应当履行向买受人交付标的物或者交付标的物的单证,并转移标的物所有权的义务。

买卖合同中,买受人的目的在于取得标的物的所有权,所以,交付标的物并转移标的物所有权是出卖人最基本的义务。标的物交付可分为现实交付、拟制交付、简易交付和占有改定。

现实交付是指出卖人将标的物的占有直接转移于买受人，使标的物处于买受人的实际控制之下。[①] 拟制交付是指在标的物不转移占有的情况下，出卖人将标的物的有关的所有权凭证如仓单、提单、不动产所有权证书等交给买受人，以替代标的物的现实交付。简易交付是指买卖合同成立前，买受人已实际占有标的物时，标的物的交付自合同生效时完成。占有改定是指买卖双方约定由出卖人继续直接占有标的物而由买受人取得标的物的间接占有的交付方式。拟制交付、简易交付、占有改定和现实交付同样都会产生所有权移转的法律效力，我国法律均予以认可。出卖人在交付标的物之外，还应当根据约定或交易习惯向买受人交付提取标的物单证以外的有关单证和资料。这些单证和资料在国内买卖中通常包括商品检验合格证、使用说明书、保修卡，在国际贸易中还包括商业发票、海关发票、保险单、原产地证书、检疫证书、进出口许可证等。

出卖人应按照合同约定的期限交付标的物。若合同中约定的是一个交付期限的，出卖人可在该交付期限内的任何时间交付。若当事人没有约定交付期限或者约定不明确的，出卖人可随时交付标的物，买受人也可随时要求出卖人交付标的物，但应给予对方必要的准备时间。标的物在合同订立前已为买受人占有的，依简易交付，合同生效时间即为交付时间。

出卖人应按照合同约定的地点交付标的物。当事人没有约定交付地点或者约定不明确的，可订立补充协议加以明确或根据合同有关条款、交易习惯加以确定。上述方法仍无法确定交付地点时，标的物需要运输的，出卖人应将标的物交付给第一承运人或第一承运人指定的地点；标的物不需要运输的，若出卖人和买受人订立合同时知道标的物在某一地点的，出卖人应当在该地点交付标的物，若不知道标的物在某一地点的，出卖人应当在出卖人订立合同时的营业地交付标的物。

出卖人应按照合同约定的数量和质量交付标的物。出卖人多交标的物的，买受人可拒绝接受多交的部分，但应当及时通知出卖人。若买受人接收多交部分的，应按照合同的价格支付价款。出卖人少交标的物的，买受人有权要求出卖人继续交足，也可拒绝接受。

(2)出卖人对标的物承担瑕疵担保义务。瑕疵担保义务包括物的瑕疵担保和权利瑕疵担保。

物的瑕疵担保是指出卖人应担保其交付的标的物不存在可能使其价值或使用价值降低的瑕疵，以及担保标的物具备其通常或特殊约定的用途。对物的瑕疵，买受人除明知而仍接受的外，有权行使解除合同请求权、减少价金请求权和要求出卖人另行交付无瑕疵物的请求。因标的物的瑕疵致人身或财产损害的，出卖人还应承担损害赔偿责任。

权利瑕疵担保是指出卖人应担保标的物的所有权完全转移给买受人，担保所出卖的标的物不侵犯任何第三人的合法权益，任何第三人均不能对标的物提出权利要求。因出卖人对标的物无处分权或标的物上设有抵押权、质押权等担保物权或标的物侵犯第三人的专利权等知识产权，致使标的物被第三人追索或被第三人占有，阻碍了买受人完全享用标的物的所有权，出卖人应承担违反权利瑕疵担保义务的法律责任。《民法典》第 614 条规定："买受人有确切证据证明第三人可能就标的物主张权利的，可以中止支付相应的价款，但出卖人提供适当担保的除外。"出卖人对标的物的权利瑕疵担保责任原则上以买受人不知为条件，如果买受人订立合同时知道或应知道第三人对标的物享有权利而仍愿意接受交付的，出卖人不承担违反权利瑕疵担保责任。

① 郑云瑞：《合同法学》，北京大学出版社 2021 年版，第 305 页。

2.买受人义务

(1)支付价款的义务。买受人支付价款的义务是取得标的物所有权所应承担的对价,是买受人最基本的义务。第一,买受人应按照合同约定的数额支付价款。合同没有约定或约定不明确的,应由当事人协商订立补充协议,若协商不成的,可参照合同有关条款或交易习惯确定价款数额。上述方法仍然无法确定支付数额的,买受人应按照订立合同时的履行地的市场价格履行,如依法由国家政府定价的,应按照国家政府定价履行。第二,买受人应按照合同约定的地点支付价款。对支付地点没有约定或约定不明确的,当事人可协商补充或参照合同有关条款或交易习惯进行确定。若上述方法仍无法确定的,买受人应在出卖人的营业地支付,但约定交付价款以交付标的物或交付提取标的物单证为条件的,则在交付标的物或交付标的物单证的所在地支付。第三,买受人应按照合同约定的时间支付价款。对支付时间没有约定或约定不明确的,可补充协商或参照合同有关条款或交易习惯进行确定。若上述方法仍无法确定支付时间的,买受人应根据同时履行原则,在收到标的物或提取标的物单证的同时支付价款。买受人支付价款迟延时,除有义务继续支付价款外,还必须承担支付迟延的罚息。

(2)接受交付的义务。买受人应按照合同约定及时受领出卖人交付的标的物。因买受人过错未及时受领造成出卖人损失的,买受人应承担损害赔偿责任。但出卖人交付的标的物的质量不符约定致使不能实现合同目的的,买受人可拒绝接受标的物或解除合同。买受人拒绝接受标的物的,应通知出卖人。

买受人接收标的物后,应根据合同约定的标的物的质量要求或出卖人提供的有关标的物的质量说明来检验标的物。合同没有约定检验标准的,当事人可补充约定,仍无法达成补充协议的,可根据合同有关条款或交易习惯确定检验标准。若上述方法仍无法确定的,则按国家标准、行业标准确定。没有国家标准或行业标准的,按通常标准或符合合同目的的特定标准确定。买受人检验标的物应在约定的检验期间内进行。当事人没有约定检验期间的,买受人应及时检验。若买受人在检验期间内放弃检验的,视为标的物符合约定。若买受人经检验发现标的物的数量或质量不符合约定的,应及时通知出卖人。买受人怠于通知的,除出卖人知道或应当知道提供的标的物不符合约定的以外,视为标的物的数量和质量符合约定。对于当事人没有约定检验期间的,买受人应在发现或应当发现标的物的数量或质量不符合约定的合理期间内通知出卖人。买受人在合理期间内未通知或自标的物收到之日起两年内未通知出卖人的,视为标的物无瑕疵。但若标的物有质量保证期的,则适用质量保证期,而不适用上述两年的最长合理期间的限制。

(三)标的物风险责任的承担

在买卖合同中,标的物风险责任的承担是发生不可抗力或不可归责于当事人任何一方的事由等情况下发生标的物意外毁损或灭失的损失应由何方负担。标的物风险的承担与双方当事人的意志无关,若标的物毁损、灭失系一方当事人的过错造成,应根据过错原则确定责任,不适用风险责任的承担。

1.风险责任转移时间

《民法典》第 604 条规定:"标的物毁损、灭失的风险,在标的物交付之前由出卖人承担,交付之后由买受人承担,但法律另有规定或者当事人另有约定的除外。"可见,《民法典》原则上以标的物的交付时间作为风险责任转移时间,但允许当事人另行约定。同时,《民法典》对在途运输货物的风险转移做特别的规定,出卖人出卖交给承运人运输的在途标的物,除当事人另有约定的以外,标的物毁损、灭失的风险自合同成立时起由买受人承担。对于当事人没有约定交付地点或者约定不明确时，标的物需要运输的，出卖人将标的物交给第一承运人后，标的物毁损、灭失的风险由买受人承担；标的物不需要运输的，出卖人和买受人订立合同时知道标的物存放地点的，自出卖人在该地点交付标的物时起，风险责任自出卖人转给买受人承担；出卖人和买受人在订立合同时不知道标的物存放地点的，自出卖人将标的物在其订立合同时的营业地交货时起，风险责任由出卖人转给买受人承担。

2.合同当事人违约对风险责任转移的影响

出卖人所交付的标的物质量不符合要求，致使不能实现合同目的的，买受人可拒绝接受标的物或者解除合同。买受人拒绝接受标的物或者解除合同的，标的物毁损、灭失的风险仍由出卖人承担。因买受人拒不履行协助义务致使标的物不能按照约定的期限交付的，买受人应当自违反约定之日起承担标的物毁损、灭失的风险。出卖人已按照法律规定或合同约定将标的物置于交付地点，买受人违反约定没有收取的，标的物毁损、灭失的风险自违反约定之日起由买受人承担。出卖人按照约定未交付有关标的物的单证和资料的，不影响标的物毁损。灭失风险的转移。但是，标的物毁损、灭失的风险由买受人承担的，不影响因出卖人履行债务不符合约定，买受人要求出卖人承担违约责任的权利。

二、特种买卖合同

（一）试用买卖合同

试用买卖合同是指合同成立时出卖人将标的物交给买受人试用，买受人在试用期间内可以决定购买标的物或拒绝购买的一种特殊买卖合同。我国《民法典》规定了试用买卖合同。

试用买卖合同自双方当事人意思表示一致时成立，出卖人将标的物交付给买受人试用，买受人在试用期间届满同意购买标的物的，买卖合同发生法律效力，买受人应支付价款并取得标的物所有权，但买受人同意购买的意思表示不要求明示，试用期间届满，买受人对是否购买标的物未做表示的，视为购买。[①] 买受人拒绝购买标的物的，应将标的物退回，买卖合同不发生法律效力，但买受人拒绝购买的意思表示应是明示的，而不能是默示的。[②] 试用期间是试用买卖合同的重要条款，由双方当事人加以约定。当事人没有约定或者约定不明确的，由当事人协商订立补充协议，若当事人无法达成补充协议的，可根据合同的有关条款或交易习惯进行确定。上述方法仍无法确定试用期间的，由出卖人加以确定。

（二）货样买卖合同

货样买卖合同是指当事人约定以货物样品作为确定买卖标的物的品质标准的买卖。货样买卖合同的主要特点在于出卖人交付的货物应与当事人保留的样品及其说明具有相同的品质，否则构成违约行为。《民法典》第 635 条规定："凭样品买卖的当事人应当封存样品，并可以对样品质量予以说明。出卖人交付的标的物应当与样品及其说明的质量相同。"当事人在封存样品时，可采用语言、文字对样品质量进行说明。出卖人交付的标的物应当与样品及其说明的质量相同，否则应承担瑕疵担保责任。但是，凭样品买卖的样品存在隐蔽瑕疵而买受人不知情的，即使出卖人交付的标的物与样品相同，出卖人仍负有交付同种物通常标准的标的物的义务，否则，也应承担瑕疵担保责任。

---

① 郭明瑞等：《合同法新论分则》，中国政法大学出版社 1997 年版，第 47 页。

② 张新宝等：《买卖合同与赠与合同》，法律出版社 1999 年版，第 194 页。

(三)分期付款买卖合同

分期付款买卖合同是指当事人在订立合同时约定出卖人一次性交付标的物，买受人分期支付价款的买卖。它通常适用于不动产和某些高档耐用消费品的买卖中，是兼顾买卖双方利益的一种有效的促销手段。

在分期付款买卖中，标的物一次性交付，价款分期偿付，出卖人承担着价款不能全部回收的风险。为保障其收回价款，出卖人经常在合同中特别约定以下条款：

(1)保留所有权条款，即在买受人未全部支付价款之前，标的物的所有权仍归出卖人所有。

(2)设定抵押权条款，即在标的物上设置第一顺序的抵押权，以保证其债权的受偿。

(3)设立解除合同条款，即买受人未支付价款达到多少期或达到总价款的一定比例时，出卖人有权单方解除合同，并收回标的物。《民法典》第 634 条规定，分期付款的买受人未支付到期价款的数额达到全部价款的 1/5，经催告后在合理期限内仍未支付到期价款的，出卖人可以请求买受人解除合同。但由于标的物先期由买受人占有和使用，出卖人解除合同有时并未能达到恢复原状的效果，因此，出卖人解除合同时，还有权要求买受人支付该标的物的使用费，该使用费可相当于同期的租金。对于标的物已毁损、灭失的，买受人应当负赔偿责任以代替返还标的物；标的物的磨损程度超过正常使用的，买受人在返还标的物的同时还应予以适当的补偿。

(4)设立买受人期待利益丧失条款，即买受人未能支付到期价款达总价款的一定比例时，出卖人有权要求买受人一并支付未到期的剩余全部价款。《民法典》第 634 条规定，分期付款的买受人未支付到期价款的金额达到全部价款的 1/5 的，出卖人可以要求买受人支付全部价款。

(四)拍卖合同

拍卖是指以公开竞价的方式将特定物品或财产权利出卖给最高应价人的买卖方式，是一种特殊的买卖成交方式。参与拍卖法律关系的主体主要有拍卖人、委托人、竞买人、买受人等。有关拍卖合同的问题主要适用《中华人民共和国拍卖法》等法律规定。

拍卖须有拍卖委托，由委托人与拍卖人签订委托拍卖合同。委托人应当提供身份证明和拍卖人要求提供的拍卖标的物的所有权证明或依法有权处分拍卖标的物的证明及其他资料。拍卖标的既可以是物，也可以是权利。拍卖人应当在拍卖日前 7 日发布拍卖公告，该公告的法律性质为要约邀请，一般应载明以下事项：(1)拍卖标的；(2)拍卖的时间、地点；(3)拍卖物展示的时间、地点；(4)参与竞买应当办理的手续；(5)其他需要公告的事项。拍卖公告可以通过报纸、电视、广播、广告等媒体发布。拍卖人在拍卖前应按照公告公布的时间、地点向公众展示拍卖物，并提供察看拍卖物的条件及相关资料，展示的时间应在两日以上。拍卖师在拍卖前应宣布拍卖规则和注意事项。拍卖标的无保留价的，拍卖师也应在拍卖前予以说明。拍卖标的有保留价的，竞买人的最高应价未达到该价的，不发生法律效力。竞买人向拍卖人所作出的应买的意思表示性质上是要约，一经作出，不得撤回，竞买人应买的意思表示在其他人提出更有利的条件时即失去效力。采取现场拍卖、网络拍卖等公开竞价方式订立合同，竞买人的最高应价经拍卖师落槌、电子交易系统确认后，拍卖成交。拍卖师拍定的意思表示性质上属承诺。拍卖成交后，拍卖师与买受人签署成交确认书，当事人拒绝签订成交确认书的，人民法院应当依据拍卖公告、竞买人的报价等确定合同内容。①

① 《最高人民法院关于适用〈中华人民共和国民法典〉合同编通则若干问题的解释》第 4 条第 2 款。

(五)招标、投标合同

招标、投标买卖属于竞争缔约的买卖。招标是指招标人采取招标通知或招标公告的形式，向不特定的主体发出以吸引或邀请相对方发出要约为目的的意思表示，其法律性质上是要约邀请。投标是指投标人按照招标人提出的要求，在招标通知规定的期限内，向招标人发出以订立合同为目的包括具备足以使合同成立的必要条件的意思表示，投标从法律性质上是要约。招标、投标买卖则是指招标人公布买卖标的物的出卖条件，投标人参加投标竞买，招标人选定中标人的买卖方式。因此，投标人投标后必须有招标人的承诺，招标人在衡量投标人条件后选择中标人，买卖合同才得以成立。招标人的承诺主要表现为中标通知书，采用到达主义生效规则。招标合同成立后，当事人拒绝签订书面合同的，人民法院应当依据招标文件、投标文件和中标通知书等确定合同内容。[①] 关于招标、投标买卖的问题主要适用《中华人民共和国招标投标法》。

目前，招标、投标买卖方式主要有：(1)竞争性招标。它是招标人邀请符合条件的投标人参加投标，通过多个投标人竞争，选择其中对招标人最有利的投标人，达成交易，属于竞卖的方式。(2)谈判招标。该方式又称议标，是一种非公开的、非竞争性的招标，由招标人物色几家客商进行买卖合同谈判，谈判成功，则达成交易。(3)两阶段招标。这是采用技术标和价格标分离的两阶段方式。在第一阶段，招标人先就有关技术问题向供应商咨询，在此基础上制定招标说明书。而后进入第二阶段，接着通常的招标程序进行。

第二节　供用电、水、气、热力合同

一、供应合同的概念和法律特点

供应合同是指供应人将电、水、气、热力等提供给用户，用户支付价款的合同，是一类较为特殊的买卖合同，具有以下法律特点：

(1)供应人具有特定性。供应人只能是依法取得特定营业资格的供应企业，所涉行业具有独家经营性质，一般属垄断供应。

(2)合同标的物具有特殊性。供应合同是以电、水、气、热力为标的物，是生产、生活的必需品，关系到普通百姓生活和工农业生产，法律予以特别规制。

(3)合同条款具有确定性。由于供应合同内容的标准化和长期连续性，供应合同的用户又具有广泛性，因此，供应人与用户签订供应合同时经常使用格式条款，双方自由协定合同条款的余地极其有限。

(4)供应合同具有公用性、公益性和连续性。供用电、水、气、热力合同的供应人提供的公共服务，其消费对象是一般的社会公众，具有公用性。该类合同的主要目的在于满足人民日常生活需要，而不纯粹以供应方为营利，具有公益性。同时，合同目的的实现需要供应方持续不断地履行合同义务，为继续性合同。此类合同因各种原因终止之时，其效力仅向将来发生，而不溯及既往。

---

① 《最高人民法院关于适用〈中华人民共和国民法典〉合同编通则若干问题的解释》第4条第1款。

二、供应合同当事人的权利义务

《民法典》对供电合同当事人的权利义务作了明确的规定，第656条接着规定："供用水、供用气、供用热力合同，参照供用电的有关规定。"所以，这里主要介绍供用电合同当事人的权利义务。

(一)供电人的主要义务

(1)按照合同约定的时间、地点、数量、质量安全供电。在供电合同中对履行地点没有约定或者约定不明确的，以供电设施的产权分界处为履行地点。同时，供电人应当按照国家规定的供电质量标准和约定安全供电。若供电人所提供的电力不能达到国家规定的供电质量标准和合同的约定标准，且造成用电人损失的，应当承担损害赔偿责任。

(2)供电人因供电设施计划检修、临时检修、依法限电或者用电人违法用电等原因，需要中断供电时，应当按照国家有关规定事先通知用电人。未事先通知用电人而中断供电，造成用电人损失的，应当承担损害赔偿责任。

(3)因自然灾害等原因断电，供电人应当按照国家有关规定及时检修。未及时检修，造成用电人损失的，应当承担损害赔偿责任。

(4)指导和帮助用电人节约用电、安全用电，对用电人的安全用电工作进行督促检查，经常开展安全用电的宣传教育，普及安全用电常识。

(二)用电人的主要义务

(1)用电人应当按照国家有关规定和当事人约定及时交付电费。用电人逾期不交付电费的，应当按照约定支付违约金。经催告，用电人在合理期限内仍不交付电费和违约金的，供电人可以按照国家规定的程序中止供电。

(2)用电人应当按照国家有关规定和当事人约定安全用电。用电人未按照国家有关规定和当事人约定安全用电，造成供电人损失的，应当承担损害赔偿责任。

(3)用电人应按供电合同规定的用电时间、电量和规定的用途计划用电，不得擅自转供电，不准窃电。用电人需要超负荷用电或不能按照约定的时间用电的，应事先通知供电人。无正当理由超负荷用电或不能按照约定的时间用电的，用电人应当承担违约责任。

第三节 赠与合同

一、赠与合同的概念和法律特点

赠与合同是赠与人将自己的财产无偿给予受赠人，受赠人表示接受赠与的合同。给予财产的一方为赠与人，受领财产的一方为受赠人。赠与合同是财产所有权人依法处分自己财产的一种法律形式，有其法律特点：

(1)赠与是一种双方法律行为。赠与在赠与人和受赠人意思表示一致时才能成立，一方自愿赠与而另一方不愿接受，或者一方有接受赠与的意思表示而另一方不愿赠与的，赠与合同均不能成立。赠与合同因此不同于遗赠，遗赠是遗赠人单方意思表示即可成立的法律行为。

(2)赠与合同是单务合同、无偿合同。赠与合同原则上仅由赠与人单方履行义务如交付赠与物、转移财产所有权，受赠人无须承担对应义务，因此，赠与合同属单务合同。即使在附义务的赠与合同中，受赠人根据合同约定也须负担某种义务，但受赠人所负义务与赠与人所承担的义务之间不具有对应关系，故这时的赠与合同仍是单务合同。同时，受赠人在取得受赠财产的所有权时无须支付价款或为其他的对价给付，所以，赠与合同是无偿合同。

(3)赠与合同是诺成合同。在我国《合同法》颁布之前，民法界和审判实践一般认为赠与合同是实践合同。最高人民法院《关于贯彻执行〈中华人民共和国民法通则〉若干问题的意见(试行)》第128条规定，公民之间赠与关系的成立，以赠与物的交付为准。将赠与合同规定为实践合同，客观上赋予赠与人在交付赠与物之前反悔的权利，有利于保护赠与人的利益。《合同法》颁布后，根据第185条和第186条的规定，赠与合同是赠与人将自己的财产无偿给予受赠人，受赠人表示接受的合同。赠与人在赠与财产的权利移转之前，可以撤销赠与。可见，赠与合同是诺成合同，当事人意思表示即为成立，不以标的物的交付为条件。《民法典》的相关规定与上述相同。但赠与合同成立后，赠与人在赠与财产的权利移转之前可以撤销赠与，此规定实质上产生与实践性合同大致相同的法律后果。对于一些特别的赠与合同，如经过公证的赠与合同或依法不得撤销的具有救灾、扶贫、助残等公益、道德义务性质的赠与合同，赠与人不得撤销赠与，如果赠与人不交付赠与财产，受赠人可以请求交付，此乃典型的诺成合同。

二、赠与合同当事人的权利和义务

(一)赠与人的主要义务

(1)赠与人原则上不承担赠与财产的瑕疵担保责任，但在某些特殊的赠与合同中，须承担一般性瑕疵担保责任。由于赠与合同的单务性和无偿性，赠与人在一般情况下对赠与财产不承担瑕疵担保责任。但须以赠与人主观上无恶意为前提。若赠与人故意不告知瑕疵或保证无瑕疵，却造成受赠人损失的，应当承担损害赔偿责任。在附义务的赠与合同中，因受赠人在接受赠与财产的同时，应履行合同所附的义务，因此，赠与人应当在附义务的限度内承担瑕疵担保责任。

(2)赠与人承担交付赠与财产的义务。具有救灾、扶贫等社会公益、道德义务性质的赠与合同或经公证的赠与合同，赠与人在赠与合同成立后负有交付赠与财产的义务。其他一般性的赠与合同，赠与人在赠与合同成立后不愿交付赠与财产的，可以在赠与财产的权利移转之前单方撤销赠与，受赠人无权请求赠与人交付。赠与人的经济状况显著恶化，严重影响其生产经营或者家庭生活的，可以不再履行赠与义务。

(3)因赠与人故意或重大过失致使赠与财产毁损、灭失的，赠与人应承担损害赔偿责任。赠与合同成立后，受赠人对赠与财产享有期待利益，因赠与人故意或重大过失致使赠与财产毁损、灭失的，损害受赠人利益，赠与人对此应承担赔偿责任。

(二)受赠人的主要义务

在一般性的赠与合同中，受赠人无须承担任何义务。但在附义务的赠与合同中，受赠人必须依据合同的约定履行其相应的义务。受赠人不按照约定履行义务的，赠与人有权请求受赠人履行其义务或撤销赠与。

三、赠与合同的撤销

(一)任意撤销

在赠与合同中，当事人达成有关赠与事项的合意后，在赠与财产的权利转移之前，可以撤销赠与。这种撤销是根据赠与人的单方的意思表示，属任意撤销，无须具备条件。但具有救灾、扶贫等社会公益、道德义务性质的赠与合同和经过公证的赠与合同,不适用任意撤销。赠与合同被撤销后,赠与人无须交付赠与财产,受赠人也无权主张违约责任。

(二)法定撤销

法定撤销是在赠与合同依法成立,且赠与人已全部或部分交付赠与财产后,法律赋予赠与人单方行使撤销权。法定撤销不仅适用于一般性的赠与合同,而且也适用于具有救灾、扶贫等社会公益和道德义务性质的赠与合同或者经过公证的赠与合同或者受赠人附义务的赠与合同。《民法典》第663条规定,受赠人有下列情形之一的,赠与人可以撤销赠与:第一,严重侵害赠与人或者赠与人的近亲属;第二,对赠与人有扶养义务而不履行;第三,不履行赠与合同约定的义务。赠与人行使上述法定撤销权的,应自知道或应当知道撤销原因之日起1年内,超过1年的,撤销权消灭。因受赠人的违法行为致使赠与人死亡或者丧失民事行为能力的,赠与人的继承人或法定代理人也可撤销赠与。但赠与人的继承人或法定代理人应自知道或应当知道撤销原因之日起6个月内行使撤销权。

撤销权人在行使上述法定撤销权时,应以口头或书面方式通知受赠人。撤销权一经行使,将导致赠与合同关系的消灭。如果有部分赠与财产尚未交付,则不再交付;如果赠与财产已经交付,若原物尚存,可请求返还原物;若原物不存在,可请求返还同等价值的财产。对于受赠人利用赠与财产而取得收益的,也可一并请求返还。

第四节 借款合同

一、借款合同的概念和法律特点

借款合同是借款人向贷款人借款,到期返还借款并支付利息的合同,出借钱款的一方为贷款人,借入钱款的一方为借款人。借款合同主要包括贷款合同和民间借贷合同。贷款合同是指由金融机构作为贷款人将一定数量的货币提供给借款人,借款人到期返还相同数额的货币并支付利息的合同。民间借贷合同是指贷款人将一定数量的货币提供给借款人,借款人定期或不定期返还相同数额货币的合同。借款合同具有以下法律特点:

(1)贷款合同是转让货币所有权的合同。贷款合同的标的物是货币,包括人民币和外币。贷款人将约定的钱款交付给借款人后,借款人即取得该钱款的所有权,除了可以占有、使用、收益该钱款外,还有权依照约定处分该钱款。但在贷款期限届满时,借款人应返还该钱款并支付利息。

(2)借款合同一般是有偿合同,除法律另有规定和当事人另有约定的之外,借款应支付一定的利息。借款利率应当按照中国人民银行规定的借款利率的上下限确定。当事人约定的利率超过上限的,超过部分无效。《民法典》第680条规定,禁止高利放贷,借款的利率不得违反国家有关规定。借款合同对支付利息约定不明确,当事人不能达成补充协议的,按照当地或者当事人的交易方式、交易习惯、市场利率等因素确定利息;自然人之间借款的,视为没有利息。

(3)贷款合同一般是要式合同。《民法典》要求借款合同必须采用书面形式,但是自然人之间借款另有约定的除外。借款合同的主要条款包括借款种类、币种、用途、数额、利率、期限和还款方式等。

二、借款合同当事人的权利义务

(一)贷款人的权利和义务

1.贷款人的义务

金融机构的贷款合同的贷款人必须是经过中国人民银行及其分支机构批准的依法成立的政策性银行、商业银行、信用银行或其他金融机构。贷款合同一般实行专款专用制度。借款人应当按照约定的用途使用借款,否则贷款人可以停止发放借款、提前收回借款或解除合同。

(2)贷款人应当按照合同的约定按时、足额地向借款人发放贷款。贷款人不能按期、足额地提供贷款的,借款人有权请求贷款人支付违约金,因此造成借款人损失的,贷款人应予以赔偿。贷款人在提供的借款中不得预先扣除贷款违约金、保证金或利息。如果预先扣除的,借款人应按照实际借款的数额返还借款并计算利息。

(3)贷款人还应当对基于贷款事项而掌握的借款人的各项商业秘密承担保密的义务。

2.贷款人的权利

(1)贷款人的权利是在贷款期限届满时收回贷款,并按照合同约定要求借款人支付利息。

(2)在借款合同期间内,贷款人有权要求借款人提供与借款有关的业务活动和财务状况的真实情况;有权依照借款合同的约定检查、监督借款的使用情况。

(3)当借款人未按照借款合同的约定使用借款时,可以停止发放借款、提前收回借款或者解除合同。

(二)借款人的权利和义务

1.借款人的义务

(1)告知义务。订立借款合同,借款人应当按照贷款人的要求提供与借款有关的业务活动和财务状况的真实情况。

(2)按照合同约定及时收取借款的义务。借款人未按照约定的日期、数额收取借款的,应当按照约定的日期、数额支付利息。

(3)按照合同约定的贷款用途使用借款的义务,不得挪为他用,不得使用借款进行违法活动。

(4)借款人应按照合同约定的利率和期限支付利息。当事人对于利息支付期限没有约定或约定不明确的,可补充协议或参照合同有关条款或交易习惯进行确定。仍然无法确定的,借款期间不满一年的,应当在返还借款时一并支付;借款期间在一年以上的,应当在每届满一年时支付;剩余期间不满一年的,应当在返还借款时一并支付。借款人未按期支付利息的,应承担违约责任。

(5)借款人应当按照合同约定的还款期限和方式偿还借款。合同未约定还款期限的或约定不明确的,借款人可以随时返还,贷款人也可催告借款人在合理期限内返还。借款人未按约定还款的,应当按照约定或者国家的有关规定支付逾期利息。但借款人可以在还款期限之前向贷款人申请展期,贷款人同意的,可以展期。对于借款人提前返还借款的,除当事人另有约定外,应当按照实际借款的期间计算利息。

2.借款人的权利

借款人的权利就是按照借款合同的约定提取和使用全部借款,同时有权拒绝在借款合同之外的任何附加条件。

三、民间借贷合同的特别规定

民间借贷合同的贷款人是自然人,而非金融机构。民间借贷合同是不要式合同,可以采用口头形式,也可以采用书面形式。同时,民间借贷合同是实践性合同,根据《民法典》第 679 条的规定,自然人之间的借款合同,自贷款人提供借款时生效。

民间借贷合同的当事人可以约定利息,也可以不约定利息。约定利息或利率的,为有偿合同;没有约定利息的,为无偿合同。《民法典》第 680 条规定,自然人之间的借款合同对支付利息没有约定或者约定不明确的,视为不支付利息。

若当事人约定利息或利率的,不得违反国家有关限制借款利率的规定。根据最高人民法院的司法解释,民间借贷的利率不得超过银行同类贷款利率的 4 倍。超过此限度的,超过部分的利息不予保护。另外,贷款人不得将利息计入本金计算复利,也不得预先在本金中扣除利息、保证金。预先扣除的,应按实际借款数额返还借款并计算利息。

借款人应当按照合同约定的还款日期返还本金及利息。当事人没有约定还款日期或约定不明确的,借款人可以随时返还,贷款人也可以催告借款人在合理期限内返还。借款人逾期不还款的,贷款人有权要求偿付逾期利息。

第五节 保证合同

一、保证的概念

保证是指保证人和债权人约定,当债务人不履行债务时或者发生当事人约定的情形时,由保证人履行债务或者承担责任的行为。保证法律关系涉及三方当事人,即保证人、债权人和债务人。其中,保证人是债权人和债务人以外的第三人,保证人以自身的信用和全部财产为债务人履行债务提供担保,并在债务人不履行债务时,按照保证合同的约定履行债务或者承担责任。保证具有以下的法律特征:第一,保证属于人的担保。保证人是以其信用和全部财产担保债务人履行债务,当债务人不履行债务时,债权人仅可请求保证人承担保证责任,而不得直接处分担保人的财产。第二,保证具有从债性质。被保证的债为主债,保证为从债。第三,保证具有附随性。即保证因主债之存在而成立,随着主债权的转移或消灭而转移或消灭。保证因主债的无效而无效,但是法律另有规定的除外。

二、保证人

保证人,是指以自身的信用和全部财产为债务人履行债务提供担保,并在债务人不履行债务时,按照保证合同的约定履行债务或者承担责任的人。由于保证人承担保证责任的能力和资格关系到债权能否实现,因而法律上对保证人的主体资格一般有明确的规定。

1.保证人的条件

保证人应当具备以下条件:(1)保证人应当具有民事行为能力。保证人是基于其与债权人订立的保证合同而承担保证责任,保证合同是民事法律行为,因此,保证人应当具备民事行为能力。(2)保证人应当具有代为清偿债务的能力。即保证人应当具备代为履行债务或者承担责任的能力。

2.保证人的范围

根据《民法典》第683条的规定，以下主体不得为保证人：(1)机关法人不得为保证人。机关法人并不是市场上的主体，不适合作为保证人。但是经国务院批准为使用外国政府或者国际经济组织贷款进行转贷的除外。(2)以公益为目的的非营利法人、非法人组织一般不得为保证人。[①] 但是以公益为目的的非营利性学校、幼儿园、医疗机构、养老机构等提供保证的，在下列情形下可以作为保证人：(1)在购入或者以融资租赁方式承租教育设施、医疗卫生设施、养老服务设施和其他公益设施时，出卖人、出租人为担保价款或者租金实现而在该公益设施上保留所有权；(2)以教育设施、医疗卫生设施、养老服务设施和其他公益设施以外的不动产、动产或者财产权利设立担保物权。

根据《民法典》第699条的规定，同一债务有两个以上保证人的，保证人应当按照保证合同约定的保证份额，承担保证责任；没有约定保证份额的，债权人可以请求任何一个保证人在其保证范围内承担保证责任。已经承担保证责任的保证人有权向债务人追偿，或者要求承担连带责任的其他保证人清偿其应当承担的份额。

三、保证合同

(一)保证合同的性质

保证合同是保证人与债权人之间为保证债权获得清偿而订立的协议。保证合同相对于主合同而言，为从合同。除保证合同另有约定外，如主合同无效，保证合同亦无效。但除当事人另有约定外，保证合同无效的，不影响主合同的效力。保证合同为单务、无偿合同。债权人根据保证合同享有请求保证人承担保证责任的权利，而无须向保证人承担任何的义务；保证人负担在债务人不履行债务或者出现当事人约定条件下的履行债务或者承担责任的义务，对债权人不享有任何权利，但就债权人请求其承担保证责任享有一定的抗辩权。

保证合同为要式合同，此要式为书面形式。根据《民法典》第685条第1款的规定，保证合同可以是单独订立书面合同，也可以是主债权债务合同中的保证条款。

(二)保证合同的有效条件

保证合同应当具备以下条件：(1)当事人意思表示真实并且一致。但是根据《民法典》第685条第2款的规定，第三人单方面以书面形式向债权人作出保证，债权人接收且未提出异议

---

① 《最高人民法院关于适用〈中华人民共和国民法典〉有关担保制度的解释》第6条的规定，以公益为目的的非营利性学校、幼儿园、医疗机构、养老机构等提供担保的，人民法院应当认定担保合同无效，但是有下列情形之一的除外：(1)在购入或者以融资租赁方式承租教育设施、医疗卫生设施、养老服务设施和其他公益设施时，出卖人、出租人为担保价款或者租金实现而在该公益设施上保留所有权；(2)以教育设施、医疗卫生设施、养老服务设施和其他公益设施以外的不动产、动产或者财产权利设立担保物权。登记为营利法人的学校、幼儿园、医疗机构、养老机构等提供担保，当事人以其不具有担保资格为由主张担保合同无效的，人民法院不予支持。因此，以公益为目的的非营利学校、幼儿园、医疗机构、养老机构等是否能作为保证人并不能一概而论。

的,保证合同成立。此为法律推定债权人默示同意。[①] (2)主合同合法存在。保证合同应当是就债务人履行合法债务而设定的担保,因而主债务的合法存在是保证合同成立的必备条件。主债务已经清偿或者已被撤销或解除的,保证合同不能成立,保证人不承担保证责任。(3)保证合同是要式合同,应当以书面形式订立,其一般包括以下内容:被保证的主债权种类、数额,债务人履行债务的期限,保证的方式、范围和期间,以及双方认为需要约定的其他事项。保证合同不完全具备前款规定内容的,可以补正。

(三)保证合同的无效及处理

(1)因主合同无效而导致保证合同无效。根据《民法典》第682条的规定,主债权债务合同无效的,保证合同无效,但是法律另有规定的除外。保证合同因主合同无效而无效时,保证人并不因此必然免责,保证人仍应当根据过错原则承担相应责任。如保证人有过错的,保证人应当根据过错程度依法承担连带赔偿责任,但司法实践中一般认定,保证人承担赔偿责任的部分,不应超过债务人不能清偿部分的1/3。[②]

(2)因保证合同自身的原因导致保证合同无效。第一,保证人欠缺行为能力。但限制民事行为能力订立的保证合同,经其法定代理人追认后,该保证合同有效。第二,保证人为依法不能为保证人的法人或者非法人组织。第三,未经国家有关主管部门批准或者登记而对外提供保证的。[③] 第四,因恶意串通而订立的保证合同。[④] 第五,违反其他法律的禁止性规定。[⑤]

四、保证方式

保证方式,是指保证人在保证法律关系中承担保证责任的方式。根据《民法典》第686条的规定,保证的方式有一般保证和连带责任保证。

(一)一般保证

一般保证,是指当事人在保证合同中约定,债务人不能履行债务时,由保证人承担保证责任的保证。一般保证具有以下法律特征:(1)一般保证以当事人在保证合同中的明确约定为前提。当事人就保证方式没有约定或者约定不明确的,应当按照连带责任保证承担保证责任。

① 原《担保法解释》第22条第2款规定:“主合同中虽然没有保证条款,但是,保证人在主合同上以保证人的身份签字或者盖章的,保证合同成立。”《民法典》第685条第1款并没有吸收这一规定。不过,最高人民法院民二庭编撰的《最高人民法院民法典担保制度司法解释与适用》中指出:“《民法典》之所以没有吸收,是因为这类情况不典型。该规定实际上是当事人意思表示是否属于保证的判断问题。我们认为,在该种情形下能够判断出在主合同上签字或者盖章的人有保证的意思表示,该签字或者盖章的事实,也可以解释为《民法典》第685条第1款规定的‘保证条款’。故对《民法典》施行后在主合同上签字或者盖章的担保纠纷案件,《担保法解释》第22条第2款的规定作为审判思路可以继续沿袭。”因此,即使主合同中虽然没有保证条款,但保证人在主合同上以保证人的身份签字或者盖章的,保证合同仍然成立。

② 《最高人民法院关于适用〈中华人民共和国民法典〉有关担保制度的解释》第17条第2款。

③ 包括未经国家有关主管部门批准或者登记,为境外机构向境内债权人提供担保的;为外商投资企业注册资本、外商投资企业中的外方投资部分的对外债务提供担保的;为无权经营外汇担保业务的金融机构、无外汇收入的非金融性质的企业法人提供外汇担保的。

④ 根据《民法典》第154条的规定,行为人与相对人恶意串通,损害他人合法权益的民事法律行为无效。

⑤ 例如公司董事、经理违反《公司法》的规定,以公司资产为本公司的股东或者其他个人债务提供担保,因此而订立的保证合同无效。但是除债权人知道或者应当知道的以外,债务人、保证人应当对债权人的损失承担连带赔偿责任。

(2)一般保证的保证人实际承担保证责任的前提是债务人不能履行债务。“债务人不能履行债务”是指债务人在客观上无法履行债务或者没有履行债务的能力,而不是指债务人主观上不愿履行债务或者拒绝履行债务。(3)就债务的清偿,保证人承担的保证责任是补充责任,保证人依法享有先诉抗辩权。在一般保证关系中,主合同的债务人是履行债务的第一顺序人,债权人只有在债务人不能履行债务或者不能完全履行债务时,才有权要求保证人承担保证责任,否则保证人有权予以拒绝。根据《民法典》第687条的规定,一般保证的保证人在主合同纠纷未经审判或者仲裁,并就债务人财产依法强制执行仍不能履行债务前,有权拒绝向债权人承担保证责任。但是在某些特殊情况下,一般保证的保证人则不能拒绝。[①]

(二)连带责任保证

连带责任保证,是指当事人在保证合同中约定保证人与债务人对债务承担连带责任的保证。连带责任保证具有以下法律特征:(1)除当事人明确约定保证人承担一般保证责任外,保证人就债务人履行债务承担连带责任保证,即连带责任保证可以依法推定。(2)保证人承担保证责任以债务人到期未履行债务为前提。“债务人到期未履行债务”是指债务已届清偿期限,但债务人未实际履行债务之事实状态,而不论导致该事实状态的主观或者客观原因。(3)保证人与债务人对债务履行承担连带责任。根据《民法典》第588条第2款的规定,连带责任保证的债务人不履行到期债务或者发生当事人约定的情形时,债权人可以请求债务人履行债务,也可以请求保证人在其保证范围内承担保证责任。即保证人与债务人在履行债务上没有先后顺序,在债务已届履行期限后,债权人可以直接向保证人要求承担保证责任。

五、保证期间和保证的范围

(一)保证期间

保证期间,是指确定保证人承担保证责任的期间。保证期间不发生中止、中断和延长。保证人在保证期间内承担保证责任,在保证期间内债权人未对债务人提起诉讼或者申请仲裁的(在一般保证情形下),或者未要求保证人承担保证责任的(在连带保证情形下),保证人得以免除保证责任。保证期间从主债务履行期届满之日起开始计算。主合同对主债务履行期限没有约定或者约定不明的,保证期间自债权人要求债务人履行义务的宽限期届满之日起计算。

保证期间根据保证人与债权人之间订立的保证合同的约定确定。保证合同对保证期间没有约定的,依照法律规定确定。保证合同约定的保证期间早于主债务履行期限或者与主债务履行期间同时届满的,视为没有约定。如没有约定或者约定不明确的,保证期间为主债务履行期限届满之日起6个月。保证合同约定保证人承担保证责任直至主债务本息还清时为止等类似内容的,视为约定不明。

1.一般保证期间

根据《民法典》第692条第2款的规定,一般保证的保证人与债权人未约定保证期间,或者保证期间约定不明确的,保证期间统一为主债务履行期限届满之日起6个月。对于一般保证而言,由于保证人依法享有先诉抗辩权,因此在合同约定的保证期间或者法律规定的保证期间,债权人未对债务人提起诉讼或者申请仲裁的,保证人的保证责任免除。一般保证人的债权人在保证期间届满前对债务人提起诉讼或者申请仲裁的,从保证人拒绝承担保证责任的权利

---

① 包括债务人下落不明,且无财产可供执行;人民法院已经受理债务人破产案件;债权人有证据证明债务人的财产不足以履行全部债务或者丧失履行债务能力;保证人书面表示方式本款规定的权利。

消灭之日起,开始计算保证债务的诉讼时效。

2.连带责任保证期间

根据《民法典》第 692 条第 2 款的规定,连带责任保证的保证人与债权人未约定保证期间,或者保证期间约定不明确的,保证期间为主债务履行期限届满之日起 6 个月,即债权人有权自主债务履行期届满之日起 6 个月内要求保证人承担保证责任。在合同约定的保证期间或者法律规定的保证期间,债权人未要求保证人承担保证责任的,保证人免除保证责任。

3.最高额保证期间

保证人与债权人可以协商订立最高额保证合同,约定在最高债权额限度内就一定期间连续发生的债权提供保证。债权人和保证人可以自行约定最高额保证的保证期间,当事人之间没有约定或者约定不明的,被担保债权的履行期限均已届满的,保证期间自债权确定之日起开始计算;被担保债权的履行期限尚未届满的,保证期间自最后到期债权的履行期限届满之日起开始计算。

(二)保证的范围

保证的范围,是指保证人承担保证责任的范围。在一般情况下,保证担保的范围由当事人在保证合同中约定,保证的范围原则上应当等于或者小于主债务的范围。根据《民法典》第 691 条的规定,保证的范围包括主债权及其利息、违约金、损害赔偿金和实现债权的费用。保证合同另有约定的,按照约定执行。当事人对保证担保的范围没有约定或者约定不明确的,保证人应当对全部债务承担责任。

六、保证的效力

保证的效力,是指保证关系对当事人所产生的法律拘束力。保证的效力主要体现在保证在债权人与保证人之间的效力和保证在保证人与债务人之间的效力两方面,其内容具体包括保证人承担保证责任、保证人对债权人享有抗辩权以及保证人对债务人享有求偿权。

(一)保证人的保证责任

保证责任,是指保证人依照保证合同约定或者法律规定,在主债务人不履行债务时,向债权人履行债务或者承担责任。在一般保证中,主债务人不能履行债务时,由保证人依照保证合同约定或者法律规定承担保证责任。在连带责任保证中,主债务人在主债务履行期届满没有履行债务的,债权人可以直接要求保证人在其保证范围内承担保证责任。

(二)保证人对债权人的抗辩权

保证人的抗辩权,是指保证人拒绝或者延缓承担保证责任的权利。保证人可行使的抗辩权包括主债务人享有的抗辩权和专属于保证人的抗辩权两类。主债务人享有的抗辩权,包括撤销抗辩权、时效抗辩权、抵销抗辩权、同时履行抗辩权以及不安履行抗辩权等。[①] 根据《民法典》第 701 条的规定,一般保证和连带责任保证的保证人均享有债务人的抗辩权,债务人放弃对债务的抗辩权的,保证人仍有权主张抗辩。

保证人享有法律规定的专属于保证人的抗辩权包括:(1)保证合同无效之抗辩权。(2)保证期间届满抗辩权。(3)先诉抗辩权。该抗辩权由一般保证的保证人享有。在一般保证中,在主合同纠纷未经审判或者仲裁,并就债务人财产依法强制执行仍不能履行债务前,保证人对债权人可以拒绝承担保证责任。保证人的这种抗辩权并非免除承担保证责任的抗辩权,而是暂

① 许先丛、陈正川主编:《金融担保法律实务》,中国金融出版社 2002 年版,第 120 页。

时拒绝承担保证责任及延缓债权人行使请求权。[①] (4)主合同变更下的抗辩权。在保证期间内,债权人如将其与保证人事先约定的特定债权或禁止转让的债权转让给第三人的,或者未经保证人同意而许可债务人转让债务的,或者未经保证人书面同意而与债务人协议变更主合同而加重债务人债务的,保证人对此加重部分不承担保证责任。(5)借新还旧贷的抗辩权。根据《最高人民法院关于适用〈中华人民共和国民法典〉有关担保制度的解释》第 16 条的规定,主合同当事人协议以新贷偿还旧贷,债权人请求旧贷的担保人承担担保责任的,人民法院不予支持。如果债权人请求新贷的担保人承担担保责任的,则分不同情况处理:①新贷与旧贷的担保人相同的,人民法院应予支持;②新贷与旧贷的担保人不同,或者旧贷无担保新贷有担保的,人民法院不予支持,但是债权人有证据证明新贷的担保人提供担保时对以新贷偿还旧贷的事实知道或者应当知道的除外。主合同当事人协议以新贷偿还旧贷,旧贷的物的担保人在登记尚未注销的情形下同意继续为新贷提供担保,在订立新的贷款合同前又以该担保财产为其他债权人设立担保物权,其他债权人主张其担保物权顺位优先于新贷债权人的,人民法院不予支持。

(三)保证人对债务人的求偿权

保证人对债务人的求偿权是保证于保证人与债务人之间的效力体现。《民法典》第 700 条规定,保证人承担保证责任后,除当事人另有约定外,有权在其承担保证责任的范围内向债务人追偿,享有债权人对债务人的权利,但是不得损害债权人的利益。根据此规定,保证人按照保证合同向债权人为清偿后,保证债务因清偿而消灭,但是主债权却不因此消灭,而是法定转移于保证人。保证人在其清偿范围内取得债权人对主债务人的债权,有权向主债务人追偿,即已经承担保证责任的保证人与主债务人之间构成新的债权债务关系。此处需要注意的是,保证人承担自身的保证责任后的法律效果与保证人作为第三人代位清偿主债务的法律效果在实质上并无差别。根据《民法典》第 524 条和《最高人民法院关于适用〈中华人民共和国民法典〉合同编通则若干问题的解释》第 30 条的规定[②],保证人作为"对履行债务具有合法利益的第三人"有权向债权人代为履行,并且当其因清偿而承受主债权时也能够以新债权人的身份向债务人追偿。在共同保证中,已经承担保证责任的保证人还有权要求承担连带责任的其他保证人清偿其应当承担的份额,保证人对主债务人取得的求偿权范围仅限于主债权范围。

根据《最高人民法院关于适用〈中华人民共和国民法典〉有关担保制度的解释》第 23 条第 1 款和第 2 款的规定,人民法院受理债务人破产案件,债权人在破产程序中申报债权后又向人民法院提起诉讼,请求担保人承担担保责任的,人民法院依法予以支持。担保人清偿债权人的全部债权后,可以代替债权人在破产程序中受偿;在债权人的债权未获全部清偿前,担保人不

---

① 为切实保障债权人利益的实现,先诉抗辩权的行使也存在一定的限制。根据《民法典》第 687 条第 2 款的规定,以下情形,保证人不得行使先诉抗辩权:(1)债务人下落不明,且无财产可供执行;(2)人民法院已经受理债务人破产案件;(3)债权人有证据证明债务人的财产不足以履行全部债务或者丧失履行债务的能力;(4)保证人书面表示放弃本款规定的权利。

② 《民法典》第 524 条的规定,"债务人不履行债务,第三人对履行该债务具有合法利益的,第三人有权向债权人代为履行;但是,根据债务性质、按照当事人约定或者依照法律规定只能由债务人履行的除外。"《最高人民法院关于适用〈中华人民共和国民法典〉合同编通则若干问题的解释》第 30 条的规定:"下列民事主体,人民法院可以认定为民法典第五百二十四条第一款规定的对履行债务具有合法利益的第三人:(一)保证人或者提供物的担保的第三人;……第三人在其已经代为履行的范围内取得对债务人的债权,但是不得损害债权人的利益。……"

得代替债权人在破产程序中受偿,但是有权就债权人通过破产分配和实现担保债权等方式获得清偿总额中超出债权的部分,在其承担担保责任的范围内请求债权人返还。《最高人民法院关于适用〈中华人民共和国民法典〉有关担保制度的解释》第24条规定,债权人知道或者应当知道债务人破产,既未申报债权也未通知担保人,致使担保人不能预先行使追偿权的,担保人就该债权在破产程序中可能受偿的范围内免除担保责任,但是担保人因自身过错未行使追偿权的除外。

第六节　租赁合同

一、租赁合同的概念和法律特点

租赁合同是出租人将租赁物交付承租人使用、收益,承租人支付租金并于租赁期限届满时返还租赁物的合同。提供租赁物的一方当事人为出租人,使用租赁物的一方当事人为承租人,被交付使用的财产为租赁物。租赁合同具有以下法律特点:

1.租赁合同是转移标的物占有、使用、收益权的合同

在租赁期间内,出租人将租赁物出租给承租人,承租人对租赁物享有占有、使用、收益的权利,但无处分权。租赁期间届满,承租人将租赁物返还给出租人。租赁合同移转的是标的物的使用权,而非所有权,这是租赁合同区别于买卖合同根本之所在。承租人对租赁物享有使用收益权,一般以承租人占有租赁物为前提,但在某些特殊情况下,出租人对标的物的占有使用与承租人对标的物的占有使用并不矛盾,如公交公司将所属公共汽车的车外身出租给广告公司进行广告宣传,这种出租人继续占有租赁物是租赁关系中的特有现象。

2.租赁合同是诺成、双务、有偿合同

租赁合同自合同双方当事人意思表示一致即为成立,不以出租人交付标的物为合同成立的先决条件,因此,租赁合同是诺成性合同,而非实践性合同。同时,租赁合同的双方当事人的权利义务关系具有对应性,出租人以转移租赁物用益权来获取租金,承租人以支付租金来享有租赁物的用益权,所以,租赁合同是典型的双务合同。另外,租赁合同的承租人为取得租赁物的用益权,必须以支付租金为代价,无租金的转移标的物用益权的合同是借用合同,租赁合同的有偿性就是体现在租金是租赁合同的必备条款。

3.租赁合同的标的物是特定的非消耗物

租赁合同的特点决定,在租赁合同终止时,承租人有义务将租赁物返还给出租人。如果租赁物一经承租人使用,原物就消灭或转化为他物,原租赁物不复存在,则承租人无法履行返还义务。所以,种类物、消耗物不能作为租赁标的,只有特定物或特定化的种类物且是非消耗物,才能成为租赁合同的标的物。

4.租赁合同有一定期限的限制

标的物的使用价值具有一定期限,经过一定期限的使用收益,标的物使用价值可能降低或丧失。所以,租赁合同的出租人只是将租赁物的用益权临时转移给承租人,而非永久性转移。各国法律为保护出租人的权益,均有规定租赁合同的最长期限。《民法典》第705条规定,租赁期限不得超过20年。超过20年的,超过部分无效。租赁期限届满,当事人可以续订租赁合同;但是,约定的租赁期限自续订之日起不得超过20年。

5.因租赁合同产生的承租权具有物权属性

《民法典》第725条规定,租赁物在租赁期间发生所有权变动的,不影响租赁合同的效力。承租人的承租权在租赁合同的有效期限内具有对抗第三人的效力,出租人出卖租赁物的,原租赁合同对租赁物的新的所有权人同样具有拘束力。

二、租赁合同的主要内容

《民法典》第704条规定:"租赁合同的内容一般包括租赁物的名称、数量、用途、租赁期限、租金及其支付期限和方式、租赁物的维修等条款。"该条款是非强制性条款,当事人可根据具体情况自由约定租赁合同的内容。

(一)租赁物

租赁物是租赁合同的标的物,是租赁合同的主要条款。租赁合同的特点决定租赁物必须是有体物、流通物、非消耗物。在租赁合同中,双方当事人应明确约定租赁物的名称、数量、用途。租赁物的名称将租赁物特定化,租赁物的数量是出租人履行交付租赁物和承租人在租赁期限届满时返还租赁物的依据,租赁物的用途则要求承租人应按合同约定的用途和租赁物的性能、条件来正当、合理地使用收益租赁物。

(二)租赁期限

租赁期限是租赁合同的有效期间。合同当事人可以约定具体明确的租赁期限,也可以不约定租赁期限。但无论如何,租赁期限最长不得超过20年。对于当事人明确约定租赁期限的,在约定的租赁期限届满时,承租人应返还租赁物,租赁合同终止。若承租人继续使用租赁物,出租人没有提出异议的,原租赁合同继续有效,但这时的租赁期限改为不定期。当然,当事人也可以协商延续租赁期限。但当事人续订租赁合同的,所约定的租赁期限自续订之日起也不得超过20年。对于当事人没有约定租赁期限的,为任意期限即不定期的租赁合同,出租人可随时要求收回租赁物,但应给予承租人必要的准备时间,承租人也可在任意时间提出退租。

(三)租金

租赁合同的有偿性决定,承租人以支付租金为代价来获取租赁物的用益权,因此,当事人必须在租赁合同中约定租金的支付方式和期限。租金的支付方式可以是现金也可以是票据,可以一次性也可以分次。同时,当事人在合同约定支付期限的,承租人应按照约定期限支付租金,超过期限未付租金或少付租金的,应承担违约责任。若没有约定支付期限的或约定不明确的,当事人可补充协商或根据合同有关条款或交易习惯进行确定。倘若上述方法仍无法明确支付期限的,可参照《民法典》第721条的规定,即租赁期间不满1年的,租金应当在租赁期间届满时支付;租赁期间1年以上的,租金应当在每届满1年时支付,剩余时间不满1年的,租金应当在租赁期间届满时支付。

(四)租赁物维修

出租人将租赁物提供给承租人占有、使用和收益,应保持租赁物的性能和条件符合使用的目的。因此,在租赁合同下,出租人通常须承担租赁物的维修义务,但当事人也可特别约定由承租人承担租赁物的维修责任。

三、租赁合同当事人的权利和义务

(一)出租人的主要义务

1.按照约定交付租赁物

出租人应按照合同约定的租赁物的名称、数量、交付方式、时间和地点将租赁物的用益权转移给承租人。若合同对租赁物交付地点没有约定或约定不明确的,交付不动产的,在不动产所在地;交付动产的,在出租人的住所地和营业地。若合同没有约定交付时间的,应在合同成立后的合理时期内交付,即出租人可随时交付,承租人也可随时要求交付,但应给予出租人必要的准备时间。出租人交付租赁物是转移租赁物的占有权,在合同成立时,租赁物已为承租人直接占有的,则以合同约定的交付时间起承租人即取得对租赁物的使用收益权。租赁物有从物的,出租人在交付租赁物时,应当同时交付从物。同时,出租人所交付的租赁物应适合合同约定的使用收益的目的。如果出租人不能按照约定交付租赁物或交付的租赁物不适合约定的使用收益目的的,应当承担违约责任。

2.出租人承担租赁物的瑕疵担保责任,保证租赁物能够为承租人正常使用收益

出租人不仅在交付租赁物时应保证租赁物符合约定的用途,而且在租赁关系有效期间内也应保持租赁符合约定的用途。非因承租人过错而导致租赁物不能正常使用收益时,出租人有义务予以维修或更换。否则,承租人有权要求降低租金、解除合同、赔偿损失。对于租赁物存在危及承租人的安全或健康的瑕疵时,即使承租人在订立合同时明知该租赁物瑕疵,承租人仍可随时要求解除合同。

出租人还应承担租赁物的权利瑕疵担保责任,担保不因第三人对承租人主张租赁物的权利而妨碍承租人对租赁物进行使用收益。《民法典》第723条规定:"因第三人主张权利,致使承租人不能对租赁物使用、收益的,承租人可以要求减少租金或者不支付租金。"但第三人所主张的权利须发生在租赁物交付之前,若第三人所主张的权利发生在租赁物交付后,则承租人的使用收益权具有对抗第三人的效力,即使第三人主张权利也不会受到妨碍。但第三人主张权利时,承租人应当及时通知出租人,以便出租人及时采取救济措施。

3.在当事人没有特别约定的情况下,出租人应履行租赁物的维修义务

出租人在租赁期间应保证租赁物应符合承租人的用益权,在租赁物不符合约定的使用收益状态下,出租人应对租赁物予以维修。但由于租赁物在租赁期间为承租人所占有,因此当发生租赁物维修确属必要时,除出租人明知外,承租人应及时通知出租人。承租人应为通知而未为通知的,出租人可不承担维修义务。承租人要求出租人在合理期限内予以维修的,而出租人未能履行维修义务的,承租人可自行维修,但维修费用应由出租人负担。同时,因维修租赁物而影响承租人用益权的,应当相应减少租金或延长租期。

但是,在当事人特别约定的情况下,租赁物可由承租人负责维修,出租人不承担维修义务。

(二)承租人的义务

1.承租人应按照约定合理使用租赁物

承租人应按照合同的约定或与租赁物性质相适应的方法使用租赁物。若承租人不按约定方法使用租赁物而致使租赁物受损的,承租人应承担赔偿责任。但承租人已按照约定的方法或以租赁物的性能正常使用租赁物,即使租赁物受到损害的,承租人也不承担租赁物的正常损耗的赔偿责任。

2.承租人应当按照合同约定的租金标准、支付方式、支付期限向出租人支付租金

对于租金标准，国家有规定的，依照国家有关规定；国家没有规定的，以当事人约定的为准。同时，承租人还应依约按时交纳租金，无正当理由未支付或迟延支付租金的，出租人可以要求承租人在合理期限内支付。承租人逾期仍不支付的，出租人可解除合同。[①]

3.承租人应妥善保管租赁物

在租赁期间内，承租人应以善良管理人的注意程度妥善保管租赁物。因承租人保管不善而造成租赁毁损、灭失的，应承担损害赔偿责任。

4.承租人将租赁物转租给第三人，应经出租人同意

承租人未经出租人同意的，不得将租赁物转租给第三人。出租人同意承租人转租的，承租人不退出租赁关系，承租人与出租人之间的租赁合同继续有效，出租人与转租的第三人之间不发生直接的法律关系。承租人就第三人行为向出租人负责，第三人对租赁物造成损失的，承租人应对出租人承担赔偿损失责任。

5.租赁期间届满，承租人应当按照约定或依租赁物的性质使用后的状态返还租赁物

承租人在租赁期间未经出租人同意对租赁改建、改装或增加附属物的，在返还租赁物时，应当恢复原状；如果承租人对租赁物的改善行为业经出租人的同意，承租人可不必恢复原状。承租人返还租赁物时，原物存在的，应返还根据租赁物性质正常使用后合理损耗状态的租赁物；租赁物非因承租人的事由而灭失的，承租人不承担返还义务。对于承租人逾期返还租赁物的，承租人不仅承担逾期部分的租金和违约金，而且应承担租赁物于逾期返还期间意外灭失的风险。

四、房屋租赁合同的特别规定

房屋租赁是以房屋为租赁物的租赁，是房屋所有权人作为出租人将其房屋出租给承租人使用，由承租人向出租人支付租金的行为。房屋租赁的出租人和承租人应当签订书面租赁合同，约定租赁期限、租赁用途、租赁价格、修缮责任以及双方的其他权利和义务，并向房产登记部门备案。[②] 根据《民法典》等有关法律的规定，房屋租赁具有以下特殊效力：

（一）承租人的优先购买权

《民法典》第726条规定："出租人出卖租赁房屋的，应当在出卖之前的合理期限内通知承租人，承租人享有以同等条件优先购买的权利。"承租人的优先购买权是一种附条件的形成权，以同等条件[③]为前提，在非同等条件下，承租人不享有优先购买权。同时，承租人的优先购买权要求出租人在出卖房屋之前的合理期限内通知承租人，以便承租人决定是否购买该租赁房

---

① 承租人逾期不支付租金的，出租人可主张解除合同。人民法院经审理认为合同应当依法解除的，可以根据当事人的主张，参考合同主体、交易类型、市场价格变化、剩余履行期限等因素确定非违约方寻找替代交易的合理期限，并按照该期限对应的价款、租金等扣除非违约方应当支付的相应履约成本确定合同履行后可以获得的利益。非违约方主张按照合同解除后剩余履行期限相应的价款、租金等扣除履约成本确定合同履行后可以获得的利益的，人民法院不予支持。但是，剩余履行期限少于寻找替代交易的合理期限的除外。如果违约方在合同履行后可以获得的利益难以确定的，人民法院可以综合考虑违约方因违约获得的利益、违约方的过错程度、其他违约情节等因素，遵循公平原则和诚信原则确定。参见《最高人民法院关于适用〈中华人民共和国民法典〉合同编通则若干问题的解释》第61条、第62条。

② 《中华人民共和国城市房地产管理法》第53条、第54条。

③ 同等条件是指承租人与其他购买人在买卖条件上等同，包括买卖的价格、付款的期限和方式等。

屋。若出租人在出卖租赁房屋前不履行通知义务，致使承租人的优先购买权受到侵害的，承租人有权请求人民法院确认出租人与其他购买者之间的买卖合同无效。但有学者认为，即使对承租人优先购买权的保护，也不应与交易安全的维护及善意的第三人利益的保护相冲突。[①]

(二)同居人的承租权

《民法典》第732条规定："承租人在房屋租赁期间死亡的，与其生前共同居住的人或者共同经营人可以按照原租赁合同租赁该房屋。"该条款保护了与承租人生前共同居住人和共同经营人的居住利益。在租赁期间，承租人死亡，与承租人生前共同居住的人或者共同经营人可以选择继续居住原租赁房屋，但他须与出租人办理续租手续，变更承租人，成立与原租赁合同内容相同的租赁合同。这种居住权是根据同居人单方意思表示来决定的，无须征得出租人的同意，且同居人未必是承租人的继承人。但在租赁期间，承租人死亡后无共同居住人的或同居人另有住房不符合租赁条件的，租赁关系终止。[②] 承租权原则上不得继承。

第七节　融资租赁合同

一、融资租赁合同的一般性规定

(一)融资租赁合同的概念和法律特点

融资租赁合同是出租人根据承租人对出卖人、租赁物的选择，向出卖人购买租赁物，提供给承租人使用，承租人支付租金的合同。融资租赁合同不同于传统的租赁合同，具有融资、担保和使用功能，是一种贸易与信贷、融资与融物为一体的综合性交易。融资租赁合同具有以下法律特点：

1.融资租赁合同是买卖合同和租赁合同相结合的新型独立合同

融资租赁合同涉及三方当事人、两个合同。三方当事人是：一方是为租赁合同提供资金融通，并以自己名义购买租赁物的出租人；一方是选择租赁物并向出租人支付租金的承租人；一方是为出租人提供或出售租赁物的出卖人(供货商)。两个合同是：一个是出租人与承租人之间的租赁合同，一个是出租人与出卖人之间的买卖合同。但融资租赁合同既不同于一般租赁合同，也不同于买卖合同，是由出租人根据承租人的要求购买租赁标的物，出租人购买标的物的根本目的在于满足承租人对于该标的物的需求，当出卖人不履行义务时，可由承租人直接向出卖人索赔。承租人是以租赁的形式取得标的物的使用收益权，并支付租金偿还出租人购买租赁物所付出的代价。

2.融资租赁合同的租赁物的所有权和使用权相分离

出租人享有租赁物的法律上所有权，其法律地位类似于融资人，所收取的租金是其投资购买租赁物的回报。但出租人不承担租赁物的瑕疵担保责任，当出卖人交付的标的物存在瑕疵时，出租人将赔偿请求权让与承租人。同时，承租人应承担租赁物的维修保养和妥善保管义务，因承租人占有租赁物而给第三人的人身和财产造成损害时，出租人一般不承担赔偿责任。

---

① 邱鹭凤等：《合同法学》，南京大学出版社2000年版，第480页。

② 最高人民法院民法典贯彻实施工作领导小组主编：《中华人民共和国民法典合同编理解与适用(三)》，人民法院出版社2020年版，第1594～1595页。

当租赁期间届满，出租人和承租人可以约定租赁物的归属，没有约定或约定不明确的，租赁物的所有权归属出租人。出租人也可以通过收取一定价款将租赁物的所有权转移给承租人。

3.融资租赁合同是诺成性合同和要式合同

融资租赁合同经当事人意思表示一致即成立，当事人应认真履行合同约定的义务，任何一方不得随意变更或解除合同。同时，由于融资租赁合同涉及三方当事人，所形成的法律关系复杂，融资金额较大，履行期较长，因此，《民法典》第736条规定，融资租赁合同应采用书面形式。融资租赁合同内容一般包括租赁物名称、数量、规格、技术、性能、检验方法、租赁期限、租金构成及其支付期限和方式、币种、租赁期间届满租赁物的归属等相关条款。

(二)融资租赁合同的解除情形

有下列情形之一的，出租人或者承租人可以解除融资租赁合同：(1)出租人与出卖人订立的买卖合同解除、被确认无效或者被撤销，且未能重新订立买卖合同；(2)租赁物因不可归责于当事人的原因毁损、灭失，且不能修复或者确定替代物；(3)因出卖人的原因致使融资租赁合同的目的不能实现。

二、融资租赁合同当事人的权利和义务

(一)出租人的主要权利和义务

1.出租人承担根据承租人对租赁物及出卖人的选择来购买租赁物的义务

出租人应根据承租人对租赁物及出卖人的选择，以自己的名义与出卖人订立租赁物的买卖合同，购进租赁物以供承租人使用。因此，向出卖人支付货款是出租人承担的基本义务。如果出租人不履行支付货款义务，而使承租人不能对租赁物行使使用收益权的，出租人应承担赔偿责任。同时，承租人根据自己的需要选择租赁物的种类、规格、型号、质量、性能等，并与出卖人协商租赁物的买卖合同条款，因此，出租人为保障承租人融资租赁目的的实现，在未经承租人同意下，不得擅自变更买卖合同中与承租人有关的合同内容。

2.出租人在一般条件下不承担租赁物的瑕疵担保责任

在融资租赁下，出租人一般是根据承租人对供货商、租赁物的选择来订立租赁物的买卖合同，所以，出租人对租赁物只拥有名义上的所有权，不承担租赁物的瑕疵担保责任。当租赁物不符合约定或者不符合使用目的时，出租人不承担责任，而是由承租人直接向供货商索赔并承担索赔不成的法律后果。但承租人行使索赔权时，出租人应当提供必要的协助。若在某些情况下，承租人依赖出租人的技能确定租赁物或者出租人干预选择租赁物的，出租人就应承担租赁物瑕疵担保责任。

3.出租人不承担租赁物对第三人的人身伤害或财产损害的赔偿责任

在承租人占有租赁物期间，承租人应妥善保管和使用租赁物，若租赁物造成第三人的人身损害或财产损害时，出租人一般不承担赔偿责任。如租赁物本身缺陷致使他人人身或财产损害的，由租赁物的出卖人和承租人承担连带责任。

4.出租人承担保证承租人对租赁物的占有和使用的义务

承租人订立融资租赁合同的根本目的在于取得租赁物的使用权。因此，承租人在接受供货商交付的标的物后，在整个租赁期间内，出租人应保证承租人对租赁物的占有和使用权，且不受第三人的干扰。出租人未经承租人同意，不得擅自变更原承租条件，亦不得非法干预承租人对租赁物的正常使用；出租人转让租赁物所有权的，融资租赁合同对新的所有权人仍然有效，新所有权人不得收回租赁物；出租人对租赁物设立抵押的，承租人的使用收益权可以对抗

抵押权人的抵押权;在承租人占有使用租赁物的权利受妨碍时,出租人应予以排除妨碍。根据《民法典》第748条的规定,出租人无法保证承租人占有和使用租赁物,有下列情形之一的,承租人有权请求其赔偿损失:(1)无正当理由收回租赁物;(2)无正当理由妨碍、干扰承租人对租赁物的占有和使用;(3)因出租人的原因致使第三人对租赁物主张权利;(4)不当影响承租人对租赁物占有和使用的其他情形。

5.出租人享有收取租金的权利

在融资租赁合同中,租金是出租人向承租人提供融资的对价,不是承租人使用租赁物的对价。租金标准一般根据租赁物的购置成本、租赁期间的利息费、租赁手续费以及出租人的合理利润进行确定。由于融资租赁的出租人一般不承担租赁物的瑕疵担保责任,因此,租赁物有瑕疵时,承租人也不得拒付租金。除非法律另有规定或者当事人另有约定的,租赁物发生不可归责于双方当事人的事由而发生毁损、灭失的,亦不能免除或减少承租人支付租金的义务。若承租人未能依约支付租金的,出租人有权确定一个合理期限要求承租人支付。如果承租人经催告后在合理期限内仍不支付租金的,出租人有权要求承租人支付全部已到期而承租人未支付的租金以及其他未到期的租金,出租人也可以解除合同,收回租赁物。

6.出租人可以约定在租赁期满的租赁物的归属

出租人和承租人可以约定租赁期限届满租赁物的归属;对租赁物的归属没有约定或者约定不明确,当事人订立补充协议或依照合同有关条款和交易习惯予以确定,仍然无法确定的,租赁物的所有权归出租人。

7.出租人享有破产财产取回权

在融资租赁中,出租人是买卖合同的买受人,通过向出卖人支付价款而取得对租赁物的所有权,这种所有权是绝对权,可以对抗包括承租人在内的一切人。因此,在承租人破产时,租赁物并不属破产企业的财产,出租人对租赁物享有取回权。

(二)承租人的主要权利和义务

1.承租人在出卖人不履行买卖合同义务时,可以行使索赔权

在融资租赁合同中,出租人是根据承租人对出卖人、租赁物的选择来订立买卖合同,承租人与出卖人之间形成准合同关系,出卖人应直接向承租人交付标的物,承租人享有与受领标的物有关的买受人的权利。当出卖人不履行买卖合同义务时,出租人、出卖人、承租人可以约定,由承租人直接向出卖人行使索赔权。关于承租人直接行使索赔权的性质,根据《民法典》的精神,多数学者认为是一种债权让与。[①] 但这种债权让与是出租人将对出卖人的索赔权让与承租人,所以,原则上应经过出卖人的同意。承租人在行使索赔权时,出租人应提供必要的资料,协助承租人向出卖人进行。

2.承租人在融资租赁期间应妥善保管、使用和维修租赁物

在融资租赁期间,承租人实际占有、使用和收益租赁物,因此,承租人应当尽一个谨慎的人所能尽到的注意程度使租赁物处于安全状态,妥善保管和使用租赁物。同时,因出租人对租赁物不承担瑕疵担保责任,所以当承租人占有租赁物期间,租赁物需要维修时,承租人还负有维修义务。

---

① 学术界对承租人直接索赔权的性质有不同看法,除债权让与说外,还有两契约收缩的构成说、为第三人契约说、委任说、损害担保契约说等,详见房绍坤等主编:《合同法要义与案例析解(分则)》,中国人民大学出版社2001年版,第243页。

3.承租人在租赁期间不得擅自处分租赁物

《民法典》第753条规定，承租人未经出租人同意，将租赁物转让、抵押、质押、投资入股或者以其他方式处分的，出租人可以解除融资租赁合同。

4.在租赁期间届满，承租人享有对租赁物处置的选择权

在融资租赁期间届满，承租人对租赁物有三种选择权：留购[①]、续租或退租。承租人选择留购的，承租人有优先购买权，须支付一定的价款购买该租赁物。当事人也可以约定租赁期间届满租赁物归属承租人。《民法典》第758条规定："当事人约定租赁期间届满租赁物归承租人所有，承租人已经支付大部分租金，但无力支付剩余租金，出租人因此解除合同收回租赁物的，收回的租赁物的价值超过承租人欠付的租金以及其他费用的，承租人可以要求部分返还。当事人约定租赁期限届满租赁物归出租人所有，因租赁物毁损、灭失或者附合、混合于他物致使承租人不能返还的，出租人有权请求承租人给予合理补偿。"承租人选择续租的，应另行订立新的租赁合同。如果当事人双方对租赁物的归属没有约定或约定不明确的，可补充协商或根据合同有关条款或交易习惯确定，仍然无法达成一致意见的，租赁物的所有权归出租人。

当事人约定租赁期限届满，承租人仅需向出租人支付象征性价款的，视为约定的租金义务履行完毕后租赁物的所有权归承租人。

（三）出卖人的主要权利和义务

在融资租赁合同中，出卖人的法律地位与买卖合同中的卖方相同，即出卖人享有向出租人收取货款的权利，负有按照约定向非买受人的承租人交付标的物的义务，并向承租人承担租赁物的瑕疵担保责任。但就标的物的所有权的移转，仍应向作为买受人的出租人履行其义务。

第八节　保理合同

保理是在金融服务实体经济背景下发展起来的一种新型商业交易模式。伴随着金融供给侧结构性改革的持续深化，保理进入了重要战略机遇期，成为发展最快的供应链金融业务。为助推保理规范化发展，近年来我国及各地金融监督管理部门陆续出台了相关办法。我国《民法典》在合同编第二分编中新增了保理合同一章，对保理合同的法律制度进行了规定。

一、保理合同的概念

《民法典》第761条对保理合同的概念作了界定，保理合同是应收账款债权人将现有的或者将有的应收账款转让给保理人，保理人提供资金融通、应收账款管理或者催收，应收账款债务人付款担保等服务的合同。保理合同具有如下特征：

(1)保理合同的双方当事人是应收账款债权人和保理人。应收账款通常是指企业在正常经营过程中因销售商品、产品、提供劳务等业务，应向购买单位收取的款项，一般包括现有的和将来的应收账款两种类型。所谓应收账款债权人就是指在应收账款法律关系中享有收取款项、收取权利的一方当事人，是保理合同的主体。保理合同的另一方主体是保理人。保理业务只能由具备相应的资质条件的机构从事，个人不能从事保理业务，因此保理人通常由商业银行和商业保理公司来担任。如果保理人无相应保理业务资质而从事保理业务的，则其所签订的

① 留购是指租期届满，承租人支付给出租人一笔双方商定的租赁物残值的货价，取得租赁物的所有权。

保理合同是无效的。

(2)在保理合同中，应收账款债权人应当把应收账款的债权转让给保理人，以换取保理服务。保理人通过受让应收账款的债权，取得了对应收账款债务人的直接请求权，同时根据合同约定向应收账款债权人提供资金融通、应收账款管理或者催收、应收账款债务人付款担保等服务。

(3)保理合同是要式合同。保理是因应金融服务实体经济背景下发展起来的商业交易模式，为缓解中小企业资金融通困境发挥着重要作用。保理合同所涉及的事项较为复杂，需要清楚、明确地规定当事人双方的权利义务，提高商业交易的效率，因此需要采用书面的形式订立。根据《民法典》第 762 条第 2 款的规定，保理合同应当采用书面形式，因此为要式合同。

二、保理合同的内容

保理合同为要式合同，其内容通常包括业务类型、服务范围、服务期限、基础交易合同情况、应收账款信息、保理融资款或者服务报酬及其支付方式等条款(《民法典》第 762 条第 1 款)。如果保理合同已经成立，但合同内容有欠缺的，那么当事人可以通过协议进行补充；不能达成补充协议的，按照合同相关条款或者交易习惯确定。[①] 如果依据合同相关条款或者交易习惯仍不能确定的，则适用《民法典》第 511 条的规定进行确定。[②]

三、保理合同当事人的权利和义务

(一)应收账款债权人的权利和义务

1.应收账款债权人应当按照约定将应收账款转让给保理人

保理合同是以应收账款的转让为基础的。应收账款债权人转让应收账款给保理人，是其获得保理人提供服务的前提条件，同时也是其必须履行的义务。若应收账款债权人违反这项义务，导致保理合同目的无法实现的，则保理人有权解除保理合同，并请求应收账款债权人承担相应的违约责任。如果保理人行使合同解除权并实施了替代交易，则其可主张按照替代交易价格与合同价格的差额确定合同履行后可以获得的利益；如果保理人行使合同解除权但并未实施替代交易的，则其可主张按照违约行为发生后合理期间内合同履行地的市场价格与合

---

① 《最高人民法院关于适用〈中华人民共和国民法典〉合同编通则若干问题的解释》第 3 条第 2 款规定："根据前款规定能够认定合同已经成立的，对合同欠缺的内容，人民法院应当依据民法典第五百一十条、第五百一十一条等规定予以确定。"《民法典》第 510 条规定："合同生效后，当事人就质量、价款或者报酬、履行地点等内容没有约定或者约定不明确的，可以协议补充；不能达成补充协议的，按照合同相关条款或者交易习惯确定。"

② 《民法典》第 511 条规定："当事人就有关合同内容约定不明确，依据前条规定仍不能确定的，适用下列规定：(一)质量要求不明确的，按照强制性国家标准履行；没有强制性国家标准的，按照推荐性国家标准履行；没有推荐性国家标准的，按照行业标准履行；没有国家标准、行业标准的，按照通常标准或者符合合同目的的特定标准履行。(二)价款或者报酬不明确的，按照订立合同时履行地的市场价格履行；依法应当执行政府定价或者政府指导价的，依照规定履行。(三)履行地点不明确，给付货币的，在接受货币一方所在地履行；交付不动产的，在不动产所在地履行；其他标的，在履行义务一方所在地履行。(四)履行期限不明确的，债务人可以随时履行，债权人也可以随时请求履行，但是应当给对方必要的准备时间。(五)履行方式不明确的，按照有利于实现合同目的的方式履行。(六)履行费用的负担不明确的，由履行义务一方负担；因债权人原因增加的履行费用，由债权人负担。"

同价格的差额确定合同履行后可以获得的利益。①

2.应收账款债权人的权利瑕疵担保义务

应收账款应当是真实合法的，不能是虚构的，并且不能存在权利负担和其他可能有碍保理人实现债权的瑕疵。应收账款债权人应当承担对应收账款的权利瑕疵担保义务，这是对善意的保理人的保护。《民法典》第763条规定，“应收账款债权人与债务人虚构应收账款作为转让标的，与保理人订立保理合同的，应收账款债务人不得以应收账款不存在为由对抗保理人，但是保理人明知虚构的除外。”

3.无正当理由，应收账款债权人不得变更或者终止基础交易合同

应收账款债权人与债务人无正当理由协商变更或者终止基础交易合同，可能会减损应收账款债权的价值，对保理人产生不利影响。因此，为了保护保理人的正当利益，《民法典》第765条规定，应收账款债务人接到应收账款转让通知后，应收账款债权人和债务人协商变更或者终止基础交易合同，对保理人不发生效力。

(二)保理人的权利和义务

1.保理人对应收账款债权人和应收账款债务人的权利

《民法典》第766条和第767条将保理分为有追索权保理和无追索权保理两种类型，保理合同当事人可以根据自己的需要约定保理的类型。在有追索权保理和无追索权保理中，保理人所享有的权利并不相同。

在有追索权保理的情况下，保理人仅承担对应收账款债权人提供资金融通、应收账款管理或者催收等金融服务，不必担负对应收账款债务人的信用额度核查和提供坏账担保的义务，当保理人无法从应收账款债务人处收回应收账款时其有权要求应收账款债权人返还保理融资本息或者回购应收账款债权。《民法典》第766条规定，当事人约定有追索权保理的，保理人可以向应收账款债权人主张返还保理融资本息或者回购应收账款债权，也可以向应收账款债务人主张应收账款债权。保理人向应收账款债务人主张应收账款债权，在扣除保理融资款本息和相关费用后有剩余的，剩余部分应当返还给应收账款债权人。

与有追索权保理不同的是，在无追索权保理中，保理人应当对应收账款债务人的信用额度进行核查，并且在信用额度范围内承担购买应收账款债权人对应收账款债务人的应收账款并提供坏账担保责任，当保理人无法从应收账款债务人处回收应收账款的，保理人不能向应收账款债权人追索。根据《民法典》第767条的规定，当事人约定无追索权保理的，保理人应当向应收账款债务人主张应收账款债权，保理人取得超过保理融资款本息和相关费用的部分，无须向应收账款债权人返还。

2.保理人的通知义务

在一般债权转让中，通常是由债权让与人向债务人发出转让通知的，保理中的应收账款债权转让则与之不同，经常由保理人向应收账款债务人发出应收账款转让通知。保理人应当向

① 《最高人民法院关于适用〈中华人民共和国民法典〉合同编通则若干问题的解释》第60条第2款和第3款规定：“非违约方依法行使合同解除权并实施了替代交易，主张按照替代交易价格与合同价格的差额确定合同履行后可以获得的利益的，人民法院依法予以支持；替代交易价格明显偏离替代交易发生时当地的市场价格，违约方主张按照市场价格与合同价格的差额确定合同履行后可以获得的利益的，人民法院应予支持。非违约方依法行使合同解除权但是未实施替代交易，主张按照违约行为发生后合理期间内合同履行地的市场价格与合同价格的差额确定合同履行后可以获得的利益的，人民法院应予支持。”

应收账款债务人发出应收账款转让通知,这是保理人必须履行的一个义务,目的是避免应收账款债务人继续向应收账款债权人履行义务。保理人向应收账款债务人发出应收账款转让通知的,应当表明保理人身份并附有必要凭证。

保理人是否将应收账款转让通知于应收账款债务人,会产生不同的法律效果。具体来说:第一,当应收账款债权转让未通知债务人的,则该转让对应收账款债务人不发生效力,保理人要求应收账款债务人履行支付义务时,应收账款债务人有权予以拒绝。同时,在应收账款债权转让通知债务人前,如果应收账款债务人对应收账款债权人履行了义务,此时应收账款债权就消灭了,保理人就不能再请求债务人履行了。[①] 第二,当应收账款债权转让已通知应收账款债务人的,那么应收账款债权转让就对应收账款债务人发生了效力,此时应收账款债务人就应当向保理人而非应收账款债权人履行义务。如果应收账款债务人仍向应收账款债权人履行义务的,则不会发生消灭应收账款债权的效力。

四、保理合同的登记与保理人权利竞存的处理

保理合同以应收账款的转让为基础,保理人受让的应收账款债权实际上是一种无形的权利,因此需要借助登记的渠道予以公示,以保护商业交易安全。在实践中保理合同的登记并非强制性要求,不过保理合同的登记在应收账款债权人同多个主体订立保理合同,导致多个保理人主张权利的情况的处理具有重要意义。根据《民法典》第768条的规定,应收账款债权人就同一应收账款订立多个保理合同,致使多个保理人主张权利的,已经登记的先于未登记的取得应收账款;均已经登记的,按照登记时间的先后顺序取得应收账款;均未登记的,由最先到达应收账款债务人的转让通知中载明的保理人取得应收账款;既未登记也未通知的,各保理人按照保理融资款或者服务报酬的比例取得应收账款。

保理合同最重要的部分是涉及应收账款债权的转让,其本质上属于债权转让的一种情形。因此,《民法典》第769条就规定了保理合同的法律适用问题,明确指出保理合同章节没有规定的,适用《民法典》合同编第六章债权转让的有关规定。

第九节　承揽合同

一、承揽合同的概念和法律特点

承揽合同是指承揽人按照定作人的要求完成一定的工作并交付工作成果,定作人接受该项成果并给付报酬的合同。按照他人的要求完成一定的工作,并交付工作成果的一方为承揽人;要求他人完成一定工作,接受工作成果并给付报酬的一方为定作人。承揽合同具有以下法律特点:

---

① 《最高人民法院关于适用〈中华人民共和国民法典〉合同编通则若干问题的解释》第48条规定:"债务人在接到债权转让通知前已经向让与人履行,受让人请求债务人履行的,人民法院不予支持;债务人接到债权转让通知后仍然向让与人履行,受让人请求债务人履行的,人民法院应予支持。让与人未通知债务人,受让人直接起诉债务人请求履行债务,人民法院经审理确认债权转让事实的,应当认定债权转让自起诉状副本送达时对债务人发生效力。债务人主张因未通知而给其增加的费用或者造成的损失从认定的债权数额中扣除的,人民法院依法予以支持。"

(1)承揽合同是以完成一定工作为目的。承揽合同的标的是承揽人完成并交付特定的工作成果,虽然承揽人也须提供一定的劳务,但定作人需要的是承揽人交付所完成的工作成果,而不是完成工作的过程,这是承揽合同与劳务合同的根本区别。

(2)承揽合同的标的具有特定性。承揽人在承揽活动中,应按照定作人对工作成果的规格、形状、质量等方面的特定要求完成承揽工作成果并交付工作成果,所完成的工作成果具有特定性,满足定作人的特别要求。

(3)承揽人独立完成承揽工作并承担工作中的风险责任。承揽人应当使用自己的设备、技术独立地完成主要工作,否则定作人有权解除合同。在承揽活动中,因不可抗力或其他非因当事人双方的过错致使不能完成工作成果或工作物毁损、灭失的,由承揽人承担风险责任。

(4)承揽合同是诺成性合同、有偿合同、双务合同、不要式合同。承揽合同自当事人意思表示一致即可生效,而不以当事人实际交付标的物为要件,是诺成性合同。承揽合同当事人双方所负的义务具有对应性,一方的义务是对方的权利,承揽合同是双务合同。承揽合同的定作人获得承揽人完成的工作成果,须支付报酬,因此,承揽合同是有偿合同。法律对于承揽合同的形式没有特别的要求,承揽合同是不要式合同。

二、承揽合同的种类

在社会生活中,承揽合同的类型很多。根据《民法典》的规定,承揽合同的主要类型有:

(1)加工合同,即定作人提供原材料,承揽人以自己的设备、技术和劳力加工成符合定作人要求的产品,定作人接受产品并给付报酬的合同。

(2)定作合同,即承揽人按照定作人的要求,用自己的原材料,并以自己的设备、技术和劳力加工和制定定作人所要求的产品,定作人接受产品并支付报酬的合同。定作合同与加工合同的主要区别是材料的提供人不同。

(3)修理合同,即承揽人为定作人修复损坏的物品,定作人接受修复后的物品并支付报酬的合同。在修理中,需要更换的器件、配件等,可以由定作人提供,也可以由承揽人提供。

(4)建房合同,又称房屋建筑合同,即指承揽人按照定作人的要求为定作人建筑房屋并收取建筑报酬的合同。这里的建房合同不包括基本建设工程合同,主要有“包工包料”和“包工不包料”两种。“包工包料”是指承揽人自带建筑材料为定作人建造房屋,将建筑材料的费用计入报酬一并向定作人收取;“包工不包料”是指定作人自己准备建筑材料由承揽人进行建造,承揽人只出工不出料。

(5)复制合同,即承揽人依据定作人提供的样品,制作复制品,定作人接受复制品并支付报酬的合同。

(6)测试合同,即承揽人利用自己的仪器、技术和设备为定作人完成特定项目的测试任务,定作人接受测试成果并支付报酬的合同。

(7)检验合同,即承揽人利用自己的技术和设备,对特定的检验项目进行检测、分析化验等并作出报告或结论,由定作人接受报告或结论并支付报酬的合同。

无论何种形式的承揽合同,根据《民法典》的规定,承揽合同一般包括承揽标的、数量、质量、报酬、承揽方式、材料的提供、履行期限、验收标准和方法等条款。

三、承揽合同当事人的权利和义务

(一)承揽人的义务

1.按照合同约定亲自完成工作并交付工作成果的义务

承揽人应在合同约定的时间开始进行工作,并在合同约定的期限内完成工作成果。除合同另有约定外,承揽人不得以定作人未给付报酬为由而拒绝开始工作。对于合同没有约定完成期限的,应由当事人补充协议或根据合同有关条款或交易习惯加以确定。

承揽人在工作过程中应按照定作人的要求和标准包质包量地完成工作。同时,对于定作人提供的材料,应当及时检验,发现不符合约定的,应及时通知定作人更换、补齐或采取其他补救措施。承揽人不得擅自更换定作人提供的材料,不得更换不需要修理的零部件。同时,承揽人对于定作人提供的材料负有保管的义务,因保管不善造成定作人提交的材料毁损、灭失的,应承担损害赔偿责任。承揽人对于定作人提供的图纸或技术要求不合理的,也应当及时通知定作人。

除当事人另有约定的外,承揽人应当以自己的设备、技术、劳力亲自完成主要工作。未经定作人同意,承揽人将其主要工作交给第三人完成的,定作人有权解除合同,并要求承揽人承担违约责任。当事人存在特别约定,承揽人将其主要工作交给第三人完成的,应当就该第三人完成的工作成果向定作人负责。但是,承揽人有权不经定作人同意而决定将其辅助工作[①]交给第三人完成。承揽人将其辅助工作交由第三人完成的,应当就该第三人完成的工作成果向定作人负责。

承揽人完成工作的,应当向定作人交付工作成果,并提交必要的技术资料和有关质量证明。承揽人应按照合同约定的时间、地点和方式将工作成果转移于定作人占有。合同约定定作人自提的,承揽人应当在完成工作后,通知定作人提货,并在工作完成的地点或者定作人指定的地点,将工作成果交给定作人占有。该完成工作的地点或者指定地点为交付地点,通知提货的日期为交付日期。合同约定由承揽人送交的,承揽人应当在完成工作后,自备运输工具,将工作成果送到定作人指定的地点并通知定作人验收。这种情况下,定作人指定的地点为交付地点,定作人实际接受的日期为交付日期。合同约定由运输部门或邮政部门代为运送的,承揽人应当在完成工作后,将工作成果交到运输部门或邮政部门并办理运输手续。这种情况下,运输部门或邮政部门收受该工作成果的地点为交付地点,接受该工作成果的日期为交付日期。合同中没有约定交付方式、时间、地点的,可由当事人补充协商或根据合同有关条款或交易习惯进行确定。上述方法仍然无法确定的,承揽人在完成工作后,通知定作人取货,承揽人通知的地点为交付地点,承揽人确定的合理取货日期为交付时间。若根据承揽合同的性质,工作成果无须特别交付的,承揽人完成工作的时间、地点即为交付时间、地点。

2.按照合同约定提供材料和保管材料的义务

承揽合同中约定承揽人提供全部或部分材料的,承揽人应当按照合同约定的数量、质量和时间提供材料。合同没有约定或约定不明确的,承揽人应当按照通常情况下完成该类工作成果所需要的数量确定所应提供的数量;依据定作人对工作成果的质量要求、该工作成果的用途或通常标准确定所应提供材料的质量;依据承揽工作的性质和定作人对交付工作成果的要求

① 辅助工作是指主要工作的以外部分,对工作成果的质量不发生决定作用,技术含量不高,一般不需要特别的技能和设备就可完成的工作。

及时提供材料。承揽人提供材料的，应当及时通知定作人检验，并如实提供发票以及材料数量和质量的说明文件。

承揽合同约定定作人提供材料的，承揽人应当妥善保管定作人提供的材料，因保管不善造成毁损、灭失的，应当承担赔偿责任。

3.对承揽工作保密的义务

承揽人应当按照定作人的要求保守秘密，否则因此造成定作人损失的，承揽人应承担赔偿责任。承揽人在完成工作后，未经定作人许可，不得留存复制品或技术资料，而应将复制品和技术资料一并归还给定作人。

4.接受必要的监督和检验义务

承揽人在工作期间，应当接受定作人必要的监督和检验，以保证工作成果符合定作人的特殊要求。定作人不仅对承揽人使用的材料有监督检验权，而且对承揽人工作的整个期间均享有监督检验权，但是，定作人的监督检验不得影响承揽人的正常工作。

5.对工作成果承担瑕疵担保责任

承揽人对其所完成的工作成果负有瑕疵担保责任，应当保证工作成果符合合同约定的质量和要求；不符合质量要求的，定作人有权要求承揽人承担修理、重做、减少报酬、赔偿损失等违约责任。

6.共同承揽人的连带责任

两个以上的承揽人共同为定作人完成一项工作的，为共同承揽。在合同没有特别约定的情况下，共同承揽人对定作人承担连带责任。

（二）承揽人的权利

1.收取工作报酬、材料费用和其他代垫费用的权利

承揽人按照合同约定完成承揽工作的，有权要求定作人支付工作报酬。承揽人提供承揽工作所需的材料，有权要求定作人支付材料费用。承揽人为完成工作而代垫其他费用的，也有权要求定作人予以偿付。

2.对工作成果享有留置权

定作人没有按照约定支付工作报酬或者材料费等价款的，承揽人对所完成的工作成果享有留置权或者拒绝交付，但是当事人另有约定的除外。

（三）定作人的义务

1.按照合同的约定提供材料的义务

承揽合同约定由定作人提供材料的，定作人应按照约定的数额、质量和时间向承揽人提供材料。

2.接受工作成果并支付报酬及相关费用的义务

定作人应按照合同约定的时间、地点和方式及时验收并接受工作成果。定作人无正当理由受领迟延的，承揽人可请求其受领并支付相应报酬和其他费用，包括违约金、保管费用等，承揽人也可以依法提存定作物。定作人同时还应承担因受领迟延而发生的工作成果的风险。定作人在受领定作物时，应按照合同约定的质量要求和标准对工作成果予以验收。

定作人向承揽人支付报酬和相关费用是承揽人交付工作成果的对价。合同没有约定支付期限或约定不明确的，当事人应补充协议或根据合同有关条款或交易习惯确定。仍无法确定的，定作人应当在承揽人交付工作成果的同时支付，工作成果部分交付的，定作人须支付相应的报酬。承揽人按照合同的约定提供材料或代垫其他费用的，定作人也应予以偿付。

3.协助承揽人完成工作的义务

承揽工作需要定作人协助的,定作人有协助的义务。定作人不履行协助义务致使承揽工作不能完成的,承揽人可催告定作人在合理期限内履行,并可以顺延履行期限。定作人仍不履行的,承揽人可以解除合同。

(四)定作人的权利

(1)随时变更承揽工作要求和解除合同的权利。承揽工作根据定作人的需求而进行,而定作人的需求随情势而发生变化,所以,法律赋予定作人单方中途变更工作要求和解除合同的权利,《民法典》第777条和第787条亦做了规定。但是,定作人中途变更承揽工作的要求或解除合同给承揽人造成损失的,应当赔偿损失。

(2)对承揽人按照合同约定所提供的材料进行检验的权利。

(3)对承揽工作进行必要监督的权利,但不得妨碍承揽人的正常工作。

四、承揽合同中的风险负担

承揽合同中的风险负担是指在工作成果交付前,非因当事人的原因而使原材料或工作成果毁损、灭失的损失应由何方承担的问题。

(一)原材料的风险负担

承揽工作所需的原材料由承揽人提供的,在其转化为工作成果之前,与定作人无关,原材料的毁损、灭失的风险由承揽人承担。但关于定作人提供的原材料在承揽人占有期间发生毁损、灭失的风险负担问题,《民法典》没有明确规定,在理论和实践中存在两种不同的主张:一种是交付说。根据占有原则,标的物的风险在标的物交付之前由交付人承担交付后由受领人承担。另一种是所有权说。依据“风险随归所有权”原则,谁享有所有权,谁承担该标的物的风险。通说认为,合同约定由定作人提供材料而承揽人给付价款或费用的,自原材料的所有权交付给承揽人时起归承揽人,承揽人负担该原材料毁损或灭失的风险;但当事人未约定承揽人就定作人提供的材料支付价款或费用的,则原材料毁损、灭失的风险由定作人负担。

(二)工作成果的风险负担

根据《民法典》的规定,工作成果的风险以交付为界定标准。在工作成果交付之前的风险由承揽人负担,交付之后的风险由定作人负担。但定作人受领迟延的,工作成果的风险由定作人负担。工作成果无须实际交付的,在工作成果完成之前的风险由承揽人负担,完成之后的风险由定作人负担。

五、承揽人完成工作中侵权责任的承担

根据《民法典》第1193条的规定,承揽人在完成工作过程中造成第三人损害或者自己损害的,定作人不承担侵权责任。但是,定作人对定作、指示或者选任有过错的,应当承担相应责任。根据《最高人民法院关于适用〈中华人民共和国民法典〉侵权责任编的解释(一)》(法释〔2024〕12号)第18条的规定,承揽人在完成工作过程中造成第三人损害的,人民法院依照《民法典》第1165条的规定认定承揽人的民事责任。如果被侵权人合并请求定作人和承揽人承担侵权责任的,依照《民法典》第1165条和第1193条的规定,造成损害的承揽人承担侵权人应承担的全部责任;定作人应当在定作、指示或者选任过错范围内与承揽人共同承担责任,但责任主体实际支付的赔偿费用总和不应超出被侵权人应受偿的损失数额。定作人先行支付赔偿费用后,就超过自己相应责任的部分向承揽人追偿的,人民法院应予支持,但双方另有约定的除外。

第十节　建设工程合同

一、建设工程合同的一般性规定

（一）建设工程合同的概念和法律特点

建设工程合同是指承包人进行工程的勘察、设计、施工等建设，发包人支付价款的合同。负责工程的勘察、设计、施工任务的一方为承包人，委托他人进行工程的勘察、设计、施工任务的建设单位一方为发包人。建设工程合同包括工程勘察合同、工程设计合同和工程施工合同。

建设工程合同实质上也是承揽合同的一种，与一般的承揽合同一样，也是诺成性、双务性、有偿性合同，根据《民法典》第808条的规定，对于建设工程合同未作规定的，适用承揽合同的有关规定。但建设工程合同存在其自身的法律特点：

1.合同标的仅限于基本建设工程

建设工程合同的标的只能是作为基本建设工程的种类建筑物、地下设施、附属设施的建筑，以及对线路、管道、设备进行的安装建设。对于不能构成基本建设的一般工程合同属于承揽合同。

我国《民法典》将建设工程合同和承揽合同作为两个独立的有名合同加以规定。

2.合同的主体具有特定性，只能是法人

由于基本建设工程投资大、周期长、质量要求高等原因，《中华人民共和国建筑法》等有关法律、法规对于建设工程合同的主体进行一定的限制，发包人只能是经过批准的建设工程的法人。承包人也只能是具有从事勘察、设计、建筑、安装资格的法人，而非自然人。

3.合同管理的特殊性

建设工程涉及国家的基本建设规划，其标的物是特殊的不动产，须长期存在和发挥效用，关系国计民生，国家须对基本建设项目进行宏观调控并确保工程质量。因而，有关法律、法规对工程的审批、合同的签订和履行、资金的投入、成果的验收等均作出严格的规定。

4.重大建设工程合同的订立具有计划性和程序性

国家对于基本建设工程实行计划控制，对于未经过批准的计划外的工程项目，当事人不得签订建设工程合同。《民法典》第792条规定："国家重大建设工程合同，应当按照国家规定的程序和国家批准的投资计划、可行性研究报告等文件订立。"同时，建设工程周期长，须按照一定程序进行，通常包括立项、施工准备、施工、竣工验收等四个阶段。

5.要式合同

建设工程合同当事人之间的权利义务关系复杂，《民法典》要求建设工程合同必须采用书面形式签订。

（二）建设工程合同的订立

基于建设工程的特殊地位，建设工程合同的订立一般应采用招标投标的方式。根据《招标投标法》规定，在我国境内进行的建设项目，对于大型基础设施、公用事业等关系社会公共利益、公众安全的项目；全部或者部分使用国有资金投资或者国家融资的项目；使用国际组织或外国政府贷款、援助资金的项目。《民法典》第790条规定："建设工程的招标投标活动，应当依照有关法律的规定公开、公平、公正进行。"公开原则要求招标投标的信息要公开,不允许对发包人或投标人隐瞒真实情况,进行暗箱操作。公平原则要求发包人为所有投标人给予平等的竞争环境,投标人正当竞争,参与招标投标的各方不得采取不正当的竞争手段。公正原则要求在招标中严格按照公开的招标文件和程序进行,严格按照既定的标准进行评标、定标,不受到与标准无关的其他因素的影响。

(三)建设工程合同的形式

建设工程合同可以采用两种不同的形式:(1)建设工程总承包合同。建设工程总承包合同是指发包人就整个建设工程从勘察、设计到施工交给总承包人进行工程建设,由总承包人对整个建设工程负责的合同。(2)建设工程单项承包合同。发包人可以就建设工程的三个重要阶段即勘察阶段、设计阶段和施工阶段,分别与勘察人、设计人、施工人订立单独的建设工程勘察合同、建设工程设计合同、建设工程施工合同。征得发包人的同意,承包人(包括总承包人和单项承包人)可以将一起承包的部分工作分包给具备相应资质的第三人,第三人就其完成的工作成果与总承包人或勘察、设计、施工承包人向发包人承担连带责任。承包人不得将其承包的全部建设工程转包给第三人或者将其承包的全部建设工程支解以后以分包的名义转包给第三人。禁止承包人将工程分包给不具备相应资质条件的单位。禁止分包单位将其承包的工程再分包。建设工程主体结构的施工必须由承包人自行完成。法律要求建设工程结构的施工必须由承包人自行完成的,禁止分包单位将其承包的工程再分包。

(四)建设工程合同的解除和无效的法律后果

承包人将建设工程转包、违法分包的,发包人可以解除合同。发包人提供的主要建筑材料、建筑构配件和设备不符合强制性标准或者不履行协助义务,致使承包人无法施工,经催告后在合理期限内仍未履行相应义务的,承包人可以解除合同。

合同解除后,已经完成的建设工程质量合格的,发包人应当按照约定支付相应的工程价款;已经完成的建设工程质量不合格的,按照以下情形处理:(1)修复后的建设工程经验收合格的,发包人可以请求承包人承担修复费用;(2)修复后的建设工程经验收不合格的,承包人无权请求参照合同关于工程价款的约定折价补偿。发包人对因建设工程不合格造成的损失有过错的,应当承担相应的责任。

建设工程施工合同无效,但是建设工程经验收合格的,可以参照合同关于工程价款的约定折价补偿承包人。建设工程施工合同无效,且建设工程经验收不合格的,对于修复后的建设工程经验收合格的,发包人可以请求承包人承担修复费用;对于修复后的建设工程经验收不合格的,承包人无权请求参照合同关于工程价款的约定折价补偿。

二、建设工程勘察合同

(一)建设工程勘察合同的概念

工程勘察合同是指发包人与勘察人订立的,由勘察人完成一定的勘察任务,发包人接受工作成果并支付报酬的合同。工程勘察,是指对工程项目进行实地考察或查看的活动,主要内容包括工程测量、水文地质勘察和工程地质勘察等。工程勘察的任务是为建设项目选址、工程设计和施工提供科学、可靠的依据。

(二)建设工程勘察合同的主要条款

《民法典》第 794 条规定:"勘察、设计合同的内容一般包括提交有关基础资料和概预算等文件的期限、质量要求、费用以及其他协作条件等条款。”可见，勘察合同内容包括：工程项目的名称、规模、地点等；发包人提交勘察的基础资料的内容、要求及期限，勘察人提交勘察文件的期限和勘察成果的质量要求，勘察收费的依据、收费标准及支付方式、期限；双方其他协作条件等。

（三）建设工程勘察合同当事人的主要义务

1.勘察人的主要义务

（1）勘察人应当按照合同约定的进度和质量完成勘察任务，并在约定期限内将勘察成果及说明按约定方式交付发包人。

（2）勘察人对其完成和交付的工作成果承担瑕疵担保责任。在工程建设中发现勘察质量问题，造成返工的，勘察人应继续完善勘察，减收或免收勘察费并赔偿损失。

2.发包人的主要义务

（1）按照合同约定向勘察人提供勘察工作所需的基础资料、技术要求，并对提供的时间、进度以及资料的可靠性负责。因发包人的原因致使工程中途停建、缓建的，发包人应当采取措施弥补或者减少损失，赔偿承包人因此造成的停工、窝工、倒运、机械设备调迁、材料和构件积压等损失和实际费用。

（2）按照合同约定向勘察人提供必要的协作条件。

（3）按照合同约定支付勘察费。因发包人变更计划，提供的资料不准确，或者未按照期限提供必需的勘察工作条件而造成勘察的返工、停工或者修改设计，发包人应当按照勘察人实际消耗的工作量增付费用。

（4）维护勘察成果，不得擅自修改勘察成果，不得擅自将勘察成果转让给第三人重复使用。

三、建设工程设计合同

（一）建设工程设计合同的概念

建设工程设计合同是指发包人与设计人订立的，由设计人完成一定的工程设计工作，发包人接受工作成果并支付报酬的合同。工程设计是指运用工程技术理论及技术经济方法，按照现行技术标准等进行综合性设计及技术经济分析，并提供作为施工依据的设计和图纸的活动。

（二）建设工程设计合同的主要条款

建设工程设计合同的内容主要包括有关基础资料和文件（包括概预算）的提交期限、设计的质量要求、设计的费用以及其他协作条件等。

（三）建设工程设计合同当事人的主要义务

1.设计人的主要义务

（1）设计人按照合同约定的进度和质量完成设计任定方式交付发包人。

（2）设计人对其完成和交付的工作成果负瑕疵担保责任。在工程建设中发现设计质量问题，造成返工的，设计人应继续完善设计，减收或免收设计费并赔偿损失。

（3）按照约定完成协作事项。设计人对其承担设计任务的建设项目应当配合施工，进行设计交底，解决施工过程中有关设计的问题，负责设计变更和修改预算，参与试车考核或工程竣工验收等。

2.发包人的主要义务

（1）按照合同约定向承包人提供设计工作所需的基础资料、技术要求，并对提供的时间、进度以及资料的可靠性负责。因发包人的原因致使工程中途停建、缓建的，发包人应当采取措施弥补或者减少损失,赔偿承包人因此造成的停工、窝工、倒运、机械设备调迁、材料和构件积压等损失和实际费用。

(2)按照合同约定向设计人提供必要的协作条件。

(3)按照合同约定支付设计费。因发包人变更计划,提供的资料不准确,或者未按照期限提供必需的设计工作条件而造成设计的返工、停工或者修改设计,发包人应当按照设计人实际消耗的工作量增付费用。

(4)维护设计成果。发包人对于设计成果,不得擅自修改,不得擅自转让给第三人重复使用。

四、建设工程施工合同

(一)建设工程施工合同的概念

工程施工合同是指发包人(建设单位)与承包人(施工单位)之间达成的,承包人为发包人完成建设安装工程项目,发包人接受成果并支付报酬的合同。工程施工合同又称建筑安装工程承包合同,包括建筑和安装两方面,建筑是营造工程的行为,安装是指与工程有关的管线、设备等的装配活动。

(二)建设工程施工合同的主要条款

《民法典》第795条规定,施工合同的内容包括:(1)工程名称、地点和工程范围;(2)建设工期及开工、竣工的时间;(3)中间交工工程的开工和竣工时间;(4)工程质量;(5)工程造价;(6)技术资料交付时间;(7)材料和设备的供应责任;(8)拨款和结算;(9)竣工验收;(10)质量保修范围和质量保证期;(11)双方相互协作等条款。

(三)建设工程施工合同当事人的主要义务

1.承包人的主要义务

(1)做好施工前的准备工作,按期开工。承包人在开工前应当按照合同约定负责做好施工场地的平整,施工界区内的用水、用电、道路以及临时设施的施工;编制施工方案,进行材料和设备的采购、供应和管理;向发包人提出应由发包人供应的材料、设备的计划。承包人按照合同约定的时间开工,并严格按施工图及说明书进行施工,不得擅自更改施工图和其他技术资料。

(2)严格按照合同约定施工,接受发包人的必要监督,确保工程质量。

(3)在施工过程中按照约定提交工程进度报告。

(4)在隐蔽工程隐蔽之前,承包人应当及时通知发包人检查。

(5)按期完成施工和如期交付工程,否则,承包人应承担逾期交付的违约责任。承包人在竣工后、交付前负责保管所完成的工程并清理现场,提交竣工验收技术资料,通知发包人验收工程并办理工程竣工结算和参加竣工验收。

(6)承担瑕疵担保责任。因施工人的原因致使建设工程质量不符合约定的,承包人应承担在合理期限内无偿修理或返工、改建的责任。经过修理或者返工、改建后,造成逾期交付的,施工人应当承担违约责任。建设工程在合理使用期限内造成人身伤亡和财产损害的,承包人应承担损害赔偿责任。

2.发包人的主要义务

(1)做好施工前的准备工作,按照合同约定提供材料、设备、技术资料等。发包人未按照约定的时间和要求提供原材料、设备、场地、资金、技术资料的,承包人可以顺延工程日期,并有权请求赔偿停工、窝工等损失。

(2)协助承包人工作,解决施工中的有关问题。在施工过程中,发包人应当派驻工地代表,对工程进度、质量进行必要的监督检查,检查隐蔽工程,办理中间交工工程的验收手续以及其他应由发包人应当解决的相关事宜。

(3)验收工程并支付价款。建设工程竣工后,发包人应当根据施工图纸及说明书、国家颁布的施工验收规范和质量标准及时进行验收。经验收合格的,方可交付使用;经验收不合格的或未经验收的,不得交付使用。同时,发包人在工程建设完成后按照合同约定的方式和期限进行工程决算,向承包人支付价款。发包人没有按照约定支付价款的,承包人可以催告发包人在合理期限内支付价款。发包人逾期仍不支付的,除按照建设工程的性质不宜折价、拍卖外,承包人可以与发包人协议将该工程折价,也可以申请人民法院予以拍卖。承包人就该工程折价或拍卖的价款优先受偿。承包人的该项权利是从建设工程的价款中优先受偿其价款的优先权,效力优先于发包人的其他债权人的担保物权。①

① 魏振瀛主编:《民法》,北京大学出版社、高等教育出版社2021年版,第532页。

第18章 典型合同(二)

第一节 运输合同

一、运输合同的一般性规定

运输合同是指承运人将旅客或货物从起运地运送到约定地点，旅客、托运人或者收货人支付票款或者运输费用的合同。将旅客或者货物从起运地运送到约定地点的一方为承运人，支付票款或运输费用、在目的地接受货物的一方为旅客、托运人或收货人。

运输合同具有以下法律特点：

(1)运输合同是以运送旅客或货物为直接目的，其合同标的是将旅客或货物实现地理上的位移的运输行为，而非旅客或货物。

(2)运输合同一般具有双务性、有偿性、诺成性和格式性。运输合同的当事人互负对待给付义务，承运人按照约定的或通常的运输路线在约定期间或合理期间内将旅客或货物安全运输到约定地点，托运人、收货人或旅客支付运输费用或票款，所以，运输合同是双务合同。票款或运输费用是承运人提供运送服务的对价，因此，运输合同还是有偿性合同。除当事人另有约定或另有交易习惯外，运输合同自当事人意思表示一致即为成立，运输合同一般还是诺成性合同。同时，为便于当事人及时有效地订立合同，运输合同一般是承运人事先拟好格式条款，因而多数运输合同具有格式性。

(3)公共运输具有社会性、公益性。公共运输适用范围广，为人们生产、生活所必需，根据《民法典》第810条的规定："从事公共运输的承运人不得拒绝旅客、托运人通常、合理的运输要求。"因此，公共运输的承运人不享有选择订约对象的自由，具有强制承诺的义务，有一定的公益性。

(4)运输合同分类多样性。依据运输对象的不同，运输合同分为客运合同、货运合同。根据运输方式的不同，运输合同可分为铁路运输合同、航空运输合同、公路运输合同、水路运输合同和多式联运合同等。根据是否跨越国界，运输合同可分为国内运输合同和国际运输合同。《民法典》对客运合同、货运合同和多式联运合同加以明确的规定。但是，由于《中华人民共和国铁路法》对铁路运输合同作了规定，《中华人民共和国民用航空法》对航空运输合同作了规定，《中华人民共和国海商法》对海上运输合同作了规定，所以，各单行法对各种运输合同有规定的，应优先适用该单行法。各单行法没有规定的，才适用《民法典》的相关规定。

二、客运合同

（一）客运合同的概念

客运合同是指承运人将旅客从起运地运至目的地，旅客支付票款的合同。

客运合同通常采用票证形式，具有突出的格式性。旅客先向承运人购买客票，合同自承运人向旅客交付客票时成立，但当事人另有约定或另有交易习惯与此不同的，应按照当事人的约定或交易习惯确定合同成立时间。客运合同的价款、运输时间、运输路线等一般由承运人事先拟定，旅客只能选择购票或不购票，对于合同的具体内容一般没有过多的协商余地。客运合同通常包括对旅客行李和儿童（成年旅客可免费携带一名）的运送。

（二）客运合同当事人的权利和义务

1.客运合同承运人的主要义务

按照约定的或通常的运输路线在约定期间或者合理期间内将旅客及其行李安全运送到目的地。其义务特殊性在于：

（1）重要事项的告知义务。对于运输中出现的不能正常进行运输的异常情况，以及有关运输安全应当注意的事项，承运人应当向旅客及时告知。因承运人未及时告知而造成旅客的人身或财产损害的，承运人应承担赔偿责任。

（2）按照客票载明的时间、班次，使用合同约定的运输工具运送旅客的义务。承运人应当提供客票载明的以及合同约定的运送服务，除有正当理由外，承运人没有按照客票所载明的时间和班次运送旅客的，应当承担违约责任。承运人迟延运输或者其他不能正常运输情形的，应当及时告知和提醒旅客，采取必要的安置措施，并根据旅客的要求安排改乘其他班次或退票；由此造成旅客损失的，承运人应当承担赔偿责任，但是不可归责于承运人的除外。承运人还应按约定的运输工具运送，擅自变更运输工具而降低服务标准的，旅客有权要求退票或相应减少票款；提高服务标准的，承运人不得向旅客加收票款。

（3）保证旅客人身安全和行李安全。承运人应当对运输过程中旅客（包括按照规定免票、持优待票或经承运人许可搭乘的无票旅客）的伤亡承担损害赔偿责任，但伤亡是旅客自身健康原因造成的或者承运人证明伤亡是旅客故意和重大过失造成的除外。同时，承运人还应采取必要的措施保证旅客自带行李的安全。在运输过程中旅客自带行李物品毁损、灭失，承运人有过错的，应当承担损害赔偿责任。对旅客托运的行李，承运人按照货物运输的有关规定承担托运行李的毁损、灭失的损害赔偿责任。但承运人对于旅客伤亡、旅客自带行李物品的毁损、灭失承担赔偿责任时，可根据有关法律的规定限制其赔偿责任。

（4）在运输过程中对患病、分娩、遇险的旅客尽力救助的义务。

2.旅客的主要义务

（1）支付票款和持有效客票乘运。旅客的基本义务是支付票款，旅客支付票款后取得客票，客票是旅客运输合同的基本凭证，客运合同自承运人向旅客交付客票时成立，除非当事人另有约定或另有交易习惯。承运人向旅客交付客票后，旅客因自己原因不能按照客票记载乘坐的，有权在约定的时间内退票或变更乘运内容，但须办理相关手续。逾期办理的，承运人可以不退票款，并不再承担运输义务。同时，旅客应当持有效客票乘运。旅客无票乘运、超程乘运、越级乘运或者持失效客票乘运的，应当补交票款，承运人可以按照规定加收票款。旅客不交付票款的，承运人可以拒绝运输。实名制客运合同的旅客丢失客票的，可以请求承运人挂失补办，承运人不得再次收取票款和其他不合理费用。

(2)限量携带行李,不得随身携带或者在行李中夹带危险物品或违禁物。否则,承运人有权拒绝运输。同时,旅客不得携带或者在行李中夹带易燃、易爆、有毒、有腐蚀性、有放射性以及有可能危及运输工具上的人身和财产安全的危险物品或其他违禁物品。旅客违反规定的,承运人可以将违禁物品卸下、销毁或者送交有关部门。旅客坚持携带或夹带违禁物品的,承运人应当拒绝运输。对承运人或他人造成伤害或损失的,应当承担损害赔偿责任。

(3)协助配合承运人的义务。承运人应当严格履行安全运输义务,及时告知旅客安全运输应当注意的事项。旅客对承运人为安全运输所作的合理安排应当积极协助和配合。

三、货运合同

(一)货运合同的概念

货运合同是指承运人将托运人交付的货物从起运地运输到约定地点并交付收货人(或托运人),由托运人或收货人支付运费的合同。

货运合同的当事人是托运人和承运人,但往往涉及第三人(收货人)。托运人可以在货运合同中约定自己是收货人,也可以指定向第三人(收货人)交付货物,因此,收货人虽然不是货运合同的当事人,但却享有合同的权利和承担相应的义务,如享有货损货差、迟延交付等索赔权,承担补交运费等义务。同时,承运人可以实际完成货物运输的全部,也可以将部分货物运输交给其他人完成,但仍应当就全部货物运输向托运人或收货人负责。

(二)货运当事人的权利和义务

1.托运人的主要权利

(1)变更、解除合同的权利。在货运合同成立后,承运人将货物交付收货人之前,托运人可以要求中止运输、返还货物、变更到达地或将货物交给其他收货人,但应赔偿因此给承运人造成的损失。托运人作出解除或变更合同决定时应当及时通知承运人。

(2)拒付运费或者要求返还已收运费的权利。根据《民法典》第835条的规定,货物在运输过程中因不可抗力灭失,未收取运费的,承运人不得要求支付运费;已收取运费的,托运人可以要求返还。法律另有规定的,依照其规定。

2.托运人的主要义务

(1)如实申报托运的货物。托运人办理货物运输的,应当向承运人准确表明收货人的名称或者姓名或者凭指示的收货人,货物的名称、性质、重量、数量,收货地点以及其他有关货物运输的必要情况。因托运人申报不实或遗漏重要情况,造成承运人损失的,托运人承担损害赔偿责任。

(2)按照约定交付托运的货物。托运人应当按照合同约定的时间、地点、方式、数量向承运人提供约定的货物。货物运输需要办理审批、检验手续的,托运人应将办理完有关手续的文件提交承运人。因托运人办理各种有关手续和向承运人提交有关文件不及时、不完备、不正确而造成承运人损失,托运人应承担赔偿责任。同时,托运人应当以约定的方式包装货物,对包装方式没有约定或约定不明确的,当事人可补充协议或根据合同有关条款或交易习惯加以确定。仍无法确定的,应按照通用的方式或者足以保护标的物的方式进行包装。托运人违反该规定的,承运人可以拒绝运输,因此造成承运人损失的,托运人应承担赔偿责任。

托运人托运易燃、易爆、有毒、有腐蚀性、有放射性等危险物品的,应当按照国家有关危险物品运输的规定对危险物品妥善包装,作出危险物标志和标签,并将有关危险物品的名称、性质和防范措施的书面材料提交承运人。托运人违反该规定的,承运人可以拒绝运输,也可以采取相应措施以避免损失的发生，因此产生的费用由托运人承担。

(3)支付运输费用。除非合同另有约定由收货人支付运费的，托运人支付运输费用是其应尽的基本义务。

3.承运人的主要权利

(1)货物留置权。《民法典》第 836 条规定，除当事人另有约定的外，托运人或者收货人不支付运费、保管费以及其他费用的，承运人对相应的运输货物享有留置权。

(2)在收货人不明或者收货人无正当理由拒绝受领货物的情况下提存货物的权利。承运人提存货物的，视为交付货物，其在运输合同项下的义务履行完毕。货物提存后，该货物的毁损、灭失的风险以及有关提存的费用由收货人承担。

4.承运人的主要义务

(1)承运人按照约定接受托运人交付的货物并向托运人签发提单或其他运输单证。

(2)承运人应在约定期间或合理期间运输托运人交付的货物，并按约定或者通常的运输路线将货物安全运输到约定地点。

(3)承运人对于运输过程中货物的毁损、灭失承担无过错的损害赔偿责任，除法定的免责事由外，只要货物在运输途中发生毁损、灭失，不论承运人是否有过错，均应承担损害赔偿责任。根据《民法典》第 832 条的规定，法定的免责事由主要是由不可抗力、货物本身的自然性质或合理耗损、托运人或收货人的过错等造成的，承运人不承担赔偿责任。承运人对于货物毁损、灭失的赔偿数额，当事人有约定的，按照其约定；没有约定或约定不明确的，当事人可补充协议或根据合同有关条款或交易习惯确定；仍然无法确定的，按照交付时或者应当交付时货物到达地的市场价格计算。但是，《海商法》《铁路法》《民用航空法》等法律、法规对于赔偿数额的计算方法和赔偿限额另有特殊规定的，依照其规定。对于两个以上承运人以同一运输方式联运的，与托运人订立合同的承运人应当对全程运输承担责任。若货物毁损、灭失的损失能够确定发生在某一运输区段的，则由与托运人订立合同的承运人和该区段的承运人承担连带责任；不能明确发生在某一运输区段的，只能向与托运人订立合同的承运人主张损害赔偿责任。

(4)通知收货人提取货物。货物运输到达目的地后，收货人明确的，承运人应当通知收货人提货；收货人不明的，承运人通常应当及时与托运人取得联系以确定货物的交付。托运人在合理期限内未予以明确指示的，承运人可按照有关规定提存货物。

5.收货人的权利和义务

(1)及时提取货物。收货人是合同约定或者托运人指定的有权提取货物的人。及时提货是收货人的权利也是收货人的义务。收货人在收到承运人的通知后应及时提取货物。逾期提货的，应当向承运人支付保管费等有关费用。收货人无正当理由拒绝受领货物的，承运人依法提存货物，提存后的货物风险和费用由收货人承担。收货人向承运人提货时，应提交有关运输单证，否则承运人有权拒绝交货。

(2)货损货差赔偿请求权。收货人在提取货物时，应按照合同约定的期限对货物进行检验。合同没有约定或约定不明确的，当事人可补充协议或根据合同有关条款或交易习惯确定检验期限。上述方法仍然无法确定的，收货人应在合理期限内予以检验。收货人有在约定期限或合理期限未对货物的数量、质量提出异议的，视为承运人已经按照运输单证的记载交付货物的初步证据，但并不当然免除承运人的赔偿责任，若收货人确实发现货物毁损、灭失或短少的，仍有权向承运人索赔。

(3)按照合同约定支付运费等运输费用。货运合同约定由收货人支付运费、保管费以及其他运输费用的，收货人应及时支付。收货人不支付的，除当事人另有约定的外，承运人有权留置相应的货物。但货物在运输过程中因不可抗力而灭失的，收货人有权不支付相应的运费。

四、多式联运合同

(一)多式联运合同的概念

多式联运合同是指多式联运经营人以两种或两种以上不同的运输方式，负责将托运人托运的货物从接收地运到目的地，并收取全程运费的合同。

多式联运是采用航空、铁路、公路和海路等其中两种或两种以上运输方式，合同当事人是托运人和多式联运经营人。托运人向多式联运经营人交付全程运费并使用同一运输单证，多式联运经营人负责履行或组织履行多式联运，对全程运输享有承运人的权利，承担承运人的义务。

《民法典》第842条规定了多式联运赔偿责任的法律适用，货物的毁损、灭失发生于多式联运的某一运输区段的，多式联运经营人的赔偿责任和责任限额，适用调整该区段运输方式的有关法律规定；货物毁损、灭失发生的运输区段不能确定的，依照《民法典》有关多式联运合同章节的规定承担赔偿责任。

(二)多式联运单据

多式联运经营人在收到托运人交付的货物时，应当签发多式联运单据。按照托运人的要求，多式联运单据可以是可转让单据，也可以是不可转让单据。

多式联运单据一般包括：(1)货物品名、标志、性质、数量、质量；(2)货物的外表状况；(3)多式联运经营人的名称及主要营业地；(4)托运人名称；(5)收货人名称；(6)多式联运经营人接收货物的时间、地点；(7)交货的地点；(8)交货时间；(9)该多式联运单据可以转让或不可转让的声明；(10)运输方式、航线和转运地点；(11)每种运输方式的运费以及运费支付的方式；(12)适用的法律；(13)多式联运经营人或其授权的人的签字；(14)多式联运单据的签发时间、地点；(15)当事人约定的其他事项。

(三)多式联运合同当事人的权利和义务

多式联运合同当事人的权利和义务，与一般运输合同当事人的权利和义务基本相同。但是，托运人将多式联运单据转让给第三人后，仍应就其托运货物时的过错对多式联运经营人因此所遭受的损失承担损害赔偿责任。

多式联运经营人对全程运输负责。但多式联运经营人可以与参加多式联运的各区段承运人就多式联运合同的各区段运输约定相互之间的责任，该约定不得影响多式联运经营人对全程运输承担的义务和责任。如能确定货物的毁损、灭失发生于多式联运的某一区段，则多式联运经营人的赔偿责任和责任限额适用调整该区段运输方式的有关法律规定。多式联运经营人在对托运人或收货人承担赔偿责任后，有权依据其与该区段承运人之间的约定以及其他法律规定，向该区段承运人追偿。如不能确定货损的发生区段的，则多式联运经营人依据一般运输合同的规定承担损害赔偿责任。

第二节 技术合同

一、技术合同的一般性规定

(一)技术合同的概念和特点

技术合同是当事人就技术开发、转让、咨询或者服务订立的确立相互之间权利和义务的合同。《民法典》第二十章将技术合同分为技术开发合同、技术转让合同、技术咨询合同、技术服务合同等,分别予以规定。

技术合同具有以下法律特点:

(1)技术合同的标的是提供技术的行为,而非一般的商品买卖或劳务服务。无论是技术开发合同、技术转让合同、技术咨询合同、技术服务合同,当事人的目的均在于取得技术服务或技术成果,非以技术成果为当事人权利义务对象的,不能成立技术合同。

(2)技术合同的主体具有特殊性。技术合同的主体至少有一方是拥有技术成果使用权或转让权或从事技术开发、服务或咨询的自然人或法人。

(3)技术合同是双务、有偿合同。技术合同一方当事人从对方取得利益的,应向对方支付相应的代价,技术合同是双务合同、有偿合同。

(4)技术合同的法律调整多样性。技术合同除受到《民法典》调整外,还受到知识产权等其他法律、行政法规的约束。

(二)技术合同的主要内容

技术合同一般以书面的形式订立,由当事人约定其内容,根据《民法典》第 845 条的规定,技术合同一般包括:(1)项目名称;(2)标的的内容、范围和要求;(3)履行的计划、进度、期限、地点、地域和方式;(4)技术信息和资料的保密;(5)技术成果的归属和收益的分配办法;(6)验收标准和方法;(7)名词和术语的解释等条款。

另外,当事人可以约定与履行合同有关的技术背景资料、可行性论证和技术评价报告、项目任务书和计划书、技术标准、技术规范、原始设计和工艺文件,以及其他技术文档,按照当事人的约定可以作为合同的组成部分。技术合同涉及专利的,还应当注明发明创造的名称、专利申请人和专利权人、申请日期、申请号、专利号以及专利权的有效期限。

技术合同价款、报酬或者使用费的支付方式由当事人约定,可以采取一次总算、一次总付或者一次总算、分期支付,也可以采取提成支付或者提成支付附加预付入门费的方式。约定提成支付的,可以按照产品价格、实施专利和使用技术秘密后新增的产值、利润或者产品销售额的一定比例提成,也可以按照约定的其他方式计算。提成支付的比例可以采取固定比例、逐年递增比例或者逐年递减比例。约定提成支付的,当事人可以约定查阅有关会计账目的办法。

(三)技术合同的订立

订立技术合同,应当有利于知识产权的保护和科学技术的进步,促进科学技术成果的研发、转化、应用和推广,不得违反法律强制性的规定。《民法典》第 850 条规定,技术合同除一般合同无效的原因所导致外,还因非法垄断技术或者侵害他人技术成果而无效。“非法垄断”是指合同的一方当事人通过合同条款限制另一方当事人在合同标的技术的基础上进行新的研究开发,限制另一方当事人从其他渠道吸收技术,或者阻碍另一方根据市场的需求,按照合理的方式充分实施专利和使用技术秘密。“侵害他人技术成果”是指侵害另一方或者第三方的专利权、专利申请权、专利实施权、技术秘密使用权和转让权或者发明权、发现权以及其他科技成果权的行为。

(四)技术成果的权属

对于职务技术成果的解决权属,《民法典》第847条规定,职务技术成果的使用权、转让权属于法人或者非法人组织的,法人或者非法人组织可以就该项职务技术成果订立技术合同。法人或者非法人组织订立技术合同转让职务技术成果时,职务技术成果的完成人享有以同等条件优先受让的权利。

职务技术成果是执行法人或者非法人组织的工作任务,或者主要是利用法人或者非法人组织的物质技术条件所完成的技术成果。

对于非职务技术成果的经济权属,《民法典》第848条规定,非职务技术成果的使用权、转让权属于完成技术成果的个人,完成技术成果的个人可以就该项非职务技术成果订立技术合同。

对于技术成果的精神权属,《民法典》第849条明确规定,完成技术成果的个人享有在有关技术成果文件上写明自己是技术成果完成者的权利和取得荣誉证书、奖励的权利。

二、技术开发合同

(一)技术开发合同

技术开发合同是指当事人之间就新技术、新产品、新工艺或者新材料及其系统的研究开发所订立的合同。技术开发合同分为委托开发合同和合作开发合同。当事人之间就具有应用价值的科技成果实施转化而订立的合同,参照适用技术开发合同的有关规定。

技术开发合同具有以下法律特点:

(1)技术开发合同的标的物是具有创造性、新颖性的技术成果。技术开发合同是研究开发方按照合同的要求,经过创造性劳动而取得的新的技术成果,其目的在于研究新技术、新产品、新工艺、新材料及其系统,这些内容在订立合同时尚未由当事人所掌握。同时,所研究开发的技术成果还应具有新颖性。《民法典》第857条规定:“作为技术开发合同标的的技术已经由他人公开,致使技术开发合同的履行没有意义的,当事人可以解除合同。”

(2)技术开发合同的风险较大。技术开发是未知领域的探索,受到各种因素的制约,当事人须承担其研究开发失败的风险。当事人可以在合同中约定因出现无法克服的技术困难致使研究开发失败或者部分失败而产生的风险承担责任。合同没有约定或约定不明确的,可以补充协议或根据合同有关条款或交易习惯确定,仍然无法确定的,由当事人合理分担风险。但当事人一方发现因无法克服的技术困难而导致研究开发失败或部分失败时,应及时通知另一方并采取适当的措施减少损失。没有及时通知并采取适当措施,致使损失扩大的,应当就扩大的损失承担责任。

(二)委托开发合同

1.委托开发合同的概念

委托开发合同是指一方承担开发费用,委托他方就特定的技术项目进行研究开发的合同。提供资金并最终取得技术成果的一方为委托方,接受他方进行技术开发研究的一方为受托方(研究开发方)。

2.委托开发合同当事人的权利义务

委托人的主要义务如下：

(1)按照合同约定支付研究经费和报酬的义务。除当事人另行约定外，委托人须支付研究开发所需的经费。当事人可约定在研究开发工作前一次或分期支付，也可约定定额包干或按照实际需要支付。报酬是委托人取得研究开发成果后，向科研开发人员支付的款项，包括研究开发成果的使用费和研究开发人员的科研补贴，委托人也应按约定支付。

(2)按照合同约定提供技术资料、原始数据、完成协作事项的义务。为完成研究开发任务，委托人应按照合同约定提供技术资料、原始数据及研究开发过程中所需要的背景材料和其他数据等，并在必要的范围内为研究开发人完成协作义务。委托人违反该规定，造成研究开发工作滞期、延误或失败的，应承担违约责任。

(3)按期接受研究开发成果的义务。委托人应按照合同约定的期限接受研究开发成果，并及时依照约定对成果进行验收和鉴定。委托人无正当理由经研究开发人催告在合理期限内仍拒绝受领的，研究开发人有权处分该研究开发成果，并从所得收益中扣除约定的研究开发经费、报酬、保管费等，所得收益不足以支付上述费用和报酬的，研究开发人有权要求委托人补足该差额。

研究开发人的主要义务如下：

(1)按照约定制订和实施研究开发计划的义务。研究开发人在接受委托后，应当按照约定制订合理的研究开发计划，以保证合同预期目标的实现。研究开发人应亲自实施该研究开发计划，未经委托人的同意，不得将研究开发中的主要工作交给第三人完成。

(2)合理使用研究开发经费。研究开发人应按照合同约定合理使用研究开发经费，不得擅自改变该经费的用途，接受委托人必要的监督和检查。

(3)按期完成研究开发工作并及时交付技术成果的义务。研究开发人应按照合同约定按期完成研究开发工作，并及时交付技术成果。同时，研究开发人在将研究开发成果交付委托人之前不得将该研究开发成果转让给第三人。在交付技术成果后，研究开发人应向委托人提供有关的技术资料、必要的技术指导，帮助委托人掌握研究开发成果，并保守技术秘密。因研究开发人的过错造成研究开发成果不符合合同约定的，应承担违约责任。

(4)确定技术成果和技术秘密成果的归属与分配。在委托开发合同下，除非法律另有规定或当事人另有约定的外，委托开发完成的技术成果属于发明创造的，申请专利的权利属于研究开发人，研究开发人取得专利权的，委托人可以依法实施该专利。研究开发人转让该专利申请权的，委托人在同等条件下有权优先受让该专利申请权。委托开发的技术秘密成果的使用权、转让权以及收益的分配办法，由当事人约定；没有约定或者约定不明确的，当事人补充协议或根据合同有关条款或交易习惯进行确定，在没有相同技术方案被授予专利权前，当事人均有使用和转让的权利。但是，委托开发的研究开发人不得在向委托人交付研究开发成果之前，将研究开发成果转让给第三人。

(三)合作开发合同

1.合作开发合同的概念

合作开发合同是指当事人就共同进行研究开发所订立的合同。在合作开发合同下，各方当事人共同参与研究开发，共同投资、共同经营、共担风险、共享利益。

2.合作开发合同当事人的义务

(1)按照约定进行投资。当事人应按照约定的投资比例，可以以资金、设备、场地、材料、技术等进行投资,但若以资金以外的形式投资的,应折算成相应的金额。

(2)按照约定的分工参与研究开发并相互配合协作。合作各方当事人应按照约定的计划和分工参与研究开发中的各项工作,并相互配合协作,共同完成研究开发工作。

(3)保守在合作开发过程中所知晓的技术情报、资料和技术成果的秘密。

(4)确定技术成果和技术秘密成果的归属与分配。在合作开发的情况下,若当事人没有约定技术开发成果的归属的,合作开发完成的发明创造,申请专利的权利属于合作开发的当事人共有。当事人一方不同意申请专利的,另一方或其他各方不得申请专利。当事人一方转让其共有的专利申请权的,另一方或其他各方在同等条件下有权优先受让该专利申请权。当事人一方放弃其共有的专利申请权的,可由另一方单独申请,或其他各方共同申请。但是申请人取得专利权的,放弃专利申请权的一方可免费实施该专利。对于技术开发所完成的技术秘密成果的使用权、转让权和收益的分配办法可由当事人进行约定,没有约定或约定不明确的,当事人补充协议或根据合同有关条款或交易习惯进行确定,仍然无法确定的,在没有相同技术方案被授予专利权前,当事人均有使用和转让的权利。

三、技术转让合同和技术许可合同

(一)技术转让合同和技术许可合同的概念

技术转让合同是合法拥有技术的权利人,将现有特定的专利、专利申请、技术秘密的相关权利转让与他人订立的合同。交付技术成果的一方为让与人,接受技术成果并支付报酬的另一方为受让人。技术许可合同是合法拥有技术的权利人,将现有特定的专利、技术秘密的相关权利许可他人实施、使用所订立的合同。技术转让合同和技术许可合同中关于提供实施技术的专用设备、原材料或者提供有关的技术咨询、技术服务的约定,属于合同的组成部分。技术转让合同和技术许可合同具有以下法律特点:

(1)技术转让合同和技术许可合同的标的是现有的特定技术成果,包括专利权、专利申请权、专利实施权、技术秘密[①]使用权和转让权等。尚待研究开发的技术成果不能成为合同的标的。

(2)技术转让合同和技术许可合同所转移或许可的是技术成果的使用权或所有权。技术转让合同和技术许可合同可以约定实施专利或者使用技术秘密的范围,但是不得限制技术竞争和技术发展。

(二)技术转让合同和技术许可合同的种类

依据合同标的的不同,将技术转让合同和技术许可合同分为专利权转让合同、专利申请权转让合同、专利实施许可合同、技术秘密转让合同、技术秘密许可合同等。集成电路布图设计专有权、植物新品种权、计算机软件著作权等其他知识产权的转让和许可,按照《民法典》第877条的规定,参照适用技术转让合同和技术许可合同的有关规定。

在技术转让合同和技术许可合同中,专利权转让合同是指专利权人将其专利的所有权或持有权移交受让人,受让人支付价款的合同。专利申请权转让合同是指让与人将其就特定的发明创造申请专利权的权利移交受让人,受让人支付约定价款的合同。这两类合同受《专利法》调整。专利实施许可合同是指专利权人或授权人作为让与人,许可受让人在约定范围内实

① 技术秘密又称非专利的专有技术,一般包括未申请专利的技术、未授予专利的技术和《专利法》规定的不授予专利权的技术,具有秘密性、知识性、适用性、价值性等特点。

施专利技术，受让人支付约定使用费的合同，该合同转让的是专利技术的使用权而非专利本身。技术秘密转让合同是指让与人将其拥有的技术秘密提供给受让人，明确相互间技术秘密使用权、转让权，受让人支付约定使用费用的合同。

（三）技术转让合同当事人的权利和义务

1.让与人的主要义务

（1）按照合同的约定转让技术，交付实施技术有关的技术资料，提供必要的技术指导的义务。技术转让合同让与人未按约定转让技术的，应当返还部分或全部使用费，并承担违约责任。让与人实施专利或者技术秘密超越约定的范围的，或者违反约定擅自许可第三人实施该项专利或者使用该项技术秘密的，应当停止违约行为，承担违约责任。

（2）对转让的技术承担瑕疵担保责任。让与人应当保证自己是所转让的技术的合法拥有者，并且保证所提供的技术完整、无误、有效，能够达到约定的目标。除当事人另有约定的外，受让人按照约定使用技术成果造成他人损害的，让与人应当承担侵权责任。

（3）保密义务。技术秘密转让合同的让与人应当按照约定提供技术资料，进行技术指导，保证技术的实用性、可靠性，承担保密义务，但不限制许可人申请专利，但是当事人另有约定的除外。违反保密义务造成受让人损失的，让与人应当承担赔偿责任。

2.受让人的主要义务

（1）受让人应当按照合同约定的时间、方式、数额向让与人支付合同价款或技术成果的使用费。受让人未支付的，应当补交，并承担违约金。受让人不补交使用费或支付违约金的，应当停止实施专利或技术秘密，并交还技术资料，承担违约责任。

（2）按照合同约定的方式在约定的期限、地域内合理使用技术的义务。受让人实施专利或使用技术秘密超过约定的范围，或未经让与人同意而擅自许可第三人实施该专利或使用该技术秘密的，受让人应当停止该违约行为并承担违约责任。

（3）受让人应当按照约定的范围和期限，对让与人提供的技术中的尚未公开的秘密部分，承担保密义务。违反该义务的，应承担违约责任。

（四）技术许可合同当事人的权利和义务

1.许可人的主要义务

（1）专利实施许可合同的许可人应当按照约定许可被许可人实施专利，交付实施专利有关的技术资料，提供必要的技术指导。专利实施许可合同仅在该专利权的存续期限内有效。专利权有效期限届满或者专利权被宣告无效的，专利权人不得就该专利与他人订立专利实施许可合同。除当事人另有约定的外，被许可人按照约定使用技术成果造成他人损害的，许可人应当承担侵权责任。

（2）技术秘密使用许可合同的许可人应当按照约定提供技术资料，进行技术指导，保证技术的实用性、可靠性，承担保密义务，但不限制许可人申请专利，但是当事人另有约定的除外。

（3）技术许可合同的许可人应当保证自己是所提供的技术的合法拥有者，并保证所提供的技术完整、无误、有效，能够达到约定的目标。

（4）技术许可合同的许可人未按照约定许可技术的，应当返还部分或者全部使用费，并应当承担违约责任；实施专利或者使用技术秘密超越约定的范围的，违反约定擅自许可第三人实施该项专利或者使用该项技术秘密的，应当停止违约行为，承担违约责任；违反约定的保密义务的，应当承担违约责任。

2.被许可人的主要义务

(1)专利实施许可合同的被许可人应当按照约定实施专利,不得许可约定以外的第三人实施该专利,并按照约定支付使用费。

(2)技术秘密使用许可合同的被许可人应当按照约定使用技术,支付转让费、使用费,承担保密义务。

(3)技术许可合同的被许可人应当按照约定的范围和期限,对让与人、许可人提供的技术中尚未公开的秘密部分,承担保密义务。

(4)技术许可合同的被许可人未按照约定支付使用费的,应当补交使用费并按照约定支付违约金;不补交使用费或者支付违约金的,应当停止实施专利或者使用技术秘密,交还技术资料,承担违约责任;实施专利或者使用技术秘密超越约定的范围的,未经许可人同意擅自许可第三人实施该专利或者使用该技术秘密的,应当停止违约行为,承担违约责任;违反约定的保密义务的,应当承担违约责任。

(五)后续改进技术成果的权益分配

后续改进是指在技术转让合同的有效期限内,一方或双方对作为合同标的专利技术或技术秘密所作的革新和改良。当事人可以按照互利的原则,在合同中约定后续改进技术成果的分享办法。当事人没有约定或约定不明确的,可补充协议或根据合同有关条款或交易习惯进行确定,仍然无法确定的,该后续改进技术成果属于完成人,其他各方无权分享。

四、技术咨询合同

(一)技术咨询合同的概念

技术咨询合同是一方运用自己的科学技术知识和技术手段,对另一方提出的特定技术项目进行可行性论证、技术预测、专题技术调查、分析评析报告等,另一方支付咨询费的合同。支付咨询费的一方为委托人,提供技术咨询意见的一方为受托人。

技术咨询合同的标的是技术性的咨询服务,并不转移技术成果的所有权或使用权。除当事人另有约定外,受托人不承担保证委托人因实施其咨询报告而遭受损失的担保责任。同时,法律没有要求以特定形式订立技术咨询合同,因此,技术咨询合同是不要式合同。

(二)技术咨询合同当事人的权利义务

1.委托人的主要义务

(1)按照约定阐明咨询的问题,提供技术背景以及有关技术资料的义务。

(2)接受工作成果并支付报酬的义务。委托人没有按约定支付报酬的,应当补交报酬,并承担违约责任。委托人未按照约定提供必要的资料,影响工作进度和质量,不接受或者逾期接受工作成果的,支付的报酬不得追回,未支付的报酬应当支付。

(3)委托人按照受托人符合约定要求的咨询报告和意见作出决策所造成的损失,由委托人承担,但是当事人另有约定的除外。

2.受托人的主要义务

(1)按照约定期限完成咨询报告或解答问题,保证咨询报告或意见达到约定要求的义务。受托人按约定提出咨询报告或意见后,即完成合同义务,委托人是否采纳以及如何采纳,与受托人无关。但受托人未按期提出咨询报告或提出咨询报告不符合约定的,应当承担减收或免收报酬的违约责任。

(2)受托人应当对委托人提供的技术资料、数据及其他相关资料保守秘密的义务。

（三）新技术成果的归属和分享

在技术咨询合同的履行过程中会取得新的技术成果，当事人可以约定该类新技术成果的归属和分享。当事人没有约定的情况下，受托人利用委托人提供的技术资料和工作条件完成的新技术成果，属于受托人；委托人利用受托人的工作成果完成的新技术成果，属于委托人。

五、技术服务合同

（一）技术服务合同的概念

技术服务合同是当事人一方以技术知识为另一方解决特定技术问题所订立的合同，不包括建设工程合同和承揽合同。提出解决特定技术问题的一方为委托人，以自己的技术知识解决特定技术问题的一方为受托人。

技术服务合同只涉及运用技术知识解决特定技术问题，不涉及专利和技术秘密的权属问题。但它与技术咨询合同不同，受托人应保证工作质量，并承担委托人采纳其报告和意见所产生的风险。

技术中介合同和技术培训合同是技术服务合同的两个具体类型。[①] 但是，按照《民法典》第 876 条的规定，法律、行政法规对技术中介合同、技术培训合同另有规定的，依照其规定。

（二）技术服务合同当事人的权利和义务

1.委托人的主要义务

（1）按照约定提供相应的技术资料、数据、相关样品和工作条件，完成配合事项的义务。

（2）接受工作成果并支付报酬的义务。这是委托人的基本义务。委托人不履行合同义务或者履行义务不符合约定，影响受托人工作进度和工作质量的，委托人已经支付报酬的，不得追回该报酬；委托人尚未支付报酬的，应当如数支付；造成受托人损失的，委托人应承担赔偿责任。委托人不接受或逾期接受工作成果的，已经向受托人支付的报酬不得追回，尚未支付报酬的应当如数支付；所产生的保管费用由委托人承担；造成受托人损失的，委托人还应当承担赔偿责任。

2.受托人的主要义务

（1）按照约定完成服务项目，解决技术问题，保证工作质量，并传授解决技术问题的知识，以帮助委托人掌握相应知识。受托人未按照合同约定完成服务工作的，应承担免收报酬等违约责任。

（2）受托人应当对委托人提供的技术资料、数据、样品等保守秘密。违反该义务，造成委托人损失的，受托人应承担赔偿责任。

（3）技术服务合同对受托人正常开展工作所需费用的负担没有约定或者约定不明确的，由受托人负担。

（三）新技术成果的归属和分享

在技术服务合同的履行过程中有可能产生新技术成果，当事人可以约定该技术成果的归属和分享。当事人没有约定的或约定不明确的，受托人利用委托人提供的技术资料和工作条件完成的新技术成果，属于受托人；委托人利用受托人的工作成果完成的新技术成果，属于委托人。

---

① 参见崔建远主编：《合同法》，法律出版社 2021 年第 7 版，第 422 页。

第三节　保管合同

一、保管合同的概念和特点

保管合同是保管人保管寄存人交付的保管物,并返还该物的合同。在保管合同中,一方当事人将物品交给他方保管,他方在一定期限内返还保管物。保管物品的一方为保管人,将物品交付相对方保管的一方为寄存人。保管合同分为一般保管合同(即寄存合同)和仓储保管合同。随着仓储业发展成特殊而独立的行业,我国合同法将保管合同和仓储合同规定成两种独立的有名合同,《民法典》第二十一章和第二十二章分别规定保管合同和仓储合同。仓储合同法律问题适用其特殊规定,没有相关规定的,才适用保管合同的有关规定。保管合同具有以下法律特点:

(1)保管合同以物品的保管为目的,以保管行为为标的。当事人订立保管合同的目的在于保管物品,保管人的主要义务就是保管被保管物,所以,保管行为是该合同的标的。

(2)保管合同转移标的物的占有权,但不发生标的物的所有权或使用权转移。只有移转被保管物的占有,保管人才得以履行保管义务。

(3)保管合同是实践合同和不要式合同。保管合同的成立不仅须有当事人的一致的意思表示,而且应有寄存人交付保管物的行为,所以,保管合同是实践合同,而不是诺成性合同。同时,《民法典》第890条规定,保管合同自保管物交付时成立,但是当事人另有约定的除外。该规定并没有明确当事人应采用何种特定形式订立合同,因此,保管合同还是不要式合同。至于保管凭证,它是保管合同存在的证明形式,并非保管合同的成立要件。

(4)保管合同可以是有偿合同,也可以是无偿合同。当事人有特别约定或根据交易习惯应交付保管费的情况下,保管合同是有偿合同。但当事人没有约定或约定不明确的情况下,保管合同是无偿合同。

二、保管合同当事人的权利义务

(一)保管人的主要义务

(1)给付保管凭证的义务。除当事人另有约定外,寄存人将保管物交付给保管人后,保管合同成立。除另有交易习惯外,保管人应当给付保管凭证,作为保管合同的证明和寄存人领取保管物的有效单据。

(2)妥善保管保管物的义务。保管人应按照当事人约定的保管场所或方法保管保管物,除紧急情况或者为了维护寄存人利益的以外,不得擅自改变保管场所或者方法。在当事人没有约定保管场所或方法时,应根据保管物的性质、种类、保管的目的以及诚实信用原则加以确定。因保管不善而造成保管物毁损、灭失的,保管人应当承担赔偿责任,但是,无偿保管人证明自己没有故意或重大过失的,不承担赔偿责任。保管物的毁损、灭失系保管物自身特性或寄存人所提供的包装不妥造成的,保管人不承担赔偿责任。

(3)亲自保管的义务。除当事人另有约定以外,保管人应当亲自保管保管物,不得将保管物转交第三人保管。保管人违反该规定而造成保管物损失的,应承担赔偿责任。

(4)不得使用或许可第三人使用保管物的义务。保管合同下,只转移保管物的占有,而不移转所有权，因此，保管人无权使用保管物，也不得许可第三人使用保管物，除非当事人另有约定。

（5）通知义务。因第三人对保管人提起诉讼或者对保管物申请扣押的，保管人应当及时通知寄存人。若保管人没有通知或基于保管人的原因而迟延通知的，应对因此造成保管物的损失承担赔偿责任。

（6）返还保管物的义务。当保管期间届满或寄存人提前领取保管物时，保管人应当返还保管物及其孳息。合同约定保管期间的，寄存人可以随时领取保管物，保管人在寄存人提出领取保管物时应将保管物及其孳息返还寄存人。但保管人在保管期间只能因特殊情况才可要求寄存人提前领取保管物，且在寄存人领取保管物时返还保管物及其孳息。合同没有约定保管期间或约定不明确的，保管人可以随时要求寄存人领取保管物，并在寄存人领取保管物时返还保管物及其孳息。第三人对保管物主张权利的，除保管物已经被法院采取财产保全或已经被法院强制执行措施外，保管人应当履行向寄存人返还保管物的义务。但保管人保管货币的，可以返还相同种类、数量的货币。保管其他可替代物的，可以按照约定返还相同种类、品质、数量的物品。

（二）寄存人的主要义务

（1）支付保管费和必要费用的义务。对于有偿合同，寄存人应按照合同约定支付保管费和保管人为保管物所支付的必要费用；对于无偿合同，寄存人无须支付保管费，但应支付保管人为保管物所支出的必要费用。有偿的保管合同，寄存人应当按照约定的期限支付保管费。当事人没有约定支付期限或约定不明确的，当事人可补充协议或根据合同有关条款或交易习惯确定，仍然无法确定的，应当在领取保管物的同时支付。寄存人不按照约定支付保管费以及其他必要费用的，除当事人另有约定的外，保管人对保管物享有留置权，并就该保管物折价或拍卖、变卖所得价款有优先受偿的权利。

（2）如实告知义务。寄存人交付的保管物有瑕疵或者按照保管物的性质需要采取特殊保管措施的，寄存人应当将有关情况告知保管人。寄存人未告知，致使保管物受损失的，保管人不承担损害赔偿责任；保管人因此受损失的，除保管人知道或应当知道且未采取补救措施的以外，寄存人应当承担损害赔偿责任。

（3）对贵重物品的声明义务。寄存人寄存货币、有价证券或者其他贵重物品的，应当向保管人声明，并由保管人验收或封存。寄存人未声明的，该贵重物品毁损、灭失的，保管人仅按照一般物品的价值予以赔偿。

（4）领取保管物的义务。保管期间届满，寄存人应及时领取保管物。合同没有约定保管期间或约定不明确的，保管人可以随时请求寄存人领取保管物，寄存人应保管人的要求也应领取保管物。但约定保管期限的，保管人无特别事由，不得请求寄存人提前领取保管物。

第四节　仓储合同

一、仓储合同的概念和特点

仓储合同是指保管人储存存货人交付的仓储物，并在储存期限届满时返还该仓储物，存货人支付仓储费的合同。提供保管服务的一方为保管人，将仓储物交由保管人仓储保管的一方

为存货人。仓储合同也属于保管合同,《民法典》第二十二章仓储合同章节没有规定的,可以适用保管合同的有关规定

仓储合同具有以下法律特点:

(1)保管人必须是有仓储设备并专门从事仓储业务的人。在仓储合同中,保管人只能是专门提供仓储业服务的仓库营业人,而非其他人。

(2)仓储合同的标的物只能是动产。不动产不能成为仓储合同的标的物。

(3)仓储合同具有双务性、有偿性、诺成性、不要式性。仓储合同当事人互负对待给付义务,一方提供服务,另一方支付报酬和必要费用,因此,仓储合同是双务、有偿合同。同时,仓储合同自保管人和存货人意思表示一致即可成立,不以交付仓储物给保管人为生效要件,仓储合同是诺成性合同,而非实践性合同。仓储合同还是不要式合同,法律没有规定仓储合同应采取何种特定的形式,仓单是仓储合同成立的证明,并非合同成立要件。存货人主张货物已交付或行使返还请求权以仓单为凭证。

二、仓储合同当事人的权利和义务

(一)保管人的主要义务

1.交付仓单的义务

仓单是保管人在接受存货人交付的仓储物时填发给存货人的收据。仓单是仓储合同成立的证明,也是存货人提取货物的有效凭证。存货人交付仓储物的,保管人应当出具仓单、入库单等凭证。仓单应有一定的记载内容,根据《民法典》第 909 条的规定,一般应记载:①存货人的名称或姓名和住所;②仓储物的品种、数量、质量、包装、件数和标记;③仓储物的损耗标准;④储存场所;⑤储存期间;⑥仓储费;⑦仓储物已经办理保险的,其保险金额、期间以及保险人的名称;⑧填发人、填发地和填发日期。仓单是一种有价、文义、指示、自付的物权证券。仓单可以转让,存货人或者仓单持有人在仓单上背书并经保管人签名或者盖章的,可以转让提取存储物的权利,受让仓单的仓单持有人凭仓单享有相应的权利,承担相应的义务,仓单的交付与移转物的标的物的交付具有同等的效力。仓单还可用于设定质权等。

2.接受、验收和保管仓储物的义务

保管人应按照合同约定的时间、品名、数量接受仓储物入库,违反该规定的,应承担违约责任。同时,保管人对入库仓储物应进行验收,发现与约定不符合的,应当及时通知存货人。验收后,发现仓储物的品种、数量、质量与合同约定不符的,保管人应当承担损害赔偿责任。保管人应当按照合同约定的保管条件和方式妥善保管货物,除非有特别事由,保管人不得改变储存的场所和保管方法。对于易燃、易爆、有毒、有腐蚀性、有放射性等危险物品的保管,保管人应当具备相应的资格和保管条件,并按照法定和约定的要求进行储存操作。在储存期间,因保管不善,造成仓储物毁损、灭失的,保管人应承担损害赔偿责任。但因不可抗力、自然损耗、仓储物自身的性质、仓储物不符合约定,或者超过有效的储存期间,造成仓储物变质、损坏的,保管人不承担损害赔偿责任。

3.危险通知和催告义务

当仓储物出现危险时,保管人有义务及时通知存货人或仓单持有人。这里的“危险”主要包括:①遇有第三人对该仓储物主张权利而起诉或申请扣押的;②储存的货物发现有变质或其他损坏的,保管人应当通知存货人或仓单持有人;③保管人发现入库仓储物有变质或者其他损坏,危及其他存储物的安全和正常保管的,应当催告存货人或者仓单持有人作出必要的处置。

因情况紧急，保管人可以作出必要的处置，但事后应当将该情况及时通知存货人或仓单持有人。

4.同意仓单持有人检查仓储物或提取样品的义务

《民法典》第911条规定："保管人根据存货人或者仓单持有人的要求，应当同意其检查仓储物或提取样品。"

5.返还仓储物的义务

在储存期间届满或因其他事由而终止合同时，保管人应将仓储物原物返还给存货人或交付给仓单持有人。合同对于储存期间没有约定或约定不明确的，存货人或仓单持有人可随时提取仓储物，此时保管人应当及时返还仓储物。保管人也可以随时要存货人或仓单持有人提取仓储物，但应提前通知对方，并给予对方必要的准备时间。

（二）存货人或仓单持有人的主要义务

（1）按照合同约定交存仓储物。存货人应当按照合同约定的品名、数量、交存时间将仓储物交付给保管人验收入库。对于危险物品和易变质物品，存货人在交存时应说明该物品的性质，并说明有关的保管、运输、危险防止等资料。存货人违反该规定的，保管人有权拒收该仓储物，因此造成保管人损失的，存货人应承担赔偿责任；保管人采取必要措施避免损失的发生，所产生的费用由存货人承担。存货人还应按照约定负责仓储物的包装，因包装不符合要求而造成仓储物毁损、灭失的，保管人不承担赔偿责任，由存货人自行负责。

（2）在储存期间，仓储物变质或者其他损坏，危及其他仓储物安全和正常保管的，在保管人的催告下，存货人或仓单持有人应及时作出必要的处置以消除危险，减少损害。

（3）支付仓储费和其他必要费用。存货人应按照合同约定的数额、支付方式、支付时间和地点向保管人支付仓储费和保管人为储存、保管仓储物所支出的其他必要费用。合同对支付时间没有约定的或约定不明确的，存货人或仓单持有人应在提取仓储物时支付。但当事人约定储存期间的，存货人或仓单持有人提前提取仓储物的，不减收仓储费；逾期提取的，应当加收仓储费。存货人不支付仓储费和其他必要费用的，除当事人另有约定的外，保管人对仓储物享有留置权。

（4）及时提取仓储物的义务。仓储合同约定储存期间的，存货人或仓单持有人在期间届满时提取仓储物。存货人或仓单持有人不提取的，保管人可以催告其在合理期限内提取。超过合理期限仍未提取的，保管人可提存仓储物，提存期间发生的风险和费用由存货人或仓单持有人承担。仓储合同没有约定储存期间的，存货人或仓单持有人可随时提取仓储物，保管人也可以随时要求存货人或仓单持有人提取仓储物，但应给予对方必要的准备时间。

第五节　委托合同

一、委托合同的概念和特点

委托合同是指委托人和受托人约定，由受托人处理委托人事务的合同。将一定的事务交由他方处理的为委托人，允诺为他方处理事务的人为受托人。

委托合同具有以下法律特点：

（1）委托合同以为他人处理事务为目的，因此，委托合同的成立以双方的信任关系为基础。

委托合同建立在当事人相互信任的基础上,委托方基于对他方的知识技能、办事能力和信誉的了解而选定他方处理受托事务,而受托方也是基于对他方的信任,双方因信任关系而建立委托关系,委托合同中任何一方失去对对方的信任,则可随时解除委托关系。

(2)委托合同的标的是处理委托事务的劳务行为。委托合同是典型的提供劳务的合同,合同订立后,受托人在委托的权限内通常以委托人的名义(特殊情况下,也可以受托人自己的名义)办理受托的事务,与第三人发生法律行为。可委托事项的范围广泛,如订立合同、进行诉讼等均可成为委托合同的标的,但违反法律规定或依其性质不得委托他人处理的事项,不得委托。

(3)委托合同是诺成性、不要式性、双务合同。委托合同自当事人意思表示一致即可成立,不以当事人实际履行为成立要件,是诺成性合同,而非实践性合同。同时,法律没有对委托合同的形式进行明确的要求,当事人可自由选择合同的形式,因此,委托合同还是不要式性合同。委托合同可以是有偿的,也可以是无偿的,主要看受托人处理受托事项是否收取报酬,是否有偿在于当事人的约定。无论是有偿合同还是无偿合同,当事人均应承担相应的义务,特别是在有偿合同中,当事人双方互为对待给付义务,委托合同是双务合同。

(4)委托分为特别委托和概括委托。委托人可以特别委托受托人处理一项或者数项事务,也可以概括委托受托人处理一切事务。

二、委托合同当事人的权利和义务

(一)受托人的主要义务

(1)依照委托人的指示在委托权限范围内亲自处理委托事项。委托合同通常载有委托人的指示,一般包括委托事务所涉的主体、时间、地点、内容、方式以及其他细节。受托人应当按照委托人的指示处理委托事务,未经委托人同意,原则上不得擅自变更委托人的指示。因紧急情况需要变更委托人指示,又难以和委托人联系的,受托人应妥善处理委托事务,但事后应当将该情况及时报告该委托人。受托人怠于报告,造成委托人损失,应承担赔偿责任。

(2)亲自处理委托事务。委托合同以当事人相互信任为基础,受托人一般应亲自处理委托事务。只有在经委托人同意或者追认或者情况紧急为维护委托人利益所必需的情况下,受托人才可以将委托事项转委托。转委托经委托人同意的,委托人可以就委托事务直接指示转委托的第三人,受托人仅就第三人的选任及其对第三人的指示承担责任;转委托未经委托人同意或者追认的,受托人应当对转委托的第三人的行为承担责任,但紧急情况下受托人为维护委托人的利益需要转委托的除外。

(3)报告义务。在委托合同的履行过程,受托人应当按照委托人的要求,报告委托事务的处理情况。在委托合同终止时,受托人应当报告委托事务的结果,这时的受托人报告义务不以委托人请求为前提。

(4)诚信义务。受托人应忠实地处理委托事务,对委托人承担诚信义务,不得利用对委托事务的处理谋取合同以外的利益,不得为自己或第三人而损害委托人的利益。

(5)披露义务。在间接代理中,作为间接代理人的受托人是以自己的名义与第三人订立合同的,第三人并不知道委托人与受托人之间的代理关系,因此,当因委托人的原因对第三人不履行义务时,受托人应向第三人披露委托人,第三人可以选择受托人或委托人主张权利,但第三人一旦选定相对人,就不得变更;同样,当因第三人的原因对委托人不履行义务时,受托人也应当向委托人披露第三人。

(6)后合同义务。因委托人死亡或者被宣告破产、解散,致使委托合同终止将损害委托人利益的,在委托人的继承人、遗产管理人或者清算人承受委托事务之前,受托人应当继续处理委托事务。

(7)交付财产和转移利益的义务。受托人在处理委托事务过程中取得的财产以及其他一切利益应当及时转交给委托人。受托人为处理委托事务从委托人处接受的财产,在委托事务完成后未被处理的,也应当返还给委托人。以委托人的名义从第三人取得的财产,其权利直接归属于委托人;以受托人的名义从第三人处取得的,必须经由受托人移转该权利,委托人才能获得权利。

(8)受托人的损害赔偿责任。受托人处理委托事务时应尽合理注意义务。在有偿合同中,因受托人的过错造成委托人损失的,受托人应承担损害赔偿责任;在无偿合同中,因受托人故意或重大过失给委托人造成损失的,受托人承担赔偿责任。

受托人处理委托事务时,只能在委托人授权范围内。若受托人超越委托权限造成委托人损失的,受托人应承担损害赔偿责任。

两个以上的受托人共同处理委托事务的,对委托人承担连带责任。但其中受托人对委托人承担责任后,有权向其他受托人追偿。

(9)受托人死亡后期继承人等的义务。按照《民法典》第 936 条的规定,因受托人死亡、丧失民事行为能力或者被宣告破产、解散,致使委托合同终止的,受托人的继承人、遗产管理人、法定代理人或者清算人应当及时通知委托人。因委托合同终止将损害委托人利益的,在委托人作出善后处理之前,受托人的继承人、遗产管理人、法定代理人或者清算人应当采取必要措施。

(二)受托人的主要权利

(1)受托人的权利与委托人的义务相对应,主要包括费用请求权、报酬请求权、风险损失请求权等。同时,受托人还享有随时解除合同的权利,但应赔偿委托人因此所造成的损失,除非因不可归责于受托人事由而导致。

(2)求偿权。受托人处理委托事务时,因不可归责于自己的事由受到损失的,可以向委托人请求赔偿损失。委托人经受托人同意,可以在受托人之外委托第三人处理委托事务。因此造成受托人损失的,受托人可以向委托人请求赔偿损失。

(3)任意解除权。受托人可以随时解除委托合同。因解除合同造成委托人损失的,除不可归责于受托人的事由外,无偿委托合同的受托人应当赔偿因解除合同不当造成的直接损失,有偿委托合同的受托人应当赔偿委托人的直接损失和合同履行后可以获得的利益。

(三)委托人的主要义务

(1)支付报酬和费用的义务。委托合同约定支付报酬的或根据交易习惯和委托事务的性质应当给付报酬的,委托人应当在受托人完成委托事务时向受托人支付报酬。因不可归责于受托人的事由而导致委托合同解除或者委托事务不能完成的,除当事人另有约定的外,委托人应向受托人支付相应的报酬。同时,委托人根据委托事务的性质,应预付处理委托事务的费用。不论委托合同是否有偿,受托人为处理委托事务垫付的必要费用,委托人都应偿付该费用及其利息。

(2)赔偿损失的义务。受托人处理委托事务时,因不可归责于自己的事由而遭受损失的,委托人应对受托人的损失予以赔偿;委托人经受托人同意将委托事务再委托第三人处理的情况下,委托人应赔偿受托人因此遭受的损失;除不可归责于委托人的事由外,委托人解除委托合同的,应当赔偿受托人因此所受到的损失。

(四)委托人的主要权利

(1)任意解除权。委托人可以随时解除委托合同。因解除合同造成受托人损失的,除不可归责于委托人的事由外,无偿委托合同的委托人应当赔偿因解除合同不当造成的直接损失,有偿委托合同的委托人应当赔偿受托人的直接损失和合同履行后可以获得的利益。

(2)委托人的介入权。委托人的介入权是指在受托人与第三人的合同关系中,委托人取代受托人的地位,介入到本来是受托人与第三人之间的合同关系中,行使受托人对第三人的权利。委托人的介入权是形成权,以委托人自己的意思表示决定是否行使,无须经受托人或第三人同意,但应通知受托人和第三人。《民法典》第 926 条规定,受托人以自己的名义与第三人订立合同时,第三人不知道受托人与委托人之间的代理关系的,受托人因第三人的原因对委托人不履行义务,受托人应当向委托人披露第三人,委托人因此可以行使受托人对第三人的权利,但是,第三人与受托人订立合同时如果知道该委托人就不会订立合同的除外。

《民法典》第 926 条第 2 款、第 3 款还规定了第三人的选择权,受托人因委托人的原因对第三人不履行义务,受托人应当向第三人披露委托人,第三人因此可以选择受托人或者委托人作为相对人主张其权利,但是第三人不得变更选定的相对人。委托人行使受托人对第三人的权利的,第三人可以向委托人主张其对受托人的抗辩。第三人选定委托人作为其相对人的,委托人可以向第三人主张其对受托人的抗辩以及受托人对第三人的抗辩。

第六节　物业服务合同

一、物业服务合同的概念

我国《民法典》第 937 条第 1 款对物业服务合同的概念作出了界定。所谓物业服务合同是指物业服务人在物业服务区域内,为业主提供建筑物及附属设施的维修养护、环境卫生和相关秩序的管理维护等物业服务,业主支付物业费的合同。物业服务合同具有以下法律特征:

1.物业服务合同的主体是物业服务人和享有建筑物区分所有权的业主

作为合同一方主体的物业服务人包括物业企业和其他物业管理人两种,而作为合同另一方主体的业主则可以从两个维度来理解:一是作为集体的概念,指全体业主;二是作为个体概念,指单个的业主。[①] 全体业主组成大会,选举产生业主委员会作为业主大会的执行机构,业主委员会有权代表全体业主与物业服务人签订物业服务合同。因此,业主的合同地位实际上是由业主委员会行使的。

2.物业服务合同是以提供劳务为标的的合同

物业服务人根据合同约定向业主提供劳务服务,如建筑物及附属设施的维修养护、环境卫生和相关秩序的管理服务,物业服务人完成服务以后,有权收取报酬。物业服务合同与涉及劳务提供的承揽合同有本质区别,其侧重的是物业服务人是否按照合同约定提供了物业服务,而承揽合同则是承揽人按照定作人的要求完成工作,交付工作成果,定作人支付报酬的合同,承

① 韩世远:《物业服务合同的解释论——以框架合同为视角》,载《中国政法大学学报》2022 年第 3 期。

揽合同侧重的是工作成果的交付。

3.物业服务合同是双务合同、有偿合同、诺成合同、要式合同、继续性合同

根据《民法典》第937条和第938条的规定，物业服务人向物业提供物业服务，业主应支付物业费。因此，物业服务合同为双务、有偿的合同。当事人就服务事项、服务质量、服务费用的标准和收取办法、维修资金的使用、服务用房的管理和使用、服务期限、服务交接等合同内容达成意思表示一致，合同就宣告成立，因此物业服务合同为诺成合同。物业服务合同应当采用书面形式，因此为要式合同。物业服务人应当在合同约定的服务期内不间断地向业主提供物业服务，因此物业服务合同属于继续性合同。

二、物业服务合同的类型

按照服务提供的所在阶段不同，可以把物业服务合同分为前期物业服务合同和普通物业服务合同。我国《民法典》第939条规定："建设单位依法与物业服务人订立的前期物业服务合同，以及业主委员会与业主大会依法选聘的物业服务人订立的物业服务合同，对业主具有法律约束力。"可见，我国《民法典》所规定的物业服务合同包含了前期物业服务合同和普通物业服务合同两种类型。

前期物业服务合同是指在业主、业主大会选聘物业管理企业之前，由建设单位与其选聘的物业管理企业之间签订的书面物业服务合同。① 在民法上，业主对于区分建筑物的共有部分和共同事务享有管理的权利，小区业主有权组建业主委员会，召开业主大会依法选聘物业服务人。但在现实生活中，在区分所有建筑物的建设过程中建设单位已经出售了商品房，此时虽然已经有了业主，但是由于业主未入住或者未达到法定入住比例，不符合组建业主委员会的法定条件，无法选聘物业服务人。因此，为了维护正常的物业秩序，为业主提供必要的入住条件和前期物业服务工作，《物业管理条例》和《民法典》规定建设单位应当与物业服务人订立书面的前期物业服务合同。前期物业服务合同具有涉他效力，对全体业主具有法律约束力。② 因此，业主享有前期物业服务合同中的权利并承担该合同设定的义务，业主不得以其不是合同的当事人为由提出抗辩。

根据《物业管理条例》第25条的规定，"前期物业服务合同可以约定期限；但是，期限未满、业主委员会与物业服务企业签订的物业服务合同生效的，前期物业服务合同终止"。《民法典》第940条规定："建设单位依法与物业服务人订立的前期物业服务合同约定的服务期届满前，业主委员会或者业主与新物业服务人订立的物业服务合同生效的，前期物业服务合同终止。"因此，前期物业服务合同终止的原因包括两种情形：一是前期物业服务合同约定的服务期限届满；二是前期物业服务合同的服务期虽然未届满，但是全体业主通过召开业主大会，重新选聘物业服务人并订立新的物业服务合同。前述两个条款实现了前期物业服务合同与普通物业服务合同之间的效力衔接，规定了普通物业服务合同相对于前期服务合同的优先效力。前

---

① 《中华人民共和国物业管理条例》第21条规定："在业主、业主大会选聘物业管理企业之前，建设单位选聘物业管理企业的，应当签订书面的前期物业服务合同。"

② 根据《中华人民共和国物业管理条例》第25条的规定，建设单位与物业买受人签订的买卖合同应当包含前期服务合同约定的内容。《民法典》第939条规定："建设单位依法与物业服务人订立的前期物业服务合同，以及业主委员会与业主大会依法选聘的物业服务人订立的物业服务合同，对业主具有法律约束力。"因此，前期物业服务合同对所有业主具有法律效力。

期物业服务合同终止后,普通物业服务合同的物业服务人取得了物业管理权,负有履行物业管理的职责,前期物业服务人不得以任何理由拒绝移交管理的物业。[①]

三、物业服务合同当事人的权利和义务

(一)物业服务人的权利和义务

1.物业服务人应亲自履行提供物业服务的义务

物业服务人是业主大会、业主委员会或者建设单位根据其资质和管理业务水平等因素选聘的,因此,物业服务人应当亲自履行提供物业服务的义务,否则选聘就会失去意义。但是物业管理事业专业性较强,有些服务事项需要交由专业人员处理,因此法律允许物业服务人将部分专项服务委托第三人管理。《民法典》第 941 条第 1 款规定:“物业服务人将物业服务区域内的部分专项服务事项委托给专业性服务组织或者其他第三人的,应当就该部分专项服务事项向业主负责。”同时,为了防止物业服务人渔利,保护业主的合法权益,促进物业服务行业的健康发展,《民法典》第 941 条第 2 款规定:“物业服务人不得将其应当提供的全部物业服务转委托给第三人,或者将全部物业服务支解后分别转委托给第三人。”如果物业服务人违反了物业服务转委托规定,就应当向物业服务合同的另一方当事人承担违约责任。

2.物业服务人应按照合同约定提供物业服务

《民法典》第 942 条规定了物业服务人的主要义务。根据该规定,物业服务人应当按照约定和物业的使用性质,妥善维修、养护、清洁、绿化和经营管理物业服务区域内的业主共有部分,维护物业服务区域内的基本秩序,采取合理措施维护业主的人身安全、财产安全。对物业服务区域内违反有关治安、环保、消防等法律法规的行为,物业服务人应当及时采取合理措施制止、向有关行政主管部门报告并协助处理。因此,物业服务人的主要职责包括四个方面的内容:第一,对物业服务区域内的建筑物及附属设施等共有部分进行管理和维护。第二,维护物业服务区域内的基本秩序,包括公共生活秩序、道路交通安全秩序、环境卫生秩序等。这项义务主要涉及对人的管理,例如对小区内停车位使用的管理。第三,对业主负有安全保障义务。物业服务人应采取合理措施防止建筑物对业主的危害,同时防范违法犯罪人员对业主的人身、财产安全造成威胁。此外,物业服务人对进入物业管理区域内的外来人员的人身安全也负有一定的职责,其应防范高空抛物或高空坠物给他人造成的损害。如果物业服务人不履行或者不完全履行物业服务合同约定的内容,业主有权请求物业服务人承担违约责任。[②]

3.物业服务人应当履行定期公开和报告义务

在物业服务合同履行过程中,业主和物业服务人对于物业服务存在信息不对称问题,因此,为了保障业主的知情权,落实业主对物业服务人的监督权,物业服务人在履行物业管理职责的过程中应当贯彻公开原则,定期向业主公开和报告其履行管理职责的情况。

对于需要定期公开和报告的事项,如果物业服务合同中有明确约定的,则物业服务人应按照合同的约定执行;如果合同没有约定的,则按照法律的有关规定执行。根据《民法典》第 943

---

① 杨立新:《物业服务合同:从无名合同到典型合同的蜕变》,载《现代法学》2020 年第 4 期。

② 《关于审理物业服务纠纷案件具体应用法律若干问题的解释》(法释〔2009〕8 号)第 3 条第 1 款规定:“物业服务企业不履行或者不完全履行物业服务合同约定的或者法律、法规规定以及相关行业规范确定的维修、养护、管理和维护义务,业主请求物业服务企业承担继续履行、采取补救措施或者赔偿损失等违约责任的,人民法院应予支持。”

条的规定，需要定期公开和报告的事项包括服务的事项、负责人员、质量要求、收费项目、收费标准、履行情况，以及维修资金使用情况、业主共有部分的经营与收益情况等方面。对于前述物业管理事项，物业服务人应以合理方式向业主公开并向业主大会、业主委员会报告，接受业主的监督，不断改进工作提升自身的服务水平。

（二）业主的权利和义务

1.业主应当履行向物业服务人支付物业费的义务

我国《民法典》第 944 条对业主支付物业费义务作了规定。其规定，“业主应当按照约定向物业服务人支付物业费。物业服务人已经按照约定和有关规定提供服务的，业主不得以未接受或者无需接受相关物业服务为由拒绝支付物业费。业主违反约定逾期不支付物业费的，物业服务人可以催告其在合理期限内支付；合理期限届满仍不支付的，物业服务人可以提起诉讼或者申请仲裁。物业服务人不得采取停止供电、供水、供热、供燃气等方式催交物业费”。

物业服务合同是双务、有偿的合同。对于业主而言，其接受了物业服务人提供的物业服务，就应当按照合同的约定向物业服务人缴纳相应的物业费，这是业主必须履行的支付合同对价的义务。业主支付物业费义务具有强制性，业主不得以自己未接受或者无须接受物业服务为拒绝支付物业费。业主违反合同约定不履行支付义务的，物业服务人不得采取停止供电、供水、供热、供燃气等方式催交物业费。物业服务人可以先对业主进行催告，让其在合理的宽限期内支付物业费，若业主逾期仍不履行支付物业费的，物业服务人可诉诸公力救济，提起诉讼或者申请仲裁，由人民法院或者仲裁机构进行裁决。[①]

2.业主的告知和协助义务

业主对于区分所有建筑物的专有部分享有独自占有、使用的专有权，同时对区分所有建筑物的共同使用部分享有共有权和管理权。业主在行使这些权利时可能会影响到其他业主的合法权益，以及影响到物业服务人对物业服务区域内的人的管理和物的管理。因此，法律让业主在某些情况下担负一定的告知和协助义务。根据《民法典》第 945 条规定：“业主装饰装修房屋的，应当事先告知物业服务人，遵守物业服务人提示的合理注意事项，并配合其进行必要的现场检查。业主转让、出租物业专有部分、设立居住权或者依法改变共有部分用途的，应当及时将相关情况告知物业服务人。”可见，业主负有的告知和协助义务主要包括三个方面：第一，业主装饰装修房屋。不适当的装饰装修可能会危及建筑物的安全，对其他业主的利益产生不利影响，妨碍物业服务人提供物业服务。因此，业主应当将装饰装修房屋的相关事项告知物业服务人，遵守物业服务人提示的合理注意事项，并配合其进行必要的现场检查。第二，业主转让、出租物业专业部分、设立居住权。这一事项也是业主行使其专有部分所有权的体现，他人无权进行干涉，但是作为业主，其有义务告知物业服务人。第三，业主依法改变共有部分用途而不违反物业管理公约的，也应当将情况告知物业服务人。

3.业主对物业服务合同享有任意解除权

为了保护业主的合法权益，《民法典》赋予了业主任意解除物业服务合同的权利。此处的“业主”并非指的是单个业主，而是指作为集体概念的全体业主。业主在行使任意解除权时，应把握以下几点：第一，业主对物业服务人行使任意解除权的时候并不是随心所欲的，而是应当遵循“法定程序”进行。根据《民法典》第 278 条的规定，选聘和解聘物业服务企业或者其他管理人，应当由全体业主共同决定；同时，业主共同决定事项，应当由专有部分面积占比 2/3 以上

① 杨立新：《物业服务合同：从无名合同到典型合同的蜕变》，载《现代法学》2020 年第 4 期。

的业主且人数占比2/3以上的业主参与表决,且应当经参与表决专有部分面积过半数的业主且参与表决人数过半数的业主同意。第二,业主行使任意解除权应提前60日书面通知物业服务人,但合同对通知期限另有约定的除外。业主的任意解除权属于形成权,自解除通知到达物业服务企业时即发生法律效力,物业服务企业无权提出异议。第三,业主行使任意解除权给物业服务人造成损害的,应当承担赔偿责任。[①] 此规则对业主可形成一定的约束,有效防止其滥用权利,随意撕毁契约。当然,如果解除物业服务合同是物业服务人所导致的,例如物业服务人怠于履行物业服务合同,丧失信誉,使业主对其不再信任,此时业主具有不可归责性,即便解除合同给物业服务人造成损害的,业主也不承担赔偿责任。

四、物业服务合同的终止

(一)业主共同决定解除物业服务合同

合同终止是指因发生法律规定或者当事人约定的情况,使合同的权利义务关系消灭,合同的法律效力终止。《民法典》第946条规定了业主可以共同决定解除物业服务合同,从而使物业服务合同的权利义务关系消灭。物业服务合同是一种集体合同,因此若要解除物业服务合同,业主应当经由业主大会依照法定程序共同决定。至于法定程序为何以及解除合同的损害赔偿责任,前文已经介绍,此处不再赘述。

(二)物业服务人的续聘

物业服务合同因服务期限届满而终止的,此时面临的一个问题就是续聘问题。《民法典》第947条和第948条对此作出了规定。

(1)物业服务期届满前,业主依法共同决定续聘的,应当与原物业服务人在合同期限届满前续订物业服务合同。物业服务期限届满前,物业服务人不同意续聘的,应当在合同期限届满前90日书面通知业主或者业主委员会,但是合同对通知期限另有约定的除外。需要指出的是,对于续聘或者不续聘物业服务人的决定,应当由专有部分面积占比2/3以上的业主且人数占比2/3以上的业主参与表决,并且应当经参与表决专有部分面积过半数的业主且参与表决人数过半数的业主同意。

(2)物业服务期限届满后,业主没有依法作出续聘或者另聘物业服务人的决定,物业服务人继续提供物业服务的,原物业服务合同继续有效,但是服务期限为不定期。当事人可以随时解除不定期物业服务合同,但是应当提前60日书面通知对方。需注意,物业服务期限届满后,物业服务人并没有负有订立新的物业服务合同的义务,物业服务人可以不同意续聘。如果物业服务人不同意续聘的,除非合同另有约定的外,其可以随时解除合同,但应当提前60日书面通知业主委员会或者业主。

(三)物业服务人的后合同义务

物业服务合同终止后,物业服务人负有一定的后合同义务。所谓后合同义务就是指在合同关系终止后,当事人依据法律规定以及诚实信用的要求对另一方负有保密、协助等义务。《民法典》第949条第1款明确规定了物业服务人应当履行的后合同义务包括:第一,在约定期限或者合理期限内退出物业服务区域。第二,妥善交接义务,即配合新物业服务人,将物业服

---

① 合同任意解除权属于业主的法定权利,物业服务合同不能约定业主行使合同任意解除权应支付违约金,变相限制、剥夺业主的合同任意解除权。业主行使合同任意解除权的,物业服务人只能主张赔偿损失,而不能主张违约金。

务用房、相关设施、物业服务所必需的相关资料等交还给业主委员会、决定自行管理的业主或者其指定的人。第三,如是告知物业的使用和管理状况。如果物业服务人违反前述后合同义务的,根据《民法典》第 949 条第 2 款的规定,将产生两个方面的法律后果:其一是不得请求业主支付物业服务合同终止后的物业费。同时,还应当依据《民法典》第 577 条的规定承担继续履行、采取补救措施等违约责任。二是如果物业服务人违反后合同义务给业主造成损失的,则应当承担赔偿责任。

(四)原物业服务人应当继续处理物业服务事项的规定

物业服务合同终止后,在业主或者业主大会选聘的新物业服务人或者决定自行管理的业主接管之前,原物业服务人应当继续处理物业服务事项,并可以请求业主支付该期间的物业费。[①]

第七节 行纪合同

一、行纪合同的概念和特点

行纪合同是指行纪人以自己的名义为委托人从事贸易活动,委托人支付报酬的合同。以自己名义为他人从事贸易活动的一方为行纪人,委托行纪人为自己从事贸易活动并支付报酬的一方为委托人。

行纪合同与委托合同一样,都是建立在当事人相互信任基础上办理委托事务,《民法典》第 960 条规定:"本章没有规定的,参照适用委托合同的有关规定。"但行纪合同与委托合同又是不同的两种有名合同,存在其自身的法律特点:

(1)行纪人以自己的名义为委托人办理委托事务。行纪人以自己的名义为委托人的利益而处理委托事务,合同产生的权利义务也由行纪人直接承受,而非由委托人直接承受,因而不同于委托合同。在委托合同中,受委托人可以直接以委托人的名义处理委托事务,因此受委托人与第三人订立的合同直接对委托人发生效力。

(2)行纪合同的标的是以从事贸易活动为内容的法律行为,行纪人为委托人进行贸易活动,所提供的仅是贸易活动的服务,而不能为委托人处理贸易活动外的其他服务。而委托合同的标的不限于法律行为,可以是事实行为和其他具有经济意义的行为。

(3)行纪人主体资格的限定性。行纪人只能是经批准或核准从事贸易行纪业务的法人。未经批准或核准的,不能成为行纪合同中的行纪人,如证券经纪公司,必须具备从事证券业务的特殊资格。而委托合同标的广泛,处理一般性委托事务时没有强制要求具备特定的资格。

(4)行纪合同是双务性、有偿性、诺成性、不要式合同。行纪合同当事人互为对待给付义务,行纪人为委托人从事贸易活动,委托人承担支付报酬的义务,因此,行纪合同是双务合同。同时,行纪人是有偿地为委托人从事贸易活动,所以,行纪合同还是有偿合同。行纪合同自当事人意思表示一致成立,不以实际履行或标的物的交付为要件,因此,行纪合同是诺成性合同。

① 例如,在前期物业服务合同已自然终止,但在新的物业企业进场前,如果原物业服务企业继续提供物业服务的,应当认定其与业主之间存在事实物业服务关系,物业服务企业可要求业主交纳相应的物业费,业主不得以未与物业服务企业签订书面物业服务合同为由拒绝支付物业费。参见成都四方腾达投资有限公司、四川华玮物业管理有限公司物业服务合同纠纷(2020)川民申 6062 号再审审查与审判监督民事裁定书。

我国《民法典》没有对行纪合同的形式进行特别的要求,所以,行纪合同是不要式合同。而委托合同,可以是有偿合同,也可以是无偿合同。

二、行纪合同当事人的权利义务

(一)行纪人的主要义务

(1)依照委托人的指示从事贸易活动的义务。委托人对价格有特别指示的,行纪人不得违背该指示卖出或者买入。行纪人低于委托人指定的价格卖出或高于委托人指定的价格买入的,应当经委托人同意。未经委托人同意,行纪人补偿其差额的,该买卖对委托人发生效力。若未经委托人同意,行纪人又未补偿差额的,委托人有权拒绝对其不利的行纪行为,并要求行纪人赔偿损失。但行纪人为满足委托人的利益,以高于委托人指定的价格卖出或者低于委托人指定的价格买入的,可以按照约定增加报酬。合同没有约定或约定不明确的,可补充协议或根据合同有关条款或交易习惯确定,仍然无法确定的,该利益属于委托人。

(2)妥善保管和合理处分委托物的义务。行纪人占有代委托人卖出或买入的委托物的,应当妥善保管委托物。因行纪人保管不善造成委托物毁损的,行纪人应承担赔偿责任。委托人指示行纪人对委托物进行投保,行纪人违反该指示,应对委托物意外毁损、灭失不能得到保险赔款而承担赔偿责任。委托物交给行纪人时有瑕疵或容易腐烂、变质的,经委托人同意,行纪人可以处分该物;和委托人不能及时取得联系的,行纪人可以合理处分。行纪人的处分是否合理,以行纪人处分该委托物当时的具体情况而定。行纪人按照规定应对委托物检验而没有检验或虽经检验但没有对委托物的瑕疵提出异议的,应对委托物的瑕疵、毁损、灭失承担责任。行纪人发现委托物有瑕疵或即将腐烂、变质,而没有及时通知,也未采取措施而造成损失扩大的,应承担损害赔偿责任。

(3)负担行纪费用的义务。行纪费用是行纪人在处理委托事务时所支出的费用。《民法典》第952条规定:“行纪人处理委托事务支出的费用,由行纪人负担,但当事人另有约定的除外。”因此,不论委托事务是否成功,除非在特别约定的情况下,均应由行纪人承担行纪费用。

(4)报告和移交交易所得的义务。行纪人应按照约定及时向委托人报告委托事务的进展情况。行纪合同终止时,行纪人应当报告委托事务的处理结果,并将处理委托事务后所得财产移交给委托人。

(5)直接履行与第三人的合同所产生的义务。行纪人是以自己的名义为委托人与第三人实施民事法律行为,因此,行纪人与第三人订立合同的,行纪人对该合同直接享有权利,承担义务。第三人不履行义务致使委托人受到损害的,除行纪人与委托人另有约定外,行纪人应当承担损害赔偿责任,委托人不能直接向第三人追究违约责任。

(二)行纪人的主要权利

(1)介入权。介入权是指对于具有市场定价的受托商品,除委托人有相反意思表示的以外,行纪人自己可以作为买入人或者卖出人。行纪人享有介入权的,并不影响其要求委托人支付报酬的权利。

(2)委托物的提存权。经行纪人催告,委托人无正当理由拒绝受领委托物的,行纪人有权提存委托物,视为已履行相应的合同义务。

(3)报酬请求权和留置权。行纪人完成或部分完成委托事务的,委托人应支付相应报酬。委托人逾期无正当理由不支付的,行纪人享有对所占有的委托物的留置权,第三人另有约定的除外。

(三)委托人的主要义务

(1)及时接受、取回、处分委托物。当行纪人为委托人买入委托物时,委托人应当及时受领。当委托物不能卖出或委托人撤回出卖时,委托人应当及时取回或处分委托物。经行纪人催告,委托人不及时受领或取回或处分该委托物的,行纪人可以提存委托物,提存期间产生的费用和风险由委托人承担。

(2)支付报酬的义务。委托人应按照约定支付相应的报酬。因委托人过失不能完成委托事务的,委托人仍应向行纪人支付报酬。行纪人完成部分委托事务的,委托人就其履行部分按比例支付相应的报酬。委托人逾期不支付报酬的,行纪人对委托物享有留置权,但委托人与行纪人另有约定的除外。

(四)委托人的主要权利

委托人除了上述受领、取回或处分委托物的权利外,还享有损害赔偿请求权。行纪人与第三人订立合同,第三人不履行合同致使委托人受到损害的,除非行纪人和委托人另有约定的外,委托人有权要求行纪人承担赔偿责任。

第八节　中介合同

一、中介合同的概念和特点

中介合同是中介人向委托人报告订立合同的机会或提供订立合同的媒介服务,由委托人支付报酬的合同。中介合同具有以下法律特点:

(1)中介合同是一方为他方报告订约机会或提供订约媒介服务的合同。中介合同以促成委托人与第三人订立合同为目的,中介人本身没有介入委托人与第三人之间的交易,没有参与交易双方的谈判,其意思表示不决定合同当事人之间的权利义务。中介人只是中介人,为委托人提供订约机会或订约媒介的服务。

(2)中介合同是有偿性、诺成性、不要式的合同。中介人促成委托人与第三人订立合同,委托人应支付报酬,中介合同因此是有偿合同。但中介人获得报酬具有不确定性,一般以委托人与第三人达成协议为前提。同时,中介合同自中介人与委托人意思表示一致即可成立,是诺成性合同。《民法典》对于中介合同的形式不作特别的规定,中介合同是不要式合同。

(3)中介可分为报告中介和媒介中介。报告中介是指中介人根据委托人的委托,为委托人寻找并报告可与其订立合同的相对人,从而为委托人订立合同提供机会的服务行为。媒介中介是指中介人介绍双方当事人订立合同,斡旋于双方,促进双方达成交易的服务行为。

二、中介合同当事人的权利义务

(一)中介人的主要义务和权利

(1)如实报告的义务。中介人应当就有关订立合同的事项向委托人如实报告,不得故意隐瞒与此相关的重要事项,不得故意提供虚假情况。中介人故意隐瞒与订立合同有关的重要事实或者提供虚假情况而损害委托人利益的,不得请求支付报酬,并应当承担赔偿责任。

(2)勤勉义务。该义务要求中介人应根据合同的约定,从维护委托人的利益出发,为委托人报告订约机会或提供订约媒介服务,尽力促成委托人与第三人订立合同。

(3)负担中介活动费用的义务。根据《民法典》第963条的规定,中介人促成合同成立的,中介活动的费用,由中介人负担。但是,中介人可以与委托人在合同中约定中介费用为中介报酬的一部分,由委托人支付。

(4)中介人的报酬请求权。中介人促成合同成立的,中介人具有报酬请求权。报酬的确定和金额在中介人与委托人之间的合同予以约定。对中介人的报酬没有约定或者约定不明确,可以协议补充;不能达成补充协议的,按照该合同相关条款或者交易习惯予以确定。以此仍然不能确定的,根据中介人的劳务合理确定。因中介人提供订立合同的媒介服务而促成合同成立的,由该合同的当事人平均分担中介人的报酬。中介人未促成合同成立的,不得请求报酬;但是,可以按照约定请求委托人支付从事中介活动支出的必要费用。

(二)委托人的主要义务和权利

(1)委托人应承担支付中介报酬和必要费用的义务。中介合同是有偿合同,中介人促成合同成立的,委托人应当按照约定支付报酬。合同没有约定或约定不明确的,可补充协议或根据合同有关条款或交易习惯进行确定,仍然无法确定的,可根据中介人的劳务情况合理地确定。因中介人提供合同的媒介服务而促成合同成立的,由该合同当事人平均负担中介人的报酬。但合同的成立不包括所订立的合同是无效或可撤销合同。若合同没有成立,委托人无须支付报酬,但中介人有权要求委托人支出从事中介活动所支出的必要费用。

委托人在接受中介人的服务后,利用中介人提供的交易机会或者媒介服务,绕开中介人直接订立合同的,应当向中介人支付报酬。

(2)获得委托事务所得利益的权利。《民法典》第966条规定,对于中介合同章节没有规定的,中介合同参照委托合同的规定。委托人通过中介人提供订立合同的机会和媒介服务,因此,委托人有权获得因该委托事务而与第三人缔约的机会和媒介服务。

第九节　合伙合同

一、合伙合同的概念

合伙合同是两个以上合伙人为了共同的事业目的,订立的共享利益、共担风险的协议。这是《民法典》第967条关于合伙合同的界定。在《民法典》颁布以前,"合伙合同"并不是一个法定概念,亦不在《合同法》(1999)明文规定的十五种典型合同之列。《民法典》将合伙合同定型化,一方面以合同的形式规范民法上的合伙关系,另一方面为《合伙企业法》等单行法提供了一般法支撑。[①] 合伙合同具有如下几个特征:

(1)合伙合同的主体数量是两个以上。合伙合同既是一种合同,其当事人应是两个以上。合伙人的数量上限,法律并没有作出限制,当事人可以自由选择。根据《民法典》的规定,自然人、法人和非法人组织均可构成"两个以上合伙人"。

(2)合伙人有共同的事业目的。合伙人订立合伙合同,是为了实现共同的事业目的。因

① 最高人民法院民法典贯彻实施工作领导小组:《中华人民共和国民法典合同编理解与适用(四)》,人民法院出版社2020年版,第2732～2734页;唐勇:《〈民法典〉第967条(合伙合同的定义)评注》,载《法学家》2023年第2期。

此,是否有共同的事业目的,既是合伙成立的前提,也是合伙合同区别于其他类型合同的关键。合伙人应当在合伙合同中约定经营共同的事业,只要共同之事业不违背公序良俗,则共同事业的种类如何,在所不问。因此,合伙人经营共同之事业既可以是非营利性的,也可以是营利性;不仅可以是继续的,还可以是临时性的。

(3)合伙人必须共享利益、共担风险。这是合伙合同的本质特征。合伙人从事共同之事业,意味着所有合伙人应当共享利益、共担风险。所谓共享利益,就是说不能只有部分合伙人享有利益,而其他合伙人不享受利益;同时,这种利益既可以是经济利益,也可以是其他非经济性利益。所谓共担风险,就是排斥独担风险,不允许合伙人约定只由一个合伙人或部分合伙人承担风险,而其他合伙人不承担风险。如果不能共享利益、共担风险,那么就无法构成合伙。

(4)合伙人对合伙债务负无限连带责任。基于合伙的人合性,法律规定合伙人对合伙债务应当承担无限连带责任,这有助于保障合伙债权人的利益。无限连带责任是指每个合伙人都有以自己的全部财产清偿全部合伙债务的义务,合伙债权人有权要求任何一个或者多个合伙人清偿部分或者全部债务。

二、合伙合同当事人的权利和义务

合伙合同的权利义务可以由合伙人根据实际情况自由约定,如无约定的,则按照法律规定确定。

(一)合伙人的权利

1.共有财产权

合伙财产归合伙人共有,而非合伙人个人所有。合伙人基于对合伙财产的共有权,享有对合伙财产的共同管理权和处分权。因此,在合伙合同没有另外约定或者法律没有特别规定的情况下,合伙财产应当由全体合伙人共同管理和使用,任何合伙人都不得擅自处分合伙财产。除了合伙合同另有约定外,合伙人向合伙人以外的人转让其全部或者部分财产份额的,须经其他合伙人一致同意。同时,在合伙合同中止前,合伙人无权请求分割合伙财产。

2.合伙人有权决定和执行合伙事务

《民法典》第 970 条第 1 款规定:“合伙人就合伙事务作出决定的,除合伙合同另有约定外,应当经全体合伙人一致同意。”这是因为合伙事务的决定一般会关系到全体合伙人的利益,因此当一些涉及合伙的重大事务时就有必要由全体合伙人作出决定。例如《合伙企业法》第 4 条规定,合伙协议的订立应由全体合伙人协商一致、采取书面形式;第 31 条规定了应当由全体合伙人一致同意的六种情形,包括改变合伙企业的名称,改变合伙企业的经营范围和主要经营场所的地点,处分合伙企业的不动产,转让或者处分合伙企业的知识产权和其他财产权利,以合伙企业名义为他人提供担保,聘任合伙人以外的人担任合伙企业的经营管理人员。

《民法典》第 970 条第 2 款规定了合伙人享有共同执行合伙事务的权利。但是,合伙事务并非必须由全体合伙人共同执行。如果合伙合同另有约定或者经过全体合伙人作出决定,那么可以委托一个或者数个合伙人执行合伙事务。在这种情况下,其他合伙人就不再执行合伙事务,但是其有权对合伙事务的执行情况进行监督。合伙人分别执行合伙事务的,执行事务合伙人可以对其他合伙人执行的事务提出异议;提出异议后,其他合伙人应当暂停该项事务的执行。然而,无论合伙事务的执行方式采用共同执行、代表执行还是分别执行,因执行合伙事务所产生的法律后果均由全体合伙人共同承担。

3.利润请求权

合伙人共同经营合伙事业的目的在于获得经济利益,共享收益是合伙的重要特点。利润请求权是合伙人最基本的权利。关于合伙的利润分配,合伙合同有约定的,按照合伙合同办理;合伙合同没有约定或者约定不明确的,由全体合伙人协商决定;协商不成的,由合伙人按照实缴出资比例分配利润;无法确定出资比例的,由合伙人平均分配。

应当指出的是,合伙人的权利具有鲜明的人合性特征,一般只能由合伙人专属享有。根据《民法典》第975条的规定,除了利润分配请求权以外,合伙人的债权人不得代位行使合伙人根据合伙合同享有的权利。因此,对于合伙事务的决定权、执行权、监督权、异议权等权利不得由合伙人的债权人代位行使。①

(二)合伙人的义务

1.合伙人应履行出资义务

根据《民法典》第968条规定:"合伙人应当按照约定的出资方式、数额和缴付期限,履行出资义务。"《民法典》第969条第1款规定:"合伙人的出资、因合伙事务依法取得的收益和其他财产,属于合伙财产。"可见,合伙人的出资构成了合伙财产的一部分,如无合伙人出资则合伙难以成立,因此出资义务是合伙人的根本义务,合伙人不能以存在其他合伙人未出资为由拒绝履行出资义务。合伙人的出资方式是多样的,合伙人可以货币形式出资,也可以非货币形式出资。非货币形式出资包括实物、知识产权、土地使用权或者其他财产权利出资,以及劳务出资。合伙人以非货币形式出资的,应当按照约定的或者法定评估机构进行评估的价值。合伙人对于出资的缴付期限可以进行约定,法律并不要求合伙人出资应一次性完全缴付,合伙人可以采取实际缴付或者认缴的方式进行缴付。

2.承担合伙事务的义务

共同经营是合伙的重要特征,合伙人应当承担合伙事务。合伙人在执行合伙事务时应当认真履行职责,并且接受其他合伙人的监督。合伙人超出委托授权范围执行合伙事务的,在处理其与外部第三人的关系上可适用表见代理规则。此外,由于承担合伙事务是合伙人的义务,因此,除了合伙合同另有约定的以外,合伙人不得因执行合伙事务而请求支付报酬。当然,合伙人在执行合伙事务过程中产生的合理费用,无论合伙合同是否另有约定,合伙人均有权请求从合伙财产中偿付该合理费用。

3.分担亏损的义务

共担风险是合伙必然要求,在合伙经营过程中合伙人有义务分担合伙的亏损。全体合伙人对于合伙亏损对外承担连带责任,对内则分不同情况承担责任:关于合伙的亏损分担,合伙合同有约定的,按照合伙合同办理;合伙合同没有约定或者约定不明确的,由全体合伙人协商决定;协商不成的,由合伙人按照实缴出资比例分配利润;无法确定出资比例的,由合伙人平均分配。因此,当合伙人对合伙债务承担了连带责任,且其清偿债务超过自己应当承担份额的,那么其有权向其他合伙人追偿。

---

① 《民法典》第975条规定:"合伙人的债权人不得代位行使合伙人依照本章规定和合伙合同享有的权利,但是合伙人享有的利益分配请求权除外。"诸如合伙事务的决定权、执行权、监督权、异议权等权利均是专属于合伙人的权利,故合伙人的债权人不得代位行使。如果合伙人的债权人提起代位诉讼的,根据《最高人民法院关于适用〈中华人民共和国民法典〉合同编通则若干问题的解释》第40条第1款的规定,人民法院经审理认为债权人的主张不符合代位权行使条件的,应当驳回诉讼请求,但是不影响债权人根据新的事实再次起诉。

三、合伙合同的终止

合伙合同终止会使合伙事业终结，使合伙关系归于消灭。

合伙合同终止的主要原因是合伙的解散。根据《民法典》的规定，合伙合同终止主要有以下几个原因：

（一）合伙期限届满，合伙人决定不再经营合伙事务

合伙期限一般由合伙合同进行约定，当合伙合同中约定的合伙存续期限届满且合伙人决定不继续执行合伙事务的，则可以解散合伙。

需要指出的是，在合伙存续期限内，如果全体合伙人决定终止合伙的，则合伙也可以解散。此时，合伙合同应当解除。

（二）不定期合伙中合伙人行使任意解除权

合伙期限事关合伙的存续问题，意义重大。如果合伙人对合伙期限没有约定或者约定不明确的，那么根据《民法典》第 976 条第 1 款和第 510 条的规定，合伙人可以协议补充；不能达成补充协议的，按照合伙合同的相关条款或者交易习惯进行确定；如果根据前述方法，仍然不能确定合伙期限的，则视为不定期合伙。

合伙期限届满，合伙人继续执行合伙事务，其他合伙人没有提出异议的，原合伙合同继续有效，但是合伙期限为不定期。①

对于不定期合伙合同，合伙人可以随时解除，但是应当在合理期限之前通知其他合伙人。

（三）合伙人死亡、丧失民事行为能力或者终止

根据《民法典》第 977 条的规定，合伙人死亡、丧失民事行为能力或者终止的，合伙合同终止。但是，合伙合同另有约定或者根据合伙事务的性质不宜终止的除外。

（四）合伙人已不具备法定人数

合伙合同是两个以上合伙人为了共同的事业目的，订立的共享利益、共担风险的协议。因此，合伙的法定最低人数为 2 人。如果合伙人达不到法定人数的，则合伙应解散，合伙合同终止。

（五）合伙合同约定的解散事由出现

合伙合同是合伙人意思自治的结果，合伙人可以自愿在合伙合同中约定合伙解散的事由。当合伙合同中约定的解散事由出现时，合伙合同应当按照约定解除。

（六）合伙的目的已经实现或者无法实现

合伙合同的订立目的在于使合伙人更好地经营共同事业。因此，在合伙目的已经实现或者无法实现的情况下，合伙合同就没有存在的必要了。

合伙合同基于上述几个原因而终止的，应当对合伙的相关事宜进行清算。根据《民法典》第 978 条的规定，合同终止后，合伙财产应当支付因终止而产生的费用和清偿合伙债务；如果合伙财产在支付前述费用和债务后仍有剩余的，则按照《民法典》第 972 条的规定在合伙人之间进行分配。

---

① 例如，在“曹保险、曹保民与卢正文、刘勇合伙协议纠纷案”[案号：(2016)最高法民再 138 号]中，最高人民法院认为，合伙可因法定原因或当事人约定的原因而终止。合伙协议约定的期限届满后，当事人的合伙关系并不必然终止。合伙人仍从事合伙经营事务，并分配合伙盈余，体现了个人合伙的实质内涵，应为合伙关系继续存在，仅是合伙的期限为不固定期限。

第19章 不当得利和无因管理

第一节　不当得利

一、不当得利的概念

不当得利，是指没有法律的依据使他人遭受损失而自己获得利益的事实。《民法典》第122条规定："他人没有法律根据，取得不当利益，受损失的人有权请求其返还不当利益。"第985条规定："得利人没有法律根据取得不当利益的，受损失的人可以请求得利人返还取得的利益。"获得不当得利的人是不当得利之债的债务人，负有返还不当得利的义务；财产因此受到损失的人，是不当得利之债的债权人，享有请求不当得利人返还所得利益的权利。

关于不当得利的性质，一般认为，不当得利作为引起债发生的法律事实，与当事人的意志无关。尽管发生不当得利的原因既有事件，也有行为，但不当得利的本质实际上是一种利益，不是受益人的意志所能决定的。不当得利人取得不当得利时的主观状态，并不影响不当得利的构成。法律直接规定受益人必须返还所得的不当得利，其目的并不在于制裁受益人的得益"行为"，而在于纠正受益人"取得利益"这一不合理的现象，从而使无法律原因的财产利益变动得到调整，以维护正常的社会经济秩序，保护当事人的合法权益。

不当得利制度源于罗马法。在罗马法上，不当得利请求权表现为请求特定人给付特定物的诉讼活动，受害人只有在不能依所有权请求返还时才有不当得利返还的请求权。其后，《法国民法典》[①]据此创设了不当得利请求权，《德国民法典》[②]统一规定了不当得利制度。目前世界各国民法普遍承认不当得利制度，并将其确认为债的发生根据之一。

二、不当得利的构成要件

（一）须一方受益

一方受益，是指当事人一方因一定的事实而获得利益。不当得利中的利益仅限于财产性

① 详见《法国民法典》第1376条至第1381条。罗结珍译：《法国民法典》，北京大学出版社2010年版，第350页。

② 详见《德国民法典》第812条至第822条。陈卫佐译注：《德国民法典》，法律出版社2020年第5版，第378～381页。

利益,不包括精神利益。[①] 获得利益,即财产总额的增加,包括财产利益的积极增加与消极增加。财产利益的积极增加,是指财产权利的增强或财产义务的减弱,包括以下情况:(1)取得某项财产权利;(2)原有财产权利的扩张及效力的增强,如因添附等原因使财产权利人在原有权利的基础上扩张了权利的标的范围或效力范围;(3)财产利益的负担消灭,如存在于某财产所有权上的抵押权的消灭,使所有权人行使所有权不再受到限制;(4)既存债务的消灭;(5)占有的取得。财产利益的消极增加,是指财产利益本应减少而没有减少所产生的利益,包括以下情况:(1)本应承担的债务没有承担或减少承担;(2)本应支出的费用没有支出或减少支出;(3)在原有的财产权利上本应设定的负担没有设定。

(二)须他方受到损失

他方受到损失,是指因一定的事实而减少财产的总额,包括财产的积极损失(又称直接损失,即现有财产的减少)和财产的消极损失(又称间接损失,即本应增加的财产未能增加)。对损失的解释,不应像侵权行为或违约行为制度中那么严格,这是因为不当得利制度的功能在于使得利人返还其没有法律上原因而取得的利益,而非填补损害。[②]

(三)受益和受损之间须有因果关系

所谓受益和受损之间有因果关系,系指他人的损失是因一方取得利益而造成的。受益和受损之间因果关系的含义,理论上有直接因果关系说和非直接因果关系说之争。直接因果关系说认为,必须基于同一原因事实使一方获得利益,另一方受有损失,如果利益的获得和损失的产生是由两个或两个以上不同的原因事实导致的,即使利益和损失之间有牵连关系,也不认为它们之间存在因果关系。德国、日本的判例及学说多持这种观点,我国学者也有主张。[③] 非直接因果关系说认为,获得利益和受有损失可以是基于两个或两个以上的原因事实而不必一定是同一原因事实导致的,只要社会观念认为获得利益与受有损失之间有牵连关系,就可认为它们之间存在因果关系。[④] 显然,在因第三人的行为介入产生受益和受损是否构成不当得利问题上,两种学说会得出不同的处理结果。直接因果关系说从维护交易安全的角度出发,认为不存在不当得利,限制受害人向间接受益人行使不当得利返还请求权;非直接因果关系说从恢复当事人受损的利益角度出发,认为存在不当得利,扩大了受害人的权利范围,允许其向间接受益人行使不当得利返还请求权。我们认为,从不当得利设立的宗旨来看,为维护当事人的合法权益,《民法典》第122条和第985条规定的获得利益和受有损失之间的因果关系宜采用非直接因果关系说,即不论取得利益和受有损失是否同时发生,不论因同一原因事实还是两个不同的原因事实引起了受益与受损,只要一方的受损是由另一方受益造成的,或者如果没有一方不当利益的取得,另一方就不会有财产利益的损失,则因果关系成立。

因果关系的成立,不要求所受的损失和所获得的利益在范围和表现形式上必须相同。实践中,当利益小于损失时,以利益为准构成不当得利,超过利益部分的损失,受害人可通过请求受益人承担赔偿责任来弥补;当利益大于损失时,以损失为准构成不当得利应当予以返还。

---

① 最高人民法院民法典贯彻实施工作领导小组:《中华人民共和国民法典合同编理解与适用(四)》,人民法院出版社2020年版,第2798页。

② 王利明主编:《民法》(上册),中国人民大学出版社2022年第9版,第351页。

③ 魏振瀛主编:《民法》,北京大学出版社、高等教育出版社2021年第8版,第586页。

④ 江平主编:《民法学》,中国政法大学出版社2000年版,第729页。

(四)没有法律根据

没有法律根据,在罗马法上叫"无原因",在德国民法上称为"无法律原因",在瑞士债务关系法上称为"无适法的原因"。[①] 没有法律根据,既包括取得利益时没有法律上的原因,如合同关系之外的第三人因合同一方的错误交付而获得利益;也包括取得利益时有原因但嗣后原因消灭,如合同被确认无效前所取得的财产,因合同的被确认无效而成为不当得利。《民法通则》采用的标准是"没有合法根据",《民法典》将此修改为"没有法律根据",是因为"合法根据"强调行为是否具有违法性,而不当得利的前提是没有"法律的规定和当事人的约定"[②],故将"合法根据"修改为"法律根据"更为合理。

三、不当得利的基本类型

有关不当得利的基本类型,存在不同的划分方法。从获得利益的角度观察,一是因一方当事人的给付而发生,二是因其他原因发生的。因此,不当得利的基本类型有以下两种:

(一)因给付而发生的不当得利

因给付而发生的不当得利,是指基于给付行为而发生的不当得利。所谓给付,或称给付行为,是指为了特定目的,有意识地增加他人财产的行为。给付的目的,通常是为了换取一定的利益,例如清偿债务、让与债权、加工某种产品等。所谓有意识,是指给付者有为给付的真实意思。如果非基于给付者的意思而为给付,不能构成给付不当得利。实践中,给付行为可以是让与物的所有权、设立用益物权、设立担保物权、转移占有、消灭债务、提供劳务等。当给付目的欠缺时,因该给付使一方受有利益,一方受有损失的,构成给付不当得利。因给付而发生的不当得利具有以下几种情形:

1.给付原因自始不存在

指一方为履行义务而向受益人给付,但这种义务自始就不存在,这种情形又称非债清偿。例如甲误认为欠乙 100 元而还款给乙。根据《民法典》第 985 条的规定,存在下列情形的,当事人一方虽没有给付义务而为给付,另一方因此得利,也不认为是不当得利:

(1)为履行道德上的义务而为给付。如解除收养关系的养子女仍赡养原养父母,原养父母因此所得的费用,不构成不当得利。

(2)为清偿未到期的债务而为给付。债务人在债务未到期之前本没有清偿的义务,但若债务人主动清偿未到期债务的,即使债务人因此受有损失,而债权人获得利益,也不得认为是不当得利。

(3)明知无给付义务而进行的债务清偿。在这里,"债务人"没有履行给付的法定义务,"债权人"也没有得到财产的权利,但所得的财产一方不得以不当得利请求返还。如偿还赌债,该给付财产应该收缴。

2.给付原因嗣后不存在

给付原因嗣后不存在,是指一方向另一方给付时存在合法的给付原因,但在给付之后,该给付原因消灭的法律事实。例如民事行为因显失公平或者重大误解而被撤销、合同经当事人协议解除、民事法律行为所附的解除条件或期限成就的情况下,一方当事人因该原因而获得的

---

① 王利明、杨立新、王轶等:《民法学》,法律出版社 2020 年第 6 版,第 866 页。

② 最高人民法院民法典贯彻实施工作领导小组:《中华人民共和国民法典合同编理解与适用(四)》,人民法院出版社 2020 年版,第 2800 页。

给付利益就没有法律根据,但是否构成不当得利,也应区别对待。民事行为被撤销后,其行为自始就没有法律效力,受给付人获得的利益是否构成不当得利,其判断与给付原因自始不存在的处理相同。在合同解除有溯及力时,当事人之间基于合同发生的债权债务关系溯及既往地消灭,其处理与给付原因自始不存在的处理相同;在合同解除没有溯及力时,当事人之间基于合同产生的债权债务关系只向将来消灭,之前的债权债务并不失效,即给付物的所有权没有复归给付人。此时,如果受给付人因合同解除而无法进行对待给付,其所获得的给付利益构成不当得利。当民事法律行为所附的解除条件或期限成就时,当事人之间的权利义务终止并只向将来发生效力,之前当事人之间的权利义务仍然有效,受给付人获得的给付利益的处理与合同解除没有溯及力时的处理相同。

3.给付目的不能实现

给付目的不能实现,是指一方为达到某种给付目的而向另一方给付后,因合同终止、不可抗力等原因,使原有意图无法实现的法律事实。此时,另一方因该给付行为所获得的利益即构成不当得利。

(二)基于给付以外的事实而发生的不当得利

基于给付行为以外的其他事实所发生的不当得利包括当事人或第三人的行为、法律的直接规定、自然事件等。根据非给付不当得利发生事由的不同,可将其分为:

(1)因行为而产生的不当得利。例如受益人因自己无权处分或利用受害人的物所获得的利益,因受害人行为所产生的不当得利,因第三人的行为使受益人获得本应属于受害人的利益的不当得利。

(2)因法律的直接规定而产生的不当得利。即由法律直接推定其符合不当得利的构成要件,发生不当得利后果的利益。例如根据《民法典》第 314 条和第 317 条的规定,拾得遗失物,应当返还权利人。权利人领取遗失物时,应当向拾得人或者有关部门支付保管遗失物等支出的必要费用。

(3)因自然事件而产生的不当得利。例如,一方所饲养的牲畜混入另一方的牲畜群中,另一方因此获得的利益即构成不当得利。

四、不当得利之债的效力

不当得利一经成立,当事人之间发生债权债务关系,即不当得利之债。其中受害人是债权人,有权请求受益人返还不当利益;受益人是债务人,负有返还不当得利的义务。不当得利之债的效力,主要涉及不当得利之债的标的和不当得利返还请求权范围两个方面。

(一)不当得利之债的标的

不当得利之债的标的,是指债务人应予以返还的不当利益。不当得利之债的标的,应当包括原物、原物的价金、孳息。

原物所生的孳息包括天然孳息和法定孳息。关于原物所生的孳息应否包括基于原物所取得的收益,《德国民法典》第 818 条第 1 款规定,返还义务及于所收取的用益,以及受益人根据所取得的某项权利或作为毁坏、损坏或侵夺所取得的标的之补偿而取得的任何利益。[①] 我国台湾地区"民法"第 181 条规定,受领人若基于所受领的利益取得的孳息、权利扩张、因原物而发生的对第三人的请求权以及其他利益,均应依不当得利之规定返还给受损人。

① 陈卫佐译注:《德国民法典》,法律出版社 2020 年第 5 版,第 390 页。

如果基于所受利益及其孳息的性质或者其他原因,原物不能返还的,受益人应当偿还该利益的价额。例如甲与乙达成修车协议后,误将属于丙的摩托车当成乙的进行维修,基于甲的劳务给付,丙获得了不当得利,但因劳务不能返还,因此丙应当偿还该修车劳务的价额。此外,受益人基于法律行为让与原物而取得的对价利益,不属于不当得利,受益人不负返还义务,但受益人应当对受害人承担偿还相应价额的义务。

劳务给付利益的价额,按照提供劳务的相应报酬来计算。如果原物因为添附而不能返还的,按照受益人因为原物添附后所产生的利益来计算价额。如果受益人用益原物,其所获利益不能返还的,应当以受益人使用该原物所节省的费用为基础来计算价额。但是,在受益人将原物转让给他人的情况下,关于该相应价额的计算标准,理论上尚有争议。有观点认为,应依受益人获得利益时该利益的客观价值或者一般价值为准。[①] 另有学者认为,不当得利制度的设立目的,在于使受益人返还其不当得利,故而其偿还的价额,应以其实际取得的价金利益为限承担不当得利返还义务。但是如果受益人主观恶意,还可以要求其承担“加重”的返还责任,包括受益人取得价金、依该价金计算的法定利息;如有损害,并应承担赔偿责任。[②]

(二)不当得利返还请求权的范围

不当得利制度不以补偿受害人的损失为目的,只以使受益人返还其所取得的不当得利为目的。不当得利性质上属于法律事实中的事件,得利人主观上的善意或恶意不影响不当得利之债的构成,但不当得利之债返还的范围因得利人主观上的心理状态而有所不同。[③] 因此,在计算应当予以返还的不当得利的范围时,应当考查受益人的主观状况。

1.受益人为善意时的利益返还

在取得利益时不知道或不应知道没有合法根据的受益人,为善意的受益人。不论取得利益时的利益范围如何,其返还利益的范围仅以返还时的现存利益部分为限,如果现存利益的原物形态已改变或不存在,但其财产价值仍存在或可由他物代偿,受益人仍负返还义务;如利益已经不存在的,则不负返还义务。《民法典》第986条规定:“权利人不知道且不应当知道取得的利益没有法律根据,取得的利益已经不存在的,不承担返还该利益的义务。”

2.受益人为恶意时的利益返还

在取得利益时知道或应当知道取得利益没有合法根据的受益人,为恶意的受益人,其返还利益的范围应是受益人取得利益时的全部数额及相应的孳息,即使该孳息在返还之时已经减少甚至不复存在,返还义务也不因此减少或免除。如果原物因意外事件毁损或灭失的,恶意得利人还应折价进行赔偿。《民法典》第987条规定:“得利人知道或者应当知道取得的利益没有法律根据的,受损失的人可以请求得利人返还其取得的利益并依法赔偿损失。”

3.受益人受益时为善意而后变为恶意的利益返还

受益人在取得利益时为善意,嗣后为恶意的,其返还范围应以恶意开始之时存在的利益为准。

当善意受益人将所受利益无偿让与第三人时,该受让第三人应当承担返还该利益的义务。

---

① 张俊浩主编:《民法学原理》,中国政法大学出版社1997年版,第853页。

② 邹海林:《我国民法上的不当得利》,载梁慧星主编:《民商法论丛》(第5卷),法律出版社1996年版,第65页。

③ 最高人民法院民法典贯彻实施工作领导小组:《中华人民共和国民法典合同编理解与适用(四)》,人民法院出版社2020年版,第2801页。

《民法典》第988条规定："得利人已经将取得的利益无偿转让给第三人的，受损失的人可以请求第三人在相应范围内承担返还义务。"但是，仍应依据第三人的主观善意或恶意确定其返还的范围仅为返还时的现存利益，还是取得利益时的全部数额及其孳息。

五、不当得利请求权与其他民事请求权的关系

不当得利请求权是否与其他民事请求权并存（或称竞合），或仅起辅助作用，甚有争议。不当得利之债中，受害人对于受益人享有不当得利返还请求权，受益人负有返还义务，不当得利请求权的实质是财产变动请求权、所有物返还请求权、侵权行为损害赔偿请求权等。关于不当得利请求权与其他民事请求权之间的关系问题，法国、瑞士和苏联的民法理论认为，不当得利请求权是辅助性的权利，不具有独立的地位，其他请求权在效力上优先于不当得利请求权。只有在其他请求权不能行使或者不能得到满足的情况下，才能适用不当得利请求权。德国、日本的主导理论则认为，不当得利请求权是一种独立的权利，具有独立的地位。原则上可与其他请求权并存，只要法律没有明文禁止，请求权人可以选择行使不当得利请求权或者其他请求权。[①] 通常认为《民法典》既然将不当得利规定为债发生的原因之一，就应承认不当得利请求权是一种独立的请求权，允许它与其他请求权并存。

不当得利请求权与其他民事请求权可能发生竞合的情况包括：

1.合同被撤销、解除或双务合同因不可抗力而履行不能

合同被撤销或者解除的情况下，当事人应当恢复原状，即一方应当向另一方返还其依照被撤销、解除的合同所受领的标的物或者对待给付。[②] 另一方对接受标的物或者对待给付的一方享有所有物或对待给付返还请求权和占有不当得利返还请求权，两种请求权发生竞合，给付人可选择行使。当标的物被接受一方消费或者转由第三人善意取得而不能返还时，接受一方所取得的利益或者价款构成不当得利，负有返还给受害人的义务。当给付一方放弃其所有物返还请求权时，他仍然可以独立主张不当得利的返还。当双务合同的一方因不可抗力而履行不能时，另一方得向履行不能的一方请求返还其对待给付不当得利。

2.无法律根据占有某标的物

无法律根据而占有本属他人之物时，如果该标的物的所有权已经发生了转移，标的物给付人（该标的物原所有权人）享有不当得利返还请求权。但是如果该标的物的所有权尚未发生转移，标的物给付人享有所有物返还请求权和占有不当得利返还请求权，此时两种请求权发生竞合。所有物返还请求权属于物上请求权，不当得利返还请求权属于债权，标的物给付人可以依其需要选择行使某一项请求权。例如甲的鸡跑进乙的鸡舍，甲既可依所有权请求返还，也可依不当得利请求返还。当某一项请求权的行使使其权益得到充分、有效的保护时，另一项请求权归于消灭。但是当某一项请求权的行使不能使其权益得到合法保护时，标的物给付人可以行使另一项请求权来得到满足。

3.因侵权行为而获益

现代民法普遍承认，当侵权行为人因其侵权行为而受有利益时，同时形成损害赔偿请求权与不当得利返还请求权，受害人有权选择行使某项请求权。如果某一项请求权的行使可以满足其损害补偿要求的，另一项请求权即行消灭；如果某一项请求权的行使不能满足其要求的，

---

① 李双元、温世汤主编：《比较民法学》，武汉大学出版社1998年版，第604页。

② 当事人约定解除合同时，可以约定在解除合同后恢复原状。

受害人有权继续行使另一项请求权，以满足其要求。

4.因无因管理而受益

我们认为，在无因管理制度下，无因管理人管理本人的事务所带来的利益应由本人享有，如果管理人私自占有该利益，不将其交由本人享有的，则构成不当得利，此时不当得利返还请求权与无因管理的利益获得请求权可能发生竞合。[①]

第二节　无因管理

一、无因管理的概念

无因管理，是指没有法定的或约定的义务，为避免他人利益受到损失，自愿管理他人事务或为他人提供服务的行为。《民法典》第121条规定："没有法定的或者约定的义务，为避免他人利益受损失而进行管理的人，有权请求受益人偿还由此支出的必要费用。"《民法典》颁布以前，《民法通则》和《民法总则》对无因管理制度仅设一个条文作了规定，相关司法解释的规定也很简略，对无因管理的类型、构成要件、法律效果等主要内容没有明确。[②]《民法典》共有6个条文对无因管理制度进行规定，较为完整地规范了无因管理法律关系。因无因管理事实的出现，在当事人之间形成无因管理之债，管理他人事务的一方称管理人，事务被他人管理的一方称本人。由于本人一般从管理或服务中受益，所以又称为受益人。管理人享有请求受益人偿还因管理事务而支出的必要费用的权利，受益人负有偿还该必要费用的义务。因此，对于因管理事务而支出的必要费用的返还，管理人是债权人，受益人是债务人。与此同时，受益人有权获得因管理人管理事务所带来的利益，管理人应当满足受益人的这一要求。因此，对于因管理事务所获利益的归属，受益人是债权人，管理人是债务人。

无因管理制度起源于罗马法，被认为是一种准契约，德国普通法、《法国民法典》承袭罗马法体制，以准契约的形式确立了无因管理的效力。《德国民法典》摈弃准契约说，确立无因管理为债发生的一种独立原因，在第二编债务关系法的第八章各种债务关系中，专设一节规定了无因管理。[③] 并为后来的《瑞士债务法》《日本民法典》所效仿。《民法典》第118条规定："民事主体依法享有债权。债权是因合同、侵权行为、无因管理、不当得利以及法律的其他规定，权利人请求特定义务人为或者不为一定行为的权利。"可见我国民法亦确认无因管理是债发生的一种独立的依据。一般来说，在既无法定义务又无约定义务的情况下，管理他人的事务，属于干预他人事务的范畴。但是，法律所承认的无因管理，是为他人利益而主动管理他人事务的行为，是符合助人为乐、危难救助、见义勇为的道德准则的行为，因而是应该得到鼓励和受到保护的

① 有学者提出，基于法律的明确规定，不当得利返还请求权与无因管理费用偿还请求权的构成要件相互排斥，构成不当得利的事实不同时构成无因管理，构成无因管理的事实不同时构成不当得利，不当得利返还请求权与无因管理费用偿还请求权不发生竞合的问题。参见邹海林：《我国民法上的不当得利》，载梁慧星主编：《民商法论丛》第5卷，法律出版社1996年版，第75～78页。

② 最高人民法院民法典贯彻实施工作领导小组：《中华人民共和国民法典合同编理解与适用(四)》，人民法院出版社2020年版，第2776页。

③ 陈卫佐译注：《德国民法典》，法律出版社2020年第5版，第349～351页。

行为,而不是应受制裁的侵权行为。①

无因管理的性质属于事实行为,这既不同于合同、代理等的民事法律行为属性,又不同于不当得利的事件属性。虽然无因管理中,管理人应有为他人管理事务的意思(管理意思),但这种意思并非管理人的意思表示,它不要求管理人有为他人利益的明确表示,只要客观上表现出管理人系为他人利益而为管理行为即可,也不要求管理人要有行为能力,而且管理行为产生何种法律效果,也与管理意思无关,这是无因管理区别于民事法律行为的地方。作为债的发生依据,无因管理和不当得利的法律后果都由法律直接规定,当事人不能约定。但就前者而言,行为人的意志内容有决定意义,它是管理人在无义务情况下实施的行为,管理人应当有为他人利益进行管理的意思;对于后者,行为人的意志内容并不起决定作用,它是一种客观事件。无因管理的立法目的是减少损害的发生,鼓励人们互相关心、相互扶助、见义勇为、发扬助人为乐的精神;不当得利的立法目的则在于纠正社会经济生活中发生的不正常现象,在适用上两者不能等同。应注意的是,管理人实施管理所取得的利益本应归属于受益人,受益人因此从管理人处取得的利益具有合法根据,不构成不当得利,如果管理人把本应属于受益人的利益占为己有,则因其没有取得该利益的合法根据,可以构成不当得利。

二、无因管理的构成要件

无因管理具有存在的必要,但为了防止随意干预他人事务后果的出现,就必须有法律对其进行规范。一般认为,无因管理的成立必须具备以下三个条件:

(一)管理他人事务

管理人管理他人事务是成立无因管理的客观要件。

“事务”泛指满足人们生活、生产需要的事项,可以是经济性的(如代交房租)或者非经济性的(如喂养小动物)事项,也可以是法律行为(如代为购买书籍)或事实行为(如修补邻居家倾斜的墙壁)。但是,能够构成无因管理的事务应当符合以下几点要求:(1)不是单纯的不作为。单纯的不作为,如不对受益人所租住的房屋进行改造,不会发生无因管理费用的偿还问题,因而不应当是无因管理中的“他人事务”。(2)须是合法事务。非法事务,例如代为购买毒品,不得成为无因管理的标的。(3)须为不专属于受益人处理的事务。必须由受益人处理的事务,如登记结婚、离婚、为某公司所聘任提供技术劳务等,均不能由他人管理,构成无因管理。(4)须不属于必须经受益人授权才能处理的事务,例如未经授权,他人不得替受益人从银行取款,因而从银行取款不能由他人无因管理。(5)须为能够发生债权债务关系的事务。不能发生债权债务关系的事务,如纯粹的宗教、道德风俗和公益性质的事务不能发生债权债务关系,因而不能由他人无因管理。

“他人”,是指除管理人以外的人,但并不要求在进行无因管理时,管理人确切地知道他人是谁。管理人管理的应是他人的事务,但误认为属于管理人自己的事务,则不能构成无因管理。例如误以为是自己的事务而进行管理,不能构成无因管理。没有为他人谋利益的意思,但在客观结果上使他人获得了利益的,管理人因此所支出的必要费用,可依据不当得利制度请求。客观上是自己的事务,却误认为是他人的事务加以管理,行为人虽主观上有为他人谋利益的意思,但管理的并非他人的事务,不能成立无因管理。管理他人事务,不妨碍管理人有为自己谋一定利益的同步意思和管理结果。例如承租人为出租人的利益而修缮房屋,同时也获得

① 王利明、杨立新、王轶等:《民法学》,法律出版社 2020 年第 6 版,第 872 页。

了安全居住的利益。一般将所管理的事务分为客观的他人事务和主观的他人事务。客观的他人事务,在性质上与他人有着当然的联系,明显可知系他人的利益。例如修缮他人的房屋即为客观的他人事务。除非可以证明管理人误以为该事务为其自己的事务而进行管理,否则可依对该客观的他人事务的管理行为判断管理人有管理意思。主观的他人事务,在性质上不具有与他人的当然联系,即属"中性",管理人的管理意思须为外部表现,例如管理人及时通知受益人其管理事项和管理结果等。如果根据上述情况仍然不能作出管理意思的判定的,管理人应当举证证明其为管理他人事务。管理人不能举证的,推定其不具有管理意思,仅为单纯管理自己的事务,因而不构成无因管理。

(二)为避免他人利益损失而管理

为避免他人利益损失而管理,是指管理人必须具有为他人谋利益而管理的心理状态,即管理意思,这是成立无因管理的主观要件。但也允许管理人在有为本人谋利益的同时,为自己的利益而实施管理或服务行为。①

管理意思不同于法律行为中的意思表示,无因管理的效力来源于法律的直接规定,对于管理人只要求具有一般的意思能力即可,其管理意思也无须向外表达。判断管理人是否具有管理意思,应结合受益人对其事务的管理要求、事务管理的社会常识、管理人所具备的管理知识水平三种因素。② 例如管理人不具有完全民事行为能力时,对其管理行为是否符合受益人意思的判断能力较差,因此应当以其通常具有的判断能力为判断标准。管理人是否是为他人谋利益而为的管理的,应由管理人付举证责任。管理人应从自己的主观愿望、事务的性质、管理的必要性以及管理的后果等诸方面来证明自己的管理是为他人谋利益的。③

管理意思的内容是将管理所生的利益归于受益人。该利益既可以是积极的利益,例如使受益人获得一直想要的某件艺术品;也可以是消极的利益,例如采取防护措施使受益人的房屋不致倒塌。同时,该利益既可以是事实上的利益,例如受益人的财产未被大风摧毁;也可以是法律上的利益,例如为受益人缴交到期租金或者交纳税款。通常情况下,对受益人有利益与受益人的意思相一致。但在一些情况下,管理的利益与受益人的意思相冲突,此时,管理人应当判断管理行为是否会给受益人带来真正利益。管理可以带来真正利益的,管理人得进行管理,其管理行为构成无因管理。否则,管理人不应当开始管理行为,或者管理行为已经开始的应当停止管理,其管理行为不构成无因管理。有时受益人的意思与法律强制性规定或者社会公共利益相冲突,这种情况下,管理人可以出于维护社会公共利益的考虑,对受益人的事务进行管理,其管理行为构成无因管理。④

(三)无法律上的义务

无法律上的义务,是指管理人管理他人的事务不是履行法定的或者约定的义务,包括管理人原本没有法定或者约定的义务而进行管理,或者其超出法定或者约定的义务范围的管理行为,或者原有的法定或者约定义务在履行中消失后的管理行为等。单纯履行法定或者约定的

---

① 王利明主编:《民法》(下册),中国人民大学出版社 2022 年第 9 版,第 348 页。

② 王家福主编:《中国民法学民法债权》,法律出版社 1991 年版,第 590～591 页。

③ 魏振瀛主编:《民法》,北京大学出版社、高等教育出版社 2021 年第 8 版,第 579 页。

④ 关于不违反本人的意思是否为无因管理的构成要件,尚有争议。多数学者持否定观点,也有学者认为违反本人意思的管理行为构成不合法的无因管理。参见张广兴:《债法总论》,法律出版社 1997 年版,第 74～75 页。

义务的行为，不能构成无因管理。例如，监护人对被监护人的监护、消防人员救火等属法定义务，不构成无因管理；承运人根据运输合同将托运人托运的货物运至目的地、承揽人根据承揽合同对本人的物品进行加工等属约定义务，也不构成无因管理。

判断有无法律上的义务，应以管理事务开始的时间为标准，如果管理人在开始管理时不负有法定或者约定的义务，但在管理中途又产生了该法定或者约定义务，则在产生该义务之后所为的管理行为不构成无因管理，在产生该义务之前所为的管理行为构成无因管理。此外，判断有无法律上的义务，还应当以客观上该管理人是否负有法定或者约定的义务为标准，与管理人的主观认为无关。不负有义务的管理人在管理时主观上认为其有义务，构成无因管理；负有义务的管理人在管理时主观认为其没有义务，不构成无因管理。

三、无因管理之债的效力

无因管理的成立排除了管理他人事务行为的违法性，即构成无因管理的管理行为是法律所认可的合法行为。管理行为的发生，在管理人与受益人之间成立了无因管理之债。无因管理之债的内容可以从管理人的义务和权利两方面说明：

（一）管理人的义务

管理人的义务，是管理人进行管理后依法承担的义务。无因管理的管理人本无管理本人事务的义务，但因无因管理的成立，管理人也就承担了一定的义务，这些义务具体包括：

1.适当管理

管理人不应违背受益人意思，而应尽其所能地依照受益人明示的或按一般社会常识可推知的意思，以有利于受益人的方法管理事务。但是为了受益人的真正利益和社会公共利益而进行管理的，即使与受益人的意思不相一致，也认为属于适当管理，例如抢救自杀者，虽违背受益人的意思，却有利于受益人。《民法典》第979条第2款规定："管理事务不符合受益人真实意思的，管理人不享有前款规定的权利；但是，受益人的真实意思违反法律或者违背公序良俗的除外。"管理人的管理方法是否适当，应视当时的客观情况而定，管理人应尽到善良管理人的注意义务。《民法典》第981条规定，管理人管理他人事务，应当采取有利于受益人的方法。中断管理对受益人不利的，无正当理由不得中断。一般在管理行为开始之后，管理人有权自主决定停止或者继续管理他人的事务。但是如果在管理行为开始之后，受益人或其继承人、代理人可以进行管理的，管理人应当停止管理。如果管理人停止管理较之不开始管理对本人更为不利的，管理人应当继续管理，而不应停止。

2.通知

管理人在开始管理时，应当将开始管理的事实通知受益人。如果所管理的事务并不急迫，还应停止管理，等待本人的相应指示。如果受益人收到通知后同意管理人继续管理的，则在二者之间成立委托合同关系。如果受益人拒绝管理人继续管理的，管理人应当停止管理，否则要对受益人的损失承担赔偿责任。但是，管理人的通知义务，应当以能够通知和有必要通知为限，无法通知或者受益人已经知道的，无须通知。《民法典》第982条规定："管理人管理他人事务，能够通知受益人的，应当及时通知受益人。管理的事务不需要紧急处理的，应当等待受益人的指示。"学理上一般认为，通知义务系管理人的从给付义务，管理人违法此义务构成瑕疵给付，管理人履行通知义务但受益人指示拒绝管理人管理时，管理人若继续管理，则构成不适法无因管理。[①]

3.报告与计算交付

管理人开始管理后,应当将管理的有关情况及时报告给受益人。该报告义务也应以管理人能够报告为限。管理人并应将管理的结果及时告知受益人。计算交付义务,又称结算义务,是指管理人应当将因管理行为而取得的利益交付给受益人,将以自己的名义取得的权利转移给受益人。管理人为自己的利益使用本人的钱款的,应当从使用之日起计算相应的利息,届时将所使用的钱款和利息一并交还给受益人。《民法典》第983条规定:"管理结束后,管理人应当向受益人报告管理事务的情况。管理人管理事务取得的财产,应当及时转交给受益人。"

一般认为,管理人在管理过程中应尽善良管理人的注意。如果管理人未尽善良管理人的注意、未采取对受益人有利的方法,或者未尽其他应尽的义务,因此给受益人造成损害的,管理人应当以故意或者过失为限承担债务不履行的责任。但是在为免除受益人生命、身体或者财产上的急迫危险而进行管理的情况下,管理人仅以故意或者重大过失为限对给受益人造成的损害承担赔偿责任。[②] 如果管理人在管理受益人事务过程中,因过错实施了非管理事务的行为,不法侵害受益人合法权益的,应当向受益人承担侵权赔偿责任。

(二)管理人的权利

管理人的权利,是管理人要求受益人承担因无因管理所产生债务的权利,也称为求偿请求权。管理人的权利也是受益人应当承担的义务。具体包括:

1.请求偿还必要费用及利息的权利

受益人应当向管理人偿还其为管理事务所支出的必要费用以及相应利息。管理人所支出的费用是否必要,应当以支出当时是否客观必需为判定标准。对于不必要支出的费用,受益人不负偿还义务。《民法典》第979条规定:"管理人没有法定的或者约定的义务,为避免他人利益受损失而管理他人事务的,可以请求受益人偿还因管理事务而支出的必要费用;管理人因管理事务受到损失的,可以请求受益人给予适当补偿。"管理人管理事务违反受益人的意思,但管理事务的结果有利于受益人,则受益人应就实际所得的部分利益偿还管理人支付的必要费用,而不以管理人实际支付的费用为标准。[③]

2.请求清偿债务的权利

对于管理人为管理事务而以自己的名义向第三人负担的必要债务,受益人应当承担其债务或者代管理人清偿。管理人在管理事务时以受益人名义对第三人承担债务的情况下,如果受益人追认的,受益人直接向第三人承担债务。《民法典》第984条规定:"管理人管理事务经受益人事后追认的,从管理事务开始时起,适用委托合同的有关规定,但是管理人另有意思表示的除外。"如果受益人不予追认,由管理人向第三人承担债务,但是在管理人承担之后,有权依无因管理请求受益人进行清偿,受益人应当清偿。

---

① 最高人民法院民法典贯彻实施工作领导小组:《中华人民共和国民法典合同编理解与适用(四)》,人民法院出版社2020年版,第2791页。

② 有学者提出,管理人对本人事务的管理,如果不违反本人的意思要求和社会常识,只是在具体的管理方法、措施方面不当的,对于因此给本人造成的损害,管理人有故意或者重大过失的,应当承担赔偿责任;管理人有一般过失的,应当免除或者减轻管理人的赔偿责任。参见佟柔主编:《中国民法》,法律出版社1990年版,第474～475页。

③ 王利明、杨立新、王轶等:《民法学》,法律出版社2020年第6版,第874页。

3.请求受益人承担损害赔偿责任的权利

管理人为管理事务而受有损害时，受益人应当予以赔偿。非因管理事务而受有的损害，受益人不承担赔偿责任。如果管理人对其损害的发生犯有过失，受益人的赔偿责任应当适当减轻。[①]

① 王家福主编：《中国民法学民法债权》，法律出版社1991年版，第598页。

第20章

侵权责任

第一节　侵权责任概述

侵权责任法律规范是保护民事主体合法权益，明确侵权责任，预防并制裁侵权行为，促进社会和谐稳定的民事基本法律。2009年第十一届全国人大常委会第十二次会议审议通过的《侵权责任法》是我国首部对侵权责任进行专门规定的法律，被誉为"维权圣经"。2020年十三届全国人大三次会议表决通过了《民法典》，其第一编中有关侵权责任的法律规定和第七编侵权责任的内容是在总结、吸收和完善《侵权责任法》实践经验的基础上编纂而成的，是我国目前关于侵权领域最基本的规则。

一、侵权责任的概念

侵权责任是指民事主体因实施侵害他人民事权益的行为而依法应当承担的民事责任。尽管侵权责任的概念存在不同的理论观点①，但是我国《民法典》沿袭了原《侵权责任法》的立法经验，其法律规范侧重的是侵权责任的成立与承担，而非"侵权行为"。侵权责任的基本任务是保护民事主体的合法权益，明确侵权责任，预防并制裁侵权行为，促进社会的和谐与稳定。因此，侵权责任具有如下特征：

1.侵权责任具有权利保护的目的

侵权责任所保护的民事权益，包括生命权、健康权、姓名权、名誉权、荣誉权、肖像权、隐私权、个人信息、婚姻自主权、监护权、所有权、用益物权、担保物权、著作权、专利权、商标专用权、发现权、股权、继承权等人身、财产权益。因此，侵权责任是最重要的民事权利救济法。

2.侵权责任属于债法

债的关系体现为特定人之间的关系，是特定人要求特定人为一定行为或者不为一定行为权利义务关系。债的发生原因包括合同、不当得利、无因管理、缔约过失和侵权行为。因侵权行为而承担的法律责任就是侵权责任，这种责任既是特定人之间的权利义务关系，又由当事人根据自愿原则行使权利。侵权责任的承担原则是不告不理，受害人不主张权利的，侵权人就不承担责任。

3.侵权责任具有优先的属性

当权利人的人身或者财产权益遭受侵害时，受害人往往在身体或者生活上产生困难，在经

① 杨立新：《侵权法论》，人民法院出版社2004年版，第33页。

济上受到一定损害，从而影响正常的生活和工作。因此，保障当事人的权利，全面弥补救济受害人的损害非常重要。在一些情况下，侵权人的行为既违反了《民法典》中有关侵权责任的规定应当承担侵权赔偿责任，同时也违反《刑法》或者行政法的规定而应当承担刑事责任或者行政责任，就可能出现侵权人的责任承担问题。如侵权人既需要赔偿受害人的经济损失，但由于其行为同时构成犯罪也要被处罚金，侵权人如果支付罚金，就无能力赔偿受害人的经济损失，为此，《民法典》将保护受害人的利益摆在优先地位，其第187条明确规定民事主体因同一行为应当承担民事责任、行政责任和刑事责任的，承担行政责任或者刑事责任不影响承担民事责任；因同一行为应当承担民事责任和行政责任、刑事责任，侵权人的财产不足以支付的，先承担民事责任。此即侵权责任优先承担原则。

二、侵权责任与侵权行为

侵权责任与侵权行为应该是有所区别的，但我国法学理论历来未将二者明确区分，侵权行为法实际上就是侵权责任的承担法，侵权行为的理论包括侵权责任的承担。事实上，作为行为的侵权行为与作为责任的侵权责任无论是在构成要件上还是后果的承担上均有所不同。

“侵权行为”是一个外来词语，其随着近代西方法律文化的传播而传入中国。英文中侵权行为一词作“tort”，它源于拉丁词“tortum”，原意“扭曲”。在法国，侵权行为被称为“delict”，原意是“过错、罪过”。在德国，侵权行为称为“unerlaubte handling”或者“delike”，原意是“不法侵害”。可见，侵权行为一词，包含了人类社会长期的一种固有观念，即侵权行为乃是一种违反公共规范的行为，是一种社会所不允许的行为。

何谓侵权行为，是一个历来争论不休的问题，学术界各有不同的主张，比较典型的有四种观点。(1)过错说。认为侵权行为是一种过错行为，例如英国学者福来明(Fleming)认为，“侵权行为是一种民事过错，而不是违反合同。对这种过错，法院将在损害赔偿的诉讼中予以补救”。[①] (2)违反法定义务说。认为法律规定有不得加害于他人的义务，“侵权行为的责任系违反法律事先规定的义务而引起”的法律后果。[②] (3)责任说。认为侵权行为是一种损害赔偿责任。例如《法国民法典》第1382条规定：“任何行为使他人受损害时，因自己过失而致行为发生的人对他人负有赔偿责任。”(4)不法行为说。认为侵权行为是不法行为。日本《新版新法律词典》认为，由其行为引起他人的损害，以至发生赔偿责任的场合，称其行为谓不法行为。[③] 在我国的民法理论研究中，学者对侵权行为的概念也作了有益的探索。[④] 我们认为，侵权行为是指行为人由于过错，或者基于法律的特别规定虽无过错，但违反法定义务，侵害他人财产和人身权利，依法应承担损害赔偿等法律后果的违法行为。我国《民法典》第1165条规定：“行为人因过错侵害他人民事权益造成损害的，应当承担侵权责任。依照法律规定推定行为人有过错，其不能证明自己没有过错的，应当承担侵权责任。”第1166条规定：“行为人造成他人民事权益损害，不论行为人有无过错，法律规定应当承担侵权责任的，依照其规定。”

根据对侵权行为概念的理解，可以概括侵权行为一般具有如下法律特征：

---

① Fleming, *the Law of Torts*, 4th ed., Sydney, 1971, p.1.

② Winfield, *the province of the Law of tort*, Cambridge, 1931, p.31.

③ 郭明瑞等：《中国损害赔偿全书》，中国检察出版社1995年版，第113页。

④ 李双元、温世扬主编：《比较民法学》，武汉大学出版社1998年版，第770～772页。

1.侵权行为是一种侵害他人财产权和人身权的行为

其违法性在于违反了法律的义务性和禁止性规定或超过了法律规定的许可范围和限度。侵权行为侵害的对象是物权、知识产权和人身权等绝对权。不同于合同债权的相对权属性,当绝对权受到侵害时,受害人不能借助合同法得到救济,只能寻求侵权责任法的保护。当然,随着社会的发展和经济生活的复杂化,侵权行为法保护的对象和范围正在不断扩大,除包括自然人、法人享有的财产权和人身权外,还应包括其他权益。例如,一些国家的法律开始将第三人侵害债权作为侵权行为看待。[①] 侵权行为的概念本身,体现了法律对行为违法性的谴责和对自然人、法人民事权利的保护。因此,当侵权人侵害他人的人身权益,或者故意、重大过失侵害他人财产权益产生了损害赔偿债务时,侵权人不得就该损害赔偿债务向被侵权人提出抵销。[②]

2.侵权行为是一种过错行为

除法律规定的产品责任、高度危险作业等少数特殊情形下的侵权行为无须具备主观过错要件外,侵权行为都是一种行为人基于主观过错而实施的违法行为,无过错也就无违法行为。侵权行为的这一特性,反映了行为人主观状态的不正当性和应受谴责性,它与行为人表现出来的客观行为的违法性是相一致的。法律对侵权行为的规制,正体现了法律对行为人主观状态的否定性评价。

3.侵权行为是作为或不作为的违法行为

侵权行为的表现形式既可以是作为,也可以是不作为,这种具体表现形式的不同,是由法律规定的行为人承担的法定义务不同所决定的。法律规定行为人负有作为的义务,行为人不履行法定作为义务的,构成不作为的侵权行为;法律规定行为人负有不作为的义务,行为人违反法律规定而作为的,则构成作为的侵权行为。侵权行为的表现形式只有作为和不作为,没有其他表现形式。

4.侵权行为是应承担损害赔偿等法律后果的行为

侵权行为造成损害,就构成损害赔偿民事法律关系,行为人有义务承担由侵权行为引起的法律后果。在侵权行为的法律后果中,损害赔偿是侵权行为人最基本、最主要的责任方式。

由此看来,侵权责任是指违法行为人依法应当承担的法律后果,侵权行为则是指行为人侵害他人合法权益的违法行为。民事法律规范作为当事人的行为准则和司法裁判准则,其目的在于规定违法行为人应当承担的责任,以弥补救济被侵权人因此遭受的损害,制裁侵权人的违法行为。因此,将规定侵权行为及其责任的法律称为侵权责任法,更具有科学合理性。

三、侵权责任的功能

侵权责任的功能,就是侵权责任的法律规定在适用中应达到何种目的。侵权责任的功能是民事法律规范功能的体现,侵权责任的归责原则、构成要件等,都必须受到民事法律规范功能的指导。侵权责任的功能一般表现为以下几方面:

(一)赔偿

赔偿,是在违法行为人侵害他人民事权利造成他人损害后违法行为人应当对他人因此所

---

① 王利明、杨立新:《侵权行为法》,法律出版社1996年版,第3页。

② 《最高人民法院关于适用〈中华人民共和国民法典〉合同编通则若干问题的解释》第57条规定:"因侵害自然人人身权益,或者故意、重大过失侵害他人财产权益产生的损害赔偿债务,侵权人主张抵销的,人民法院不予支持。"

受的损失进行弥补，使受害人的损失达到全面的恢复。[①] 赔偿包括三方面的内容：一是违反法律规定侵害他人权益造成的财产损失，即直接的财产损失和间接的财产损失；二是因违法侵权而造成人身损害的损失，即人身伤害及死亡所产生的经济损失；三是精神损害。侵权责任的赔偿功能，就是通过对受到侵害的民事权利进行法律上的救济，全面弥补和恢复因违法行为而造成的损害，以保护民事主体的合法权益。因此，赔偿功能是民事主体实现民事权益的合法保障。

（二）遏制

遏制，是防止违法行为人进行违法行为侵害他人合法民事权益的预防措施。侵权责任机制的设立，是要从根本上制止违法行为的发生，使违法损害他人合法利益的行为不会发生。侵权责任的遏制功能表现在：第一，侵权责任从利益的角度防止违法行为的发生。民事主体进行违法侵权，其往往是为了获得非法利益或者其他不法目的，而取得非法利益是非法行为的主要目的。侵权责任作为一种主要的财产责任的法律手段，就使违法行为人在侵害他人合法权利时不得不考虑违法行为的成本。这就使违法行为不仅不能得到利益，而且要对造成损害的利益进行弥补，恢复原状。这一行为的后果就对企图进行违法行为损害他人民事权益的行为人起到警告的效用。第二，侵权责任的承担，尤其是侵权责任的强制效果，会对违法行为人产生心理负担。一般而言，行为人对自己行为的性质与行为的后果具有比较清楚的认识，行为人知道自己的行为会产生侵权责任，会使其自我反省。当知道自己必须为自己的违法行为承担相应的法律后果时，在从事这种非法活动时就会自我限制。第三，侵权责任的承担往往是由法院或者仲裁机构裁决的。由于审判的公开，违法行为人的责任承担往往会受到舆论的谴责，会在社会上造成对侵权责任人的批评，这样对其他人起到警示效果，从而防止违法行为的发生。

（三）惩罚

惩罚，是通过侵权责任的承担，对民事违法行为的制裁和谴责。许多学者认为惩罚是民事责任的功能之一。[②] 我们同意这样的观点。目前，我国民法规定的侵权责任，基本上是为了弥补受害人因此造成的损害。但《民法典》第 1207 条明确规定，明知产品存在缺陷仍然生产、销售，或者没有依据《民法典》第 1206 条规定采取有效补救措施，造成他人死亡或者健康严重损害的，被侵权人有权请求相应的惩罚性赔偿。我国法律对侵权责任人的惩罚，是国家通过对侵权责任人的民事制裁，使其在承担民事赔偿责任之外的法律责任，这种法律责任仍然是对特定的受害人的责任，属于民事责任的范畴。

四、侵权责任的分类

侵权责任可以根据不同的标准进行分类。对侵权责任进行分类的目的，在于正确把握不同侵权责任的构成要件，明确当事人的责任范围和确定责任的承担方式。侵权责任可作如下分类：

（一）一般侵权责任和特殊侵权责任

根据归责原则、责任构成要件和举证责任负担的不同，侵权责任可分为一般侵权责任和特殊侵权责任。

---

① 有观点认为侵权责任的功能应当是补偿。我们认为补偿和赔偿属于不同的法律词语。补偿具有大概性，而赔偿则具有全面弥补性。赔偿作为侵权责任的功能更为妥当。

② 江平主编：《民法学》，中国政法大学出版社 2000 年版，第 741 页；王利明、杨立新：《侵权行为法》，法律出版社 2000 年版，第 24 页。

一般侵权责任是指具备侵权责任的一般构成要件，直接由侵权人自己承担民事责任的侵权责任。一般侵权责任，是侵权责任的一般形式，这种侵权责任，要求行为人必须具有可归责的意思状态、行为必须具有违法性和必须有造成他人损害的结果，在归责问题上实行过错责任，无过错即无责任。

特殊侵权责任是相对于一般侵权责任而言，指无须具备一般侵权责任的要件，而由法律特别规定的侵害他人权利的责任。在特殊侵权责任中，责任主体和行为主体可能同一，也可能分离，归责原则采取无过错或过错推定，行为人即使无过错也应依法承担责任。

一般侵权责任和特殊侵权责任，具备不同的构成要件，实行不同的归责原则，其责任主体在两种不同的侵权责任中表现为不同的状态，有时是合二为一，有时则相分离。

（二）积极侵权责任和消极侵权责任

根据侵权行为的具体表现形式不同，侵权责任可分为积极侵权责任和消极侵权责任。

积极侵权责任，又称作为的侵权责任，是指以一定的作为侵害他人合法权益的侵权责任。这种侵权责任表现在行为人对他人负有不作为的义务，但行为人违背法定的不作为义务而实施了积极的行为，例如侮辱、损害财产、假冒他人注册商标等。

消极侵权责任，又称不作为的侵权责任，是指以不作为致人损害的侵权责任。这种侵权责任的发生乃是因为行为人负有某种法定的作为义务，但行为人因未履行这种义务而导致损害的发生，例如医生未对患者及时采取诊疗护理措施致患者死亡，在公共场所施工未设置安全标志或采取措施致使行人受到伤害等。

积极侵权责任和消极侵权责任的区别在于，前者是行为人主动实施不法行为，侵害了他人的民事权利；后者则是责任人不实施法律规定的行为，从而造成他人民事权利受到损害。

（三）单独侵权责任和共同侵权责任

根据侵权责任人的多寡和行为间是否存在关联，侵权责任可分为单独侵权责任和共同侵权责任。

单独侵权责任，是指由一个人单独实施的侵权行为而承担的民事责任，它是侵权责任的普遍表现形式。这种侵权责任往往表现为行为人一个人单方面的过错。共同侵权责任，是指两人以上共同实施侵权行为而应承担的民事责任。这种侵权责任表现为行为人为数人，行为人主观上有共同过错，各个行为人的行为之间存在着关联关系，他们的共同行为造成了同一的损害后果。和单独侵权责任相比较，共同侵权责任具有以下特征：(1)主体具有复合性，即有两个以上的侵权人存在。(2)行为具有共同性，即两个以上的人相互联系的行为构成一个损害的原因。只要各个行为人对行为所产生的损害后果存在过错，并且各行为之间的联系是引起损害发生的同一原因，就表明行为具有共同性。(3)结果具有单一性，即共同侵权行为造成一个统一的不可分割的损害后果。尽管共同侵权责任的形式复杂，但归纳起来，主要有以下几种：(1)因共同的意思而实施的侵权行为，如合谋殴打他人的行为。(2)因违反共同的注意义务而实施的侵权行为，如共同违反规定排放废气的行为。(3)因分别过错及共同关联行为，如两人在街上开玩笑打闹，误伤他人。(4)因分别过错行为的结合而实施的侵权行为，如购买的电热水器漏电，加装的漏电保护器不符合质量要求，导致用户在使用时被电伤。

共同侵权责任包括共同危险责任和无意思联络的共同侵权责任两种形式。共同危险责任也称为准共同侵权责任，指数人实施的行为均有侵犯他人合法权益的危险性，其中一人或者数人的行为致人损害而又不能判明谁是侵害人的侵权责任。例如，在同一时间、地点的数人中造成同一损害而又不能确定具体的侵权行为人，该数人构成共同侵权责任。如行人因某居民楼顶上砸下的砖头导致受伤，在不能证明是谁实施侵权行为的情况下，该居民楼顶搬砖头的数人构成共同侵权责任。《民法典》第1170条规定，二人以上实施危及他人人身、财产安全的行为，其中一人或者数人的行为造成他人损害，能够确定具体侵权人的，由侵权人承担责任；不能确定具体侵权人的，行为人承担连带责任。而无意思联络的共同侵权责任是指数个行为人事先并无意思上的联络，由于数个行为的结合而致同一受害人受有损害的侵权责任。例如某汽车违章行驶在非机动车交通道上，某甲驾驶无合法手续的摩托车非法上路行驶，二车同时撞上正常行走的行人，致使该行人死亡。在无法确定该行人死亡是由汽车还是摩托车造成的情况下，汽车驾驶员和某甲就构成无意思联络的共同侵权责任。《民法典》第1171条规定，二人以上分别实施侵权行为造成同一损害，每个人的侵权行为都足以造成全部损害的，行为人承担连带责任。

因此，单独侵权责任因行为人只有一个人，所以其责任承担和过错认定相对简单，并且在法律关系中仅存在行为人和受害人之间的关系。共同侵权责任因其行为人为多数，其共同过错应从行为、结果等方面进行综合分析，责任的承担和过错认定相对复杂。共同侵权责任所引起的法律后果存在两种法律关系：一是行为人和受害人之间的损害赔偿关系，共同侵权责任的行为人对受害人承担连带赔偿责任；二是多数行为人之间的法律关系，共同侵权责任的某一个或几个侵权人向受害人承担连带赔偿责任以后，有权向其他共同侵权人要求分担赔偿责任。

（四）垫付责任与补充责任

根据侵权责任的目的性，侵权责任可分为垫付责任和补充责任。

垫付责任是指与违法行为人具有特殊关系的民事主体在违法行为人无力承担赔偿责任时，为了保护受害人的利益而承担的先行支付赔偿金的责任形式。《民法典》第1216条规定，机动车驾驶人发生交通事故后逃逸，该机动车参加强制保险的，由保险人在机动车强制保险责任限额范围内予以赔偿；机动车不明、该机动车未参加强制保险或者抢救费用超过机动车强制保险责任限额，需要支付被侵权人人身伤亡的抢救、丧葬等费用的，由道路交通事故社会救助基金垫付。道路交通事故社会救助基金垫付后，其管理机构有权向交通事故责任人追偿。垫付责任可以说是我国民法在责任方面的一种特殊规定，责任人在这里既没有主观过错，也没有客观行为，只是因为法律的明确规定或者责任人和违法行为人具有特殊的关系，就必须承担先为其支付损害赔偿金的责任。这种特殊的民事责任作为一种法定责任，其目的是保护受害人的利益，使受到侵害的权利能够得到救济。

补充责任是指民事主体因违法不作为或者不适当作为时，对第三者违法侵权行为所造成的损害应承担与过错相适应的侵权责任。《民法典》第1198条规定，宾馆、商场、银行、车站、机场、体育场馆、娱乐场所等经营场所、公共场所的经营者、管理者或者群众性活动的组织者，未尽到安全保障义务，造成他人损害的，应当承担侵权责任。因第三人的行为造成他人损害的，由第三人承担侵权责任；经营者、管理者或者组织者未尽到安全保障义务的，承担相应的补充责任。经营者、管理者或者组织者承担补充责任后，可以向第三人追偿。此外，《民法典》第1199条规定了幼儿园、学校或者其他教育机构未尽安全保障义务而使受害人遭受第三人侵权的补充责任。补充责任的特征是：第一，补充责任只发生在侵权责任中，在合同责任里没有补充责任。第二，补充责任的承担必须具有法律的规定，责任主体是经营管理者、群众活动组织者或者学校、幼儿园等教育机构，其过程必须发生在商业经营活动、群众性组织活动或者教育教学期间。第三，补充责任以两个侵权行为为前提，如某人在商场殴打他人，商场管理人员视而不见。殴打他人的行为人是侵权行为的直接人，商场不尽安全保障义务，是侵权行为的不作为，商场应承担相应的过错责任。商场的这种责任就是补充责任。第四，补充责任人具有追偿权。补充责任人承担责任后，可以向直接进行侵权行为的人追偿。

垫付责任和补充责任虽然规定为一种责任，但这两种责任均不属于终局责任，这两种责任归根结底都不要由责任人承担侵权责任。垫付责任只是暂时的代为支付，侵权责任最终仍然是由行为人承担。补充责任则规定对第三人的追偿权。但二者仍然具有如下区别：

(1)主观状态不同。垫付责任的责任人主观没有过错，而补充责任的责任人主观上必须具有过错，即责任人有未尽安全保障义务的主观不良心理。

(2)适用范围不同。垫付责任的适用范围只包括两种情况：一是没有参加机动车第三者责任强制保险或者肇事后逃逸的机动车，由道路交通事故社会救助基金先行垫付部分或者全部抢救费用；二是扶养人对没有支付能力的成年人致人损害的垫付责任。补充责任则包括经营管理者、群众活动组织者和学校、幼儿园等教育机构未尽安全保障义务时的过错责任，适用面比较广。

五、侵权责任和刑事责任的区别

侵权责任和刑事责任同为违法行为而产生的责任，但二者所导致的法律责任和适用的法律不同，前者承担的是民事责任，适用民法典有关侵权责任的规定；后者承担的是刑罚的责任，适用刑法的有关规定。但是，侵权责任和刑事责任又有着密切的联系。一方面，侵害自然人、法人的财产和人身权益构成犯罪的责任同时也是侵权责任，因其情节严重而构成犯罪，犯罪行为人除依法承担刑事责任外，还应承担因其侵权给受害人造成损害的赔偿责任。行为人并不因其已经承担刑事责任而免除其对受害人的侵权责任。另一方面，侵权责任法和刑法在目的和功能上也趋于相同，均是通过法律责任的承担来制止违法行为，以维护自然人、法人的财产权和人身权的安全。所以，侵权责任所适用的法律与刑事责任所适用的法律一样，都有惩戒、教育和预防的作用。

尽管侵权责任和刑事责任的联系密切，但它们的区别也是十分明显的，主要表现在以下几个方面：

(1)侵犯的客体不同。侵权责任的侵权行为是对民事主体财产权利和人身权利的侵犯，侵害的客体是民事主体的民事权益。而刑事责任的犯罪行为是对社会秩序和公共利益的侵犯，侵害的客体是刑法所保护的社会关系。

(2)法律性质不同。侵权责任是侵权人对受害人的民事责任，属于私法范畴。侵权责任具有一定的任意性，表现在受害人有权决定是否要求侵权人承担民事责任，有权要求侵权人赔偿全部或部分损失，在赔偿问题上可由侵权人和受害人协商解决。而刑事责任，属于公法的范畴。刑事责任具有明显的强制性。除少数自诉案件外，刑事责任的承担不由被害人决定，更不能由被害人予以免除，而是由代表国家的审判机关根据犯罪行为的动机、目的、情节、后果等因素决定行为人应否承担以及如何承担刑事责任。

(3)适用的法律不同。侵权责任的法律后果是损害赔偿的权利义务关系，属于民事法律关系，受民法调整，其主要目的是通过赔偿的方法使已经遭受侵害的财产关系和人身关系得到恢复和补救。而刑事责任的法律后果，是犯罪和刑罚的法律关系，受刑法调整。只有那些触犯刑律，具备了刑法所规定的犯罪构成要件的违法行为，才适用刑法的规定，其主要目的是通过刑法所规定的刑罚方法惩罚犯罪行为人，从而达到惩罚、预防犯罪，保护人民群众的利益，稳定社会秩序的目的。

六、侵权责任和违约责任的区别

侵权责任和违约责任，是两种不同的民事责任，它们之间具有联系又有区别。其共同之处在于：它们都是债的发生依据，并且基本上是损害赔偿之债；就二者的构成要件来说，侵权责任和违约责任基本相同；在归责原则上，二者均以过错责任原则为基础。但是，侵权责任和违约责任有着明显的不同，主要表现在：

(1)债权债务关系成立的时间不同。因侵权责任而产生的债权债务关系，其前提是发生侵权行为，即侵权责任之债基于侵权行为而发生。而在违约责任中，是先有合同之债，后有违约责任，如果没有合同之债的存在，就谈不上违约责任。

(2)保护的民事权利不同。侵权责任保护的是自然人、法人的物权、知识产权和人身权，这些权利属于绝对权。违约责任保护的是合同权利，合同权利属于债权、相对权。

(3)责任承担方式不同。侵权责任的承担方式除损害赔偿外，还有返还财产、消除危险、排除妨碍、恢复原状、赔礼道歉、恢复名誉、消除影响等；违约责任的承担方式则是继续履行、支付违约金、赔偿损失。在违约责任中，法律允许合同当事人事先约定民事责任的承担，如约定违约金，侵权责任则不允许当事人事先约定。发生侵权责任时，侵权人应根据法律的规定承担侵权责任。即使同是损失赔偿责任，侵权责任规定的赔偿与违约责任规定的赔偿也有区别。

(4)举证责任承担不同。侵权责任的举证主要在受害人，受害人应举证证明其财产或人身权益受到侵害、侵权人主观上有过错的事实，侵权人在一般情况下不负举证责任，举证责任在债权人一方。而在违约责任中，举证责任主要在于债务人。只要债务人不履行合同义务就应承担违约责任。因此，债务人负有举证责任以证明自己已经履行了合同义务或债务不履行是由于不可抗力或债权人的过错所导致的，否则即应承担违约责任。

(5)时效期间不同。多数国家民法典对合同之诉和侵权之诉规定了不同的时效期间。与原《侵权责任法》不同，我国《民法典》第 188 条明确规定，向人民法院请求保护民事权利的诉讼时效期间为 3 年，法律另有规定的除外。这就是说，《民法典》将侵权之诉和违约的普通诉讼时效期间统一规定为 3 年，《民法典》不再对身体受到伤害的时效另作特别规定。不过，《民法典》第 594 条对国际贸易合同诉讼时效和仲裁时效作出特别规定，该条指出为因国际货物买卖合同和技术进出口合同争议提起诉讼或者申请仲裁的时效期间为 4 年。

(6)诉讼管辖不同。依我国《民事诉讼法》第 23 条至第 34 条的规定，因合同纠纷引起的诉讼，由被告住所地或者合同履行地人民法院管辖，合同当事人也可以在书面合同中选择当事人住所地、合同履行地、合同签订地、标的物所在地等与争议有实际联系的地点的人民法院为管辖法院，但不得违反有关级别管辖和专属管辖的规定。因侵权责任纠纷引起的诉讼一般由侵权行为地或被告住所地的人民法院管辖，但在一些特殊情形下法律也做了特殊规定，因海难救助费用提起的诉讼，由救助地或者被救助船舶最先到达地人民法院管辖；因共同海损提起的诉讼，由船舶最先到达地、共同海损理算地或者航程终止地的人民法院管辖。

第二节　侵权责任的构成与方式

侵权责任的构成与方式，是规定何种行为构成侵权责任以及该行为应如何承担侵权责任的法律规则，是侵权责任法的重要组成部分。

一、侵权责任的归责原则

侵权责任的归责原则，是指确定侵权责任归属所必须依据的法律准则，即依据何种标准来确定行为人的侵权责任。归责原则在侵权责任法中占据着重要地位。一定归责原则的确立，决定着侵权责任的分类、侵权责任的构成要件、举证责任的分担、免责事由的确定和损害赔偿原则与方法的确定。同时，对于法律因概括性而无法穷尽的具体的侵权行为，归责原则成为指导司法人员处理此类纠纷的准则。[①] 由于侵权责任的复杂性和决定归责的法律价值标准不同，有必要确立多项归责原则，这些归责原则所组成的具有内在联系的统一整体，就是归责原则体系，它反映了一国侵权责任法的全貌。归责原则体系具有如下特点：其一，每一归责原则都具有普遍的适用性，适用于对应的某一类侵权责任；其二，具有内在的逻辑性，各项具体的归责原则在作用和功能上互相补充、互相联系，全面体现了侵权责任归责的补偿、制裁和预防功能。

我国《民法典》确立了过错责任原则、无过错责任原则和公平原则为侵权责任的归责原则，从而建立了侵权责任归责体系，现将这几项原则分别论述如下：

（一）过错责任原则

1.过错责任的概念

过错责任原则，也叫过失责任原则。它以行为人主观上存在过错作为其承担民事责任的基本构成要件和最终要件，即行为人仅在有过错的情况下，其行为才构成侵权责任，并根据其过错程度确定承担的民事责任范围的大小。如果行为人没有过错，其行为就不构成侵权行为，也就不用承担侵权责任。《民法典》第 1165 条第 1 款规定："行为人因过错侵害他人民事权益造成损害的，应当承担侵权责任。"

过错责任原则的确立，反映了商品经济社会的客观要求。在商品经济社会中，由于商品生产和商品交换的领域不断扩大，实际过错责任原则，即每个商品经营者仅对其有过错的行为承担责任，对不可抗力等意外事故造成的损失不负责任，这样就增强了人们行使权利的责任心，使权利人行使权利的积极性和主动性得以充分发挥。同时，过错责任原则的确立，也是社会道德规范的要求。一个人如果不考虑社会公德和他人的合法权益，故意或过失地致他人损害，法律即对其侵权行为进行惩罚，以促使人们审慎地进行活动，从而稳定社会经济秩序，促进社会生产力的发展。正是因为过错责任原则对保护和促进商品经济具有积极作用，所以各国民事立法在一般侵权责任的归责原则上均采用过错责任原则。

过错责任的内容包括以下几个方面：

（1）以过错作为侵权责任的构成要件。行为人是否构成侵权行为，应不应该承担民事责任，不仅要认定其行为是否违法、是否造成损害后果，行为和后果之间是否存在因果关系，还要考察行为人的主观过错。如果行为人没有过错，或者完全是由于受害人的过错造成损害的，则行为人不必承担侵权责任。

（2）过错作为确定侵权责任范围的根据。完全是由于侵权人的过错造成受害人损害的，侵权人应承担全部民事责任。如果受害人对损害的造成也有过错的，则可以适当减轻侵权人的民事责任（例如《民法典》第 1173 条的规定）。在数人共同实施侵权行为的情况下，尽管对受害人承担的是连带责任，但在内部应以各个侵害人的过错程度来确定应承担的民事责任，其过错

① 王利明：《侵权行为法归责原则研究》，中国政法大学出版社 1992 年版，第 18～20 页。

程度与责任大小成正比。在精神损害赔偿中，应否进行精神损害赔偿以及赔偿数额的大小、过错程度也作为一项重要的考虑因素。

(3)在举证责任上，根据“谁主张，谁举证”的原则，过错责任原则中侵权人过错的证明由受害人来承担，只有受害人证明侵权人主观上存在过错，才能要求其承担侵权的民事责任。

(4)在抗辩事由或免责事由上，根据无过错则无责任这一过错责任原则的核心要素，侵权人可以受害人过错、第三人过错、不可抗力、正当防卫、紧急避险等自己没有过错的事由要求免除或减轻自己的责任。

过错责任原则一般适用于《民法典》中规定的一般侵权责任和其他法律中没有作出特别规定的侵权责任。

2.推定过错责任

推定过错责任，是指在受害人能够证明其所受损害与侵权人的行为有因果关系的情况下，如果侵权人不能证明其主观上没有过错，就推定为有过错，由侵权人承担侵权损害赔偿责任。推定过错责任，实际上属于过错责任范畴，只是在无法判明过错的情况下，为保护受害人的合法权利，根据相关人和受害人或受害物之间的管属关系及对之应尽的注意义务，在其不能证明没有过错的情况下，认定为有过错。《民法典》第 1165 条第 2 款规定：“依照法律规定推定行为人有过错，其不能证明自己没有过错的，应当承担侵权责任。”

推定过错责任具有以下法律特征：

(1)举证责任倒置。在侵权损害的法律关系中，受害人往往必须就所受的损害举证证明侵权人具有主观过错。由于过错推定直接推定侵权人有过错，在这种情况下，受害人仅需证明侵权人的行为和损害结果之间存在因果关系，不必证明侵权人有过错，从而避免了受害人举证困难或举证不力所应承担的不利后果，便于受害人求偿。因此，在过错推定中，侵权人必须举证证明自己没有过错，或证明有其他免责事由，否则将推定侵权人主观上具有过错。

(2)侵权免责事由受到严格限定。在某些适用过错推定的侵权行为中，法律规定免责事由仅为不可抗力、第三人过错或受害人过错。侵权人只有证明存在这些免责事由，才能说明其主观上没有过错，从而推翻对他的过错推定。侵权免责事由的严格限定，大大加重了侵权人的责任，加强了对受害人的保护。

过错推定分为一般过错推定和特殊过错推定。一般过错推定，是指行为人侵害他人人身、财产并造成损害，在没有证据证明他没有过错的情况下，就推定行为人具有主观过错，应承担由此产生的法律后果；特殊过错推定，是指在某些特殊的侵权责任中，只要行为人不能证明有法定的免则事由存在，就不能推翻法律对他所作的主观上存在过错的推定，应承担由此产生的法律后果。区分一般过错推定和特殊过错推定的法律意义在于，对一般过错推定，其免责事由法律没有作出限定；而特殊过错推定，其免责事由则是由法律直接规定，只有证明法定免责事由的存在，行为人才能免除侵权责任。

过错推定责任和过错责任既有联系，又有区别。一方面，过错推定责任是过错责任原则的发展，其标准均是以过错作为确定侵权责任的依据。过错推定责任和过错责任同样具有预防、补偿、制裁的价值和功能。另一方面，过错推定责任和过错责任原则又有明显的区别：其一，“谁主张，谁举证”是过错责任原则的举证规则，而过错推定责任的举证规则是举证责任倒置，由行为人来举证证明自己没有过错；其二，过错责任原则往往根据侵权人过错的不同程序来确定其责任的大小，而过错推定责任因为行为人的过错是推断的，因而无法确定过错程度或过错等级；其三，过错推定比过错责任原则更加重了侵权人的责任，更加严格地保护受害人的利益，其免责事由也受到法律的严格限定。

（二）无过错责任原则

1.无过错责任的概念

无过错责任，是指没有过错造成他人损害的，与造成损害原因有关的人也应当承担侵权责任。执行这一原则，不是根据行为人的过错，而是根据客观存在的损害、行为人的活动及其所管理的人或物的危险性质与所造成的损害后果的因果关系，而特别加重其责任。无过错责任也称无过失责任，英美法系则称为"严格责任"。

无过错责任原则的出现，是社会生产不断发展进步的结果。在自由资本主义进入垄断资本主义阶段后，工业生产飞速发展，机械设备大量利用，因而工业事故也不断发生，主要表现在交通事故锐增、工业灾害加剧、环境污染严重、产品质量、医疗事故频繁等，造成很大的损害。尽管这些活动对损害的发生有很大危险，却又是必不可少的工业经济活动，对事故的因果关系和过错的认定均极为困难，如果依传统的过错责任原则来认定，则工业主或工厂一方往往不承担任何责任，使工人一方受到很大的损害。随着劳资矛盾的激化，在立法中便开始在工业事故方面逐步采用无过错责任，即在特定的情况下，致人损害的一方即使没有过错也应承担赔偿责任。以后，无过错责任的范围逐渐扩大到交通事故和环境污染方面，从而使无过错责任成为适用民事责任的原则之一。在现代社会中，实行无过错责任原则，既不妨碍生产力的发展，又可以保证社会安全和个人利益，对侵权人来说也是公平合理的。因为行为人从事一切活动都应以避免损害他人为前提。目前世界上各国的民法都把无过错责任作为处理特殊行为的适用原则。《民法典》第1166条规定："行为人造成他人民事权益损害，不论行为人有无过错，法律规定应当承担侵权责任的，依照其规定。"这是我国民法确认无过错责任原则的法律规定。

无过错责任的法律特征在于：

(1)因果关系是决定侵权责任的基本要件。依据无过错责任，行为人或责任人应否承担侵权责任，不取决于其主观上是否有过错，而是取决于损害结果和行为及其物件之间是否存在因果关系，如果存在因果关系，则行为人或责任人应承担侵权责任。

(2)不能对侵权人进行过错推定。无过错责任的一个重要依据在于尽管行为人或责任人并无过错，但依法仍应承担侵权责任。这是因为在一些法律规定的行为或责任状况中，很难以过错或者推定过错的概念来衡量行为或状况的责任，也无法用过错来衡量当事人的心理状态。在这种情况下，确定过错的标准和方法不适用责任的承担，因此无法以过错来概括。

(3)在举证责任负担上，由于不考虑侵权人有无过错而免除了受害人对侵权人过错的举证责任，侵权人也不得以证明自己没有过错的方式主张免责。但在侵权人欲以损害事实是由于受害人的故意或第三人的过错造成的而主张免责时，则实行举证责任倒置，由侵权人承担相应的举证责任。

(4)其适用范围和免责事由由法律作出特别规定。由于无过错责任是责任人对无过错的状况或损害所应承担的民事责任，因此只有对这种责任进行限制，才能防止责任范围的扩大和加重。基于这一目的，法律往往对无过错责任的适用范围进行规定。同时，作为保护受害人利益的一项原则，不能像过错责任原则一样存在广泛的免责事由。相反，在无过错责任原则中，行为人的免责事由是由法律直接规定的，不同的侵权行为，其免责事由可能不一样。

2.无过错责任原则和过错责任原则的区别

无过错责任原则适用于特殊侵权责任，它同过错责任原则相比较，有以下区别：第一，适用范围不同。过错责任原则适用于一般侵权责任；无过错责任原则仅适用于特殊侵权责任。第二，构成要件不同。过错责任原则要求行为人必须具备主观上的过错；无过错责任原则则不以行为人主观过错为构成要件。第三，赔偿范围不同。因适用过错责任原则而产生侵权责任，财产损害应全额赔偿；而在适用无过错责任原则而承担侵权责任的情况下，为了保护特定行业发展的需要，我国在航空、海运等方面的特别法规往往规定了最高赔偿数额。

（三）公平责任原则

1.公平责任的概念

公平责任，是指在当事人双方对于损害的发生均无过错，根据法律不能适用无过错责任，如果适用过错责任，受害人遭受的损害则得不到赔偿，在这种显然有失公平的情况下，裁判机关可以根据当事人双方的实际情况，按公平合理的原则判定双方分担损失。公平责任原则之所以确立，在于当事人民事法律地位平等这一民法本质特点的要求。民事法律地位平等，表现在财产利益上是民事权利和民事义务的对等。一旦某种原因造成这种对等关系的破坏，法律便要求当事人承担民事责任。随着社会经济的发展，民法所调整的商品经济关系及与之相关联的其他社会关系内容越来越复杂，民事活动中新的情况不断出现。尽管在侵权责任的归责原则中已有过错责任原则和无过错责任原则，但许多新情况又是这两项原则所无法解决的。这种新情况就是侵权人主观上无过错，客观上未获得任何利益，依无过错责任原则令其承担责任没有法理依据。但受害人主观上也没有过错，客观上却受到财产损失，如果让其承受全部损害后果，则显失公平。于是，在过错责任原则和无过错责任原则之外，便产生了公平责任原则。公平责任原则体现社会的公正合理性和在更高水准上要求人们承担互济互助的社会责任，是道德观念和法律意识结合的产物。我国《民法典》第 6 条规定："民事主体从事民事活动，应当遵循公平原则，合理确定各方的权利和义务。"该法第 1186 条规定："受害人和行为人对损害的发生都没有过错的，依照法律的规定由双方分担损失。"这明确表明公平责任原则也是我国侵权责任的归责原则。

公平责任具有如下法律特征：

（1）公平责任是以公平观念作为判断标准来确定责任的。公平的观念属于道德的范畴。公平责任则是将道德规范中的公平内容上升为法律责任，它是以公平观念作为价值判断标准来确定当事人的责任。这种公平责任的目的不在于对侵害人的不法行为进行制裁，而在于由当事人对双方均无过错造成损害的情况负担责任。所谓公平，是指公正合理，使各方的利益得到适当的对待。公平不是指绝对的平均，而是要根据具体的状态和当事人的经济状况，合情合理地分担民事责任。

（2）公平责任适用于当事人没有过错的情况。当事人没有过错，表明不能找到有过错的当事人，也不能推定行为人有过错。在损害发生的情况下，行为人和受害人均无过错。

（3）公平责任主要适用于侵害财产权的纠纷。这是因为公平责任的目的在于平衡当事人之间的财产损失，从而对遭受的损害在当事人之间进行合理分配负担。所以，公平责任主要适用于侵害财产权的纠纷。尽管如此，在人身权的侵害案件中，也有适用公平责任的状况，但这种责任也体现为财产责任，如人身伤害导致的医疗费、误工损失等财产赔偿。

2.公平责任与过错责任的区别

（1）过错责任原则适用于一般侵权责任，以过错作为责任的构成要件；公平责任原则适用于当事人双方均无过错的情形，而且仅适用于侵犯财产权的案件，当事人对损害的发生没有过错。

（2）过错责任原则的目的在于制裁有主观过错的行为人，恢复受害人所受到的损失，具有制裁、教育、预防等作用;而公平责任原则的目的在于平衡当事人之间的利益,稳定社会秩序。

(3)在责任形式和赔偿范围上,过错责任原则适用的责任形式除赔偿损失还负赔偿责任。而公平责任原则仅限于损害赔偿责任形式,受害人并不能得到全部赔偿,其具体数额由裁判机关依实际情况判定。

3.公平责任和无过错责任的区别

(1)无过错责任侧重于损害后果,即只要侵权人的行为客观上造成损害后则侧重于保护受害人的利益,在受害人并无过错而受损害的情况下,根据实际情况从社会公平负担的原则出发,才由行为人分担损失。

(2)无过错责任的赔偿范围由法律规定,往往有最高限额的规定;而公平责任的损失分担则由人民法院或者仲裁机构依实际情况酌情裁量。

(3)无过错责任原则适用于高度危险作业等法律直接规定的特殊侵权责任;而公平责任只适用于双方当事人均无过错的损害。

二、侵权责任的构成要件

侵权责任的构成要件,是指一般侵权责任的构成要件,是各种侵权责任在通常情况下所共同具有的条件。对于一般侵权责任的构成要件,理论界有不同的主张,主要有“三要件说”、“四要件说”和“五要件说”等。[①] “三要件说”主张在四要件中扩大“过错”要件以取消“行为的违法性”要件,“五要件说”则主张在四要件基础上增加“责任能力”要件,但“四要件说”为民法学界的通说。所谓四要件,即损害事实、违法行为、因果关系和主观过错是侵权责任的构成要件。

(一)损害事实

损害事实,是指法律所保护的物质财富和非物质财富遭受损害的客观结果。当侵权行为侵害他人财产权益导致财产毁损灭失的,就是物质财富的损害,又称财产损害。当侵权行为侵害他人人身权益时,所造成的损害包括两个方面:一是侵权行为侵害他人的人身权引起的物质财富的损失,如医疗费、护理费、误工损失、丧葬费等;二是侵权行为造成他人非物质财富的损害,即精神损害,如侵犯他人的肖像权、名誉权、隐私权等给受害人造成的精神痛苦。应注意,损害和损失不是同一个概念。一般认为,损害是指权利受到妨碍的事实状态,损失是因这一事实引起的财产利益的减少,是损害的价值表现,其数额往往是可以确定的。人身权利受到侵害不能称作损失,但可称为损害,因此损害包括损失,财产损失也可称为财产损害。

损害事实的存在是构成侵权之债的前提和依据。侵权之债的当事人之间事先并不存在某种法律关系,只是由于行为人的侵权行为造成了受害人的损害,才在当事人之间建立了侵权损害赔偿之债,而且侵权责任主要是损害赔偿责任,它的适用以损害事实的确实存在为基础。如果某种行为未造成损害,就谈不上赔偿责任;如果某种行为只有发生损害的可能性,但并没有造成客观的损害事实,也不用承担损害赔偿责任,即“无损害,无赔偿”。

损害作为一种客观事实,由于侵权行为的手段、方式及侵权人主观状态的不同,其内容和表现十分复杂,但作为侵权责任构成要件的损害事实应满足以下要求:(1)损害具有法律上的可补救性。一方面,损害必须在量上具有可补救性,即只有达到一定数量的财产损失或严重的精神损害或致人伤害、死亡,法律才规定予以补救,对于极少量的财产损失或极轻微的人身、精神损害,法律则不考虑给予补救;另一方面,损害必须在质上具有可补救性,即受害人请求保护

---

① 刘心稳主编:《中国民法学研究述评》,中国政法大学出版社1996年版,第631～632页。

的利益是受法律规定保护的权益，并且在补救方法上存在可能性，例如请求"青春损失费"的赔偿就不属于法律上的补救范围。(2)损害具有客观的真实性和确定性。一方面，损害必须是已经发生的、真实存在的侵害后果。但是在一定情况下，已经发生的、确实存在的危险可以认定为损害。例如《民法典》第1167条规定，"侵权行为危及他人人身、财产安全的，被侵权人有权请求侵权人承担停止侵害、排除妨碍、消除危险等侵权责任"。本条规定的"危及"就意味着侵权行为正在实施和持续，客观上已经使被侵权人的人身、财产安全处于不利的状态。另一方面，侵权损害后果的范围和程度是可以认定的，是否能够用金钱来衡量，并不影响它的确定性。

损害根据侵害客体的不同，可分为：

(1)财产损害，又称财产损失，指因侵权行为导致的财产利益的减少。它是可以用金钱计量的实际物质财富的损失，包括财产的直接损失和间接损失两种情形。直接损失是因侵权行为直接造成的现有财产的减少，如电视机被砸坏造成的损失，因受伤害而支付的医疗费等。间接损失是受害人在正常情况下应该得到的利益因侵权行为的发生而未得到，也称为可得利益的损失，如因受伤住院而减少劳动收入。

(2)人身损害，指因侵害他人的生命健康权而导致受害人死亡或伤残的后果。人身损害常伴随相应的财产损失，侵权人必须承担这两方面的侵权责任。

(3)精神损害，指因侵害公民的姓名权、肖像权、名誉权、荣誉权等人身权利而造成受害人的精神痛苦。它与人身损害同属于无形损害，不能以金钱计量，但损害事实是可以确定的，"抚慰受害人的精神痛苦的物质条件是可以以金钱来衡量和支付的"[①]，因此可以和财产损害一样适用损害赔偿责任。但应注意，财产损害的赔偿在于恢复财产关系的原状，人身损害和精神损害的赔偿则在于抚慰受害人，并制裁侵权人。

纯粹经济损失(pure economic loss)是英美法系的用语，我国法律并无这一词语。关于什么是纯粹经济损失，理论上存在不同的观点，1972年的《瑞典侵权责任法》第2条规定纯粹经济损失是"与任何人的人身伤害和财产损害没有关系的经济损失"[②]，如养鸡户甲疏忽致受病毒感染的鸡逃出鸡舍，当地政府被迫关闭所有肉蛋市场长达10天。下列人员向甲提起诉讼：(1)其他动物饲养人，要求赔偿10天中他们未能出售牲畜的损失；(2)潜在买受人，他们失去供应而造成的损失；(3)屠宰场，在此期间他们无法正常营业而造成的收入损失。我国没有纯粹经济损失的法律规则，《民法典》第1165条第1款规定，"行为人因过错侵害他人民事权益造成损害的，应当承担侵权责任"。因此，损害与侵权人行为之间只要存在因果关系，侵权人就应当承担因此产生的法律后果。

(二)违法行为

侵权行为本质上是违法行为，即它侵犯了法律所保护的自然人、法人的财产权利和人身权利，具体表现为作为和不作为两种形式。法律规定禁止实施某种行为，行为人违背法律的规定实施了该种行为，是作为的违法行为，如对他人进行诽谤、毁坏他人财物等。法律规定行为人应实施某种行为，行为人违背法律规定未实施该行为，是不作为的违法行为，如在道路上施工依法应设置红灯、路障而不设置。

行为的违法性是行为人承担侵权民事责任的条件之一，如果行为人的行为不违法则不会

---

① 王利明：《侵权行为法归责原则研究》，中国政法大学出版社1992年版，第369页。

② W. Van Gerven, J. Lever and P. Larouche ed., Tort Law: Scope of Protection, Hart, Oxford, 1998, p.44.

发生责任。使行为人对其违法行为承担责任,这体现了法律对其行为违法性的否定性评价。一般情况下,行为人没有法律根据,损害他人财产和人身权的行为都是违法的,应承担侵权责任。但有些行为尽管造成他人人身和财产损害,法律却允许这些行为的存在,承认其合法性,行为人不必承担民事责任,这些行为不构成侵权行为,如因为治疗需要,医生在征得患者同意后对其进行截肢。

(三)因果关系

因果关系,是指在自然界和社会中,每个客观现象的出现,在一定条件下必然是另一种已存在的现象所引起,前一个现象称为原因,后一个现象称为后果。原因和现象之间这种客观存在的联系,就是因果关系。基于实事求是和法律的立场,现代民法在因果关系问题上采用了被称为"两分法"的基本方法,即首先确定行为人的行为或依法应由他负责的事件是否在事实上属于造成损害发生的原因;其次,确定已构成事实上原因的行为或事件是否在法律上成为应对该行为负责的原因。[①] 事实上的原因在于实事求是地探求哪些行为及什么样的行为是如何导致损害发生的,揭示损害发生的过程,界定行为人在其中扮演的角色,它是探求法律上的原因的基础。行为人的行为与损害事实存在事实上的因果关系,并不意味着他都要承担法律责任。作为侵权责任构成要件的因果关系,是指违法行为和损害事实之间内在的必然联系。在这里,违法行为是原因,损害事实是后果。法律上的原因体现了法律对行为人行为的评价,只有那些受到法律否定性评价的行为,行为人才承担法律责任,可见,通过探求法律上的因果关系,可以界定责任主体及其责任范围。

侵权责任从损害后果出发去寻求造成损害的原因,具有逆反性的特点。因果关系是行为人承担民事责任的一个必要条件,但不能认为只要有因果关系,行为人就要承担侵权责任,只有符合了侵权责任的各个构成要件,行为人才承担侵权责任。违法行为和损害事实的因果关系,有时很简单,由一个原因产生一个结果。但在更多的情况下,因果关系又是错综复杂的。因此,在分析确定因果关系的时候,应注意以下几点:

(1)必须正确认识因果关系的时间顺序性。造成损害的原因总在损害结果之前,如果某一行为发生在损害之后,就应把它排除于因果关系的认定之外。

(2)必须明确因果关系的客观性和必然性。侵权责任中的因果关系是客观世界中普遍存在的事务之间因果联系的一种,它同样是不以人的主观意志为转移,因此不能凭主观臆断认定因果关系,而应进行科学的认证。同时,作为原因的行为应当是作为结果的现象的必要条件,在此基础上再去区分主要原因、次要原因、直接原因、间接原因等,并对各种原因力的作用进行恰当的评价。

(3)必须正确认识因果关系表现形式的多样性。因果关系有时会表现为一因一果、一因多果、多因多果,因此,必须正确认识因与果的关系并采取相应的措施。

(4)必须把原因和条件区分开来。原因是那种对结果起决定作用,并与结果有着内在的必然的本质的联系的现象。条件虽然对结果的发生有一定的影响和作用,但这种影响和作用不是决定性的,它与结果的联系并非本质的必然的联系。例如,甲打伤乙,送医院治疗,护士丙给乙打错针而造成乙的死亡。在这里,甲打乙是乙受伤的原因,但并非乙死亡的原因。造成乙死亡的原因,应当是丙打错针的过失行为。由此可见,甲的打人行为只是给乙的死亡造成一种可能性,它只是死亡结果的一种条件。所以,如果将条件当成原因,就扩大了侵权责任的范围。

① 王家福主编:《中国民法学民法债权》,法律出版社 1991 年版,第 477 页。

(5)必须分析主要原因和次要原因。主要原因是对结果发生起主要的决定作用的原因。次要原因是对结果发生不起主要的决定作用的原因。例如,某汽车驾驶员开车,途中因刹车障碍,即向单位领导打电话要求停车修理。但该领导坚持他下班后再修车。结果车子在行进过程中因刹车失灵撞伤某行人。这里驾驶员和单位领导的行为都是造成事故的原因,但相比之下,单位领导的决定是造成事故的主要原因。由此可见,引起一个结果的发生,有时只有一个原因,而有时有多种原因。在出现这种"多因一果"的情形时,为明确责任,我们就要按照它们对结果发生所引起作用的大小,分清主要原因和次要原因,从而正确确定承担侵权责任的客观基础。

因果关系的证明,根据"谁主张,谁举证"的诉讼原则,一般由原告(即受害人)承担。在原告举证证明存在因果关系之后,被告(即侵权人)可通过反证,证明不存在因果关系使自己不必承担侵权责任。但在某些特殊的侵权行为中,法律严格限制了被告用来否认存在因果关系的事由,从而加重了被告的责任。此外由于现实的复杂情况,有时原告只能证明损害与被告的行为有关,却无法证明二者存在因果关系,此时从保护受害人合法利益和维护社会公平正义的角度出发,实行因果关系推定,采用举证责任倒置的方法来确定被告人的责任。这一做法已为一些国家所运用①,在我国《民法典》第 1236 条、第 1237 条、第 1238 条等规定中都有体现。

(四)过错

过错,是指行为人行为时的主观心理状态。在一般情况下,行为人必须在主观上对自己的行为及其所导致的损害有过错时,才承担民事责任,它体现了侵权责任法领域内行为人责任自负的基本法律价值,既能有效地制裁和预防违法行为,又能充分调动民事主体的积极性,给民事主体提供广阔的活动空间。过错是行为人承担侵权责任的主观要件,反映了法律对行为人内心状况的否定性评价。

过错根据行为人的主观心理状态的不同,可以分为故意和过失两种。故意是指行为人预见到了自己的行为可能导致的损害后果,却仍然希望或放任这种损害后果发生的一种心理状况。过失是指行为人对自己的行为可能导致的损害后果应当预见或者能够预见而没有预见(所谓疏忽的过失),或者虽然预见了行为可能导致的损害后果,却轻信此种后果可以避免(所谓过于自信的过失)的一种心理状态。过失的实质是行为人违反了他对其他人应尽的注意义务。根据注意义务的要求程度不同,可将过失进一步区分为重大过失、一般过失或轻微过失。重大过失是指行为人不仅没有尽到法律要求的对于他人的特殊注意义务,而且没有尽到法律要求的不得侵犯他人人身和财产的一般注意义务。一般过失是指行为人尽到了作为普通人应尽的谨慎勤勉的一般注意义务,却没有尽到法律要求的针对特定事物的特殊注意义务。

过错所包括的故意和过失两种形态,在刑法中对定罪量刑有着重要意义,但在民法中,因为民事责任的承担范围,一般取决于损害的有无和大小,并不因为行为人主观是故意或过失而有所不同,因此民法领域中故意和过失的区分意义不如在刑法中的重要。但在具体案件处理中,区分行为人的过错,尤其是过失的程度,对于归责、责任范围及行为人的免责不无影响。对过错的判定标准历来有主观说和客观说之分。前者主张对行为人过错的认定就是这种心理状态的再现描述;后者主张对行为人过失的检验,应以注意义务为标准,从行为人表现出来的客观行为进行判断。我们认为对行为人过错的判定,可以综合运用主客观标准,汲取二者的长处。对于故意的判定,由于行为人的主观心理状态明显,可用主观标准进行衡量,必要时可结

① 王家福主编:《中国民法学民法债权》,法律出版社 1991 年版,第 482 页。

合行为人的行为及其行为后果进行认定，这样就能使行为人意识到自己错误的所在，自觉承担民事责任。对于过失，其表现不如故意那么明显，采用主观标准进行判定存在着一定困难。由于行为人的内心意志总是通过一定的外在行为表现出来，因此行为人的过错与其侵害行为有着密切的联系，“对行为的违法性和过错的评价是同一的、不可分割的”[①]，这就为从客观行为去考察行为人的主观心理状态提供了可能性。我们认为可以采用客观标准，通过分析行为人的行为是否达到了他应尽到的注意标准来判断行为人过失的有无及轻重，这样不仅准确科学，而且能指导行为人如何行为，起到民事责任的教育和预防作用。另外在过错的判定上，法律还规定了过错推定，即行为人不能证明其主观上无过错，就推定他违反义务的行为是有过错的。

过错根据造成损害后果的主体来源的不同，可分为：

(1)侵权行为人单独过错，即损害的发生完全是由于行为人的故意或过失造成，行为人应对损害后果自行负责。

(2)侵权行为人共同过错。共同过错的基本特征有二：一是两人以上的行为人之间在主观上有共同致人损害的意思联系；二是他们的侵权行为是造成同一损害结果的共同原因。对此，《民法典》第1168条规定：“第二人以上共同实施侵权行为，造成他人损害的，应当承担连带责任。”第1169条第1款规定：“教唆、帮助他人实施侵权行为的，应当与行为人承担连带责任。”

(3)受害人过错，即损害结果的发生主要是由于受害人自己的故意或重大过失所造成的。这种情况下，可以免除或减轻侵权人的民事责任。根据《民法典》第1174条的规定：“损害是因受害人故意造成的，行为人不承担责任。”如果损害完全是因受害人自己造成的，那么应由其自行承担所产生的一切后果。《民法典》第1173条规定：“被侵权人对同一损害的发生或者扩大有过错的，可以减轻侵权人的责任。”可见，受害人对损害的发生和扩大有过错的，其也应当承担相应的责任。应当注意的是，在人身损害赔偿纠纷中，侵权人因故意或者重大过失而致人损害，受害人只有一般过失的，也不能减轻赔偿义务人的赔偿责任。

(4)第三人过错。由于第三人的过错造成损害的，第三人应承担民事责任。例如在紧急避险过程中，尽管避险人造成他人财产或人身的损害，但这种损害应由引起险情的人承担赔偿责任。

(5)混合过错，即损害的发生或者扩大，行为人和受害人双方均有过错。这种情况下，就应该根据他们各自的过错程度来确定双方应承担的责任的大小，而不应由侵权行为人负全部的责任。《民法通则》第131条规定：“受害人对于损害的发生也有过错的，可以减轻侵害的民事责任。”

过错根据其主体的不同性质，还可分为：(1)自然人的过错，即以自然人个人为过错责任主体；(2)法人的过错，即在承认法人具有意思能力的前提下以法人为过错责任主体。法人的过错一般可以由法人的机关，也可以通过法定代表人或其工作人员职务上的行为来表现。

因此，在一般侵权责任中，如果损害的发生并非行为人过错造成，行为人则一般不应承担侵权责任。

三、侵权责任的方式

侵权责任的方式，就是侵权责任的承担形式。关于侵权责任的方式，在立法上体现为两种观念：一是恢复原状，二是赔偿损失。根据《民法典》第179条的规定，侵权责任的承担方式有

① 王利明、杨立新：《侵权行为法》，法律出版社1996年版，第70页。

8种，即停止侵害、排除妨碍、消除危险、返还财产、恢复原状、赔偿损失、赔礼道歉、消除影响与恢复名誉。承担侵权责任的方式，可以单独适用，也可以合并适用。可见，我国法律采取的是以恢复原状为主，以损害赔偿为辅的侵权责任承担原则。同时，对于物质损害赔偿金和精神损害赔偿金的侵权责任承担上，原则上应当一次性给付。《民法典》第1187条规定："损害发生后，当事人可以协商赔偿费用的支付方式。协商不一致的，赔偿费用应当一次性支付；一次性支付确有困难的，可以分期支付，但是被侵权人有权请求提供相应的担保。"

（一）侵害财产权的责任

侵害财产权，是指自然人、法人实施违法行为，侵害国家、集体的或个人的财产权益，造成财产损害的后果。侵害财产权，侵权行为人应依法承担民事责任。侵害财产权的行为，习惯上称为财产损害。按照《民法典》的规定，侵害财产权分为侵占财产和损坏财产两种。前者是以对他人所有的财产的非法占有为特点，将他人财产占为已有；后者是以对他人所有的财产进行毁损为特点，使他人财产的价值和使用价值受到破坏，造成他人财产的减少以至丧失，并可能导致受害人财产收益的减少。侵害财产权，侵权人应承担财产性质的民事责任，其目的在于救济受害人所有权受到的损害。具体而言，侵害他人财产权，应承担以下民事责任：

1.返还财产

根据《民法典》的规定，财产权乃是民事权利之一。侵害财产权，首先应当考虑返还财产。根据《民法典》第258条、第265条和第267条的规定，国家所有的、集体所有的和私人合法所有的财产受法律保护，任何人不得非法占有。《民法典》第235条规定："无权占有不动产或者动产的，权利人可以请求返还原物。"需注意，适用返还财产，要具备两个条件：一是侵权行为的方式是侵占财产，二是原物仍然存在并且能够返还。如果原物不存在，就不能适用返还财产。原物不存在，用同种类物奉还，是实物赔偿。只有返还原物，才是返还财产。如果原物尚存，但因为使用、保管不善等原因，使其价值和使用价值受到影响，在一般情况下，也应返还原物。但返还时，应计算原物价值受到影响的损失程度，予以赔偿。如果原物尚存，但其价值和使用价值已经损失殆尽，不能发挥原有的功能，再返还原物也无意义，则只能折价赔偿。返还原物必须将原物的孳息也一并返还。

2.恢复原状

《民法典》第237条规定："造成不动产或者动产毁损的，权利人可以依法请求修理、重作、更换或者恢复原状。"《民法典》第238条规定："侵害物权，造成权利人损害的，权利人可以依法请求损害赔偿，也可以依法请求承担其他民事责任。这表明恢复原状和赔偿损失是可选择的。对于损坏财产的后果，受害人既可以选择适用恢复原状，也可以适用赔偿损失。适用恢复原状，主要条件是财物损坏程度较小，财物主要部分没有损坏，基本功能并未受到大的影响，经过维修即可发挥正常效能。对这种损坏，一般应由侵权人或受害人将被损坏的财物予以修复，其修理费用，由侵权人支付。例如车辆损坏，一般采用恢复原状的方式。这样，一方面防止受害人提出不合理要求，另一方面也避免给侵权人造成过重负担。恢复原状的一个重要问题就是采用什么标准作为恢复原状的准则。标准过高，对侵权人不利；标准过低，不能保护受害人的权利。我们认为，既然是恢复原状，就应当以"原状"为标准，在切实保护受害人权利的前提下，适当考虑侵权人的经济负担能力，使损坏恢复到未损坏时的基本状态。

3.赔偿损失

赔偿损失包括赔偿直接损失和间接损失两方面的内容。直接损失是指行为人的侵权行为侵占或损坏受害人的财产，致使受害人现在拥有的财产价值量的实际减少。间接损失是指行为人的侵权行为侵占或损坏受害人的财产，致使受害人原来必得的利益无法获得而造成财产应增加而未能增加，也称可得利益损失或必得利益损失。对于直接损失的赔偿，如果原物灭失的，则以原物的价值进行赔偿；如果对原物受损坏的，或者返还原物、恢复原状后原物的价值受到一定影响的，就要计算出受到一定影响的实际减少的价值，按照计算出的实际减少的价值进行赔偿。根据《民法典》第1184条的规定，“侵害他人财产的，财产损失按照损失发生时的市场价格或者其他合理方式计算”。此外，对直接损失还可以用实物赔偿的方法，即用同种类、同等质量的实物赔偿。对于间接损失的赔偿，一般按照两种方法进行计算：一是收益平均法，即计算出受害人在受害前一定时间里单位时间平均收益值。例如某人从事汽车运输，车被损坏后，10天未能营运。对此，可用前一个月平均日收益计算出其损失额。二是同类比照法，即确定条件基本相同的人在同等条件下的平均收益值，作为受害人可得利益的损失。

（二）侵害人身权造成财产损失的责任

侵害人身权，广义地讲，就是侵权行为的侵害客体是自然人、法人的人身权，包括生命健康权、姓名权、名称权、肖像权、隐私权、监护权等；狭义地讲，是指违法行为侵害自然人的生命健康权，造成受害人身体损伤或生命丧失，侵权人应依法承担因此给受害人造成的财产损失的民事责任。这里所讲的是狭义的人身权损害赔偿责任。一般而言，侵害人身权包括侵害生命权和侵害健康权两种类型，其民事责任也不一样。兹分述如下：

1.侵害生命权造成损失的责任

生命权，是指自然人以其性命维持和安全利益为内容的人格权，侵权人实施非法行为，剥夺他人生命，应承担损害赔偿民事责任。侵害他人造成人身损害的，应当赔偿医疗费、护理费、交通费、营养费、住院伙食补助费等为治疗和康复支出的合理费用，以及因误工减少的收入。造成残疾的，还应当赔偿残疾生活辅助具费和残疾赔偿金。造成死亡的，还应当赔偿丧葬费和死亡赔偿金。被侵权人死亡的，其近亲属有权请求侵权人承担侵权责任。被侵权人为单位，该单位分立、合并的，承继权利的单位有权请求侵权人承担侵权责任。侵害生命权的具体赔偿项目分述如下：

(1)医疗费。医疗费包括诊疗费、化验费、药费、住院费等医治人身伤害的费用。医疗费的赔偿，应根据治疗机构出具的医疗费、住院费等收款凭证，结合病历和诊断证明等相关证据确定。赔偿义务人对治疗的必要性和合理性有异议的，应当承担举证责任。

(2)交通费和住宿费。治疗中受害人和护理人员的交通费和住宿费，应在合情合理的情况下由侵害人赔偿。转院治疗的交通费、住宿费也应由侵害人赔偿。受害人亲属办理丧葬事宜支出的交通费、住宿费和误工损失等其他合理费用，也应当由侵害人赔偿。

(3)护理费。护理人员因护理受害人而造成的实际收入损失，应由侵害人赔偿。护理费应当根据护理人员的收入状况和护理人数、护理期限确定。护理人员一般以一人为限。但是医疗机构或者鉴定机构有明确意见的，可以参照确定护理人员人数。护理人员有收入的，按照其误工导致实际减少的收入计算。护理人员没有收入或者雇佣护工的，按照当地护工从事同等级别护理的劳动报酬标准计算。护理期限应计算至受害人恢复生活自理能力时止。受害人因残疾不能恢复生活自理能力的，可以根据其年龄、健康状况等因素确定合理的护理期限，但最长不超过20年。受害人定残后的护理，应当根据其护理依赖程度并结合配制残疾辅助器具的情况确定护理级别。

(4)丧葬费。丧葬费是为死者办理丧事而支出的费用，它是因侵害生命权而产生的一种独特的财产损害。《最高人民法院关于审理人身损害赔偿案件适用法律若干问题的解释》第14

条规定："丧葬费按照受诉法院所在地上一年度职工月平均工资标准，以 6 个月总额计算。"

(5)死亡赔偿金。死亡赔偿金是受害人的财产性损失，应当根据受诉法院所在地上一年度城镇居民人均可支配收入标准按 20 年计算。但 60 周岁以上的，年龄每增加 1 岁减少 1 年。75 周岁以上的，按 5 年计算。《民法典》第 1180 条规定："因同一侵权行为造成多人死亡的，可以以相同数额确定死亡赔偿金。"因此，如果因为矿难、交通等事故造成多人死亡的，应以当地的标准、以相同的数额给付死亡赔偿金。

(6)被扶养人的生活费。侵害人非法剥夺他人的生命权，致使受害人生前扶养的人的扶养来源丧失，侵害人应依法向其支付必要的生活费。被扶养人生活费应当根据扶养人丧失劳动能力的程度，按照受诉法院所在地上一年度城镇居民人均消费性支出标准计算。被扶养人为未成年人的，计算至 18 周岁；被扶养人无劳动能力又无生活来源的，计算 20 年。60 周岁以上的，年龄每增加 1 岁减少 1 年；75 周岁以上的，按 5 年计算。构成被扶养人的条件必须是受害人依法应当扶养的未成年人或者丧失劳动能力而又没有其他生活来源的成年近亲属。被扶养人还有其他扶养人的，赔偿义务人只赔偿受害人依法应当负担的部分。被扶养人有数人的，年赔偿总额累计不超过上一年度城镇居民人均消费性支出额。

根据《最高人民法院关于审理人身损害赔偿案件适用法律若干问题的解释》(2022 年修正)第 16 条规定："被抚养人生活费计入残疾赔偿金或死亡赔偿金。"因此，被扶养人生活费赔偿项目并不是取消，而是应当计入残疾赔偿金或死亡赔偿金，不再单独列为一项。

2.侵害健康权造成损失的责任

健康权是自然人以其身体内部机能和器官乃至整体的功能利益为内容的权利。非法侵害他人的健康权，应当承担损害赔偿责任。侵害健康权包括一般伤害和致人残废两种类型，其损失赔偿的处理也有所不同。

(1)一般伤害的赔偿。一般伤害是指经过治疗可以恢复健康，并未造成残废的人身损伤。对于一般伤害，侵权人应赔偿受害人医疗费、误工费、护理费、交通住宿费、伙食补助和营养费。医疗费、护理费、交通住宿费的赔偿和侵害生命权中医疗费、护理费、交通住宿费的赔偿一样，除前面已经阐述外，以下就医疗费、误工费和伙食补助、营养费和护理费进行阐述：

第一，医疗费。医疗费包括实际治疗的支出及康复费、整容费和后续治疗费。医疗费的赔偿数额，按照一审法庭辩论终结前实际发生的数额确定。器官功能恢复训练所必需的康复费、适当的整容费以及其他后续治疗费，赔偿权利人可以待实际发生后另行起诉。但根据医疗鉴定结论确定必然发生的费用，可以与已经发生的医疗费一并予以赔偿。

第二，误工费。指受害人误工收入的赔偿。其原则是应当按照实际伤害程度、恢复情况并参照治疗医院出具的证明或者法医鉴定等进行认定。赔偿的误工日期，以治疗单位出具的证明确定。受害人因伤残持续误工的，误工时间可以计算至定残日前一天。受害人有固定收入的，误工费按照实际减少的收入计算。受害人无固定收入的，按照其最近 3 年的平均收入计算。当受害人不能举证证明其最近 3 年的平均收入状况的，可以参照受诉法院所在地相同或者相近行业上一年度职工的平均工资计算。

第三，伙食补助费和营养费。住院期间的伙食补助费补偿标准以国家机关一般工作人员出差伙食补助费的标准予以确定。受害人确有必要到外地进行治疗的，因客观原因不能住院，受害人本人及其陪护人员实际发生的住宿费和伙食费的合理部分也应当由侵害人赔偿。营养费则应参照治疗机构的意见，根据受害人的伤残情况进行赔偿。

第四，护理费。除依照前面所提的护理费赔偿标准外，护理期限应当计算到受害人恢复生活自理能力时止。受害人因伤残不能恢复生活自理能力的，可以根据其年龄、健康状况等因素确定合理的护理期限，但最长不能超过 20 年。

(2)致人残废的赔偿。致人残废是指侵害自然人的健康权造成其丧失全部或部分劳动力，即造成其肌体组织功能的全部或部分丧失。致人残疾，依法应赔偿因增加生活需要所支出的必要费用以及因丧失劳动能力导致的收入损失，包括残疾赔偿金、残疾辅助器具费、被扶养人生活费，以及因康复护理、进行治疗实际发生的必要的康复费、护理费、后续治疗费。

第一，残疾赔偿金。残疾赔偿金是受害人的财产性损失，应当根据受害人丧失劳动能力程度或者伤残等级，按照受诉法院所在地上一年度城镇居民人均可支配收入标准，自定残之日起按 20 年计算。但 60 周岁以上的，年龄每增加 1 岁减少 1 年。75 岁以上的，按 5 年计算。如果伤残的受害人实际收入并没有减少，或者伤残等级较轻，但造成职业妨害严重影响其劳动就业的，可以对残疾赔偿金作相应调整。

第二，残疾辅助器具费。残疾辅助器具费是指除一般伤害的医疗费以外，治疗残废所必需的辅助费用。残疾辅助器具费按照普通适用器具的合理费用计算。伤情有特殊需要的，可以参照辅助器具配制机构的意见确定相应的合理费用标准。辅助器具的更换周期和赔偿期限应当参照配制机构的意见确定。

司法实践中往往存在侵害他人人身权益造成的财产损失难以确定的情况，在这种情况下，如果侵权人因为侵权行为而获得利益的，就按照侵权人获得的利益计算受害人的财产损失，由侵权人承担赔偿责任。如果侵权人是否因侵权而获得利益无法确定，或者获得利益难以计算的，当事人又不能因此协商的，由人民法院根据实际情况确定赔偿数额。

(三)精神损害的赔偿

精神损害赔偿是权利主体因合法权益受到不法侵害而遭受精神痛苦或精神利益受到损害时，要求侵权人通过财产补偿等形式予以救济的一项民事法律制度。根据《民法典》第 1183 条的规定，以及《最高人民法院关于确定民事侵权精神损害赔偿责任若干问题的解释》[①]，我国规定了基本的精神损害赔偿制度。《民法典》第 1183 条规定："侵害自然人人身权益造成严重精神损害的，被侵权人有权请求精神损害赔偿。因故意或者重大过失侵害自然人具有人身意义的特定物造成严重精神损害的，被侵权人有权请求精神损害赔偿。"

精神损害，或称精神痛苦，产生于两个来源：其一是自然人的人体遭受生理损害而产生的精神痛苦；其二是自然人的心理损害而产生的精神痛苦。对于精神痛苦赔偿侵权责任，法律规定必须存在精神损害达到"严重"程度。因此，在提到精神损害赔偿时，必须界定精神损害的严重程度。对于严重精神损害的认定，一般应当考虑以下几方面情节：

1.侵权的手段是否恶劣。行为人采用恶劣的手段侵害他人的人身权益，表明行为人的主观恶意及其不良心理状态，说明行为人对其违法行为具有认知性，知道或者应该知道法律所禁止的行为而仍然实施，应当承担相应的侵权责任，以制裁其违法行为。

2.侵权的后果是否严重。侵害人身权的后果往往体现为受害人的人身权益遭受一定损害，涉及受害人的健康、名誉、荣誉等人格尊严或者监护权等身份权益，影响当事人正常的工作和生活，不责令侵权人承担侵权责任，不能弥补受害人因此造成的损害。例如，根据《最高人民法院关于适用〈中华人民共和国民法典〉侵权责任编的解释(一)》(法释〔2024〕12 号)第 2 条的

---

① 《最高人民法院关于审理人身损害赔偿案件适用法律若干问题的解释》第 23 条规定："精神损害抚慰金适用《最高人民法院关于确定民事侵权精神损害赔偿责任若干问题的解释》予以确定。"

规定，非法使被监护人脱离监护，导致父母子女关系或者其他近亲属关系受到严重损害的，可认定为造成严重精神损害。从广义上来说，因侵权而造成他人精神损害的，侵权人应当承担停止侵害、恢复名誉、消除影响、赔礼道歉及支付精神损害抚慰金等责任。但其中最主要的仍然是支付精神损害抚慰金，即以财产来赔偿损失。

3.侵权的影响是否广泛。侵害他人人身权益而造成恶劣影响的，会使受害人的正常人格尊严遭受严重侵害。而精神损害赔偿具有多种功能，如补偿功能、惩罚功能、调整功能等。但作为财产赔偿的一种，其目的就是要弥补受害人因此所受的损害。以财产赔偿的方式，弥补当事人因为精神损害而造成的损失，是精神损害赔偿的基本功能。财产赔偿的方式，可以消除受害人因此遭受的感情损害，改变受害人因为生理、心理创伤所带来的消极影响，使其心理状态恢复到原来的状况。

关于精神损害赔偿的功能问题，存在许多不同的观点。一种观点认为，精神损害赔偿的功能只有一个，即单一功能。但这种单一功能的主张对什么是精神损害的唯一功能又有不同的观念：(1)精神损害赔偿的功能是惩罚。(2)精神损害赔偿的功能是补偿。(3)精神损害赔偿的功能是平衡，以满足受害人的心理需要。(4)精神损害赔偿的功能是调整，以弥补财产赔偿责任的不足。第二种观点认为精神损害赔偿功能具有双重性，既有补偿功能又有惩罚功能。[①]第三种观点认为精神损害赔偿具有补偿、抚慰和惩罚三功能。[②] 一般认为，精神损害赔偿具有抚慰和惩罚的功能，一方面表明对非法过错侵权行为的谴责，另一方面又对受害人以金钱补偿的方式进行抚慰，使权利义务关系得到平衡，同时又作为一种调整手段，在其他财产赔偿责任不足以弥补受害人的损害时，使受害人的合法利益得到全面的保护。

精神损害赔偿责任的构成，与一般侵权责任构成要件相同，须具备损害事实、违法行为、因果关系和主观过错。但是。精神损害赔偿责任又有其自身的特殊性，表现在：

第一，损害事实具有无形性和严重性。精神损害是造成人精神上心理上或社会影响上的无形损害，表现为忧愁、痛苦、烦恼等心理状态。尽管有的精神损害也会造成财产的间接损失，如信誉受损导致无法经营所受损失，但其基本特征是无形的损害。同时，精神损害必须造成严重后果。对于精神损害没有造成严重后果的行为，侵权人必须承担停止侵害、恢复名誉、消除影响、赔礼道歉的民事责任，但一般不承担财产赔偿责任。

第二，违法行为具有特定性。表现为行为指向特定，主要是针对受害人的姓名、肖像、名誉等权利；行为方式特定，主要是语言表现形式；行为情节特定，主要是手段卑劣、后果严重、影响不良等。

第三，因果关系具有转换性。违法行为不是直接作用于侵害客体使其出现损害事实，而是经过心理或社会作用，达到精神损害的结果。

第四，主观过错具有绝对性。精神损害赔偿责任，要求侵害人主观上必须具有过错。只有主观上具备故意或过失，才能构成精神损害赔偿责任。

尽管恢复名誉、消除影响、赔礼道歉等也属于精神损害赔偿的范畴，但从赔偿的角度来理解，精神损害赔偿属于侵权人的财产赔偿责任，即用金钱给付的方式弥补受害人因此遭受的精神损害。《最高人民法院关于确定民事侵权精神损害赔偿责任若干问题的解释》(2020 年修正)明确将精神损害赔偿责任限定为财产赔偿责任，精神损害的赔偿范围包括以下几方面：

---

① 王利明主编：《人格权法新论》，吉林人民出版社 1994 年版，第 663 页。

② 杨立新：《人身权法论》，人民法院出版社 2002 年版，第 276 页。

(1)因人身权益或者人身意义的特定物受到侵害,自然人或者其近亲属有权提出精神损害赔偿要求。所谓人身权益可以包括生命权、健康权、身体权、姓名权、肖像权、荣誉权、隐私权等。法人或者非法人组织不得以名誉权、荣誉权、名称权遭受侵害为由要求赔偿精神损害。

(2)非法使被监护人脱离监护而导致亲子关系或近亲属间的亲属关系遭受严重损害的,监护人有权要求侵权行为人承担精神损害赔偿责任。

(3)死者的姓名、肖像、名誉、荣誉、隐私、遗体、遗骨等受到侵害,其近亲属向人民法院提起诉讼请求精神损害赔偿的,死者的近亲属有权要求侵权行为人承担精神损害赔偿责任。

精神损害赔偿数额的计算,由人民法院根据案件的实际情况确定赔偿数额。在确定精神损害赔偿数额时,应考虑以下实际情况后作出决定:第一,必须考虑损害后果及受害人精神损害的程度。对后果严重、精神损害程度高的侵害人应责令承担较高数额的赔偿,以起到补偿、抚慰的作用。第二,要考虑侵权人的过错程度。对故意实施侵权行为、手段恶劣或有重大过失的行为的侵害人,应责令承担较高数额的赔偿,以起到制裁作用。第三,要考虑侵权行为的目的、方式、场合等具体情节。第四,要考虑侵权人获利的情况。侵害他人人身权益造成财产损失的,按照被侵权人因此受到的损失赔偿或者侵权人因此获得的利益赔偿;被侵权人因此受到的损失以及侵权人因此获得的利益难以确定,被侵权人和侵权人就赔偿数额协商不一致,向人民法院提起诉讼的,由人民法院根据实际情况确定赔偿数额。第五,要考虑侵权人承担责任的经济能力,考虑受理诉讼法院所在地的平均生活水平。这样,在确定赔偿数额时,一方面能真正补偿受害人的精神损害;另一方面也能让侵权人承担应受的民事责任。

从以上精神损害赔偿的法定标准可以看出,在确定精神损害赔偿金时,我国法律体现出处理精神损害赔偿金问题的酌情原则和区别对待原则。酌情原则是指审判机关在处理精神损害赔偿纠纷时,根据自由裁量的权力,确定精神损害赔偿金的数额。而区别对待原则,是对精神损害的不同利益因素所造成的损害区别对待,根据不同的地点、手段、情节等,确定不同的损害赔偿额。这是因为不同的地点、不同的手段或者不同的经济状况,精神损害的标准及精神损害赔偿的抚慰功能也各不相同。因此,具体分析、对待具体问题,才能达到精神损害赔偿的惩罚、弥补和调整功能。

2001 年 3 月 8 日《最高人民法院关于确定民事侵权精神损害赔偿责任若干问题的解释》将死亡赔偿金和残疾赔偿金规定包含精神损害赔偿,最高人民法院 2003 年 12 月 26 日颁布并在 2004 年 5 月 1 日起施行的《最高人民法院关于审理人身损害赔偿案件适用法律若干问题的解释》也规定精神损害赔偿问题适用《最高人民法院关于确定民事侵权精神损害赔偿责任若干问题的解释》。因此,精神损害赔偿包括以下方式:(1)致人残疾的,为残疾赔偿金;(2)致人死亡的,为死亡赔偿金;(3)其他损害情形的精神抚慰金。我们认为,《最高人民法院关于审理人身损害赔偿案件适用法律若干问题的解释》明确规定死亡赔偿金是对因受害人死亡造成了其家庭收入减少、蒙受经济损失的一种物质补偿;而精神损害赔偿是为了填补、抚慰家属失去亲人遭受的痛苦对其精神上的安慰。二者具有不同的法律属性,应当同时予以保护。根据《最高人民法院关于确定民事侵权精神损害赔偿责任若干问题的解释》(2020 年修正)和 2022 年 5 月 1 日施行的《最高人民法院关于审理人身损害赔偿案件适用法律若干问题的解释(修正)》的规定,死亡赔偿金和残疾赔偿金应属于物质补偿,其不应包含精神损害赔偿。

第三节　侵权责任抗辩事由

一、侵权责任抗辩事由的概念和特征

侵权责任抗辩事由，是指行为人针对受害人主张承担侵权责任的请求，提出免除或者减轻责任的法定理由。侵权责任的抗辩事由，具有如下法律特征：

(1)抗辩事由的目的是免除或者减轻行为人的侵权责任。因此，抗辩事由既包括免除责任的理由——免责事由，也包括减轻侵权责任的理由——减责事由。

(2)抗辩事由由法律直接规定。法律没有规定的，不能成为当事人免除责任或者减轻责任的理由。

(3)抗辩事由的主张权利由当事人自由行使。当事人有权主张抗辩，也有权放弃抗辩的权利。当事人对自己主张的抗辩，有义务提供证据进行证明。

二、侵权责任抗辩事由的类型

侵权责任的抗辩事由分为一般的抗辩事由和特殊的抗辩事由。一般的抗辩事由是指普遍适用的抗辩事由，在各种类型的侵权责任中，当事人均可提出该抗辩事由而主张免除或者减轻侵权责任。特殊的抗辩事由，则是在具体的侵权责任中，由于法律规定了特别的免除或者减轻要件，当事人只能就该特殊侵权责任所规定的特殊抗辩事由提出抗辩主张。与《侵权责任法》通过专章规定的模式不同，《民法典》将不承担侵权责任和减轻侵权责任的情形分别整合进民法典的“总则”编中和“侵权责任”编的“一般规定”中。

根据《民法典》的规定，不承担侵权责任和减轻侵权责任的情形主要包括如下几种：

(一)受害人过错

受害人的过错，指受害人因故意或过失而未能尽到保护自己所应尽的义务，从而与行为人的行为一起造成损害的发生，例如故意撞车自杀。

受害人过错作为侵权责任的免责或者减轻责任事由，一般必须具备以下条件：(1)受害人主观上具有故意或过失，即受害人知道损害结果应该发生，但希望这种损害结果发生或者放任这种损害结果的发生，或者轻信这种损害结果可以避免。(2)受害人的过错行为是自愿的行为。(3)受害人这种过错行为造成的损害，行为人不能避免或克服。

《民法典》将受害人过错的抗辩事由分成两种情形：

(1)受害人与有过错。《民法典》第1173条规定：“被侵权人对同一损害的发生或者扩大有过错的，可以减轻侵权人的责任。”这里规定的“过错”，应当理解为受害人的过失。因为《民法典》第1174条已对受害人的故意状况进行了规定。

(2)受害人故意。《民法典》第1174条规定：“损害是因受害人故意造成的，行为人不承担责任。”受害人故意，应当包括受害人同意。受害人同意，是指受害人事先明确表示自愿承担损害后果，且不违背法律和公序良俗的意思表示。在受害人同意的范围和限度内，行为人对其实施侵害行为所造成的损害不承担民事责任。例如某人同意接受新药物的试验，因新药物试验而造成的损害，主持试验的单位不承担责任。

受害人同意，必须具备以下条件：(1)受害人事先有明示的真实意思表示。受害人的同意必须在侵害行为之前作出。如果是在事后作出的则是对行为人责任的免除。受害人的同意必须是明示的，即受害人的同意，可以通过单方面的声明，也可以采用免责条款的方式明确地表示出来，但不能采用默示的方式或者推定受害人的同意。受害人的同意必须是其本身真实的意思表示，因欺诈、胁迫、重大误解等原因而作出的同意，不能视为同意。(2)受害人同意的对象必须是其有权处分或抛弃的权利。受害人同意的对象构成允许侵害的权利范围，它一般限于财产权、知识产权。人身权由于与权利主体的人身密不可分，一般不允许权利人转让或抛弃，并且受害人自愿要求侵害其人身权的，通常会违背公序良俗。但在特殊情况下，为公众利益或他人利益而自愿捐献血液或捐赠身体器官、自愿接受某种手术治疗等，不仅不违背法律和道德，反而有利于社会和本人，当事人的同意成立。(3)受害人的同意不得违背公序良俗和违反法律规定。例如在劳动合同中订立"工伤概不负责"的条款就是违反法律的强行性规定，这种约定依法无效。(4)侵害行为不能超过受害人同意的范围和程度。如果超过了，侵害人就应对超出限度和范围的损害承担赔偿责任。

由于受害人同意必须以明示的意思表示进行确定，但我国《民法典》第 506 条规定："合同中的下列免责条款无效：(一)造成对方人身伤害的。"尽管该条的目的是严格保护自然人的生命和健康，但我们认为，《民法典》关于人身伤害的范围具有确定性，即由于侵权行为造成他人身体机能完整受到损害。在特殊的情况下，为保护他人或者为公众利益而自愿献血或者捐献人体器官，不仅有利于社会和公众，而且对自己的人体机能及健康不会造成影响，应该可以作为侵权责任的免责事由。

(二)第三人过错

第三人过错，指第三人对于损害的发生或者扩大具有过错行为。例如甲故意将乙从人行道上推到车行道，致乙被丙车撞伤。甲应承担侵权责任。《民法典》第 1175 条规定："损害是因第三人造成的，第三人应当承担侵权责任。"第三人过错作为免责的事由具有如下特点：(1)第三人和侵权人之间没有共同故意或过失。如果第三人和侵权人之间存在共同过错，则他们的行为构成共同侵权行为。因此，虽然第三人和侵权人没有共同过错，但他们对损害的发生都起了一定的作用，应该分别对损害后果承担责任。(2)第三人的行为是减轻或者免除侵权人民事责任的根据。第三人过错表现在两个方面：其一是第三人对损害的发生具有过错，是损害后果发生的唯一原因。例如直接挑逗动物造成对其他人的人身伤害。其二是第三人对损害的扩大具有过错。例如被他人打伤后，医院怠于救治而使伤情加重。所以，如果第三人的行为是损害发生的唯一原因，则应该由第三人承担全部责任。如果第三人的行为和侵权人的行为一起，都是损害发生或者扩大的原因，则第三人应该承担相应的民事责任，从而减轻侵权人的责任。

(三)不可抗力

不可抗力是指不能预见、不能避免并不能克服的客观情况。它既包括某些自然现象，如地震；也指某些社会现象，如战争。《民法典》第 180 条第 1 款规定："因不可抗力不能履行民事义务的，不承担民事责任。法律另有规定的，依照其规定。"《民法典》第 590 条规定："当事人一方因不可抗力不能履行合同的，根据不可抗力的影响，部分或者全部免除责任，但是法律另有规定的除外。因不可抗力不能履行合同的，应当及时通知对方，以减轻可能给对方造成的损失，并应当在合理期限内提供证明。当事人迟延履行后发生不可抗力的，不免除其违约责任。"

不可抗力之所以作为侵权责任的免责事由，其目的在于不能让人们承担与其行为无关而又不能控制的事故的后果。根据《民法典》第 180 条第 2 款的规定："不可抗力不能预见、不能避免且不能克服的客观情况。"一般来说，某个客观情况要被确定为不可抗力，应当具备三个条件:(1)它必须独立于人的行为之外,既不是由于当事人的行为所产生,也不受当事人的意志而控制。(2)它必须是构成损害后果的发生原因。(3)它必须是具有人力所不能抗拒的性质。某一不可抗力的客观情况是否作为侵权责任的免责事由,不能简单地进行肯定或者否定,而应该根据具体情况进行分析认定。在理解不可抗力作为侵权责任的免责事由时,必须注意掌握三方面的问题:第一,关于不可预见。不可预见是由人的主观能动进行判断的。对于不同的人来说,预见能力是因人而异的。因此,人的预见能力表现为两种情形:一是预见取决于人的预见能力。人们对某种现象是否能够预见,应该以现有的技术水平作为衡量的标准。另外,预见能力往往因为不同的人、不同的专业和不同的能力而有所差别。在确定时一般应该以一般人的预见能力作为标准。第二,关于不可避免和不能克服。不可避免和不能克服,表明当事人已经尽了最大的努力、采取了一切应该采取的措施,仍然不能避免损害的发生。例如在地震中,只有一座房屋倒塌,其他房屋都没有倒塌,这种情况就要具体进行分析,以确定其是否可以避免或者克服该情况的发生。第三,关于客观情况。不可抗力的客观情况只能是存在于人的行为之外的自然事件,不以人的主观意志为转移。

(四)正当防卫

正当防卫,是指当公共利益、他人或本人的合法权益受到不法侵害时,行为人采取的一种防卫措施。正当防卫是法律赋予自然人的一种自卫权利,行为人正当防卫造成相对人损害的,不构成侵权行为。《民法典》第 181 条第 1 款规定:"因正当防卫造成损害的,不承担民事责任。"

构成正当防卫必须具备以下条件:(1)必须存在不法侵害行为。只有在不法侵害实际发生的情况下,才能实施正当防卫。如果侵害行为尚未发生或已经结束,这种情况下实施的防卫行为在性质上属于报复侵害不是正当防卫。(2)防卫行为必须具有必要性和急迫性。如果有条件通过其他方式制止侵害行为,则不能实施正当防卫。如侵害他人的名誉权,虽然会造成一定的损害后果,使受害人的名誉受损,但这种侵害并非直接对自然人或法人的人身、财产施加损害,可以通过合法的方式予以制止,因而没有采取防卫行为的必要。(3)防卫行为必须针对侵害人本人。这表明正当防卫须是针对不法侵害的反击,对合法行为不得实施防卫行为。防卫行为只能针对不法行为人,不能针对第三人,但在对来自动物的侵害加以反击的过程中,如果是某人故意纵使动物进行侵害的,可对纵使人实行正当防卫。(4)防卫行为必须具有保护合法权益的目的。实施正当防卫的人不仅应意识到侵害行为的实际存在,而且主观上必须认识到其目的是保护本人或他人的合法权益或公共利益。这是正当防卫权利存在的基础。如果主观上不具有保护合法权益的目的,如为了私利打击报复,则行为人的防卫行为不能构成正当防卫。(5)防卫不得超过必要的限度,即防卫措施是"正当"的。所谓必要限度,是指防卫人采取的措施足以有效制止侵害行为所必要的强度。只要是为了制止侵害行为所必需的,就是"正当"的;如果防卫人采取的防卫措施的强度明显超过不法侵害行为的强度,则是不必要的,就不能认为是"正当"的,而应认定是防卫过当。《民法典》第 181 条第 2 款规定:"正当防卫超过必要的限度,造成不应有的损害的,正当防卫人应当承担适当的民事责任。"

在实际运用正当防卫时,要注意区分正当防卫和互相斗殴的界线。所谓互相斗殴,是指双方主观上具有伤害对方的故意而实施的伤害对方人身的行为。互相斗殴,在事实上存在着先后的状况,不能以对方先动手为由而将实施的殴打行为认为是正当防卫,因为这种"后动手"的行为主观上并没有防卫的意图和目的。只有在不还手则不能阻止对方殴打行为、不能保护自己的人身利益的前提下,实施的行为才属于正当防卫。

（五）紧急避险

紧急避险的含义并没有具体的法律规定，一般认为是指为了使公共利益、本人或他人的人身安全和其他合法权益免受正在发生的危险的损害，不得已采取的加害于他人人身或财产，以较小损害挽救较大损害的紧急措施。紧急避险是一种法律所允许的行为，原则上行为人对因避险所造成的他人的损害不负民事责任。《民法典》第182条规定："因紧急避险造成损害的，由引起险情发生的人承担民事责任。危险由自然原因引起的，紧急避险人不承担民事责任，可以给予适当补偿。紧急避险采取措施不当或者超过必要的限度，造成不应有的损害的，紧急避险人应当承担适当的民事责任。"

构成紧急避险必须符合下列条件：(1)必须有合法权益受损害的紧急危险。采取紧急避险措施，必须存在正在发生并且威胁到公共利益、本人或他人合法权益的危险。如果危险不存在或已经消除或虽存在危险但不会造成合法权益的损害，就没有采取紧急避险措施的必要。(2)必须是在不得已的情况下采取的避险措施。所谓不得已的情况，是指如果不采取紧急避险措施，就不能保护更大的合法利益。(3)避险行为必须适当。所谓适当，就是紧急避险人所采取的措施，没有超过以较小的损害保全较大的利益所必需的限度。如果避险行为不仅没有减少损害，反而扩大了损害，或者避险行为引起的损害不能轻于危险所带来的损害，那么这种避险行为就是不必要的，即不适当。

紧急避险包括防御型紧急避险与进攻型紧急避险两种类型。由于正当防卫的对象只能是不法行为人本身，因此对非行为人人身因避险而进行的侵害行为属于进攻型紧急避险。如棍击撕咬他人的狗，为躲避被杀害而撞破他人的家门等。

按照《民法典》第182条的规定："因紧急避险造成损害的，由引起险情发生的人承担责任。危险由自然原因引起的，紧急避险人不承担责任，可以给予适当补偿。"因此，如果险情是由受害人引起的，应由受害人承担责任；如果险情是由避险人引起的，应由避险人承担责任；如果险情是由第三人引起的，则由第三人承担责任。如果险情是由自然原因引起的，紧急避险人可以给予受害人适当补偿。如果因紧急避险采取的措施不当或超过必要限度，造成不必要的损害的，紧急避险人应承担适当的民事责任。

（六）自助

自助是指权利人为了保护自身的合法权益，在情况紧急来不及请求国家有关机关保护的情况下，采取拘束他人人身或扣押、毁损他人财产而为法律或社会公德所认可的救济行为。自助行为与正当防卫、紧急避险均属于自力救济。《民法典》第1177条对自助行为作出了规定，其内容为"合法权益受到侵害，情况紧迫且不能及时获得国家机关保护，不立即采取措施将使其合法权益受到难以弥补的损害的，受害人可以在保护自己合法权益的必要范围内采取扣留侵权人的财物等合理措施；但是，应当立即请求有关国家机关处理。受害人采取的措施不当造成他人损害的，应当承担侵权责任"。《民法典》承认了自助行为的合法性，对于保护自然人和法人的权益，维护正常的社会经济秩序具有重要意义。

一般认为，自助行为必须具备如下条件：(1)必须是为了保护自己的合法权益。后者的目的既可以保护自己的合法权益，也可以是保护社会公共利益或他人的利益。自助之所以存在，乃在于弥补国家机关保护的不足，因而只有在提起诉讼或通过有关权力机关来不及保护自己权益时，才能实施自助行为。这种自助行为一般只有权利人本人才能实施。(2)必须是情况紧急来不及请求国家机关进行援助。如果在损害发生以后，可以请求有关机构进行援助，则不允许实施自助行为。只有在情况紧急的状况下，不采取自助措施就不能保护自己权益的，才允许实施自助行为。(3)自助方法必须不得超过必要限度。自助行为为保护自助人的权利所必需的,自助人应采取对加害人造成最小损害的方法来保护其权益。否则,自助人对采取超过必要限度的自助措施造成他人损害的,应承担民事责任。根据《民法典》的规定,采取自助行为的范围条件是,在保护自己合法权益的必要范围内采取扣留侵权人的财物等合理措施。需注意,在行为人采取自助行为结束以后,应立即请求有关国家机关处理,这是合法条件。若行为人怠于寻求公权力机关的救济,或者被公权力机关认定行为超出必要限度,则不能排除其行为的违法性。

(七)自甘风险

自甘风险,指的是受害人明知存在某种风险,非基于法律、职业、道德义务而依然自愿去冒险,把自己置于危险的环境或者场合中,从而当风险出现的时候自行担负损害后果的行为。在现实生活中,许多文体活动,例如拳击、跨栏、足球等具有一定的风险,如果当行为人选择参加了这样的文体活动,就意味着其甘愿承受可能产生的损害。《民法典》第1176条规定:“自愿参加具有一定风险的文体活动,因其他参加者的行为受到损害的,受害人不得请求其他参加者承担侵权责任;但是,其他参加者对损害的发生有故意或者重大过失的除外。活动组织者的责任适用本法第一千一百九十八条至第一千二百零一条的规定。”

一般认为,自甘风险必须具备以下几个条件:(1)行为人和受害人须为文体活动的参加者。即自甘风险中的受害人的损害必须是来自其他活动参加者。(2)受害人必须意识到所参加的文体活动的风险。即受害人能遇见或者认知自己参加的文体活动具有一定的危险性以及可能发生损害后果。(3)受害人意识到所参加文体活动的风险,但仍作出自愿承受危险的意思表示,通常是将自己置于可能发生危险的情况之下。在自甘风险规则下,受害人遭受损害的,受害人不得请求其他参加者承担侵权责任,除非其他参加者对损害的发生具有故意或者重大过失。需注意,自甘风险并不意味着将活动的参加者完全置于危险的境地而不理。根据《民法典》第1176条第3款的规定,活动的组织者应当尽到安全保障义务。因此,活动的组织者并不能以受害人自甘风险为由主张免于承担民事责任。

(八)自愿实施紧急救助行为

在《民法典》出台以前,我国法律对于行为人自愿实施紧急救助行为造成受助人损害的,救助人是否需要承担责任以及承担何种责任没有作出明确的规定。为了匡正社会风气,鼓励和保护见义勇为的救助行为,弘扬社会主义核心价值观,《民法典》第184条规定:“因自愿实施紧急救助行为造成受助人损害的,救助人不承担民事责任。”

自愿实施紧急救助行为作为一种免责事由,应满足以下条件:(1)救助人自愿实施紧急救助行为。这种救助行为指的是非专业人员实施的见义勇为或者乐于助人的行为,而非指专业救助行为。(2)救助人是以救助为目的实施紧急救助行为。这是对救助人主观层面的要求。(3)受助人与救助人的救助行为有因果关系。即救助人在紧急救助过程中造成了受助人的损害。满足以上条件的,救助人因救助行为给受助人造成损害的,不承担民事责任。

(九)其他抗辩事由

其他抗辩事由,是指虽然在《民法典》中没有规定,但根据其他民事、行政法规规定行为人对所造成的人身或者财产损害具有免除或者减轻责任的理由。具体表现为以下几种情形:

1.依法执行职务

依法执行职务,是指依照法律的规定在必要时因行使职权,造成他人财产和人身受到损害的行为,对此行为人不必承担责任。执行职务的行为包括三种情况:(1)国家工作人员代表国家依法执行公务时造成相对人损害,如公安人员对犯罪嫌疑人采取限制其人身自由的措施、开枪击伤逃犯;(2)某些特定人员合法执行职务而损害相对人的财产和人身的行为,如医生对伤员作必要的截肢手术;(3)自然人依法维护公共利益和社会秩序的行为,如当场扭送犯罪嫌疑人时扭伤了嫌疑人,可视为依法执行职务的行为。[①]

依法执行职务,应满足以下条件:(1)必须有合法的授权。合法的授权肯定了该行为有利于维护社会公共利益和公民的合法权益,这是该行为准则的法律基础。(2)执行职务的程序和方式必须合法。(3)执行职务的活动是必要的,并且损害的发生是不可避免或必要的。(4)损害必须在合理的限度内,即损害不应超过必要的限度。

2.意外事件

意外事件是指发生为行为人所不能预见的损害结果。因为不能预见,也就不能要求行为人加以避免或预防,因此主观上没有过错的心理状态。意外事件作为侵权行为的免责事由,通常表现为两种类型:(1)外在因素的介入,引起无法预见的后果发生。例如手术过程中突然停电。(2)事物本身所具有的某种风险导致损害的发生。如某病人在常规打针中因为其特有的体质而发生人身损害。作为侵权责任的免责事由,意外事件必须具备以下条件:(1)意外事件具有不可预见性。不可预见性,是指在损害发生时,即使当事人尽到合理的注意也不能预见损害后果的发生。(2)意外事件具有客观性。客观性表明损害后果的发生原因是由于行为人自身以外的原因。行为人在损害发生前已经尽到合理的注意,或者已经采取了应该采取的措施而仍然不能避免损害后果的发生。(3)意外事件具有偶然性。偶然性表明该损害事件的发生概率很低,当事人尽到通常的注意也不能预防损害的发生。

第四节 特殊主体的侵权责任

就一般侵权责任的承担而言,侵权人应就自己行为造成的损害后果承担侵权责任。但在某些特殊的情况下,虽然行为人的行为造成他人人身或者财产损害,行为人的行为与他人的损失存在客观的因果关系,但由于行为人没有承担侵权责任的经济能力,或者由于他人对行为人负有某些特定的管理、照顾、保护义务,或者行为人主观上没有过错,如果不要求行为人或者特定的人对行为人造成的损害承担相应的责任,不要求特定的人尽到管理、照顾、保护的法定义务,就不能弥补被侵权人因此所遭受的损失,不能全面保护当事人的合法权益。因此,《民法典》对某些主体的侵权责任作出特别规定。特殊主体的侵权责任,就是法律作出特别规定的主体,在行为人未依法履行相应义务,或者根据法律规定在行为人的行为造成他人人身或者财产损害时,应承担侵权责任的法律规则。

一、监护人责任

《民法典》第1188条规定:"无民事行为能力人、限制民事行为能力人造成他人损害的,由监护人承担侵权责任。监护人尽到监护职责的,可以减轻其侵权责任。有财产的无民事行为能力人、限制民事行为能力人造成他人损害的,从本人财产中支付赔偿费用;不足部分,由监护人赔偿。"可见,监护人的侵权责任,是对他人行为承担的民事责任。

---

① 王利明、杨立新:《侵权行为法》,法律出版社1996年版,第77页。

从上述规定可见，我国法律一方面规定对无民事行为能力人、限制民事行为能力人造成他人损害的，由监护人承担侵权责任；另一方面又规定监护人尽了监护责任的，可以适当减轻其责任。因此，监护人有过错的，应该承担责任；监护人没有过错的（尽了监护责任），也要承担责任（可以减轻责任）。这就表明《民法典》在这种民事责任上体现了两种归责原则：（1）过错责任。所谓的监护，就是监护人有义务对被监护人的人身和财产进行监督和保护。被监护人致人损害，表明监护人没有尽到监督的职责，以致使被监护人的行为对他人财产和人身造成损害。对此，监护人具有主观不良心理状态，没有尽到自己的义务。（2）无过错责任。由于监护人尽了监护责任，但仍然造成他人损害，监护人应该承担一部分责任。由于监护人的责任混合了过错责任和无过错责任，一方面严格保护了受害人的利益不受损害，另一方面在出现受害人具有过错的情况下，可以减轻监护人的责任，从而维护了当事人各方的合法利益。

监护人的侵权责任必须具备两个基本的条件：

（1）必须有无民事行为能力人、限制民事行为能力人损害的行为。这种损害的行为应包含两个方面的内容：一是因果性，即行为人的行为是损害发生的唯一原因；二是违法性，即行为人的行为侵犯他人合法权利无正当理由。

（2）必须存在监护关系，无民事行为能力人、限制民事行为能力人致人损害，由监护人承担民事责任。因此，监护人承担责任，其前提是和行为人之间存在监护关系。这种监护关系首先应依现实是否存在监护关系来认定，在现实中不能认为有事实监护的情况下，再以法律规定的监护关系予以认定。

在确定监护人责任时，应该注意把握以下几种特殊情况：

（1）无民事行为能力人或限制民事行为能力人在学校、幼儿园或精神病院致人损害的责任。对于无民事行为能力人或限制民事行为能力人在学校致人损害的状况，我国于 2002 年 9 月 1 日颁布施行《学生伤害事故处理办法》，对在学校实施的教育教学活动或者学校组织的校外活动中，以及在学校负有管理责任的校舍、场地、其他教育教学设施、生活设施内发生的，造成在校学生人身损害后果的事故的处理进行规定。该办法表明，学生伤害事故的责任，应当根据相关当事人的行为与损害后果之间的因果关系依法确定。因学校、学生或者其他相关当事人的过错造成的学生伤害事故，相关当事人应当根据其行为过错程度的比例及其与损害后果之间的因果关系承担相应的责任。除非法律另有规定，否则学校对未成年学生不承担监护责任。因此，由于学校的过错行为致未成年学生损害的，学校应该承担责任。学生或未成年学生的监护人由于过错，造成学生伤害事故的，由监护人承担责任。《民法典》第 1199 条、第 1200 条和第 1201 条以及《最高人民法院关于适用〈中华人民共和国民法典〉侵权责任编的解释（一）》（法释〔2024〕12 号）第 14 条的规定，无民事行为能力人在幼儿园、学校或者其他教育机构学习、生活期间受到人身损害的幼儿园、学校或者其他教育机构应当承担责任，但能够证明尽到教育、管理职责的，不承担责任。限制民事行为能力人在学校或者其他教育机构学习、生活期间受到人身损害，学校或者其他教育机构未尽到教育、管理职责的，应当承担责任。无民事行为能力人或者限制民事行为能力人在幼儿园、学校或者其他教育机构学习、生活期间，受到幼儿园、学校或者其他教育机构以外的第三人人身损害的，由第三人承担侵权责任；幼儿园、学校或者其他教育机构未尽到管理职责的，应承担与其过错相应的补充责任。被侵权人仅起诉教育机构的，人民法院应当向原告释明申请追加实施侵权行为的第三人为被告。第三人不确定的，未尽管理职责的教育机构先行承担与其过错相应的责任。教育机构承担补充责任后，可以向已经确定的第三人追偿。

(2)夫妻离婚后的监护责任问题。《最高人民法院关于适用〈中华人民共和国民法典〉侵权责任编的解释(一)》(法释〔2024〕12 号)第 7 条和第 8 条对此作出了如下规定,即夫妻离婚后,未成年子女造成他人损害,被侵权人可以请求离异夫妻共同承担侵权责任;一方不得以未与该子女共同生活为由主张不承担或者少承担责任。因此,夫妻离婚后,对于未成年子女造成他人损害的,未成年人的父母应一起对受害者承担连带赔偿责任。之所以这样规定,是因为父母与子女间的关系,不因父母离婚而解除。离婚后,子女无论由父亲或者母亲直接抚养,仍是父母双方的子女。离婚后,父母对于子女仍有抚养、教育、保护的权利和义务。从而,父母离婚后并不影响其对子女的监护权,父母仍然是其未成年子女的法定监护人。[①] 同时,根据《民法典》第 1188 条第 1 款的规定,"无民事行为能力人、限制民事行为能力人造成他人损害的,由监护人承担侵权责任。"《民法典总则编司法解释》(法释〔2022〕6 号)第 8 条第 1 款规定,"未成年人的父母与其他依法具有监护资格的人订立协议,约定免除具有监护能力的父母的监护职责的,人民法院不予支持。协议约定在未成年人的父母丧失监护能力时由该具有监护资格的人担任监护人的,人民法院依法予以支持。"因此,未成年人的父母在具有监护能力的时候,不得通过订立协议的方式排除自己的监护责任。对于未成年子女造成他人损害的,离异夫妻应当共同向被侵权人承担侵权责任。至于离异夫妻之间的责任份额,则可以由双方协议确定;协议不成的,可以根据双方履行监护职责的约定和实际履行情况等加以确定;如果实际承担责任超过自己责任份额的,则超过自己责任份额的一方可以向另一方追偿。

夫妻离婚后再婚,再婚相对方与未成年人形成继父母子女关系。根据《民法典》第 1072 条第 2 款规定,"继父或继母以及由其抚养并受到教育的继子女之间的权利和义务,均应当适用本法对于父母子女关系的相关规定。"这意味着,如果继父母与继子女之间一起共同生活并形成抚养教育关系,则在继父母子女之间就形成了一种法律上的拟制血亲关系,从而继父母和继子女之间享有父母子女间的权利义务。但是,未成年人因受继父母的抚养教育而成立了监护关系,并不免除其生父母的监护职责。因此,当未成年子女造成他人损害时,应如何协调生父母责任与继父母责任,就成为一个重要问题。对此,《最高人民法院关于适用〈中华人民共和国民法典〉侵权责任编的解释(一)》(法释〔2024〕12 号)第 9 条仅针对未成年子女与继父母未形成抚养教育关系的情形作了规定,根据该条规定,未成年子女造成他人损害的,未与该子女形成抚养教育关系的继父或者继母不承担监护人的侵权责任,由该子女的生父母承担侵权责任。

(3)关于监护代管人的责任。《民法典》第 1189 条规定:"无民事行为能力人、限制民事行为能力人造成他人损害,监护人将监护职责委托给他人的,监护人应当承担侵权责任;受托人有过错的,承担相应的责任。"这意味着法律实行监护人责任首负原则。如果监护代管人没有过错的,则由监护人承担全部责任;如果监护代管人有过错的,则应在过错范围内与监护人共同承担责任。根据《最高人民法院关于适用〈中华人民共和国民法典〉侵权责任编的解释(一)》(法释〔2024〕12 号)第 10 条第 2 款的规定,"监护人承担责任后向受托人追偿的,人民法院可以参照民法典第九百二十九条的规定处理。仅有一般过失的无偿受托人承担责任后向监护人追偿的,人民法院应予支持。"可见,监护代管人的责任应当综合过错情况,视有偿受托与无偿

---

① 《民法典总则编司法解释》第 8 条第 1 款规定:"未成年人的父母与其他依法具有监护资格的人订立协议,约定免除具有监护能力的父母的监护职责的,人民法院不予支持。协议约定在未成年人的父母丧失监护能力时由该具有监护资格的人担任监护人的,人民法院依法予以支持。"因此,未成年人的父母在具有监护能力的时候,不得通过订立协议的方式排除自己的监护责任。

受托的不同情况对待。如果监护代管人是有偿的,则只要其履行监护职责具有一般过失,就应当承担责任;如果监护代管人是无偿的,则只有在其履行监护职责具有故意或者重大过失时,才应当承担监护代管人责任。

无民事行为能力人、限制民事行为能力人致人损害,由监护人承担民事责任。这种监护人的侵权责任,一方面表明监护人具有过错,未尽到对无行为能力人和限制行为能力人的教育和管束责任;另一方面表明监护人的责任并不是绝对不可减轻的。如果监护人能够证明自己已对无行为能力人和限制行为能力人尽到监护责任,则可适当减轻其民事责任。《民法典》第1188条所规定的监护人责任究竟是补充责任还是全部赔偿责任,法学界和实务界存在诸多争议。对此,根据《最高人民法院关于适用〈中华人民共和国民法典〉侵权责任编的解释(一)》(法释〔2024〕12号)第5条的规定,被监护人侵权的,监护人应承担完全赔偿责任,不得因被监护人本人有财产而认定其担责。但是,在非近亲属担任监护人且被监护人本人的情况下,如果完全由监护人担责,则可能导致非近亲属不愿担任监护人而不利于被监护人的成长,因此该条又规定,人民法院在判令监护人担责的同时,应当在判决中明确"赔偿费用可以先从被监护人财产中支付,不足部分由监护人支付"。与此同时,为了使被监护人的生活和教育得到保障,该条还规定,"从被监护人财产中支付赔偿费用的,应当保留被监护人所必需的生活费和完成义务教育所必需的费用。"

对于行为人在侵权行为发生时不满18周岁,被起诉时已满18周岁的情况,《最高人民法院关于适用〈中华人民共和国民法典〉侵权责任编的解释(一)》(法释〔2024〕12号)第6条明确规定,被侵权人请求原监护人承担侵权人应承担的全部责任的,人民法院应予支持,并在判决中明确,赔偿费用可以先从被监护人财产中支付,不足部分由监护人支付。前款规定情形,被侵权人仅起诉行为人的,人民法院应当向原告释明申请追加原监护人为共同被告。

4.教唆、帮助未成年人实施侵权行为的责任。《民法典》第1169条第2款规定,"教唆、帮助无民事行为能力人、限制民事行为能力人实施侵权行为的,应当承担侵权责任;该无民事行为能力人、限制民事行为能力人的监护人未尽到监护职责的,应当承担相应的责任。"《最高人民法院关于适用〈中华人民共和国民法典〉侵权责任编的解释(一)》(法释〔2024〕12号)第11条、第12条和第13条对此作了进一步规定:(1)法律对教唆、帮助未成年人侵权的行为持严格否定立场,无论教唆人、帮助人是否明知被教唆、帮助人为无民事行为能力人、限制民事行为能力人,均应承担侵权责任。(2)教唆、帮助无民事行为能力人、限制民事行为能力人实施侵权行为的,教唆人、帮助人承担侵权人应承担全部责任;监护人在未尽到监护职责的范围内与教唆人、帮助人共同承担责任,但责任主体实际支付的赔偿费用总和不应超出被侵权人应受偿的损失数额。监护人先行支付赔偿费用后,就超过自己相应责任的部分可以向教唆人、帮助人追偿。(3)教唆、帮助无民事行为能力人、限制民事行为能力人实施侵权行为,被侵权人合并请求教唆人、帮助人与监护人以及受托履行监护职责的人承担侵权责任的,依照本解释第10条、第12条的规定认定民事责任。

二、用人单位责任

《民法典》第1191条第1款规定:"用人单位的工作人员因执行工作任务造成他人损害的,由用人单位承担侵权责任。用人单位承担侵权责任后,可以向有故意或者重大过失的工作人员追偿。劳务派遣期间,被派遣的工作人员因执行工作任务造成他人损害的,由接受劳务派遣的用工单位承担侵权责任;劳务派遣单位有过错的,承担相应的责任。"用人单位的这种责任称为替代责任。对于“用人单位”的理解，根据我国民法典及相关的法律，应该是指法人或者非法人组织，是与自然人相对应的组织体，包括企业、事业单位，国家机关，社会团体等，也包括非经济组织。

用人单位责任不同于自然人的侵权责任，也不同于一般的侵权责任，它除了应具备过错、违法行为、损害事实和因果关系这四个要件外，还必须符合以下构成要件：

(1)须是用人单位的工作人员的行为。用人单位作为一个组织体，其一切活动只能通过自然人的行为来实现。但是，不是一切自然人的行为都能成为用人单位的行为。能够构成用人单位侵权行为的具体行为人必须是用人单位的工作人员。用人单位的工作人员可以是法定代表人，也可以是其他工作人员(包括法人机关的成员和法人的一般职工)。法人机关的成员依法以法人名义活动时，是法人的代表。法人的一般职工在法人的授权下以法人名义活动，其法律后果也由法人承受。

(2)须是用人单位的工作人员执行职务的行为。用人单位的工作人员只有在执行职务时才能代表用人单位。因此，用人单位的工作人员只有在执行职务中以用人单位的名义实施的行为，才是用人单位行为，只有在这类行为中发生侵权，才能构成用人单位的侵权责任。

(3)用人单位的过错是通过工作人员的过错来体现的。用人单位的过错，实际上是指用人单位内部工作人员的过错。既然用人单位的工作人员执行职务的行为是用人单位的行为，其实施行为中的过错理应是用人单位的过错，因此，除了法律另有规定之外，只有用人单位的工作人员执行职务中过错致人损害的行为，才构成用人单位侵权行为。

用人单位的工作人员在执行职务过程中致人损害的，会产生两种责任：一是用人单位对受害人承担的民事责任；二是直接责任人向用人单位承担的责任。所以，在用人单位向受害人赔偿损失之后，用人单位有权就此向直接责任人追偿。

在明确用人单位对其工作人员致人损害的侵权责任时，要注意雇佣关系中雇主对雇员致人损害的民事责任。所谓雇主对雇员致人损害的侵权责任是指由于雇佣关系的存在，雇员在按照雇主的意志完成工作任务过程中致他人损害，由雇主承担的民事赔偿责任。《民法典》第1192条第1款规定：“个人之间形成劳务关系，提供劳务一方因劳务造成他人损害的，由接受劳务一方承担侵权责任。接受劳务一方承担侵权责任后，可以向有故意或者重大过失的提供劳务一方追偿。提供劳务一方因劳务自己受到损害的，根据双方各自的过错承担相应的责任。”在确定雇主因雇员执行职务行为而致人损害的赔偿责任时，一般要掌握以下要件：(1)必须确定雇主和雇员之间的雇佣关系；(2)雇员所实施的侵权行为必须发生在执行雇主安排的事务过程中。关于如何确定雇员是否执行职务，有三种观点：一是以雇用人的意思表示为标准，是否执行职务以是否依照雇用人所指示的办事范围作为依据；二是以雇员主观上是否为了雇主的利益而办事作为认定的标准；三是以雇员的实际表现作为标准，只要雇员实际的行为和雇主指示的范围相一致，就认定为执行职务的行为。[①] 第三种观点在实践中较好掌握，因此为大部分人所接受。

我国法律同时对劳务派遣中产生的侵权责任问题进行了规定。劳务派遣的用人形式与一般的用人形式不同，劳务派遣单位虽然与被派遣的员工订立劳动合同，但是其对被派遣的员工并不进行管理。因此，《民法典》第1191条第2款和《最高人民法院关于适用〈中华人民共和国民法典〉侵权责任编的解释(一)》(法释〔2024〕12号)第16条规定，劳务派遣期间，被派遣的工

① 王利明、杨立新：《侵权行为法》，法律出版社1996年版，第261页。

作人员因执行工作任务造成他人损害的，由接受劳务派遣的用工单位承担全部的侵权责任；劳务派遣仅在不当选派工作人员、未依法履行培训义务等过错范围内，与接受劳务派遣的用工单位共同承担责任。劳务派遣单位先行支付赔偿费用后，就超过自己相应责任的部分可以向接受劳务派遣的用工单位追偿。

应注意的是，根据《最高人民法院关于适用〈中华人民共和国民法典〉侵权责任编的解释（一）》（法释〔2024〕12号）第17条的规定，工作人员在执行任务中实施的违法行为造成他人损害，构成犯罪的，工作人员承担刑事责任并不影响单位依法承担民事责任。用人单位在承担侵权责任时，在刑事案件中已完成的追缴、退赔可以在民事判决书中明确并扣减，也可以在执行程序中予以扣减。

三、网络侵权责任

网络侵权责任，就是行为人利用网络侵害他人的民事权益而依法应承担的民事责任。随着科学技术的迅速发展，计算机网络通信已开始辐射到社会各个领域，互联网的空前应用广泛地改变了人类生活方式，为人们的生活开拓了极大的空间。但是，来自网上的各种侵权行为也侵害了民事主体的合法权益。虽然一些网络侵权责任可以根据传统的侵权责任法规则进行处理，但许多网络侵权责任具有自己的特点，有必要立法进行规制。《民法典》第1194条规定："网络用户、网络服务提供者利用网络侵害他人民事权益的，应当承担侵权责任。法律另有规定的，依照其规定。"由此看来，网络侵权责任的承担者包括网络用户和网络服务提供者。

根据《民法典》的规定，网络侵权责任具有如下特征：

1.网络侵权责任是过错责任

《民法典》规定了"利用"一词，说明网络用户或者网络服务提供者对于网络侵权行为主观上具有过错，即网络用户或者网络服务提供者希望通过网络达到侵害他人合法权益的效果，或者由于疏忽大意或者未尽到注意义务而损害他人合法权益。网络用户或者网络服务提供者对于自己的主观不良心理状态而产生的后果应当承担相应的法律责任。《民法典》对此也规定，网络服务提供者知道网络用户利用其网络服务侵害他人民事权益，未采取必要措施的，与该网络用户承担连带责任。

2.网络侵权责任产生于网络服务

网络作为一种将地理位置不同并具有独立功能的多个计算机系统通过线路连接的体系，形成网络资源共享的状态。这种资源共享的情形造成的侵权，具有方式特殊、影响范围不确定的特点。网络用户有权使用互联网发布信息、取得资料，网络服务提供者也有权管理或者限制网络用户发布或者取得信息。

3.网络侵权责任认定错综复杂

网络存在的数字化信息不存在连续性，其所作的修改或者删除很难发现和鉴定，具有易变和不稳定性，网络信息的证据效果不明确。另外，由于网络运行离不开网络服务提供者的参与，而网络用户既可以显名，也可以匿名，甚至可以起名，这给侵权人的认定带来困难。对此，《民法典》规定，网络用户利用网络服务实施侵权行为的，权利人有权通知网络服务提供者采取删除、屏蔽、断开链接等必要措施。网络服务提供者接到通知后，应当及时将该通知转送相关网络用户，并根据构成侵权的初步证据和服务类型采取必要措施；未及时采取必要措施的，对损害的扩大部分与该网络用户承担连带责任。

网络侵权责任一般表现为几种类型：

第一，网络人身侵权。人身权是民事主体依法所享有的，与其人格及身份不可分离，没有直接财产内容的民事权利。人身权是民事主体进行民事活动的基本权利，保持主体的人格尊严不受侵犯，也是人类文明的发展标志。网络人身侵权，主要表现在侵害当事人的姓名权、名誉权、荣誉权及隐私权。侵权人往往通过网络撒播的方式冒用他人姓名，或者诋毁他人的社会评价，损害他人的名声，破坏他人的荣誉。而在网络隐私侵权中，侵权人则是通过非法收集他人的个人数据，识别当事人的主体身份，了解当事人的财产、婚姻、经历、职业、住址、信件等不愿意公开的个人情况。因此，在信息处理及传播手段不断发展和计算机网络广泛应用时，保护当事人的合法人身权益，责令侵权人承担网络侵权责任就具有重要意义。

第二，网络财产侵权。网络财产侵权表现在两方面：一方面是行为人利用网络交易手段，通过网络窃取当事人的资产，如通过网上银行系统盗窃他人的银行资产。另一方面是在网络游戏中侵占他人的财产，如盗窃他人的网络 Q 币。网络财产侵权应当承担与实际财产侵权一样的侵权责任，侵权人应返还财产、赔偿损失。

第三，网络侵犯知识产权。随着网络技术的广泛应用，网络侵犯知识产权的行为层出不穷。如未经著作权人同意擅自将其作品转载到网络，擅自转载新闻单位发布的新闻，擅自传播盗版音像作品等。2006 年 11 月 20 日颁布的《最高人民法院关于审理涉及计算机网络著作权纠纷案件适用法律若干问题的解释》明确规定了网络的数字化作品和网络传播权。网络用户存在侵犯权利人的知识产权的，应当承担侵权责任；网络服务提供者主观有过错，或者对权利人有证据的警告而仍然不采取移除侵权内容等措施以消除侵权后果的，网络服务提供者应与该网络用户承担共同侵权责任。

四、安全保障责任

安全保障责任，最早产生于司法解释，《最高人民法院关于审理人身损害赔偿案件适用法律若干问题的解释》第 6 条规定，从事住宿、餐饮、娱乐等经营活动或者其他社会活动的自然人、法人、其他组织，未尽合理限度范围内的安全保障义务致使他人遭受人身损害，安全保障义务人有过错的，应当在其能够防止或者制止损害的范围内承担相应的补充赔偿责任。《民法典》第 1198 条规定："宾馆、商场、银行、车站、机场、体育场馆、娱乐场所等经营场所、公共场所的经营者、管理者或者群众性活动的组织者，未尽到安全保障义务，造成他人损害的，应当承担侵权责任。因第三人的行为造成他人损害的，由第三人承担侵权责任；经营者、管理者或者组织者未尽到安全保障义务的，承担相应的补充责任。"因此，安全保障责任就是经营者、群众活动组织者在从事经营或者组织活动过程中，因过错违反安全保障义务的法律规定，依法应承担的损害赔偿责任。

经营管理人、群众性活动组织者承担安全保障责任的法理基础在于经营、群众性活动的安全注意义务。在经营及群众性活动中，经营管理人、活动组织人对消费者或者其他进入消费场所或者参加活动的人均应尽到一般的安全注意，保护消费者或者其他进入消费场所等人的人身和财产不受损害，使经营者、组织者在经营交易、群众性活动过程中承担起注意和保护的责任，营造良好的消费环境、防范危险的发生、制止他人的不法侵权行为。经营管理人、群众性活动组织者违反应当积极作为的安全保障义务，就要为受害人向直接侵权人求偿不能承担风险责任。[①] 尽管我国法律对经营者的经营场所及经营者、组织者的安全保障义务方面进行比较全面的规范，但大多是从经营者、组织者在经营、群众性活动中不得有侵害消费者、其他进入消费场所或者参加群众活动的人的人身及财产行为的角度出发进行规范。例如，《中华人民共和国消防法》第 15 条第 1 款规定："公众聚集场所投入使用、营业前消防安全检查实行告知承诺管理。公众聚集场所在投入使用、营业前，建设单位或者使用单位应当向场所所在地的县级以上地方人民政府消防救援机构申请消防安全检查，作出场所符合消防技术标准和管理规定的承诺，提交规定的材料，并对其承诺和材料的真实性负责。"公安部《高层建筑消防管理规则》规定，楼梯、走道和安全出口等部位应当保持畅通无阻，不得擅自封闭，不得堆放物品、存放自行车。《中华人民共和国消费者权益保护法》第 7 条规定："消费者在购买、使用商品和接受服务时享有人身、财产安全不受损害的权利。"民法典合同编第 811 条和第 823 条规定，承运人应当在约定的期间或者合理期间将旅客安全运输到约定地点，承运人应当对运输过程中旅客的伤亡承担损害赔偿责任，但伤亡是旅客自身健康原因造成或者承运人证明伤亡是旅客故意、重大过失造成的除外。前者的规定看不出安全保障责任的归责原则，后者则明确承运人对于第三人侵权而造成旅客的人身损害责任的归责原则是无过错责任。《民法典》明确规定了安全保障责任的过错归责原则，确定了一般情况下经营管理人、群众性活动组织者有义务保障消费者及在消费场所等当事人的人身和财产安全，制止和防范第三人的侵权行为。

安全保障责任的构成要件必须符合以下几项：

1.行为人具有违反安全保障义务的行为

行为人违反安全保障义务的行为基本表现为不作为的方式，就是行为人应当尽到安全保障义务保护权利人的权利不受侵害，但由于行为人不尽适当注意的义务，违反了法律规定，违反了一般的照顾、协助、提醒、告知等义务，其行为具有违法性和不当性。违反安全保障义务的行为一般表现为设施不当，如物业公司未尽保养电梯义务而造成电梯损坏致该居民小区业主乘电梯时受伤；服务不当等情况，如银行安保人员遇到银行内发生抢劫时不制止而躲起来。

2.权利人的权益受到侵害

权利人的权益受到损害，包括人身权和财产权。人身权是权利人的生命、健康权遭受侵害，权利人除有权要求侵权人赔偿因此造成的财产损失外，还有权要求赔偿精神损害。财产权是权利人因行为人违反安全保障义务而造成其财产或者财产利益的损害事实。

3.行为人具有过错

违反安全保障义务的过错，是未尽安全保障义务的过失，是一种不注意的心理状态。在判断行为人是否具有安全保障义务的过错时，应以其是否达到法律规定的注意义务，是否达到相同经营管理人、群众性活动组织者所必须达到的注意义务，是否达到诚实善良当事人的注意义务为标准。

4.违反安全保障义务的行为与损害后果之间具有因果关系

对于设施不当而造成的损害，可以明确行为与后果具有因果关系。对于服务不当与损害后果的因果关系，应该从如果服务适当是否可以避免损害后果发生来判断因果关系的存在。如果服务管理适当存在避免损害后果的可能性，则认为行为人没有过错，行为人的行为与损害

---

① 《最高人民法院司法解释小文库》编选组编：《人身损害赔偿司法解释》，人民法院出版社 2006 年版，第 45 页。

后果没有因果关系。

经营管理人、群众性活动组织者违反安全保障义务所应当承担的侵权责任实际上有两种：一种是经营管理人、群众性活动组织者因为自己在经营、组织活动过程中过错违反安全保障义务的行为而侵害受害人的人身权益，经营管理人、群众性活动组织者应自己承担侵权责任。另一种就是补充责任，它是经营管理人、群众性活动组织者在其应承担的安全保障义务范围内没有尽到防范、制止侵权行为所应对受害人的人身损害承担的赔偿责任。如银行的保安人员在储户办理存款业务时不在岗，使该储户在银行内被抢。经营管理人、群众性活动组织者承担侵权补充责任的构成要件一般认为和违反安全保障义务的直接侵权责任在构成要件上并无多少区别，就是经营管理人、群众性活动组织者首先在主观上必须具有过错。其次是经营管理人、群众性活动组织者实施了违反安全保障义务的行为，其基本方式表现为不作为，是对发生的第三人的侵权行为没有进行有效的防范或者制止。再次是相对人遭受人身损害。最后是损害后果和经营管理人、群众性活动组织者的不作为或者作为不当之间具有因果关系。负有安全保障义务的经营管理人、群众性活动组织者不尽安全保障义务是造成受害人人身、财产损害的原因。

五、教育机构责任

教育机构责任是指学校、幼儿园或者其他教育机构未尽教育管理职责而应承担的损害赔偿侵权责任。我国法学理论对教育机构的责任性质存在不同的观点。第一种观点认为，教育机构对学生承担的是一般的教育、管理和保护义务，教育机构承担的是过错责任，无过错则不承担侵权责任。第二种观点认为，学校与学生形成一种合同关系，学生在教育机构期间受损害，主要看教育机构是否存在违约行为。教育机构对学生损害承担的是违约责任。第三种观点认为，学校与学生之间是一种监护关系。家长将学生送入学校，应视为将监护义务转移给学校。学生在教育机构期间所受损害或者造成他人损害，教育机构应当承担监护责任。[①] 我们认为，教育机构对学生负有的仅仅是一般的管理和保护义务，不具有监护的法定职责。教育机构对学生承担的是违反注意与保护义务的过错责任。《民法典》和《学生伤害事故处理办法》对教育机构的侵权责任做了全面规定。其中《民法典》将教育机构的侵权责任规定为三种情形：

1.无民事行为能力人

《民法典》第1199条规定，“无民事行为能力人在幼儿园、学校或者其他教育机构学习、生活期间受到人身损害的，幼儿园、学校或者其他教育机构应当承担侵权责任；但是，能够证明尽到教育、管理职责的，不承担侵权责任。”可见，无民事行为能力人在学校、幼儿园或者其他教育机构学习、生活期间遭受人身损害的，法律规定幼儿园、学校或者其他教育机构承担的是过错推定责任。幼儿园、学校或者其他教育机构对于无民事行为能力人在学习、生活期间受到的损害，必须举证证明自己没有过错，已经尽到教育、管理职责。不能证明的，应当承担侵权责任。

2.限制民事行为能力人

对于限制民事行为能力人在学校或者其他教育机构学校生活期间遭受人身损害，《民法典》则规定了过错责任。与无民事行为能力人不同，限制民事行为能力人受到人身损害不适用举证责任倒置。受害人必须举证证明学校或者其他教育机构具有教育管理过错。《民法典》第1200条规定：“限制民事行为能力人在学校或者其他教育机构学习、生活期间受到人身损害，

① 尹志强：《侵权行为法论》，中国政法大学出版社2008年版，第153页。

学校或者其他教育机构未尽到教育、管理职责的，应当承担侵权责任。”

3.无民事行为能力人或者限制民事行为能力人遭受外来人身损害

无民事行为能力人或者限制民事行为能力人在教育机构学习、生活期间受到教育机构以外的人进行人身损害的，由侵权人承担侵权责任。但如果教育机构未尽管理职责的，教育机构应当承担侵权补充责任。无民事行为能力人或者限制民事行为能力人要求教育机构承担补充责任的，必须举证证明教育机构有未尽管理职责的过错。《民法典》第1201条规定：“无民事行为能力人或者限制民事行为能力人在幼儿园、学校或者其他教育机构学习、生活期间，受到幼儿园、学校或者其他教育机构以外的第三人人身损害的，由第三人承担侵权责任；幼儿园、学校或者其他教育机构未尽到管理职责的，承担相应的补充责任。幼儿园、学校或者其他教育机构承担补充责任后，可以向第三人追偿。”

此外，《民法典》对没有意识或者行为失去控制而致人损害的法律责任进行规定。《民法典》第1190条规定：“完全民事行为能力人对自己的行为暂时没有意识或者失去控制造成他人损害有过错的，应当承担侵权责任；没有过错的，根据行为人的经济状况对受害人适当补偿。完全民事行为能力人因醉酒、滥用麻醉药品或者精神药品对自己的行为暂时没有意识或者失去控制造成他人损害的，应当承担侵权责任。”因此，行为人因自己的原因而造成暂时没有意识或者不能控制自己的行为，如吸毒导致他人损害的，应当承担侵权责任。行为人自己没有过错的原因而产生的暂时没有意识或者不能控制自己行为的，如梦游而损伤他人，行为人也仍然要承担相应的侵权责任。

第五节　特殊侵权责任

特殊侵权责任，是相对于一般侵权责任而言的，指当事人基于与自己有关的行为、事件或其他特别原因致人损害，依照法律的特别规定而应承担的侵权责任。

特殊侵权责任之所以特殊，表现在以下三个方面：(1)侵权责任的主体特殊。对于特殊侵权责任的主体，法律专门进行规定。这些主体和一般侵权责任主体不同，必须具备法律特别规定的条件，如产品责任，就要求侵权主体必须是产品生产者、经销者。(2)侵权责任的行为特殊。例如高度危险作业致人损害。(3)侵权责任的致害物质特殊，如产品质量造成他人损害。特殊侵权责任具有与一般侵权责任不同的法律特征：其一，特殊侵权责任适用过错推定、公平责任原则，例外情况下采用无过错责任原则；其二，特殊侵权责任的构成须具备特别的要件，每一种特殊侵权责任所要求的特别条件各有不同，并取决于法律的规定；其三，特殊侵权责任适用特殊的举证责任。一般侵权责任的举证责任原则是“谁主张，谁举证”，而特殊侵权责任则实行举证责任倒置，即由侵权人证明自己没有过错，否则就应对损害结果承担侵权责任。

特殊侵权责任的构成要件由于具体的侵权行为种类不同而具有不同的构成要件，但特殊侵权责任通常都必须具备三个构成要件，即损害后果、侵害行为的违法性、侵害行为与损害后果之间的因果关系。因此，特殊侵权责任和一般侵权责任构成要件的区别在于，特殊侵权责任不要求行为人对其造成的损害后果必须具有过错的心理状态。特殊侵权责任人只要具备上述三个要件，就必须承担侵权责任。

根据《民法典》的规定，除了侵权责任主体有特殊规定外，特殊侵权责任还包括以下几种：

一、产品责任

所谓产品责任，是产品制造者、销售者对因制造、销售或者提供有缺陷的产品并致人身及他人财产损害所应承担的法律后果。《民法典》侵权责任编第四章专门规定了产品责任。因此，因产品缺陷致人损害，生产者和销售者应承担产品责任。运输者、仓储者等第三人的过错使产品存在缺陷，造成他人损害的，产品的生产者、销售者赔偿后，有权向第三人追偿。

产品责任如何区分违约责任和侵权责任的性质，是必须清楚掌握的。从广义的角度来看，产品责任无疑既有侵权责任的性质，也有违约责任的性质。因此，在法律上限定产品责任的范围就非常重要。我国《产品质量法》从法律上确立了判断产品是否存在缺陷的基本标准。该法第 46 条规定："本法所称缺陷，是指产品存在危及人身、他人财产安全的不合理的危险；产品有保障人体健康和人身、财产安全的国家标准、行业标准的，是指不符合该标准。"从这一规定的精神可见，产品侵权责任和产品违约责任的界限在于：产品自身质量问题和产品自身损坏造成财产损失的，是产品违约责任。《民法典》第 1202 条规定："因产品存在缺陷造成他人损害的，生产者应当承担侵权责任。"对于"他人损害"的理解，我们认为应当是产品缺陷造成人身损害，包括造成产品以外其他财产、人身损害的，属于产品侵权责任。

因产品缺陷致人损害的民事责任是一种特殊的侵权责任。有关产品生产者、销售者承担责任的归责原则，存在不同的观点。一种观点认为产品责任是无过错责任。① 第二种观点认为产品责任是过错责任，属于过错推定责任。② 第三种观点认为产品责任包括无过错责任和过错责任。③ 一般认为。产品责任的性质属于过错推定责任。构成产品责任，应满足以下构成要件：

1.产品质量不合格

产品质量不合格，就是产品不符合法定质量标准以及合同的约定，在产品的适用、安全等方面有缺陷。这种产品缺陷往往表现为产品缺少应当具有的机能，以致对他人的财产、人身构成侵害的危险。衡量一个产品是否合格的标准，主要有三个方面的依据：(1)法律、法规规定的标准。(2)国家规定的质量标准。(3)合同约定的质量标准。

2.损害后果

损害后果包括财产损害和人身损害，通常这种损害侵害的是消费者的财产权和人身权，并不是对产品本身的损坏。产品本身的损坏是否属于产品责任中的财产损害，学者存在不同意见。《最高人民法院关于适用〈中华人民共和国民法典〉侵权责任编的解释(一)》(法释〔2024〕12 号)第 19 条明确规定，"因产品存在缺陷造成买受人财产损害，买受人请求产品的生产者或者销售者赔偿缺陷产品本身损害以及其他财产损害的，人民法院依照民法典第一千二百零二条、第一千二百零三条的规定予以支持。"据此，产品责任中的财产损害应当包括产品自损。这一规定有助于维护消费者权益，便捷消费者维权。此外，损害后果既可能发生在购买者、消费者身上，也可能发生在第三者身上。与合同无任何关系的受害人均可要求生产者、销售者承担产品责任。

---

① 杨立新：《侵权损害赔偿》，吉林人民出版社 1990 年版，第 178 页。

② 王利明主编：《民法：侵权行为法》，中国人民大学出版社 1993 年版，第 432 页。

③ 张新宝：《中国侵权行为法》，中国社会科学出版社 1995 年版，第 319～320 页。

3.因果关系

因果关系是指产品缺陷和损害结果之间具有的必然联系。因产品缺陷而致人损害，其因果关系与一般侵权行为的因果关系不同：首先，它是产品缺陷和损害后果之间的相互联系，而不是特定行为和损害后果之间的联系；其次，产品责任中的因果关系往往要通过因果关系的推定才能实现。这是因为，在现代的生产技术条件下，消费者置身于产品的设计、制造过程之外，很难证明损害与产品缺陷的因果联系。为了保护产品受害人的利益，就应该采取推定的原则。这种因果关系的推定适用于两种情况：(1)只要受害人能够证明损害是产品缺陷在事实上的结果，因果关系即告成立；(2)只要产品有缺陷，并在事实上发生了该缺陷可能导致的损害，即可认定因果关系成立。可见，因果关系在产品缺陷致人损害的民事责任中具有特殊性。

因产品缺陷致人损害，其责任主体为产品生产者、销售者。生产者包括零部件生产者和成品生产者。在不能确定产品缺陷发生的具体阶段的，一般应由成品生产者承担责任。销售者包括产品批发商和零售商。产品生产和销售者应承担连带责任，受害人有权向生产者、销售者任何一方请求损害赔偿。当运输者、仓储者也负有责任时，产品生产者、销售者在承担责任后，有权要求产品运输者、仓储者赔偿。

《民法典》延续了原《侵权责任法》在产品责任上的两个规则：一是缺陷产品的召回制度。《民法典》第1206条规定："产品投入流通后发现存在缺陷的，生产者、销售者应当及时采取停止销售、警示、召回等补救措施；未及时采取补救措施或者补救措施不力造成损害扩大的，对扩大的损害也应当承担侵权责任。"二是对产品责任规定了惩罚性赔偿制度。《民法典》第1207条规定："明知产品存在缺陷仍然生产、销售，或者没有依据前条规定采取有效补救措施，造成他人死亡或者健康严重损害的，被侵权人有权请求相应的惩罚性赔偿。"我国《产品质量法》规定因缺陷产品造成损害的，受害人有权请求3倍赔偿。《食品卫生法》则规定因食品质量造成损害的，受害人有权请求10倍赔偿。

二、机动车交通事故责任

机动车交通事故责任是指机动车在道路上造成他人人身或者财产损失而依法应当承担的侵权赔偿责任。《民法典》第1208条规定，"机动车发生交通事故造成损害的，依照道路交通安全法律和本法的有关规定承担赔偿责任"。根据《道路交通安全法》的规定，机动车致人损害的赔偿责任属于无过错责任，除非损失是由非机动车驾驶人、行人故意碰撞机动车造成的，否则机动车即使无过错，也要承担不超过10%的赔偿责任。

机动车交通事故责任的构成要件有：

第一，必须发生道路交通事故。道路交通事故责任首先必须发生在公共道路上，包括公路、城市道路及允许社会机动车通行的道路等用于公众通行的场所。居民小区、机关、学校等单位内的道路不属于机动车交通事故责任的道路，在该场所发生的机动车碰撞事故，不属于《民法典》规定的机动车交通事故责任，只是一般的民事责任，可参照《道路交通安全法》的规定处理。其次，道路交通事故责任必须是机动车所导致。机动车是指以动力装置驱动或者牵引上路行驶的轮式车辆，而非机动车是指以人力或者畜力为动力上路行驶的交通工具(但包括电动自行车)。因此，有轨电车、推土机等不属于机动车交通事故责任的机动车。

第二，必须造成他人损害的后果。机动车交通事故责任的承担必须有损害结果的发生，如果机动车没有造成人身或者财产损害，机动车只应对自己的违法行为承担行政责任，如罚款、吊销驾驶证等，无须承担侵权责任。此外，这里的"他人"是有范围限定的。根据《最高人民法院关于适用〈中华人民共和国民法典〉侵权责任编的解释(一)》(法释〔2024〕12 号)第 22 条规定,[①]这里的“他人”既可包括本车上的人员,非机动车驾驶人、行人,也可包括其他机动车上的人员,但不能包括机动车驾驶人本人。

第三,机动车行驶与损害后果之间具有因果关系。一般情况下,机动车在静止状态下不会发生交通事故责任。机动车在静止状态下产生的责任属于一般民事责任。但如果由于机动车在道路上违法停放,使其他机动车因此发生碰撞,则应承担机动车交通事故责任。

《民法典》特别规定了机动车交通事故责任的几种情形:

1.车辆所有人与使用人不是同一人时的事故责任

因为租赁、借用等情形机动车所有人、管理人与使用人不是同一人时,发生交通事故造成损害,属于该机动车一方责任的,由保险公司在机动车强制保险责任限额范围内予以赔偿。不足的部分,由机动车使用人承担赔偿责任。机动车所有人、管理人对损害的发生有过错的,承担相应的赔偿责任。对于未依法投保强制保险的机动车发生交通事故造成损害的处理,《最高人民法院关于适用〈中华人民共和国民法典〉侵权责任编的解释(一)》(法释〔2024〕12 号)第 21 条规定,“未依法投保强制保险的机动车发生交通事故造成损害,投保义务人和交通事故责任人不是同一人,被侵权人合并请求投保义务人和交通事故责任人承担侵权责任的,交通事故责任人承担侵权人应承担的全部责任;投保义务人在机动车强制保险责任限额范围内与交通事故责任人共同承担责任,但责任主体实际支付的赔偿费用总和不应超出被侵权人应受偿的损失数额。投保义务人先行支付赔偿费用后,就超出机动车强制保险责任限额范围部分向交通事故责任人追偿的,人民法院应予支持。”

2.已有买卖意思并实际交付车辆但未办理过户登记的事故责任

虽然车辆的所有权转移以是否登记为要件,但当事人之间已经以买卖等方式转让并交付机动车但未办理所有权转移登记,发生交通事故后属于该机动车一方责任的,由保险公司在机动车强制保险责任限额范围内予以赔偿。不足部分,由受让人承担赔偿责任。因此,受让人在发生道路交通事故时,虽然不是车辆的所有人,但仍应当承担保险责任外的侵权赔偿责任。虽然车辆已有买卖的意思并实际交付但未办理过户登记手续,出卖人有过错,但出卖人的过错与交通事故的发生并没有因果关系,不能因此要求出卖人承担损害赔偿责任。

3.转让拼装或者报废车辆的事故责任

以买卖或者其他方式转让拼装或者已达到报废标准的机动车,发生交通事故造成损害的,转让人和受让人均有过错,由转让人和受让人承担连带责任。《最高人民法院关于适用〈中华人民共和国民法典〉侵权责任编的解释(一)》(法释〔2024〕12 号)第 20 条规定,“以买卖或者其他方式转让拼装或者已经达到报废标准的机动车,发生交通事故造成损害,转让人、受让人以其不知道且不应当知道该机动车系拼装或者已经达到报废标准为由,主张不承担侵权责任的,人民法院不予支持。”因此,无论转让人、受让人不知道该机动车系拼装或已经达到报废标准,并不作为免责事由。这一规定有助于预防并制裁转让拼装或者已达到报废标准的机动车的行

① 《最高人民法院关于适用〈中华人民共和国民法典〉侵权责任编的解释(一)》(法释〔2024〕12 号)第 22 条规定,“机动车驾驶人离开本车后,因未采取制动措施等自身过错受到本车碰撞、碾压造成损害,机动车驾驶人请求承保本车机动车强制保险的保险人在强制保险责任限额范围内,以及承保本车机动车商业第三者责任保险的保险人按照保险合同的约定赔偿的,人民法院不予支持,但可以依据机动车车上人员责任保险的有关约定支持相应的赔偿请求。”

为，防止上述机动车重新上路行驶，危及道路安全。

4.盗窃、抢劫或者抢夺车辆的事故责任

因盗窃、抢劫或者抢夺的机动车发生交通事故造成损害的，由盗窃人、抢劫人或者抢夺人承担赔偿责任，保险公司在机动车强制保险责任限额范围内垫付抢救费用的，有权向交通事故责任人追偿。

5.发生事故驾驶员逃逸的责任

机动车驾驶人发生交通事故后逃逸，该机动车参加强制保险的，由保险公司在机动车强制保险责任限额范围内予以赔偿。如果机动车不明或者该机动车未参加强制保险，需要支付被侵权人人身伤亡的抢救、丧葬等费用的，由道路交通事故社会救助基金垫付。道路交通事故社会救助基金垫付后，其管理机构有权向交通事故责任人追偿。

《民法典》规定的机动车交通事故责任与道路交通事故责任认定不同，前者属于侵权责任，后者是公安交通管理部门对发生道路交通事故后当事人责任的确定。我国《道路交通安全法》第 73 条规定："公安机关交通管理部门应当根据交通事故现场勘验、检查、调查情况和有关的检验、鉴定结论，及时制作交通事故认定书，作为处理交通事故的证据。交通事故认定书应当载明交通事故的基本事实、成因和当事人的责任，并送达当事人。"由此看来，交通事故认定书的目的是分清责任，并作为人民法院处理机动车交通事故责任的证据。

三、医疗损害责任

根据《民法典》的规定，医疗损害责任是指医疗机构及其医务人员因过错而使患者在诊疗活动中受到损害，医疗机构应当承担的损害赔偿责任。在原《侵权责任法》颁布之前，我国对于患者因医疗诊治而发生的损害赔偿责任要求医疗机构或者医务人员必须构成医疗事故，并按照损害后果的严重程度，将医疗事故分成四级。对于是否构成医疗事故，在司法实践中又存在两种做法：一是根据《医疗事故处理条例》的规定，由医学会组织专门的技术鉴定委员会作出认定意见，二是根据司法鉴定机构所作的鉴定结论对是否构成医疗事故进行判断。这就导致人民法院在认定医疗诊治行为是否构成侵权责任存在两种不同的认定依据。原《侵权责任法》直接规定医疗损害责任，且被《民法典》所承袭。《民法典》将医疗损害责任的归责原则分为三种：一是医疗技术的过错责任。《民法典》第 1218 条规定，"患者在诊疗活动中受到损害，医疗机构及其医务人员有过错的，由医疗机构承担赔偿责任"。因此，患者必须举证证明医疗机构或者医务人员在诊疗活动中有过错。不能举证的，医疗机构不承担责任。二是医疗伦理的过错推定责任。医疗机构及其医务人员在诊疗活动中应当尽职尽责。不得违反医疗伦理。《民法典》第 1222 条规定，只要出现以下三种情形的，就推定医疗机构或者医务人员有过错，应当承担医疗损害赔偿责任：其一是违反法律、行政法规、规章以及其他有关诊疗规范的规定；其二是隐匿或者拒绝提供与纠纷有关的病历资料；其三是遗失、伪造、篡改或者销毁病历资料。三是医疗产品的无过错责任。《民法典》第 1223 条规定："因药品、消毒产品、医疗器械的缺陷，或者输入不合格的血液造成患者损害的，患者可以向药品上市许可持有人、生产者、血液提供机构请求赔偿，也可以向医疗机构请求赔偿。患者向医疗机构请求赔偿的，医疗机构赔偿后，有权向负有责任的药品上市许可持有人、生产者、血液提供机构追偿。"

医疗损害责任应当具备以下构成要件：

1.医疗机构或者医务人员主观过错

主观过错包括故意和过失。在医疗活动过程中，一种是医疗机构或者医务人员故意侵害患者权益，如故意摘取患者的器官。行为人不仅要承担刑事责任，也应当承担侵权赔偿责任。另一种是医疗机构或者医务人员因过失，即违反诊疗过程中必要的注意义务而造成患者损害，如不当手术、未尽说明义务等。

2.医疗机构或者医务人员具有违法行为

法律明确规定医疗机构或者医务人员在医疗活动过程中，必须严格遵守医疗卫生管理法律、行政法规、部门规章和诊疗护理规范、操作规则，恪守医疗服务职业道德。一般而言，医疗机构或者医务人员的主观过错往往体现为违法行为，如开错药、延误治疗等。

3.医疗机构或者医务人员的行为造成损害

医疗损害包括人身损害和财产损害。因医疗行为产生的人身损害权益主要有生命权、健康权、知情权、隐私权。因医疗行为产生的财产损害是指人身损害而导致的财产利益损失，如诊疗费、护理费、交通费、误工损失等。

4.医疗过错行为与损害后果之间具有因果关系

医疗损害因果关系的认定采取举证责任倒置，只要在医疗过程中发生损害，就推定医疗机构或者医务人员存在过错，医疗行为与损害后果就具有因果关系。医疗机构或者医务人员必须举证证明自己的诊疗行为符合规范，不存在医疗过错。医疗机构或者医务人员不能证明的，就应当承担医疗侵权赔偿责任。

针对医疗实践中存在的实际侵权问题，《民法典》专门规定了一些具体的规则，具体表现在：

第一，明确患者的知情同意权。知情同意权包括知情权和同意权。知情权是患者对其病情、治疗方案、治疗风险有知悉的权利。同意权是患者同意进行医疗的权利。《民法典》第1219条规定："医务人员在诊疗活动中应当向患者说明病情和医疗措施。需要实施手术、特殊检查、特殊治疗的，医务人员应当及时向患者具体说明医疗风险、替代医疗方案等情况，并取得其明确同意；不能或者不宜向患者说明的，应当向患者的近亲属说明，并取得其明确同意。医务人员未尽到前款义务，造成患者损害的，医疗机构应当承担赔偿责任。"第1220条规定："因抢救生命垂危的患者等紧急情况，不能取得患者或者其近亲属意见的，经医疗机构负责人或者授权的负责人批准，可以立即实施相应的医疗措施。"这里虽然用了"可以"这一非强制字眼，但根据《执业医师法》等相关规定，对于抢救生命垂危的患者等紧急情况，医生应当进行诊疗救治。医疗机构及其医务人员应当按照规定填写并妥善保管住院志、医嘱单、检验报告、手术及麻醉记录、病理资料、护理记录、医疗费用等病历资料。患者要求查阅、复制相关病历资料的，医疗机构应当提供。

第二，保护患者的隐私权。《民法典》第1226条规定："医疗机构及其医务人员应当对患者的隐私和个人信息保密。泄露患者的隐私和个人信息，或者未经患者同意公开其病历资料的，应当承担侵权责任。"对于学生实习观摩医疗过程，由于学生不具有医务人员资格，其观摩学习必须经过患者的同意，否则构成隐私侵权。

第三，禁止不必要的医疗检查。针对实践中存在的多项、重复、不必要医疗检查，《民法典》规定禁止不必要的医疗检查。《民法典》第1227条规定："医疗机构及其医务人员不得违反诊疗规范实施不必要的检查。"因此，医疗机构或者医务人员为了谋求利益而进行不必要的医疗检查，损害患者的权益，应当承担侵权责任，对不必要的检查及因此产生的财产损失进行赔偿。

第四，对医疗水平提出要求。《民法典》第1228条规定："医疗机构及其医务人员的合法权益受法律保护。干扰医疗秩序，妨碍医务人员工作、生活，侵害医务人员合法权益的，应当依法承担法律责任。"这一规定的理解体现在三方面：一是医疗设备应该达到当时的水平。二是医务人员的能力应该达到当时的水平。如果设备与人员不能达到当时的水平而造成患者损害的，应当承担医疗损害责任。三是如果医疗机构不能从事特定的诊疗行为，应当及时转到其他医疗机构进行诊疗救治。

四、环境污染责任

《民法典》第1229条规定："因污染环境、破坏生态造成他人损害的，侵权人应当承担侵权责任。"这就明确规定了环境污染和环境破坏责任。环境，是指影响人类生存和发展的各种天然的和经过人工改造的自然因素的总体，包括大气、水、海洋、土地、矿藏、森林、草原、野生生物、自然遗迹、人文遗迹、自然保护区、风景名胜区、城市和乡村等。环境污染，就是人为地使环境的化学、物理、生物等特征发生不良变化，从而影响人类健康和活动，影响生物生存和发展的现象。凡是对上述自然因素进行影响引起不良变化的，均是环境污染。生态破坏是指人类社会活动引起生态退化及由此衍生的环境效应。生态环境破坏包括水土流失、沙漠化、土地退化、生物多样性减少等。

环境污染责任必须具备以下要件：

1.污染环境、破坏生态造成损害事实

对于污染环境而言，构成这一损害事实往往分为两种情况：其一，污染环境的行为违反国家保护环境防止污染的有关规定而造成损害。我国保护环境防止污染的规定主要有四类：(1)全国人民代表大会制定的法律，如《环境保护法》。(2)国务院制定的法规，如《海洋倾废管理条例》。(3)国务院各部、委颁发的规章，如《农药安全使用规定》。(4)地方性环境保护规章。其二，合法排污造成污染损害后果。有的排污行为虽然并未违反环境保护法规，但只要客观上造成污染损害，就构成环境污染责任。污染环境的损害，具有复杂性(即污染源复杂、污染过程复杂)、潜伏性(即损害往往要经过长时间才能发现)和损害的广泛性(即受害地区广泛、受害对象广泛)的特点。应充分把握这些特点，以确定损害是否由污染环境所造成。对于破坏生态而言，构成损害事实，主要表现为两类：一是对国家、集体或他人的自然资源权利的侵害，如超量取水导致沿岸养殖户的损失。二是对他人自然资源权利之外的其他财产权、人身权或环境权益的侵犯，如违反相关操作规程在地下采矿导致他人房屋倒塌的。

2.损害事实和污染环境行为之间存在因果关系

所谓因果关系，即受害人所受的损害是因为侵权人排放有害物质或其他污染行为造成的。由于污染环境是工业发展所产生的副作用，加上污染所造成的损害具有复杂性、潜伏性和广泛性的特点，因此，要证明污染环境致人损害的因果关系往往十分困难：一方面要有化验分析的技术手段，另一方面还需适用因果关系推定的方法进行确认。在通常的情况下，受害人只要证明：(1)行为人的污染环境行为到达某一区域；(2)该区域发生多种类似的损害，就足以推定因果关系的存在。这既有利于保护受害人的合法权益，也可以促使行为人防止污染、避免损害，并利用自身的专业技术和经济实力对污染与损害因果关系作出严格的论证。《民法典》规定，因污染环境和破坏生态发生纠纷，污染者应当就法律规定的不承担责任或者减轻责任的情形及其行为与损害之间不存在因果关系承担举证责任。

环境污染责任是无过错责任。对污染环境致人损害的无过错责任，一方面适应世界各国的立法通例；另一方面有利于加强当事人的环保意识，严格控制和防止污染环境的情况出现，减轻受害人的举证责任，更加有利于保护当事人的合法权益。

环境污染责任应由污染环境的行为人承担。但由于下列原因造成污染环境的、污染人不承担责任：其一，因不可抗力造成污染损害的；其二，因受害人自身的责任引起污染损害的。

另外，因第三人的过错污染环境、破坏生态造成损害的，被侵权人可以向污染者、破坏生态者请求赔偿，也可以向第三人请求赔偿。污染者赔偿后，有权向第三人追偿。

《民法典》第 1234 条还规定了生态环境修复责任："违反国家规定造成生态环境损害，生态环境能够修复的，国家规定的机关或者法律规定的组织有权请求侵权人在合理期限内承担修复责任。侵权人在期限内未修复的，国家规定的机关或者法律规定的组织可以自行或者委托他人进行修复，所需费用由侵权人负担。"

五、高度危险责任

高度危险责任，是指采用现代科学技术手段从事对他人或者周围环境有高度危险活动，因从事这种高度危险性活动导致他人人身或者财产损害而依法承担的侵权责任。《民法典》第 1236 条至第 1243 条规定了"高度危险责任"。

高度危险责任，具有以下法律特征：

第一，高度危险责任适用范围比较广泛。民法采用列举的方式，将高度危险活动归纳为高空作业、高压作业、从事易燃品作业、从事易爆品作业、从事剧毒作业、从事放射性作业和高速运输工具作业 7 类。

第二，高度危险责任是一种无过错责任。由于高度危险作业具有超出一般程度的危险性，尽管作业人极其谨慎，有时也难以避免损害的发生。因此，适用无过错责任原则，符合法律对自然人合法权益的特殊保护要求，且有助于促进从事高度危险作业的人改进技术，增强作业的安全性。

第三，高度危险责任与其他侵权责任的竞合。将高度危险作业的赔偿责任进行规定，导致了多种民事责任的竞合。例如高层楼层施工产生脚手架坠落伤人，受害人可选择高度危险作业的赔偿责任，也可以要求适用建筑物或其他设施上悬挂物坠落致人损害的民事责任。

虽然《民法典》采取了罗列的方式，列举了一些最常见的高度危险作业种类，但如何确定高度危险作业的范围，一直是一个有争议的难题。以汽车为例，一般认为属于高速运输工具，而行政法规则将其规定为非高速运输工具，汽车交通事故承担的是过错责任原则。我们认为，所谓的高度危险，是指人们在从事某种作业时，即使尽到现有技术水平下所能尽到的高度谨慎，仍不能避免损害的发生。因此，构成一种高度危险作业，必须具有以下特征：一是这种作业为法律所允许；二是行为人从事这种作业对周围环境可能造成的损害难以避免高度危险。

责任作为一种特殊侵权责任，应具备以下条件：

(1)必须有高度危险作业人。作为从事高度危险作业致人损害的责任主体，作业人是指实际控制高度危险作业的客体并利用该客体谋取利益的人，他既可以是高度危险作业的客体所有人，也可以是其客体的经营管理人，前者如建筑公司和高度危险物品的所有人，后者如汽油储炼公司。

(2)必须有高度危险作业的行为。无论作业人的作业活动是否合法，凡是使他人财产或人身造成损害，都产生高度危险作业的赔偿责任。

(3)必须有财产的损害。财产的损害表现在以下几个方面:其一,要有受害人。受害人仅指高度危险作业以外的人,而不包括作业人的工作人员或雇员。其二,受害人须因作业人的高度危险作业导致既有财产的减少和应得财产利益的损失。其三,法律规定对他人财产、人身构成威胁但尚未造成财产损害后果,作业人应承担消除危险的民事责任。

(4)必须在高度危险作业和损害后果之间存在因果关系。这种因果关系采用推定的方式,即受害人证明损害与高度危险作业有形式上的联系,如果作业人无法证明因果关系不存在,则推定因果关系成立。

从事高度危险作业致人损害,应承担民事责任。《民法典》对高度危险责任进行分类规定,明确不同高度危险作业活动的责任主体及其免责事由。

(1)民用核设施责任。民用核设施发生核事故造成他人损害的,由民用核设施的经营者承担侵权责任。但如果该损害是因战争等情形或者受害人故意造成的,则民用核设施的经营者不承担责任。

(2)民用航空器责任。民用航空器造成他人损害的,由民用航空器的经营者承担侵权责任。但如果该损害是因受害人故意造成的,民用航空器的经营者不承担责任。

(3)占有或者使用高度危险物责任。占有或者使用易燃、易爆、剧毒、放射性等高度危险物造成他人损害的,由占有人或者使用人承担侵权责任,但如果损害是因受害人故意或者不可抗力造成的,占有人或者使用人不承担责任,被侵权人对损害的发生有重大过失的,可以减轻占有人或者使用人的责任。

(4)从事高空、高压、地下挖掘活动或者使用高速轨道运输工具责任。从事高空、高压、地下挖掘活动或者使用高速轨道运输工具造成他人损害的,由经营者承担侵权责任。但如果损害是因受害人故意或者不可抗力造成的,经营者不承担责任。被侵权人对损害的发生有过失的,可以减轻经营者的责任。

(5)遗失、抛弃高度危险物责任。遗失、抛弃高度危险物造成他人损害的,由所有人承担侵权责任。所有人将高度危险物交由他人管理的,由管理人承担侵权责任;所有人有过错的,与管理人承担连带责任。

(6)非法占有高度危险物责任。非法占有高度危险物造成他人损害的,由非法占有人承担侵权责任。所有人、管理人不能证明对防止他人非法占有尽到高度注意义务的,与非法占有人承担连带责任。

(7)未经许可进入高度危险区域责任。未经许可进入高度危险活动区域或者高度危险物存放区域受到损害,管理人应当承担责任。但管理人已经采取安全措施并尽到警示义务的,可以减轻或者不承担责任。

六、饲养动物损害责任

关于动物致人损害的民事责任,《民法典》第1245条规定:“饲养的动物造成他人损害的,动物饲养人或者管理人应当承担民事责任;但是,能够证明损害是因被侵权人故意或者重大过失造成的,可以不承担或者减轻责任。”关于饲养动物损害责任的归责原则,理论界和实践中一般认为属于无过错责任。但在《民法通则》颁布之前,司法实务对动物致人损害采取的是过错责任原则。[①] 从《民法通则》的规定来看，其采取的是无过错责任原则，同时规定如果由于受害人的过错造成损害的，动物的饲养人或者管理人不承担责任。因此，由于混合过错而产生的减轻动物饲养人或者管理人责任的情形在这一民事责任的承担上是不存在的。但《民法典》第1245条又采取了不同的规则，规定因被侵权人故意或者重大过失造成损害的，也可减轻侵权人的责任。这一责任相抵的规定表现出饲养动物损害责任属于无过错责任，但又可以与受害人的过错责任对抵，形成无过错责任与过错责任相抵的状况。

饲养动物损害责任，一般必须具备以下条件才能构成：

1.必须有饲养的动物

所谓饲养的动物，是指由工人喂养和管理的动物。饲养的动物既包括家畜、家禽，也包括驯养的野兽。饲养动物的前提是人们对动物的占有和控制，因而饲养的动物一般有所有人或管理人。

2.必须是动物造成他人损害

这种动物造成他人损害，是基于动物的本能行为所造成的，如犬咬人、马踢人。如果动物致他人损害，是由于人的强制或驱使，在这种情况下，动物已经成为他人实施侵权行为的工具，就不是动物损害。

3.必须有损害事实存在

这种损害事实包括：(1)人身损害，如被狗咬伤；(2)财产损害，如牛食田中的青苗；(3)妨害，如恶犬挡于路上使学生无法上学。动物致人损害，既包括动物直接加害于他人，也包括因动物的动作间接地致他人损害，如马受惊后撞翻他人车辆，车辆翻倒时损坏他人财物。

4.必须在动物行为和损害事实之间存在因果关系

在确定因果关系时，要注意动物损害的客观可能性，要根据具体环境确认因果关系。例如，被狗咬伤，在缺医少药的山区可能会造成伤口感染以致截肢的损害后果，这种后果和动物行为仍应认定有因果关系。

饲养动物致人损害，动物饲养人或者管理人应当承担责任。动物饲养人，是对动物进行占有、使用、收益、处分的所有人；动物管理人是指实际控制和管束动物的人。在一般情况下，动物饲养人和管理人同为一人。但是，如果饲养人和管理人不为同一人时，管理人应承担动物致人损害的民事责任。遗弃、逃逸的动物在遗弃、逃逸期间造成他人损害的，由原动物饲养人或者管理人承担侵权责任。在实践中还出现一种非法占有他人动物而产生该被非法占有的动物侵害他人的状况，在这种情况下，非法占有人属于有过错的第三人，应该对占有动物造成的损害承担民事责任。

饲养的动物致人损害，饲养人或者管理人应该承担民事责任。但在以下法律规定的条件下，动物饲养人或者管理人可以免除承担民事责任：(1)当事人双方约定有免责事由。例如专门为马钉掌铁。这种当事人双方以明示或者默示的方式达成一致协议，表明一方当事人自愿

---

① 最高人民法院《关于李桂英诉孙桂清鸡啄眼一案的复函》(1982年1月22日)认为："李桂英带领自己三岁男孩外出，应认识到对小孩负有看护之责。李桂英抛开孩子，自己与他人在路旁闲聊，造成孩子被鸡啄伤右眼，这是李桂英做母亲的过失，与养鸡者无直接关系。因此，判决孙桂清(养鸡者)负担医药费是没有法律根据的。"1986年的《民法通则》第127条规定："饲养的动物造成他人损害的，动物饲养人或者管理人应当承担民事责任；由于受害人的过错造成损害的，动物饲养人或者管理人不承担民事责任；由于第三人的过错造成损害的，第三人应当承担民事责任。"

承担动物可能造成的危险。如果被动物损伤,则动物饲养人或者管理人不承担责任。(2)受害人过错。这是由于受害人因为故意或者重大过失而导致动物损害自身。在这种情况下,所有损失由受害人自己承担。对于受害人一般过错能否减轻动物饲养人或管理人责任的问题,由于无过错责任的法律原则就是不存在过失相抵的情形,因此,如果由于受害人存在一般过错的主观状态,则仍应该由动物饲养人或管理人承担损害赔偿全部责任。(3)第三人过错。因第三人的过错致使动物造成他人损害的,被侵权人可以向动物饲养人或者管理人请求赔偿,也可以向第三人请求赔偿。动物饲养人或者管理人赔偿后,有权向第三人追偿。(4)动物园无过错。动物园的动物造成他人损害的,动物园应当承担侵权责任,但能够证明尽到管理职责的,不承担责任。

《民法典》在规定饲养动物致人损害的过错侵权责任时,又特别规定了一种饲养动物侵权的无过错责任,即烈性犬等危险动物损害责任。《民法典》第1247条规定:"禁止饲养的烈性犬等危险动物造成他人损害的,动物饲养人或者管理人应当承担侵权责任。"《最高人民法院关于适用〈中华人民共和国民法典〉侵权责任编的解释(一)》(法释〔2024〕12号)第23条规定:"禁止饲养的烈性犬等危险动物造成他人损害,动物饲养人或者管理人主张不承担责任或者减轻责任的,人民法院不予支持。"可见,烈性犬等危险动物损害责任并不存在任何免责事由,只要该动物致人损害,动物饲养人或者管理人就应当承担侵权责任。关于什么属于烈性犬等危险动物,法律并没有明确界定。我们认为,烈性犬等危险动物损害责任应当符合以下要件:一是这种饲养动物是法律禁止饲养的;二是这种动物属于危险动物,一般不能与他人进行接触,如果与他人进行接触就具有人身危险;三是这种动物造成他人损害。

七、建筑物和物件损害责任

《民法典》第10章规定了建筑物和物件损害的侵权责任承担问题。建筑物和物件损害责任,是指建筑物、构筑物或其他设施及其搁置物、悬挂物、堆放物或者林木等造成他人损害,根据法律规定而应当承担的侵权责任。

(一)建筑物致人损害的民事责任

《民法典》第1252条规定:"建筑物、构筑物或者其他设施倒塌、塌陷造成他人损害的,由建设单位与施工单位承担连带责任,但是建设单位与施工单位能够证明不存在质量缺陷的除外。建设单位、施工单位赔偿后,有其他责任人的,有权向其他责任人追偿。因所有人、管理人、使用人或者第三人的原因,建筑物、构筑物或者其他设施倒塌、塌陷造成他人损害的,由所有人、管理人、使用人或者第三人承担侵权责任。"《民法典》第1253条规定:"建筑物、构筑物或者其他设施及其搁置物、悬挂物发生脱落、坠落造成他人损害,所有人、管理人或者使用人不能证明自己没有过错的,应当承担侵权责任。所有人、管理人或者使用人赔偿后,有其他责任人的,有权向其他责任人追偿。"这里规定的搁置物、悬挂物等致人损害的民事责任,也称为建筑物致人损害的民事责任。建筑物等致人损害,包括三种情况:(1)建筑物倒塌致人损害;(2)建筑物附属物件脱落致人损害;(3)建筑物上的搁置物、悬挂物坠落致人损害。

建筑物等致人损害的民事责任,须具备以下条件:

1.存在建筑物或其搁置物、悬挂物倒塌、脱落、坠落的事实

建筑物,是指以一切结构、形状、功能和材料,通过人工建造而附属于土地的永久或临时性设施。例如房屋、桥梁、井、路、雕塑等。所谓倒塌,是指建筑物因本身结构毁坏而全部或部分坍塌。脱落,是指附着于建筑物上之物与建筑物相分离坠落。坠落,是指搁置、悬挂于建筑物

之上的物离开原处而落下。例如阳台上的花盆、墙上的广告等掉落于地。由此可见，建筑物或其搁置物、悬挂物发生倒塌、脱落、坠落的事实主要表现为三种情况：(1)建筑物全部或者部分倒塌。(2)附着于建筑物的构件脱落。(3)建筑物上的搁置物坠落。

2.有损害事实

损害事实包括人身伤害，也包括财产损害。如果建筑物或其搁置物、悬挂物等并未损害他人的人身或财产，而只是阻碍他人权利的正常行使，则不发生建筑物或其搁置物、悬挂物致人损害的民事责任。如搁置物坠落阻断邻人的通道，影响其通行权的行使，不属于特殊侵权行为。

3.在损害事实和建筑物或其搁置物、悬挂物倒塌、脱落、坠落之间存在因果关系

这种因果关系表现为两种情况：其一是倒塌、脱落或坠落等物理力直接作用于他人的人身、财产，造成损害；二是倒塌、脱落、坠落等的物理力并未直接作用于他人的人身、财产，而是引发其他现象，致使他人的人身财产受损害。因为刮风、下雨导致建筑物倒塌、脱落或坠落，造成损害的，并不影响因果关系的存在。

4.建筑物的所有人、管理人或使用人不能证明自己没有过错

建筑物的所有人、管理人或者使用人能够证明自己没有过错，则不承担民事责任；如果不能证明自己没有过错，则应当承担民事责任。因此，建筑物的所有人、管理人或使用人不能证明自己没有过错，是搁置物、悬挂物等致人损害民事责任的构成要件。

建筑物等致人损害，所有人、管理人或使用人应承担民事责任，这是基于对使用人、管理人或所有人的过错推定。因为建筑物在正常状态下不会发生倒塌、脱落、坠落，之所以发生这些不正常的状况，是因为设置不当、管理不当、使用不当或是其他缺陷，其原因在于所有人、管理人或使用人未尽到应有的注意。所以，所有人、管理人或使用人依法充当责任主体，有利于促使他们加强建筑物的保养维修和注意保障他人安全。

由于有的建筑物在建设任务完成后建设单位就注销，或者因为某些原因找不到建设单位，在建筑物或者其他设施倒塌时管理人或者使用人又能够证明自己没有过错，而是由于建设单位或者施工单位的过错导致损害发生，因此，《民法典》第1252条规定："建筑物、构筑物或者其他设施倒塌、塌陷造成他人损害的，由建设单位与施工单位承担连带责任，但是建设单位与施工单位能够证明不存在质量缺陷的除外。建设单位、施工单位赔偿后，有其他责任人的，有权向其他责任人追偿。因所有人、管理人、使用人或者第三人的原因，建筑物、构筑物或者其他设施倒塌、塌陷造成他人损害的，由所有人、管理人、使用人或者第三人承担侵权责任。"

为了保护建筑物中抛掷物品的受害人的权益，《民法典》第1254条第1款明确规定，禁止从建筑物中抛掷物品。从建筑物中抛掷物品或者从建筑物上坠落的物品造成他人损害的，由侵权人依法承担侵权责任；经调查难以确定具体侵权人的，除能够证明自己不是侵权人的外，由可能加害的建筑物使用人给予补偿。所以，只要证明自己不是侵权人，建筑物的使用人就可以不承担损害责任。如从楼上掉下的烟灰缸砸伤路过的行人，在不知道谁是扔烟灰缸的人的情况下，该楼所有的使用人均应承担赔偿责任。但如果可以证明自己不是侵权人的，就可免除责任。需要指出的是，为了更好地治理高空抛物的现象，保护自然人的人身和财产安全，《民法典》第1254条第2款进一步规定了物业服务企业的安全保障义务：物业服务企业等建筑物管理人应当采取必要的安全保障措施防止前款规定情形的发生；未采取必要的安全保障措施的，应当依法承担未履行安全保障义务的侵权责任。然而，在实践中，关于物业服务企业等建筑物管理人和可能加害的建筑物使用人的责任顺位、追偿问题仍存在一些争议。为此，《最高人民

法院关于适用〈中华人民共和国民法典〉侵权责任编的解释(一)》(法释〔2024〕12号)第24条和第25条作了进一步规定,根据这两条规定,在高空抛物、坠落物致害责任中,具体侵权人、未履行安全保障义务的物业服务企业等建筑物管理人作为共同被告时,未采取必要安全保障措施的物业服务企业等建筑物管理人仅在人民法院就具体侵权人的财产依法强制执行后仍不能履行的范围内,承担与其过错相应的补充责任。但是在民事案件一审法庭辩论终结前仍难以确定具体侵权人的,则未采取必要安全保障措施的物业服务企业等建筑物管理人承担与其过错相应的责任。被侵权人其余部分的损害,由可能加害的建筑物使用人给予适当补偿。具体侵权人确定后,已经承担责任的物业服务企业等建筑物管理人、可能加害的建筑物使用人可以向具体侵权人追偿。

关于堆放物倒塌、滚落或者滑落造成他人损害,根据《民法典》第1255条的规定,堆放人不能证明自己没有过错的,应当承担侵权责任。第1256条进一步规定,在公共道路上堆放、倾倒、遗撒妨碍通行的物品造成他人损害的,由行为人承担侵权责任。公共道路管理人不能证明已经尽到清理、防护、警示等义务的,应当承担相应的责任。而因林木折断、倾倒或者果实坠落等造成他人损害,《民法典》第1257条则规定,林木的所有人或者管理人不能证明自己没有过错的,应当承担侵权责任。

(二)施工人未设置明显标志或未采取安全措施致人损害的民事责任

《民法典》第1258条规定:"在公共场所或者道路上挖掘、修缮安装地下设施等造成他人损害,施工人不能证明已经设置明显标志和采取安全措施的,应当承担侵权责任。窨井等地下设施造成他人损害,管理人不能证明尽到管理职责的,应当承担侵权责任。"这种未设置明显标志或未采取安全措施致人损害的民事责任称为地面施工致人损害的民事责任。

关于地面施工致人损害的民事责任归责原则,有两种不同的主张:一种认为应该适用无过错责任,另一种认为属于过错责任中的过错推定责任。从《民法典》第1258条来看,我国法律关于地面施工致人损害的责任属于过错责任。因为法律已经明确规定施工人在从事地面施工时,必须设置明显标志和安全措施。因此,没有设置明显标志并采取安全措施,管理人没有尽到管理职责,就是不履行法律规定的义务,主观上就具有不良的心理状态,就是民法规定的主观过错。如果施工人能够证明自己已经设置明显标志和采取安全措施,管理人证明尽到管理职责的,即证明自己没有主观过错,可以免除责任。否则,就推定施工人、管理人具有过错心理状态。

未设置明显标志或未采取安全措施致人损害的民事责任,必须具备以下构成要件:

1.有在公共场所、道旁或者通道上从事挖坑、修缮、安装地下设施等作业的施工人或者窨井等地下设施的管理人

包括三个方面的要求:(1)特定地点。公共场所是指公众聚集、活动的地方;道路、通道是指社会公众通行的地段。这些地方因为对公众开放,出入人员具有广泛性、不可避免性,在这些地方施工具有较大的潜在危险。(2)特定活动,即在地面进行挖坑、掘井、开渠、埋设地下设施等。(3)特定主体,即从事施工作业或者窨井等地下设施管理的组织或个人。

2.没有设置明显标志、采取安全措施或尽到管理职责

设置明显标志、采取安全措施、尽到管理职责,一方面保证施工地点的施工活动,另一方面使通行人免受因施工形成的危险因素的损害。设置明显标志、采取安全措施、进行适当管理,是法律对施工人、管理人的特殊要求,是施工人、管理人承担的作为义务。施工人未设置明显标志和采取安全措施,管理人没有尽到管理职责,违反了作为的义务。所以,尽

管其施工活动是合法的，但这种不作为的行为不合法，应受到法律的否定性评价，具有违法性。

3.损害与没有设置明显标志、没有采取安全措施、没有尽到管理职责之间具有因果关系

这种因果关系表现为因施工人没有设置明显标志和采取安全措施、管理人没有尽职尽责而导致损害的发生。施工人如果能够证明自己已设置明显标志和采取安全措施，并且这些标志和措施足以使任何人采取通常的注意就可以避免损害发生，则不用承担民事责任。同样，管理人能够证明自己已尽管理职责，则不承担民事责任。

未设置明显标志和采取安全措施致人损害的，未尽管理职责而使窨井等地下设施造成他人损害，由施工人、管理人承担民事责任。这里的施工人、管理人，是指接受施工任务、组织施工作业及依法具有管理职责的组织或个人，而不是指具体进行施工作业或者具体管理的工作人员或雇员。这种侵权行为的原因是施工人、管理人违反注意他人安全的作为义务，是施工人、管理人违法不作为的行为后果。